医事法学提升在广东

宋儒亮　李雪松／主编
李立／执行主编

SIGNIFICANT IMPROVEMENTS IN MEDICAL LAW IN GUANGDONG

《中国医学论坛报》“医事法学”专栏等合集

法治广东研究中心
广东省医学会医事法学分会
中国医学论坛报第二届医事法学理事会
中共广东省委党校（广东行政学院）应急管理教研部
广东省法学会应急管理法治研究会
广东省律师协会政府法律顾问专业委员会
联合编辑制作

法律出版社
LAW PRESS·CHINA
北京

图书在版编目（CIP）数据

医事法学提升在广东 / 宋儒亮，李雪松主编 ；佘琼圣等副主编 ；李立执行主编. -- 北京 ：法律出版社，2025. -- ISBN 978-7-5197-9893-2

Ⅰ. D922. 164

中国国家版本馆 CIP 数据核字第 2025Y4V295 号

医事法学提升在广东
YISHI FAXUE TISHENG ZAI GUANGDONG

宋儒亮　李雪松 主编
佘琼圣等 副主编
李　立 执行主编

责任编辑 冯高琼
装帧设计 李　瞻

出版发行 法律出版社
编辑统筹 法规出版分社
责任校对 裴　黎
责任印制 耿润瑜
经　　销 新华书店

开本 710 毫米×1000 毫米　1/16
印张 45　**字数** 826 千
版本 2025 年 1 月第 1 版
印次 2025 年 1 月第 1 次印刷
印刷 北京盛通印刷股份有限公司

地址：北京市丰台区莲花池西里 7 号（100073）
网址：www. lawpress. com. cn
投稿邮箱：info@ lawpress. com. cn
举报盗版邮箱：jbwq@ lawpress. com. cn
销售电话：010-83938349
客服电话：010-83938350
咨询电话：010-63939796

书号：ISBN 978-7-5197-9893-2
定价：128. 00 元

凡购买本社图书，如有印装错误，我社负责退换。电话：010-83938349

《医事法学提升在广东》编委会

名誉主编

李国营,广东省医学会常务副会长兼秘书长,广东省医学学术交流中心主任、书记。曾任广东药科大学基础医学院党委书记、院长、二级教授,医学博士,哈佛大学医学院访问学者,研究生导师。曾被广东省教育厅确定为“千百十人才培养工程”省级重点培养教师。获广东省科技进步三等奖 1 项,曾主持和参与国家自然科学基金、医药卫生领域国家科技重大专项等,发表论文近百篇。

主　　编

宋儒亮，循证医学博士，法律学教授，国家一级律师。现任广东省委党校（广东行政学院）法治广东研究中心主任，应急管理教研部书记、主任。

中共广东省委党校（广东行政学院）建校七十周年（1950—2020）“七十年，七个人”：杏坛有神采·90年代学人代表；广东省立法工作骨干人才；广东省第十四届人大常委会社会建设（应急管理领域）咨询专家；广东省“百名法学家百场报告会”主讲专家；国务院2024年度省级政府安全生产和消防工作考核巡查第三组专家组组长；广东省第四届省应急管理专家委员会综合管理专业组组长。兼任中华全国律师协会专业委员会医药卫生法律专业委员会副主任、中华医学会医学鉴定分会委员、广东省法学会应急管理法治研究会会长、广东省律师协会政府法律顾问专业委员会主任、广东省医学会医事法学分会前任主任委员等。

主要作品：专著《脑死亡与器官移植：关联、争议与立法》《打开天窗说亮话》；主编《医法通》《医事法学在广东》《医事法学进展在广东》《医事法学亮点在广东》《风险有效防范和事件妥善应对在广东》;执行主编《广东法治史》,等等。

获全国“优秀社会科学普及专家”、全国“七五”普法中期先进个人;广东省委党校(行政学院)特优教学奖、青年特优教学奖、优秀科研工作者奖等;广东省医学会“先进个人”、广东省法学会“先进个人”、广东省律师协会“专业委员会优秀主任”、广州市律师协会“业务成就奖”等。

李雪松,神经外科主任医师,医学博士、博士(后)导师。现任农工党惠州市委会副主委、惠州市惠城区人大常委会副主任、惠州市第三人民医院(广州医科大学附属惠州医院)院长和神经医学中心主任。享受国务院政府特殊津贴专家。曾获"2020年度王忠诚中国神经外科年度奖——青年医师奖"、全国第五届"白求恩式好医生"等。

兼任中国医师协会神经外科医师分会委员、中国老年医学学会脑血管病分会常委;中国研究型医院学会脑血管病学专业委员会青年委员会副主任委员;广东省基层医药学会副会长;广东省医院协会常务理事;广东省医学会医学人文分会副主任委员;广东省医师协会神经介入医师分会副主任委员;广东省医师协会神经修复专业医师分会副主任委员;广东省医院协会叙事医学与健康人文专业委员会副主任委员等。

近年来,在他的带领下,惠州市第三人民医院(广州医科大学附属惠州医院)神经医学中心得到国内同行的广泛关注和认可,成为基层医院学科建设的新标杆,先后被授予国家高级卒中中心、神经外科建设中心、脑出血外科诊疗基地、神经介入建设中心等。

副 主 编

佘琼圣，民商法学硕士，研究生学历，广东全省审判业务专家，长期从事民商事审判和审判调研指导工作。曾任广东省高级人民法院民一庭副庭长，民四庭庭长、审判委员会委员。现任横琴粤澳深度合作区人民法院党组书记、院长。

龙华，毕业于北京大学医学部，现任中国医学论坛报社副总编。

服务中国医学论坛报社近20年

先后负责媒体发布、教育课程、项目推动等工作。

刘秋生，医学学士、法学研究生，副主任医师。现任中山大学附属第一医院贵州医院党委书记、南沙院区副院长。在医院医疗运行、医疗技术、质量与安全、临床重点专科建设、医院行风建设与医疗纠纷处置、三级医院等级评审与公立医院绩效评价等工作领域有较丰富的管理经验。兼任国家卫生健康委医院管理研究所医疗质量管理研究智库专家、广东省病案管理专业质控中心主任、广东省医院管理评价质控中心副主任、广东省公立医院绩效考核专家委员会成员、深圳市卫健医院评审评价研究中心首批评审员等。

学术任职：中国质量协会医疗与健康分会医院质量提升专家组成员；中国医院协会医院标准化管理专业委员会第一届常务委员；广东省医学会医事法学分会第二届委员会主任委员；广东省医学会医院质量管理与评价分会第一届委员会副主任委员；广东省医院协会第五届医院医务管理专委会主任委员；广东省医院协会第二届医院质量管理专业委员会副主任委员；广东省医院协会第三届医院评审评价咨询委员会副主任委员；《现代医院》杂志常务编委等。

程东海，硕士，中共党员。现任广州大学纪委副书记、纪检监察室主任，广州市医学会医事法学分会主任委员、广东省医学会医事法学分会副主任委员。主持国家社会科学基金重点项目子课题以及广东省高校党建研究会重点研究课题多项，获广东省哲学社会科学优秀成果二等奖1项，广东省高校党建成果特别奖1项、广东高校思想政治工作优秀论文一等奖2项，主编或参编图书《医道法途：预防医药购销领域商业贿赂教育读本》《发现·柔济》《医事法学进展在广东》等。

李建林，主任医师、副教授、烧伤医学硕士、法国医院管理学硕士，现任中山大学附属第八医院副院长，兼任深圳市医师协会副会长、深圳市病案首页管理质量控制中心副主任，从事医疗管理多年，积累了丰富的管理经验。

三级医院评审评价专家；广东省卫生系列高级职称评审委员会专家库专家；中国医院协会医疗质量管理专业委员会委员；中国医院协会医疗法制专业委员会委员；中国医院协会医院标准化管理专业委员会委员；广东省医学会医事法学分会副主任委员；深圳市医学会医事法学分会主任委员；深圳市医院管理者协会医疗质量与安全专业委员会主任委员。

赵伟成，医学博士、主任医师、硕士研究生导师。现任佛山市中医院纪委书记；广东省医院管理评价质控中心评审员；广东省医学会医事法学分会副主任委员；广东省医院协会医院医务管理专业委员会副主任委员；佛山市医学会医事法学分会主任委员；长期从事医务管理、麻醉学及疼痛医学的临床及科研工作。

曾任佛山市第一人民医院医务部主任多年，有丰富的医务管理工作经验，牵头创建了佛山市医学会医事法学分会和佛山市医务管理质控中心并担任首届主任，推动了佛山市五区中3个区成立区级医务管理质控中心，牵头探索了医务管理团队建设课程和职业规划并进行佛山市五区巡讲。

主持和参与多项国家级、省级和市级科研基金课题。以第一作者或通讯作者发表的论著20多篇，其中SCI收录6篇，参编著作2本，获佛山市科技成果奖3项。

李永丰，现任广东省医学会医疗事故技术鉴定办公室主任，广东省医学会医事法学分会副主任委员。从事医疗事故技术鉴定、医疗损害鉴定工作二十余年，对医疗纠纷预防和处置、医疗损害侵权责任研究有丰富的理论和实践经验。

执行主编

李立　广东广信君达律师事务所高级合伙人　三级律师

专业方向：专注医事领域内的民商事争议化解、行政处罚、刑事追究的法律救济、政府法律顾问及医药卫生和健康产业相关事务的诉讼与非诉讼业务。

社会职务：《中国医学论坛报》“医事法学”栏目编委；中国卫生信息与健康医疗大数据学会公益慈善与伦理专业委员会委员；广东省律师协会医疗卫生与健康法律专业委员会副主任；广东省医学会医事法学分会常委；广东省女医师协会维权专业委员会常委；九三学社广东省委员会社会与法治专业委员会委员。

业务专长：自2008年开始从事律师工作，现为广东广信君达律师事务所高级合伙人。担任包括广东省医学会、广东省预防医学会、广东省医疗行业协会、广州市急救医疗指挥中心（广州市紧急医学救援指挥中心）、中山大学孙逸仙纪念医院、中山大学附属第八医院、广州医科大学附属第一医院等机构的常年法律顾问。在医疗机构事业单位改革过程中为事业单位工勤人员社会化、医药体制改革过程中药品物流或配送延伸服务的合规性等重大事项提供专业意见并取得满意的法律效果。

多次受广东省卫生健康委员会、深圳市卫生健康委员会、广东省医学会、广东省医院协会、广东省医疗行业协会、广东省女医师协会以及各大医院、企业的邀请，围绕“医师平安执业”“民法典”“医疗纠纷预防与处理条例”“临床研究中的法律风险”“医师执业风险”“防范化解医疗纠纷”等核心内容，或做主题演讲，或者进行专业培训。

在《中国医学论坛报》“医事法学”栏目发表数十篇律师意见；发表《由央视〈焦点访谈〉曝光的非法行医案谈民营医院的法律监管》《论医疗侵权之因果关系》《激活强制许可——铺就神药下凡救治病患的法治之路》等专业文章。担任课题负责人完成广东省卫生健康委员会委托课题——《广东省医疗机构依法执业现状与优化对策研究》，担任九三学社广东省委员会 2024 年重点课题《完善涉外法律服务体系，构建涉外法治大协同格局》的课题负责人。

代理案件分获 4 次广州市律师协会颁发的“业务成果奖”：2018 年度办理的“王某等人医疗损害责任纠纷案”，获“业务成果奖”；2021 年度办理的“杨某诉某脑科医院医疗损害责任纠纷案”，获“业务成果奖”；2023 年度办理的“某医疗机构与某健康管理公司合同纠纷案”，获“业务成果二等奖”；2023 年度办理的“杨某某与 A 医院劳动纠纷案”，获“业务成果三等奖”。

医事剪影

广东省医学会第一届医事法学分会宋儒亮主任委员，获广东省医学会医事法学分会创办12年医事法治建设特别贡献奖

广东省医学会医事法学分会换届大会暨第九届南方医事法学高峰论坛

参加中共广州市委全面依法治市委员会守法普法协调小组第五次会议、接受聘书并发言

受邀参加深圳市医学会 2023 年医事法学学术年会

中华医学会第二十六次全国会员代表大会广东代表

中华全国律师协会医药卫生法律专业委员会副主任宋儒亮参加交流会，
并在委员会会议中专题讲授“习近平法治思想——创立与医域践行”

“医事法学”栏目获《中国医学论坛报》2021 年度优秀栏目

《中国医学论坛报》第二届医事法学理事会第一次会议

2021 年广东省医学学术直通车——医事法学花都行

李立律师受邀在广东省卫生健康委员会举办的“全省平安医院建设工作会议”中作“依法平安执业，防范化解纠纷”主题演讲

李雪松院长担任光影叙事决赛评委

李立律师受邀在深圳市卫健委举办的2024年医疗纠纷预防与处理专题培训会中作“依法平安执业，防范化解纠纷”的主题演讲

刘治家、官健、魏巍、程东海、李建林、黄伟青、李立、程虎、陈伟被聘为“医事法学专栏”编辑

宋立志律师获“医事法学”专栏优秀秘书奖、编辑奖

赖永洪副主任委员为编辑刘治家、官健、魏巍、程东海、李建林、黄伟青颁发优秀编辑奖

刘玉莹、耿巍、单玉涛、李永丰、温国明、甘翌晓、陈伟、汪锦宏等获“医事法学栏目”优秀作者奖

国家卫健康委医院管理研究所主办、惠州市第三人民医院承办的2024年第一期“全国医务人员质量管理能力(实操/PDSA)专训班”

惠州市第三人民医院每月开展“以案释法”专题培训

2021 年 12 月，惠州首家“生命健康叙事分享中心”成立

鹅城叙事医学胜任力培训班暨叙事医学师资培养班在惠州市第三人民医院举办

宋儒亮
法治广东研究中心主任

宋大平
国家卫生健康委卫生发展研究
中心法治与治理研究室主任

郑雪倩
中国卫生法学会副会长

刘大钺
中山大学附属第一医院医务处处长

何思中
中山大学附属第一医院监察处处长

余俊蓉
中山大学附属第一医院信息数据
中心主任

赵虎
中山大学法医系博导

张婧
广州市越秀区人民法院

周如南
中山大学新闻传播学院

广东省医学会第二十四次医事法学学术会议暨2024年国家级继续医学教育项目
“新时期医事法学高级研讨班”

广东省律师协会政府法律顾问专业委员会主任宋儒亮于2021、2022、2023、2024年连续4年为“广东粤港澳大湾区律师执业考试合格人员集中培训班”的香港法律执业者和澳门执业律师作“《法治中国建设五年规划(2020—2025年)》解读”的课程分享

序　言

开过新路　有过进展　出过亮点
医事法学提升广东行

宋儒亮　法治广东研究中心　主任

问题，如座座山峰，应对与处置，似穿越攀爬。越过了，变台阶，迈不过，为顶峰。上上下下，攀越成风景。医事的问题，问题中的难题，其之应对与处置，更是难点。

变“左右为难”的问题为“左右逢源”的好事，构建高水平医事问题应对和处置新路，成为医事法学广东行提升的原问题与新目标

过往医事问题的应对与处置，难言大成绩但有快进步。问题中的医事问题，跨专业，问题套问题，跨领域，纷争藏新事。其之应对，常两难，求妥当不易；其之处置，夹缝之中，求完美难得。

但不怕。“教学之事，大过天”，教事，教师，育人也；“救命之事，大过天”。医事，医师，救人也。做好一件“大过天”之教事或者医事，不易；办成两件“大过天”之医事、教事，更不易，且千载难逢。医事法学同道们，既有医师，又有教师，还有律师等，把医事问题的应对与处置作为当仁不让的事业。

喜看正从事着“大过天”事业的医事法学同道们，珍惜机会，把握当下，久久为功。在问题及其应对和处置上，是有经历的，也是有故事的，也有心得、感悟，且真实而可靠：医事法学系列丛书——《医事法学在广东》、《医事法学进展在广东》和《医事法学亮点在广东》——编辑出版就是其中之一，既记录了关于医事问题应对的点滴，又呈现了医事问题处置的行动，更表达了医学问题应对和处置上的集体思考。这也仅代表过去，《医事法学提升在广东》，恰说明编撰的初心和期待。

正从事着“大过天”工作的我们，事业已呈“星星之火，已在燎原”，其中的“提升”，更是有理有据有为，节节高

顺着《医事法学在广东》、《医事法学进展在广东》和《医事法学亮点在广东》的路迹，走过艰难路的我们，专业知识、处理水平等在不断“提升着”：

认知理念上的完善提升，还了医事活动中当有的“法律”一席。

凭借新时代法治与健康等新理念新思想新战略的指引，再面对特鲁多医生的墓志铭“有时是治愈、常常是帮助、总是去安慰”主张时的我们，不再盲目接纳，而是主动求新的同时又找到并填补了这方面的漏洞，那就是“有时是治愈、常常是帮助、总是去安慰”主张成立当有前提条件，“一直守法”就是。若不然，该主张的坚守与践行，不仅与当今临床医疗的实际不符，也与临床医疗大家成就大众成绩不合，毕竟，积极主动而非消极被动的科学救治当更多而非更少，此也乃医疗常态。

不仅如此，因法治与健康等新理念新思想新战略的指引，再面对培育和造就“医德高尚、医术高超”优秀卫生人才主张时的我们，不再盲从认可，而是积极拓展的同时又找到并填补了这方面的不足，那就是践行“医德高尚、医术高超”主张成立也当有前提条件，“医法高超”就是。若不然，该主张的坚守与践行，不仅与当前医疗活动的真实实践不符，也与医事纠纷处置需要的知识结构、专业能力不合，毕竟，有法治思维和法治方式支持的医事活动才是正常而有价值的活动，这更是法治医事的新常态。

也即，认知理念上的这些提升，给了这样一个新指引，那就是，高质量的医事活动的开展须走“医德高尚、医术高明与医法高超”之“三高合一”的医事法治建设理念新局。

化解方式选择上的进展提升，还了医事活动中当有的“公正”一维。

坚持新时代法治、健康等新理念新思想新战略的指引，再对已有的纠纷处置方式——自行协商、进行调解、申请仲裁、行政裁决、行政复议和提起诉讼等——进行选择时，不再仅图“更快”，如不能再仅看能否“了事”“了案”，更要图“更好”，如强调在“了事中见法治”“了案中见公正”，犹如临床救治“见病更要见人”“治病更要救人”的道理一样。也即，在面对医事问题处置方式的选择时，不仅看结果、不只看利害，更是看公正、公平。只有如此这般，要“没完没了”的持续学习新法规等类似的持续追问与解惑，也就有了新的专业和科学的解释与解答，也凸显了医事法学理论提升和实务提高所具有的正当性。

也即，化解纠纷方式选择上的这些提升，给了这样一个新指引，那就是，高水平医事纠纷方式选择上须践行“公道选择、公开行使与公正结案”之“三公合一”的医事纠纷方式选择新路。

处置机构设立上的健全提升，还了医事活动中当有的“机构”一说。

新时代法治、健康等新理念新思想新战略指引的运用，再寻求医事纠纷应对与处置高质量与高水平良性互动问题时，我们更要顺应“形势要比人强”但“关系不能比专业高”的主张，以法治新常态的践行来赢得医事法治现代化建设新局。如从“医”之角度，表现在医疗机构内部机构的设置上，对标对表政府法治机构上的设置，尽快健全医院相关的法务机构，且要齐要全，如在三甲医院创设医院总法律顾问、设立医事法务处(科室)，在此基础上尽快探索推进医院主要负责人出庭参与应诉活动等。如从“法”之角度，尽快健全搭建医事纠纷处理社会渠道平台，如各地依法成立专门的医事仲裁委员会；尽快健全设立医事审判机构，如法院内部成立医事审判小组、医事法庭等。关于专门法院设置，建议专门设立医事法院，专业从事医事纠纷的法律救济。

法治机构设置的这般提升，给了这样一个新指引，那就是，高质量医事法治建设与高水平医事纠纷处置之间实现良性活动，在机构设置上更当是“医院有法务部门、社会有医事仲裁与法院有专业审理”之“三有合一”的医事专业处置新路。

面对衡平“医事问题总有不确定性”这个不变难题，形成了唯有医事法治提升才能修成正果的认识

衡平，就是让权利与义务、责任与救济在动态平衡中有序展开。面对医事问题中的种种不变，已出版的《医事法学在广东》、《医事法学进展在广东》和《医事法学亮点在广东》已给了当下尽其所能及有着针对性、较高层面、较广维度和较深厚度的回答。在坚持继续接收、吸收、比较、借鉴与消化新知的同时，为不确定的医事问题的化解导入更多新理念的指引、新方式的支持与新结果的支撑，成为提升行动的一个个新期待。

必须逆转医事问题化解上的不利，切实变“左右为难”为“左右逢源”！要实现这样的

新跨越,《医事法学提升在广东》又是一次同道们的集体回应。那就是,高举医事法治大旗,坚持医与法在源头上融通、在活动上有机统一,提升运用法治思维和法治方式的能力把医事问题中“不确定性”之“不”字给“化”了,变“左右为难”之“难”为“左右逢源”之“源”。这其中,有着基础性、基石性的提升工作可先行先试,如:

成立具有法律主体资格的承担阵地功能的医事法学院就是新标志。一直以来,对广东医事法治建设事业关爱有加、对医事分会关心备至、对医事法治工作关怀提点的钟南山院士更是指引在前,既指明了前进方向,又给出了努力的目标,亲笔手书“医事法学院”(见图1),这就是医事法学在广东的“提升”当有的“新信号”、“新呼召”和“新符号”。

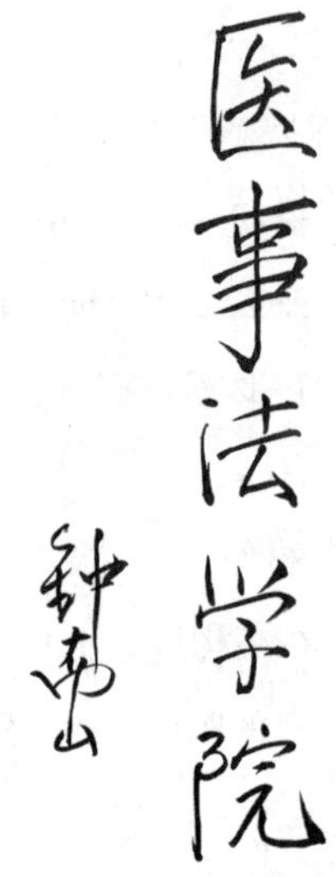

图1 钟南山院士亲笔书写“医事法学院”

以医事法治力的提升为工作抓手,强化日常的医事法规教育培训,强调医事法治建设机制、机构等的建立,如率先在三甲医院设医院总法律顾问、二级以上医疗机构设立医事法务科室,在此基础上尽快探索推进医院主要负责人出庭参与应诉活动等;在临床活动上,以医疗活动真实世界为底为色,切实把“见病也见人”从医学人文、叙事医学等理论中走出来、走下来,变传统的“病程记录”为现代的“病人记录”且真实落入、融入临床活动之中;如在医学教科书编撰上,增加法治维度,开拓创新,在既有病史、医嘱与随访等传统内容之外,又专增“医事法提示”相关内容,让医法认同之根在医事教学、教研、教育、教人等源头环节就生根发芽、有机统一、一体建设与共同推进。

坚持在医事法治轨道上推进医事治理现代化建设，如在医事改革上，让“三医联动”为“五医联动”，即“医疗、医药和医保”再加上“医管”，让“医疗、医药、医保和医管”在“医法”的法治轨道上有序推进、有力推动与有位推出。

“大过天”之医事法治路，不平凡，难顺心，但必须行，还要跨！唯有咬定医事法治建设宗旨、目标和任务，坚持医事法治理念创新、医事活动工作求新和医事事业革新，方可有新局。这，必须要高质量进行医事法学理论提升与高水平医事法治实务探索相结合、良性活动。唯如此，医事法治之路才走得正、走得稳、走得好。

是为医事法学在广东提升之新思、之新判、之新盼。

也为序。

2024 年 12 月 24 日

目　录

第 1 章　分会活动

第 2 章　医法断案

第3章 观点碰撞

第 1 章 分会活动

“发布与保护：新冠肺炎发病期间的活动轨迹”研讨会在广州召开

2021 年 3 月 7 日，由法治广东研究中心和《中国医学论坛报》第二届医事法学理事会联合举办的“发布与保护：新冠肺炎发病期间的活动轨迹”研讨会在广州胜利举行。

广东省委政法委二级巡视员、省法学会专职副会长兼秘书长姜滨，广东省依法治省领导小组办公室原常务副主任张宇航，广东省委党校科研处处长林盛根，广东省疾病预防控制中心原主任、首席科学家张永慧，《南方窗》杂志社原社长陈中，广东省卫生健康委员会政策法规处处长张心明，广州市应急管理局政策法规处处长郭娟，广州电视台法治频道导演严艳丽，法治广东研究中心主任、第二届医事法学理事会理事长宋儒亮，执行理事长文卫平、程东海，第二届医事法学理事会医事健康法治促进部主任刘南筠、葛志坚；医院管理新业态促进部主任黄伟青，医药合规分析部主任程虎，医刑大案要案解读部主任杨金顺、何平，医媒关系热点评述部主任尹来、刘景峰；医生集团建设交流部主任林锋、陈伟；秘书长宋立志等近 30 人参加了研讨会。根据议程安排，致辞、主旨发言阶段，由法治广东研究中心主任、《中国医学论坛报》第二届医事法学理事会理事长宋儒亮主持。

宋儒亮教授主持研讨会

接受方真副校(院)长委托,广东省委党校(广东行政学院)科研处处长林盛根代表校(院)以及科研部门同志,对莅临校(院)的各位领导、各位专家表示热烈欢迎!

广东省委党校(广东行政学院)科研处处长林盛根致欢迎词

林盛根处长表示，校（院）法治广东研究中心主任宋儒亮，现任应急管理教研部主任，中心部门人虽少，但干了很多事，在应急法治、政府法治、医事法治领域取得了很多成果。作为校（院）委托重大课题《突发事件妥善应对应急管理在广东》的负责人，他们课题组科研成果即将以校（院）应急管理教材形式正式出版。取得这些成果，感谢各位领导、各业专家在医学、法律和应急管理等方面给予的支持和贡献。

广东省法学会副会长兼秘书长姜滨致词

针对主题，广东省委政法委二级巡视员、省法学会专职副会长兼秘书长姜滨表示，技术是用来服务人的，研究技术要体现社会主义核心价值观、体现生命至上，要追求人民整体利益最大化，同时也要保证我们个人的利益不受到损失，追求公平正义不能少、不能缺。

广东省依法治省领导小组办公室原常务副主任、广东省人大教科文卫委原主任委员张宇航表示，很高兴担任《中国医学论坛报》第二届医事法学理事会顾问。期待理事会能在健康中国、法治中国等建设上，积极作为，有所建树，贡献社会。

《中国医学论坛报》第二届医事法学理事会顾问张宇航致词

顾问张宇航指出，以前"非典"、汶川地震、南方冰灾等事件的处理，为今天遭遇的突发公共卫生事件的处理，提供了借鉴。当前针对突发事件和重大风险，特别要注意三个方面：第一，重大突发事件处置现场，必须明确一个指挥官，这个指挥官，军民两地都能指挥的了，同时这个指挥官必须有非常丰富的知识能力；第二，我们的法律法规和行政规章制度，必须不断地适应重大公共突发事件的发展需求，要不断地完善，包括这一次新冠肺炎事件的应对，尤其在信息运用上要提升，深圳这个第一例公开是个好的开始；第三，主流媒体和网络一定要占领信息公开和引导社会的制高点，不然就会谣言满天飞，老百姓反而不相信政府。

《南方窗》杂志社原社长陈中，长期关注人文等领域进展。对受邀担任《中国医学论坛报》第二届医事法学理事会顾问表示感谢。希望理事会及其成员，不忘初心，扎实工作，回馈社会。

《中国医学论坛报》第二届医事法学理事会顾问陈中进行主旨发言

顾问陈中表示，科学技术进步为我们疫情防控提供了有力支持，但与此同时，个人信息数据也全部被后台收集。随着大数据等的挖掘和运用，科技进步同时也引发了一些法律问题，例如人肉搜索、网络暴力，等等。建议研讨要突出前瞻性，比如能对4G、5G技术运用可能的结果、可能的风险和可能的未来，提出针对性建议对策，更好地服务数字中国、健康中国建设。

在新冠疫情突发事件应对中，广东省卫生健康委员会工作扎实，应对有力，成效显著，可圈可点。

广东省卫生健康委员会政策法规处处长张心明进行主旨发言

广东省卫生健康委员会政策法规处处长张心明，针对深圳新冠肺炎发病期间的活动轨迹议题，把自己履职中的所思所想、工作中的心得体会和前瞻中的见解看法，融在一起，分别从应急管理提升、公共卫生体系完善、个人信息保护以及立法规范完善等方面，厚积薄发，进行了专业、详实且富有见地的发言，让大家备受启发。

广州市应急管理局，作为成立不久的新机构，在广州突发事件应对中，展现了很好的应对素质，体现了很高的应对能力。

广州市应急管理局政策法规处处长郭娟进行主旨发言

结合深圳新冠肺炎发病期间的活动轨迹议题，广州市应急管理局政策法规处处长郭娟从应急法治角度，提出了有见地、有水平的建议对策。郭娟认为，在突发事件应对活动中，个人轨迹信息发布是一个涉及隐私权保护的敏感问题，《民法典》对此也进行了慎重而细致的规定。《民法典》对于个人信息保护也有一些例外，就是为了公共利益。如何衔接好公共利益和个人权益的保护，首先应该在法律上先打基础再行突破，例如，针对疫情信息，发布权限、发布内容、侵权救济、限定性原则等都要通过立法进一步规范，只有上升到法律，才更利于实现和达到一个各方的平衡，更好地实现公平正义。

作为一座有着悠久历史的超大型城市，广州的法治建设取得了令人瞩目的成绩。广州电视台在国内也率先成立了专门的法治频道。诸如应急法治等议题，也是媒体报道关注的热点议题。

广州电视台法治频道导演严艳丽进行主旨发言

结合深圳新冠肺炎发病期间的活动轨迹议题，广州电视台法治频道导演严艳丽认为，疫情期间，谣言四起，所以需要更加专业的声音。广州电视台通过制作短视频的方式，邀请专家发表观点和看法，解除大家的疑虑。同时提出，各位专家也要勇于站在聚光灯之下，在做好自身工作业绩的同时，也要有不排斥当"网红"这样的一个良好心态。

主持人宋儒亮表示，聆听主旨发言，尽管领域不同，行业差异，见解不一，但各有侧重，各个精彩。正因如此，面对同样的问题，在思考与化解问题上，更需要我们换位思考，更需要我们将心比心，更需要我们互相尊重，更需要我们取长补短。只有周到、细致、专业和真诚的工作，才能让我们对研讨主题——发布与保护：新冠肺炎发病期间的活动轨迹——形成激荡，带来启发，实现改变，造福民众。

高质量、有干货的主旨发言，让"发布与保护：新冠肺炎发病期间的活动轨迹"研讨，更走向了深入。

围绕主题，不同领域的专家，又纷纷发表高论，头脑风暴，精辟见解，又再呈现。

广东省疾病预防控制中心，是全省突发公共卫生事件应急处置和疾病预防控制技术指导中心。广东省疾控中心原主任、首席科学家张永慧，扎根疾病预防领域，时间长，视野高，见识广，经验丰富，对受邀担任第二届医事法学理事会顾问表示感谢！作为权威专家，张永慧教授为了本次研讨会，专门准备了主题报告——《卫生应急视角下个人隐私与知情权的思考》。

第二届医事法学理事会顾问张永慧作主题报告

主题报告中,从个人隐私保护和知情权享受角度,张永慧教授坚守法律开门见山提出,“疾病预防控制机构”“医疗机构”是不能“故意泄露传染病病人、病原携带者、疑似传染病病人、密切接触者涉及个人隐私的有关信息、资料的”,这在《传染病防治法》中明确规定了,但“故意”的判断,在疫情实践中存在很大不确定性。张永慧教授认为,在重大疫情面前,妥善保护涉及疫情人员的个人信息体现了一国应对疫情的综合治理能力。我们必须承认,《民法典》的出台对个人信息保护有了根本提升,但毕竟仍然处于待提升完善阶段。借此次疫情契机,应当尽快完善个人信息保护体系。

基于当前情况,张永慧教授建议,首先,应当在数据泄露后第一时间实施补救措施。其次,尽快建立健全个人信息监督保障机制。最后,信息保障机制离不开一线执法人员的信息保障意识提升,要加大教育培训。在此之前,建议对信息采取“重收集、慎发布、受保护”的策略。

广州市第八人民医院,集医疗、教学、科研、预防保健于一体,是华南地区最大的传染病专科医院。在重大传染病诊治方面处于国内先进水平,在历次的传染病疫情防控中发挥了积极作用。

广州市第八人民医院副院长罗红彬作主题报告

作为传染病领域资深管理人士,广州市第八人民医院副院长罗红彬针对研讨主题进行主题发言。他认为,患者及其活动轨迹的公开,对疫情防控有积极的作用,公开活动轨迹也是为了寻找密切接触者,同时也让医务人员有予以自我保护的时间和可能。他指出,基于传染病防治的流调需要,可以合法采集和公开个人信息。对个人信息采集要合理,要完善程序性规定,采集、发布不能违反《网络安全法》或者《民法典》的规定。《传染病防治法》也仅授权疾病控制机构和医疗机构采集,其他单位可通过查验当地政府或者疾病控制机构等的公开信息就可以了。商务机构采集个人信息,须获得授权,否则,无权采集。针对常用的行程卡,他建议只显示颜色,颜色表示可能的危险,其他比如去过哪里、地域、性别、民族、职业等特殊描述,除非特别需要,否则不显示为好。显示信息不应当超过一定时间段,比如不再调查 14 天以上个人信息。公共场所采集的信息,未经本人同意,也不能随意进行公开、保存或者使用。最好建立全国统一的流调信息采集数据和信息公开发布模式。必须合理使用采集的个人信息。疫情的信息应该是仅限于疾病预防控制机构和医疗机构用于对传染病的监测预测和医学调查、医生报告、救治等其他工作,不能滥用。要遵守信息保密纪律。严惩网络暴力。

中山大学附属第六医院的胃肠肛门专科、生殖医学等学科，是广东省的一张特色医疗名片。时任中山大学附属第六医院院长文卫平教授，担任中山大学附属第一医院副院长、中华医学会耳鼻咽喉头颈外科专业委员会副主任委员、中国医师协会耳鼻咽喉科分会副会长、广东省抗癌协会头颈肿瘤专业委员会主任委员。

医事法学理事会执行理事长文卫平发表观点

作为荣获"第三届国之名医-卓越建树"称号、广东省医学领军人才，第二届医事法学理事会执行理事长，文卫平结合单位抗疫实践，针对主题，进行了重点发言。首先，他表示很高兴参与理事会工作。医疗活动的正常运作必须依法。对当选第二届医事法学理事会执行理事长感到高兴，很认同活动规则。他愿意和大家一起，在法治轨道上，共同推进医患和谐。其次，谈到新冠肺炎发病期间的活动轨迹这个话题，文卫平理事长认为研讨会非常及时。他表示，当前个人信息采集，称赞也好，诋毁也好，都必须推行，前提是在突发事件情况下。因疫情防治需要牺牲个人隐私来成就社会安全，是应该要做的。以前如 20 世纪七八十年代想采集个人信息，做不到。技术等条件达不到，也做不成。高科技大数据背景下的今天，这些是可完成的。但要指出的是，采集、发布处理不好，存在权益保护不当隐患。这需要法律规范，需要法律人的积极行动。他指出，信息管理非常重要。疫情期间中山大学附属第六医院对院区进行了不同区域划分，分为红黄蓝等区域，不同颜色表明不同疫情应对状态。单位同志看到不同颜色就知道如何工作应对。以颜色不同实施精准管理，是一个好思路，实现了管理、效率和疫情应对之间的平衡，也有利于提高大家的警惕，可操作性很强,可以参考借鉴。最后,他建议,当前更要关注疫情期间个人信息的收集、公布和保护问题。希望能制定程序性规定,让个人信息采集等事宜,既有开始、过程,也有结束,像时钟一样,有始有终,按章办事,按规律运作。

深圳博德嘉联医生集团是医生多点执业的一个缩影。2016 年 3 月,深圳博德嘉联成为全国第一个获得冠有“医生集团”字样营业执照的医疗服务机构,法人代表就是林锋。2017 年 11 月,第一个由医生集团设立且带有医生集团名称的博德嘉联医生集团门诊部成立。

医生集团建设交流部主任林锋教授发表观点

《中国医学论坛报》第二届医事法学理事会医生集团建设交流部主任、深圳博德嘉联医生集团董事长林锋教授表示,当选第二届医事法学理事会很光荣,很认同共同商定的活动规则。为了适应要求,他表示今后更要加强法规学习培训。表示愿意与其他同道一起,按照理事会的规则,共同推进多点行医在法治轨道上前进。

针对此次研讨主题,林主任认为,个人信息发布和保护是一个非常值得关注的问题。这个问题比较复杂,涉及多个领域。这其中,有些媒体为了流量,发布的一些信息严重侵犯个人隐私,甚至是已经达到了谣言程度,建议国家严厉打击。同时指出,新冠肺炎患者,即便确诊了也是一个患者,他自己也不愿意染病,但没有办法。社会各界要树立一个清晰观点,就是不能把这些病人当罪人看待,要诊疗他们、关心他们和尊重他们。

广东省第二人民医院，是医疗领域先行先试的一个广东样板，比如，全国首个省级应急医院——广东省应急医院，世界卫生组织国际应急医疗队、全国首家省级应急医院，广东省第二人民医院互联网医院获选首批认证挂牌单位。

医生集团建设交流部主任陈伟发表观点

《中国医学论坛报》第二届医事法学理事会医生集团建设交流部主任、广东省医学会医事法学分会副主任委员陈伟教授表示，当选第二届医事法学理事会医生集团建设交流部主任很高兴，非常认同共同商定的活动规则，这是一个非常有竞争和挑战的新领域，面对新形势，提升依法行医能力，永远在路上。作为医学工作者，从事医事法学方面工作，既有压力，也有动力，希望与大家一道，为共同营造法治化就医环境共同努力。

针对此次研讨主题，陈伟教授以举例方式发表了观点。一种观点认为，从管理角度该如何对待新冠肺炎患者？这是个复杂问题，也涉及个人信息、疫情信息管理问题。比如，有患者是复阳的，没有传染性的，如何面对？要有科学专业的思路，比如，建议做常规化管理即可。另一种观点认为，必须妥善处理疫情及其衍生的问题。比如，疫情期间的执业，更要突出强调科学素养、专业能力。不能把所有的发烧感冒都往疫情上靠，要懂区别、要有担当，否则，可能把其他病的救治给耽误了。他指出，这个问题的化解，既涉及管理水平能力的提高，也关系依法行医能力水平的提升。希望共同努力，共同推进法治、健康中国建设。

广东省律师协会,成立于1980年,是我国律师制度1979年恢复重建后成立的第一家省级律师协会。截至2020年6月,广东省律师协会共有团体会员(各地级市律师协会和律师事务所)近4000余家,个人会员(执业律师)51000余名,律师事务所和律师会员数量居全国首位。

医事健康法治促进部主任葛志坚发表观点

《中国医学论坛报》第二届医事法学理事会医事健康法治促进部主任、广东省律师协会医疗法律专业委员会主任、揭阳市律师协会常务副会长葛志坚对当选《中国医学论坛报》第二届医事法学理事会医事健康法治促进部主任很高兴,表示很认同共同商定的活动规则。希望与来自各地的专业同道们一起,聚焦医事法律理论和实务,通过研究、交流和切磋,共同推进医疗法治建设。

针对研讨主题,葛志坚主任认为,疫情期间发布患者的活动轨迹很有必要,对防控有重要意义。但也指出,发布要遵守相应的法律依据,要坚持最小损害个人信息的原则,要更好地实现保护个人信息立法目的。他认为对发布公民个人信息造成不利损害影响的,发布方还应承担法律责任,比如赔偿等责任。这方面,《民法典》有了清晰的规定。他提出,实现个人信息保护和公共利益维护的平衡,建议要多从法律角度思考问题,要善于运用法治思维和方式应对各种风险。

进行中的“发布与保护:新冠肺炎发病期间的活动轨迹”研讨会,精彩发言,观点碰撞,仍在继续。

杨金顺律师，广东省医学会医事法学分会常委，华南理工大学法学院、知识产权学院兼职副教授，北京市盈科（广州）律师事务所大要案部主任。参与过中央纪律检查委员会牵头的省部级、厅级领导干部职务犯罪案件的侦查工作，在省级检察院担任中层领导多年，在地市级检察院担任过院领导职务，主办主管过各种有影响的刑事、民事、行政案件几千件。

医刑大案要案解读部主任杨金顺发表观点

当选《中国医学论坛报》第二届医事法学理事会医刑大案要案解读部主任，杨金顺律师表示感谢，认为按照共同商定活动规则开展活动有一定挑战，会占用律师业务时间，但愿意与同道们一起，共同推进医事法治建设。

针对研讨主题，杨金顺律师对发言同道们的观点表示认可，并进一步阐述了自己的观点，认为新冠疫情期间对个人轨迹的发布，就是集体利益与个人利益冲突如何处理的问题，这其中，如何找到既能维护个人利益也不会让集体利益受到损失的一个平衡点，非常重要。这个问题需要立法。期望通过立法，细化、规范化信息发布和保护的规则，有利于实操则是最要考虑的。

刘景峰，米内网副总编，曾任《广东医学》《实用医学》杂志编辑，《医药经济报》记者，也是医药信息领域的资深媒体人士，对《中国医学论坛报》很是认同，情有独钟。

医媒关系热点评述部主任刘景峰发表观点

当选《中国医学论坛报》第二届医事法学理事会医媒关系热点评述部主任，刘景峰表示非常高兴，非常认同共同商定活动规则，且已积极投稿多篇，其借鉴袭警罪立法思路制定保护医务人员合法权益的观点，很有启迪价值。

针对研讨议题，刘景峰认为，个人信息蕴藏着巨大的商业价值，发布个人轨迹信息应该分级，不同的级别该有不同权限。他根据自己的工作经验，建议充分运用《网络安全法》等规定，做好各种加密、物理隔绝等措施，主动防止个人信息泄露，更好地保护各方权益。

何平律师，现任深圳市律师协会医药健康法律专业委员会副主任、深圳市律协第十届医药健康法律专业委员会副主任、广东省律协医疗法律专业委员会委员、深圳国际仲裁院医疗纠纷仲裁院仲裁员、深圳市卫生健康委员会法律咨询专家委员会委员。

医刑大案要案解读部主任何平发表观点

当选《中国医学论坛报》第二届医事法学理事会医刑大案要案解读部主任，何平律师表示感谢。她表示非常认同共同商定活动规则，齐心协力，共同推进医事法治建设。

针对研讨议题，何平律师表示这是深圳在防疫方面所做的富有成效的工作之一。她指出，作为改革前沿的深圳，2020年又率先制定了两部卫生应急相关的法规，确实不容易，这些工作显示了深圳对医事法治工作的重视。她表示，深圳这些立法，给推进防疫工作提供了更加直接的法规支持。当前应当继续加大研究和推进力度。

黄伟青，医学（呼吸专业）博士、博士导师，担任广州医科大学附属第一医院副院长。2020年7月26日，国家卫生健康委员会决定分别以中日友好医院为主体设置国家呼吸医学中心、以广州医科大学附属第一医院为主体设置国家呼吸医学中心（广东），共同构成国家呼吸医学中心。

医院管理新业态促进部主任黄伟青发表观点

作为广东省医学会医事法学分会副主任委员、广东省医师协会人文医学工作委员会主任委员，黄伟青副院长对当选《中国医学论坛报》第二届医事法学理事会医院管理新业态促进部主任，表示荣幸，认同活动规则，并愿意积极参与，有效作为，共同推进依法行医大业。

针对研讨议题，黄伟青副院长认为，疫情期间因个人信息的公布引起了很多后续问题，比如，有的患者治愈后，不愿意出院；有的患者治愈后出现复阳，小区又不接纳他。因此，建议个人活动轨迹的公布应该谨慎，比如公布范围、内容等，应根据患者病情有针对性地进行公布，不应该广而告之，搞"大水漫灌"式的公布。他提出在公布活动轨迹等事宜时，应当加强对患者进行人文关怀。

程东海，现担任广州大学纪委副书记，兼任广州市医学会医事法学分会主任委员、广东省医事法学会常务委员。获广东省哲学社会科学优秀成果二等奖1项，广东省、广州市高校党建优秀论文成果一等奖、二等奖3项。

执行理事长程东海发表观点

当选《中国医学论坛报》第二届医事法学理事会执行理事长，程东海表示感谢。非常认同活动规则，愿意与大家一道，通过工作活动，体现理事会价值、作用，服务健康大局。

针对研讨议题，程东海执行理事长表示，"非典"时候也参加了一个这样的会议。他表示，钟南山院士在"非典"期间提出的观点是"诚实永远是上策"，因此，针对活动轨迹公布，要遵守诚实原则。国外有些经验做法，可借鉴参考。他提出在疫情信息公布问题上，政府机关和官方媒体更要积极发挥正面引导作用，提高民众警惕，防止谣言满天飞。他建议，疫情信息公布是个综合问题，当前还要补短板，落实个人信息保护的立法，从源头上实现有法可依，实现大疫有大治的效果。

尹来，任职《南方都市报》的资深媒体人，目前已有30余篇稿件获广东新闻奖、广州市人大好新闻评选、市政协好新闻评选、广东省教育厅好新闻评选、南方都市报新闻奖、南都智库产品先锋奖等。先后荣获报社先进个人、年度杰出员工、总裁嘉奖令等。

医媒关系热点评述部主任尹来发表观点

作为《南方都市报》科教卫新闻部负责人，尹来对当选《中国医学论坛报》第二届医事法学理事会医媒关系热点评述部主任表示感谢。非常认同活动规则，愿意通过媒体间的有效参与，挖掘亮点优势，共同推进医事法治工作新局面。

针对研讨主题，尹来认为，个人轨迹的发布应该是分阶段的，要明确发布权限的问题。建议发布要有相应的模板，且时间不能太长，否则，民间已经形成了舆论场，官方主流信息还没有出来，发布效果就减弱很多。她建议，进行活动轨迹发布，对于主题、内容等能回答市民关心的问题，要有针对性。要明确发布的权责，通过权责平衡实现发布目的。只有这样，才能让市民通过信息发布实现安心而不闹心。

程虎，现任广东省律师协会医疗法律专业委员会副主任兼秘书长、广州市海珠区新的社会阶层人士联谊会会员兼法律专业委员会总干事、广州民商法学研究会副秘书长、中央电视台《法律大讲堂》节目讲师、广州电视台《律政开讲》《奇案启示录》节目讲师。

医药合规分析部主任程虎发表观点

作为从事医事刑事方面的专业律师，程虎对当选《中国医学论坛报》第二届医事法学理事会医媒关系热点评述部主任，表示非常感谢。非常认同活动规则，也非常期待通过活动，让医事法治工作上新台阶。

针对研讨议题，程虎认为，如果没有新冠肺炎疫情，2021 年应该是中国的隐私权保护的元年。在《民法典》发布之前，《刑法修正案（九）》规定了侵犯公民个人信息罪，出台了关于办理侵犯公民个人信息罪的司法解释，解释对个人信息进行了分级，对侵犯不同类型个人信息规定给予不同的惩罚。表示，个人轨迹信息属于个人信息里面第三级的信息，是我们最重要的信息，对它的保护必须切实落实。程虎建议，疫情期间公布个人信息可以理解，但后疫情时代，个人轨迹信息公布应该回到正常状态。疫情信息的发布和保护，越早纳入法治轨道，越早获得有效治理。

刘南筠律师，执业 18 年，现任广东中熙（龙华）律师事务所主任，龙华区政协委员，龙华区新的社会阶层人士联合会副会长，深圳市律师协会宪法和行政法专业委员会主任，深圳市人大常委会立法调研基地立法专家、深圳市人民检察院专家咨询委员会委员，宝安区人大常委会教科文卫侨工委会委员。

医事健康法治促进部主任刘南筠发表观点

当选《中国医学论坛报》第二届医事法学理事会医媒关系热点评述部主任，刘南筠律师表示非常感谢，也非常认同活动规则。期望通过活动参与，不断强化医事法治能力，更好推进健康、法治中国建设。

刘南筠律师表示，对于研讨议题，作为专业律师也是有所贡献的。记得在疫情最严峻的时候，面对政府需求，做了一些法律服务工作，比如，积极帮助深圳市政府查找个人轨迹发布的法律规定；提出活动轨迹的发布与保护，属于政府信息公开，应遵循《政府信息公开条例》的规定进行；认为发布个人轨迹信息有法律依据，是有法可依的，发布的这些信息是为了公共利益需要，属于应急处置措施的轨迹信息；基于疫情防治，建议尽快出台深圳疫情防控若干应急措施，并作为疫情防治的具体依据。鉴于疫情期间有关个人信息公开出现了某些无序状态，建议在后疫情时代更应完善吹哨机制，让信息公布、停止等更好地在法治轨道上进行。

赖永洪，儿科主任医师。现任中国医师协会人文医学专业委员会副主任委员，广东省医学会医事法学分会副主任委员。广州医科大学附属第三医院原党委书记。长期从事医学领域的医疗、教学、科研及医院管理工作。

第二届医事法学理事会顾问赖永洪发表观点

针对研讨议题，赖永洪顾问进行了总结回顾，并谈了三个思考，给出了自己的观点。表示大家谈了很多，对大家的观点也很认可，同时根据自己的经历给出了三个思考。第一个思考，做这样的发布，不忘初心，初心在哪？回归本源，发布的本源在哪？认为发布核心的目的是找密接，找密接是传染病防控最主要、最重要的一个环节，跟疫情的风险级别无关，跟是不是出现疫情有关。第二个思考，怎么起名？认为深圳发布的不是活动轨迹而是一个点。第三个思考，万变不离其宗，应对应急管理、危机管理、突发事件，“宗”在哪？他表示很认可“诚实永远是上策”这句话，且表示这个问题要不断思考。

研究中心主任、理事会理事长宋儒亮做总结

回顾货真价实、干货满满的研讨会，宋儒亮理事长进行了小结，他表示，第一个要肯定的是，小题深做，研讨会做到了，且很有收获；第二个要肯定的是，比较视野，研讨会也做到了，且很有触动；第三个要肯定的是，忧国忧民，研讨会更做到了，且很有见地。这次研讨会的确是一次头脑风暴，也是一次换位思考，把自己最精华的见解用最短的时间呈现、奉献出来，作为主办者、主持人，非常感谢在座各位的金玉良言，非常感谢大家的奉献付出，感谢大家对研讨规则认同，期望互相成就的研讨。

与会部分领导同道合影留念

（仅根据会议记录整理　宋立志供稿　段馨婷摄影）

“医事法学”栏目：喜获《中国医学论坛报》2021 年度优秀栏目

2022 年 1 月，喜讯传来：“医事法学”栏目荣获《中国医学论坛报》2021 年度优秀栏目。这是“医事法学”栏目的光荣，也是同道们的殊荣。

荣誉证书

“医事法学”栏目荣获《中国医学论坛报》2021年度优秀栏目。

栏目主编 宋儒亮
法治广东研究中心主任、中国医学论坛报第二届医事法学理事会理事长、广东省医学会医事法学分会主任

中国医学论坛报社
2022年1月17日

2012 年 6 月 18 日，是一个特殊的日子：“医事法学”栏目在《中国医学论坛报》正式开档，它是广东省医学会医事法学分会成立以来同国内医疗专业权威媒体的第一次合作。设立“医事法学”栏目，是有初心使命的，那就是期望通过大量真实医疗案例的还原与分析，从法律角度看待医疗行为，让医生用“法”规避风险，最终实现“依法行医，法治医疗，医患和谐”的愿景。

聚焦医事法学，辛勤耕耘，成果孵化，源源不断，择要者：

成立医事法学理事会。本着“法治医事、专业精神、自主尽责、互相成就”之目标，成立《中国医学论坛报》医事法学理事会。《中国医学论坛报》第二届医事法学理事会于 2021 年 3 月 7 日成立，聘请张宇航、李国营、田武汉、陈中、张永慧、陈规划、耿仁文、赖永洪等顾问。宋儒亮担任理事长，文卫平、程东海为执行理事长，宋立志为秘书长。内设 6 个专业部

门,部门名称和部门主任分别是:医院管理新业态促进部,主任黄伟青;医事健康法治促进部,主任刘南筠、葛志坚;医药合规分析部,主任程虎;医刑大案要案解读部,主任杨金顺、何平;医媒关系热点评述部,主任尹来、刘景峰;医生集团建设交流部,主任林锋、陈伟。

第二届医事法学理事会成立以来,特色的专业活动不断,如隆重主办“发布与保护:新冠肺炎发病期间的活动轨迹”研讨会;在与广东省应急管理法治研究会联合举办2021年度广东应急管理法治论坛,《中国医学论坛报》第二届医事法学理事会理事长宋儒亮、执行理事长程东海牵头承担落实了实务沙龙“情景模拟:医院门诊大楼一楼被水浸”的专业研讨;黄伟青主任领导的医院管理新业态促进部联合举办了2021年广东省医学学术直通车——医事法学花都行暨慢病管理与人文医学法治轨道融合发展论坛;在香港大学深圳医院举办“新形势下投诉处理及纠纷防范处理”项目,何平主任领导的医刑大案要案解读部承担了《医师法》相关内容的法律解读等。

开办“医事法学”栏目。“医事法学”栏目,覆盖广泛,内容丰富,形式多样,有“医法断案”、“医疗警示录”、“医法情深”(三人谈)、“依法治院”、“时事热评”、“高峰论坛”、“教授专访”、“儒亮时评”等。“医事法学”栏目内容,在壹生App端,全部全文刊发;在《中国医学论坛报》报纸端,部分刊发。

这其中,在“医事法学”栏目中,最经典、最长久、最特色的莫过于“医法断案”了。截至2022年1月29日,“医法断案”系列已刊发了100期,其中民事案例篇86篇;行政案例篇9篇;刑事案例篇5篇;每期字数过万,合计超百万字。“医法断案”又细分为三类:民事案例篇、行政案例篇、刑事案例篇。“医法断案”的案件,入选是有讲究、有选择的,“全国范围”“临床活动”“生效判决”“诉争有典型性、代表性”等就是关键词。合作以来,每月一期,原案原创,雷打不动,壹生App首发,内设“案情简介”“各方观点”“医方意见”“律师意见”“鉴定专家意见”“法官意见”“启示”等部分。每期案例,均邀请5~7位专家,以书面方式直接参与,包括医生、律师、法官、鉴定专家和专家学者等。

出版医事法学专业书籍。在法律出版社出版的《医事法学在广东》《医事法学进展在广东》《医事法学亮点在广东》三本书,更是与“医事法学”栏目合作之结晶。

“医事法学”栏目是幸运的!坚持这样久、氛围这样好、合作这样密、成果这样多,领导支持、编辑给力、同道参与、读者鼓励等,密不可分,在此,谨代表“医事法学”栏目同道们向他们表示我们最崇高的敬意:

始终如一,给予我们栏目鼎立支持的《中国医学论坛报》侯晓梅社长、龙华、郑桂香、杜佳梅、王斓副总编、廖杰社长助理、循环栏目主编张利环以及赵静薇等编辑们；

一如既往，给予我们栏目鼎立支持的广东省医学会姚志彬会长、李国营副会长兼秘书长、学术部陈华红部长等领导们，表达我们最衷心的敬意；

一以贯之，真诚、真实参与我们栏目的官健、魏巍、付洪林、刘治家、佘琼圣、洪嘉忠、郭尔绚、邓娟闰、陈冬梅、年亚等敬业而专业的法官们；赖永洪、程东海、温国明、黄伟青、杨扬、李建林、陈伟、李永丰、罗斌、赵凯、耿巍、单玉涛、汪锦宏、刘玉莹、吴洋等乐业而专业的医者、鉴定专家们；葛志坚、何平、李立、欧阳兵、李强、甘翌晓、杨金顺、范秀玲、庹明生、王浩、程虎、廖俊、宋立志、周攸、许文滔等勤业而专业的律师同道们，表达我们最衷心的感谢。

"医事法学"栏目，要更有后劲！《中国医学论坛报》把2021年度优秀栏目颁发给了"医事法学"栏目，又抬高和提升了"医事法学"栏目的定位和格局。感谢、感动和感恩之余，也深知我们栏目在工作上还有不足、在专业上仍待提升、在成果上仍需转化，为此，我们将更加秉承"医德高尚、医术高明和医法高超"之宗旨，一如既往、精益求精、风雨无阻，以更好、更专、更多的优质原创内容，更好服务健康中国、法治中国大局，为推进更高水平的医事法治建设现代化贡献我们的绵薄之力！

一年之计在于春！今天是2022年1月31日，中国人最重要节日春节即将到了，在此谨代表"医事法学"栏目向关心、关爱、关注栏目的敬爱的领导们、亲爱的同道们和友爱的读者朋友们拜年了！

同庆春节，同享快乐，同创未来！

这是我们"医事法学"栏目2022年年话。

谢谢！

秉承继承 团结奋斗 推陈出新 续写医事法学在广东新篇章——广东省医学会医事法学分会发展沿革

广东省医学会第一届医事法学分会首任主任委员 宋儒亮

2023 年 3 月 31 日

一、分会的成立:小荷才露尖尖角,我们来了

2011 年 11 月 29 日,广东省医学会医事法学分会成立大会暨首届南方医事法学高峰论坛在广东省委党校文体中心二楼举办。中华医学会系统中第一个以医法结合、医法融通与医法共升为特点的专业分会——广东省医学会医事法学分会,破茧而出,诞生岭南。时任中国工程院院士钟南山,时任广东省医学会会长黄庆道、秘书长朱宏,广东省卫生厅、广东省高级人民法院等的领导嘉宾,莅临见证,嘱托鼓励。时任中共广东省委党校(广东行政学院)法学教研部主任宋儒亮教授当选为首届主任委员。委员同道,济济一堂:同道代表,不但地域广、行业宽,学会、院校、医院、法院、律所、报社,均有代表,而且领域多、专业强,医疗卫生、教师学者、法官、检察官、律师、法医、记者,均是才俊。他们的加入与参与,让分会成立开始,就有了高起点、宽视野、厚基础和强使命。

作为中华医学会系统中唯一的医事法学分会，成立以来备受省医学会领导们的厚看、厚爱和厚待：时任会长黄庆道、秘书长朱宏，关怀备至，指示指点，分会工作走向正轨；姚志彬会长、李国营副会长兼秘书长，关爱厚看，指示指导，分会工作扎实前行。在医学会及业务部门等相关领导指导下，秉承"医德高尚、医术高明和医法高超"之宗旨，坚持医法结合、医法融通和医法共升，突出学术，强化专业，服务医事，在推进系统性、创新性的医与法结合性、交叉性研究，在参与医疗法律和政策的制定，在进行医事立法咨询或提出修改意见，在医事法律的理论与实务的提升，在为学会提供法律支持，在为执业医师开展医疗法律业务提供法律指导，在提供医疗法律讯息，在开展医疗法律知识讲座和培训等方面，做了大量开创性、贴需求、有价值的工作，受到了广泛好评。

成立11年以来，"医事法学"栏目创下了多项全国首个，并荣获《中国医学论坛报》2021年度优秀栏目、2017年度广东省医学会先进专科分会等。

二、分会的足迹：星星之火在燎原，我们干了

(一)品牌论坛——医事法学，高峰论坛，精彩纷呈

"南方医事法学高峰论坛"，是分会创立并培育的一个品牌活动。自2011年医事法学分会成立以来，已连续成功举办8届"南方医事法学高峰论坛"。作为医事法学分会的品牌学术活动，论坛主题始终坚持紧贴医事情高质量发展需求，强化"真案例、多视野，专业化"理念，以"高端主旨报告""论坛主题报告""圆桌学术沙龙""专业培训"等多种形式，再现与探讨医疗活动中的真实问题，并针对性给出指导性意见和学术思考。其之举办，大大宣传与提升了广东在运用法治思维和法律方式应对医疗风险、化解医疗纠纷等方面的工作和能力，成为国内医事法学领域备受肯定的一大品牌活动。扼要介绍如下；

2012年11月，首届"南方医事法学高峰论坛"召开，主题："建医事法分会、创医事法治新局"。

2013年12月，第二届"南方医事法学高峰论坛"召开，主题："拒绝暴力，依法维权，运用法治思维和法制方法化解医患冲突"。

2014年12月，第三届"南方医事法学高峰论坛"召开，主题："共建医事法治、共享法治医疗"。

2016年1月，第四届"南方医事法学高峰论坛"召开，主题："医事发展，法治保障"。

2016年11月，第五届"南方医事法学高峰论坛"召开，主题："法治新常态、医事新进展"。

2017年10月,第六届"南方医事法学高峰论坛"召开,主题:"医改新趋势、防控新对策与医事法学亮点在广东"。

2018年11月,第七届"南方医事法学高峰论坛"召开,主题:"医疗纠纷预防和处理的新时代"。本届论坛首次邀请港澳医事法学工作者参会,开创了粤港澳三地专家共议医事法学的新气象。

2019年10月,第八届"南方医事法学高峰论坛"召开,主题:"新理念、新思路、新举措,疫苗管理法治新时代"。探讨预防接种纠纷的预防及可能面临的主要医事法风险。

2023年4月,第九届"南方医事法学高峰论坛"召开,主题:"聚焦高质量医事法学研究更好助推高质量医学发展"。

(二)专业活动——医事法学,高端论坛,服务临床

受邀连续7年承办"中国南方国际心血管病学术会议(南方会)之医事法学高端论坛"。

2012年4月,首次受邀参加第十四届中国南方国际心血管病学术会议(南方会),承办"医事法学高端论坛",论坛上以采取解读心血管案例的方式,导入并阐述医事法在医疗活动中的角色、担当与价值。

2013年4月,承办"第十五届中国南方国际心血管病学术会议(南方会)之医事法学高端论坛",论坛主题:"医事法学之模拟法庭"。通过采取模拟法庭的方式,传递、传达医事法的运用与作用。

2014年4月,承办"第十六届中国南方国际心血管病学术会议(南方会)之医事法学高端论坛",论坛主题:"医法专家再谈中国暴力伤医根源与对策——立法问题还是执法问题"。通过剖析典型系列案,专题探讨中国暴力伤医的根源与对策。

2015年4月,承办"第十七届中国南方国际心血管病学术会议(南方会)之医事法学高端论坛",论坛主题:"多视角看心血管诊疗技术发展中的法律风险识别与防范"。采取"多视角看心血管诊疗技术发展中的法律风险识别与防控"的研讨方式,不断推进医事法治更好融入临床,更好服务临床医事活动。

2016年4月,承办"第十八届中国南方国际心血管病学术会议(南方会)之医事法学高端论坛",论坛主题:"法治广东研究中心广东医事法治发展状况研究课题发布会"。通过法治广东研究中心广东医事法治发展状况研究课题发布会暨学组优秀成员经验分享会形式,共享医事法治在广东的进展与成就。

2017年4月,承办"第十九届中国南方国际心血管病学术会议(南方会)之医事法学高端论坛",论坛主题:"医事热点进展中的法治风险与防范"。通过对医事热点进展中的法治风险与防范的研讨,共商医事法治未来。

2018年4月,承办"第二十届中国南方国际心血管病学术会议(南方会)之医事法学高端论坛",论坛主题:"依法治院法治建设年度观察体系构建与说明"。

2019年4月,承办"第二十一届中国南方国际心血管病学术会议(南方会)之医事法学高端论坛",论坛主题:"心血管学科发展与医疗安全医事法学高峰论坛"。

(三)培训活动——培训教育班、直通车,丰富多彩

2012年11月20日,医事法学继续教育学习班在广州举办。这是医事法学分会成立以来举办的第一个专业培训班。

2014年9月成功举办中华医学会系统首个国家级医事法学类继续教育学习班。作为中华医学会批准的全国第一个医事法学继续教育培训班,是医事法学由广东向全国进行先行先试并探索成功的第一步,极具开拓性。

"医在左、法在右——医事法学医院行"全国巡讲活动。自2016年2月启航,在广州、惠州、北京等地开展包括法治新常态下的"医与法"内容全国宣讲报告活动,获得各医疗机构热烈欢迎和一致好评,该项目在2016年度原国家卫生和计划生育委员会宣传司、中国健康教育中心举办的出版物主题宣传激励项目评选活动中获评"最佳品牌活动"。

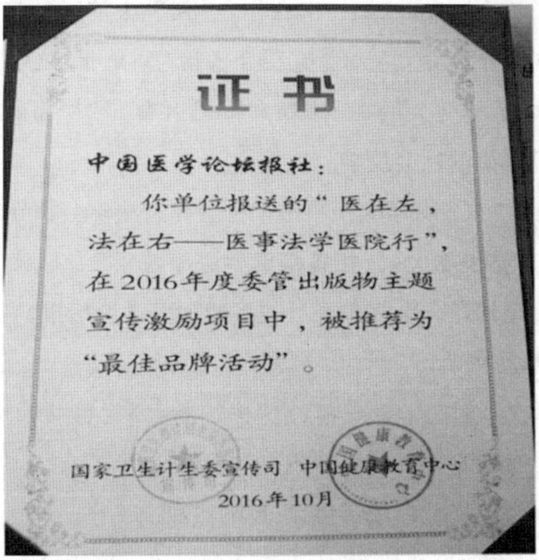

2018年9月22日，广东省医学会学术直通车将医事法学"开到"惠州，在惠州市第一人民医院举行了一场别开生面的法律讲座——医事法学惠州行暨《现场急救关键医疗技术与法律》。

2020年10月，广东省医学会医事法学分会，与法治广东研究中心联合举办"预防接种服务保障机制体制座研讨谈会"。就当前民众关心的非免疫规划疫苗短缺和接种等问题进行研讨。研讨成果作为咨询报告，获省领导批示。

2021年5月22日，由广东省医学会医事法学分会、《中国医学论坛报》第二届医事法学理事会医院管理新业态促进部等主办，广州市花都区人民医院承办的"2021年广东省医学学术直通车——医事法学花都行暨慢病管理与人文医学法治轨道融合发展论坛"在花都区人民医院隆重举行。

(四)研究栏目——医事法学，专业精准，影响广泛

2012年6月18日，《中国医学论坛报》开设的"医事法学"专栏正式开档。该栏目由医事法学分会主任宋儒亮担任主持人，自2012年6月开始正式刊文，栏目内容丰富，覆盖广泛，形式多样，通过对大量真实医疗案例的还原与深入分析，让医生用"法"规避风险，提升了从法律角度看待医疗行为的能力，为最终实现"依法行医，法治医疗，医患和谐"提供智力支持、法律支援、法治支撑，获得大量关注和好评。

作为学术平台，"医事法学"栏目是广东省医学会医事法学分会成立以来同国内医疗专业权威媒体《中国医学论坛报》的第一次合作。"医事法学"栏目之第一期——"一审患方败诉，二审调解医方部分赔偿　主动脉夹层介入治疗'是非'之争"——在《中国医学论坛报》正式发表。成立11年之久的"医法断案"，已开辟了"民事案例篇""行政案例篇""刑事案例篇"，取得了良好的社会反响。

2021年3月16日，广东省医学会医事法学分会在省法学会领导的支持下，在省医学会举行"医事法学"栏目总结表彰大会，共襄盛事："医事法学"专栏荣获《中国医学论坛报》2021年度优秀栏目；医事法学分会多位委员，获《中国医学论坛报》"医事法学"栏目优秀编辑奖、优秀作者奖、优秀秘书奖。

截至2023年3月，《中国医学论坛报》之"医法断案"栏目共刊发了114期(民事案例96期；行政案例13期；刑事案例5期)，累积点击观看50余万次。

(五)传播活动——医法情深，谈话栏目，反响热烈

2017年8月，共同拍摄"医法情深"大型谈话类栏目。该栏目由《中国医学论坛报》、广东省医学会医事法学分会、法治广东研究中心共同主办，邀请医、患、鉴、法、媒各领域专家，本着来自临床、回归临床的理念，针对医生在临床工作中面临的热点问题进行深入探讨，通过专家谈话为医生群体答疑解惑，提供服务，是学会在学术传播和服务中的一大创新尝试举措和新亮点。“医法情深”栏目，贴近热点，共录制20余期，观看人次过百万，取得很好的社会效果。

2018年，又受邀拍摄了“医疗警示录”，该栏目由《中国医学论坛报》、广东省医学会医事法学分会、法治广东研究中心共同主办。选取医疗中常见风险为视角，以案例的形式进行剖析和观点分享，反响热烈。

2019年，又拍摄“事实热评”，该栏目由《中国医学论坛报》、广东省医学会医事法学分会、法治广东研究中心共同主办。通过分享一些有关医疗机构、医务人员等方面的热点事件，进行分析，引以为戒，起到引导之作用。

（六）学术作品——医事法学，进展系列，厚积薄发

这些学术作品，及时总结了广东医事法学学术研究成果，具备专业性和前瞻性。该系列书籍成为医务人员、律师、法官等医疗领域相关人员重要的学习资料，是学会成立10年多以来的学术结晶。

在广东系列。在法律出版社分别出版《医事法学在广东》（2013年4月）、《医事法学进展在广东》（2016年4月）、《医事法学亮点在广东》（2020年1月）系列书籍。

课题报告系列。课题报告《广东医疗纠纷处理调研报告 2014》《广东医疗纠纷处理调研报告 2016》分别入选中国社会科学院地方法治蓝皮书项目之《中国地方法治发展报告》(2014)年、《中国地方法治发展报告》(2014)年。

委托课题系列。比如,省卫生厅委托医事法学分会编著的《医事法律 500 问》,在中国法制出版社(2014 年)出版发行。

(七)内设学组——专业学组,平台舞台,服务需求

2014 年 9 月,医事法学分会,正式成立了医疗风险防控学组、医疗纠纷处理实践学组、医疗损害鉴定学组、媒体信息学组。

2015 年 11 月,再扩展成立第五个学组——医疗与企业事务学组。

(八)放眼全国——学术拓展,联系报社,举法治大棋

2017 年 10 月,《中国医学论坛报》正式成立,钟南山院士亲自书写"医事法学院"。

《中国医学论坛报》第一届、第二届医事法学理事会,相继成立,聘请顾问,并开展运作。

(九)地级分会——医事法学,分会委员会,星星之火

2018 年 12 月 26 日,佛山市医学会医事法学分会成立。选举产生了分会第一届领导班子,佛山市医学会会长王跃建教授出席了会议开幕式,并为第一届委员会委员颁发了证书。赵伟成担任首任主任委员。

2019 年 8 月 17 日,广州市医学会医事法学分会成立。8 月 19 日中国医师节来临前,8 月 17 日,广州市医学会医事法学分会在广州成立,会议围绕国内外医事法学进展、医疗管理事务中常见的法律问题、医务人员法律意识提升等展开了详细的探讨。分会常委程东海担任首任主任委员。

2019年10月23日,深圳市医学会医事法学专业委员会成立。10月23日下午,深圳市医学会第一届医事法学专业委员会选举成立大会在深圳顺利举行。分会副主任李建林担任首任主任委员。

三、分会的展望:人杰地灵的广东,我们追了

今天,是一个大日子:医事法学分会,实现了新老交替。新一届领导班子,在大家见证下,成立了!我们,欢欣鼓舞。

今天,是一个好日子:分会同道,新老朋友,济济一堂。老朋友在叙旧,新朋友在相识。我们,其乐融融。

今天,是一个喜日子:回忆了丰收的过去,表彰了工作的先进,展望了未来的追求。我们,互相成就。

回顾过去,历数往事,我们更感谢一路领导、指引和关心分会的各位领导老师们,在这里谨代表医事法学分会第一届委员同道们向省卫生健康委员会朱宏主任、姚志彬会长、李国营副会长兼秘书长、学术部陈华虹、陈大福等领导们以及为广东医事法学分会工作尽心尽力、扎实工作与无私奉献的各位同道们表示最衷心的感谢!

展望未来,面对蓝图,我们更坚信在未来的前进道路上,有省医学会正确领导,有各位兄弟单位和同道们的大力支持,医事法学分会的未来工作,大有可为,大有作为,可期可贺!

新一届医事法学分会将要成立了!恭喜恭祝恭贺的同时,我们也清楚知道,实现以高质量医事法学研究助力医疗高质量发展目标,不是轻轻松松就能实现的,卓有成效的医事法学的工作仍在路上,卓尔不凡的医事法学的研究仍在路上。

在省医学会正确领导下,我们期望、期待和期许第二届医事法学分会各位同道们,肩负提升医事法学研究新使命,以医事活动的法治研究、培养与宣教等为己任,始终不忘初心,秉承继承,把医事法学分会成立10年多以来打拼出来的"好论坛、好栏目与好作品"坚持下去;始终眼望前方,推陈出新,把新时代医事法治建设中的"新进展、新服务与新举措"成就下来,坚持在医法轨道上推进医疗、医药、医保的衔接与联动,以高水平的医事法学建设成绩助力广东医事高质量发展,为"健康广东""健康中国"的更好未来,贡献我们广东医事法学分会、分会人的智慧、方案和力量。

回顾总结　表彰优秀　高峰论坛　医事法学在广东继往开来　又开新局　再攀新峰

2023年3月31日，广东省医学会医事法学分会换届大会暨第九届南方医事法学高峰论坛在广东大厦3楼多功能厅举办。广东省医学会学术管理与组织管理部部长陈大富、广东省医学会第二届医事法学分会刘秋生等90余位同道参与活动。

广东省医学会会长姚志彬、副会长兼秘书长李国营，向会议举办表达了衷心祝贺和美好祝愿，广东省医学会副秘书长蓝岚代表省医学会向医事法学分会成立以来开拓创新且卓有成效的活动表示了衷心感谢，向奋斗在一线的第一届医事法学分会各位同道们表达了慰问，向第二届医事法学分会的成立表达祝贺，期待新一届医事法学分会，再接再厉，砥砺前行，力争取得更大的成绩。

回顾总结。宋儒亮主任委员代表广东省医学会第一届医事法学分会作第一届委员会工作报告。宋儒亮主任委员表示，广东省医学会医事法学分会自成立以来，历经12年，以“医德高尚、医术高明和医法高超”为宗旨，做了很多开创性工作，取得了很多原创新成果，获得了很多肯定性评价。广州、深圳、佛山等地市成立了医事法学分会机构，“星星之火，已在燎原”！宋儒亮主任委员强调，这些成绩来之不易，这些成绩离不开省医学会领导们、分会同道们的共同努力。在此，第一届医事法学分会向各位领导的正确领导、同道们的辛苦付出，表示最衷心的感谢！

表彰优秀。经推荐、审核与批准，省医学会对宋儒亮等20名医事法学分会先进个人进行表彰。

省医学会第一届医事法学分会宋儒亮主任委员，获广东省医学会医事法学分会创办12年医事法治建设特别贡献奖。

蓝岚副秘书长为宋儒亮主任委员颁奖

省医学会第一届医事法学分会王绍强、赖永洪、杨扬、田柯、黄伟青、陈伟、曹瑞、李建林、袁伟伟，获广东省医学会医事法学分会创办12年医事法治建设贡献奖。

宋儒亮主任委员为获贡献奖的副主任委员们颁奖并合影留念

省医学会第一届医事法学分会官健、程东海、刘治家、罗红彬、李永丰、魏巍、王慧君、汪锦宏、罗斌、单玉涛，获广东省医学会医事法学分会创办12年医事法治建设先进个人奖。

宋儒亮主任委员为获先进个人奖同道代表颁奖并合影留念

高峰论坛。“南方医事高峰论坛”是广东进行医事法学理论研究与实务探讨的一个品牌活动。本次举办的“第九届南方医事高峰论坛”是由法治广东研究中心和广东省医学会医事法学分会联合举办的，大会主题是“聚焦高质量医事法学研究　更好助推高质量医学发展”。

面对第二届医事法学分会新同道们，结合论坛主题，法治广东研究中心主任、广东省医学会医事法学分会前任主任委员宋儒亮教授作主题为“医事法学建设提升的新方向”的主旨报告。报告分为三个部分，对医事法学在广东未来的高质量发展，提出建议性的建议意见。主旨报告由广东省医学会第二届医事法学分会主任委员刘秋生主持。

广州市医学会医事法学分会主任委员程东海、深圳市医学会医事法学专业委员会主任委员李建林、佛山市医学会医事法学分会主任委员赵伟成，根据论坛安排，分别主持了医事法学高质量发展专业沙龙。

圆满完成了各项议程，“第九届南方医事法学高峰论坛”顺利闭幕。

身处高质量发展前沿的广东，得天独厚；推进高质量医事法治建设，恰逢其时。我们共同期待，第二届医事法学分会及其同道们，在省医学会的正确领导下，在主任委员们的带领下，聚焦主旨，继往开来，团结拼搏，乘帆起航，再创佳绩！

（第一届医事法学分会供稿）

第 2 章 医法断案

患儿乙型脑炎后遗症、脑瘫后遗症，究竟与疫苗接种前的检查识别说明告知的利害关系大不大？

宋儒亮　魏　巍　李建林　谢孝义　宋立志　周　攸　许文滔

案情简介

2008 年 6 月 8 日，张某某接种了乙脑疫苗（初免）。2008 年 10 月 4 日，张某某被家长带至所在镇的乡村卫生站诊疗，诊断为高热、体温 39℃，用药有 P. G80 万单位，柴胡 2ml，小儿氨酚黄那敏颗粒 3 包，头孢干糠 6 包。2008 年 10 月 8 日，由朱某、李某夫妇应镇卫生院通知带张某某到镇卫生院接种流脑疫苗，由当时的镇卫生院医师兼院长刘医生负责接种，即将接种时，朱某、李某已将张某某患有“流鼻涕、发热”的症状告知刘医生，刘医生未测量体温，仅用手摸了摸张某某的头部，凭手感就得出“没问题，可以注射接种”的结论，接着就吩咐助手罗某（无执业医师资质）向张某某注射了流脑疫苗。2008 年 10 月 13 日，张某某体温 38℃，镇卫生院诊断为急性上呼吸道感染（以下简称上感），用药有：氨基比林针 2 ml+地塞米松（Dxm）2 mg（各半支一肌注）、5%糖盐（GNS）100 ml+头孢唑啉钠 1.5（静脉滴注）、5%GNS 100 ml+病毒唑 0.5（静脉滴注）；2008 年 10 月 14 日，张某某体温 39℃，镇卫生院诊断为上感，用药有：氨基比林针 2 ml+Dxm 2 mg（各半支一肌注）、莪术油 100 ml（静脉滴注）、5%GNS 100ml+清开灵 5 ml（静脉滴注）、5%GNS 100 ml+P. G240 万单位（静脉滴

注);2008 年 10 月 15 日,张某某体温 39. 6℃,镇卫生院诊断为高热,用药有:氨基比林针 2 ml+Dxm 2 mg(各半支一肌注)、吸氧。由于病情不见好转,2008 年 10 月 16 日凌晨 2 时,患儿张某某被送至县人民医院住院治疗(住院号××××),诊断情况为——现病史:患儿于 4 天前无明显诱因出现发热,体温高达 39℃,无规律性,无皮疹,无盗汗,无午后热,无咳嗽,无腹泻、呕吐,在镇卫生院及林业局卫生站补液治疗,体温而复升。当晚出现抽搐 1 次,四肢强直,牙关紧闭,双眼凝视,发钳,持续 20 分钟。在镇卫生院测体温 39℃,肌注“退热药”后抽搐缓解;入院诊断:①抽搐查因:上感并热性惊厥,中枢神经系统感染。②急性支气管炎。③败血病。至 2008 年 10 月 17 日不见好转而出院。2008 年 10 月 18 日转入 B 市第一人民医院住院治疗,入院诊断:①抽搐查因:热性惊厥(复杂型)、中毒性脑病;②急性支气管炎。于 2008 年 10 月 20 日遵医嘱需转院而出院,出院诊断:①病毒性脑炎未排;②急性支气管炎。2008 年 10 月 20 日入辛医院住院治疗(住院号××××),诊断:①流行性乙型脑膜炎;②支气管肺炎。于 2008 年 10 月 21 日出院后即转入已医院治疗至 2008 年 11 月 7 日出院,出院小结写有:患者系流行性乙型脑炎,至今四肢仍不能自如活动,不能站立,可能出现肢体活动障碍、智力偏低等后遗症。2008 年 11 月 11 日~11 月 25 日张某某在 B 市妇女儿童医院门诊和住院治疗,诊断为流行性乙型脑炎后遗症。之后,张某某又先后被送往戊医院、市妇婴医院、A 省中医院、庚医院、丙医院门诊或住院治疗,诊断结果多为乙型脑炎后遗症、脑瘫后遗症,至今未能治愈。

张某某方认为镇卫生院治疗行为存在过错,造成了张某某的损害后果,由于双方赔偿事项未达成一致,诉至法院。

一审各方意见

原告意见

该医护人员刘医生在履行职务中的过失行为给张某某造成的损失,依法应由镇卫生院承担赔偿责任,赔偿的各项费用分别为:误工费、住宿费、住院伙食补助费、营养费、后期依赖护理费、伤残生活补助费、后续医疗费、鉴定费、精神损害赔偿金等费用。为维护张某某的合法权益,请求人民法院判令:(1)镇卫生院赔偿医疗费 72120. 78 元、误工费 2397. 6 元、住院护理费 6180 元、后期依赖护理费 432000 元、交通费 3738 元、住宿费 15450 元、住院伙食补助费 5150 元、营养费 5000 元、伤残生活补助费 186486. 3 元、后续医疗费 540000 元、鉴定费 9000 元、精神损害赔偿金 100000 元,合计 1377522. 68 元。(2)本案诉讼费用全部由镇卫生院负担。

被告意见

（1）打预防针后有少数人出现低热的副作用，另有极少数人会引起高热的症状，但多在24小时之内自行消退，少数不消退者都不会超过3天而自行恢复，而受种者从接种到出现持续发高烧时间在3天以后，明显与打预防针引起的副反应不相符。

（2）从张某某提供的有关诊治医院的复印件来看，没有哪家医院诊断张某某为流脑接种相关性疾病，辛医院、己医院等多间医院均明确诊断张某某所患为流行性乙型脑炎，而张某某接种的却是流脑A群疫苗，明显与所患的疾病种类不同，且张某某所患的乙型脑炎只有经过蚊子叮咬才能传播。

（3）受种者接种疫苗时，其家属告知接种的医务人员说小孩有流鼻涕等现象，因时间太久，本案有关医务人员也回忆不起当时说了什么，但本医院医务人员可以肯定当时受种者精神正常，一般情况与正常同龄小孩相当，只有一点流鼻涕，不像有发高烧的现象，否则张某某家属也不会带其来接种疫苗（因张某某不是第一次接种疫苗，疫苗登记本上所列不宜接种预防针的情形其家属一看便知），况且张某某诉状也指出打预防针第四天晚上才出现持续高热的症状，这也可证明张某某所患疾病与打预防针无关。退一步说，即使患感冒的人打了流脑预防针，也很难引起严重的疾病，因流脑疫苗为多糖疫苗，比较安全，很少有受种者出现副反应，即使有也仅有轻微反应。预防针是预防疾病的，很少听说打预防针会患病的人。

（4）流脑疫苗经过几十年千千万万的人接种（其中也不乏感冒几天后接种者），至今也没有听说过接种后出现如此严重的疾病，如果打预防针几天后出现症状的每个人不分青红皂白都把责任推给接种单位，那么10多天后甚至几十天后出现症状或患病的每个人也可以把责任推给接种单位，那还有哪个接种单位敢做接种预防针的工作。如果流脑疫苗如此不安全、副作用那么大，那国家还大力推广接种流脑疫苗就失去意义了。

（5）前述所用的疫苗为上级疾控部门下拨，医院医务人员也按照国家规定的免疫年龄组为受种者接种，当日接种同一种疫苗者有几十人次，尚未发现有副反应者。

（6）张某某方提交的甲司法鉴定中心于2011年6月25日所作的甲司鉴中心〔2011〕法临鉴字第××号《法医鉴定意见书》不能作为本案的有效证据，法庭不应采信。张某某据此提出的新的诉讼请求也无事实与法律依据，同样不应得到法庭的支持。该《法医鉴定意见书》无效的主要理由是，这是一份当事人一方擅自申请鉴定机构所作的鉴定，张某某方在申请鉴定时既没有与镇卫生院协商一致,也没有经过人民法院许可。对于这样一份鉴定意见,镇卫生院质疑其客观性和公正性。

(7)对法院委托的乙司法鉴定所所作的鉴定结论,镇卫生院是基本认同的,镇卫生院的接种、诊疗行为仅与张某某所患"乙脑"存在间接因果关系,但不构成医疗事故。本案定性为医疗损害赔偿是恰当的,但事发于2008年10月,损害后果也发生在当年,当时《侵权责任法》尚未施行,因此本应适用《侵权责任法》施行前的法律主要是《民法通则》* 及司法解释来处理。按乙司法鉴定所所作的鉴定结论,镇卫生院的过错与损害后果属间接因果关系而非直接因果关系,依《民法通则》的规定,镇卫生院不承担责任。

综上所述,张某某所患疾病与本卫生院为其接种流脑疫苗之间无直接因果关系,也就是说不是镇卫生院为张某某接种流脑疫苗后导致其患诉状中所述的疾病,所以镇卫生院不承担相关责任。

鉴定意见

经张某某申请。一审法院依程序委托丙司法鉴定所进行鉴定,丙司法鉴定所于2010年4月19日作出丙司鉴所〔2010〕临鉴字第××号《司法鉴定意见书》,结论为:张某某的伤残等级构成一级伤残。

经双方当事人申请。一审法院委托B市医学会对镇卫生院的接种行为进行了医疗事故技术鉴定,该医学会于2011年4月1日作出B市医鉴〔2011〕××号《医疗事故技术鉴定书》,结论为:"患儿张某某所患的'乙型脑炎'结果与医方的预防接种医疗行为无直接的因果关系。本病例不属于接种异常反应及医疗事故,镇卫生院无责任。"

张某某方对此鉴定结论有异议,于2011年6月8日单方委托甲司法鉴定中心进行医疗过错鉴定,该鉴定机构于2011年6月25日作出甲司鉴中心〔2011〕法临鉴字第××号《法医鉴定意见书》,结论为:"(一)被鉴定人张某某在感冒发热期间接种流脑疫苗事实存在,与后续流行性乙型脑膜脑炎致脑瘫存在间接因果关系。(二)被鉴定人张某某脑瘫后为终身完全护理依赖,其所需的护理依赖费用为肆拾叁万贰仟元。(三)被鉴定人张某某脑瘫后尚需的后续医疗费用为伍拾肆万元。"

镇卫生院对此鉴定结论、鉴定程序有异议,于2011年7月13日申请一审法院委托鉴

---

* 已被自2021年1月1日起施行的《民法典》废止。案例发生时该法仍适用。以下案例有此情况不作一一说明。——编者注

定机构重作医疗过错鉴定，该院依程序委托乙司法鉴定所进行鉴定，该鉴定机构于2011年8月22日作出乙〔2011〕临鉴字第××××号《法医学司法鉴定意见书》，结论为："被鉴定人张某某流行性乙型脑膜脑炎并发脑瘫，与镇卫生院流脑疫苗接种及使用地塞米松存在间接因果关系。"

双方对此鉴定结论表示认可或基本认可。

一审法院确认如下

根据张某某方提供的证据、庭审情况以及2011年度人身损害赔偿计算标准，张某某的物质损害额计算、确认如下：

1. 医疗费：72120.78元（有张某某提供的医疗机构收费收据为证，双方无异议，予以采纳）；

2. 护理费：①家属误工费2397.6元；②住院护理费6180元（对①②双方无异议，予以采纳）；③后续护理费291620元（张某某一级伤残，可预期内无法治愈，需要长期护理依赖，按20年计算），合计为300197.6元；

3. 残疾赔偿金：157805元（7890.25元/年×20年×100%）；

4. 交通费：3161元（有张某某方的50张车票为证，张某某方主张的3738元与提供的车票金额不符）；

5. 鉴定费：10600元（有两张收据为证）；

6. 营养费：5000元（鉴于张某某的身体状况，张某某方主张合理，酌情予以采纳）；

7. 住宿费：10000元（张某某方虽未提供票据，但客观存在，酌情予以采纳）；

8. 住院伙食补助费：50元/日×103日=5150元（张某某方主张合理，镇卫生院无异议，予以采纳）。

上述八项合计为564034元。

张某某主张的后期依赖护理费432000元，依据不足，既未实际发生，又无医院证明，不予采纳；可待日后实际发生后再行主张。

张某某主张的残疾赔偿金（伤残生活补助费）186486.3元，计算方法、标准不当，不予采纳。

一审法院认为

张某某患上乙型脑炎至今未能治愈，留下脑瘫后遗症、一级伤残、终身护理依赖，其所遭受的损害结果是非常严重而又无法挽回的。根据乙〔2011〕临鉴字第××××号《法医学司法鉴定意见书》的鉴定结论，其损害结果与镇卫生院接种流脑疫苗及不当使用地塞米松存在间接因果关系；同时又要认识到张某某的损害结果系多种原因力共同作用下造成的，系“多因一果”的法律关系，综合各方面的原因力，主要有三个方面：一是所处气候、环境因素。乙型脑炎系季节性流行病，主要通过蚊子叮咬感染、传播，张某某感染此病，与所处环境、气候条件密切相关，这是造成其损害的前提条件，也是基本原因力；二是镇卫生院的接种、诊疗过错；三是与“乙脑”诊疗难度相关的主客观因素，表现为：该病较难确诊，在当前条件下，一般的县、乡级医院无法确诊（张某某是在乙医院才确诊的），在确诊前的发病初期很难做到对症下药，且该病一旦发作，治疗难度大，尚无特效药。张某某一家生活在边远山区，在主观上无法预见会患上该病，难以做到及时送至大医院诊治，只能逐级转院医治，可见，诊疗难度大、家长难预见、家住边远山区，决定了该病难以及时对症下药，容易延误治疗时机，留下后遗症。处理本案的赔偿问题，关键看第二原因力作用的大小及其所占比率。张某某于2008年6月8日接种过乙脑疫苗（初免），对此病具有正常的免疫力。人感染乙脑病毒后，多呈隐性感染，显性与隐性之比为1：（300~2000），潜伏期为4~21天，一般为10~14天，发病初期易误认为是上呼吸道感染①，张某某所患乙脑虽然是在接种流脑疫苗后确诊的，但根据潜伏期理论，不能排除在接种流脑疫苗前张某某就已感染上乙脑病毒，从2008年10月4日其患高热39℃症状看，这种可能性更大。但镇卫生院在流脑疫苗接种时，既未详细询问病史，又未测量体温就进行接种，违反了《全国计划免疫工作条例》第13、14条的规定。患儿发热，多属急性感染性疾病早期表现，属疫苗接种的“暂时禁忌证”，疫苗接种后可使原感染性疾病病情加重，这是其一。其二，镇卫生院在诊疗患儿张某某时，在处方中连续3天使用地塞米松（lmg/天）。地塞米松属糖质皮激素，具有诱发或加重各种感染、抑制机体免疫功能的不良反应。② 患儿张某某于上感发热初期连续3天不当使用地塞米松治疗，可抑制机体自身的免疫力，减弱机体对病毒的防御功能，可导致患儿病情迅速加重。镇卫生院的此两点做法，若在患儿感染乙脑病毒的情况下（这种情况完全存在），可促使该病由隐性向显性、由潜伏向发作转变。可见，镇卫生院的接种、用药两点不当做法与张某某续发乙型脑炎并发脑瘫有间接因果关系，此原因力不可小视，应承担相应的民事侵权责任。综合以上三种原因力对张某某损害结果的作用，第一原因力（气候、环境因素）应占30%，第二原因力（镇卫生院的接种、诊疗过错）应占45%，第三原因力（其

---

① 参见杨绍基主编：《传染病学》（第7版），人民卫生出版社2007年版，第93~94页。

② 参见丁福全主编：《药理学》（第4版），人民卫生出版社2001年版，第199~204页。

他主客观因素位)应占25%。据此,镇卫生院应赔偿张某某受害损失的45%即为564034元×45%=253815.3元。对张某某主张的精神损害抚慰金一项,因镇卫生院所赔比例未超过60%,故不予支持。

一审判决

依照《民法通则》第98条、第106条第2款、第119条,《最高人民法院关于审理人身损害赔偿案件适用法律若干问题的解释》(2003年版)第2条、第17条、第19条、第21~24条、第31条、第35条第2款的规定,C县人民法院于2011年9月28日作出(2010)法民一初字第××号民事判决:(1)镇卫生院应于本判决生效之日起10日内,赔偿损失人民币253815.3元给张某某。(2)张某某的其他诉讼请求予以驳回。本案受理费17198元,由镇卫生院负担5107元(由本院收取);由张某某法定代理人负担7198元(已预交),免于负担4893元。

双方均不服,向B市中级人民法院提起上诉。

上诉人(一审原告)意见

1.一审判决认定事实部分不清。(1)镇卫生院主张乙型脑炎只有经过蚊子叮咬才能传播是其片面之词,一审判决在没有证据证明镇卫生院该说法是有科学依据的情况下就将此作为原因力分析的基础之一是不正确的;(2)为张某某接种的医生没有执业医师证,这是镇卫生院重大过失的表现之一,一审判决没有考虑这个具有重要影响的原因力就等于相应减少了镇卫生院的赔偿责任。

2.一审判决就医疗事故侵权责任赔偿法律分析不适当。在进行侵权责任赔偿法律分析时,不能只进行原因力分析而没有进行过错分析,镇卫生院在本案中存在三个重大的医疗过失,与此同时,张某某没有故意或过失的情况。(1)镇卫生院在接种时未详细询问病史及测量体温;(2)由没有执业资格的人接种;(3)张某某接种后发烧,镇卫生院在处方中连续3天使用地塞米松,加重了张某某的病情。在原因力比较分析中,存在不适当的法律分析。(1)一审判决将所处气候、环境因素及通过蚊虫叮咬才能传播作为原因力分析的基础力之一是不正确的;(2)第二原因力的作用大小及其所占比率,将不具有资格证的医务人员为张某某接种的因素忽略,相应地减少了镇卫生院的赔偿责任;(3)第三原因力把张某某家人以普通人注意义务逐级转院医治,难以及时对症下药容易延误治疗时机所造成的原因力责任由张某某承担25%过于苛刻,也与第一原因力有重复之嫌。镇卫生院的行为与自然客观原因相比,该院行为的原因力显然要大于自然客观原因力。

3. 一审判决在住宿费、住院伙食补助费、终身护理依赖费、精神损害抚慰金、后续治疗费数额计算上存在错误。(1)住宿费,患者住院治疗 103 天,家人因此也住宿了 103 天,该款理应计算为 15450 元;(2)住院伙食补助费,一审判决遗漏了该项目,应当更正;(3)终身护理依赖费,一审不知从何认定为 291620 元而不采信正规鉴定机构出具的 430000 元;(4)精神损害抚慰金,一审以镇卫生院所赔偿比例未超过 60%为由不予认定该项费用依法无据;(5)后续治疗费,一审以该款没有实际发生为由不予支持只能给我方带来诉累,同时也浪费司法资源。据此,上诉人(张某某)请求:(1)撤销一审判决;(2)镇卫生院在本案中承担主要责任,支持我方该项损失合计 964266 元;(3)由镇卫生院负担全部诉讼费用。

上诉人(一审被告)意见

一审判决认定镇卫生院的"接种、用药两点不当做法与张某某续发乙型脑炎并发脑瘫有间接因果关系"并认定镇卫生院承担 45%的民事责任,完全没有法律依据。

首先,根据侵权行为法学理论,间接因果关系不是相当因果关系,间接因果关系表明我院的行为不存在过错或过失。事实上,张某某正如一审判决所认定的"不排除接种流脑疫苗前就已感染上乙脑病毒",而此病即使开始发作,作为在一般条件下的乡镇卫生院,也是根本无法确诊的。所以,假设张某某续发乙型脑炎与接种有间接的因果关系,那么,这种间接因果关系对镇卫生院来说,也属于民法上的不可预见的意外事件。至于后来使用地塞米松问题,且不说当中有不同的学术争议,退一步来说,即使使用地塞米松可抑制机体自身的免疫力,减弱机体对病毒的防御功能,对张某某的续发乙型脑炎也有间接因果关系,由于张某某当时所处的乙脑病毒潜伏期的无法预见(作为乡镇卫生院的条件也无法诊断确诊),因而,对于镇卫生院来说也是意外事件的范畴。既然接种和用药都属于不可预见的意外事件,那么,尽管客观上具有间接因果关系,但对于镇卫生院来说,依法不应承担民事责任。

其次,一审判决认定镇卫生院承担本案 45%的赔偿责任也与法律规定不相符。根据人身损害赔偿的比例分担原则,主次责任为七三开,同等责任为五五开。而根据《A 省高级人民法院关于审理医疗损害赔偿纠纷案件若干问题的指导意见》(2021 年 1 月失效)第 16 条第 5 项的规定,轻微责任的医疗机构承担不超过 10%的责任。在本案,即使间接因果关系可以作为镇卫生院承担责任的依据,这种因镇卫生院不具有过错或过失的间接因果关系应承担的责任,最多也不应超过 10%的幅度,一审判决既不认定镇卫生院负主要责任,也没有认定镇卫生院负同等责任,就要镇卫生院承担 45%的比例,即 253815. 3

元。显然没有法律依据。据此,镇卫生院请求撤销原判,改判镇卫生院只承担10%的赔偿责任即56403.4元。

上诉人(一审原告)答辩

上诉人(一审原告)针对上诉人(一审被告)的上诉口头答辩称:对于事实部分,第一,镇卫生院主张张某某所患有的疾病要经过蚊子叮咬才可以传播,根据谁主张谁举证的原则,从一审庭审和证据来看,没有证据表明张某某在患病过程中经过蚊子叮咬并且患有乙型脑炎,也没有提供2008年有多少宗发病的案例。第二,镇卫生院作为医疗机构,具有专业的医疗知识,其对于张某某所期望的注意义务要求过高,相反,镇卫生院具有这方面的专业知识,其应告知张某某,镇卫生院在诊疗过程中没有尽到专家的义务。第三,在一审中,双方对于乙司法鉴定所作出的〔2011〕临鉴字第××××号《法医学司法鉴定意见书》没有异议,并且该报告是经过B市中级人民法院摇珠确定的鉴定机构所作出的鉴定报告,那么,现在双方的讨论是在鉴定报告所确认的事实基础上进行的。包括镇卫生院不正当使用地塞米松造成张某某严重后果的因果关系。第四,医疗损失应是推定过程,不需要张某某举证证明自己不需要承担的义务,镇卫生院没有尽到法定义务,就应当推定其有过错。

上诉人(一审被告)答辩

(1)对本案诉讼应有科学、客观、实事求是的认识,镇卫生院用于接种的疫苗本身是安全的,接种符合国家预防接种制度,也是安全的,接种疫苗绝不可能感染乙型脑炎,更不可能发生致残的后果。(2)对流行性乙型脑炎应有科学的认识,人类患乙型脑炎只有通过蚊子的叮咬这唯一途径,这是科学界早有定论的,并非片面之词。接种乙脑减毒疫苗后有10%左右的人群不产生抗体,而致残则是乙型脑炎重症患者必然的后遗症,张某某感染乙型脑炎且为重症,其居住环境具备传染源、季节为蚊虫滋生期,个体自身具有易感染性为极其主要的原因力。(3)接种医生在接种操作过程中指导学生实习并不违反相关规章制度。(4)没有证据证明接种当日张某某正在发烧,综合当天情况分析,却可以得出张某某当天并没有高热。(5)如果张某某当天高热,即监护人存在过错,也是本案原因力之一。(6)乙司法鉴定所对地塞米松的鉴定意见不应被采信,因该所只凭一家之言从而认定镇卫生院违反科学用药原则是毫无道理的,鉴定机构若要认定镇卫生院存在用药错误应引用国家颁布的用药规范而不应引用学理争论中尚无定论的一家之言去否定另一家的用药方法。(7)甲司法鉴定所的鉴定结论不应成为本案定案的证据,因该鉴定是张某某自己委托的,且该鉴定内容显示鉴定人不能客观、真实地进行鉴定,存在程序瑕疵。

二审法院查明

B市中级人民法院二审在确认一审查明事实的基础上，补充查明：2011年9月7日，一审第二次庭审时，张某某的委托代理人潘律师当庭表示对乙〔2011〕临鉴字第××××号《法医学司法鉴定意见书》完全支持。镇卫生院的委托代理人刘某对乙〔2011〕临鉴字第××××号《法医学司法鉴定意见书》表示："我们基本同意此份鉴定结果，患儿所得的脑膜炎与镇卫生院接种具有间接因果关系，这种流脑疫苗，接种时没有量体温是事实，但对存在间接因果关系有不同意见。原告（张某某）虽然在10月4日有发烧现象，但原告是在10月8日接种的，存在4天的时间，无发高烧的现象存在，该鉴定认为镇卫生院操作不当是不合理的。对鉴定书的鉴定结论——有间接因果关系无异议。二审调查、询问时，镇卫生院的委托代理人何律师推翻此前对该问题的表态，称："当时有一个实际情况，这个案件的一审代理人认为只要没有直接的因果关系，其个人认为存在间接因果关系并且本着息事宁人的态度就同意乙司法鉴定所作出的鉴定报告，后来我们通过走访和了解认为乙司法鉴定所作出的鉴定报告存在问题。"

另查明，二审调查询问期间，镇卫生院提交了一份A省疾病预防控制中心于2011年5月20日回复C县疾病预防控制中心《关于接种A群流脑疫苗有关问题的复函》的公函，在该函件中A省疾病预防控制中心称：A群流脑多糖疫苗是脑膜炎球菌经完全灭活后提取纯化的具有免役原性的多糖，不能繁殖；乙脑是乙脑病毒引起的，由媒介蚊虫传播的人畜共患的急性传染病。因此，接种A群流脑疫苗不会引起乙脑发病，也不会造成乙脑潜伏期缩短。在该函件中A省疾病预防控制中心还称：接种A群流脑多糖疫苗常见的不良反应有注射部位疼痛和触痛、一次性发热；罕见不良反应有严重发热、注射局部重度红肿和其他并发症；极罕见不良反应有过敏性皮疹、过敏性休克、过敏性紫癜、血管神经性水肿及变态反应性神经炎。但与其他药物一样，没有100%有效的疫苗，接种乙脑减毒活疫苗可保护绝大多数受种者，但极个别受种者仍可能患乙脑。此外，二审期间，镇卫生院向二审法院表示，可以在维护信访稳定的情况下考虑15万元以下补偿给张某某。

二审法院认为

本案因张某某在镇卫生院接种A群流脑疫苗三四天后出现持续高热症状，经多次转院治疗仍不见好转，最终被诊断为流行性乙型脑膜炎，并发脑瘫后遗症，张某某据此向镇卫生院提起侵权之诉，故判断该事件属于医疗事故还是医疗过错就成为正确处理本案应优先解决的问题。但无论是医疗事故还是医疗过错，当中所牵涉的医学技能知识都非常专业,若未经国家认可的有专业资质、专门的机构对发生争议的医案进行鉴定,二审法院亦无从判断。因此,经双方当事人申请,一审法院委托B市医学会对镇卫生院的接种行为进行了医疗事故技术鉴定,该医学会于2011年4月1日作出B市医鉴〔2011〕××号《医疗事故技术鉴定书》,结论为:"患儿张某某所患的乙型脑炎结果与医方的预防接种医疗行为无直接的因果关系。本病例不属于接种异常反应及医疗事故,镇卫生院无责任。"该鉴定书最后同时注明:"如当事人对本次鉴定结论不服,可自收到本鉴定书之日起15日内,向原委托单位提出再次鉴定申请,或由双方当事人共同委托省、自治区、直辖市医学会组织再次鉴定。"因张某某在收到该鉴定报告后没有在规定的时间内提出再次鉴定申请,该鉴定结论已对双方发生法律效力,故二审法院亦确认本案所涉事件不属于医疗事故。

由于A省疾病预防控制中心出具的函件中已明确说明接种A群流脑疫苗不会引起乙脑发病,也不会造成乙脑潜伏期缩短,而张某某事发时所接种的就是A群流脑疫苗,张某某最终确诊的疾病也是乙型脑炎,故根据该函件,镇卫生院本不应对张某某承担任何赔偿责任。但考虑到张某某与镇卫生院均对乙司法鉴定所于2011年8月22日作出的乙〔2011〕临鉴字第××××号《法医学司法鉴定意见书》表示认可或基本认可,而该鉴定报告的结论为:"被鉴定人张某某流行性乙型脑膜脑炎并发脑瘫,与镇卫生院流脑疫苗接种及使用地塞米松存在间接因果关系。"结合镇卫生院在一审期间自认在接种前未替张某某测量体温和没有询问病史记录,张某某因患乙脑导致身体一级伤残,终身护理依赖,乙司法鉴定所出具的鉴定报告存在一定的瑕疵,镇卫生院表示可在150000元以下赔偿等实际情况,二审法院酌情确定镇卫生院对张某某的各项损失承担150000元的赔偿责任。一审判决对此处理欠妥,二审予以纠正。

综上所述,一审判决认定事实基本清楚,但实体处理不当,二审法院予以纠正。

二审法院判决

依据《民事诉讼法》(2007年版)第153条第1款第3项、第158条的规定,B市中级人民法院于2012年3月12日作出(2011)中法民一终字第×××号民事判决:(1)维持A省C县人民法院(2010)法民一初字第××号民事判决第二项;(2)变更A省C县人民法院(2010)法民一初字第××号民事判决第一项为"镇卫生院在本判决发生法律效力之日起十日内赔偿张某某150000元"。一审诉讼费17198元,一审法院主动免除4893元,故一审诉讼费实际为12305元,二审诉讼费13443元,合计25748元,由镇卫生院负担3443元,张某某负担22305元。镇卫生院向本院多交纳的二审诉讼费10000元本院予以退还,张某某向本院多交纳的二审诉讼费 3443 元本院予以退还。

张某某不服二审判决,依法向检察机关申诉。

申诉人张某某因与被申诉人镇卫生院医疗损害赔偿纠纷一案,不服 B 市中级人民法院(2011)某中法民一终字第×××号民事判决,向检察机关申诉。A 省人民检察院 2012 年 12 月 22 日作出某检民抗字(2012)×××号民事抗诉书,向 A 省人民法院提出抗诉。A 省高级人民法院于 2013 年 1 月 28 日作出(2013)某高法审监民抗字第××号民事裁定,提审本案。

A 省人民检察院抗诉认为

二审判决认定基本事实缺乏证据证明。本案争议的焦点在于镇卫生院的接种行为与张某某遭受的损害结果之间是否具有因果关系。

首先,本案有证据证明镇卫生院的预防接种行为与张某某遭受的损害结果之间具有间接的因果关系。本案所涉事件虽经 B 市医学会于 2011 年 4 月 1 日作出的 B 市医鉴〔2011〕××号《医疗事故技术鉴定书》鉴定为不属于医疗事故,但《A 省高级人民法院关于审理医疗损害赔偿纠纷案件若干问题的指导意见》(2021 年 1 月失效)第 9 条第 1 款规定:"医疗行为经鉴定不构成医疗事故,患者一方申请对医疗过错进行司法鉴定,如有证据证明医疗机构的诊疗护理行为确实存在医疗过错的,人民法院应予以支持。"因此,根据张某某方单方委托甲司法鉴定中心于 2011 年 6 月 25 日作出甲鉴司鉴中心〔2011〕法临鉴字第××号《法医鉴定意见书》,以及张某某方与镇卫生院共同申请,C 县人民法院委托乙司法鉴定所于 2011 年 8 月 22 日作出的乙〔2011〕临鉴字第××××号《法医学司法鉴定意见书》,结论均为"张某某患乙型脑膜脑炎致脑瘫,与镇卫生院流脑疫苗接种行为存在间接因果关系。"根据《最高人民法院关于民事诉讼证据的若干规定》(2008 年版)第 71 条"人民法院委托鉴定部门作出的鉴定结论,当事人没有足以反驳的相反证据和理由的,可以认定其证明力"的规定,在一审期间,张某某与镇卫生院对乙〔2011〕临鉴字第××××号《法医学司法鉴定意见书》均表示认可或基本认可。二审期间,镇卫生院虽提出异议,但其并未提交足以推翻该鉴定意见的证据,因此,对于乙司法鉴定所出具的鉴定意见应予认定,二审法院仅笼统表述"乙司法鉴定所出具的鉴定报告存在一定瑕疵",并未对报告的瑕疵之处进行说理,其不予采信乙〔2011〕临鉴字第××××号《法医学司法鉴定意见书》缺乏证据证明。

其次,镇卫生院预防接种行为存在过错,应承担相应责任。根据《全国计划免疫工作条例》第 13 条"凡参加预防接种的工作人员均需经过培训,明确目的,具有高度的责任心，严格的科学态度，掌握免疫程序、制品性质、接种方法、途径和禁忌证以及反应的观察、处理方法，以确保工作质量"，第 14 条"预防接种前，要详细询问被接种者的病史，尤其是过敏史，必要时进行体格检查。凡有制品说明书规定的禁忌证者，一律不予接种"的规定，卫生院在进行预防接种前，应当履行必要的告知和注意义务，对于存在相关禁忌者，不应进行预防接种。而本案中，张某某在接种时存在高热及使用退热用药的记录，镇卫生院在给张某某进行 A 群流脑疫苗接种之前，没有履行法定告知义务，未对张某某量体温、询问病史等，而是对处于感冒发热中的张某某进行疫苗接种，违反了疫苗接种的操作规程，存在过错。《民法通则》第 106 条第 2 款规定："公民、法人由于过错侵害国家的、集体的财产，侵害他人财产、人身的应当承担民事责任。"以及《A 省高级人民法院关于审理医疗损害赔偿纠纷案件若干问题的指导意见》(2021 年 1 月失效)第 14 条第 2 款规定："医疗过错损害赔偿纠纷案件中，医疗机构承担赔偿责任的范围及标准，应依照《民法通则》及最高人民法院《关于审理人身损害赔偿案件适用法律问题的解释》的规定确定。对于经鉴定不构成医疗事故但存在医疗过错的案件，人民法院应当依据医疗机构的过错程度、原因力大小等因素判决医疗机构承担一定的赔偿责任。"镇卫生院应根据其过错程度承担相应的责任。

最后，A 省疾病预防控制中心出具的函件并不足以说明镇卫生院不承担任何责任。A 省疾病预防控制中心出具的函件仅能说明在正常情况下，接种 A 群流脑疫苗不会引起乙脑发病，也不会造成乙脑潜伏期缩短，而对处于感冒发热的状态下被接种疫苗的张某某这种情况，A 省疾控中心出具的函件并未作出说明，因此，不能根据该函件而得出镇卫生院在本案所涉医疗事件中不承担任何赔偿责任的结论。

各方针对检察机关抗诉的意见

申诉人(张某某)意见

同意检察机关的抗诉意见。并称：(1)二审程序严重违法，直接导致错判。①应当开庭而没有开庭；②审判长应当回避而没有回避。(2)B 市医学会作出的《医疗事故技术鉴定书》不具合法性，不能作为定案依据。①一审法院立案前委托鉴定有违法律规定。2011 年 5 月 30 日立案，鉴定书于 2010 年 7 月 26 日受理，2011 年 4 月 1 日作出。②未见鉴定人名单及资格文件。③鉴定书避重就轻，包庇医疗单位。④结论称"镇卫生院无责任"超出其鉴定职责范围。⑤故意拖延鉴定时间，从受理到出具鉴定书长达 246 天，为医疗单位制造假证提供方便。⑥鉴定时间神速，真正的鉴定时间只有几分钟。(3)A 省疾病预防控制中心的函件属于非法证据。(4)两审认定事实有误，适用法律不当。①三份鉴定书不是非此即彼的关系,反而可以相互补充。②甲司法鉴定中心作出的《司法鉴定意见书》合法有效,应予认可。③一审判决对赔偿责任的认定不当,根据过错程序和原因力大小来分析,镇卫生院应当承担全部责任。(5)张某某的诉讼请求应予以支持。

被申诉人(镇卫生院)意见

检察机关的抗诉不能成立。(1)镇卫生院与张某某之间存在两个没有内在联系的,也不可能产生因果关系的预防接种和疾病诊疗行为,不存在与张某某感染“乙脑”和使“乙脑”病情加重有因果关系的过错。①关于预防接种行为。现有证据不能证明接种疫苗当天张某某有发热症状,A 群流脑和乙型脑炎是完全不同的传染病,接种 A 群流脑不会引起乙脑发病,也不会造成乙脑潜伏期缩短。一审法院委托 B 市医学会作出的医鉴〔2011〕××号《医疗事故技术鉴定书》结论为:患儿张某某所患的乙型脑炎结果与医方的预防接种医疗行为无直接的因果关系。本病例不属于接种异常反应及医疗事故,镇卫生院无责任。②关于张某某发热的诊疗。B 市医鉴〔2011〕××号《医疗事故技术鉴定书》认为:镇卫生院在为患儿张某某诊治过程中“其医疗行为无违反医疗卫生管理法律法规、行政法规、部门规章、诊疗护理规范、常规”。(2)二审法院对乙司法鉴定所出具的《法医学司法鉴定意见书》提出质疑有理有据。该鉴定人引用的是学理争论中无定论的一家之言,而不是国家颁布的用药规范。(3)认为镇卫生院没有履行告知义务,与事实不符。(4)对本案应本着尊重科学、尊重客观事实的态度。检察机关没有证据证明 A 省疾病预防控制中心的函件是不当的。首先,接种的疫苗是安全的,接种不可能感染乙型脑炎,张某某感染乙型脑炎且为重症,其居住环境具备感染源、季节为蚊虫滋生期、个体自身具有易感染性为极其重要的原因力。其次,关于张某某接种时是否处于乙型脑炎的潜伏期,作为镇、县级医院甚至是更高级别的医院也难以确诊。综上所述,本案涉及医学科学范畴诸多理论,有些甚至是至今尚无定论的。鉴定结论受鉴定人个人学科专业、资历、临床经验等因素影响,有其局限性。镇卫生院认为:一个镇级卫生院在现有条件下,疫苗接种过程中可能存在瑕疵,但这种瑕疵相对张某某所患乙型脑炎致残而言,不存在因果关系。张某某接种后 4 天出现“乙型脑炎”,为预防接种后偶合其他疾病。

双方当事人在再审中没有提交新的证据,本院再审对一审、二审查明的事实予以确认。

再审法院另查明

乙司法鉴定所出具的乙〔2011〕临鉴字第××××号《司法鉴定意见书》第四部分“分析说明”第 3 点认为:根据村卫生站处方笺及镇卫生院门诊处方笺记载,患儿张某某流脑疫苗接种前(2008年10月4日测体温高热39℃)、疫苗接种后(2008年10月13~15日测体温高热38~39℃)均有高热以及退热用药记录;但镇卫生院在流脑疫苗接种时既未见详细询问病史记载,又无体温测量记录。《全国计划免疫工作条例》第4章预防接种要求规定:"凡参加预防接种的工作人员均需经过培训,明确目的,具有高度的责任心,严格的科学态度,掌握免疫程序、制品性质、接种方法、途径和禁忌证以及反应的观察、处理方法,以确保工作质量。""预防接种前,要详细询问被接种者的病史,尤其是过敏史,必要时进行体格检查。凡有制品说明书规定的禁忌症者,一律不予接种"。患儿发热,多属急性感染性疾病早期表现(后经辛医院确诊患"流行性乙型脑膜脑炎"),属疫苗接种的"暂时禁忌证"。患儿张某某在患病毒感染性疾病的发热初期被接种流脑疫苗的事实存在,疫苗接种后可使原感染性疾病病情加重。镇卫生院在给患儿张某某接种流脑疫苗时没有履行法定的告知义务,亦违反了疫苗接种操作规程,与后续流行性乙型脑膜脑炎致脑瘫,存在间接因果关系。第4点分析认为:患儿张某某在发热诊疗初期,当时体温38℃,诊断为上感(据镇卫生院"2008年10月13日处方记载"),并非病情严重,但镇卫生院在处方中连续3天使用地塞米松(Dxm lmg/天)。地塞米松属糖皮质激素,能抑制自身免疫细胞功能,其不良反应之一为:能诱发或加重各种感染,与抑制机体免疫功能有关,临床应用于严重感染(主要用于中毒症状严重的感染)①。该患儿于上感发热初期连续3天使用地塞米松治疗,可抑制机体自身免疫功能,可导致患儿病情迅速加重。因临床多数"感冒"发热的本质是病毒感染,而在病毒性感染时使用激素,可抑制机体干扰素的合成,减弱机体对病毒的防御机能,且有促使病毒感染扩散的危险。因此,在普通上感等病毒感染性疾病的治疗上,无论有无发热都必须严格限制使用激素,不可迎合患者心理滥用激素退热。该患儿上感发热初期,体温38℃,被使用"地塞米松"退热,其糖皮质激素使用不当,违背科学用药原则,与患儿后续流行性乙型脑膜脑炎致脑瘫,亦存在间接因果关系。

A省高级人民法院再审认为

依据检察机关的抗诉意见及被申诉人的答辩意见,本案争议的焦点是镇卫生院在给张某某预防接种及治疗过程中是否存在过错;如有过错,其过错行为对张某某所遭受损害结果的原因力大小问题。

关于镇卫生院在给张某某预防接种及治疗中是否存在过错的问题。B市医学会2011

---

① 参见丁福全主编:《药理学》(第4版),人民卫生出版社2001年版,第199~204页。

年4月1日出具的B市医鉴〔2011〕××号《医疗事故技术鉴定书》,结论为:“患儿张某某所患的‘乙型脑炎’结果与医方的预防接种医疗行为无直接的因果关系。本病例不属于接种异常反应及医疗事故,镇卫生院无责任。”该次鉴定为医疗事故技术鉴定,其鉴定意见为镇卫生院对张某某的接种行为不属于医疗事故,没有对镇卫生院在接种及对张某某的治疗过程中是否存在过错作出鉴定。一审法院根据镇卫生院的申请,委托乙司法鉴定所进行鉴定,该鉴定机构于2011年8月22日作出乙〔2011〕临鉴字第××××号《法医学司法鉴定意见书》,结论为:“被鉴定人张某某流行性乙型脑膜脑炎并发脑瘫,与镇卫生院流脑疫苗接种及使用地塞米松存在间接因果关系。”一审法院委托鉴定程序合法,对该鉴定意见组织双方当事人进行了质证,双方对鉴定意见均无异议,一审采信该鉴定意见正确。二审中,镇卫生院提供了《A省疾病预防控制中心关于接种A群流脑疫苗有关问题的复函》,从证据形式上,该函件并不能对抗鉴定机构出具的司法鉴定结论;从内容上,该函件称接种流脑疫苗不会引起乙脑发病,也不会造成乙脑潜伏期缩短,其内容不涉及镇卫生院对张某某的接种及治疗行为是否有过错问题,与乙司法鉴定所的鉴定意见并无冲突。因此,二审根据A省疾病预防控制中心的函件,认定镇卫生院不应对张某某承担任何赔偿责任缺乏依据。

关于镇卫生院的过错对张某某所遭受损害结果的原因力大小问题。根据乙司法鉴定所出具的《法医学司法鉴定意见书》,张某某患流行性乙型脑膜脑炎并发脑瘫,虽然不是镇卫生院的接种行为直接引起的,但与镇卫生院流脑疫苗接种及使用地塞米松存在间接因果关系。对于镇卫生院的具体过错行为,鉴定意见书中已作了具体列举和分析,充分说明了镇卫生院的过错行为与张某某的损害结果具有相当因果关系。《侵权责任法》第54条规定:“患者在诊疗活动中受到损害,医疗机构及其医务人员有过错的,由医疗机构承担赔偿责任。”一审法院根据鉴定意见,综合各方面原因力,分析判定由镇卫生院承担次要责任,判决其承担45%损失并无不当,本院再审予以维持。

再审判决

依照《民事诉讼法》(2007年版)第170条第1款第1项、第207条第1款的规定,判决如下:

1. 撤销A省B市中级人民法院(2011)某中法民一终字第×××号民事判决;

2. 维持C县人民法院(2011)某始法民一初字第××号民事判决。

本案一审受理费共17198元,由张某某负担12091元(一审法院对其减免4893元,实际负担 7198 元)，镇卫生院负担 5107 元；二审受理费 13443 元，由镇卫生院负担。

本判决为终审判决。

各方意见

医方意见

李建林　中山大学第八附属医院　院长助理

此案例是基层医疗机构接种流脑疫苗引发的医疗纠纷，是涉及违反疫苗接种要求和疾病诊疗规范的典型问题。

本案例基层医疗机构存在以下违规问题：(1) 镇卫生院在接种时未详细询问病史，没有测量体温，特别是患儿家属告知患儿发热病史时，没有引起重视，也没有告知患儿家属发热是接种疫苗禁忌证。患儿张某某流脑疫苗接种前、疫苗接种后均有高热以及退热用药记录；但镇卫生院在流脑疫苗接种时既未见详细询问病史记载，又无体温测量记录。《全国计划免疫工作条例》第 13、14 条规定："凡参加预防接种的工作人员均需经过培训，明确目的，具有高度的责任心，严格的科学态度，掌握免疫程序、制品性质、接种方法、途径和禁忌证以及反应的观察、处理方法，以确保工作质量。预防接种前，要详细询问被接种者的病史，尤其是过敏史，必要时进行体格检查。凡有制品说明书规定的禁忌证者，一律不予接种。"

患儿发热属疫苗接种的禁忌证。镇卫生院违反了疫苗接种操作规程，为发热患儿接种流感疫苗。患儿发热被接种流脑疫苗可使原感染性疾病病情加重，与后续流行性乙型脑膜脑炎致脑瘫，存在间接因果关系。

(2)违规使用没有执业资格的人接种。《全国计划免疫工作条例》第 13 条规定：凡参加预防接种的工作人员均需经过培训，明确目的，具有高度的责任心，严格的科学态度，掌握免疫程序、制品性质、接种方法、途径和禁忌证以及反应的观察、处理方法，以确保工作质量。镇卫生院违反关于接种者的资质的规定。

(3)违规使用激素。张某某接种后发烧，镇卫生院在处方中连续 3 天使用地塞米松，加重了张某某的病情。该患儿于上感发热初期连续 3 天使用地塞米松治疗，可抑制机体自身免疫功能，可抑制机体干扰素的合成，减弱机体对病毒的防御机能，可导致患儿病情迅速加重，有促使病毒感染扩散的危险。

律师意见

谢孝义　广东省烨彰律师事务所　律师

第一,镇卫生院在给张某某预防接种存在过错。2008 年 10 月 8 日,接种流脑疫苗时,家长已将张某某患有“流鼻涕、发热”的症状告知接种医师。但医师既未详细询问病史,又未测量体温,就吩咐无执业医师资质的助手罗某为张某某注射了流脑疫苗,其为张某某接种疫苗的行为违反了《全国计划免疫工作条例》第 13、14 条的规定,具有过错。

第二,镇卫生院为张某某上感高热的治疗用药存在过错。张某某于 2008 年 10 月 13 日至 15 日在镇卫生院治疗期间,3 天的体温分别是 38℃、39℃和 39.6℃,但镇卫生院连续 3 天的用药中都有地塞米松。不当使用地塞米松治疗,可抑制机体自身的免疫力,减弱机体对病毒的防御功能①,可导致患儿病情迅速加重,故镇卫生院在治疗用药上存在过错。

第三,认可镇卫生院的过错行为与损害结果参与度。一审法院和省高级人民法院,判决镇卫生院的接种、诊疗过错的参与度占 45%,是正确的。

第四,还需要再考虑的是,本案二审法院在优先解决的定性上出现偏差,造成不当的改判。二审法院对于本案争议焦点的定性出现偏差,认为未经国家认可的有专业资质、专门的机构对发生争议的医案进行鉴定,无从判断。但二审法院又将《A 省疾病预防控制中心关于接种 A 群流脑疫苗有关问题的复函》,作为对抗认定“存在间接因果关系”的乙〔2011〕临鉴字第××××号《法医学司法鉴定意见书》鉴定结论的证据;又以 B 市医鉴〔2011〕××号《医疗事故技术鉴定书》“不属于医疗事故”的鉴定结论,作为镇卫生院没有存在过错行为的依据,从而作出不当的改判。

法官意见

魏巍　广州市中级人民法院　法官

本案镇卫生院在患儿存在疫苗接种“暂时禁忌证”的情况下,为患儿接种流脑疫苗,违反了疫苗接种的操作规程,其过错表现为“不该接种而予以接种”。对此,镇卫生院答辩意见反映出来的认识问题,接种单位及医疗卫生人员应引以为戒,加以重视。这个问题的关键在于,对接种禁忌的识别义务主体存在误解。

镇卫生院在一审答辩中称,患儿“……不像有发高烧的现象,否则家属也不会带其来接种疫苗(因患儿不是第一次接种疫苗,疫苗登记本上所列不宜接种预防针的情形其家属

① 参见丁福全主编:《药理学》(第 4 版),人民卫生出版社 2001 年版,第 199~204 页。

一看便知)”。该辩词的潜台词是,受种者或其监护人应该知道受种者是否有接种的禁忌或至少应该知道是否有已告知的接种禁忌。镇卫生院在二审进一步提出了受种方存在过错的主张。镇卫生院二审中称,“如果患儿当天高热,即监护人存在过错,也是本案原因力之一”。上述主张有其法理上的正当性。《疫苗管理法》第54条也明确规定,“受种者或者其监护人应当如实提供受种者的健康状况和接种禁忌等情况”。然而,上述主张的成立有两个前提。一是接种方已经适当尽到了告知义务,使受种方有可能履行如实提供受种者有无接种禁忌信息的义务;二是接种方适当尽到了核查受种者有无接种禁忌的义务,即接种方已经适当排除了受种者不存在接种禁忌。这是因为,受种方如实提供受种者有无接种禁忌信息的义务并不能等同于接种禁忌的识别义务,接种禁忌的识别义务主体是接种方而非受种方。

将接种禁忌的识别义务主体设定为接种方而非受种方,其正当性在于,接种方是从事预防接种的专业机构,依法应具有识别接种禁忌的专业能力,其作为预防接种的实施者,对于能不能实施接种应由其作出判断,而不是由受种方作出这种医学专业的判断。《疫苗管理法》第45条规定,就接种禁忌的识别,从告知、询问、检查、核查等4个方面提出了依次递进的要求,接种单位及医疗卫生人员应严格按照要求谨慎履行接种禁忌的识别义务。

本案启示

制定到实施:走好新时代严管厚爱之《疫苗管理法》的推进路

宋儒亮 法治广东研究中心、广东省医学会医事法学分会主任

《疫苗管理法》于2019年12月1日正式施行。《疫苗管理法》一制定就被誉为严管厚爱精神于一身之法,其之推进、之落地,我们该有什么关注或者期待或者建议,就成为一大热点。

作为法律人,选择一个已生效疫苗损害赔偿司法裁判案中当事人的陈述内容作为引子,按过去、现在和未来之逻辑,管中窥豹,谈谈新时代顺利推进《疫苗管理法》的点滴思考。

一、之前:疫苗损害赔偿纠纷案当事人陈述答辩往往是这样

基本案情:2008年10月8日,按计划免疫通知,张某某到镇卫生院注射流脑疫苗第一针。注射该流脑疫苗几天后,开始并连续几天出现发热,测体温39.0℃。先后在镇卫生院、县人民医院住院治疗,且体温出现反复升高,中间出现抽搐,且双下肢右上肢高张。随后到其他5家医院治疗并无明显好转。2009年1月6日、3月28日经戊医院及庚医院诊断为"脑瘫后遗症",经伤残鉴定为一级伤残。

这其中,概括而言,患方当事人对当时接种事宜陈述观点是:(1)按计划免疫要求注射出生后的第一针流脑疫苗;(2)后出现发热继续,体温反复升高,并导致张某某双下肢右上肢呈高张状态,其行为与张某某被损害事实之间有直接的因果关系;(3)因为张某某在镇卫生院处打该流脑疫苗前,张某某父母已将张某某患有"感冒、流涕、发热"的情况如实地向镇卫生院刘医生告知;(4)镇卫生院刘医生亦未如实告知张某某其症状暂不适合打流脑疫苗,亦未对张某某测量体温;(5)该医护人员刘医生在履行职务中的过失行为给张某某造成的损失,依法应由镇卫生院承担赔偿合计1377522.68元。

这其中,医方当事人对当时接种事宜答辩观点是:(1)打预防针后有少数人出现低热的副作用,另有极少数人会引起高热的症状,但多在24小时之内自行消退,少数不消退者都不会超过3天而自行恢复,而受种者从接种到出现持续发高烧时间在3天以后,明显与打预防针引起的副反应不相符。(2)多间医院均明确诊断张某某所患为流行性乙型脑炎,而张某某接种的却是流脑A型疫苗,明显与所患的疾病种类不同,且张某某所患的乙型脑炎只有经过蚊子叮咬才能传播。(3)受种者接种疫苗时,其家属告知接种的医务人员说小孩有流鼻涕等症状,因时间太久,本案有关医务人员也回忆不起当时说了什么,但本案医务人员可以肯定当时受种者精神正常,一般情况与正常同龄小孩相当,只有一点流鼻涕,不像有发高烧的现象,否则张某某家属也不会带其来接种疫苗(因张某某不是第一次接种疫苗,疫苗登记本上所列不宜接种预防针的情形其家属一看便知),况且张某某诉状也指出打预防针第4天晚上才出现持续高热的症状,这也可证明张某某所患疾病与打预防针无关。退一步说,即使患感冒的人打了流脑预防针,也很难引起严重的疾病,因流脑疫苗为多糖疫苗,比较安全,很少有受种者出现副反应,即使有也仅有轻微反应。预防针是预防疾病的,很少听说打预防针会患病的人。(4)流脑疫苗经过几十年千千万万的人接种(其中也不乏感冒几天后接种者),至今也没有听说过接种后出现如此严重的疾病,如果打预

防针几天后出现症状的每个人,不分青红皂白都把责任推给接种单位,那么10多天后甚至几十天后出现症状或患病的每个人也可以把责任推给接种单位,那还有哪个接种单位敢做接种预防针的工作。如果流脑疫苗如此不安全、副作用那么大,那国家还大力推广接种流脑疫苗就失去意义了。(5)前述所用的疫苗为上级疾控部门下拨,医院医务人员也按照国家规定的免疫年龄组为受种者接种,当日接种同一种疫苗者有几十人次,尚未发现有副反应者。(6)对法院委托的乙司法鉴定所所作的鉴定结论,镇卫生院是基本认同的,镇卫生院的接种、诊疗行为仅与张某某所患“乙脑”存在间接因果关系,但不构成医疗事故。按乙司法鉴定所所作的鉴定结论,张某某所患疾病与镇卫生院为其接种流脑疫苗之间无直接因果关系,也就是说,不是镇卫生院为张某某接种流脑疫苗后导致其患诉状中所述的疾病,所以镇卫生院不承担相关责任。

案件结果当然是医方要承担一定责任,予以了赔偿。阅读整个司法判决,突出的感觉就是,本疫苗纠纷案真具典型性,尤其患方对接种的回顾和医方对事件的回应,这即便到了10年后的今天,即便面对疫苗接种纠纷,当事人的陈述和答辩怕也是如此。时代在变,除非真正改变观念和行为,否则,此乃真难变也。

这也就提示我们,进入新时代,再进行疫苗接种工作,我们又该有什么新变化,又在哪呢?

二、新时代:疫苗接种管理又有了新理念、新要求、新导向

众所周知,自2019年12月1日起施行的《疫苗管理法》,让疫苗管理进入了专门法调整的新时代。围绕疫苗,基于法制状况,感觉至少有以下突出的新特点、新导向、新变化。

第一,从立法结构数量上看,法律责任章节部分条文最多。

审读该法的结构和条文安排,合11章,计100条,这其中,章节中条文数而言,排在前三位分别是法律责任(第10章,共18条)、总则(第1章,共13条)、预防接种(第5章,共11条)。这其中,“第十章　法律责任”中第1条就是第79条“违反本法规定,构成犯罪的,依法从重追究刑事责任”。据此看,即因违反《疫苗管理法》规定构成刑事犯罪的,依法从重追究刑事责任,刑法中诸如“从轻、减轻处罚或者免除处罚”等情形对违反《疫苗管理法》导致的犯罪并不适用,也即该法已经强烈、清晰地指明了疫苗管理这样一个崭新导向:它是一部以强化刑事责任、刑事追究为最严导向的管理法。

面对药品中的疫苗,行如此立法,即便在中国法律体系中也是罕见的、空前的。为什么

这样？答案就是《疫苗管理法》第1条规定：为了加强疫苗管理，保证疫苗质量和供应，规范预防接种，促进疫苗行业发展，保障公众健康，维护公共卫生安全，制定本法。

第二，从疫苗风险类型上看，提出了要应对两类不同风险。

一是日常接种的常态管理。比如，针对疾控机构的职责事项，《疫苗管理法》第43条规定，“各级疾病预防控制机构应当按照各自职责，开展与预防接种相关的宣传、培训、技术指导、监测、评价、流行病学调查、应急处置等工作”，明确了肩负了“7+1”的管理模式。又比如，针对接种单位的职责事项，其第44条第3款规定：“接种单位应当加强内部管理，开展预防接种工作应当遵守预防接种工作规范、免疫程序、疫苗使用指导原则和接种方案。”

常态管理，更强调依法行政，按部就班，各司其职，加强管理，尤其是细节管理。

二是接种面临的应急管理。《疫苗管理法》第78条规定：“县级以上人民政府应当制定疫苗安全事件应急预案，对疫苗安全事件分级、处置组织指挥体系与职责、预防预警机制、处置程序、应急保障措施等作出规定。疫苗上市许可持有人应当制定疫苗安全事件处置方案，定期检查各项防范措施的落实情况，及时消除安全隐患。发生疫苗安全事件，疫苗上市许可持有人应当立即向国务院药品监督管理部门或者省、自治区、直辖市人民政府药品监督管理部门报告；疾病预防控制机构、接种单位、医疗机构应当立即向县级以上人民政府卫生健康主管部门、药品监督管理部门报告。药品监督管理部门应当会同卫生健康主管部门按照应急预案的规定，成立疫苗安全事件处置指挥机构，开展医疗救治、风险控制、调查处理、信息发布、解释说明等工作，做好补种等善后处置工作。因质量问题造成的疫苗安全事件的补种费用由疫苗上市许可持有人承担。有关单位和个人不得瞒报、谎报、缓报、漏报疫苗安全事件，不得隐匿、伪造、毁灭有关证据。”

如此规定，意味着疫苗接种更要面对突发事件的考验，预案制定和应急管理面临新挑战，这其中，强调运用法治思维和法治方式提到了空前的高度，开启了疫苗应急管理新征程。《中共中央关于坚持和完善中国特色社会主义制度　推进国家治理体系和治理能力现代化若干重大问题的决定》提出：各级党和国家机关以及领导干部要带头尊法学法守法用法，提高运用法治思维和法治方式深化改革、推动发展、化解矛盾、维护稳定、应对风险的能力。在新时代，面对疫苗管理，更适应强调“要坚持依法管理，运用法治思维和法治方式提高应急管理的法治化、规范化水平”的新时代。

第三，从接种实施上看，更注重疫苗接种也是一种临床活动。

疫苗管理进入新时代。面对最严的《疫苗管理法》，转变是肯定的，主要集中体现在：理念上，接种服务要由预防管理向临床服务思维靠拢；接种工作上，管理接种更要向服务接种转变；接种结果上，变法律之严管为接种之厚爱，乃是制度推进之道。

接种实施前，不能再缺少符合临床活动要求的实质检查事项。《疫苗管理法》第 45 条第 2 款规定："医疗卫生人员在实施接种前，应当按照预防接种工作规范的要求，检查受种者健康状况、核查接种禁忌，查对预防接种证，检查疫苗、注射器的外观、批号、有效期，核对受种者的姓名、年龄和疫苗的品名、规格、剂量、接种部位、接种途径，做到受种者、预防接种证和疫苗信息相一致，确认无误后方可实施接种。"

接种实施中，不能再悬空符合临床活动要求的说明告知义务。《疫苗管理法》第 45 条第 1 款规定："医疗卫生人员实施接种，应当告知受种者或者其监护人所接种疫苗的品种、作用、禁忌、不良反应以及现场留观等注意事项，询问受种者的健康状况以及是否有接种禁忌等情况，并如实记录告知和询问情况。受种者或者其监护人应当如实提供受种者的健康状况和接种禁忌等情况。有接种禁忌不能接种的，医疗卫生人员应当向受种者或者其监护人提出医学建议，并如实记录提出医学建议情况。"这方面，比较而言，以预防专业毕业生为主的预防接种的门诊医生们应当更多地向以临床专业毕业生为主的医疗门诊医生们借鉴和学习。

接种实施后，不能再丢失符合临床活动要求的留观事宜。《疫苗管理法》第 45 条第 3 款规定："医疗卫生人员应当对符合接种条件的受种者实施接种。受种者在现场留观期间出现不良反应的，医疗卫生人员应当按照预防接种工作规范的要求，及时采取救治等措施。"

显然，这些要求都是随着新时代而来，跟着《疫苗管理法》而到的。如此转变，是系统性的，是革命性的，是艰难的，是挑战性的，比如，履行接种前的检查职责，就需要接种者具有专业的临床活动技能；履行说明告知职责，就需要留有病历的书写时间，改变面前接种病历格式化设计，要预留空间给接种书写示录；实施接种留观，就需要场地等配套。这都不是疾控一家可以独立完成的，尽管法律对他们转变的要求最大、力度最强。

但是，无论如何，转变和适应也是必须的。毕竟，清晰导向已通过《疫苗管理法》传递出来了：如果接种管理的思维不变，就难以得到法律之最爱；接种服务的状态不变，就面临争议问责之最严。比如，《疫苗管理法》第 87 条规定："违反本法规定，疾病预防控制机构、接种单位有下列情形之一的，由县级以上人民政府卫生健康主管部门责令改正，给予警告,没收违法所得;情节严重的,对主要负责人、直接负责的主管人员和其他直接责任人员依法给予警告直至撤职处分,责令负有责任的医疗卫生人员暂停一年以上十八个月以下执业活动;造成严重后果的,对主要负责人、直接负责的主管人员和其他直接责任人员依法给予开除处分,由原发证部门吊销负有责任的医疗卫生人员的执业证书:……(二)接种疫苗未遵守预防接种工作规范、免疫程序、疫苗使用指导原则、接种方案……”

第四,从接种依据上看,更注重接种依据标准的时代来临了。

疫苗接种争议,恐怕难以完全避免。有争议,不可怕,没有判断依据和标准才真可怕。化解接种纠纷,明确依据标准,就是疫苗管理法制上的一大进步。《疫苗管理法》已体现了这样的进步。

一是《疫苗管理法》首次明确提出了四项接种依据。其第 96 条规定:“因疫苗质量问题造成受种者损害的,疫苗上市许可持有人应当依法承担赔偿责任。疾病预防控制机构、接种单位因违反预防接种工作规范、免疫程序、疫苗使用指导原则、接种方案,造成受种者损害的,应当依法承担赔偿责任。”这其中,“预防接种工作规范、免疫程序、疫苗使用指导原则、接种方案”即是接种依据和遵循。但随之追问就是,这些不明确、实务中也不用的这些词语,它们究竟是指什么,可提供目录清单吗?比如,《狂犬病预防控制技术指南(2016 年版)》是属于其中的什么?《狂犬病预防控制技术指南(2016 年版)》提出:“狂犬病是由狂犬病病毒感染引起的一种动物源性传染病……近年来,狂犬病报告死亡数一直位居我国法定报告传染病前列,给人民群众生命健康带来严重威胁。为指导基层疾控机构做好狂犬病的预防控制工作,尤其是暴露后的预防处置,降低狂犬病所致死亡,中国疾病预防控制中心组织专家,参考世界卫生组织和美国疾控中心的技术指南,以及国内外最新研究进展,制定了《狂犬病预防控制技术指南(2016 年版)》。”显然,基于《疫苗管理法》第 96 条的规定,《狂犬病预防控制技术指南(2016 年版)》应属于“预防接种规范”范畴,有争议吗?

如此追问,可能当下并没有明确答案。但对该问题,各方均有需求,给出答案明确清晰,对接种各方更是好。当然,回答《疫苗管理法》第 96 条本身,也是对疫苗接种工作能否运用法治思维和法治方式的一种检验和考验。

显然,这也就是《疫苗管理法》制定之后如何推进实施的一个好问题。更是对主管机构提出的新要求。只有尽快明确具体所指、制定程序、效力位阶、救济程序和法律后果,才能更好提供指引,用准依据,规范接种,化解风险

二是药品说明书是临床用药的法定依据。这就要求我们接种疫苗须密切关注跟踪疫

苗说明书的新变化。《疫苗管理法》第59条规定:“疫苗上市许可持有人应当根据疫苗上市后研究、预防接种异常反应等情况持续更新说明书、标签,并按照规定申请核准或者备案。国务院药品监督管理部门应当在其网站上及时公布更新后的疫苗说明书、标签内容。”第21条规定:“国务院药品监督管理部门在批准疫苗注册申请时,对疫苗的生产工艺、质量控制标准和说明书、标签予以核准。国务院药品监督管理部门应当在其网站上及时公布疫苗说明书、标签内容。”法律上如此规定就意味着,说明书不能、不要再被当成“垃圾”在接种完了就赶快就丢弃了!疫苗说明书乃疫苗接种风险的科学揭示,应当作为医方履行说明告知义务和患方享受知情同意权益的事项之一,比如,接种前,双方都要认真阅读,接种后也应当对照留意,这方面,更需要接种人员主动询问,并把说明书直接交给监护人。

三是专家共识是为疫苗处方审核提供依据的一种参考。《医疗机构处方审核规范》于2018年6月29日印发施行,其最可贵之处在于对用药的判断依据给了一个规章指引。比如,第10条规定:“处方审核常用临床用药依据:国家药品管理相关法律法规和规范性文件,临床诊疗规范、指南,临床路径,药品说明书,国家处方集等。”第11条规定:“医疗机构可以结合实际,由药事管理与药物治疗学委员会充分考虑患者用药安全性、有效性、经济性、依从性等综合因素,参考专业学(协)会及临床专家认可的临床规范、指南等,制订适合本机构的临床用药规范、指南,为处方审核提供依据。”

如此规定,是有很强的实践意义的,比如,《狂犬病暴露预防处置专家共识》①属于什么?先看其内容,其提出:“八、狂犬病暴露预防处置门诊:1.县级及以上地方卫生行政部门应当对辖区内狂犬病暴露预防处置门诊进行合理布局,每个县区至少应有一家24h为狂犬病暴露者提供服务的门诊。从事狂犬病暴露预防处置的医师须经培训考核合格后方可上岗。2.狂犬病暴露预防处置门诊应当具备必要的伤口冲洗、冷链等设备和破伤风疫苗等应急抢救药品。如有条件,应备有至少两种不同基质的狂犬病疫苗、狂犬病及破伤风被动免疫制剂。3.暴露预防处置门诊应建立健全相应管理制度。主要包括冷链管理、知情同意书、接种登记、不良反应登记报告、药械设备管理制度等。4.暴露预防处置门诊承担狂犬病暴露及其处置的监测工作。”显然,依据《医疗机构处方审核规范》,可判断其应当属于“为处方审核提供依据”的一种参考。

① 载《中华预防医学杂志》2019年第53卷第7期。

三、未来:时代在变迁但疫苗定性和接种目的并不变

疫苗作为一种预防疾病的药品,其作用、价值和意义,不言而喻。接种疫苗者,往往也是健康者,疫苗接种,乃雪中送炭,但不乏锦上添花之举。是基于疾病预防,才选择接种疫苗,正因如此,虽然疫苗接种是有别于临床的疾病治疗,但这些事项在推进疫苗接种上,也需引起重视。

即便是预防疾病,接种单位也要服从医疗法律之调整,依法接种是底线。《疫苗管理法》第89条规定:"疾病预防控制机构、接种单位、医疗机构未按照规定报告疑似预防接种异常反应、疫苗安全事件等,或者未按照规定对疑似预防接种异常反应组织调查、诊断等的,由县级以上人民政府卫生健康主管部门责令改正,给予警告;情节严重的,对接种单位、医疗机构处五万元以上五十万元以下的罚款,对疾病预防控制机构、接种单位、医疗机构的主要负责人、直接负责的主管人员和其他直接责任人员依法给予警告直至撤职处分;造成严重后果的,对主要负责人、直接负责的主管人员和其他直接责任人员依法给予开除处分,由原发证部门吊销负有责任的医疗卫生人员的执业证书。"

除非疫苗质量导致责任问题外,疫苗接种的本职工作也可引发法律责任。《民法典》第1221条规定:"医务人员在诊疗活动中未尽到与当时的医疗水平相应的诊疗义务,造成患者损害的,医疗机构应当承担赔偿责任。"此时,"诊疗义务"就包括疫苗接种前、接种中和接种后的三个阶段。任何一个阶段存在问题,都可能引发责任。

疫苗接种免责也是必需的,即依法存在不承担法律责任的三种情形。《民法典》第1224条规定:"患者在诊疗活动中受到损害,有下列情形之一的,医疗机构不承担赔偿责任:(一)患者或者其近亲属不配合医疗机构进行符合诊疗规范的诊疗;(二)医务人员在抢救生命垂危的患者等紧急情况下已经尽到合理诊疗义务;(三)限于当时的医疗水平难以诊疗。前款第一项情形中,医疗机构或者其医务人员也有过错的,应当承担相应的赔偿责任。"这其中,"诊疗规范"、"紧急情况"(如狂犬疫苗注射情形)、"当时的医疗水平"等,就需要与《疫苗管理法》之间进行衔接和对接,尤其是与《疫苗管理法》第96条规定之间进行衔接和对接。

疫苗接种推进,更已由之前单纯疾控机构负责开始向疾控机构和医疗机构共同负责转变和推进。一方面,严管厚爱的《疫苗管理法》,让疫苗管理自此有了专门法调整,实现了有法可依,今后国家推进的重点任务必然就是保证疫苗接种"有法必依、执法必严、违法必

究”。这既需要各方不断学习、贯彻和落实,也需要当面对疫苗问题时,更能依法问责;另一方面,面对健康接种者,当下的医方更需要提供的是接种服务,要让心甘情愿的预防期待,通过法治轨道保障的接种活动,化为一种心情舒畅的享受认可,这其中,需要情、需要立,更多要在原有基础上的强“法”,也即更主动提升运用法治思维和方式应对接种风险,这也成为《疫苗管理法》由制定到实施首要面对、首先面临和首次面对的时代挑战。

心跳骤停死亡遭遇鉴定难，难得住承担法律救济职责的法院吗？

宋儒亮 郭尔绚 李永丰 耿 巍 何 平 宋立志 李锦宏 李贤壮

案情简介

2006年11月17日，赵某因感冒、咳嗽和轻度浮肿并伴有心悸、气短到A医院住院治疗。经初步诊断为上呼吸道感染，决定给其抗感染消炎和输液治疗。12月1日中午1时30分，赵某在输液过程中感觉胸闷、气短和呼吸困难，遂催叫医生进行救治，医生即进行吸氧、"静推"处理，而患者症状无缓解。1时40分，患者突然出现心跳骤停，瞳孔散大，医院遂组织医生进行心外按压、心脏除颤等措施抢救，而患者的心跳、呼吸未能恢复。3时35分，赵某抢救无效临床死亡。当晚9时50分，死者家属将赵某病历封存于医院。事发后，赵某的亲属与A医院就是否进行尸检进行了交涉，由于双方的原因对赵某没有进行尸检，之后赵某的亲属将停放医院数天的赵某遗体进行了处理。

李某系死者赵某的丈夫；李某乙系死者赵某之女；李某丙系死者赵某之子，当时尚未成年；赵某某系死者赵某之父，育有三个女儿，赵某为其小女儿。以上均为城镇人口。

李某等人认为A医院治疗行为存在过错，未采取有效措施进行抢救，致使发生赵某死亡的损害后果，由于双方赔偿事项未达成一致，李某等人诉至法院。

本案诉至一审法院后，经过一审、二审、发回重审。

重审后，一审、二审审理情况如下。

一审重审各方意见

原告意见

要求被告赔偿各项损失计1000000元。赔偿的项目包括：(1)医疗费5573元；(2)误工费71894元；(3)护理费2511元；(4)交通住宿费9069.5元；(5)住院伙食补助费420元；(6)丧葬费10763元；(7)被抚养人生活费58713元(包括赵某某85岁，李某丙16岁，按某省城镇人均消费性支出8191.8元/年的5年和2年计算)；(8)死亡赔偿金231300元；

(9)精神损害抚慰金600000元;(10)律师费10000元及其他费985元;(11)鉴定费22000元。

鉴定意见

根据李某等人的申请,一审法院分别于2009年12月24日和2010年4月19日两次委托司法鉴定机构对赵某的死因及治疗是否构成医疗事故、是否存在医疗过错进行鉴定,鉴定机构分别以"其鉴定目的不能鉴定"和"由于患方对医疗机构提供的相关病历资料存在异议,故乙司法鉴定中心终止该鉴定"为由不予受理。

之后,李某等人仍坚持要鉴定,一审又依他们的申请,以"赵某的病历中当日下午1时40分心脏骤停是否真实,下午3时35分临床死亡是否真实"为目的进行了两次委托鉴定,丙司法鉴定中心的答复为"超出我中心法医学鉴定范围"而不予受理,丁司法鉴定中心的答复为:"在医疗损害责任纠纷司法鉴定中,双方一致认可的病例资料是进行医疗损害责任纠纷司法鉴定的必要基础,且对病例真伪的鉴定超出本中心的技术条件和鉴定能力,故本中心经集体讨论后,不予受理贵院的司法鉴定申请。"

被告意见

认为被告医疗行为不存在过错,且患者死亡与被告的诊疗行为无关。另外,所有对于病历的改动,均是根据《病历书写基本规范(试行)》(2002年版)的规定,对病历书写错误或不符合实际情况的记载的调整,全部修改不涉及诊疗措施、方案、患者病程等实质性内容。被告对患者全部的医疗行为均符合相关诊疗规范,医疗行为本身并无不当。

本案无法进行医疗事故鉴定的主要原因是患者赵某死亡后没有进行尸检,故此是导致本案无法判定患者赵某死亡的真正原因。被告对患者赵某的死亡依法无须承担任何责任。

法院意见

一审法院审理查明:2008年7月28日,在原一审庭审时,根据原告申请,通过原一审法院司法技术中心及省高级人民法院司法技术鉴定中心,委托甲司法鉴定中心对患者赵某住院病历进行鉴定,同年11月11日,甲司法鉴定中心作出甲司鉴中心〔2008〕文检字第×××号鉴定报告,称赵某病历中的长期医嘱单、临床医嘱表、出入量纪录、危重病人护理记录单等11处系改写或涂改形成。经质证,当事人双方无异议,被告方主张鉴定结论与患者赵某的死因之间无因果关系。

一审法院认为

因赵某死亡后没有进行死因鉴定,不清楚死亡原因,当事人双方均有责任。在省高级人民法院发回本院重审时,本院依原告申请,分别于2009年12月24日和2010年4月19日两次委托司法鉴定机构对赵某的死因及治疗是否构成医疗事故、是否存在医疗过错进行鉴定,鉴定机构分别以"其鉴定目的不能鉴定"和"由于患方对医疗机构提供的相关病历资料存在异议,故乙司法鉴定中心终止该鉴定"为由提出不予受理,本院无法区分其中的过错责任。在询问李某等人后,他们仍坚持要鉴定,本院又依他们的申请,以"赵某的病历中当日下午1时40分心脏骤停是否真实,下午3时35分临床死亡是否真实"为目的进行了两次委托鉴定,丙司法鉴定中心的答复为"超出我中心法医学鉴定范围"而不予受理,丁司法鉴定中心的答复为:"在医疗损害责任纠纷司法鉴定中,双方一致认可的病例资料是进行医疗损害责任纠纷司法鉴定的必要基础,且对病例真伪的鉴定超出本中心的技术条件和鉴定能力,故本中心经集体讨论后,不予受理贵院的司法鉴定申请。"至此,对赵某的死亡与A医院的治疗之间是否构成医疗事故或存在医疗过错没有有效的鉴定结论。

鉴于本院初审时,曾委托甲司法鉴定中心对赵某的住院病例进行文检,其中有11处系改写或涂改形成,涉及长期医嘱单、临时医嘱表、出入量记录等,根据《医疗事故处理条例》的相关规定,医疗机构无正当理由未如实提供相关材料,导致医疗事故鉴定不能进行的,应当承担责任。而本案争议的病例资料已确认存在多处改写或被涂改的痕迹,且涉及赵某的诊疗、救治过程的多方面,很难反映对赵某医疗行为的正确性,也不符合病例资料完整性的要求,被告应承担导致本案不能进行医疗事故鉴定的责任。

根据《民法通则》及《最高人民法院关于审理人身损害赔偿案件适用法律若干问题的解释》(2003年版)的相关规定,A医院对原告应承担赔偿责任。经审核,原告的赔偿项目为:一是医疗费5573元;二是误工费837元;三是护理费837元;四是交通、住宿费1330元;五是住院伙食补助费420元;六是丧葬费10763元;七是被抚养人生活费21605元;八是死亡赔偿金231300元;九是鉴定费22000元;共计294665元。

一审法院判决

综上所述,原告诉讼请求部分支持。依照《民法通则》第98条、第219条,《最高人民法院关于审理人身损害赔偿案件适用法律若干问题的解释》(2003年版)第17条第3款之规定,判决如下:被告A医院应自本判决生效之日起30日内一次性赔偿原告李甲等294665

元。本案诉讼费13800元,原告承担9000元,被告承担4900元。

一审判决后,双方均不服,均提起上诉。

二审重审各方意见

上诉人(李某等人)意见

1. 一审法院不重证据,认定事实错误

(1)一审法院不依法支持上诉人的合法证据,非法采信被上诉人的伪证而判定患者赵某“……1时40分,患者突然出现心跳骤停……3时35分,赵某抢救无效临床死亡”的司法认定与事实不符。故上诉人请求二审法院公平查证一审法院的错误判定,或依据病历记录证据进行司法鉴定。

(2)上诉人认为一审法官是在有意偏袒被上诉人,将应该由被上诉人提出尸检的义务有意转嫁给上诉人,显然与法相悖。

(3)关于一审判决书“本院认为……对赵某的死亡与A医院的治疗行为是否构成医疗事故或存在医疗过错没有有效的鉴定结论”的认定,是错误认定。

2. 关于精神损害抚慰金赔偿事项,一审法院程序违法和适用法律错误

上诉请求:(1)请求查清被害人在医院死亡的事实真相,依法改判一审法院枉法采信被告的不实证词及被告对本案的最关键事项非法改写的伪证作出“经审理查明”与“本院认为”的错误认定;(2)请求二审法院在查清事实的基础上依法改判,支持上诉人一审诉求;(3)请求二审法院在正确适用法律的基础上依法改判,支持上诉人一审诉求的精神损害抚慰金;(4)请求二审法院判令被上诉人承担本案一审、二审诉讼费、律师费等相关全部费用。

上诉人(A医院)意见

上诉人(A医院)认为:(1)被上诉人的全部诉讼主张均超过法定诉讼时效期间。(2)上诉人的医疗行为不存在过错,且赵某的死亡与上诉人的诊疗行为无关。①原审已经查明,所有对于病历的改动,均是根据《病历书写基本规范(试行)》(2002年版)的规定,对病历书写错误或不符合实际情况的记载的调整,全部修改不涉及诊疗措施、方案、患者病程等实质性内容。②原审同样查明,除如实向被上诉人提供病历外,在案件诉讼过程中,上诉人还如实、全面地向鉴定机构提供了全部病历;并且,该病历材料显示上诉人对赵某的全部医疗行为均符合相关诊疗规范,医疗行为本身并无不当。③本案无法进行医疗事故鉴定的主要原因是赵某死亡后没有进行尸检,从而导致本案无法判定赵某死亡的真正原因。但庭审

已经查明,之所以没有进行尸检,是由于死者家属(本案被上诉人)在赵某死亡后拒绝进行尸体检验。根据《医疗事故处理条例》的规定,应当由被上诉人一方承担无法查明赵某死亡原因的责任。因此,原审判决推定上诉人承担案件责任,属认定事实和适用法律错误。(3)原审判决确认的各项经济损失大多不能成立。

上诉请求:(1)依法撤销某市中级人民法院(2009)某民初字第078号民事判决;(2)驳回被上诉人要求支付赵某某等被扶养人生活费的起诉;(3)驳回被上诉人的其他诉讼请求;(4)案件受理费由被上诉人承担。

二审法院查明

本院经开庭审理查明的事实与原审法院查明的事实一致,予以确认。

另查明:本院二审审理中,李某等人又提供了一份戊鉴定所出具的(戊法物〔2011〕临书鉴字第××××号)司法鉴定意见书。该鉴定机构系李某等人单方委托的。

法院意见

二审法院认为

本案发回市中级人民法院重审时,依原审原告李某等人的申请,分别于2009年12月24日和2010年4月19日两次委托司法鉴定机构对赵某的死因及治疗是否构成医疗事故,是否存在医疗过错进行鉴定,鉴定机构分别以“其鉴定目的不能鉴定”和“由于患方对医疗机构提供的相关病历资料存在异议,故乙司法鉴定中心终止该鉴定”为由不予受理。原审法院无法区分其中的过错责任。该鉴定结论作出后,李某等人仍坚持要鉴定,市中级人民法院又以“赵某的病历中当日1时40分心脏骤停是否真实,3时35分临床死亡是否真实”为目的进行了两次委托鉴定,丙司法鉴定中心的答复为“超出我中心法医学鉴定范围”而不予受理,丁司法鉴定中心的答复为“在医疗损害责任纠纷司法鉴定中,双方一致认可的病例资料是进行医疗损害责任纠纷司法鉴定的必要基础,且对病例真伪的鉴定超出本中心的技术条件和鉴定能力,故本中心经集体讨论后,不予受理贵院的司法鉴定申请”。李某等人委托戊鉴定所所作的鉴定,系其单方委托,A医院对其不予认可,故本院不予采纳。

至此,对赵某的死亡与A医院的治疗之间是否构成医疗事故及存在医疗过错没有有效的鉴定结论予以佐证。根据本案在2008年7月28日委托甲司法鉴定中心对赵某的住院病历进行的鉴定,同年11月11日,甲司法鉴定中心作出甲司鉴中心〔2008〕文检字第×××号鉴定报告,称赵某病历中的长期医嘱单、临床医嘱表、出入量记录、危重病人护理记录单等11处系改写或涂改形成。而本案争议的病例资料已确认存在多处改写或被涂改的痕迹，且涉及赵某的诊疗、救治过程的多方面，很难反映对赵某医疗行为的正确性，也不符合病例资料完整性的要求，故市中级人民法院重审认为A医院应承担导致本案不能进行医疗事故鉴定的责任并无不妥。

关于李某等人的诉讼请求是否超过诉讼时效的问题，在患者赵某死亡后，其家属依常理多次找A医院协商此事，且A医院在原一审、二审期间均未提出超过诉讼时效的主张，对A医院的该项上诉请求不应予以支持。关于赵某家属对精神损害抚慰金赔偿事项的上诉请求，因原审法院已经支持其死亡赔偿金，对精神损害抚慰金的主张不应予以支持。据此，上诉人李某等人与上诉人A医院的上诉请求，均证据不足，本院不予支持。原审判决认定事实清楚，适用法律正确。

二审法院判决

依照《民事诉讼法》(2012年版)第170条第1款第1项之规定，判决如下：驳回上诉，维持原判。

二审案件受理费10853元由上诉人李某等人承担5426.5元，上诉人A医院承担5426.5元。

本判决为终审判决。

各方意见

医方意见

耿巍　中山大学附属第三医院医务科　副科长

1. 本案争议的焦点之一：对于医方改动病历这一行为应如何定性。书写和修改病历是医师的权利，但应遵照一定的规则。本案改动的内容包括长期医嘱单、临时医嘱表、出入量记录、危重病人护理记录单等11处，这些都是反映患者诊疗护理过程的重要病历内容。在改动的定性方面，鉴定结论采用的字眼是“改写”和“涂改”。笔者认为“改写”的含义更接近于“修改”，即在规定的时限内，在病历原件上用红笔双横线划掉需要修改的内容，保持原始记录清晰可辨，然后在旁边书写修改后的内容并签署修改病历的医师姓名和具体时间。“涂改”的含义则更接近于未保留原始内容的不规范的改动甚至篡改。从司法鉴定的结论可知，医方对于病历的改动确实存在过失，患方对于病历真实性的质疑并非空穴来风。故而医方理应对无法进行鉴定这一不利后果承担相应的责任。

2. 本案争议的焦点之二:患者未行尸检,谁应承担不利责任。患方认为医方未尽告知义务,而医方认为患方拒绝尸检才是真正原因。从法院认定医患双方都有责任这一点来看,医方应未取得患方在尸检同意书中的签字确认。实践中如死者家属拒绝尸检且拒绝在同意书上签字,应在同意书中记载家属拒绝尸检且拒绝签字的情况并由在场的两名或以上医务人员共同签字确认;对于存在纠纷的患者,更应及时通知医疗纠纷人民调解委员会、街道办事处或派出所等第三方工作人员到场参与医患沟通并作为见证人在同意书中签字确认,最大限度规避法律风险。

3. 从本案有限的临床资料分析,不排除患者死于心肌炎的可能性。对于心肌炎,主要为卧床休息、严密监测并针对心衰、心律失常和休克进行治疗,没有特效的治疗手段。医方对于医嘱、护理记录等内容的不规范的修改确实容易令人联想到篡改病历的可能。医方不能举证证实其已尽尸检告知义务,亦无法回避其在病历修改方面存在的过失,法院据此判决其承担完全赔偿责任便在情理之中了。

鉴定专家意见

李永丰　广东省医学会医疗事故鉴定办公室　副主任

该案在医疗损害鉴定过程当中的关键问题是,病历的真实性无法确认以及没有进行尸检不能明确死因。这两个问题是医疗鉴定中常见的两类问题。

通常而言,医疗鉴定的基础是建立在双方对材料真实性的认可之上的。医学会的专家鉴定组没有义务也没有能力对材料的真实性进行鉴定。因此,医学会组织的医疗损害鉴定会,要求鉴定材料为法院提交、双方经质证之后认可的材料。然而,该如何鉴定材料是否真实,是工作中的难点。正确地识别,不仅有赖于医学的专业知识,也有赖于侦查等技术手段,因此,通常由一方机构很难单独完成。另外,材料的真实性,并不是因为没有涂改,就是真的,进行了涂改,就是假的。这个是非常片面的判断。正常情况下,因病历资料由不同级别的医生负责,上级医生有修改下级医生书写的病历的职责,这在医疗工作中是常见的一项工作、教学和指导。只是这些工作需要在一定的时限、一定的限度内完成,同时具有一定的规范性要求。而即使病历没有任何涂改,但所描述的内容不符合疾病一般的发展规律或医疗常规,那也不一定就是真实的。因此,判断病历的真实性,是一项难题。

关于第二个问题,没有进行尸检,不能明确死因,是不是就一定不能做鉴定。这个答案是否定的。经常有人会说,病理死因才是金标准,临床死因不是。这个结论太过武断。在有条件的情况下,能够通过尸检获得病理死因当然对疾病的判断是非常充足的依据。但实际情况下,不是所有的患者都能接受尸检,再者,不是所有的尸检结论都能够正确反映明确的病因。到目前为止,医学的能力还是有限度的,不是所有的疾病都能在第一时间被快速地诊断、治疗。疾病也有其自身的发展规律,不是治疗了就一定有效果。作为判断医疗行为是否得当,尸检往往是辅证,但我们必须明确,医疗过程是一个不断寻找病因、寻找真相的过程,在医疗行为中,医生不可能先看到尸检报告,再来诊断治疗。只要医生的医疗行为是符合规范的,符合当时当地的医疗水平,尽到了应尽的义务,那么医生的医疗行为就不存在过错。如果对于一个患者,医生该做的诊断没有做,该做的治疗没有做,那理应承担相应的责任。而对于疾病而言,人们应该更深刻地认识疾病,敬畏疾病,敬畏生命的发展规律。

律师意见

何平　广东鹏浩律师事务所　律师

本案件历经7年,经过一审、二审、发回重审、重审二审4个审级后,终于收到了终审判决,案件从“医疗事故”到“医疗过错”,也经历了定性的变迁。

本案中争议的焦点在于:医疗过错与因果关系。处理的难点在于:因没有尸检死因不明、病历多处修改而无法进行医疗过错技术鉴定应当由谁来承担责任。

这个案件的判决,有几个问题没有解决:(1)病历的修改是否属于“伪造、篡改”;(2)无法鉴定的原因除了病历修改,没有进行尸检是否也是其中的因素;(3)法院的最终判决认定医方承担患者死亡的全部赔偿责任,法律依据是什么?缺少说理的过程;(4)不支持精神损害抚慰金值得商榷。

在医疗争议案件中,病历的完整性与真实性经常是争议的焦点,也是能否进行医疗事故、医疗过错鉴定的关键所在,在司法实践中,只要患方主张病历不真实,鉴定机构就以“患方对医疗机构提供的病历资料存在异议”为由而不予受理案件,但《医疗事故处理条例》《侵权责任法》均以“伪造、篡改”病历作为不进行鉴定、过错推定的必要条件,因此在案件审理中,对病历是否存在“伪造、篡改”就成为法官必然需要认定的事实焦点。

在本案中,患者病历中长期医嘱单、临时医嘱单、出入量记录、危重病人护理记录均是对患者诊疗、生理指标、病情变化的客观记录,最强调客观真实,但经鉴定以上病历资料有11处的改写、涂改,导致对于患者的病情发展与治疗经过无法还原,法官应当根据案件中查清的事实认定医方“篡改”病历资料。

《侵权责任法》第58条明确规定了“伪造、篡改或者销毁病历资料”,人民法院可以推定医疗机构承担过错责任,立法本意也是基于在这类案件中,病历不真实导致案件事实无法查清,只能由法官来直接推定医疗机构承担过错责任,且这类推定,应当带有一定的惩罚性,以彰显法律对于“伪造、篡改”这类行为是不能容忍的,医疗机构应当守住基本的底线。

在本案的判决中,还有一个争议焦点没有解决,就是患者死亡没有进行尸检的问题,患方拒绝尸检在本案中也是非常重要的事实,患方在明确知道相关法律后果后仍然拒绝尸检,应当因此承担法律责任,在本案中,在法官过错推定时,也应当考虑这个因素,在过错参与度上给予一定的考虑。

对于精神损害抚慰金,不能简单理解死亡赔偿金涵盖了精神损害抚慰金,同时不同的案件精神损害抚慰金不能一概而论,应当根据案情综合考量并支持精神损害抚慰金。

法官意见

郭尔绚　广东省高级人民法院民一庭　助理审判员

《侵权责任法》第58条规定:“患者有损害,因下列情形之一的,推定医疗机构有过错:(一)违反法律、行政法规、规章以及其他有关诊疗规范的规定;(二)隐匿或者拒绝提供与纠纷有关的病历资料;(三)伪造、篡改或者销毁病历资料。”以上情形,实质都是医疗机构不适当作为或者不作为侵权的类型。本案中,人民法院根据原告申请,对赵某的住院病历进行委托鉴定,结论为病历中的长期医嘱单、临床医嘱表、出入量记录、危重病人护理记录单等11处系改写或涂改形成。尽管病历资料的涂改情况是可量化的,但医学会还是以双方对病历资料存在争议为由终止了鉴定,可以反映涂改或者篡改的部分对于鉴定事项起到了关键作用,也即对判断是否构成医疗损害足以构成影响,导致医疗机构是否有过错,是否与损害后果成立因果关系均无法确定。医疗机构的行为,符合《侵权责任法》第58条第3项的规定,可推定其存在过错。从因果关系推定的角度来看,医疗机构篡改病历资料的行为,根据《最高人民法院关于民事诉讼证据的若干规定》(2001年版)第75条的规定,有证据证明一方当事人持有证据无正当理由拒不提供,如果对方当事人主张该证据的内容不利于证据持有人,可以推定该主张成立。据此,本案可推定患方的主张成立。需要说明的是,案涉医疗行为发生在2006年即《侵权责任法》实施前,法院判决并未适用该法,而是从医疗机构应承担不能进行医疗事故鉴定的责任这一角度予以论述,更多的是从因果关系角度进行探讨。无论是基于何种思考,基于医疗机构恶意篡改病历资料的行为,在实体处理上由其承担不利的诉讼后果,是较为公平合理的。

本案启示

即便鉴定再难,也难不住肩负最后法律救济职责的司法

宋儒亮　法治广东研究中心、广东省医学会医事法学分会主任

很多当事人知道打医疗官司鉴定难,但并不是明确知道难在哪?

本案可当作诉讼鉴定难的代表案之一。难之理由主要是“其鉴定目的不能鉴定”,“由于患方对医疗机构提供的相关病历资料存在异议,故乙司法鉴定中心终止该鉴定”,“超出我中心法医学鉴定范围而不予受理”,“在医疗损害责任纠纷司法鉴定中,双方一致认可的病例资料是进行医疗损害责任纠纷司法鉴定的必要基础,且对病例真伪的鉴定超出本中心的技术条件和鉴定能力,故本中心经集体讨论后,不予受理贵院的司法鉴定申请”。这就是鉴定难,这就是鉴定难的众多理由之一。

鉴定难,如何评价?概言之,三方面——事先缺乏、事中回避和事后缺少问题——问题是让鉴定难难以根本改变的核心问题。化解面临的鉴定难,更应聚焦这三方面议题,更应以此为主攻之地。

事先:缺乏就立法对鉴定属性革命性转变的理解和把握,是导致审理鉴定难的最直接认识。

鉴定是一项专业活动。面对鉴定,法律领域具有最深刻革命性的事件莫过于立法对鉴定属性之新界定。尽管在法律上,鉴定仍属法定证据,但对“鉴定结果”之定性,已发生了革命性改变:之前称“鉴定结论”,现称“鉴定意见”,变“结论”为“意见”,鉴定结果之属性仿如天堂到了人间;之前的鉴定是“结论”,神圣不可置疑,面对“结论”,只能照搬、照抄和照用;现在的鉴定是“意见”,均可质疑,面对“意见”,或全用、选用或不用。法理而言,立法如此转变,应当要直接体现在后面的执法、司法和守法上。但因种种原因理解(最主要在于专业能力和水平问题),立法对鉴定结果的革命性转变并没有或者难以全面体现在后续的执法、司法和守法之中,诸如“没鉴不判”“没鉴难判”“以鉴代判”等司法上难以根治、难以改变的问题就是明证。其直接后果之一就是当医疗损害赔偿诉讼中面临鉴定难问题时,选择性化解或选择不愿意正视,或选择有意无意忽视鉴定问题成为常态,比如,直接推说“不调解就不受理或者不鉴定就不判决”就是典型代表情形之一,也最让当事人深感无奈。司法体制改革确定的“谁审理、谁裁判”原则或有让此问题更加复杂化、困难化的倾

向,比如在当前,尽管审案法官更有权力对审理案件定案,但常见或听见这样的情形:把医疗纠纷处理同物业纠纷、邻里纠纷等归于一类,有很多法院最不愿意受理医疗损害赔偿案、有很多法官最不愿审理医疗损害赔偿案,理由无非集中为"打医疗诉讼时间太长且成本高,不划算""医患双方低头不见抬头见,打官司易伤和气""疾病太复杂、医疗太专业,不确定问题太多,调解更适合",等等。显然,面对这些导致鉴定难的事由,要准确回应并予以改变,首先须回归立法关于"鉴定结果乃意见"之定位,深刻领会和准确把握"结论"到"意见"的转变内涵,并最终通过专门、专业、专责的审案法院、法官知识和技能的运用,将立法关于鉴定的属性转变在执法、司法和守法实践中切实体现,否则,鉴定难,真可能成无解之难了。

事中:尤其缺乏对推定过错原则行使的担当,是导致审理离不开鉴定的最直接事由。

不能不出但又清楚知晓要出的裁判文书是一个不会让各方当事人都满意、都说好、都接受的文书,既是法院公信力常受质疑的缘由,又是法院因主持公道实现公平正义能受益的根源。与之理念相配合、相适应的最直接方式就是法院法官要敢于和善于以程序公正来说案、以程序公正吸不满、以程序公正行断案。当现有证据的确难让法院法官实现实体裁决目的时,但医疗损害赔偿案又须按时裁判,法院法官该怎么办?不能难住法院、不能难住法官,就是考验,就是答案。为什么?确立的司法制度使然。《侵权责任法》第58条规定:"患者有损害,因下列情形之一的,推定医疗机构有过错:(一)违反法律、行政法规、规章以及其他有关诊疗规范的规定;(二)隐匿或者拒绝提供与纠纷有关的病历资料;(三)伪造、篡改或者销毁病历资料。"其之存在,即便存在鉴定难题,通过审理和综合研判,也可最低限度保证当鉴定难题来临时,法院也可有所作为、也能有所作为、也须有所作为。"谁审理、谁裁判"之原则就是落实保障。其之确定,就是让法官拥有了既要更加审慎也能更加有为——对法律负责的审,对历史负责的判——之道。当然,面对鉴定难,国外也有可借鉴的,比如法国法官,面对医疗损害赔偿案审理需行鉴定,并不需委托或者联系专门鉴定机构,直接选择社会中具有鉴定资格的鉴定人直接鉴定,鉴定人对鉴定负责、鉴定结果对法官负责,法院法官据此鉴定依法断案。这方面,《民事诉讼法》也提供了制度之道。要强调的是,即便真是鉴定难,也不应当难住承担最后救济职责的法院法官,这是我们信赖法院的事由,也是我们信仰法治的理由,更也是我们推进司法体制改革的目的。总之,法院的优势、法官的从容,让司法不仅有权威,更有公信力。

事后:司法救济专门机构、专门人员的缺乏,是导致对鉴定依赖的最根本问题。

司法是最后的救济。坦率地说,面对医疗损害案的审理需求,现有司法系统,尤其是有的法官在医疗损害审理的把握、驾驭和处置以及能力和水平存在与需求明显不适合、不符合的问题。改变的思路就是在纠纷方式选择认识上不要再把医疗损害赔偿案审理更多推向调解;改进的思路就是尽快吸纳或者培养具有医学专业素质的审案法官;改革的思路就是尽快选择在中级或者某些三甲医院集中的基层法院建立专门的医疗损害赔偿审判小组(团队)、医疗损害赔偿审判庭、医事法院,理由是之前成立过海事法院、金融法院、知识产权法院、互联网法院等,甚至建立专门的医疗损害赔偿审判小组(团队)、医疗损害赔偿审判庭、医事法院更加正当、更加迫切。一方面,医事是人人离不开之事。出生、成长到死亡的人生过程中,人人要经历各种各样的医疗活动,诸如医疗争议、医疗纠纷、医疗事故、医疗损害,难免发生,不可避免;另一方面,人权,宪法之保障。以人为本,政策号召;尊重和保障人权,是宪法承诺,此乃美好生活之本、之基。但是,仅有口号、承诺还不够,保障落实、保证到位离不开法律救济,诉讼也是应有之义。没有生命、健康和身体,其他一切都如过眼烟云。从落实以人为本、尊重和保障人权和实现美好生活角度,没有比重视生命、健康和身体更重要、更紧要之事了。这方面,尽管我们的认识够深刻、早就到位,但行动却落后了。面对生命、健康和身体为集中代表的医事纠纷,从法治思维和方式角度进行运作,更要强化司法在诉讼等方面的法律救济职能和功能,道理不言而喻,意义不证自明,乃重中之重,当务之急。据此,当前没有比设立专门的法院、专办的法庭、专业的法官,更有说服力、证明力和行动力的举措和行动了。其之缺乏,就是导致鉴定难以真正被司法化解的根源。

由一起死因明确、鉴定充分的猝死纠纷审理看医事法审判

宋儒亮　官　健　罗　斌　于　宏　李　强　宋立志

案情简介

2015年3月20日，孙某膝关节疼痛入住甲医院，初步诊断为：右膝关节类风湿性关节炎、支气管炎、高血压；次日15时30分甲医院为孙某行膝关节针刀微创松解术，病历记载：术后无异常；2015年3月23日16时10分，患者在做理疗起床时突然晕厥，休息片刻后稍清醒，血压、心电图均正常，考虑为体位性脑供血不足，口服丹参滴丸，卧床休息，继续观察。18时左右患者家属要求转院。

转到C区中心医院治疗。C区中心医院门诊病历记载：2015年3月23日18时15分，主诉"胸闷30分钟"，家属述患者30分钟前无明显诱因出现胸闷、气短，未处置来诊。初步诊断：胸闷待查，处置意见：心电图，收循环一区。住院病历记载：患者入院30分钟前自述气短，呼吸困难，急呼"120"就诊，入病房前1分钟左右患者意识丧失，呼吸停止。初步诊断：猝死原因待查，肺栓塞？急性心肌梗死？诊疗计划：积极抢救，心肺复苏。抢救记录记载：患者于18时8分入病房时已出现意识丧失，大动脉搏动丧失、呼吸停止，面色苍白，瞳孔散大，立即给予持续胸外心脏按压，氧气输入、心电监视等抢救措施，于22时10分抢救无效死亡。

一审各方意见

原告意见

原告认为甲医院治疗行为存在过错，未采取有效措施进行抢救，致孙某死亡的损害后果，由于双方赔偿事项未达成一致，诉至法院。要求被告赔偿各项损失计356752.86元。赔偿的项目包括：被告医院医疗费595元（医保报销后），C区中心医院医疗费1542.86元，死亡赔偿金241140元，丧葬费26729元，精神损害抚慰金50000元，被抚养人生活费17746元，尸检费19000元，合计356752.86元。

被告意见

被告认为其不存在过错,孙某的损害后果是其自身疾病发展自然归转的结果,与诊疗行为无因果关系。请求依法驳回。

鉴定意见

A 省临床病理中心法医鉴定

死因鉴定:经 C 区卫生局委托,A 省临床病理中心法医鉴定所对孙某的死亡原因做出鉴定,鉴定意见为:根据尸检所见及相关鉴定材料,孙某系因患心脏左冠状动脉前降支肌桥致心源性猝死。

甲司法鉴定所

医疗损害鉴定:经原告申请,C 区人民法院于 2015 年 10 月 22 日委托甲司法鉴定所,委托鉴定事项:(1)甲医院在为孙某的医疗行为中是否存在过错;(2)甲医院的过错行为和孙某的死亡是否有因果关系;(3)过错的参与度是多少。甲司法鉴定所鉴定意见为:甲医院在为孙某的医疗行为中存在过错,甲医院的过错行为与孙某的死亡存在一定的因果关系,建议甲医院对孙某的死亡负次要责任。

被告提出甲司法鉴定所的鉴定人苏某 2016 年 7 月 7 日才取得执业证,2015 年作出鉴定意见时,该鉴定人无资质。被告在庭审中提出重新鉴定。

乙司法鉴定所重新鉴定

医疗损害鉴定:由 C 区人民法院委托,乙司法鉴定所对孙某的死亡进行医疗过错、因果关系进行了重新鉴定,乙司法鉴定所分析说明如下。

(一)医疗行为

患者孙某于 2015 年 3 月 23 日 16 时 10 分在做理疗时突然晕厥,口服丹参滴丸及制动休息片刻后稍清醒。于 18 时左右家属要求转入上级医院治疗,患者于 16 时 10 分出现晕厥至"120"到达 17 时 45 分转入上级医院期间,心电图示有心肌缺血表现,医方 1(被告甲医院)仅给予口服丹参滴丸 10 粒,未给予患者服用其他缓解心肌缺血的药物进行治疗。未对患者心脏、血压进一步监测,以便及时发现患者病情变化。未做其他化验检查,未及时告知家属进一步诊治方案,医方 1 存在未做到告知义务及谨慎注意义务。C 区中心医院 2015 年 3 月 23 日 18 时 15 分门诊病历记载:"神清,颈软,双肺呼吸音清,心音有力,律齐,心率 155 次/分。初步诊断:胸闷待查。"抢救记录"患者于 18 时 8 分入病房时已出现意识丧失,大动脉搏动丧失、呼吸停止,面色苍白,瞳孔散大”,“心电图提示窦性心动过缓,心室率34次/分”,立即给予抢救。门诊病历记载与抢救时间前后矛盾。

(二)因果关系

乙司法鉴定所出具的鉴定意见为:孙某系因患心脏左冠状动脉前支肌桥致心源性猝死。孙某晕厥后,心电图提示有心肌缺血表现,未给予患者服用其他缓解心肌缺血的药物进行治疗。未对患者心脏、血压进一步监测,未做其他化验检查,小针刀术后膝关节疼痛与诱发心肌缺血的因素有关,医方1(甲医院)的医疗行为延误了孙某心脏病情的诊治,其医疗过错与孙某的死亡有一定的间接因果关系。医方2(C区中心医院)门诊病历18时15分记载患者Bp 110/70mmHg,神清,颈软,双肺呼吸音清,心音有力,律齐,心率155次/分。抢救记录记载患者于18时8分入病房时已出现意识丧失,大动脉搏动丧失、呼吸停止。死亡记录的入院时间为2015年3月23日19时5分。由于医方2(C区中心医院)病历记录在入院时间及就诊时间前后矛盾,无法真实考察从120接诊到患者入病房期间的诊疗过程,医方2(C区中心医院)存在未尽到谨慎注意义务的医疗过错,其医疗过错与患者的死亡存在一定间接因果关系。孙某死于心源性猝死,其自身疾病是导致死亡的主要原因。乙司法鉴定所出具的鉴定意见为:甲医院对孙某医疗过程中存在未给予患者服用其他缓解心肌缺血的药物。未对患者心脏、血压进行一步监测,未做其他化验检查的医疗过错。其医疗过错的行为与孙某的死亡存在一定的间接因果关系。C区中心医院对孙某医疗过程中存在病历书写不规范导致无法考察医疗过程,其医疗行为与孙某的死亡存在一定的间接因果关系。

原告认为鉴定部门没有召开听证会,被告甲医院提供的两份心电图复印件,证明没有向鉴定部门提供完整的病例,不应采信乙司法鉴定所的鉴定。

一审法院认为

患者孙某在被告甲医院治疗过程中,从乙司法鉴定所出具的法医司法鉴定意见结论看:甲医院对孙某医疗过程中存在未给予患者服用其他缓解心肌缺血的药物进行治疗。未对患者心脏、血压做进一步监测,未做其他化验检查的医疗过错。其医疗过错的行为与孙某的死亡存在一定的间接因果关系。C区中心医院对孙某医疗过程中存在病历书写不规范导致无法考察医疗过程,其医疗行为与孙某的死亡存在一定的间接因果关系。孙某死于心源性猝死,其自身疾病是导致死亡的主要原因。综上,可以证明被告在对原告诊疗过程中存在过错,应承担相应的民事赔偿责任,即20%。关于原告辩解,乙司法鉴定所法医司法鉴定所的鉴定意见未召开听证会,不应采信,应采纳甲司法鉴定所的鉴定意见,原告的辩解无法律依据,本院不予采信。关于原告要求赔偿去甲司法鉴定所的住宿费及车费的请求,无法律依据,本院未予支持。本案在庭审结束后,原告申请追加C区中心医院为被告,按照相关法律规定,原告可另行主张权利。原告经本院传票传唤未到庭参加诉讼,无正当理由拒不到庭参加诉讼,系自行放弃诉讼权利,由此产生的法律后果由其自行承担,法院依法缺席判决。

一审法院判决

(1)被告甲医院赔偿原告经济损失:医疗费2137.86元,死亡赔偿金241140元,丧葬费26729元,精神损害抚慰金50000元,被抚养人生活费17746元,尸检费19000元,合计356752.86元的20%,即71350.57元;(2)驳回原告的其他诉讼请求。

上述给付款项于判决生效后5日内付清。案件受理费1302元,鉴定费18000元,合计19302元,由原告负担10041.60元,被告甲医院负担9260.40元。如果未按本判决指定的期限履行给付金钱义务,应当依照《民事诉讼法》(2012年版)第253条之规定,加倍支付迟延履行期间的债务利息。

一审判决后,原告不服,提起上诉。

二审各方意见

上诉人(一审原告)意见

一是判决书上的重新鉴定理由与相对应的庭审质询问答的理由严重不足。鉴定人2015年7月1日就已取得执业证,与判决书所表达的严重不符,鉴定人复印件及原件照片作为证据;就鉴定意见问题,鉴定人闫某说是专家的意见,不是本人意见;就专家姓名问题,鉴定人说如法官需要的话,可以把存在鉴定所的专家档案邮寄过来。法官没说要还是不要。

二是就第二份鉴定结论是否是全部病历拿去鉴定的问题,乙司法鉴定所的鉴定人承认与原告心电图原件不是一样的,并且当场核实。原告也看了,直接说明被告为了逃避责任把心电图处理了,然后拿去鉴定,在判决书上没有对心电图的过错进行补充,而是一句话掩盖过去。在其他过错方面,两份鉴定意见相同。

三是就司法鉴定费用问题,第一次鉴定是过错方引起的,鉴定是必要的。而第二份鉴定没有把完整的心电图复印件递交给鉴定所，且是不必要的，所以鉴定费用应由过错方全部承担。

四是经卫生局查询，查不到主治大夫胡某的执业证件。

五是甲司法鉴定所鉴定人员的鉴定资质复印件在庭审之前已经邮寄到受案法院，而不是没有邮寄，庭审之后也递交了原件照片。

六是首次鉴定意见明确了过错责任参与度，重新鉴定意见没有责任参与度，庭审答辩鉴定人员也没有说出责任参与度。

综上所述，我方认为：第一，推翻第一次鉴定结论理由不成立，所以启动重新鉴定程序不合法；第二，第二次鉴定病历心电图做过处理，逃避责任，鉴定资料不合法；第三，卫生局查不到主治大夫胡某的执业证。故上诉人认为，原审判决采信重新鉴定结论错误，最终致使判决结果错误。现上诉人为维护自己的合法权益，依法提起上诉，请二审法院在查明案件事实的基础上支持上诉人的上诉请求。撤销(2015)某初字第×××号判决，改判甲医院赔偿上诉人142701.14元(356752.86元×40%)；改判甲医院承担本案鉴定费18000元；同时要求调阅庭审录像录音。

被上诉人(一审被告)意见

认为上诉人上诉请求缺乏事实和法律依据，请求予以驳回。

二审查明事实与原审查明事实一致。上述事实有当事人的陈述、诊断书、病历记录、医药费收据、《鉴定意见书》等证据材料载卷佐证，并经一审、二审庭审质证及法院审查，予以采信。

二审法院认为

甲司法鉴定所及乙司法鉴定所均认定被上诉人甲医院的医疗行为与涉案死者孙某的死亡有一定的因果关系，被上诉人甲医院存在一定的过错。被上诉人甲医院应承担相应的赔偿责任。考虑到被上诉人甲医院在孙某的诊疗过程中存在门诊病历书写不规范，没有麻醉用药记录，未给予患者服用其他化解心肌缺血的药物进行治疗，未对患者心脏、血压进一步监测，未做其他化验检查等过错行为，本院认为被上诉人甲医院应就孙某死亡承担40%的赔偿责任。原审法院认定的赔偿比例过低，本院予以纠正。

二审法院判决

1. 维持C区人民法院(2015)某民初字第×××号民事判决第二项；

2. 变更C区人民法院(2015)某民初字第×××号第一项为“被上诉人甲医院于本判决生效后五日内赔偿上诉人袁甲、袁乙、袁丙、孙甲经济损失:医疗费2137.86元、死亡赔偿金241140元、丧葬费26729元、精神损害抚慰金50000元,被抚养人生活费17746元、尸检费19000元,合计356752.86元的40%,即142701.14元”。

一审案件受理费1302元,鉴定费18000元,二审案件受理费1302元,合计20604元。由被上诉人甲医院负担。

本判决为终审判决。

各方意见

医方意见

于宏　广州市第一人民医院医务部投诉管理科

1. 猝死问题

本案患者死亡后,尸检报告支持患者患有心脏左冠状动脉前降支肌桥致心源性猝死。冠状动脉肌桥也称冠脉肌桥或心肌桥,是一种先天性冠状动脉分布走行的发育畸形,为冠状动脉某一段或其分支的某一段走行于心外膜下的心肌层内。行冠状动脉肌桥检查手段包括三种:(1)冠脉造影;(2)冠脉内多普勒检查;(3)血管内超声。患者发生冠状动脉肌桥而猝死,考虑为纵深型。心电图出现心肌缺血的ST-T改变。如果心肌桥并发冠脉粥样硬化继发血栓形成或斑块脱落,即可能出现心肌梗死的临床症状及相应的心电图改变。大多数心肌桥不引起临床症状,出现的症状主要表现为:心绞痛、急性心肌梗死;房室传导阻滞;心力衰竭;猝死。

2. 治疗评估

根据判决书描述,针对诊疗和风险的评价如下:

甲医院:(1)诊疗水平不足。比如,参看病历记载,患者晕厥后心电图均显示正常,是否存在对心电图诊断误诊情形;患者突发晕厥后没有进一步检查以明确诊断,仅仅予以丹参滴丸,卧床休息,继续观察,显然对患者病情预判不足,诊疗水平有待提高。(2)对病历管理不够重视。乙鉴定机构鉴定时,出现与原告方不一样的心电图。(3)病历书写不规范。二审法院审查,门诊病历书写不规范,没有麻醉用药记录。(4)依法执业要遵守。原告提出甲医院医生胡某资质问题,因法院没有审查意见,无法确实是否属实。

乙医院:主要是病历书写不规范,存在合理怀疑。比如,时间记录存在错误,门诊病历记载前后矛盾,2015年3月25日18时15分记载"神清,颈软,双肺呼吸音清,心音有力,律齐,心率155次/分",18时8分入病房时记载"病情危重"。因没有乙医院的答辩意见,无法查证。由120方式入院,常规诊疗程序应经过急诊科收入院,但乙鉴定机构提出门诊病历的主张有待考证。

3. 鉴定问题

这种先天性冠状动脉分布走行的发育畸形可以引起猝死,该类疾病属于较少见性疾病。作为少见疾病,鉴定机构要考虑当时的医疗水平(比如医疗机构当时当地等状况和水平)。

有鉴定意见认为存在"一定的间接因果关系",但是,这种鉴定意见就让临床医务人员感到手足无措。众所周知,到医院的患者可能因抢救无效死亡,医疗行为又不可能完美,只能尽量完美,按照如此鉴定,所有有医疗损害后果的医疗行为都可能面临"一定的间接因果关系"。这对医师是不公道的。

鉴定专家意见

罗斌　中山大学法医鉴定中心　主任法医师

1. 关于鉴定人资质

根据《司法鉴定程序通则》(2007年版)及《医疗纠纷预防和处理条例》的规定,从事医疗损害司法鉴定必须有2名司法鉴定人参与(执业范围应是法医病理、法医临床司法鉴定人,且一名为高级职称)。实践操作中,人民法院先要对委托鉴定机构及鉴定人进行审核,如广东省及部分省市均有入册登记制度,案件都委托给入册名单上的鉴定机构实施。鉴定书也要求附鉴定机构及鉴定人资质的扫描件。

2. 关于鉴定人签名

为了弥补司法鉴定人临床医学专业知识的欠缺,尤其是新兴临床学科(心脏介入,人工起搏器,达芬奇机器人手术等),故要求聘请相关专业的临床专家会诊。

为了让临床专家不受当事人干扰,公平公正就医学问题进行解答,保护其人身安全,广东省高级人民法院专门对鉴定人签名问题予以了答复:临床专家不在鉴定书上签名(鉴定人负责制),其意见供司法鉴定人参考,其单位、姓名可不公开,但须有文字会诊意见备查。

本案中,法院没有要求,故专家会诊意见可不提供。需要时可向人民法院展示,但不复印。据此,故认为本案甲司法鉴定所并无过错。

3. 关于医疗损害鉴定

在司法鉴定行业中，医疗损害鉴定的技术含量是最高的，需要解决的主要问题是：医务人员有无侵权事实（侵权事实）；病人有无不良的医疗损害后果（损害后果）；医疗侵权行为与不良的医疗损害后果之间有无因果关系/参与度。

在鉴定实务中，加之标准的不完善、对某种疾病不同医师诊疗方案不一定雷同（但符合一般医疗原则），故鉴定结论可能有些细小差别也是容许的。

医疗过错鉴定是根据《侵权责任法》的规定，在法律框架下判定医疗行为是否存在过错的行为。判定医疗过错的标准是医务人员是否按照法律规定尽到相应的注意义务或称诊疗义务，这是一个法律标准。故根据医疗过失行为在导致损害后果中发生的原因力大小，医疗过失参与度分为 6 级：

A 级：损害后果完全是其他因素造成的，责任参与度 0。

B 级：损害后果绝大部分是其他因素造成的，医疗过失行为起轻微作用，责任参与度 1%～20%。

C 级：损害后果主要是其他因素造成的，医疗过失行为起次要作用，责任参与度 21%～40%。

D 级：损害后果是医疗过失行为和其他因素共同造成的，责任参与度 41%～60%。

E 级：损害后果主要是医疗过失行为造成的，其他因素起次要作用，责任参与度 61%～90%。

F 级：损害后果完全是医疗过失行为造成的，责任参与度 91%～100%。

本案甲司法鉴定所及乙司法鉴定所均认定甲医院的医疗行为与死者孙某的死亡有一定的因果关系，甲医院存在一定的过错：在孙某的诊疗过程中存在门诊病历书写不规范，没有麻醉用药记录，未给予患者服用其他化解心肌缺血的药物进行治疗，未对患者心脏、血压进一步监测，未做其他化验检查等过错行为。但孙某的主要死亡原因系患心脏左冠状动脉前支肌桥致心源性猝死，该病较为罕见且难以诊断。综上分析，甲医院对孙某死亡之间的原因力大小为次要因素，在孙某死亡过程参与度为 21%～40%（理论值为 30%）。

C 区中心医院对孙某医疗过程中存在病历书写不规范，时间记录混乱，导致无法考察医疗过程，但其医疗行为与孙某的死亡不存在必然关联。

4. 关于听证会

建议司法鉴定机构负责的每一个医疗损害鉴定案件中，尽量要召开听证会，兼听则明,便于全面了解医疗事件的整个过程,保证鉴定意见书的准确定性。

律师意见

李强　广东正大联合律师事务所　律师

1. 关于重新启动鉴定问题

《最高人民法院关于民事诉讼证据的若干规定》(2008 年版)第 27 条规定了申请重新鉴定的条件,比如"(一)鉴定机构或者鉴定人员不具备相关的鉴定资格的"。之所以重新启动鉴定,是因为不可以通过补充鉴定、重新质证或者补充质证等方法解决。本案一审法院据此支持被告主张重新启动鉴定符合规定。

2. 追加被告问题

原告一审庭审结束后,要求追加 C 区中心医院为共同被告,一审法院告知其另案主张。

对此有不同观点:一种观点认为:"法无禁止即许可。"因此,"追加被告的时间没有明确法律规定",目的就是根据案件审理需要,予以追加。另外一种观点认为:"追加被告的时间没有明确法律规定"是法律漏洞。如果对追加时间毫无限制和选择,显然不妥;在不恰当的时间点追加被告或第三人,很可能造成司法资源的浪费,使法庭审理工作效率低下。在保障当事人诉讼权利的前提下,作出合理决定属于法官应有的自由裁量范畴。

本律师认可第二种观点,认为本案一审法官做法没有不妥。

3. 法官的自由裁量权问题

二审时认定的事实以及采信的鉴定意见与一审一致,但二审法院却将甲医院的责任比例由 20%调高至 40%;从数字上看,甲医院要赔偿的数额翻了一番,是否可以认为二审根本上推翻了一审判决呢?显然不是,21%~40%都属于次要责任范围,法官根据庭审查明的事实与当事人双方的具体情况,有权在一定限度内作出自由裁量。所以,二审法官的酌情改判仍然符合法律规定。

4. 关于上诉的针对性问题

上诉理由只能是针对一审认定的事实、适用法律的问题提出上诉。本案中,一审法院对于甲司法鉴定所的鉴定意见并未采信,上诉人在上诉状中仍然陈述关于甲司法鉴定所鉴定人的资质问题就毫无必要了,浪费了不必要篇幅,增加了法官工作量,不可取。

法官意见

官健　广州知识产权法院　法官

猝死多发于心血管领域。尤其对于隐匿型患者,出现警示征兆时不易引起重视,一旦发生难以挽救。本案患者在做理疗起床时突然晕厥,休息片刻后稍清醒,测血压,检查心电图,考虑为体位性脑供血不足,口服丹参滴丸,卧床休息,继续观察,两小时后转院于入病房前突然意识丧失,呼吸停止,经抢救无效死亡。从发病到死亡,发展十分迅猛。经尸检,患者为心脏左冠状动脉前支肌桥。应该说,本案即便医方不存在如鉴定所说的过错,患者恐怕仍然是凶多吉少,九死一生。两次鉴定,意见基本一致;两次判决,责任比例不同。20%与40%,均在次要责任法院酌情范围之内,但就赔偿数额而言,却相差一倍之多。关键是,二审改判一审认定的责任比例,应当进行充分的说理。然而,二审仅仅罗列鉴定意见所指出的医方过错,并没有进一步比较分析医方过错与患者原发病、医疗风险等因素对患者死亡后果的原因力大小,反映出法官由于缺乏医学专业知识而不敢分析,又希望凭借自己的价值取向、直觉判断而进行自由裁量的矛盾心理。自由裁量是法律留给法官的空间,但自由是相对的、受限制的,应尊重常识、常理、规律,应给出令人信服的论述说理,应在医患之间寻找最佳的利益平衡点。本案一审、二审均在次要责任的范围内自由裁量,但说理均不充分,尤其是二审改判不具说服力,法律效果和社会效果均不佳。

本案启示

推进全面依法治医,推动全面法治医事,弥补医事司法环节和领域短板更紧迫

宋儒亮　法治广东研究中心、广东省医学会医事法学分会主任

2019年,常态推进中的医疗卫生事业领域,展现了医事法治形势比人强的鲜明态势。医事单位需要法治,医事建设需要法治,医事常态需要法治。对全国卫生健康系统而言,2019年12月26日《国家卫生健康委办公厅关于进一步加强医疗卫生事业单位法治建设的通知(试行)》的出台,是对全面依法治国基本方略在卫生健康领域的贯彻、细化与落实,是一件有着深远意义和影响的事件,清晰地对卫生健康领域传达、传递、传播了这样一个革命性意义的信号:在法治轨道基础上、法治中国基石上推进健康中国建设的当下,到了

进一步加强医疗卫生事业单位法治建设、更进一步推行法律顾问制度和公职律师、公司律师制度的时候了！《国家卫生健康委办公厅关于进一步加强医疗卫生事业单位法治建设的通知(试行)》核心明确了几件要事："医疗卫生事业单位党政主要负责人要切实履行推进法治建设第一责任人的职责""合法性审核制度""明确负责法治工作的部门""全面推行法律顾问制度""建立年度述法制度""强化责任追究"。对文件出台前后的情况进行对比，这些制度规定的全面落实，弥补了医疗卫生事业单位长期存在的法治短板，意味着健康中国建设由之前更注重法制建设开始向加强法治运用、深化和提升转变，医疗卫生事业单位建设迈上一个新台阶，法治医事将迎来新春天！

2020年，应急状态推进中的医疗卫生事业领域，又掀开了医事法治疫情依法防控的新篇章。疫情呼唤法治，疫情防控推进法治，医事应急呼唤法治。2020年2月5日，中央全面依法治国委员会第三次会议审议通过了《中央全面依法治国委员会关于依法防控新型冠状病毒感染肺炎疫情、切实保障人民群众生命健康安全的意见》。

走在新时代，面对医事法治——无论在常态还是在应急——新常态，推进全面依法治医，又到了全面提升医事法治的新阶段。推进全面依法治医，就要将依法治医落实在立法、执法、司法和守法各环节，将医疗卫生事业单位法治建设与深化医药卫生体制改革、推进国家治理体系和治理能力现代化等相结合，要把法治建设要求融入医疗卫生事业单位管理运行的全过程；践行全面医事法治，就要将法治医事贯彻在民事、行政、刑事等各领域，充分发挥法治引领、保障和基础性作用，不断提高医疗卫生事业单位依法决策、依法管理、依法运行的能力和水平，不断提升运用法治思维和法治方式深化改革，推动发展，维护稳定，化解矛盾和应对风险的能力，共同推进平安中国、法治中国和健康中国建设。

既然如此，提升医疗卫生事业法治水平，既需讲明立法、执法、司法和守法各环节新进展，又需弥补民事、行政、刑事和宪治领域上的短板，集中发力，精准用力，努力让人民群众在每一个司法案件中感受到公平正义。

立法环节，当前最大成果就是根据宪法制定出台了《基本医疗卫生与健康促进法》，让发展医疗卫生与健康事业，保障公民享有基本医疗卫生服务，提高公民健康水平，推进健康中国建设有了法制保障，将从事医疗卫生、健康促进及其监督管理活动全部纳入法治轨道，让合法权益保护和违法行为的处罚有了更健全的法律救济。

有了活水源头，如此一来，再通过各级人民代表大会及常务委员会诸如询问、质询和特定问题的调查权等权力行使，法制——医事法规——医事的效力，将源源不断释放，医事法治在不断深入、深化。

执法环节，2018年收获最大的成果之一就是《医疗纠纷预防和处理条例》的实施。这是一部——无论在理念还是内容——有着现代衡平理念、可圈可点的行政法规。有理由相信，在执法环节上，一方面，《国家卫生健康委办公厅关于进一步加强医疗卫生事业单位法治建设的通知（试行）》的出台和落实，让宏大的法治建设开始贯彻、落实和深化到具体的一个个医疗卫生事业单位之中；另一方面，随着依法行政工作的推进和深入，有着"预防和妥善处理医疗纠纷，保护医患双方的合法权益，维护医疗秩序，保障医疗安全"立法目的的最新行政法规——《医疗纠纷预防和处理条例》等将不断落实、实施，规范、监督和保障医疗活动的价值和作用日益显现。

良法推进善治。如此一来，执法环节的不断发力，将极大提升医疗、预防和保健机构和医务人员的法律意识和法治能力，将大幅提升他们运用法治思维、法治方式的能力，医疗纠纷等应对和防范将提到一个新高度，达到一个新水平。

守法环节，这是一个既需潜移默化、久久为功但又需集中爆发、共同发力的建设领域。当前进行法治社会建设——共建共治共享的社会治理格局——主要针对的就是这个守法环节。总体而言，这方面，最大面积、最广泛推进守法环节的工作无外乎也是日常开展的立法、执法、司法各环节，这其中，2018年中有着举足轻重价值的举措就是全面铺开了"谁执法、谁普法"活动；就是行政主要负责人出庭应诉工作的全面开展。

守法是为了用法。有理由相信，"谁执法、谁普法"的深入、"行政主要负责人出庭应诉活动"的深化，守法活动会更为大家熟悉，守法会更成为一种生活方式，法律法规更受重视，法规实施更加落地，法规举措更为管用的日子一步步向我们走进。

司法环节，这个环节是推进法治中国建设的主攻领域，目前改革的框架、内容和举措已经明确，比如，"推进以审判为中心的诉讼制度改革"，"实行办案质量终身负责制和错案责任倒查问责制"，"建立生效法律文书统一上网和公开查询制度"，"完善审级制度，一审重在解决事实认定和法律适用，二审重在解决事实法律争议、实现二审终审，再审重在解决依法纠错、维护裁判权威"，"保证庭审在查明事实、认定证据、保护诉权、公正裁判中发挥决定性作用"，以期"努力让人民群众在每一个司法案件中感受到公平正义"。

司法是最后的救济。尽管司法体制改革力度很大、推进很快、收效显著，比如专门专业法院的成立就广受好评，成立了互联网法院、知识产权法院、金融法院，但是，比较上述全面依法治医的四个环节、全面法治医事的四大领域，在司法实务中的推进和进展并不均衡，在有些环节、有些领域、有些地方甚至还略显薄弱、粗放，司法环节方面的推进不太均衡，司法领域这方面的实务不太如意。

新时代，放眼全局，医事的立法、执法、守法环节工作在快速推进、成效在快步取得，医事司法环节的工作、成效也必须保持同步，快些推进。

为此，更好深化医事司法环节、领域的工作，需要系统的治理，各方发力，共同推进，特提出以下方面，重点发力，精准施策：

心有大局，宗旨导向，总结报告，就是一种总结引领的发声。比如，以“医德高尚、医术高明与医法高超”为宗旨目标，围绕全面依法治医、全面推进法治医事，编写医事法治进展年度报告。总结推进中的医事法治经验教训，传递前进中的医事事业声音，为全面推进依法治医鼓与呼，为全面践行法治医事发声指引。

提高站位，提升认识，再接再厉，就是一种力求最好的追求。比如，要有像重视医术一样的力度和气魄抓医事法治建设，在《国家卫生健康委办公厅关于进一步加强医疗卫生事业单位法治建设的通知(试行)》已明确了要有法治工作部门和职责基础上，再共同呼吁推动在医院设立总法律顾问制度。通过修改医院章程等，积极呼吁在医院建立医院总法律顾问制度，共同推进依法治院事业，更好提升医务人员运用法治思维和方式的能力。

多方发力，专业培训，沟通交流，就是一种与时俱进的态度。比如，共同举办突发事件医事应急法治高峰论坛。突发事件应对在我国，已经实现了有法可依，《突发事件应对法》就是法律依据。新时代，法治轨道推进应急管理是新动向，也是新挑战。面对突发公共卫生事件带来的种种风险与冲突，比如抗击当前新冠肺炎疫情，如何在立法、执法、司法和守法四环节予以更好的规范、监督和保障，就是新问题；如何在民事、行政、刑事领域践行审查、化解和指引，就是新挑战。化解这类问题、迎接这些挑战，必须多方发力，专业科学，依法推进。

立法给力，医事仲裁，独当一面，就是一种培育纠纷方式的举措。比如，医事仲裁，虽有默默试点，但星星点点，不成气候，难以独当一面，大面积推进。因此，需要在立法环节集中发力，尽快修改完善法规，让医事仲裁真正落地实施，全面推进，为构建具有竞争性的纠纷化解方式提供新渠道、新平台和新方式。

纠纷方式，多元比较，竞争选择，就是一种注重比较优势的导向。法定方式的选择、衔接与适用，是为了实现更高水平的平安广东、法治广东、健康广东。

但是，调解、仲裁、行政裁决、行政复议、诉讼等法定方式的准确适用、有机衔接与择优推选,并不会自然完成,也不会自动发生,需要专业、需要引导、需要培育。法治方式的选择,既成为评价一地法治水平高低的试金石,又成为判断一地未来秩序建设水准强弱的方向标。

我们知道,进行日常管理,开展案件评析,梳理法律风险点,组织制定预防及处理措施;参与本单位重大突发事件、涉法纠纷、医疗纠纷等处置,是法治工作部门的职责。履行这些职责,需在已有的纠纷方式中进行选择、匹配和衔接,这是一种讲视野、评眼光和看能力的专业活动,也是考验一地、一方、一处用法者之法治思维和方式水平高低的"试金石"。这需要持续提高站位、不断提升认识的工作,比如,民间传统上均认为"无诉就是好的社会",出庭则会被某些人认为是在"激化矛盾,是一无是处的坏选择"。法治方式——调解、诉讼等——都是法治社会密切联系群众的新方式。行政主要负责人出庭应诉制度,就是一项基于中国国情专门设立的诉讼制度。这对一味反对或者抹黑诉讼活动的人士来说,是一个有力的回应。

因此,比较目前已有的——调解、仲裁、裁决、复议、诉讼等——多元纠纷化解的处置方式,面对现有的医事纠纷,总体认为医事仲裁具有专业性、便利性、权威性、公正性、透明度特点,性价比比较高,综合优势比较明显,真正落地也更利于各方接受和推动。

健全机构,专业为上,人才为优,更是一种负责尽责的担当。以看得见的方式、信得过的途径、可评价的效益展现医事公平正义,就是全面依法治医、全面医事法治的目标。这方面,探寻真因,程序公正,法治思维,尤为关键;是非分明,对错清晰,对策分明,法治方式,更乃稀缺。

据此,共同呼吁:尤其注重"医事法专业人才的培养培育"、设立"医事法庭"、筹建"医事法院",更加是化解当前医事司法建设弊端的一种"真诚的呼唤"、缩短医事司法环节差距的一项"关键的举措"、弥补医事司法短板的一类"稀缺的担当"。毕竟,我们需求的全面依法治医,目的是让优秀的法治资源关注、关心和关爱医事法制,推进良法建设;我们倡导的全面医事法治,目的是让专业医事人审专业的医事案,推进医事善治,这其中,没有比培养培育医事法专业人才、设立医事法庭、筹建医事法院来得更名副其实、更货真价实、更正当其时了。这就是在践行以人为本的初心,就是在履行尊重和保障人权的使命。

各环节发力,各领域用心,良法善治,才能全面依法治医学,才能全面推进医事法治。这既需要医学、医事、医法,张开怀抱,一体建设,又需法学、法律和法务,睁开双眼,共同推进,只有这样,当我们在面对诸如"应当交由法治工作部门(或法律顾问)进行合法性审核而未落实、应当采纳法治工作部门(或法律顾问)意见而未采纳、应当由集体决策而未集体决策,造成重大损失或者严重不良影响的,应当依法依规追究医疗卫生事业单位主要负责人、负有责任的其他领导人员和相关责任人员的责任”的责任追究时,才能有法治的思维、才会用法治的方式、才能尊重法治的结果。

未行活检、病历书写不规范，此乃临床之不足还是细节之魔鬼？

宋儒亮 官 健 罗 斌 于 宏 李 强 宋立志

案情简介

患者王某因贲门癌于2012年3月24日在乙医院行贲门癌切除手术，术后出现吻合口瘘，3月31日转入丙医院继续治疗，6月1日好转。2012年7月2日，患者王某因“胃-食管连接处恶性肿瘤术后”至甲医院肿瘤科住院治疗，入院诊断：贲门恶性肿瘤术后。住院后行相关检查，CT未见明显转移征象，后患者于2012年7月5日出院。

2012年9月27日，患者第二次至甲医院处住院治疗，入院诊断：贲门恶性肿瘤术后复发、结肠癌术后。入院后行相关检查，给予放疗4000 cGy/20次及营养支持治疗，患者于2012年10月30日出院。

2012年11月22日，患者第三次至甲医院处住院治疗，入院诊断：(1)贲门恶性肿瘤术后、放疗后；(2)结肠恶性肿瘤术后。入院给予相关检查后，给予LF方案(醛氢叶酸、氟尿嘧啶)化疗3天，患者于2012年11月27日出院。

2012年12月22日，患者第四次至甲医院处住院治疗，入院诊断：(1)贲门恶性肿瘤术后、放疗后；(2)结肠癌术后。入院后给予营养支持治疗及补充电解质抑酸等治疗，患者于2013年1月25日出院。

2013年7月7日，患者第五次至甲医院处住院治疗，入院诊断：(1)贲门恶性肿瘤复发放疗后；(2)结肠恶性肿瘤术后。入院后给予营养支持、纠正电解质紊乱、输入血白蛋白等治疗。患者于2013年7月23日出院。

2013年8月14日，患者第六次至甲医院处住院治疗，入院诊断：(1)贲门恶性肿瘤术后复发放疗后；(2)结肠恶性肿瘤术后。入院后行相关检查，给予营养支持、输入血白蛋白、纠正电解质紊乱等治疗。

患者于2013年8月17日出院，并于当日死亡。患者王某向甲医院支付医疗费自费部分共计15756.19元。

江甲系王某的妻子,王甲系王某的长子,王乙系王某的长女(以下简称江甲等)。

江甲等认为甲医院治疗行为存在过错,未采取有效措施进行抢救,致王某死亡的损害后果,由于双方赔偿事项未达成一致,诉至法院。

一审各方意见

原告意见

原告江甲等主张被告医生张甲、护士王护士无证执业。认为患者王某的死亡结果是被告造成的,请求被告赔偿各项损失 12 万元。

被告意见

被告主张医生张甲、护士王护士不存在无证执业的情形,被告诊疗行为不存在任何过错,患者王某的死亡后果是其自身疾病发展自然归转的结果,与诊疗行为无因果关系,依法不应承担任何赔偿责任。

鉴定意见

经江甲等申请,原审法院委托甲医学会进行鉴定。2015 年 4 月 24 日,甲医学会出具甲医鉴(损害)〔2015〕018 号《医疗损害意见书》,分析意见如下:“1. 患者王某男性 77 岁因贲门癌于 2012 年 3 月 24 日在乙医院行贲门癌切除手术,术后出现吻合口瘘,3 月 31 日转入丙医院继续治疗,6 月 1 日好转。7 月 2 日在甲医院复查,7 月 5 日出院。9 月 27 日因进食梗阻急诊入院,经胃镜及 CT 复查,临床诊断为:贲门癌术后、腹膜后淋巴结转移及局部复发,行姑息性放疗 40 Gy/20 次。后反复四次入院行对症支持治疗。最后于 2013 年 8 月 17 日因病情进展死亡。2. 根据诊疗经过专家组认为:①患者为老年男性,局部晚期贲门癌手术后,术后六个月诊断局部复发及腹膜后淋巴结转移,行局部姑息性放疗的治疗选择具有治疗适应症,照射技术和放射剂量均符合放射治疗规范。②患者第六次住院临床表现有黄疸、恶心呕吐,CT 显示:双侧胸腔积液及盆、腹腔积液,腹腔淋巴结肿大等,考虑患者死因为肿瘤晚期恶液质。③患者第二次住院 9 月 27 日行急诊胃镜时将阻塞的食物取出,胃镜下已发现粘膜隆起伴管腔狭窄,未取活检属于医疗过程中的欠缺,但未对患者治疗造成不利影响。3. 鉴定会现场医方提供放疗门诊的‘甲医院放射治疗志愿书’有患者家属签字记录,但患方予以否认。对此知情同意书的真实性有待法院予以明确。”并得出结论如下:“综上所述,医方的诊疗行为与患者的死亡无因果关系”。鉴定费 3500 元由江甲等垫付。

经江甲等申请,甲医学会就相关问题于2015年7月23日出具书面复函:(1)贲门癌患者术后入院复查,医生应给予胸腹CT、胃镜、肿瘤标志物(CA199,CEA)等相关检查。(2)关于2012年7月2日与2012年9月29日CT报告内容不符的问题,经再次请放射科专家重新审阅上述CT后,专家意见为:7月2日与9月29日两份CT报告,诊断无误。7月2日的报告亦不存在误诊,两张CT报告间隔近3个月,9月29日CT报告与7月2日比较,贲门吻合口增厚,考虑为疾病进展所致。(3)甲医鉴(损害)〔2015〕018号鉴定意见书的分析意见中第3条,只是对鉴定会现场所提供的送检材料进行的事实描述,并未对其真实性予以评价。(4)综上分析,该患者为老年男性,局部晚期贲门癌手术后,多次入院进行局部姑息性放疗,医方在诊疗过程中虽存在不足,但患者死亡为肿瘤晚期恶液质,故患者死亡与医方的诊疗行为无因果关系,专家组一致认为维持原于2015年4月24日出具的甲医鉴(损害)〔2015〕018号鉴定意见。江甲等仍对鉴定意见不予认可,多次向原审法院申请对本案病历进行重新鉴定。结合本案鉴定情况,原审法院依法组织当事人进行了补充质证。江甲等认为被告甲医院的诊疗行为存在过错,与患者王某的死亡结果存在因果关系,诉至原审法院。审理中,王某的次子王丁、次女王戊明确表示放弃本案诉讼权利与实体权利。

一审法院认为

患者在诊疗活动中受到损害,医疗机构及其医务人员有过错的,由医疗机构承担赔偿责任。由于医疗行为属于医学领域,具有很强的专业性,在双方当事人存在争议的情况下,仅凭法官的良知、知识和社会经验对此无法作出准确的判断,需要具有相关专业知识的人员对医疗行为有无过错、因果关系及过错参与度提供专家分析意见,故经当事人申请委托鉴定机构进行了鉴定,鉴定机构亦出具了《医疗损害意见书》。江甲等对鉴定机构出具的鉴定意见持有异议,并提出重新鉴定申请,经审查,因江甲等虽对鉴定意见持有异议,但其提交的证据不足以证明该鉴定意见明显依据不足。江甲等提出甲医院医生张甲、护士王护士无证执业,亦未提供相关证据予以佐证。鉴定分析意见中仅对鉴定会现场所提供的送检材料进行事实描述,并未对其真实性予以评价,并不违反鉴定程序。故江甲等的申请不属于启动重新鉴定程序的法定情形。根据鉴定情况,经组织双方当事人对本案病历进行了补充质证,经询,鉴定部门认为甲医院病历确实存在书写不规范问题,但当事人对病历的补充质证意见并不影响该鉴定结论的得出。经审查,甲医学会及其鉴定人员系依据当事人申请的鉴定事项进行的司法鉴定,具备相关鉴定资格,鉴定程序合法,鉴定依据充分,符合《最高人民法院关于民事诉讼证据的若干规定》(2008年版)有关鉴定审核认定的规定,故应认定甲医学会出具的鉴定意见书及书面答复意见具有鉴定意见的证据效力，予以采信。根据该鉴定意见，患者死亡原因为肿瘤晚期恶液质，患者死亡与医方的诊疗行为无因果关系。考虑到甲医院确实存在医疗过程中未取活检、病历书写不规范等不足之处，故酌定甲医院对江甲等给予一次性赔偿25000元为宜。江甲等的其他诉讼请求，证据不足，不予支持。

一审法院判决

一审法院依据《侵权责任法》第54条、《民事诉讼法》(2012年版)第64条第1款、《最高人民法院关于民事诉讼证据的若干规定》(2008年版)第2、27条之规定，判决："一、自本判决生效之日起十日内，被告甲医院一次性赔偿原告江甲、王甲、王乙25000元；二、驳回原告江甲、王甲、王乙其他诉讼请求。如果未按本判决指定的期间履行给付金钱义务，应当依照《民事诉讼法》第253条之规定，加倍支付迟延履行期间的债务利息。案件受理费2700元，原告江甲、王甲、王乙负担2100元，被告甲医院负担600元；鉴定费3500元，江甲、王甲、王乙负担1750元，被告甲医院负担1750元。"

一审判决后，原告不服，提起上诉。

二审各方意见

上诉人(一审原告)意见

上诉请求：(1)撤销A省第二中级人民法院(2013)二中民四初字第60号民事判决，依法改判甲医院赔偿12万元；(2)一审、二审诉讼费用由甲医院负担。

事实及理由：原审法院程序违法。(1)自2013年案件立案至今，原审法院没有向王甲、江甲送达《举证通知书》，也没有告知举证期限，原审法院没有履行法定告知义务。(2)2015年9月24日，原审法院开庭时追加王乙为本案原告，但没有给王乙送达开庭传票。王乙本人没有到庭，也没有委托代理人到庭，该次开庭程序不符合法律规定。原审法院为了使程序看起来合法，逼迫王甲作为王乙的委托代理人。2015年11月9日开庭后，法官要求王甲在2015年9月24日的笔录上签字，王甲签署的落款为2015年11月9日。该事实证明，原审法院既然追加本案当事人，就应当重新设定举证期限，并送达举证通知书。原审法院上述行为剥夺了王乙的举证权。(3)2015年11月9日开庭时，原审法院仅仅给王乙、王甲送达了开庭传票，没有向江甲及代理人送达开庭传票，致使江甲及代理人未到庭参加诉讼。(4)2015年11月9日开庭时,上诉人方提供了29份证据,但原审法院仅仅让上诉人方陈述与病历有关的证据,其余证据未进行质证,但原判决却表述甲医院对证据21~29均不予认可。(5)2015年11月2日,上诉人方向原审法院邮寄了《司法鉴定申请书》,申请对《甲医院放射治疗志愿书》存在的疑问进行鉴定,因原审法院没有明确告知举证期限,故上诉人方的申请是合法的,原审法院却置之不理。①A省医学会没有将法院转交的鉴定材料全部提交鉴定委员会,提交材料不全,难以保证鉴定的公平公正。②《甲医院放射治疗志愿书》既不包含在甲医院的病历中,也不包含在法院转交的鉴定材料中,鉴定委员会在现场收取该材料,程序违法。既然程序违法,无论该结论是否正确,法院均不应采纳。③依据有关指导意见,在医疗机构对患者实施手术、特殊检查、特殊治疗时,医务人员未告知医疗风险和替代方案并取得患者或者其近亲属同意,应认定医疗机构未尽到告知义务。本案甲医院放疗过程未尽到告知义务。④甲医院的病历有涂改、内容记载不全面的问题,患者的血型也出现错误,鉴定结论采纳篡改或涂改的数据得出医疗机构治疗符合诊疗规范,缺乏依据。在医疗机构存在篡改病历的情形下,都应该推定医院有过错。⑤江甲申请减免诉费原审法院未准许,不当。

被上诉人意见(一审被告)

上诉人的上诉请求缺乏事实和法律依据,请求予以驳回。

二审法院认为

本院经审理查明,原审法院认定的事实无误。

争议焦点:原审法院审理此案是否违反法定程序;甲医院对患者王某的诊疗及护理行为是否存在过错,如果存在过错,是否与患者的损害后果之间存在因果关系及过错参与度;原审法院委托鉴定机构所作鉴定意见能否作为定案依据。

关于原审法院是否违反法定程序的问题。

1.关于上诉人方举证通知书的送达问题,虽然原审卷宗内没有上诉人方签收举证通知书的文书。但本案立案系在2013年10月14日,2014年1月14日的询问笔录显示,上诉人方在庭前提供了18份证据,当庭亦有补充证据。2015年11月9日开庭时,上诉人方又补充提供证据,上述事实证明,原审法院并未剥夺上诉人方的举证权利,上诉人方亦充分行使了举证权利。《民事诉讼法》(2012年版)及司法解释对于举证期间的规定,系为了保证当事人在法定期间内充分行使举证权利,而原审法院审理期间,已经充分保证了上诉人方的举证权利,故其对此提出上诉缺乏依据。

2. 关于上诉人方提出 2015 年 9 月 24 日原审法院开庭没有向王乙送达传票的问题。王乙向原审法院提供的落款日期为 2015 年 9 月 23 日的《声明及委托》,明确"王甲告诉王乙 2015 年 9 月 24 日开庭,因王乙未收到传票,故王乙不参加开庭,也不委托其他人参与诉讼",因江甲、王乙、王甲系基于共同的利益提起诉讼的一方当事人,且具有近亲属关系,在原审法院已经通知王甲开庭,王甲亦将开庭情况告知王乙的情况下,王乙没有出庭系对自己诉讼权利的处分行为,王乙现主张原审法院存在程序问题,不能成立。

3. 关于 2015 年 11 月 9 日开庭的问题,2015 年 9 月 12 日,江甲向原审法院出具了委托变更书,该变更书内容为:"在与甲医院医疗纠纷中,委托人江甲取消王甲的特别代理权,王甲仅可以代为接收法院的各种诉讼材料含判决书和向法院邮寄、递交各种诉讼材料",依据该委托变更书,王甲有权代为接受法院的各种诉讼材料。在 2015 年 11 月 9 日的开庭中,王甲、王乙均到庭参加诉讼,该事实证明王甲是知晓 2015 年 11 月 9 日的开庭情况的,其作为江甲委托的代收材料的委托人,有义务将开庭情况通知江甲,故江甲 2015 年 11 月 9 日未到庭并非原审法院程序违法。

关于甲医院对患者王某的诊疗及护理行为中是否存在过错,如果存在过错,是否与患者的损害后果之间存在因果关系及过错参与度,原审法院委托鉴定机构所作鉴定意见能否作为定案依据的问题。

原审审理期间,根据上诉人方的申请,原审法院委托鉴定机构进行鉴定,鉴定机构的选择亦是尊重双方当事人的意愿选择的,在鉴定意见出具后,针对当事人的异议鉴定机构予以书面答复并出具复函,上述结论原审法院均进行了补充质证。原审法院委托鉴定程序合法,因王甲申请重新鉴定的理由不符合法律规定,原审法院对其重新鉴定请求未予支持,并无不当。

关于上诉人方提出《甲医院放射性治疗志愿书》的真实性问题。

该志愿书虽不包含在双方封存的病历内,但该志愿书有患者之子王丁签字,上诉人方虽提出签字的笔迹有粗细不一致之处,但从签字所处位置看,系医方和患方分别签署形成,二者使用不同粗细的笔签字亦符合常情常理,上诉人方对笔迹及签字日期虽提出异议,但没有任何证据证明该志愿书系伪造。同时在上述签字之外的内容系打印形成,在打印内容中亦有放疗后果的告知内容,故上诉人方据此主张甲医院没有告知放疗的情况侵犯其知情权亦缺乏事实依据。在考虑上述内容的情况下,原审法院对该治疗志愿书真实性没有委托鉴定有事实基础。上诉人方针对鉴定结论所提上诉及重新鉴定申请,依据不足,本院不予支持。关于上诉人方上诉要求减免一审诉讼费用问题,原审法院对此问题依法合议后认为其不符合免交诉讼费用的法定条件,上诉人方对此提出上诉,本院不予支持。

二审法院判决

驳回上诉,维持原判。

二审案件受理费2100元,由上诉人负担。

本判决为终审判决。

各方意见

医方意见

于宏　广州市第一人民医院医务部投诉管理科

即便确认"患者死亡为肿瘤晚期恶液质,故患者死亡与医方的诊疗行为无因果关系",但判决被告承担赔偿责任。究其原因,问题还是出在一些经常被忽视的"小问题"上,主要教训有:

第一,病历书写问题,仍然得不到医生重视,一些错误屡屡出现,如本案血型记录错误等。

第二,胃镜下已发现黏膜隆起伴管腔狭窄,但未取活检。鉴定虽给出"属于医疗过程中的欠缺,但未对患者治疗造成不利影响"的意见,也得出"未对患者治疗造成不利影响"的结论,但这更提醒医生的是,诊疗中类似该做的检查还是要做的,如果家属不同意应予以说明告知,并有患者或授权委托人的签字。

第三,患方上诉中有关"未告知医疗风险和替代方案"的主张,说明甲医院在发现患者出现癌症复发的时候,可能存在与患者说明告知不充分的情况。

鉴定专家意见

罗斌　中山大学法医鉴定中心　主任法医师

鉴于对医疗行为的判断和审查,因其自身的专业性、复杂性和特殊性,决定了法官在案件的审理过程中常常需要借助专业鉴定来实现。根据《医疗纠纷预防与处理条例》第34条的规定,需要明确责任的,委托方可委托医学会或者司法鉴定机构进行鉴定,医学会或者司法鉴定机构接受委托从事医疗损害鉴定,应当由鉴定事项所涉专业的临床医学、法医学等专业人员进行鉴定。在实践过程中,医学会一般为专家组意见,具有专业性强这一突出优点,但亦有同行相帮、难以出庭质证这些被人诟病的缺点,而司法鉴定机构一般为鉴定人负责制意见,法律意识较强,具有中立、贴近司法审判这一优点,但亦有临床专业技术力量稍弱这一短板,故明文规定需请相关专业临床医师会诊,以弥补其不足。因此,选择医学会或司法鉴定机构取决于委托方对案件的驾驭程度。

本案中,医学会作出了一个很好的示范,利用自身技术强的优势,解决了委托问题,尤其是后期的质询,能快速组织专家,重新评议质询问题,以书面的形式函复法院。但因医学会存在自身短板,难以更高效地出庭进行质证,且对送检鉴定的资料难以确保其真实性,这也是我国法律法规尚不完善之处,目前仍未有一部专门规范医学会鉴定的法律法规,而相比较司法鉴定机构,受《司法鉴定程序通则》的约束,从受理材料的情况到鉴定意见后期都有明确的规范,因此司法鉴定机构的鉴定似乎更贴近司法审判。当然医学会医疗事故技术鉴定也注意到这些问题,并正在逐步改进。

鉴定意见书属于证据之一,本案法院可根据鉴定意见进行心证裁量是符合法律规定要求的。

律师意见

李强　广东正大联合律师事务所　律师

1. 关于重新鉴定问题。实践当中经常是患方对鉴定结论不满申请再次鉴定;根据《最高人民法院关于民事诉讼证据的若干规定》(2008年版)第27条的规定,能够提起再次鉴定的情形主要有三个,鉴定机构和鉴定人员不具备资质、鉴定程序严重违法、鉴定结论明显依据不足;实践中,患方往往是看到结论对己方不利就不顾一切地申请再次鉴定,而不去理性地寻找合法理由。结合多年来的经历,笔者发现能再次鉴定的案例是很少的,支持再次鉴定的理由更多的是鉴定依据不足;也曾遇到一例鉴定人出具鉴定意见时尚未拿到资格证的情形,该鉴定结论当庭被法官否定,但这种情形极少见。目前司法鉴定行业确实存在不少问题,有些鉴定机构工作欠严谨和规范,出具的鉴定意见主观臆断、没有权威依据支撑,引发不少争议、甚至是投诉。个人认为如要提起再次鉴定,还是应当回归问题的根本,从鉴定依据入手,围绕争议焦点进行证据交锋以明晰责任。本案似乎不存在鉴定依据不足的问题,法院不予再次鉴定决定是正确的。

2. 关于病历真实性问题。患方质疑放疗志愿书的真实性,理由是该志愿书没有第一时间封存。实践中,对没有封存的或医方事后补充提交的相关资料,如果质证当中患方不予认可,一般不作为检材使用;如因此影响到鉴定结论,由责任方承担不利后果。但不是说没有封存的资料就必然被否定其真实性;就如本案,该志愿书上有患方的签名;患方也没有证据证明该签名是医方伪造的,故此医疗文书的真实性仍然可以得到认可。

法官意见

官健　广州知识产权法院　法官

本案反映出医疗纠纷审判中一个比较普遍的问题。可以说,如本案这样的患者,多次住院检查治疗,医疗过程漫长,要求医务人员在医疗活动中从头至尾没有瑕疵,这不现实也不符合情理。如果存在医疗瑕疵或者说不足就要求医院承担民事侵权的赔偿责任,会向社会传递不良的信号,无异于变相鼓励纠纷和诉讼,令医者人人自危,激化医患矛盾,增加社会不和谐、不稳定的因素。更关键的是,这种做法违背了《侵权责任法》的基本原则和精神。侵权责任构成,按照通说,包含三个基本要件:过错、损害后果及之间的因果关系。医疗损害责任纠纷有其特殊性,但在判断医方侵权时,同样应看是否同时满足以上三个构成要件。

本案中,医方的不足主要有两点:未做活检和病历书写不规范。其中,病历书写问题应属于行政管理性规范,而非民事义务性规范。故单纯的病历书写不规范不能等同于对诊疗义务的违反,不宜被认定为医疗过错,更谈不上侵权赔偿。但并非说病历不重要,因为它是医疗纠纷最原始和最重要的证据资料,医疗损害鉴定虽然重要,但也是在病历的基础上作出的。至于未做活检,违反诊疗规范,应认定为医方过错,但未造成损害后果,与患者的最终死亡之间更无因果关系,亦不构成侵权。因此,本案一审判决医方承担赔偿责任,缺乏事实和法律依据。有人认为,在这种情况下,可以按公平原则给予患方一定的补偿。但是,赔偿没有依据,补偿同样没有依据,医疗损害责任采用过错责任原则,依本案情形亦没有适用公平原则的余地。除非征得医方同意,否则不应判决补偿,本案医方没有上诉,二审维持没有问题。如一审所判,于个案而言可能在短期上息事宁人,但从长远看,社会效果不好。

本案启示

医事纠纷的救治、鉴定和审理,就是要把隐藏细节之中的魔鬼揪出来

宋儒亮　法治广东研究中心、广东省医学会医事法学分会主任

案例中,甲医学会就相关问题于 2015 年 7 月 23 日出具书面复函:该患者为老年男

性，局部晚期贲门癌手术后，多次入院进行局部姑息性放疗，医方在诊疗过程中虽存在不足，但患者死亡为肿瘤晚期恶液质，故患者死亡与医方的诊疗行为无因果关系，专家组一致认为维持原于2015年4月24日出具的甲医鉴(损害)〔2015〕018号鉴定意见。

据此，从医疗损害责任角度来说，不应当判决甲医院承担赔偿责任，但是，一审、二审却共同给出了鉴于"考虑到甲医院确实存在医疗过程中未取活检、病历书写不规范等不足之处，故酌定甲医院对江甲等给予一次性赔偿25000元为宜"的判决，并在"案件受理费2700元由被告甲医院负担600元；鉴定费3500元由被告甲医院负担1750元"上充分表明了一审、二审法院对案件各方对错之态度。

既然一审、二审法院均采纳鉴定意见，既有证据也支持医方不承担赔偿责任，但法院判决却要求医方承担赔偿，这就是本案引发的最大法律争议。

本案化解问题的答案在于我们要对一审、二审判决书所认同、所认可关于"考虑到甲医院确实存在医疗过程中未取活检、病历书写不规范等不足之处"之表述，究竟该如何定性与评价，也即未行活检、病历书写不规范，此乃临床之不足还是细节之魔鬼？

第一，对甲医院在医疗过程中"未取活检"，如何定性与评价？

医事法上的定性和评价，不能脱离医学本身。"活检"是指"活体组织检查"的简称，亦称外科病理学检查，是指应诊断、治疗的需要，从患者体内切取、钳取或穿刺等取出病变组织，进行病理学检查的技术。

医疗活动中，又为什么进行活检？"活检"是诊断病理学中最重要的部分，对绝大多数送检病例都能作出明确的组织病理学诊断，被作为临床的最后诊断：①协助临床对病变作出诊断或为疾病诊断提供线索；②了解病变性质、发展趋势，判断疾病的预后；③验证及观察药物疗效，为临床用药提供参考依据；④参与临床科研，发现新的疾病或新的类型，为临床科研提供病理组织学依据。

既然如此，"活检"本身是有着明确的含义和指向的，也是医疗活动中一项非常重要的检查活动。没有"活检"，随之的临床诊断，就可能不准确、不精确、不正确。没有"活检"支持的临床治疗，肯定存在疑问、遗漏和遗憾。

据此，可肯定的就是，本案甲医院在医疗过程中"未取活检"，肯定不属于"不足之处"，应当是一类明显的医疗过错，属于一种医疗行为上的"违法"。

联系本案，可进一步推测、追问就是，既没有"活检"的支持，那么该鉴定书所言"患者第二次住院9月27日行急诊胃镜时将阻塞的食物取出，胃镜下已发现黏膜隆起伴管腔狭窄,未取活检属于医疗过程中的欠缺,但未对患者治疗造成不利影响”之鉴定意见,又凭借什么样的医学判断当依据、什么支持理由当根据呢?同样的追问,也适用对一审、二审法院之判决。生效判决的医学证据,充分吗?

第二,对甲医院在医疗过程中存在“病历书写不规范”,如何定性与评价?

医事法上的定性和评价,同样也不能脱离医疗监管本身。先看一个原卫生部印发的通知,据此看看病历书写的定性与定位。

卫生部关于印发《病历书写基本规范》的通知

(卫医政发〔2010〕11号)

各省、自治区、直辖市卫生厅局,新疆生产建设兵团卫生局:

为规范我国医疗机构病历书写行为,提高病历质量,保障医疗质量和医疗安全,根据《医疗事故处理条例》有关规定,2002年我部印发了《病历书写基本规范(试行)》(以下简称《规范》)。《规范》实施7年多来,在各级卫生行政部门和医疗机构的共同努力下,我国医疗机构病历质量有了很大提高。

在总结各地《规范》实施情况的基础上,结合当前医疗机构管理和医疗质量管理面临的新形势和新特点,我部对《规范》进行了修订和完善,制定了《病历书写基本规范》。现印发给你们,请遵照执行。执行中遇到的情况及问题,及时报我部医政司。

二〇一〇年一月二十二日

显然,就发文目的而言,“规范我国医疗机构病历书写行为,提高病历质量,保障医疗质量和医疗安全”,应当为出台管理病历书写规范的初心、初衷。拔高点说,法律角度,“病历”,作为有法律效力的证据,如同法院的生效裁判文书一样,马虎不得,轻视不得,随意不得。那种诸如鉴定书、裁判文书把“病历书写不规范”当作所谓“不足之处”之认定、判定,实属定性不当,也的确难以体现、反映卫生主管机关对病历书写的定性和定位要求和期待。

具体到本案,再追问的是,诉讼中医疗过程中甲医院病历书写上的“不足之处”又究竟是什么?显然,一审、二审法院判决并没有查明、查清、查实。既没有写明不规范之事项,也没有阐明不规范之理由,仅是照搬照抄、模糊且笼统定“不足之处”。法院如此之认定,既不准确,也不尽责。

面对病历书写问题,司法实务常常存在这样或类似观点。一是病历书写问题是小毛病。病,治好了,病历不写都行;治不好病,病历写了再多,也无用。治病与病历,是两回事,被人为对立起来了。显然,这是明显错误的。二是病历书写事宜乃医院管理问题,非临床治疗问题,即便有问题,通过行政管理方式处理,但不要同临床治疗挂钩、不要同民事处置对接。此类观点,有很大市场,也易引发误导,属于认识不全面,处在割裂医学和法学有机联系之风险。我们知道,一方面,病历之书写记录,乃法定之义务。《侵权责任法》第61条规定:"医疗机构及其医务人员应当按照规定填写并妥善保管住院志、医嘱单、检验报告、手术及麻醉记录、病理资料、护理记录、医疗费用等病历资料。患者要求查阅、复制前款规定的病历资料的,医疗机构应当提供。"另一方面,病历资料,乃民事诉讼八大证据类型之一,"病历资料"虽内容比较多,但书写的病历,属于"书证"。既如此,一旦病历书写完成,具有证据效力、证明能力,可证明医疗活动各方当事人行为与活动等。正因如此,《侵权责任法》专门予以专条专项、以推定过错之方式就病历资料之事宜进行了法律规定。《侵权责任法》第58条规定:"患者有损害,因下列情形之一的,推定医疗机构有过错:……(二)隐匿或者拒绝提供与纠纷有关的病历资料;(三)伪造、篡改或者销毁病历资料。"显然,本案除非明确查明甲医院在病历书写中具体有什么"不足之处",比如,是"错个字",或是"错句话",或"错个内容",等等,否则,笼统地、模糊地、抽象地,把科学、专业地表述鉴定书不规范的用语如"不足之处""瑕疵""欠缺""小纰漏"等照搬照抄,并不进一步进行细致审查、专门审理。无论如何,病历书写事宜,不是"不足之处"的问题,也不是常说的一个小问题,更不应再被当作小问题而对待。从审理角度,这是一个属于认定事实不清、证据认定不力的问题。

第三,该如何运用法治思维和方式改变鉴定书常常出现的诸如"不足之处"等表述问题。

显然,这不是一个容易的问题,也不是一个短期能彻底杜绝的问题,是一个基本的、基础的问题。不可能毕其功于一役,需久久为功,日积月累,更需法院方先行先改。概括而言,从以下几个方面入手,利于事半功倍:

首先,体现在思维和方式的认识把握上,要到位。医疗活动关系身家性命;医疗损害认定关乎医疗走向,是一个很严肃、严谨、严格的事业,因此,进行医疗活动、医事处理、医损鉴定、医事纠纷审理,思维和方式的认识上,一定要法治当先,科学严谨,精益求精,追求圆满。

其次,体现在思维和方式的依据运用上,要到点。众所周知,尽管这些规定都对医疗活动发生影响、产生作用,但讲清楚、讲准确、讲明白“医疗卫生管理法律、行政法规、部门规章和诊疗护理规范、常规”,真不是一件容易之事。非强的、久的专业力,难以全面正确回答。正因如此,鉴定层面,常常出现诸如未违反有关“医疗卫生管理法律、行政法规、部门规章和诊疗护理规范、常规”之笼统表述,以至于成为惯例,这实为法治大忌。没有争议,依据引用上暴露的问题还不明显,但是,一旦到了诉讼,依据引用问题就转变为大问题。这方面,法治各方都有一定的责任或者义务,但作为最后救济承担方的法院、法官就首当其冲,不能想当然,不能掉以轻心,要不停追问。只有这样,才能尽快唤醒医疗界、鉴定界对“医疗卫生管理法律、行政法规、部门规章和诊疗护理规范、常规”内容和条文的基本重视,才能杜绝“东郭先生”的浑水摸鱼,才能让依法行医往深、往实、往细推进,受益的最终方一定是崇尚公平正义的你我大家、医院、医学科学与医疗卫生事业。呼吁依法行医真正全面落实,呼吁从清楚“医疗卫生管理法律、行政法规、部门规章和诊疗护理规范、常规”开始。

再次,尽快提升司法审查能力和水平,不再让“鉴定意见”继续扮演或者担负代替“审判意见”的角色。符合法定要件的鉴定意见,支持审判裁决,这不是代替,而是支撑,但前提就是“鉴定意见”要有不断消除或者化解模糊、模棱等问题的能力和努力。之所以进行鉴定,就是因为存在专业争议,就是需要鉴定意见。鉴定问题上,并不是说一定要把理论倡导的黑白分明一一实现,而是在承认不确定性的前提下,尽可能让鉴定意见的表述符合规则,符合明白、明确与明晰的目的导向。一份合格的鉴定,一定不能更多、更频发地出现诸如“不足之处”等,要把之中的“不足”与“之处”能鉴得清楚、定得明白,而不是相反。鉴定是意见,既然不是结论,那么就是一顶一的货真价实的意见。正所谓有一分鉴定,说一分意见,点一个不足,明一项之处。不回避、不包庇、不笼统、不模糊。这既需要鉴定人出力,又需要法院倒逼给力。

最后,到了法院的争议,就是一次努力让人民群众在每一个司法案件中感受到公平正义的审理。“魔鬼就在细节之中”。对此,面对更多模糊、更多的不确定,包括案件,也包括鉴定,就更需要和更加期待审理医事纠纷的法院、法官们,提升专业化、职业化的能力与水平,创造更多、更好的条件,给出更多可提升和提高之平台、途径和渠道,比如,多次强调的,可优先从从事医事法律教研的教研人员中、从事医事法律专业的律师中选拔法官;可优先在医事纠纷案件审理的法院设立专业的医事审判庭;可优先在医学发达的省市设立专门的医事法院。

实现生命健康身体保护各方面的工作,早推动,早受益。患病的事实、共同的事宜,需共同的诉求、共同的努力,那就是,有病到专业的医院找专业的医生看病,一丝不苟,一丝一毫不能大意,比如,"活检"、病历书写等活动,也要如此;有纠纷到专门的法院找专业的法院法官裁判,一丝不苟,一丝一毫不能大意,"活检"、病历书写等审查,也要如此。救治、鉴定和审理,无小事,医事纠纷的救治、鉴定和审理,就是要把隐藏于细节之中的魔鬼揪出来。

DRGs 的实施为界定和划分基础病与原发病等医事争议提供新契机

宋儒亮　魏　巍　李建林　罗　斌　甘翌晓　宋立志　周　攸　许文滔

案情简介

王某的妻子林某经其他医院确诊为右肺癌 1 个月后，于 2016 年 6 月 3 日到 B 市二医院进一步治疗。经该院初步诊断为右肺腺癌 T1bN1M1aⅣ期（右肺门淋巴结转移、左肺转移）。经医院诊断后于 6 月 8 日进行贝伐单抗+培美曲塞+顺铂化疗治疗。6 月 10 日 10 时 15 分林某出现了头晕，继而出现抽搐，神志不清，呼吸困难，心脏骤停，颈动脉触不到，继而呼吸停止。经抢救后，呼吸平稳，恢复意识。后陆续出现抽搐。经医院会诊：继发性癫痫，建议抗癫痫治疗。医院与患者家属进行沟通，患者家属拒绝转上级医院治疗。6 月 17 日，经院方再次组织会诊，会诊结果为“阿斯综合征”，B 市二医院给予对症治疗。2016 年 7 月 7 日，患者家属要求转到 B 市中心医院进一步治疗，于当日出院。住院共计 34 天，其中一级护理 5 天，二级护理 29 天。林某在 B 市中心医院治疗，出院一周后的 2017 年 7 月 29 日 3 时 23 分，因阵发性抽搐再次到 B 市二医院第二次住院治疗。入院诊断：阿斯综合征、心律失常（室性早搏、室速、室颤）、右肺癌、左肺转移。病情评估：反复出现恶性心律失常，有出现心功能恶化、心脏猝死、心脏骤停危险，随时有生命危险，预后不良，下病危通知书。经住院治疗症状好转后，林某于 2016 年 8 月 12 日出院，共计住院 14 天，其中一级护理 14 天。2016 年 11 月 21 日，林某因频发室早、室速，到 B 市二医院住院治疗，于 11 月 28 日出院，住院 7 天，一级护理 7 天。2017 年 1 月 4 日，林某因频发室早、室速，到 B 市二医院住院治疗，入院诊断：心律失常（室性早搏）、右肺癌、左肺转移。病情评估：该患者有再发恶性心律失常，阿斯综合征，心脏猝死、心脏骤停可能，随时有生命危险，预后差。2017 年 3 月 5 日 18 时 13 分林某出现呼吸困难加重，病人的呼吸困难与肺部恶性肿瘤及心衰有关。20 时 34 分呼吸、心跳停止，家属拒绝抢救，临床死亡。死亡诊断：存在低钙血症，同时考虑存在感染，病人有肺癌，考虑肺部感染可能性大。但病人拒绝胸片检查，医院给予改善心肌代谢治疗。病人为肺癌终末期，病情日渐加重，进行性消耗，贫血加重，给予输血治疗，但病人肿瘤未控制，最终导致心功能恶化。死亡原因：恶性肿瘤（肺癌）终末期，心衰。此次林某住院60天，其中一级护理13天，二级护理47天。

林某死亡后，林某丈夫王某明确表示不同意尸检。

王某认为，因B市二医院违反诊疗常规及没有履行谨慎的注意义务和告知义务，造成林某阿斯综合征，肺内感染，伪膜性肠炎，心律失常等严重的心脏疾病，致使其因急性左心衰死亡。因赔偿请求双方协商未果，王某提起诉讼。

一审各方意见

原告意见

原告向一审法院起诉请求：(1)B市二医院赔偿原告因医疗损害致林某死亡的死亡赔偿金530608.40元、丧葬费28049元，合计558675.40元的30%为167597.22元；误工费47299.89元，护理费33299.90元，伙食补助费26500元，合计274697.01元。(2)B市二医院赔偿原告精神损害抚慰金50000元。

被告意见

我方的诊疗行为符合诊疗规范，不存在过错，其死亡后果是其自身疾病的自然归转，与我方的医疗行为不存在因果关系，依法不应承担赔偿责任。

鉴定意见

诉讼过程中，原告提出鉴定申请，申请项目：对林某死亡后果与B市二医院的诊疗行为之间有无因果关系、B市二医院的诊疗行为是否存在过错，如存在过错，参与度（过错程度）大小进行司法鉴定。经双方当事人共同选择鉴定机构，2017年6月13日，一审法院委托B市甲司法鉴定所进行鉴定。该鉴定所认为因被鉴定人林某死亡后未进行尸体解剖，无法明确其死亡的真正原因。且双方对死亡原因意见不统一，决定退回。一审法院依备选方案另行委托乙司法鉴定中心进行鉴定。2017年10月23日，乙司法鉴定中心出具了乙司鉴中心〔2017〕法临鉴字第F191号《临床司法鉴定意见书》。鉴定意见为：B市二医院对林某在住院抢救期间的诊疗行为存在过错，参与度为轻微作用。林某的死亡后果与在B市二医院住院治疗期间的诊疗行为不存在因果关系。

原被告双方对鉴定意见的意见

针对鉴定意见，原告提出质疑并申请鉴定人员出庭接受质询。

原告认为,在林某出现间断性频发室早、室速,偶发房早,房室交界性早搏,颈部可见动脉搏动,手足抽搐,头晕,心慌等一系列症状为阿斯综合征临床反应,随时有生命危险,B 市二医院未加以注意和重视,未采取任何措施,误诊为继发性癫痫;没有会诊,没有采取对症治疗措施。林某的死亡原因为恶性肿瘤(肺癌)终末期,心衰。心衰完全是 B 市二医院的过错造成的,B 市二医院的过错致使林某病情不断加重进而死亡。乙司法鉴定中心鉴定人员出庭答复认为,林某的死亡后果是其自身恶性疾病所导致的。B 市二医院的过错主要表现为高度注意义务和告知义务上,为轻微过错。肺癌晚期和多脏器的损伤都是肺癌及治疗肺癌药物所导致的,任何疾病的晚期都能引起心衰,最后导致死亡。

B 市二医院对鉴定意见,无异议。

另查明:林某的继承人有母亲刘甲、爱人王某、儿子王乙;刘甲、王乙均声明放弃继承,由王某继承全部遗产及权利。

一审法院认为

林某第一次到 B 市二医院就诊时,就已经在其他医院确诊罹患右肺腺癌 T1bN1M1aⅣ期(右肺门淋巴结转移、左肺转移)并进行了治疗。在 B 市二医院进一步治疗过程中,出现阿斯综合征,在林某自身疾病较重情况下,B 市二医院未尽到高度注意和预见义务,经确诊后医院给予对症治疗。经会诊后,患者家属要求转入上级医院 B 市中心医院进行治疗。此后在林某每次病情危重时,均到 B 市二医院进行抢救治疗。其死亡的后果是其自身恶性疾病所导致的。鉴定机构认为 B 市二医院在诊疗过程中未尽到高度注意和预见义务,过错程度为轻微作用的意见,合法有据,应予采纳。原告关于医院对心衰导致死亡应承担全部责任的观点,证据不充分,不予采纳。《侵权责任法》第 54 条规定:“患者在诊疗活动中受到损害,医疗机构及其医务人员有过错的,由医疗机构承担赔偿责任。”因此,B 市二医院应承担相应的赔偿责任。结合庭审调查、鉴定意见书结论、出庭鉴定人员的答疑观点等综合考虑医疗过错与患者原有疾病状况之间的关系,酌定 B 市二医院在本案医疗责任纠纷中应承担与其过错相适应的责任比例为 10%。关于原告请求赔偿的项目,依据乙司法鉴定中心鉴定意见,“林某的死亡后果与在 B 市二医院住院治疗期间的诊疗行为不存在因果关系”。故对原告请求的死亡赔偿金及丧葬费,不予支持。原告请求的误工费,未提供证据,亦不予支持。原告请求的护理费,参照医疗机构的意见,依据 2016 年度居民服务维修和其他服务业平均工资计算为 19351.64 元[(39×2+76)×125.66 元/天(二级护理 76 天,一级护理 39 天)]。住院伙食补助费结合住院天数及按照 A 省地区标准计算住院 115

天为11500元(100元/天×115天)。结合B市二医院应承担的责任比例,可确定应由B市二医院赔偿3085.16元[(19351.64元+11500元)×10%]。原告请求支持精神损害抚慰金50000元,因B市二医院在诊疗过程中仅存在轻微过错,王某的该项诉讼请求,不予支持。原告交纳的司法鉴定费用6300元,系为查明案件事实,明确责任而发生。鉴定机构收取上列费用未明确分项计算。依据申请鉴定内容及鉴定结论,酌定由王某负担3150元,由B市二医院负担3150元。鉴定人员出庭费用360元,由原告自行负担。

一审法院判决

依照《侵权责任法》第16条、第45条,《民事诉讼法》(2012年版)第64条之规定作出判决,判决:(1)B市二医院赔偿王某经济损失3085.16元并支付鉴定费3150元,共计6235.16元,于判决生效后3日内付清。(2)驳回王某的其他诉讼请求。

一审判决后,原告不服,提起上诉。

二审各方意见

上诉人(一审原告)意见

上诉请求:撤销一审判决,重新鉴定,认定林某的死亡与B市二医院的诊疗行为存在直接因果关系,B市二医院对林某的死亡承担赔偿责任。

事实及理由:一审判决认定事实不清,林某因肺癌到B市二医院处化疗,因B市二医院违反诊疗常规及没有履行谨慎的注意义务和告知义务,造成林某阿斯综合征、肺内感染、伪膜性肠炎、心律失常等严重的心脏疾病,致使其因急性左心衰死亡,上述事实有死亡证明、病历资料证明。司法鉴定结论严重脱离病历及诊疗经过,与事实不符,没有任何科学依据,鉴定人当庭陈述恰恰证明患者的死亡是传导性疾病阿斯综合征引起急性左心衰所致,与B市二医院的诊疗行为存在直接因果关系。(1)病人入院前经过详细的入院检查,病历可见没有心脏疾病。化疗前医生明确告知可以化疗,没有任何影响。(2)化疗中用药顺铂造成患者出现阿斯综合征,B市二医院未予重视,误诊为癫痫。(3)经过几次会诊确诊为阿斯综合征后,B市二医院没有采取任何诊疗措施,未给予妥善的治疗,造成患者不可逆的心律失常。(4)抗生素的使用违反诊疗常规。抗生素使用3天没有给予抗生素评价,造成患者出现伪膜性肠炎(有大便常规、大便潜血的检查为证)、低蛋白血症。病例中没有关于伪膜性肠炎的诊断描述及治疗记载,说明B市二医院漏诊,而低蛋白血症亦可以引起心衰。(5)患者出现肺内感染使用青霉素治疗,用药量违反诊疗常规,血药浓度不够,起不到治疗作用,肺内感染引起心衰。(6)患者死亡前无双下肢水肿,无静脉怒张,护理级别从18时30分由2级护理转为1级护理,患者于20时34分死亡,鉴定的死因有心衰。鉴定人出庭也承认急性左心衰为传导性疾病引起,阿斯综合征为传导性疾病。肺癌与传导性疾病无关。上述事实足以证明鉴定结论没有依据。上诉人在一审时要求重新鉴定,应当予以准许。

被上诉人意见(一审被告)

一审判决认定事实清楚,程序合法,适用法律正确,请法院依法驳回上诉,维持原判。

二审法院认为

二审中,双方当事人均未提供新证据。本院二审查明事实与一审判决认定事实一致。

医患关系中医疗过错、参与度及因果关系的确定具有非常强的专业性,并非法官通过法律专业知识能够确定的内容,需要具有相关资质的鉴定人员运用相关专业技术知识得出鉴定意见以供法院参考。本案中,乙司法鉴定中心作出的鉴定报告及鉴定人在一审法院出庭接受质询时均明确说明了林某系肺癌晚期病人,肺癌晚期会引起身体其他器官病变,从而导致生命的终结。乙司法鉴定中心作出的鉴定意见认为B市二医院在治疗过程中虽存在一定的过失,但这种过失与林某死亡不存在因果关系的结论从程序及实体上均无明显不当,上诉人上诉理由不成立。

需要说明的是,医学作为一门经验科学,需要不断在实践中总结经验,方能得以长足地发展。如对医疗机构苛以过于烦琐、严苛的程序性义务,将导致医护人员在救死扶伤时畏首畏尾,患者得不到及时、有效救治,医学技术亦不能健康、持续发展。亲人离世是世间最大的伤痛,但逝者遗属亦要正视现有的医疗水平并不能够治愈所有疾病,需给予医疗机构更多的理解,医疗机构亦应当最大限度对患者进行救治,向患者及亲属告知医疗风险,减轻患者及遗属身体和心理的痛苦。

二审法院判决

综上,上诉人的上诉理由不成立。依照《民事诉讼法》(2017年版)第170条第1款第1项的规定,判决如下:

驳回上诉,维持原判。

二审案件受理费6077元,由王某负担。

本判决为终审判决。

各方意见

医方意见

李建林　中山大学附属第八医院院长助理、主任医师

分析此案，认为B市二医院应吸取以下经验教训：

（1）对患者高度负责的态度，值得肯定。患者3次病情危重时，均到B市二医院进行抢救治疗，医务人员高度重视，尽心尽责，在患者家属不配合治疗的情况下，仍然采取积极措施救治，体现救死扶伤精神。

（2）总结吸取误诊的经验教训。患者在6月8日首次化疗，10日出现了头晕，继而出现抽搐、神志不清，呼吸困难，心脏骤停，经抢救复苏成功，医院会诊为继发性癫痫，建议抗癫痫治疗。6月17日，经会诊结果为“阿斯综合征”，给予对症治疗。首次化疗出现病情变化，医务人员没有认识到“阿斯综合征”，误诊为继发性癫痫，认同存在误诊行为，但也同意患者死亡是其自身恶性疾病所导致的。B市二医院即便有过错也为轻微过错。

（3）B市中级人民法院审理此案，尊重科学，可圈可点！比如，判决阐述了“医学是一门经验科学，需要不断在实践中总结经验，方能得以长足地发展。如对医疗机构苛以过于烦琐、严苛的程序性义务，将导致医护人员在救死扶伤时畏首畏尾，患者得不到及时、有效救治，医学技术亦不能健康、持续发展”。呼吁民众正视现有的医疗水平并不能够治愈所有疾病，需给予医疗机构更多的理解，医疗机构亦应当最大限度对患者进行救治，向患者及亲属告知医疗风险，减轻患者及遗属身体和心理的痛苦。这是医事法治的一大进步！

鉴定专家意见

罗斌　中山大学法医鉴定中心　主任法医师

该案涉及两家鉴定机构——甲司法鉴定所和乙司法鉴定中心。对于同一个案，甲司法鉴定所以林某未进行尸检，无法明确死因，且双方对临床诊断的死亡原因意见不统一而退案；但乙司法鉴定中心受理该案并出具鉴定意见书。显然，同样鉴定申请，同案不同鉴，答案不一。

据此可知：死因推断是有基础条件的。医疗损害鉴定的先置条件——死因推断/死因分析得到大多数司法鉴定机构认可，否则，难以进行后续鉴定。死因推断，一般情况是

基于被鉴定人已经死亡且未进行解剖及死因鉴定，但医患双方对临床诊断的死亡原因无异议。

在此基础上，为判断医院对被鉴定人的诊疗有无存在过错，分析医疗行为和被鉴定人死亡后果的因果关系，需要依据鉴定材料及相关临床医学、法医学知识，由鉴定人对被鉴定的死因进行推断。

此时，被鉴定人的临床症状、体征、病史、死亡经过等需要记录相对详细，具有部分辅助检查结果，具备死因推断的基础，才能根据现有材料并结合医学知识进行死因推断。

同时鉴定时也需反复告诉医患双方死因推断的局限性和风险。众所周知，因鉴定技术及医学发展的局限性，无论多么精密的死因推断，都无法保证推断得出的死因和真实死因之间不存在偏差。因此，在医疗损害鉴定前，需三方（委托方、原告方、被告方）签署同意死因推断的告知书，认可鉴定人根据现有条件进行推断死因。

当然，如一方对死因意见不统一，可不受理此案。根据《医疗纠纷预防和处理条例》第26条第1款之规定，不同意或者拖延尸检，超过规定时间，影响对死因判定的，由不同意或者拖延的一方承担责任。

律师意见

甘昱晓　广东金鹏律师事务所　律师

医疗损害后果发生往往是多种因素造成的，可能有医务人员诊疗过失，也可能存在既有疾病本身因素，甚至也与当代医疗科技的滞后性等相关，这就是常说的多因一果问题。医疗过错导致损害后果定责时，须考虑多因一果因素，不能一概要求医疗机构承担全部损害后果的责任。

原发基础疾病参与度判断，考虑的是在医疗过错行为造成的损害后果与患者自身基础疾病共同存在的情况下，进行的医疗行为对损害结果介入的程度大小。过错程度与基础疾病紧密相连，二者共同作用让损害最终发生，无论是法院还是司法鉴定机构在确定医疗过错赔偿时应充分注意到患者原发疾病对目前疾病状况的影响。

《侵权责任法》第60条——“患者有损害，因下列情形之一的，医疗机构不承担赔偿责任：……（二）医务人员在抢救生命垂危的患者等紧急情况下已经尽到合理诊疗义务……”对此有着法律指引，也即考虑到对原发基础疾病参与度在医疗行为及损害后果中的作用和影响所予以的立法。本案鉴定意见和法院判决就充分考虑了原发基础疾病对损害后果的参与情况。作出的鉴定和判决是恰当的。

法官意见

魏巍 广州市中级人民法院 法官

在已经排除医方过失与患者死亡存在因果关系的情况下,为什么还要判决医方承担赔偿责任呢?

侵权损害赔偿责任的认定,离不开因果关系的审查。考察因果关系,存在一个前提,即首先要对过错行为和损害后果进行确认。因为只有同时确认了过错和损害,才可能在二者之间准确建立(或发现)因果关系。要准确发现医疗过错对应的损害,同时也必须考察原发疾病本身导致的伤害或损失是什么。因此,医疗损害鉴定在甄别或区分侵权损害和患者自身疾病损失的过程中,必然涉及原发疾病与其对应损失之间因果关系的判断。实践中,医疗损害鉴定往往并未有意识区分侵权损害和疾病损失——实际上很多情况确实也难以甚至无法区分,而通常是将治疗的最后结果(死亡、残疾等)笼统地作为侵权损害,继而以原因力大小来描述侵权过错和原发疾病与损害的对应关系。理论上,如果在客观上已经区分了医疗过错对应的损害与原发病对应的损害,就不存在原因力大小的问题,而只有因果关系有无的问题。然而,实践中的难点恰恰在于如何区分原发疾病所需医疗费与医疗损害本身的医疗费、原发疾病可能造成的伤残与医疗损害造成的伤残、原发疾病可能导致死亡的机会与医疗损害导致死亡的机会等损害。同时由于原因力大小的判断缺乏量化的标准,无论是由鉴定专家还是由法官来判断,自由裁量权都不可避免。

本案中,鉴定意见已论证排除医方过错与患者死亡之间的因果关系。但是,既然存在过错,该过错引起的损害是什么呢?判决所见鉴定意见并未明确予以指出。根据一般生活经验,如果没有医方过错的介入,患者所需接受的治疗可能有所不同。在此情况下,一审法院根据患方诉请赔偿的项目,酌情判决医方赔偿护理费和住院伙食补助费,并承担相应的鉴定费用,归责的正当性和责任分配的合理性,均有相应的依据。

本案启示

抓住DRGs付费方式改革契机,找出化解医事法律困惑新出路

宋儒亮 法治广东研究中心、广东省医学会医事法学分会主任

医疗活动有些表述,比如,原发病与新发病、基础病与新发病、并发症与伴发症、合并症与后遗症,等等的界定与区分,困惑困扰各方已久,进入鉴定和司法领域,则更甚。

这些表述的界定和区分，对实施救治和化解纠纷是好事，遗憾的是，目前仍缺乏科学简便且又广具共识的方式方法可供选择与适用。这些问题虽常常是医学诊治判断的难点，却未必是医学救治关注的核心，模糊本身也似乎有其存在的合理性。困扰的背后或者当中，就是它们彼此的界定、之间的划界和进展前后的判断，并非易事，分界线、时间点、转变处方面的判断真是难题。

更多时候依靠或者依赖诸如权威专家的表述、鉴定机构的鉴定意见、法律程序的运用、法官的释明、法院的裁判等途径渠道进行解释、解读与解决。期望去讲情、去讲理，努力说服，争取理解，以期接受。如此做法，当事各方未必全服，但又无可奈何。这就是目前的状况，也是常规心态。

这些难题，在“医学+”的跨界时代，跟随争议纠纷进入医事鉴定和诉讼领域表现得更加突出，不仅成为各方争议辩论的焦点，而且也成为进行鉴定与审理的难点。

一定程度上，这些难题事情本身已陷入僵局。摆脱并有效化解困惑，找到新出路，打开新局面，成为各方新期待。

延续对原有化解的方式方法予以再改善和再完善的同时，或许，一个新机会来临了：正在推广的“按疾病诊断相关分组（DRGs）付费”，让我们对基础病与新发病等问题的界定、之间的界限、时点的判断有了新思路。要在它们彼此的分界线、时间点、转变处上有新突破、新共识和新出路。

深化医疗保障制度改革的大势，为我们提供了化解问题的契机。2020年3月5日，中共中央、国务院正式发布的《关于深化医疗保障制度改革的意见》指出：大力推进大数据应用，推行以按病种付费为主的多元复合式医保支付方式，推广按疾病诊断相关分组付费，医疗康复、慢性精神疾病等长期住院按床日付费，门诊特殊慢性病按人头付费。据此，2020年注定成为中国DRGs付费的元年，注定让我们正在进行中的各项医事建设面临改变大变局。

DRGs（Diagnosis Related Groups）中文翻译为（疾病）诊断相关分类，它根据病人的年龄、性别、住院天数、临床诊断、病症、手术、疾病严重程度、合并症与并发症及转归等因素把病人分入500~600个诊断相关组，然后决定应该给医院多少补偿。

DRGs的指导思想是：通过统一的疾病诊断分类定额支付标准的制定，达到医疗资源利用标准化。DRGs用于医疗费用支付制度的基本出发点是：医疗保险的给付方不是按照病人在院的实际花费（按服务项目）付账，而是按照病人疾病种类、严重程度、治疗手段等条件所分入的疾病相关分组付账。依病情的不同、病人的不同、治疗手段的不同会有不同的DRG编码相对应。DRGs最初产生于美国。20世纪70年代,为了科学地进行医疗评价,耶鲁大学卫生研究中心通过对169所医院70万份病历的分析研究,提出了一种新型的住院病人病例组合方案,并首次定名为DRGs。

跟随DRGs推进的最核心抓手——"临床路径"又应运而生,成为DRGs付费方式实施的关键抓手。

《临床路径是应对DRGs付费最优的解决方案》一文道:在这样的历史背景下,临床路径就应运而生了,美国波士顿新英格兰医疗中心最早制订出第一部护理临床路径,在美国应用之后被认为是控费和提升医疗质量的神器。临床路径就是为了更好地应对DRGs付费而生的,目的是让医院在DRGs控费下保证医疗质量的同时还能够盈利。

DRGs付费,诊断相关组-预付费制度(Diagnosis Related Groups-Prospective Payment System,DRGs-PPS),是指在DRGs分组的基础上,通过科学的测算制定出每一个组别的付费标准,并以此标准对医疗机构进行预先支付的一种方法。……在DRGs控费条件下,我们还不能仅仅从全院(或者科室)整体的盈亏来判断一家医院的诊疗是否规范或者对DRGs理解和执行的是否到位。我们需要按照DRGs控费的要求,分析每一个疾病组的每一份病例的盈亏情况,最终让医院(科室)在DRGs付费条件下达到盈亏平衡或者略有结余。也就是说,我们需要结合DRGs付费的空间和病例的入组情况来制定临床路径,这样临床路径就成为应对DRGs付费的最优解决方案。

医疗活动中,DRGs付费方式的落实与运用,就是以经济的思维和方式,实现诊疗的科学化、规范化,进而以法制化推动依法行医,践行医事法治。这当中,"临床路径"是基于循证医学思维、方式和证据建立与建设的,是医院实现"DRGs付费方式"的管理抓手;"诊疗规范"是基于医事法律的思维、方式和证据产生与建设的,是医院实现依法行医的制度抓手。DRGs付费方式的实施和运用,两类抓手,以临床路径为重点妥善推进医院管理,以诊疗规范为重点有力推进依法行医,它们的综合适用、权衡比较与利益选择,考验着医事领域、行业和机构自身治理能力的提升和提高,共同推进着健康中国、法治中国的进程。

面对《中共中央、国务院关于深化医疗保障制度改革的意见》确定的大势,医事法学研究者和实务者,必须尽快理解医疗保障制度的变革意义,必须尽快掌握DRGs付费方式实施对医疗机构和医务人员的新要求,必须在读懂弄通DRGs付费方式实施的基础上,尽快找到诸如"基础疾病"和"新发疾病"等老问题、老难题、老事宜之间可能存在的分界线、时间点、转变处，这方面越是精准、越是精确、越是精细，对我们深化改革、推动发展、维护稳定、化解矛盾、应对风险就越是靠谱。当然，落实到具体案件的定分止争，则更是有着讲得清、说得明、经考验的优势和特点。

DRGs付费方式，是深化医疗改革的核心抓手；“临床路径”和“诊疗规范”，是推进和践行DRGs付费方式的重要抓手。DRGs付费方式的实施和运用，集中优势首先表现在医疗活动经济账能清晰、清楚和清白。这就是一个大契机：一个到了要把之前早就存在着的，有着伦理、医学、经济、法学等跨界跨行跨域属性特点的，常常心知肚明但却模糊不清、模棱两可、把握不准的老问题得以直面并针对化解之契机。期待把握DRGs付费方式的实施和运用之契机，找到新思路，让这些难量化、划界、区别的事宜，能有的放矢被梳理和被化解。

毕竟，疾病救治需要经济支撑。一旦有了符合经济规律的DRGs付费清单的可查，自然在医学上就有了与之对应的疾病诊疗清单可看，随之在鉴定上也就有了因果关系联系的清单可鉴。水到渠成，司法审查上，就有了对过程与结果可以进行是非对错判断的证据清单可依了。

这或许就是DRGs付费方式改革带给司法的制度红利，它又一次给了我们对诸如原发病、基础病、新发病、并发症、伴发症、合并症等老问题、老难题、老事宜予以重新审视或者针对化解的新机会了！

抓住DRGs付费方式改革契机，找好化解医事法律困惑新出路，我们必须未雨绸缪，积极思考，赶快行动。

惩治非法行医，就是为了让广大医师的执业更有保护更享尊严

宋儒亮　洪嘉忠　杨金顺　汪秋慧　宋立志　许文滔　周　攸　段馨婷

案情简介

2017年6~8月，张某在未取得相关医师从业资质的情况下，以牟利为目的，私自购买3台B超机先后多次在A市B区某路一出租屋内为多名孕妇进行非医学需要胎儿性别鉴定，每例收取800元的鉴定费用，非法获利共计5600元。2017年8月4日因涉嫌犯非法行医罪被某省A市公安局D州分局刑事拘留，同年8月10日被A市公安局D州分局取保候审，同年11月6日被甲县公安局刑事拘留，同年12月4日被甲县公安局取保候审，2018年8月28日经甲县人民法院决定逮捕，同日由甲县公安局执行逮捕。现羁押于某看守所。

一审各方意见

公诉机关（甲县人民检察院）

公诉机关甲县人民检察院向甲县人民法院提起了公诉，认为张某存在非法行医行为并应给予相应的处罚。

被告人（张某）

如实供述了自己的犯罪事实，自愿认罪，真诚悔罪，积极主动退缴全部违法所得。

一审法院认定事实和理由

1. 2017年6月26日，C县孕妇朱某与其丈夫方某1一起通过电话联系被告人张某，后张某在出租屋内用B超机为朱某进行胎儿性别鉴定，结果为男孩，收取鉴定费用800元。

2. 2017年6月的一天，D县孕妇叶某与其丈夫石某一起通过电话联系被告人张某，后张某在出租屋内用B超机为叶某进行胎儿性别鉴定，结果为男孩，收取鉴定费用800元。

3. 2017年6月底的一天，E县孕妇夏某与其丈夫余某一起通过电话联系被告人张某，后张某在出租屋内用B超机为夏某进行胎儿性别鉴定，结果为女孩，收取鉴定费用

800 元。

4. 2017 年 7 月初的一天,F 县孕妇解某与其表哥干某一起通过电话联系被告人张某,后张某在出租屋内用 B 超机为解某进行胎儿性别鉴定,结果为男孩,收取鉴定费用 800 元。

5. 2017 年 7 月初的一天,G 县孕妇陈某与其丈夫潘某一起通过电话联系被告人张某,后张某在出租屋内用 B 超机为陈某进行胎儿性别鉴定,结果为男孩,收取鉴定费用 800 元。

6. 2017 年 7 月初的一天,H 县孕妇方某 2 与其丈夫李某 1 一起通过电话联系被告人张某,后张某在出租屋内用 B 超机为方某 2 进行胎儿性别鉴定,结果为男孩,收取鉴定费用 800 元。

7. 2017 年 8 月 3 日,I 县居民李某 2 通过电话联系被告人张某,后张某在出租屋内用 B 超机为李某 2 进行胎儿性别鉴定,结果为女孩,收取鉴定费用 800 元。

2017 年 11 月 6 日,C 县公安局民警在 A 市 B 区一小区内将被告人张某抓获。

一审法院认定上述事实的证据有:被告人张某的供述和辩解,证人李某 2、朱某、叶某、石某、夏某、余某、胡某、张某某、方某 1、解某、干某、陈某、潘某、方某 2、李某 1 的证言,张某、李某 2、朱某、叶某、石某、夏某的辨认笔录,J 县公安局出具的被告人户籍证明,到案经过,无前科劣迹证明,C 县原卫生和计划生育委员会移送函,接处警情况登记表,C 县公安局现场检测报告书,C 县公安局扣押决定书、扣押物品清单、扣押物品照片,随案移送物品清单,接收证据清单,C 县、A 市 B 区原卫生和计划生育局行政执法现场笔录、询问笔录,C 县卫生和计划生育委员会证明材料等。

一审法院认为

被告人张某在未取得医生执业资格的情况下非法行医,情节严重,其行为已构成非法行医罪。被告人张某自愿认罪、退缴了全部非法所得,均可酌情从轻处罚。根据被告人张某犯罪的事实,犯罪的性质、情节和对于社会的危害程度及认罪态度等,决定对其予以处罚。

一审法院判决

1. 被告人张某犯非法行医罪,判处有期徒刑 9 个月,并处罚金人民币 5000 元。

2. 没收被告人张某的非法所得 5600 元,上缴国库。扣押的物品全数字 B 型超声诊断仪1台、医用超声耦合剂1瓶予以没收,上缴国库。

一审判决后,被告人不服,提起上诉。

二审各方意见

上诉人(张某)上诉请求:其到案后如实供述自己的犯罪事实,自愿认罪,真诚悔罪,积极主动退缴全部违法所得。一审未充分考虑相关情节,量刑畸重。请求二审对其从轻处罚。

辩护人提出与张某上诉理由基本相同的辩护意见。

二审法院查明:经二审审理查明的事实与一审判决认定的事实一致。该事实有一审开庭审理中经质证确认、一审刑事判决书中已详细列述的证据证实,本院对原判认定的事实和证据均予以确认。

另查明,上诉人张某因本案于2017年8月4日被某省A市公安局某分局刑事拘留,同年8月10日被该局取保候审,同年11月6日被C县公安局刑事拘留,同年12月4日被C县公安局取保候审,前后共羁押34日。上述事实有在案的某省A市公安局某分局和C县公安局出具的拘留证、拘留通知书、取保候审决定书、释放通知书等证据证实。

二审期间上诉人张某的亲属代为缴纳罚金人民币5000元。该事实有张某亲属提供的中国银行个人客户境内人民币汇款申请书、国内汇款付款通知书证实。

二审法院认为

上诉人张某在未取得医生执业资格的情况下非法行医,情节严重,其行为已构成非法行医罪。原判定罪准确。张某自愿认罪、退缴了全部非法所得,均可酌情从轻处罚,原判在量刑时对该情节已予以考虑。二审期间张某悔罪表现明显,可在原判的基础上酌情从轻处罚。

二审法院判决

1. 维持甲省C县人民法院(2018)某××××刑初××××号刑事判决的第一项,即没收被告人张某的非法所得5600元,上缴国库;扣押的物品全数字B型超声诊断仪1台、医用超声耦合剂1瓶予以没收,上缴国库。

2. 撤销甲省C县人民法院(2018)某××××刑初××××号刑事判决的第一项,即被告人张某犯非法行医罪,判处有期徒刑9个月,并处罚金人民币5000元。

3. 上诉人张某犯非法行医罪,判处有期徒刑6个月,并处罚金人民币5000元(已缴纳)。

(刑期从判决执行之日起计算。判决执行前先行羁押的,羁押一日折抵刑期一日,扣除先行羁押的34日,刑期自2018年8月28日起至2019年1月24日止。)

本判决为终审判决。

各方意见

专家意见

汪秋慧　广州医科大学法学系　副教授

非法行医罪是指未取得医生执业资格的人非法行医,情节严重的行为。该罪犯罪构成要件的主体是一般主体,限于没有取得医生执业资格的人,主观方面是故意,即明知自己未获得医生执业资格,但仍非法行医,主观上通常有营利目的,但主观上有营利目的不是该罪主观要件,该罪的客体是国家对医务工作的管理秩序和就诊人的生命、健康权利,客观方面要求有非法行医情节严重的行为。2016年修改实施的《最高人民法院关于审理非法行医刑事案件具体应用法律若干问题的解释》(以下简称《非法行医司法解释》)第1条明确规定了"未取得医生执业资格的人非法行医"的具体情形:(1)未取得或者以非法手段取得医师资格从事医疗活动的;(2)被依法吊销医师执业证书期间从事医疗活动的;(3)未取得乡村医生执业证书,从事乡村医疗活动的;(4)家庭接生员实施家庭接生以外的医疗行为的。根据《非法行医司法解释》第6条的规定,通过各种检查,使用药物、器械及手术等方法,对疾病作出判断和消除疾病、缓解病情、减轻痛苦、改善功能、延长生命、帮助患者恢复健康的诊疗活动,以及使用药物以及手术、物理和其他损伤性或者侵入性手段进行的医疗美容都可认定为医疗行为。

利用B超机进行非医学需要的胎儿性别鉴定属于《人口与计划生育法》(2015年版)第35条明确禁止的事项,该违法行为和伴随而来的极有可能发生的对女胎的堕胎行为,侵犯了胎儿的生命权,加剧了我国近些年出生人口性别比失衡的程度,导致我国男多女少的"婚姻挤压"状况的出现。但我国传统的"重男轻女"陋习造成这一法律明文禁止的事项频频发生。

就本案内容而言,上诉人张某购买B超机为多名孕妇进行非医学需要胎儿性别鉴定,属于《非法行医司法解释》中所称的医疗行为。但要构成非法行医罪,在犯罪客观方面除了需具备非法从事医疗行为外，还需要“情节严重”。《非法行医司法解释》第2条对“情节严重”的情形作了如下列举：(1)造成就诊人轻度残疾、器官组织损伤导致一般功能障碍的；(2)造成甲类传染病传播、流行或者有传播、流行危险的；(3)使用假药、劣药或不符合国家规定标准的卫生材料、医疗器械，足以严重危害人体健康的；(4)非法行医被卫生行政部门行政处罚两次以后，再次非法行医的；(5)其他情节严重的情形。本案中，张某多次利用B超对胎儿进行性别鉴定且收费的行为应属于该条中所规定的第5种情形。而根据《刑法》(2015年版)第67条第3款关于坦白的规定，可以对其从轻处罚，故认为二审法院作出了判处6个月有期徒刑、罚金5000元是恰当的。

律师意见

杨金顺　北京市盈科(广州)律师事务所　律师

非法行医是一种严重扰乱医疗管理秩序，危害公民生命权、健康权的行为。《执业医师法》[①]《医疗机构管理条例》等法律法规对合法开展诊疗活动进行规定，明确禁止非法行医行为。在此基础上，《刑法》(2015年版)第336条规定，未取得医师执业资格的人非法行医，情节严重的行为处三年以下有期徒刑、拘役或者管制，并处或者单处罚金。同时，《非法行医司法解释》明确了非法行医行为的具体类型，为司法适用提供依据。以上法律法规及司法解释对规范医疗管理秩序，打击非法行医行为，保障公民生命权、健康权具有重要意义。

本案是一起未取得医师执业资格的人利用B超违法开展胎儿性别鉴定的案例。我国《人口与计划生育法》(2015年版)第35条规定：“严禁利用超声波技术和其他技术手段进行非医学需要的胎儿性别鉴定……”但由于我国重男轻女传统观念作祟，胎儿性别鉴定地下市场仍大量存在。张某在未取得医师执业资格的情况下，为谋取利益私自开展胎儿性别鉴定，违反《人口与计划生育法》《执业医师法》《医疗机构管理条例》等法律法规的规定。

但是，我们应当注意，基于刑法谦抑性的理念，并非所有的非法行医行为都构成犯罪，只有符合《非法行医司法解释》第2条规定的“情节严重”的非法行医行为才能纳入刑法规制的范畴。因此，司法实践中，应当严格把握非法行医行为的社会危害性，准确区分罪与非罪的界限，以正确适用《刑法》。结合本案，一审、二审判决书并未对张某非法行医行为的“情节严重”进行论述论证。但本律师认为本案并没有达到“严重损害就诊人身体健康”之情形。二审将刑期减少3个月，也算是酌情从轻和罪责刑相适应原则的体现。

---

① 被自2022年3月1日起施行的《医师法》废止，后文不再一一说明。——编者注

许文滔　广东广信君达律师事务所　律师

宋立志　广东广信君达律师事务所　实习律师

结合刑事规制,就针对判决书本律师认为:(1)鉴于一审、二审判决并没有对适用的《非法行医司法解释》第2条第5项“其他情节严重的情形”进行分析论证,判决释法说理明显不足。当然,这也是刑事裁判文书长久以来存在问题之一,尽管新时代以来,这些问题得到显著提升和改善;(2)就本案而言是达不到“情节严重”的情况。应先进行行政处罚,既推进行政与刑事之间的衔接,又切合刑事法治谦抑性原则;(3)原判决缺少对于医疗器械来源的分析和判断,比如,进行非法行医的医疗器械本身是否有合格资质证明、来源是否合法等,提供医疗器械方若知道被告人无相应的执医资质,是否也构成非法行医共犯等。很可惜这些内容在判决中没有给予相应分析,案件处理得不彻底,影响该判决的整体质量。

法官意见

洪嘉忠　广东省高级人民法院　法官

本案的难点是“使用超声波进行非医学需要胎儿性别鉴别”是否属于从事医疗活动。我们所说的“行医”,应当具备两个特征,一是从事医疗业务,即出于医疗目的所实施的行为,包括疾病的治疗与预防(如诊断、医疗、医务护理等)、生育的处置、按摩、针灸等符合医疗目的的一切行为。二是要以实施医疗行为为业。《人口与计划生育法》(2015年版)第35条规定,严禁利用超声技术和其他技术手段进行非医学需要的胎儿性别鉴定。对胎儿性别的鉴别,必须出于医学需要,并由医务人员在医疗机构进行。因此,使用超声波为他人进行非医学需要胎儿性别鉴别,属于非法行医行为。本案被告人张某未取得执业医师资格,多次私自使用超声波为他人进行非医学需要胎儿性别鉴别,非法从事医疗活动,应以非法行医罪定罪处罚。

本案启示

医师执业:一项由始到终均在法治轨道运作的专业活动

宋儒亮　广东省医学会医事法学分会主任、《中国医学论坛报》医事法学理事会理事长

一、医师执业,早已有法可依,早在法治轨道,早有制度保障

医师保护,早已有法。尊重执业,全社会职责。立法规,占高位,乃大事。比如,医

师，早有专门法律，如《执业医师法》；护士，有行政法规，如《护士条例》；药师，有部门规章，如《执业药师注册管理办法》。

医师执业，规定已明。《执业医师法》调整医师执业方方面面，比如，予以专门称谓，如“本法所称医师，包括执业医师和执业助理医师”；强调权益保护，如“保障医师的合法权益”；通过考试入门，如“国家实行医师资格考试制度”；强化注册执业，如“未经医师注册取得执业证书，不得从事医师执业活动”；履职责受保护，如“医师依法履行职责，受法律保护”、享受七大方面的权利等。

个人行医，专门规定。《执业医师法》第 19 条第 1 款规定，“申请个体行医的执业医师，须经注册后在医疗、预防、保健机构中执业满五年，并按照国家有关规定办理审批手续；未经批准，不得行医。”

执业还在扩展，比如，多点执业、医生集团、互联网医院等就是。伴随新时代，医师有了更多执业选择，依法执业更明确了执业保障、法治轨道，更强化明确了前程预期。

二、执业活动，重权利义务，强法治思维，行法律救济

执业就要依法。执业就是一项集权利、义务、责任与救济共存的法律活动。一部良法，在赋予医师权益的同时，确定了法定义务，明确了法定责任，也给予了法律救济。

视野维度不同，侧重取舍有异。比如，政治思维，更重利弊权衡的大小、盟友的多寡；经济思维，更重成本收益的高低、利润的多寡；道德思维，更重善恶取舍的导向、好坏的多少等。法治思维则不同，更重权利义务的衡平、救济的有无。

权利的享受当需尽心尽情，义务的遵守更要小心谨慎，责任的担当需清清楚楚，法律的救济更要名副其实。违反义务，就是对已有权利、责任、救济的一种触发和启动。贯彻依法行医，防范法律风险，义务的遵守和坚守状况，就是判断的金标准之一。防范应对执业风险，推进依法行医，善于从法定义务视野提升法治思维和法治方式运用，知晓法定义务，不失为一种性价比高、防卫稳妥、预期明确的一种防范策略。只要法治思维和法治方式在深化改革、推动发展、化解矛盾、维护稳定和应对风险方面用得准、用得好、用得巧，充分行使权利，把守义务底线，积极行使法律救济，比如仲裁、裁决、复议、诉讼等方式，是可大幅减少诸如维稳等方面历史的欠账、旧账、烂账的。因此，防范应对执业风险，推进依法行医，善于从法定义务视野进行思考，提升法治思维和法治方式的运用能力和水平，既是在履行一项规定的守法义务，也是在提升一种依法行动自觉，更是在强化一大法治保障。

三、责任认定，早明确内容，早指出例外，早点出后果结果结局

犯罪是对一个文明国家最重的侵犯；追究犯罪，是文明国家对犯罪嫌疑人最重的惩罚。无人希望自己生活不好，无人想自己会成罪犯。主观意愿，并不能取代严峻的现实。走向犯罪，有时在一念之差、失足之恨，这后果结果结局完全是自己造成的。

刑事责任，是其中最重的一种责任，是法在责任认定上的一种界定或者一种划界，通过《刑法》，直接表明了国家惩治犯罪的立场、态度、方式和手段，依据《刑法》，秉承罪行法定、罪责刑相适应等原则和规则，进行刑事追究。因此，防范刑事责任、避免刑事追究，预防为主，就要先算法律账，就要知晓关于刑事责任认定的种种规定，这就是善于运用法治思维和法治方式防范和应对风险的先见之法。

犯罪认定，有证据要求。法律对此也是有着明确的分类。《刑事诉讼法》第50条规定："可以用于证明案件事实的材料，都是证据。证据包括：(一)物证；(二)书证；(三)证人证言；(四)被害人陈述；(五)犯罪嫌疑人、被告人供述和辩解；(六)鉴定意见；(七)勘验、检查、辨认、侦查实验等笔录；(八)视听资料、电子数据。证据必须经过查证属实，才能作为定案的根据。"这其中，"电子数据"如微信等也包括在内，值得特别关注，尤其在"互联网+医疗"服务日益普遍的今天，更要高度重视。

犯罪例外，有法定情形。因"不可抗力"和"意外事件"引起的就不是犯罪。《刑法》第16条规定："行为在客观上虽然造成了损害结果，但是不是出于故意或者过失，而是由于不能抗拒或者不能预见的原因所引起的，不是犯罪。"如此规定，符合司法实践现实，考虑到医疗活动实际。

司法实践中，基于"不可抗力"和"意外事件"事由，是常见的进行抗辩、辩护的基本策略、方式。就医事刑事活动，法制状况大致是：一是已有大的原则规定。比如，《侵权责任法》第4条规定："侵权人因同一行为应当承担行政责任或者刑事责任的，不影响依法承担侵权责任。因同一行为应当承担侵权责任和行政责任、刑事责任，侵权人的财产不足以支付的，先承担侵权责任。"但是，细节、程序上还需要再不断完善，尤其在民事、行政和刑事彼此之间划界界限、有效衔接与准确对接方面，更需要进一步的规定规范。二是运用"不可抗力"和"意外事件"作为抗辩事由，还离不开鉴定的介入。目前只有《医疗事故处理条例》确定的医疗事故技术鉴定才能直接提供予以刑事免责之判断证据。《医疗事故处理条例》第33条规定："有下列情形之一的，不属于医疗事故：(一)在紧急情况下为抢救垂危患者生命而采取紧急医学措施造成不良后果的；(二)在医疗活动中由于患者病情异常或者患者体质特殊而发生医疗意外的;(三)在现有医学科学技术条件下,发生无法预料或者不能防范的不良后果的;(四)无过错输血感染造成不良后果的;(五)因患方原因延误诊疗导致不良后果的;(六)因不可抗力造成不良后果的。"三是也可以通过《侵权责任法》有关医疗损害情形予以判断并提供之,但间接而不直接。《侵权责任法》第60条规定:"患者有损害,因下列情形之一的,医疗机构不承担赔偿责任:(一)患者或者其近亲属不配合医疗机构进行符合诊疗规范的诊疗;(二)医务人员在抢救生命垂危的患者等紧急情况下已经尽到合理诊疗义务;(三)限于当时的医疗水平难以诊疗。前款第一项情形中,医疗机构及其医务人员也有过错的,应当承担相应的赔偿责任。"虽然因此取得了医疗损害证据,但毕竟在证据类型和效力上也难有《医疗事故处理条例》第33条所给予那么直接清晰明确、那样具有证明力。

结合执业活动,综观《刑法》,与医师执业活动直接密切相关罪名,主有两大类:

一是在涉嫌侵犯公民人身权利、民主权利罪方面,医师执业上可能涉嫌组织出卖人体器官罪,故意伤害罪,故意杀人罪,盗窃、侮辱、故意毁坏尸体、尸骨、骨灰罪,侵犯公民个人信息罪等罪名。对此,医师执业,要高度重视,重点防范。

二是在涉嫌妨害社会管理秩序罪方面,医师执业上又触犯两类。《刑法》"第六章　妨害社会管理秩序罪"中,可能涉嫌编造、故意传播虚假信息罪,妨害传染病防治罪,传染病菌种、毒种扩散罪,妨害国境卫生检疫罪,非法组织卖血罪,强迫卖血罪,非法采集、供应血液、制作、供应血液制品罪,采集、供应血液、制作、供应血液制品事故罪,医疗事故罪,非法行医罪,非法进行节育手术罪,妨害动植物防疫、检疫罪等罪名。

比如结合本案可知,"使用超声波为他人进行非医学需要胎儿性别鉴别,就属于非法行医行为",触犯了非法行医的刑事规制,被以非法行医罪进行刑事追究。

至于执业活动,备受关注的因商业贿赂犯罪而追究刑事责任医事案例,又是一个需今后再予以专项进行评析、评述与评价的热点法律议题了。

一言以蔽之。权利(力)有多大,义务就有多重,责任就是多少,救济就给多少。医师执业活动也不例外,是一项从开始到终结——全要素、全周期和全过程——都在法治轨道运作的活动,也即执业活动,无论机构还是个人,无论事大还是事小,都是一项从执业开始、执业责任、执业救济再到执业终结均纳入法治轨道运行的活动。防范应对执业风险,推进依法行医,善于从法定义务视野角度进行问题思考,提升法治思维和法治方式运用能力和水平,既是在履行一项规定的守法义务,也是在提升一种依法的行动自觉,更是在强化一大法治保障。

生产销售假药劣药案判决适用禁止令，更彰显打击药品犯罪的决心，更凸显改造药品犯罪分子的用心

宋儒亮　洪嘉忠　杨金顺　陈　伟　马竞遥　宋立志　周　攸

案情简介

2017年2月，胡某某通过手机微信在一个名叫"华夏医药营销专业交流2"群中一个微信名叫"A药一生回忆151××××3690"的人手中购进"消渴丸""阿托伐他汀钙片""复方丹参滴丸"等假药，销售给担任乙县某医药有限公司第二十八药店负责人葛某某。

2017年3月16日，乙县食品药品监督管理局工作人员对该药店进行检查时，当场查获，导致案发。

一审各方意见

公诉机关（乙县人民检察院）

公诉机关乙县人民检察院向乙县人民法院提起公诉，认为其存在销售假药行为并应给予刑事惩罚。

被告人意见

如实供述了自己的犯罪事实，自愿认罪，真诚悔罪，积极主动退缴全部违法所得。

一审法院认定事实

2017年2月，被告人胡某某通过手机微信在一个名叫"华夏医药营销专业交流2"群中一个微信名叫"A药一生回忆151××××3690"的人手中购进"消渴丸""阿托伐他汀钙片""复方丹参滴丸"等药品。

1. 2017年3月，被告人胡某某以每盒22元的价格销售给乙县某医药有限公司第二十八药店负责人葛某某10盒"消渴丸"。

被告人葛某某以每盒22元的价格销售给葛某3盒"消渴丸"。

2017年3月16日,乙县食品药品监督管理局工作人员对该药店进行检查时,当场查获正在该药店柜台摆放出售的7盒"消渴丸",每盒售价28元。

经某省食品药品检验所对该批"消渴丸"药品进行检验,该批"消渴丸"的葛根重量差异不符合规定,且未检出应当含有的"格列本脲"成分。该批"消渴丸"药品系假药。

2.2017年3月,被告人胡某某销售给乙县医药有限责任公司第八药店店员郭某2"阿托伐他汀钙片"10盒、"复方丹参滴丸"10盒。郭某2自己服用该药品。

2017年3月24日,乙县食品药品监督管理局工作人员对该药店进行检查时,在该药店卧室内查获10盒"阿托伐他汀钙片"、10盒"复方丹参滴丸",郭某2无法提供该药品的正规票据。

经某省食品药品检验所对该批"阿托伐他汀钙片"和"复方丹参滴丸"药品进行检验,"阿托伐他汀钙片"和"复方丹参滴丸"药品不符合规定,系假药。

2017年8月2日,被告人葛某某经乙县食品药品监督管理局工作人员通知后,主动到乙县公安局接受调查。

2017年8月16日,被告人胡某某主动到乙县公安局投案。

认定上述事实的证据有:物证"消渴丸"1盒;乙县公安局出具的二被告人到案经过;胡某某微信聊天内容截图照片;乙县公安局扣押决定书;随案移送清单;扣押物品清单;乙县食品药品监督管理局行政执法相关材料;乙县食品药品监督管理局关于协查"消渴丸""阿托伐他汀钙片""复方丹参滴丸"相关的说明;乙县食品药品监督管理局的证明;乙县某医药有限公司配送清单;某省食品药品检验所检验报告证实乙县食品药品监督管理局委托检验的"消渴丸""阿托伐他汀钙片""复方丹参滴丸"均系假药;辨认笔录;证人韩某、葛某、郭某1、郭某2证言;被告人胡某某、葛某某的供述与辩解等。

一审法院判决

被告人胡某某犯销售假药罪,判处拘役4个月,缓刑6个月,并处罚金人民币一万元;被告人葛某某犯销售假药罪,判处拘役3个月,缓刑5个月,并处罚金人民币一万元;随案移交的标示为广州白云山中一药业有限公司生产的1盒"消渴丸"予以没收。

宣判后,被告人胡某某、葛某某未上诉,乙县人民检察院提出抗诉。甲市人民检察院指派2名检察员出庭履行职务。

二审各方意见

抗诉机关抗诉意见及二审检察员出庭意见

《最高人民法院、最高人民检察院关于办理危害药品安全刑事案件适用法律若干问题的解释》(2014年版)第11条第1款规定:"对实施本解释规定之犯罪的犯罪分子,应当依照刑法规定的条件,严格缓刑、免予刑事处罚的适用。对于适用缓刑的,应当同时宣告禁止令,禁止犯罪分子在缓刑考验期内从事药品生产、销售及相关活动。"本案被告人胡某某担任药品厂家医药代表,被告人葛某某担任乙县某医药有限公司第二十八药店负责人,二被告人均从事药品销售活动。乙县人民法院以(2017)××刑初××号刑事判决书,对被告人胡某某、葛某某判处缓刑但未适用禁止令,无法实现《刑法》(2015年版)关于适用缓刑的执行效果,保障人民群众生命健康安全,维护药品市场秩序,故请求二审法院依法予以纠正。

被抗诉人(原审被告人胡某某、葛某某)意见

原审被告人胡某某、葛某某对抗诉机关的抗诉意见没有异议。

二审法院查明

经二审审理查明的事实和证据与一审相同,且经一审法院开庭举证、质证,查明属实,本院予以确认。

二审法院认为

原审被告人胡某某通过非法途径购买假药后予以销售,原审被告人葛某某明知药品采购手续不全仍购买并出售,其行为均已构成销售假药罪。关于抗诉机关的抗诉理由经查,原审被告人胡某某、葛某某属于利用从事特定生产经营活动实施的犯罪,依照《最高人民法院、最高人民检察院关于办理危害药品安全刑事案件适用法律若干问题的解释》第11条之规定,应当在判处缓刑的同时宣告禁止令,抗诉机关抗诉理由成立,本院予以支持。

综上,原审认定事实清楚,审判程序合法,量刑适当,但适用法律有误,依法予以改判。

二审法院判决

维持乙县人民法院(2017)豫××刑初××号刑事判决第一、二、三项,即被告人胡某某犯销售假药罪,判处拘役4个月,缓刑6个月,并处罚金人民币一万元;被告人葛某某犯销售假药罪,判处拘役3个月,缓刑5个月,并处罚金人民币一万元;随案移交的标示为广州白云山中一药业有限公司生产的1盒"消渴丸"予以没收。

禁止原审被告人胡某某在缓刑考验期内从事药品销售工作。

禁止原审被告人葛某某在缓刑考验期内从事药品销售工作。

本判决为终审判决。

各方意见

医方意见

陈伟　广东省第二人民医院　门诊部主任

从临床角度看假药的危害主要有三种:首先是无效,患者服药不能起到延缓疾病或治愈的效果。其次是给医生或患者误判,服药无效意味疗效不佳或病情加重,导致医生升级更换药品,增加患者对疾病的心理恐慌。最后是增加患者的经济负担。该案卫生执法人员及时发现,及时处理,没有造成患者身体的损害,危害降到最低。

律师意见

杨金顺　北京盈科(广州)律师事务所　律师

2018年,一部现象级影片《我不是药神》引起社会民众对"生产、销售假药罪"等药品类犯罪的广泛关注。以长春长生假疫苗事件为例,药品类犯罪扰乱国家药品监管秩序,损害人民群众的生命健康,导致人民群众对药品安全的担忧,甚至动摇人民群众对药品监管的信心,造成极其恶劣的社会影响。鉴于此,一直以来,国家都未曾放松对药品领域犯罪的打击力度。以《刑法修正案(八)》为例,该修正案对"生产、销售假药罪"的构成要件进行修改,将本罪由危险犯改为行为犯,[《刑法》(2015年版)第141条对生产、销售假药罪作出了明确规定,生产、销售假药的,处3年以下有期徒刑或者拘役,并处罚金;对人体健康造成严重危害或者有其他严重情节的,处3年以上10年以下有期徒刑,并处罚金;致人死亡或者有其他特别严重情节的,处10年以上有期徒刑、无期徒刑或者死刑,并处罚金或者没收财产。]体现了国家对药品类犯罪加强打击力度的态度。

本案中,胡某某、葛某某所销售的"消渴丸""阿托伐他汀钙片""复方丹参滴丸"等药品都未达到相应标准,甚至缺少必要成分,属于假药。这些假药一旦流入市场,将会给人民群众的生命健康安全造成难以预估的损害,必须受到严厉惩处。

本案值得我们注意的是,二审法院支持检察院的抗诉,对胡某某、葛某某在缓刑考验期内适用禁止令,禁止两人在缓刑考验期内从事药品销售工作。《最高人民法院、最高人民检察院关于办理危害药品安全刑事案件适用法律若干问题的解释》(2014 年版)第 11 条第 1 款规定:"对实施本解释规定之犯罪的犯罪分子,应当依照刑法规定的条件,严格缓刑、免予刑事处罚的适用。对于适用缓刑的,应当同时宣告禁止令,禁止犯罪分子在缓刑考验期内从事药品生产、销售及相关活动。"职业禁止令顺应了我国犯罪职业化的趋势,丰富了犯罪行为的法律后果,加大了对犯罪分子的惩罚力度,有利于预防犯罪分子利用其职业便利再犯罪,保障人民群众生命健康安全,维护药品市场秩序。此外,《刑法修正案(九)》亦对职业禁止令有相似规定。

专家意见

马竞遥　广州医科大学法学系博士

我国《药品管理法》(2015 年版)第 48 条规定假药的范围是:(1)药品所含成份与国家药品标准规定的成份不符的;(2)以非药品冒充药品或者以他种药品冒充此种药品的。按假药论处的包括:(1)国务院药品监督管理部门规定禁止使用的;(2)依照《药品管理法》必须批准而未经批准生产、进口,或者依照《药品管理法》必须检验而未经检验即销售的;(3)变质的;(4)被污染的;(5)使用依照《药品管理法》必须取得批准文号而未取得批准文号的原料药生产的;(6)所标明的适应症或者功能主治超出规定范围的。《刑法修正案(八)》将销售假药罪从危险犯改为行为犯,即构成犯罪不再要求具有"足以严重危害人体健康"的要件,而只要实行销售假药的行为即可。此罪的犯罪主体是一般主体,自然人和单位都可以成为犯罪主体,犯罪主观方面只能是故意,即行为人明知自己销售的是假药,而仍然销售的。

本案中,被告人胡某某通过非法途径购买假药后予以销售,被告人葛某某明知药品采购手续不全仍购买并出售,应该说两人都明知自己购买的是假药依然进行销售,均构成销售假药罪。根据《刑法》(2015 年版)第 141 条的规定,结合本案中胡某某、葛某某所销售的假药并未对购买者健康造成严重危害或致人死亡等情节,最终按照《刑法》规定的销售假药罪第一档刑期定罪量刑,即"生产、销售假药的,处三年以下有期徒刑或者拘役,并处罚金"。同时,由于胡某某、葛某某属于利用从事特定生产经营活动实施的犯罪,依照《最高人民法院、最高人民检察院关于办理危害药品安全刑事案件适用法律若干问题的解释》第 11 条之规定,应当在判处缓刑的同时宣告禁止令。

法官意见

洪嘉忠　广东省高级人民法院　法官

2014年11月,最高人民法院、最高人民检察院下发了《关于办理危害药品安全刑事案件适用法律若干问题的解释》。该解释第11条第1款规定:"对实施本解释规定之犯罪的犯罪分子,应当依照刑法规定的条件,严格缓刑、免予刑事处罚的适用。对于适用缓刑的,应当同时宣告禁止令,禁止犯罪分子在缓刑考验期内从事药品生产、销售及相关活动。"我国《刑法》和司法解释对管制执行期间和缓刑考验期间的禁止令均有明确规定。禁止令作为一种监督管理措施,是为了避免犯罪分子接触犯罪诱因,防止其再次犯罪。罪犯如果违反禁止令情节严重,将撤销缓刑,执行原判刑罚。本案被告人胡某某等长期从事药品销售活动,为防止其等继续实施销售假药违法犯罪和实施其他破坏药品管理秩序的行为,确有必要对其等发出禁止令,从而达到有效惩治犯罪和预防犯罪的良好社会效果。二审依法改判,维护了司法的公正,同时也彰显了从严打击危害药品安全违法犯罪行为、保护人民群众生命和财产安全的决心。

本案启示

出台禁止令:制度推进一小步,罪犯改造迈进一大步

宋儒亮　法治广东研究中心、广东省医学会医事法学分会主任

1. 2019年修改后的《药品管理法》,让药品管理更科学,更贴近现实,更衔接对接,我们应当认真学习并积极适应之。

热映的电影《我不是药神》原型陆勇案,以及聊城假药案,代购境外抗癌新药被认定为假药,一度引发广泛关注,2019年修订的《药品管理法》予以了积极回应。

一是删除了之前"有下列情形之一的药品,按假药论处""有下列情形之一的药品,按劣药论处",直接把假药的六种情形、劣药的六种情形一一列举,让假药、劣药的认定更加明白、直接和清晰,便于管理,便于识别。

二是删除"(二)依照本法必须批准而未经批准生产、进口,或者依照本法必须检验而未经检验即销售的"的规定,而是用一个专门条文,予以规定,即《药品管理法》(2019年版)第132条规定:"进口已获得药品注册证书的药品,未按照规定向允许药品进口的口岸所在地药品监督管理部门备案的,责令限期改正,给予警告;逾期不改正的,吊销药品注册

证书。”第 124 条第 3 款规定:“未经批准进口少量境外已合法上市的药品,情节较轻的,可以依法减轻或者免予处罚。”

三是增加专门条款,理顺行政监管、检验结论、刑事追究等之间的关系。《药品管理法》(2019 年版)第 113 条规定:“药品监督管理部门发现药品违法行为涉嫌犯罪的,应当及时将案件移送公安机关。对依法不需要追究刑事责任或者免予刑事处罚,但应当追究行政责任的,公安机关、人民检察院、人民法院应当及时将案件移送药品监督管理部门。公安机关、人民检察院、人民法院商请药品监督管理部门、生态环境主管部门等部门提供检验结论、认定意见以及对涉案药品进行无害化处理等协助的,有关部门应当及时提供,予以协助。”

修改前是:《药品管理法》(2015 年版)第 48 条规定:“禁止生产(包括配制,下同)、销售假药。有下列情形之一的,为假药:(一)药品所含成份与国家药品标准规定的成份不符的;(二)以非药品冒充药品或者以他种药品冒充此种药品的。有下列情形之一的药品,按假药论处:(一)国务院药品监督管理部门规定禁止使用的;(二)依照本法必须批准而未经批准生产、进口,或者依照本法必须检验而未经检验即销售的;(三)变质的;(四)被污染的;(五)使用依照本法必须取得批准文号而未取得批准文号的原料药生产的;(六)所标明的适应症或者功能主治超出规定范围的。”

第 49 条规定:“禁止生产、销售劣药。药品成份的含量不符合国家药品标准的,为劣药。有下列情形之一的药品,按劣药论处:(一)未标明有效期或者更改有效期的;(二)不注明或者更改生产批号的;(三)超过有效期的;(四)直接接触药品的包装材料和容器未经批准的;(五)擅自添加着色剂、防腐剂、香料、矫味剂及辅料的;(六)其他不符合药品标准规定的。”

修改后是:《药品管理法》(2019 年版)第 98 条规定:“禁止生产(包括配制,下同)、销售、使用假药、劣药。有下列情形之一的,为假药:(一)药品所含成份与国家药品标准规定的成份不符;(二)以非药品冒充药品或者以他种药品冒充此种药品;(三)变质的药品;(四)药品所标明的适应症或者功能主治超出规定范围。有下列情形之一的,为劣药:(一)药品成份的含量不符合国家药品标准;(二)被污染的药品;(三)未标明或者更改有效期的药品;(四)未注明或者更改产品批号的药品;(五)超过有效期的药品;(六)擅自添加防腐剂、辅料的药品;(七)其他不符合药品标准的药品。禁止未取得药品批准证明文件生产、进口药品;禁止使用未按照规定审评、审批的原料药、包装材料和容器生产药品。”

2.《药品管理法》完成了修订,尽管《刑法》有关“按假药、论处”有关规定仍然存在,这并不增加我们额外风险,但衔接配套的法律法规也当尽快修改,对此,我们时刻关注并密切留意。

《刑法》(2017 年版)第 141 条规定:“生产、销售假药的,处三年以下有期徒刑或者拘役,并处罚金;对人体健康造成严重危害或者有其他严重情节的,处三年以上十年以下有期徒刑,并处罚金;致人死亡或者有其他特别严重情节的,处十年以上有期徒刑、无期徒刑或者死刑,并处罚金或者没收财产。本条所称假药,是指依照《中华人民共和国药品管理法》的规定属于假药和按假药处理的药品、非药品。”

《刑法》(2017 年版)第 142 条规定:“生产、销售劣药,对人体健康造成严重危害的,处三年以上十年以下有期徒刑,并处销售金额百分之五十以上二倍以下罚金;后果特别严重的,处十年以上有期徒刑或者无期徒刑,并处销售金额百分之五十以上二倍以下罚金或者没收财产。本条所称劣药,是指依照《中华人民共和国药品管理法》的规定属于劣药的药品。”

提出这样的问题,在于提醒我们:一是要动态知晓法律规定的变与不变,进而在自己领域能更加主动、从容生活与工作。二是关于假药、劣药的认定,《药品管理法》确定的药事管理与《刑法》确定的刑事惩罚之间,彼此是紧密衔接、无缝对接的,也即行政处罚、刑事惩罚彼此是很近的。①

---

① 根据 2020 年 12 月 26 日公布,自 2021 年 3 月 1 日起施行的《中华人民共和国刑法修正案(十一)》的规定,《刑法》第 141 条修改为:“生产、销售假药的,处三年以下有期徒刑或者拘役,并处罚金;对人体健康造成严重危害或者有其他严重情节的,处三年以上十年以下有期徒刑,并处罚金;致人死亡或者有其他特别严重情节的,处十年以上有期徒刑、无期徒刑或者死刑,并处罚金或者没收财产。

“药品使用单位的人员明知是假药而提供给他人使用的,依照前款的规定处罚。”

《刑法》第 142 条修改为:“生产、销售劣药,对人体健康造成严重危害的,处三年以上十年以下有期徒刑,并处罚金;后果特别严重的,处十年以上有期徒刑或者无期徒刑,并处罚金或者没收财产。

“药品使用单位的人员明知是劣药而提供给他人使用的,依照前款的规定处罚。”

《刑法》增加了第 142 条之一:“违反药品管理法规,有下列情形之一,足以严重危害人体健康的,处三年以下有期徒刑或者拘役,并处或者单处罚金;对人体健康造成严重危害或者有其他严重情节的,处三年以上七年以下有期徒刑,并处罚金:

“(一)生产、销售国务院药品监督管理部门禁止使用的药品的;

“(二)未取得药品相关批准证明文件生产、进口药品或者明知是上述药品而销售的;

“(三)药品申请注册中提供虚假的证明、数据、资料、样品或者采取其他欺骗手段的;

“(四)编造生产、检验记录的。

“有前款行为,同时又构成本法第一百四十一条、第一百四十二条规定之罪或者其他犯罪的,依照处罚较重的规定定罪处罚。”

3. 法律不是一成不变的，是与时俱进的，《刑法》也是典型代表，其修正案不断出台就是最好的例证，其中有些制度推进，比如禁止令等制度就是最可贵的进步。

1979 年 7 月 1 日第五届全国人民代表大会第二次会议通过《刑法》，1997 年 3 月 14 日第八届全国人民代表大会第五次会议修订。

截至 2020 年 6 月，出台了 10 个《刑法修正案》，分别是：1999 年 12 月 25 日《刑法修正案》，2001 年 8 月 31 日《刑法修正案（二）》，2001 年 12 月 29 日《刑法修正案（三）》，2002 年 12 月 28 日《刑法修正案（四）》，2005 年 2 月 28 日《刑法修正案（五）》，2006 年 6 月 29 日《刑法修正案（六）》，2009 年 2 月 28 日《刑法修正案（七）》，2011 年 2 月 25 日《刑法修正案（八）》，2015 年 8 月 29 日《刑法修正案（九）》，2017 年 11 月 4 日《刑法修正案（十）》。

这其中，《刑法修正案（八）》首次确立了禁止令制度。《刑法修正案（八）》，自 2011 年 5 月 1 日起施行。修改后，《刑法》（2011 年版）第 38 条规定："管制的期限，为三个月以上二年以下。判处管制，可以根据犯罪情况，同时禁止犯罪分子在执行期间从事特定活动，进入特定区域、场所，接触特定的人。对判处管制的犯罪分子，依法实行社区矫正。违反第二款规定的禁止令的，由公安机关依照《中华人民共和国治安管理处罚法》的规定处罚。"

设定禁止令的目的，在于避免犯罪分子再次接触犯罪诱因，防止其再次犯罪。禁止令制度出台后，最高人民法院、最高人民检察院、公安部、司法部联合发布《关于对判处管制、宣告缓刑的犯罪分子适用禁止令有关问题的规定（试行）》，其第 2 条规定："人民法院宣告禁止令，应当根据犯罪分子的犯罪原因、犯罪性质、犯罪手段、犯罪后的悔罪表现、个人一贯表现等情况，充分考虑与犯罪分子所犯罪行的关联程度，有针对性地决定禁止其在管制执行期间、缓刑考验期限内'从事特定活动，进入特定区域、场所，接触特定的人'的一项或者几项内容。"例如，犯罪分子是因长期在网吧上网，形成网瘾，进而走上犯罪道路的，可作出禁止其进入网吧的决定；犯罪分子是在酒后犯罪，且有酗酒习性的，可作出禁止其饮酒的决定；等等。

结合本案，经检察机关抗诉，二审法院依法改判，即禁止原审被告人胡某某在缓刑考验期内从事药品销售工作，禁止原审被告人葛某某在缓刑考验期内从事药品销售工作。这点是合适的，这完全符合《刑法修正案（八）》之规定，但是，只是单纯禁止其销售药物，这只是刑法规定中三者——从事特定活动，进入特定区域、场所，接触特定的人——的一个特定，即仅限于禁止从事药品销售活动，对诸如"进入特定区域、场所""接触特定的人"并没有涉及，而我们都知道，这是不够的，也是不完整的，是留有遗憾的和缺陷的。本来这方面判决应当可以判得更好、更出彩。

但无论如何，有了禁止令的判决，生效后的价值和意义是重大的，比如，可以使被告人在其思想认识上形成刑事强制，切断其之前违法犯罪形成的路径依赖，让其在一定时间内远离生产销售假药、劣药罪的各种诱因、动因，让其在刑事惩罚期间远离“危险”的人、事、物、场地、活动等，为今后其接受刑事改造提供法治环境，实现监管、教育、改造、挽救失足犯罪人员、避免监狱监禁交叉感染和对社会产生仇视情绪等目的。

禁止令的执行，是有专门机构负责的。《最高人民法院、最高人民检察院、公安部、司法部关于对判处管制、宣告缓刑的犯罪分子适用禁止令有关问题的规定（试行）》第 9 条规定：“禁止令由司法行政机关指导管理的社区矫正机构负责执行。”

禁止令执行监督，是有专门机构负责的。《最高人民法院、最高人民检察院、公安部、司法部关于对判处管制、宣告缓刑的犯罪分子适用禁止令有关问题的规定（试行）》第 10 条规定：“人民检察院对社区矫正机构执行禁止令的活动实行监督。发现有违反法律规定的情况，应当通知社区矫正机构纠正。”

违反禁止令，是有法律后果的。一是对不严重的，进行治安管理处罚。《最高人民法院、最高人民检察院、公安部、司法部关于对判处管制、宣告缓刑的犯罪分子适用禁止令有关问题的规定（试行）》第 11 条规定：“判处管制的犯罪分子违反禁止令，或者被宣告缓刑的犯罪分子违反禁止令尚不属情节严重的，由负责执行禁止令的社区矫正机构所在地的公安机关依照《中华人民共和国治安管理处罚法》第六十条的规定处罚。”二是对严重的，撤销缓刑的裁定，到监狱改造。《最高人民法院、最高人民检察院、公安部、司法部关于对判处管制、宣告缓刑的犯罪分子适用禁止令有关问题的规定（试行）》第 12 条第 1 款规定：“被宣告缓刑的犯罪分子违反禁止令，情节严重的，应当撤销缓刑，执行原判刑罚。原作出缓刑裁判的人民法院应当自收到当地社区矫正机构提出的撤销缓刑建议书之日起一个月内依法作出裁定。人民法院撤销缓刑的裁定一经作出，立即生效。”

浪子回头金不换！禁止令制度的实施，让我们看到了《刑法》对犯罪分子改造的良苦用心，看到了打击犯罪同时，也更好关心人，更好保障人，即便是犯罪分子。打击不是最终目的，改造并重新融入，才是我们的初心初衷。

刑法修正案增设禁止令制度，是时代的产物，正所谓，制度进展一小步，犯罪惩罚一大步。让我们紧随法律变迁，在法治轨道上工作学习生活，更好、更快、更稳地实现我们对美好生活的追求。

查医院使用假冒伪劣产品医疗器械，要作为的公权力机关都有谁？

宋儒亮　付洪林　温国明　欧阳兵　宋立志　许文滔　周　攸　段馨婷

案情简介

2015 年 1 月，付甲向 A 市卫生局递交了投诉书等，反映其于 2012 年 10 月在某医院做了髋关节置换，认为腿短残疾和长期疼痛与产品的安全性有关，要求：(1)查处某医院使用假冒伪劣产品医疗器械的违法责任；(2)根据卫生部规定给其提供包括包装标识、标签、说明书、合格证明等原始资料及该器械的合法进入证明及产品价格信息；(3)赔偿其医疗费、误工费、伙食费、营养费、伤害赔偿金、精神损失费等。2015 年 2 月 4 日，A 市卫生局将付甲上述投诉材料转给 A 市 B 区卫生和计划生育局(原 A 市 B 区卫生局)处理，该局于同月 11 日收到。2015 年 3 月 4 日，A 市 B 区卫生和计划生育局将付甲上述材料转 A 市 B 区食品药品监督管理局处理。2015 年 4 月，A 市 B 区食品药品监督管理局作出某食药监函〔2015〕62 号复函，对付甲投诉事项进行调查核实后将调查情况函复 A 市 B 区卫生和计划生育局。2015 年 4 月 10 日，A 市 B 区卫生和计划生育局作出某卫行复〔2015〕21-2 号《关于付甲信访事项的答复意见》，答复付甲如下："关于您要求对某医院使用假冒产品进行查处和请某医院提供医疗器械有关资料的诉求，根据职能划分，我局于 2015 年 3 月 2 日转交 A 市 B 区食品药品监督管理局调查处理，调查情况详见(某食药监函〔2015〕62 号)复函(附件 1)；您要求某医院赔偿您医疗费等费用的诉求，建议您与某医院协商，不愿协商或协商不成，您可以选择向我局申请医疗事故争议处理(有关资料详见附件 2)；或直接向人民法院提起诉讼，以解决双方的争议。"

付甲对上述答复意见不服，遂诉至一审法院。

一审各方意见

原告(付甲)意见

被告存在不作为的情形，请求判令被告依法履行职责，查处医院使用假冒伪劣产品医疗器械的违法责任。

被告(A市B区卫生和计划生育局)意见

已经履行了查处职责,原告诉讼请求无法律依据,请求判决驳回其全部诉讼请求。

一审法院认为

《行政诉讼法》(2014年版)第2条第1款规定:“公民、法人或者其他组织认为行政机关和行政机关工作人员的行政行为侵犯其合法权益,有权依照本法向人民法院提起诉讼。”《医疗器械监督管理条例》(2014年版)第39条规定:“食品药品监督管理部门和卫生计生主管部门依据各自职责,分别对使用环节的医疗器械质量和医疗器械使用行为进行监督管理。”付甲向A市B区卫生和计划生育局投诉要求查处某医院使用假冒伪劣产品医疗器械的违法责任等,根据上述规定,食品药品监督管理部门和卫生计生主管部门应依据各自职责进行监督管理,故A市B区卫生和计划生育局对付甲投诉事项作出的答复属于行政诉讼受案范围。由于付甲投诉书主要反映的是产品安全性,要求查处医院使用假冒伪劣产品医疗器械的违法责任等,故A市B区卫生和计划生育局将其投诉转给食品监督管理部门,并将该部门的调查处理情况答复付甲,并无不当。

一审法院判决

综上所述,依照《行政诉讼法》(2014年版)第69条的规定,判决驳回付甲的诉讼请求。

付甲不服一审判决,提起上诉。

争议焦点:原告的诉求是否属于被告的履行范围。

二审各方意见

上诉人(付甲)意见

1.一审适用法律错误。付甲所投诉的医院在使用环节中违法使用无证器械的行为属于A市B区卫生和计划生育局的监管职责(《医疗器械临床使用安全管理规范(试行)》也有明确的规定),一审认定A市B区卫生和计划生育局作出回复,即已履行监管职责,明显错误。根据《医疗器械临床使用安全管理规范(试行)》第30条、第31条、第32条的规定,A市B区卫生和计划生育局负责医疗器械临床使用安全的监督管理工作,其放弃自身职责而将付甲的投诉事项转交A市B区食品药品监督管理局处理,是不履行监管职责的失职行为。

2. 根据《医疗器械临床使用安全管理规范(试行)》第 12 条、第 31 条的规定,付甲提出“要求医院提供包装标识、标签、说明书、合格证明等原始资料”,A 市 B 区卫生和计划生育局没有进行任何回复和处理,是明显不作为的行为。

3. A 市 B 区卫生和计划生育局作为医院的上级行政主管,要求医院赔偿付甲的损失是其责任所在。

据此,请求法院依法判决:(1)撤销 A 市 B 区人民法院(2015)某法行初字第 265 号行政判决。(2)撤销 A 市 B 区卫生和计划生育局“某卫信复〔2015〕21-2 号”复函;判令 A 市 B 区卫生和计划生育局履行行政主管职责:①查处某医院使用伪劣无证医疗器械的违法行为;②责成医院对付甲造成的损害给予赔偿,并作出公开道歉。(3)判令 A 市 B 区卫生和计划生育局承担全部诉讼费用。

被上诉人(A 市 B 区卫生和计划生育局)答辩称

1. 原审法院适用法律正确。根据《医疗器械监督管理条例》(2014 年版)第 39 条的规定,付甲投诉的是某医院使用假冒伪劣产品医疗器械的行为,依据 A 市 B 区人民政府关于行政部门职责划分的有关规定,对于医疗器械监管应由 A 市 B 区食品药品监督管理局负责。因此,A 市 B 区卫生和计划生育局将付甲投诉的事宜转由 A 市 B 区食品药品监督管理局负责,并且按照规定对付甲作出答复,A 市 B 区卫生和计划生育局已依程序履行法律赋予的职责。

2. 由于付甲的实际伤残损害与 A 市 B 区卫生和计划生育局无直接的因果关系,故 A 市 B 区卫生和计划生育局不应承担相应的责任。

3. 关于付甲提到的《卫生部医疗器械临床使用安全管理规范(试行)》有关规定不适用本案,本案应适用《医疗器械监督管理条例》(2014 年版)。

综上所述,请求二审法院依法驳回付甲的诉讼请求。

二审法院查明

经审理查明,原审法院查明的事实有相应证据予以证实,本院予以确认。

二审法院认为

《医疗器械监督管理条例》(2014 年版)第 39 条规定:“食品药品监督管理部门和卫生计生主管部门依据各自职责,分别对使用环节的医疗器械的质量和医疗器械使用行为进行监督管理。”第 66 条规定:“有下列情形之一的,由县级以上人民政府食品药品监督管理部门责令改正,没收违法生产、经营或者使用的医疗器械;违法生产、经营或者使用的医疗器械货值金额不足1万元的,并处2万元以上5万元以下罚款;货值金额1万元以上的,并处货值金额5倍以上10倍以下罚款;情节严重的,责令停产停业,直至由原发证部门吊销医疗器械注册证、医疗器械生产许可证、医疗器械经营许可证:(一)生产、经营、使用不符合强制性标准或者不符合经注册或者备案的产品技术要求的医疗器械的;……(三)经营、使用无合格证明文件、过期、失效、淘汰的医疗器械,或者使用未依法注册的医疗器械的;……”本案中,A市B区卫生和计划生育局对付甲投诉要求查处某医院使用假冒伪劣产品医疗器械的违法责任等事项,依据上述法规规定将付甲的投诉转至A市B区食品药品监督管理局处理,并将该局调查处理的复函(某食药监函〔2015〕62号)及其他事项的建议意见书面答复付甲并无不当,原审法院判决驳回付甲的诉讼请求正确,本院应予维持。付甲的上诉理由不能成立,本院不予支持。

二审法院判决

驳回上诉,维持原判决。

二审案件受理费50元,由上诉人付甲负担。

本判决为终审判决。

各方意见

监管方意见

温国明　广东省卫生监督所　副所长

本人认为一审、二审法院适用法律准确。因上诉人主张的事项为“查处某医院使用假冒伪劣产品医疗器械的违法责任”,根据《医疗器械监督管理条例》(2014年版)第39条及第66条第1、3项的规定,主管职能部门应为A市B区食品药品监督管理局。而根据《医疗器械监督管理条例》(2014年版)第68条第2、4~9项的规定,A市B区卫生和计划生育局仅对下述行为进行监管:

(1)未依照《医疗器械监督管理条例》规定建立并执行医疗器械进货查验记录制度的;

(2)对重复使用的医疗器械,医疗器械使用单位未按照消毒和管理的规定进行处理的;

(3)医疗器械使用单位重复使用一次性使用的医疗器械,或者未按照规定销毁使用过的一次性使用的医疗器械的；

(4)对需要定期检查、检验、校准、保养、维护的医疗器械，医疗器械使用单位未按照产品说明书要求检查、检验、校准、保养、维护并予以记录，及时进行分析、评估，确保医疗器械处于良好状态的；

(5)医疗器械使用单位未妥善保存购入第三类医疗器械的原始资料，或者未按照规定将大型医疗器械以及植入和介入类医疗器械的信息记载到病历等相关记录中的；

(6)医疗器械使用单位发现使用的医疗器械存在安全隐患未立即停止使用、通知检修，或者继续使用经检修仍不能达到使用安全标准的医疗器械的；

(7)医疗器械生产经营企业、使用单位未依照《医疗器械监督管理条例》规定开展医疗器械不良事件监测，未按照要求报告不良事件，或者对医疗器械不良事件监测技术机构、食品药品监督管理部门开展的不良事件调查不予配合的。

因此A市B区卫生和计划生育局转交A市B区食品药品监督管理局调查处理并无不妥。

另外，关于上诉人多次提到的《医疗器械临床使用安全管理规范(试行)》属于部门规章，法律效力不及行政法规，因此本案适用《医疗器械监督管理条例》(2014年版)并无不妥。

律师意见

欧阳兵律师　广东省律师协会政府法律顾问委员会　秘书长

本案的争议焦点在于对法律法规明确规定的行政职责的履行问题，也即对A市B区卫生和计划生育局转交由A市B区食品药品监督管理局处理能否认定为其已履行法定职责。行政机关不履行法定职责的行为，分为实体上不履行法定职责和程序上不履行法定职责。

实体上认定的依据是《行政诉讼法》(2014年版)第32条规定。这要求被告对作出的具体行政行为负有举证责任，应当提供作出该具体行政行为的证据和所依据的规范性文件。

程序上认定的依据是本案A市B区卫生和计划生育局依据《医疗器械监督管理条例》(2014年版)的明确规定，将属于食品药品监督管理部门职责的诉求转交由A市B区食品药品监督管理局调查处理。显然，这就属履行法定职责。

《医疗器械监督管理条例》(2014年版)在部门职责上，明确了各部门的职能。本案证据确凿，适用法律、法规正确，符合法定程序。

本律师认为，一审法院依法判决驳回起诉，二审法院判决维持原判，是正确的。

法官意见

付洪林　广州铁路运输中级法院　副院长、高级法官

本案涉及卫生行政机关和产品质量监督管理机关职能交叉时，司法应如何判定各机关职权职责边界的问题。虽然如判决主文所述，对卫生行政管理机关和产品质量监督管理机关在医疗产品监督管理方面的职责分工，《医疗器械监督管理条例》（2014 年版）第 39、66 条看似已经作出了清楚的规定，但依评析人看来，实际上仍不清晰。什么是医疗器械"使用环节的质量"？什么是"使用环节的使用行为"？普通公众难以根据这个规定分清究竟哪个机关该对医院使用不合格医疗器械的违法行为负有查处管理职责。类似的职权交叉问题也曾经发生在市场监督管理机关与产品质量监督管理机关之间，最终达成的妥协是市场监管机关承担流通环节的假冒伪劣产品查处职责，产品质量监督管理机关承担生产环节的假冒伪劣产品查处职责。

根据行政法法律解释的一般规则，在职责交叉冲突情形下，应作出对行政相对人有利的解释，即卫生行政管理机关和产品质量监督管理机关均负有职责。回到本案，A 市 B 区卫生和计划生育局仅将付甲投诉作为信访处理，并且仅仅将该区食品药品监督管理局的调查结论（函）转交给投诉人，而没有继续就投诉事项对涉事医院进行调查处理，应认定为不完整履行职责的行为，两审判决均未支持原告诉求似有不当。

本案启示

提升运用法治思维和法治方式应对医疗器械侵害风险的能力

宋儒亮　法治广东研究中心、广东省医事法学分会主任

作为一种纠纷化解的文明方式，诉讼既是一种展现彼此之间有着最强对抗性的方式，又是一种实现各方最看重的公平正义结果的渠道。作为诉讼结果的裁判文书，就是诉讼这一最后救济渠道给出的最终答案。

面对诉讼，有喜有忧；面对诉讼结果，有赢有输，后效评价，如何推进，秉承什么原则，坚持什么守则，遵守什么规则，真不是一件容易说明说透的事情。综合而言，面对生效的诉讼裁决，后效评价，这些内容值得重点考虑。

1. 评价一起生效的诉讼案，首先必须秉承法理情相结合原则，这是全面评价案件客观与否的大前提。

秉承法理情相结合原则，通俗说，就是面对个案处置、事件应对和风险防范，须秉承法为先、理为中和情为后三者有机统一原则，这其中，“法为先”，就是面对问题处置，坚持法律、遵守依据为先，法律面前人人平等；“理为中”，就是事情的道理、事务的说理次之，各说各理，各唱各调，但不能违反法规规定；“情为后”，就是把各方的情感、把彼此的关系放在最后，不是不考虑，而是不能优先考虑，不能讲究特殊对待，不能法外开恩，网开一面。

强调进行评价应当秉承“法理情相结合”而不是“情法理相结合”原则，最重要的考虑在于强调平等理念，对事不对人，快速统一立场，聚焦问题，针对要害，形成专业共识，引领问题的有效化解。

针对本案，面对双方诉争，一审、二审均通过适法——判决方式——清楚表达了法院的态度和立场，其中，既未过多描述或者渲染原告的种种心路历程，也没有过多列明或者解释被告的种种无奈情形，以衡平心态，秉承法为先、理为中和情为后原则，查明事实，适用法律，给出了判决结果，就是一份合格裁判文书的大概率状况。

2. 评价一起生效的行政诉讼案，须坚持职权法定原则，这是全面评价案件专业与否的大原则。

职权法定是判断行政机关是否依法履行职责的基本原则。公民、法人或者其他组织起诉要求行政机关履行法定职责，应以被诉行政机关负有相应的法定职责为前提。

“职权法定”原则，最早起源于英国的行政法治理论是现代法治原则的一项基本要求，是行政法学的一项最基础性原则。“职权法定”中的“法”，主要包括宪法、法律和行政法规、地方性法规。

强调评价应当坚持职权法定原则，最重要的考虑在于强调对等理念，明确定位，明确对象，明确职责，如此才能有的放矢，才能实事求是。当面对无处不在的政府权力时，要评价的是“关在制度的笼子里”的权力，而不是“制度的笼子里”之外的公权力。只有强调权力必须在严格依法行使、严谨规范行使、严密准确行使时，我们的后效评价才有实践效果、才有功能意义、才有复制价值。

针对本案，面对原告一审、二审的诉争，必须牢牢把握职权法定原则，并以此为根据、为依据，才能正确评价此案成败得失。比如面对案件审理，有这些观点或者内容，“食品药品监督管理部门和卫生计生主管部门依据各自职责，分别对使用环节的医疗器械的质量和医疗器械使用行为进行监督管理”,“依据上述法规规定将付甲的投诉转至A市B区食品药品监督管理局处理”,“并将该局调查处理的复函(某食药监函〔2015〕62号)及其他事项的建议意见书面答复付甲并无不当”,等等。面对这些表述陈述,有让人感到该行政机关对投诉人不尽责、法院审理原告不负责,似有自扫门前雪之嫌,会有事不关己高高挂起之疑等。应当说,如此感觉,就“情之角度”并不过分,从“理之视野”也不意外,但从“法之角度”,却并非如此。究其实质,评价公权力行使状况,如果不遵守、不遵循职权法定原则,个案而言,也许可能是操作方便且圆满解决,但整体而言,是弊大于利的,行政机关会因职权法定原则被打破,当再面对类似问题,要么无所适从均不处理,形成职能盲区;要么全部出动个个都管,导致职能执行冗杂,结果就是让更多问题随之产生。

3. 评价一起生效的诉讼案,须站在提升运用法治思维和法治方式能力的角度,这是全面评价案件水平高低的大方向。

新时代、新常态、新观念。《中共中央关于坚持和完善中国特色社会主义制度　推进国家治理体系和治理能力现代化若干重大问题的决定》提出:“各级党和国家机关以及领导干部要带头尊法学法守法用法,提高运用法治思维和法治方式深化改革、推动发展、化解矛盾、维护稳定、应对风险的能力。”

强调提升运用法治思维和法治方式的能力进行后效评价,最重要的考虑是依法决策。要求领导干部们在每作一项决策决定前,重点思考6个问题:是否有权决策决定、决策决定权限有多大、决策决定的法定依据是什么、决策决定的法定程序是什么、决策决定的法律后果是什么和决策决定不当的救济途径是什么。要懂和要知运用法治思维和法治方式进行诉讼风险应对之道、之法、之术,要有和要用以法治思维和法治方式应对诉讼风险的本领,把握并统筹处理好风险应对的大方向。

针对本案,面对双方诉争,如何应对可能的诉讼风险,成为考验判决水平高低的一个试金石。整体而言,本案一审、二审判决对法治思维和法治方式能力运用的大原则把握力还是比较强的,也能贯穿始终,但在以下这些方面若能继续提升能力和水平,司法裁判的效果将更加彰显:

第一,切实落实源头防范,对本案涉及的问题要及时采取立法后评估,提出完善法规的立法建议。《医疗器械监督管理条例》(2014年版)第39条规定:“食品药品监督管理部门和卫生计生主管部门依据各自职责,分别对使用环节的医疗器械的质量和医疗器械使用行为进行监督管理。”面对本条规定,“使用环节”和“使用行为”是判断职责的边界,但二者之间界限如何科学界定、边界如何准确划分,需要立法给力,需要立法回答。“医院使用假冒伪劣产品医疗器械”是个基本事实,面对违法的事实,食品药品监督管理部门与卫生计生主管部门处罚上可以有分工,但不能分家——他们都是政府组成部门。针对如此状况,高质量的立法,应当坚持职权法定原则,既针对配合、移交等环节制定相关程序条款,又通过法律规定,让他们彼此无缝衔接、有力对接。立法后评估,就是落实这样的方式之一。

第二,切实用好法官的释明权,对涉及本案法规法条的关键用词进行重点释明。《医疗器械监督管理条例》(2014 年版)第 39 条规定:“食品药品监督管理部门和卫生计生主管部门依据各自职责,分别对使用环节的医疗器械的质量和医疗器械使用行为进行监督管理。”面对本规定,把握的难点和要害在于存在“使用环节的医疗器械的质量”和“医疗器械使用行为”含义不清问题。但是,面对这样的难点和要害,本案释明权的运用的确明显不足。

结合案情,建议行政诉讼的法官今后再面对类似问题时,对某些关键用词,能及时把握机会,充分提高运用法治思维和法治方式的能力进行释明,比如,向上级请示需要司法解释;或者向行政机关提出询问要求予以回答;或者通过裁决文书向原告清晰解释和说明,当然告知原告再另案起诉“食品药品监督管理部门”等也是一种方式。

第三,切实行使好法院的司法建议权,对本案涉及的问题提出有针对性的司法建议。本案应当由食品药品监督管理部门依法管理。二审在维持原判的同时,针对诉讼中发现的职责重叠等问题,也完全可以再向“食品药品监督管理部门”或者“卫生计生主管部门”分别发出司法建议书,要求再审查是否完全履行自身职责,并尽快建立完善部门之间的衔接、对接机制,让违法问题不因彼此职责划分而难以有力和快速查处。虽然原告方在诉讼上输了,但并不意味着违法就没有监管了。此时,要有法律共同体概念。大家都是法律的守卫者、守护者,面对违法问题、面对受侵害的原告,也应当有诉讼之外的告知说明责任义务,此时,更强调用我们的情、我们的理,支持、帮助和协助受侵害的当事人,共同维护我们的公平正义。

第四,切实行使好法律赋予的权利。共同被告,很难让不同行政部门在同一行政诉讼案中出现或者存在,这同职权法定原则密切相关。比如,本案不能也不宜把“食品药品监督管理部门和卫生计生主管部门”同时告上法院,让他们都当被告。因为他们并不是作出了同一行政行为。诉讼中,面对效率和公平不能同时兼顾,更需各方都有高水平的法治思维和法治方式能力,比如,本案原告方,或在起诉前就认真学习法规规定,保证起诉主体正确;或者用心选择专业律师,保证诉讼质量;或者在一审时也能审时度势,主动申请撤诉再另案起诉;或者先通过行政复议不满意后再行政诉讼,通过行政复议程序找到真正不履行职责的监管机关,等等。能否正确、准确地选择被告,也是对当事人法治能力和水平的一种考验。

新时代在法律体系的建成和法治体系的建设中,在源源不断为我们的权益维护提供法定的动力、渠道、途径和方式的同时,为我们权益保护提供着指明、指导和指引价值的裁判文书也纷至沓来。立法机关、执法机关、司法机关,更要建立起认同的法律职业共同体理念,各社会组织和广大民众公众,更要树立起正确的后效评价的认知认识,共建共治共享,加强和提升运用法治思维和法治方式能力,如此一来,我们就更有理由相信,越多的司法公开,越利于我们的权益保护;越多公开的裁判文书,越利于我们实现尊重、维护与保障合法权益的目的。

一级甲等医疗事故，医方负主要责任，当事医生构成医疗事故罪吗？

宋儒亮　洪嘉忠　燕　翼　马竞遥　杨金顺　宋立志　周　攸

案情简介

李某旺，男，1974年出生于A省B市C区，汉族，大专文化，执业助理医师，B市某老年公寓诊所主要负责人，住A省B市（户籍所在地A省B市D县）。2011年12月，李某旺在仅取得执业助理医师资格以来，超出注册的执业地点（B市C区某中心卫生院），在B市某老年公寓诊所（实际经营地址B市E区F街道），没有执业医师的指导独立从事医疗活动。2015年12月3日被害人王某1（殁年29岁）因腹痛伴恶心、呕吐来到B市某老年公寓诊所看病，被告人李某旺诊断其患胆囊炎，于12月3~4日连续二天在诊所对王某1进行静脉输液治疗。12月5日上午李某旺到王某1家中（B市E区G街道）为其进行静脉输液治疗。当日下午15时许，家人发现王某1发烧，遂打电话给李某旺，李某旺赶到王某1家，再次对王某1进行静脉输液治疗，在王某1出现输液异常反应后，未观察病情变化，履行监视等义务，擅自离开现场。当日17时许，王某1出现大汗、诉"心里难受"等不适，家人随即呼叫120急救，同日20时许王某1经B市人民医院抢救无效死亡。

因李某旺涉嫌犯医疗事故罪，被B市公安局E区分局采取刑事强制措施后，经当事人申请，于2016年3月31日由B市公安局E区分局决定对其取保候审，2017年8月21日由B市E区人民法院决定对其取保候审，2018年3月26日由二审法院决定对其取保候审。

一审各方意见

公诉机关（E区人民检察院）

公诉机关A省B市E区人民检察院向A省B市E区人民法院提起了公诉，认为李某旺犯医疗事故罪应给予相应的处罚。

同时，被害人王某1近亲属提起刑事附带民事赔偿申请。

另查明：（1）附带民事诉讼原告人王某5、赵某华是死者王某1的父母亲，王某3是王某1的姐姐。(2)2015年12月5日,被害人王某1在B市人民医院抢救,医疗费为6553元,停尸费为13500元。有户口本复印件、B市人民医院门诊病历及检查材料、B市人民医院医疗费用证明、停尸费收据予以证实。(3)2015年12月10日,李某旺支付王某2丧葬费26000元。

被告人(李某旺)供述与辩解

被告人李某旺对2015年12月3~4日在B市某老年公寓诊所给王某1看病治疗,12月5日上午、下午到王某1家中给其看病治疗的过程均予以了供述。对起诉书指控的犯罪事实经过无异议。其供述称:"2015年12月3日我经过综合判断王某1患的是胆囊炎,给她开了3瓶输液的药,通过静脉注射,做了皮试,第一瓶是能力合剂,第二瓶是奥美拉唑,第三瓶是氨苄青霉素。之后王某1就在诊所里面输液,中午的时候我就回家了,据了解他们当天输液一直到当天下午3时左右。2015年12月4日上午在我的诊所,也是静脉输液,所用药物和2015年12月3日那天是一样的。2015年12月5日早上,我到王某3家去看了王某1的情况,还是静脉输液,所用药物和之前两天的基本相同,只是把抗生素改成了克林霉素。吊针打上后,我在王某1家里吃完早饭就离开了。当天下午3时左右,王某3给我打电话说她妹妹王某1在发烧,我到王某3家后给王某1测量了体温是38.3℃。我先给王某1打了一支退烧针氨基比林,又给王某1开了两瓶静脉输液的药奥美拉唑和头孢呋辛钠。王某1在输液的过程中,浑身冒汗,恶心,呕吐,我在他们家观察了一会儿,交代他们怎么换输液管子我就离开了。到了下午5时左右,王某2给我打电话,说他妹妹难受的很,已经拔针了,打"120"送B市人民医院了。当天晚上10时左右,警察找到我说王某1死了。根据诊疗规范的有关规定,医生在给患者输液过程中是不能擅自离开的。我在给王某1输液的过程中,没有遵守诊疗常规的有关规定,没有全程进行监护。患者连续三天输液治疗病情却没有好转,要建议患者到大医院进行检查治疗。我取得过执业助理医师资格,没有取得执业医师资格。B市某老年公寓诊所,注册地址是B市E区(实际经营地址在B市E区F街道),属于普通诊所,法定代表人是施某4,主要负责人是我,有效期限是2011年12月20日到2016年12月20日,是B市卫生局审批的。这家诊所与施某4没有任何关系,他只是挂了一个法定代表人的名字,诊所是我个人在经营。"

鉴定意见

由一审法院申请,对王某1进行了死因鉴定及医疗事故技术鉴定。

法医病理检验报告，由甲医药学院法医司法鉴定所于2016年1月5日出具，载明尸体解剖及组织病理学检验发现王某1生前患有较严重的冠心病（右冠状动脉病变3~4级；冠状动脉左前降支变2~3级，左旋支病变2级）；其他器官主要表现为淤血、水肿等急性死亡的一般改变，未检见致死性疾病；体腔内各器官亦未发现嗜酸性粒细胞浸润等过敏性休克的病理改变；结合临床表现（输液过程中突然出现"心里难受"、大汗，神志丧失、口唇紫绀、抽搐），综合分析认为，王某1系因在输液过程中冠心病急性发作致呼吸、循环衰竭而猝死。鉴定意见为王某1系因在输液过程中冠心病急性发作致呼吸、循环衰竭而死。

医疗事故技术鉴定书，由B市医学会于2016年3月3日作出，载明鉴定专家组分析认为：(1)B市某老年公寓诊所已经核准登记，准予执业。(2)医方诊治医生李某旺系执业助理医师，注册的执业地点为C区某中心卫生院，到患者家中出诊，超出B市某老年公寓诊所核准登记的执业地点。李某旺医生不具备独立的执业资质，并且超出注册的执业地点行医，存在违法行为。(3)医生在诊疗过程中，缺乏对患者病情的正确判断与把握。面对患者病情危重、明知医方条件有限不能接诊时，没有及时转诊；当诊断不清时，仅凭个人临床经验即采取治疗，并在治疗过程中，病人出现异常反应后，医生未观察病情变化，擅自离开病人，违反医疗卫生管理规章及诊疗常规。(4)医方在对患者的治疗过程中，虽然采取了一些措施，但因患者病情严重、复杂，没有得到有效治疗，与患者的死亡存在一定的因果关系。(5)根据甲医药学院法医司法鉴定所出具的司法鉴定检验报告书及医院检验报告结果，B市医学会鉴定专家组分析认为：患者体质特殊，存在心脏疾患、慢性贫血、低蛋白血症，在出现腹痛等症状后，并发脱水、电解质紊乱等，诱发猝死。患者自身疾病是其死亡的主要原因。医方诊治医生在对患者的治疗过程中，虽然采取了一些措施，但患者病情严重、复杂，没有得到有效治疗，医方治疗行为与患者的死亡存在一定的因果关系。医方诊治医生在不具备独立执业资质的情况下，超出注册的执业地点从事医疗活动，对患者的诊治不当，又没有及时转诊，耽误了最佳抢救时机，以致患者死亡，认为该医疗事件属于一级甲等医疗事故，医方承担主要责任。

本案在审理过程中，被告人李某旺对B市医学会医疗事故技术鉴定意见不服，提出了异议，要求重新鉴定。

为进一步明确医疗行为与死亡之间的因果关系和医方过错参与度，将本案退回补充侦查。后侦查机关委托乙司法鉴定所对上述问题进行司法鉴定。乙司法鉴定所分析认为：(1)王某1身体生前存在先天变异，死亡前存在多种危及生命的病情。(2)王某1生前存在的严重的心脏疾患,是导致王某1死亡的主要原因。(3)李某旺对王某1进行诊疗时,他所在的B市某老年公寓诊所具有B市卫生局颁发的医疗机构执业许可证,李某旺从事内科医疗行为是合法的,没有违反《执业医师法》的相关规定。(4)患者家处于边远山区,距B市约18公里,李某旺属于个体诊所医生,对一般抗感染、输液可以独立从事一般医疗活动。(5)经审查李某旺对王某1治疗3天的处方笺,12月3日的处方笺记载使用了可能过敏的药物氨苄青霉素,记载有皮试(-),12月5日李某旺对王某1改用了抗生素头孢呋辛钠,皮试阴性,说明李某旺没有忘记要重新做皮试,没有违反药物过敏试验的规定;尸体检验和临床化验等证据,无药源性过敏性休克死亡的证据。(6)关于医方错过最佳抢救时间导致王某1死亡的问题,王某1存在代谢性酸中毒、呼吸性酸中毒,严重低血钾症、低血糖等多种病情。患者所患疾病极其严重,即使及时送往各级大医院,或者在1小时内能够飞机送到全国权威医院也是无法救治的,死亡结果是必然发生的。据此,乙司法鉴定所法医学医疗纠纷鉴定意见为:(1)患者死因符合冠心病急性发作致呼吸、循环衰竭死亡,属于心脏性猝死,这是王某1生前自身所患严重疾病所致;(2)李某旺对王某1的医疗行为无明显过错,与王某1的死亡无因果关系。

一审法院查明

针对本案事实,主要证据有:物证照片(涉案药瓶、注射液、注射器及药品外包装等)、书证(B市卫生和计划生育委员会出具的关于李某旺犯罪的调查报告、B市卫生和计划生育委员会案件移送书和移送的材料、受案登记表、户籍信息、现场笔录及照片、卫生监督意见书、处方笺、B市人民医院的急救病历、检查报告单、资格证复印件、D县卫生局申请医师资格认定人员花名册、收据复印件、B市食品药品监督管理局关于对李某旺使用过期药物投诉问题的调查情况通报函)、证人证言、鉴定意见、电子数据(王某3手机短信截图,载明王某3与李某旺为王某1治病一事相互短信联系的情况)、视听资料(同步讯问录像,证实了侦查机关讯问被告人李某旺的情况)等。

一审法院认为

B市医学会医疗事故技术鉴定意见与乙司法鉴定所法医学医疗纠纷鉴定意见存在矛盾之处,对案件被告人定罪及民事赔偿有重大影响。一审法院对此作出如下评判:

乙司法鉴定所法医学医疗纠纷鉴定意见中,有关“患者家处于边远山区,距B市约18公里,李某旺作为个体诊所医生,可以独立从事一般医疗活动,为患者诊治没有违反执业医师法;12月5日处方签显示皮试阴性,李某旺没有违反药物过敏试验的规定;患者所患疾病极其严重,即使及时送往各级大医院,死亡结果是必然发生的,李某旺对患者的医疗行为无明显过错,与王某1的死亡无因果关系”等意见,存在如下问题:

(1)与本案患者居住在F街道而非边远山区的实际情况不相符;(2)与李某旺在F街道的诊所执业而非乡镇医疗机构执业的实际情况不相符。认为李某旺作为执业助理医师能够独立执业,与《执业医师法》的规定并不相符;(3)就算12月5日患者因自身疾病虽经抢救但死亡结果必然发生,也不应忽视李某旺是对患者进行了连续3天4次治疗这一客观事实,鉴定意见认为没有延误最佳治疗时机,患者所患疾病极其严重死亡结果必然发生的结论,稍嫌武断,不符合实际;(4)李某旺明知患者出现了输液异常反应,未观察病情变化,擅自离开患者,擅离职守,严重违反国家明确规定的诊疗技术规范和常规,属严重不负责任,鉴定意见认为李某旺对患者的医疗行为无明显过错,不符合实际。

两家鉴定机构的鉴定意见并不存在效力高低之分。依据本案查明的事实情况,李某旺违反《执业医师法》,没有独立执业资格而独立从事诊疗活动,在患者输液出现不良反应后,擅离职守,严重违反国家明确规定的诊疗技术规范和常规的行为,严重不负责任,行为与患者的死亡有一定因果关系。乙司法鉴定所认为李某旺没有明显过错,诊疗行为与死亡之间无因果关系的鉴定意见,缺乏事实基础和理论依据,对该鉴定意见,不予采纳。B市医学会鉴定医疗事故技术鉴定意见全面、客观、有理、有据,予以采纳。

综上,一审法院认为,被告人李某旺身为医务人员,在诊疗过程中,擅离职守,且严重违反国家明确规定的诊疗技术规范和常规,严重不负责任,造成就诊人死亡,犯罪事实清楚,证据确实、充分,其行为符合医疗事故罪的犯罪构成要件,构成医疗事故罪。B市E区人民检察院指控的罪名成立。被告人李某旺及其辩护人有关李某旺的诊疗行为与王某1的死亡之间没有因果关系,李某旺没有明显过错,行为不构成犯罪的辩护意见,不予采纳。

由于被告人李某旺的犯罪行为致使附带民事诉讼原告人遭受经济损失,在承担刑事责任的同时还应当承担相应的民事赔偿责任。附带民事诉讼原告人诉请赔偿的医疗费6553元、丧葬费23660元、停尸费13500元,有法律依据,予以支持;诉请赔偿的交通费1000元,因其提交的证据为连号车票,不符合实际,但考虑其为处理此事有必要的交通费支出,可酌情支持500元;诉请赔偿的精神抚慰金、死亡赔偿金、被抚养人生活费,不属于刑事附带民事诉讼的范围,不予支持。据此认定附带民事诉讼原告人实际损失共计44213元,予以支持。考虑到患者自身基础疾病是其死亡的主要原因,医方对医疗事故承担主要责任,故此对民事赔偿部分应划分责任,被告人李某旺承担经济损失44213元的70%即30949元,附带民事诉讼原告人自负经济损失44213元的30%即13264元。被告人李某旺已先行支付了附带民事诉讼原告人26000元,还应再赔付4949元。

企业法人对其的法定代表人和其他工作人员的经营活动,承担民事责任。附带民事诉讼被告人B市某老年公寓诊所对李某旺在诊疗活动中致患者死亡的损失应当承担连带赔偿责任。

一审法院判决

1. 被告人李某旺犯医疗事故罪,判处有期徒刑6个月(刑期从判决执行之日起计算,判决执行以前先行羁押的,羁押一日折抵刑期一日);

2. 被告人李某旺赔偿附带民事诉讼原告人王某5、赵某华经济损失30949元,扣除先行支付的26000元,还应赔付4949元(该款定于本判决生效之日起5日内支付完毕);

3. 附带民事诉讼被告人B市某老年公寓诊所对被告人李某旺还应赔付的4949元承担连带赔偿责任;

4. 驳回附带民事诉讼原告人王某5、赵某华的其他诉讼请求。

原审附带民事诉讼原告人王某5、赵某华和原审被告人李某旺均不服,向二审法院提出上诉。

二审各方意见

上诉人李某旺及辩护律师意见

上诉人李某旺上诉称,一审法院认定证据错误,适用法律错误,导致判决错误,请求二审法院查明事实及证据,对上诉人作出无罪判决。理由:(1)2016年1月5日甲医药学院司法鉴定所鉴定王某1死于冠心病;(2)B市医学会专家组分析认为,王某1自身疾病是死亡的原因;(3)法院认定医学会的结论前后矛盾,有悖常理,故提出要求我们到乙司法鉴定所作因果关系鉴定,鉴定结论为患者死亡与医疗行为之间没有因果关系,就不存在刑事责任;(4)法院认定本人资质不够,这是行政管理责任,王某1的死亡与我行医资格合格与否没有因果关系,不能把行政管理责任替代医疗事故责任。

辩护人辩护称,这个案件中有3份鉴定报告,乙司法鉴定所这个鉴定报告是经双方同意,应该认定乙司法鉴定所的这个鉴定报告,上诉人李某旺无罪。甲医药学院司法鉴定所的尸检报告作了评析，王某1的死亡是自身疾病所致；B市医学会作了医疗事故鉴定，被告对这个鉴定有异议，然后通过法院才到乙司法鉴定所鉴定，该鉴定明确了王某1的死亡与李某旺的治疗无关；根据《医疗事故处理条例》第2条的规定，医疗活动中，因为患者自身情况发生的死亡不属于医疗事故。

上诉人王某5、赵某华意见

一审判决赔偿责任太轻，请求增加赔偿责任。

B市人民检察院意见

B市人民检察院阅卷并出席二审法庭后认为，一审法院认定事实清楚，定罪量刑准确，上诉人李某旺的诊疗行为与被害人死亡之间存在刑法上的因果关系，其主观上负有注意义务，客观上具备预见能力，在诊疗过程中缺乏谨慎，构成过失犯罪，其上诉理由与查明的事实不符，建议二审法院驳回上诉，维持原判。

本院审理期间，上诉人李某旺与原审附带民事诉讼原告人王某5、赵某华达成了民事和解，李某旺一次性给付了王某5、赵某华因王某1死亡的赔偿金，王某5、赵某华撤回了对上诉人李某旺和原审附带民事诉讼被告人B市某老年公寓诊所附带民事部分的起诉，本院于2018年5月18日作出(2018)某××刑终××号刑事附带民事裁定，裁定：(1)撤销A省B市E区人民法院(2016)某×××刑初×××号刑事附事带民事判决第2~4项，即被告人李某旺赔偿附带民事诉讼原告人王某5、赵某华经济损失30949元，扣除先行支付的26000元，还应赔付4949元(该款定于本判决生效之日起5日内支付完毕)；附带民事诉讼被告人B市某老年公寓诊所对被告人李某旺还应赔付的4949元承担连带赔偿责任；驳回附带民事诉讼原告人王某5、赵某华的其他诉讼请求。(2)准许上诉人(原审附带民事诉讼原告人)王某5、赵某华撤回对上诉人(原审被告人)李某旺、原审附带民事诉讼被告人B市某老年公寓诊所附带民事部分的起诉。

二审中，上诉人李某旺及其辩护人、检察员没有向法庭提交新的证据。

经二审审理查明的事实与一审判决认定的事实一致，认定上述事实的证据均经一审庭审质证，二审审查、核实，证据来源合法、有效，所证内容客观真实，本院予以确认。

另查明，上诉人李某旺一次性赔偿了被害人家属的经济损失，原审附带民事诉讼原告人王某5、赵某华于2018年4月23日给上诉人李某旺出具了刑事谅解书，请求本院对上诉人李某旺从轻或减轻处罚。同时，上诉人李某旺向本院提交了认罪悔过书，表明其认识到了在对患者王某1的诊疗过程中存在过失，表示认罪、悔罪。

二审法院认为

上诉人李某旺身为医务人员，其对患者王某1的诊疗行为违反了《执业医师法》的规定，且在诊疗过程中，疏忽大意，擅离职守，严重不负责任，造成就诊人死亡，与其诊疗行为之间存在刑法上的因果关系，其行为构成医疗事故罪。B市医学会鉴定结论认定涉案医疗事件属于一级甲等医疗事故，医方承担主要责任。上诉人李某旺及其辩护人提出不构成犯罪的上诉理由和辩护意见与已查明的事实不符，本院不予采信。B市医学会鉴定意见同时指出，专家组分析认为患者自身疾病是死亡的主要原因。且甲医药学院司法鉴定所法医病理检验报告载明，患者王某1生前患有较严重的冠心病，系在输液过程中冠心病急性发作致呼吸、循环衰竭而死。故上诉人李某旺应承担的责任并非全部责任，依法可减轻处罚。上诉人李某旺与被害人的亲属达成了和解、赔偿了经济损失，取得了被害人亲属谅解，酌定可从轻处罚。上诉人李某旺认罪、悔罪，酌情可从轻处罚。

二审法院判决

综上，原判决认定事实清楚，证据确实充分，适用法律正确，审判程序合法，但对上诉人李某旺量刑不当，应依法予以改判。本案刑事部分结合上诉人李某旺的犯罪情节、从轻减轻处罚情节和认罪态度，依法可对其免予刑事处罚。经合议庭评议并报审判委员会讨论决定，依照《刑法》(2015年版)第335、337条、《刑事诉讼法》(2012年版)第225条第1款第2项的规定，判决如下：

1. 撤销A省B市E区人民法院(2016)某×××刑初×××号刑事附事带民事判决第一项，即被告人李某旺犯医疗事故罪，判处有期徒刑6个月(刑期从判决执行之日起计算，判决执行以前先行羁押的，羁押一日折抵刑期一日)。

2. 上诉人(原审被告人)李某旺犯医疗事故罪，免予刑事处罚。

本判决为终审判决。

各方意见

医方意见

燕翼　广州医科大学附属第三医院心血管内科　教授

冠心病是冠状动脉血管发生动脉粥样硬化病变而引起血管腔狭窄或阻塞，造成心肌缺血、缺氧或坏死而导致的心脏病。世界卫生组织将冠心病分为5大类,其中就包括心绞痛和缺血性心脏病。缺血性心脏病进一步进展为慢性心力衰竭。冠心病的典型表现为:因体力活动、情绪激动等诱发,突感心前区疼痛,多为发作性绞痛或压榨痛,也可为憋闷感。胸痛放散的部位可涉及腹部,甚至表现为腹痛。冠心病可因心肌缺血诱发急性心力衰竭,是死亡率极高的一种疾病。

本案死者生前存在基础心脏疾患、慢性贫血、低蛋白血症,尸解及病理发现患者生前患有较严重的冠心病(右冠状动脉病变3~4级;冠状动脉左前降支变2~3级,左旋支病变2级),其他器官主要表现为淤血、水肿等急性死亡的一般改变。患者为短期内输入大量液体诱发慢性心力衰竭急性发作而死亡。

患者2015年12月3日因主诉"腹痛伴恶心、呕吐"到诊所就诊时,就不能排除急性冠脉综合征心绞痛发作。因为右侧冠脉病变(尸检呈3~4级)多表现为下壁心肌缺血,往往可伴随有消化道反应症状,如腹痛、恶心等。本例应该立即进行心电图及心肌酶学检查,若无心电图机和血液检测条件,应陪同患者到上级医院进一步救治或呼叫"120"接去有诊治能力的医疗机构。但患者并未得到及时规范诊治,而是接诊医生在没有行腹部超声或血液生化检查的情况下,凭经验诊断为胆囊炎发作(尸解及病理未检见致死性疾病),经静脉输注了能力合剂、护胃药以及抗生素。抗生素是否做过皮试,病历中交代不清,可能存在后补"皮试阴性"的可能。但从心血管内科角度出发,对于一个慢性冠脉基础病变的患者短期内输入大量液体会诱发心力衰竭急性发作,循环负荷过重进一步加重心肌细胞耗氧和冠脉血供的负担,给本来就因冠脉病变造成血供不足的心肌组织带来进一步打击,最终导致死亡。患者在输液过程中突然出现"心里难受"、大汗、神志丧失、口唇紫绀、抽搐符合慢性心力衰竭急性发作的临床表现。中国胸痛中心建设已经在全国绝大多数二级以上医疗机构开展胸痛的甄别流程和急诊治疗,均属于规范化管理的重点,本例患者符合进入的胸痛筛查流程的绝对指征,应该转诊至有能力的医疗机构进行规范诊疗。

律师意见

杨金顺　北京盈科(广州)律师事务所　律师

医疗事故罪是一个颇具争议,且实践中适用率较低的罪名。医疗行为具有专业性强、风险性高等特点,这要求医务人员在诊疗活动中应当尽到高度的谨慎注意义务,此种义务基于医务人员的专业能力,作为对医务人员正确履行职务的监督,应当高于一般社会生活的注意义务。根据《侵权责任法》《医疗事故处理条例》《刑法》等法律法规的规定,医务人员违反谨慎注意义务，造成损害后果的，根据情节轻重，可构成一般医疗侵权行为、医疗事故甚至医疗事故罪。《刑法》第335条规定："医务人员由于严重不负责任，造成就诊人死亡或者严重损害就诊人身体健康的，处三年以下有期徒刑或拘役。"

司法实践的关键在于准确把握一般医疗侵权行为、医疗事故和医疗事故罪的界限，严格区分民事责任、行政责任和刑事责任。鉴于诊疗行为的专业性较强，通常情况，司法机关借助专业鉴定机构的鉴定意见来认定医务人员的法律责任（诊疗行为是否存在过错以及过错程度）。司法鉴定意见在此类案件的诉讼活动中发挥重要作用，但往往缺乏充分、有效的质证，"以鉴代审"，影响审判的独立性。

本案中，关于被告人李某旺责任认定的关键问题，B市医学会、乙司法鉴定所两家鉴定机构先后出具的两份鉴定意见存在矛盾，对被告人李某旺的定罪具有重大影响。一审、二审法院在审理本案过程中，并未简单引用某一份鉴定意见，而是充分听取控辩双方的质证意见，认真审核，详细分析，最终认定B市医学会的鉴定意见全面、客观、有理、有据，予以采纳，从而对被告人李某旺进行定罪量刑。考虑到李某旺积极赔偿、认罪悔罪、获得了患者家属的谅解等情节，明确其应承担的责任并非全部责任，依法从轻减轻对其免于刑事处罚，是双方均可接受的处理方法。

专家意见

马竞遥　广州医科大学法学系博士

根据《刑法》第335条对医疗事故罪的规定，结合本案具体情节应认为被告构成医疗事故罪。第一，被告人李某旺在诊疗护理工作存在严重不负责任的行为，导致被害人王某1死亡的结果，同时其严重不负责任的行为与被害人王某1死亡之间存在刑法上的因果关系。第二，被告人李某旺为医务人员。目前社会上存在一些既无医疗技能又未取得行医许可证的非法行医者，这些人不属于医疗事故罪的主体。第三，被告人李某旺在主观方面为过失，其对造成被害人王某1死亡的后果，在主观上持排斥和否认的态度。医疗事故罪是结果犯，被告人李某旺造成王某1死亡的结果是构成医疗事故犯罪的要件。

需要注意的是，对医疗事故罪适用刑罚时，应切忌仅以造成患者死亡或身体健康严重受损的后果作为区分罪轻与罪重的唯一标准，更不能将医疗事故的鉴定等级与量刑直接挂钩。因为我国目前对于医疗事故等级的规定，是完全以患者的损害后果来确定的。但是实践中医疗事故案件的具体情况非常复杂，既有医务人员本身的原因，也有病情发展的原因，还有不同医疗机构医疗水平不均衡的原因。医务人员的过失因素常常是叠加在疾病因素上才导致患者死亡或身体健康严重受损的。因此，不宜直接将事故等级与量刑挂钩，而应综合考虑犯罪的事实、性质、情节等各方面因素，来决定判处的刑罚。本案根据被告人李某旺的犯罪情节具有从轻减轻处罚情节和认罪态度，依法对其免予刑事处罚的判决结果是恰当的。

法官意见

洪嘉忠　广东省高级人民法院　法官

根据《执业医师法》第 2 条的规定，医师，包括执业医师和执业助理医师。第 30 条规定，执业助理医师应当在执业医师的指导下，在医疗、预防、保健机构中按照其执业类别执业。本案被告人李某旺系执业助理医师，不属于《刑法》第 336 条规定的“未取得医生执业资格的人员”，因此，不是非法行医罪的主体。李某旺违反《执业医师法》的规定，在没有执业医生指导下独立从事诊疗活动，并在诊疗活动中违反诊疗规范，造成一级甲等医疗事故，并负主要责任。李某旺的行为构成医疗事故罪。一审期间，第三方出具了与医学会所出具的医疗事故技术鉴定意见完全不同的鉴定报告，鉴于该两份鉴定意见没有层级、效力高低之分，控辩双方对两份鉴定报告如何采纳意见不一，但不同结论的鉴定意见对法官认定事实肯定会产生一定的影响。不考虑医学会所出具的“属一级甲等医疗事故，医方负主要责任”的鉴定是否科学、合理，但根据医学会出具的鉴定，患者自身疾病系其死亡的主要原因。据此可见，李某旺的犯罪情节轻微。二审法院在采信医学会鉴定报告的同时，根据案件事实，认为李某旺犯罪情节轻微不需要判处刑罚，依照《刑法》第 37 条的规定，改判被告人李某旺免于刑事处罚，表现了高超的审判智慧。

本案启示

“罪”到“非罪”，一字之差博弈背后要有更多积极行动举措

宋儒亮　法治广东研究中心、广东省医学会医事法学分会主任

一字之差的背后，有着一国制度的设计，影响一人人生的走向。被告人李某旺免于刑事处罚，为本案画上了一个法律句号。

此案审理的点点滴滴，在医疗改革不断深入、不断实施多点行医的当下，具有时代意义。各方给出的关于医学、法律和医事法上的评议，既有针对性，也有专业性，但我国法系特点也提醒有这样的可能，此类案件今后之处理并非定照此办理。

众所周知,本案由之前的“罪”到最终的“非罪”,一字之差,背后较量和博弈却是全面的、深刻的和复杂的。首先,即便落实均认同的理念在实践上也不是容易的。同案同判,还有诸如同命同价等,都是法律平等理念在具体司法案件的落实。其次,改变落实中的不当之事,更需要我们积极行动。这其中,高举法律大旗,贯彻平等理念,就要践行改变,就要贯彻理念;就要我们进行改进,就要更多行动;就要我们集思广益,一起努力,积极行动。最后,进行裁判文书的后效评价,后续关注,就是进行改变、改进的重要途径方式。要通过立法、执法、司法和守法的能力和水平的提升,司法裁判质量的提高,以看得见的方式,让人民群众在每一个司法案件中享受到更多的公平正义,更多的平等保护。

为此,值得重视这些方面,值得关注这些事项。期望通过裁判文书的后效评价、后续关注,不断给力,由量到质,深入改进,扎实推进,以达到法治建设之目的。

丈夫医生未面诊患者，派护士妻子上门救治但患者死亡：他们谁会被法院认定构成医疗事故罪？

宋儒亮　洪嘉忠　杨金顺　魏立平　李棠洁　宋立志　周　攸

案情简介

2012年12月26日7时许，A县B镇C村八社居民肖某甲向B镇某卫生院D卫生所（以下简称D卫生所）打电话称其儿子肖某乙有病，请求医生到其家中为肖某乙诊疗治病，该卫生所医生陈某某在未对肖某乙进行常规诊治、检查的情况下，便开具了药物处方，并让其妻子被告人洛某艳到肖某甲家为肖某乙输液，被告人洛某艳来到肖某甲家，在未询问肖某乙的过敏史、未进行试敏的情况下，按照医生陈某某开具的处方，为肖某乙静点清开灵，后离开肖某甲家，肖某乙在静点过程中出现过敏反应，被告人洛某艳未在现场给予及时抢救，致使肖某乙在送往医院途中死亡。

另查明，被害人肖某乙出生于2004年，系农村户口，其父亲肖某甲、母亲唐某某。

一审各方意见

公诉机关（E省A县人民检察院）

公诉机关E省A县人民检察院向E省A县人民法院提起了公诉，认为被告人洛某艳犯医疗事故罪，应进行相应的刑事处罚。

同时，被害人近亲属肖某甲、唐某某提起了刑事附带民事诉讼。

被告人（洛某艳）认为

过敏因素不是导致肖某乙死亡的主要原因，其不构成医疗事故罪。

一审法院认定事实和理由

针对认定的案情事实，主要证据有：护士执业证、医疗处方、鉴定费收据、鉴定意见，证人肖某甲、唐某某、周某某、李某某、陈某某证言等，洛某艳对主要事实经过亦供认。

一审法院认为

被告人洛某艳的行为存在医疗过错，导致就诊人肖某乙死亡，其行为构成医疗事故罪。

附带民事诉讼原告人民事赔偿诉讼请求中,鉴定费、交通费、丧葬费应予支持,其他诉讼请求于法无据,应予驳回。由于附带民事诉讼被告人陈某某系D卫生所医生,在未对肖某乙进行常规诊治、检查的情况下,便开具了药物处方,所以其与附带民事诉讼被告人D卫生所对附带民事诉讼原告人民事赔偿合理诉讼请求,应承担连带赔偿责任。

一审法院判决

原审法院遂依照《刑法》(2011年版)第335条、第67条第3款、第36条,《最高人民法院关于适用〈中华人民共和国刑事诉讼法〉的解释》(2012年版)第155条第2款,《民法通则》第130条,《最高人民法院关于民事诉讼证据的若干规定》(2018年版)第2条之规定,判决如下:被告人洛某艳犯医疗事故罪,判处有期徒刑3年;被告人洛某艳赔偿附带民事诉讼原告人肖某甲、唐某某丧葬费19203.50元;法医鉴定费15500元;交通费251元。总计人民币34954.50元。附带民事诉讼被告人陈某某、A县B镇某卫生院D卫生所承担连带赔偿责任;驳回附带民事诉讼原告人肖某甲、唐某某其他民事赔偿诉讼请求。

原审附带民事诉讼原告人肖某甲、唐某某和原审被告人洛某艳均不服,向二审法院提出上诉。

二审各方意见

上诉人(洛某艳)及辩护人意见

上诉人洛某艳上诉提出,过敏因素不是导致肖某乙死亡的主要原因,一审判决未对肖某乙的死亡是否构成医疗事故作出鉴定,认定其构成医疗事故罪依据不足;民事赔偿部分应判决A县B镇某卫生院D卫生所承担。

辩护人于某的辩护意见是,上诉人洛某艳在输液过程中没有严重不负责任,肖某乙家长延误治疗亦应对肖某乙死亡负责;过敏因素不是造成肖某乙死亡的直接原因,一审判决未对肖某乙的死亡是否构成医疗事故作出鉴定,认定洛某艳构成医疗事故罪依据不足;一审判决量刑过重。

上诉人(肖某甲、唐某某)

上诉人肖某甲、唐某某上诉提出,一审判决民事赔偿数额过低。请求增加。

检察院意见

E省F市人民检察院意见,建议驳回上诉,维持原判。

二审法院查明

（一）刑事部分

2012年12月26日7时许，A县B镇C村居民肖某甲给D卫生所打电话，请医生到家中为其儿子肖某乙治病，该卫生所医生陈某某开具处方后让护士（其妻）洛某艳去为肖某乙打针。洛某艳到肖某甲家后，为肖某乙测量了体温，在明知肖某乙体温低于正常标准情况下，仍按处方为肖某乙准备好两瓶药物，并在静点第一瓶药物时离开。后肖某乙在静点第二瓶药物（清开灵）过程中出现过敏反应，后因肺炎及心肌间质炎症与药物过敏反应共同作用致急性呼吸、循环功能衰竭，在送往医院途中死亡，其死亡与D卫生所的诊疗过错行为存在因果关系。

认定上述事实的主要证据有：

1. 村级卫生机构换发医疗执业许可证登记表、核准换证登记事项，证实D卫生所具有合法资质，法定代表人赵某斌，开展项目包括“静点”，用药范围包括“注射药”。陈某某系该卫生所医生。

2. 执业医师资格证、护士执业证，证实陈某某具有医生执业资格，洛某艳具有护士执业资格。

3. 医疗处方，证实陈某某2012年12月26日给肖某乙开具处方，记载的体征为疱疹结痂，处方为静点0.9%盐水150ml、氨曲南0.5g×2支、利巴韦林0.18×3支；静点0.9%盐水150ml，清开灵2ml×6支。

4. E省公安厅物证鉴定中心文检鉴定书，证实2012年12月26日姓名为肖某乙的医疗处方系陈某某所书。

5. 甲医科大学司法医学鉴定中心法医学药物分析检验报告，证实肖某乙的心脏血样中检出氨曲南18.9μg/ml；清开灵0.016μg/ml；利巴韦林0.011μg/ml。

6. 乙司法鉴定科学技术研究所司法鉴定中心鉴定意见书，证实肖某乙死因系间质性肺炎合并小叶性融合性肺炎并继发心肌间质炎症细胞浸润，加之在输液过程中发生药物过敏反应，共同作用致急性呼吸、循环功能衰竭死亡。

7. E省公正司法鉴定中心作出的司法鉴定意见书，证实肖某乙死亡与D卫生所的诊疗过错行为存在因果关系。

8. 证人肖某甲、唐某某、周某某、李某某证言，证实2012年12月26日早上，诊所护士洛某艳在肖某甲家为肖某乙打针，洛某艳兑了两瓶药，并在开始静点第一瓶药物后离开。

打第二瓶药时，肖某乙忽然脸色发紫、身体非常凉，肖某甲给诊所打电话询问情况，被告知马上送医院，后肖某乙在被送往医院途中死亡。

9. 证人陈某某证言，证实2012年12月26日，肖某甲给D卫生所打电话说孩子发烧、嗓子痛，想请大夫给看一下，因其在给其他患者看病没有时间，便综合12月20~21日给肖某乙诊治水痘的情况开具了处方，并让妻子洛某艳去给肖某乙打针。上午10时30分左右，肖某甲又打来电话问“孩子手脚发凉好几天了，打上针还没有好怎么办”，其遂让肖某甲带肖某乙去医院。

10. 上诉人洛某艳供述，其是D卫生所护士，2012年12月26日9时许，陈某某称肖某甲的孩子肖某乙嗓子痛、发烧，开具处方让去给肖某乙打针，其到肖某甲家给肖某乙测量体温为35度多，后其按照处方兑好两瓶药物为肖某乙静点，并在第一瓶药物未点完时离开。后肖某甲给D卫生所打过几次电话，都是陈某某接的，其听见陈某某让肖某甲转诊。

(二)民事部分

被害人肖某乙出生于2004年2月8日，系农村户口，其父亲肖某甲、母亲唐某某。肖某甲花销鉴定费用共计人民币15500元，交通费人民币251元。

认定上述事实的主要证据有：

1. 户籍证明，证实被害人肖某乙出生于2004年2月8日，系农村户口，其父亲肖某甲、母亲唐某某。

2. 吉林大学白求恩医学院病理学研究室收据4张，共计人民币6600元。

3. 吉林公正司法鉴定中心收款收据1张，医疗纠纷鉴定费人民币5300元。

4. 甲医科大学司法医学鉴定中心收据1张，药物检测分析费人民币3600元。

5. 火车票1张，证实肖某甲乘火车从上海至长春，交通费人民币251元。

以上证据经原审庭审控辩双方举证、质证，并经二审庭审查证核实，可以作为定案的依据，证据确实、充分，足资认定。

二审法院认为

上诉人洛某艳作为医务工作人员，严重不负责任，造成就诊人死亡，其行为已构成医疗事故罪。关于辩护人于某提出“上诉人洛某艳在输液过程中没有严重不负责任，肖某乙家长延误治疗亦应对肖某乙死亡负责”的辩护意见。经查，肖某乙家长发现肖某乙身体不适后，即给D卫生所打电话，欲请医生来家里为肖某乙看病，D卫生所在接到电话后由护士洛某艳上门为肖某乙打针，实际上系同意对患者肖某乙予以收治，故肖某乙家长不存在延误治疗的过错。洛某艳到肖某乙家后,在明知肖某乙实际体征与医生诊断不一致的情况下,仍按处方为肖某乙静点药物,并在静点致敏药物清开灵期间未尽告知、观察职责,致使肖某乙发生过敏反应后不能及时采取施救措施。洛某艳在对肖某乙诊疗过程中,违反诊疗护理技术规范、擅离职守,存在严重不负责任。故对该辩护意见不予采纳。

关于上诉人洛某艳及其辩护人提出"过敏因素不是造成肖某乙死亡的直接原因,一审判决未对肖某乙的死亡是否构成医疗事故作出鉴定,认定洛某艳构成医疗事故罪证据不足"的上诉理由及辩护意见。经查,本案现有证据足以证实肖某乙系在静点洛某艳为其配制的清开灵药物过程中发生过敏反应,后因自身疾病与过敏反应共同作用致急性呼吸、循环功能衰竭而死亡的事实,是否作出医疗事故鉴定不影响对本案事实的认定。故对该上诉理由及辩护意见不予采纳。

关于辩护人于某提出"一审判决量刑过重"的辩护意见。经查,洛某艳在护理工作中严重不负责任,导致患者死亡的严重后果发生,原审判决充分考虑其犯罪行为、危害后果及犯罪后表现,对其判处有期徒刑3年,量刑适当。故对该辩护意见不予采纳。

F市人民检察院就刑事部分提出"建议驳回上诉,维持原判"的意见,应予支持。

关于上诉人肖某甲、唐某某提出"一审判决民事赔偿数额过低"的上诉理由。经查,原审判决认定民事赔偿数额有据,肖某甲、唐某某二审期间未就民事赔偿数额提出新的诉讼请求及事实依据,故对其上诉理由不予支持。

关于上诉人洛某艳提出"民事赔偿部分应判决A县B镇某卫生院D卫生所承担赔偿责任"的上诉理由。经查,《侵权责任法》第54条规定,"患者在诊疗活动中受到损害,医疗机构及其医务人员有过错的,由医疗机构承担赔偿责任"。本案中,肖某乙系在D卫生所就诊过程中,医务人员过错导致肖某乙死亡,依法应由D卫生所承担赔偿责任。洛某艳、陈某某系D卫生所医务工作人员,在工作过程中有重大过失,应承担连带赔偿责任。故该上诉理由于法有据,予以支持。

二审法院判决

综上,原审判决认定事实清楚,定罪准确,量刑适当,民事赔偿有据,审判程序合法,但附带民事诉讼部分适用法律不当,依法应当改判。D卫生所应当对医疗损害给上诉人肖某甲、唐某某造成的经济损失承担赔偿责任。洛某艳、陈某某系D卫生所医务工作人员,在工作过程中有重大过失,应承担连带赔偿责任。D卫生所在承担赔偿责任后,有权向洛某艳、陈某某追偿。依照《刑事诉讼法》(2012年版)第225条第1款第1、2项,《刑法》(2011

年版)第335条、第67条第3款、第36条,《最高人民法院关于适用〈中华人民共和国刑事诉讼法〉的解释》(2012年版)第155条第2款、第158条第2款,《侵权责任法》第54、58条,《最高人民法院关于审理人身损害赔偿案件适用法律若干问题的解释》(2003年版)第9条第1款,《民法通则》第119条之规定,判决如下:

1. 维持E省A县人民法院(2014)某刑初字第×××号刑事附带民事判决第1项,即被告人洛某艳犯医疗事故罪,判处有期徒刑3年;第3项,即驳回附带民事诉讼原告人肖某甲、唐某某其他民事赔偿诉讼请求。

2. 撤销E省A县人民法院(2014)某刑初字第×××号刑事附带民事判决第2项,即被告人洛某艳赔偿附带民事诉讼原告人肖某甲、唐某某丧葬费19203.50元;法医鉴定费15500元;交通费251元。总计人民币34954.50元。附带民事诉讼被告人陈某某D卫生所承担连带赔偿责任。

3. 原审附带民事诉讼被告人D卫生所赔偿原审附带民事诉讼原告人肖某甲、唐某某丧葬费19203.50元,法医鉴定费15500元,交通费251元,总计人民币34954.50元。附带民事诉讼被告人洛某艳、陈某某承担连带赔偿责任。

上述款项于判决生效后10日内给付完毕。

本判决为终审判决。

各方意见

医方意见

魏立平　广州医科大学附属第三医院呼吸内科　主任医师

根据资料,患者近期有上呼吸道感染病史,结合乙司法鉴定科学技术研究所司法鉴定中心鉴定意见书,考虑患者直接死亡原因为暴发性病毒性心肌炎。病情发展迅速,有生命危险。该患者最终死亡考虑主要与病情严重有关,医方主要责任为未按诊疗规范进行诊治:(1)医生未现场诊治患者,未进行体格检查,既开处方;(2)护士输液过程离开患者,导致患者出现病情变化时,无法及时进行抢救。

患者死亡是否与发生药物过敏反应有关,资料未提供详细的依据。但是,由于是在输液过程中且清开灵有类似的过敏反应,故考虑患者的最终死因为间质性肺炎合并小叶性融合性肺炎并继发心肌间质炎症细胞浸润,加上在输液过程中发生药物过敏反应,共同作用致急性呼吸、循环功能衰竭死亡。

律师意见

杨金顺　北京盈科(广州)律师事务所　律师

本案给人的第一印象是,医生陈某某接到电话后不予当面诊断就开具处方,具有重大过错,虽然洛某艳作为护士,到肖某乙家后,在明知肖某乙实际体征与医生诊断不一致的情况下,仍按处方为肖某乙静点药物,并在静点致敏药物清开灵期间未尽告知、观察职责,致使肖某乙发生过敏反应后不能及时采取施救措施而死亡,但是陈医生在对肖某乙诊疗过程中,违反诊疗技术规范,对患者死亡也应当负刑事责任,应当追加起诉陈某某构成医疗事故罪的共犯。

洛某艳作为护士,如果到患者家后有向医生报告患者的症状不同,也许医生会改变处方,故法院判决医生不负刑事责任而负民事连带赔偿责任也看似恰当,但在医生与护士之间基于医嘱形成的管理关系,让医师具有了独立性,面对护士报告可能听也可能不听,加上该医师没有面诊患者就开具处方并安排护士,就患者损害而言,医生的责任更大,构成医疗事故罪风险也应当更大。

一审判决洛某艳赔偿附带民事诉讼原告人肖某甲、唐某某丧葬费、法医鉴定费、交通费,附带民事诉讼被告人陈某某、D卫生所承担连带赔偿责任,明显不当。因为洛某艳的行为是职务行为,其行为后果应当首先由其工作的D卫生所承担,《侵权责任法》第54条也明确规定"患者在诊疗活动中受到损害,医疗机构及其医务人员有过错的,由医疗机构承担赔偿责任"。本案中,肖某乙系在D卫生所就诊过程中,医务人员过错导致肖某乙死亡,依法应由D卫生所承担赔偿责任。二审判决也明确了"洛某艳、陈某某系D卫生所医务工作人员,在工作过程中有重大过失,应承担连带赔偿责任",改判D卫生所赔偿原审附带民事诉讼原告人肖某甲、唐某某丧葬费、法医鉴定费、交通费,附带民事诉讼被告人洛某艳、陈某某承担连带赔偿责任,二审判决正确。

法学专家意见

李棠洁　广州医科大学法学系博士

本案由刑事和民事赔偿两部分构成。一是就刑事部分而言,医疗事故罪构成要件的客观方面表现为,行为人实施了严重不负责任造成就诊人死亡或者严重损害就诊人身体健康的行为。"严重不负责任",是指医务人员在医疗的各个环节中违反医疗规章制度,不履行或者不正确履行医疗护理等职责。根据2008年6月25日《最高人民检察院、公安部关于公安机关管辖的刑事案件立案追诉标准的规定(一)》第56条的规定,擅离职守属于严重不负责任。犯罪嫌疑人洛某艳在明知给被害人静点的是致敏药物清开灵的情况下,未尽到告知、观察、救护的职责,在静点过程中擅离职守,其行为已构成严重不负责任的医疗违法行为。

医疗鉴定并非认定医疗事故罪的必经程序。医疗事故技术鉴定意见在刑事诉讼程序中也是一种证据,用于证明犯罪嫌疑人严重不负责任的行为与被害人死亡的危害后果之间是否存在因果关系。该证据并非证明医疗事故罪因果关系的唯一证据。乙司法鉴定科学技术研究所司法鉴定中心鉴定意见书和E省公正司法鉴定中心作出的司法鉴定意见书,均能证明被害人的死亡与诊疗过错行为存在因果关系。

二是就民事部分而言,认为洛某艳、陈某某与D卫生所并不构成共同侵权,虽然医疗损害是医务人员的过失造成的,但由于医务人员属于医疗机构的人员,医务人员的行为是执行工作任务,故由此引起的侵权责任应当由医疗机构对患者进行赔偿,而不应当包括医务人员,除非医务人员有违反规定或者与约定之情形的。《民法典》第1191条第1款规定即"用人单位的工作人员因执行工作任务造成他人损害的,由用人单位承担侵权责任。用人单位承担侵权责任后,可以向有故意或者重大过失的工作人员追偿"也是如此。

法官意见

洪嘉忠 广东省高级人民法院 法官

《刑法》(2011年版)第335条规定,医务人员由于严重不负责任,造成就诊人死亡或严重损害就诊人身体健康的,处3年以下有期徒刑或拘役。根据《医疗事故处理条例》的规定,有多种情形属于医疗意外,不属于医疗事故(如在医疗活动中由于患者病情异常或者患者体质特殊而发生医疗意外的等);或者部分医疗行为不当,医疗人员有过错,因情节轻微或者医疗过错行为与患者死伤原因力不强等不构成医疗事故。基于医疗行为的特殊性,为有别于其他过失致人死亡、重伤犯罪,《刑法》单独规定了"医疗事故罪"。因此,对行为人的不负责任程度要求更高,对医疗行为与危害后果的因果关系要求更紧密。本案中,药物过敏反应对被害人死亡究竟起到多大作用,洛某艳的不负责任行为是否达到严重的程度,与被害人死亡是否有直接、主要的因果关系,鉴定意见并没有形成明确的意见。我们认为,如能在审判前对被告人洛某艳的行为是否构成医疗事故进行司法鉴定,那本案处理起来就会更加稳妥。

本案启示

提供上门医疗卫生服务不该掉以轻心的这些事

宋儒亮　法治广东研究中心、广东省医学会医事法学分会主任

阅读该案,三个很深刻的印象。一是感觉案件情况比较简单。病情简单,案情简单,惩罚也简单。类似这样的案件,对某些三甲医院医生讲,会觉得不值得去谈、去看和去写,有点像让三甲医院大牌专家谈谈预防治愈感冒的道理一样。二是感觉案件发生有现实针对性。案件形成和进展场景,与我们当前正提倡和推进的如“医生集团”“多点执业”“上门护理”等医疗卫生服务之间,具有相似性。三是感觉案件惩罚有代表性。作为真实发生于北方某地市的案件,医务人员上门服务,对许多人来说可是新鲜事。虽然医疗事故罪的罪名早已有了,但在看病贵、看病难仍然存在的今天,以医疗事故罪追究提供上门服务的医务人员,更是稀罕事。

三个印象的形成,提示对本案不能掉以轻心。不能仅把本案当作个案、小案。此案看似简单,但因贴近现实,警示意义突出。若不加以重视,很可能“阴沟里翻船”。有点像三甲医院大牌医生上台做阑尾炎切除术,“下不了台”,境况很是尴尬。

不仅如此,2020 年 6 月 1 日正式实施的《基本医疗卫生与健康促进法》,更提升和加大了问题的紧迫性和事件的严肃性。基于本案,结合健康新时代,以下的提示、提醒,更需引起各方的重视:

进行医疗卫生服务,更需要真切知晓当前中国司法的现实状况。作为医疗卫生领域专业人士,生活工作在北上广等一线城市,医院医疗条件不错,但是,一旦到了边远地区、欠发达地区的医院,可能会有诸如医疗条件差、医务人员素质不高等感叹,这就是当前中国医院的现实。

同样,司法现实也常如此,具有情况相同、情形相当等特点。北上广等地,法院法官条件好,配置齐全,素质高,随着“谁审理,谁裁判”为核心的司法体制改革的不断深入,进展进步明显。若到了欠发达、不少内陆地区,差距则显而易见。

对此,进行专业——医学、法学——工作的同志同道们,面对健康新时代,进行医疗卫生服务时,要像明察医疗现实一样,明白司法现实,要有化解风险挑战的心理准备。

进行医疗卫生服务,要切实适应中心转变带来的新变革。《基本医疗卫生与健康促进法》的实施,揭开了健康新时代的序幕! 医疗卫生服务理念有了革命性——以治疗为中心开始转向以健康为中心——转变。转变带来革新。面对全方位全周期的健康服务,之前尽管诊断、管治疗和管护理,其他均不管、少管的时代结束了,备受赞誉“治疗为中心,大牌出手手到病除就行的时代结束了”。比起之前,现在进行医疗卫生服务,更强调各级各类医疗卫生机构的分工合作,更注重为公民提供预防、保健、治疗、护理、康复、安宁疗护等全方位、全周期的医疗卫生服务,也即面对疾病,从最早的预防到最后患者的临终送别等环节,缺一不可,综合考虑,通盘把握。在这样的健康新时代大背景下,“来了就看、看了就走、走了就结”的治疗中心模式方式,肯定再难以持续了。医务人员要适应中心由治疗到健康的转变,并且要能把这种转变落实到具体医疗卫生服务之中。要防微杜渐,举一反三,要通过一个医疗个案的化解,推动一类医疗问题的解决;个案推动法治,通过一个医疗纠纷个案的化解,推动一类医疗纠纷进程的提升。

进行医疗卫生服务,离开熟悉的医院、团队外出执业,更要如履薄冰。当前,医生集团的组建、医生的多点执业,护士的多点执业,已成大势、趋势了,《基本医疗卫生与健康促进法》更提供了制度保障。这是好事。但是,面对多点执业、上门服务等方式的运用,肯定之余也要予以警示。如何做好医疗服务工作? 以本案是否存在过敏为例。之前在医院,有团队,根本不担心有皮试问题。护士会做好判断;护士做不好,护士长会督促做好;护士长做不好,住院医师或者高年资医师也会盯住皮试。但是,一旦离开熟悉的医院,面对陌生的环境、求救的患者,如何进行医疗卫生服务,全靠医生自己了。在没有团队配合的情况下进行孤军作战,就是多点执业医生、多点执业师的大挑战。

多点执业、异地执业带来方便的同时,要同步重视新风险新挑战,否则,一旦违法犯罪,如涉嫌医疗事故罪,则悔之晚矣。比如,既是多点,诸如多环节、多配合、多衔接等势必存在,必不可少。点越多,分工越多,环节越多,衔接可能问题更大,麻烦可能更多,这就是大风险。风险防范不好,问题就会发生,如本案,对医院外执业就是一种警示,“是阴沟里翻船”。如此惩罚,对多点执业等来说,是一个及时的警醒。

简单的是案件,不简单的是思考。要在简单案件中,找到不简单的风险。要认识到,简单的不是案件本身,而可能是你的思维、思考和思索。即便是一起简单的案件,一旦把它放到时代大背景、健康大环境、法治大情势去看,一旦把它放到脱离熟悉医院、熟悉团队的处境中去看,简单案件的背后,有许多不简单的现实。

把患者救治好,就如同把案办好。应对和战胜医疗卫生服务中的风险挑战,不是简单的技术活,而是真正的专业活:最终鉴别是好医师还是犯罪医师、最终判断是受人欢迎医师还是惹麻烦医师的专业活。上门提供医疗卫生服务好,但忘记法律规定,忽视风险危险,就不再是好事了。

身体权行使：处分手术切除的癌变子宫及附件，究竟谁说了算？

宋儒亮 官 健 李 立 罗 斌 杨 扬 宋立志 周 攸

案情简介

2015年5月22日，金某某因患子宫内膜癌在甲医院进行了腹腔镜下全宫双附件切除术+盆腔淋巴结活检术。术后诊断为子宫内膜癌ⅠA1。术后病理诊断：子宫内膜异型增生，部分区域可见筛状及共壁结构，核仁明显，可见核分裂象，病变符合子宫内膜复杂型不典型增生，局灶癌变，病变局限于子宫内膜层，未见明确脉管及神经束侵犯；子宫平滑肌瘤；宫颈黏膜慢性炎。

金某某在术前术后均要求甲医院归还其手术中切除的器官、组织，遭该医院拒绝。

金某某不服，提起诉讼。

一审各方意见

原告认为

2015年5月，原告在甲医院因患子宫内膜癌进行了全子宫及双附件切除手术。“术前我丈夫找到医院病理科，希望能在医院做完病理取样后，将我切除的器官归还我做成标本留作纪念。”2015年5月29日病理报告出来后，其丈夫发短信询问什么时候可以去取标本（切除的器官）。2015年5月30日，收到短信：“我已吩咐取材医生保留，但须存留20天以上才能处理。”但后来，当其丈夫去取标本时医院称：“咨询了相关人员，人体标本不能随意取走，必须统一处理，所以很抱歉”，拒绝了原告要求。2017年5月，其丈夫拨打该医院投诉电话，接待人员明确拒绝了其要求，并建议走司法程序。

作为一名知识分子，原告认为：手术切除的器官来自病人，病人具有天然的所有权。2005年《卫生部关于产妇分娩后胎盘处理问题的批复》（卫政法发〔2005〕123号）明确指出“产妇分娩后胎盘应当归产妇所有”，体现了对病人具有离体器官和组织所有权的尊重。

根据《物权法》*第7条规定:“物权的取得和行使,应当遵守法律,尊重社会公德,不得损害公共利益和他人合法权益。”在我国的传统道德中有“身体发肤,受之父母,不敢毁伤,孝之始也”的说法。自古以来人们对脱离或脱落人体的组织、器官有特殊情感,把对身体各组成部分的尊重视为孝道的一部分,这符合中华民族的传统认识。另外,根据《传染病防治法》,子宫内膜癌不属于传染病,其病理器官不会损害公共健康,所以原告完全可以对其被手术切除的器官行使所有权。协商未果,于是将涉事医院起诉到法院,请求判令被告归还其在手术中被切除的子宫及附件。

被告意见(A医院)

认为原告因疾病诊断为子宫内膜癌,并行腹腔镜全宫双附件切除术+盆腔淋巴结活检术,术后病理显示:病变符合子宫内膜复杂型不典型增生,局灶癌变,病变局限于子宫内膜层,未见明确脉管及神经束侵犯。《卫生部、国家环保总局关于印发〈医疗废物分类目录〉的通知》(卫医发〔2003〕287号)已经明确将诊疗过程中产生的人体废弃物和医学实验动物尸体归类为医疗废物中病理性废物。医院方面表示,根据前述文件,病理性废物包括:(1)手术及其他诊疗过程中产生的废弃的人体组织、器官等;(2)医学实验动物的组织、尸体;(3)病理切片后废弃的人体组织、病理蜡块等。因此,本案争议的离体器官、组织已经术前临床诊断以及术后病理诊断,属于病理性医疗废物。作为医疗机构的被告,根据现行的《医疗废物管理条例》《医疗卫生机构医疗废物管理办法》等相关规定,将上述医疗废物交由医疗机构集中处置,符合行政法规及诊疗规范,因此,原告要求被告返还离体病理性器官、组织的请求,缺乏法律依据,被切除的子宫及附件属于医疗废物,应做特殊处理,患者不具有所有权,请求法院依法驳回原告的诉求。

一审法院认为

我国现行法律并没有对患者在手术诊疗中被切除的人体的组织、器官的归属作出明文规定。因此,根据民法原理,任何脱离人体的器官、组织等都成为与人的身体相对应的客体,具有物的一般属性。本案中,金某某在手术诊疗中被切除的子宫及附件是金某某的身体组成部分,脱离了金某某身体就变成了独立的物,该物的所有权由金某某原始取得,金某某具有处分权和支配权。但该处分权和支配权并不是完全的所有权的处分权和支配权,应受公序良俗等因素限制。《医疗废物管理条例》第2条第1款对医疗废物的定义是:医疗卫

---

* 已于2021年1月1日被《民法典》废止,案件发生时该法仍适用,下文不再一一说明。——编者注

生机构在医疗、预防、保健以及其他相关活动中产生的具有直接或者间接感染性、毒性以及其他危害性的废物。现金某某未能提供证据证明涉案器官不具有直接或者间接感染性、毒性以及其他危害性,金某某请求甲医院返还在手术中被切除的子宫及附件违反公序良俗,故一审法院不予支持。

一审法院判决

据此,一审法院参照《最高人民法院关于民事诉讼证据的若干规定》(2008 年版)第 2 条之规定,于 2018 年 3 月 20 日作出判决如下:驳回金某某全部诉讼请求。案件受理费 100 元由金某某负担。

金某某对一审判决不服,提起上诉。

二审各方意见

上诉人意见(一审原告)

1. 一审认定手术中被切除的子宫及附件(以下简称离体器官)是具有直接或间接的感染性、毒性及其他危险性的废物,因而限制患者对离体器官的处分权和支配权不当。案涉离体器官不具有传染性和其他危害性。

(1)根据《甲医院临床病理诊断报告书》,患者临床诊断为子宫内膜癌,属于恶性肿瘤,但不具有传染性和社会危害性。在互联网搜索及科普文章显示,恶性肿瘤无传染性,此为常识。

(2)《传染病防治法》列出的传染病中不包含恶性肿瘤,因此恶性肿瘤无传染性。依据《最高人民法院关于民事诉讼证据的若干规定》(2008 年版)、众所周知的事实及根据法律规定能推定出的另一事实,无须举证。

(3)甲医院对于子宫内膜癌不属于传染病,涉案病理器官不会损害公共健康且并无危害性是予以确认的,故患者对此事实也无须举证。

2. 一审要求金某某提供证据证明案涉离体器官不具有直接或间接感染性、毒性及其他危害性,该举证责任的分配违背了现行法律规定。

(1)依据《最高人民法院关于民事诉讼证据的若干规定》(2008 年版)第 13 条的规定,对双方无争议但涉及国家、社会利益或者他人合法权益的事实,人民法院可以责令当事人提供有关证据,但本案诉讼中,患者并未收到法院责令举证通知,不应负举证不足的责任。

(2)患者已经提供了案涉离体器官在甲医院,但该医院不同意归还的证据,甲医院应对其侵占离体器官的合法性及侵权行为举证。

(3)甲医院作为专业医疗机构,掌握着离体器官。而患者只是普通病人,在证明离体器官不具有感染性、毒性以及其他危害性上,显然甲医院举证能力更强。根据公平原则也应由该医院负举证责任。

3. 证明离体器官不具有感染性、毒性以及其他危害性违反逻辑,无法证明。

一审要求金某某对此举证,也即要求其穷尽所有可能,逻辑上无法实现。《传染病防治法》可证明离体器官不具有所列的传染源,但毒性物质是无穷的,同时还要求证明无其他危害,如此举证无法完成。相反,一审只要求甲医院证明离体器官具有感染性、毒性以及其他危害性中的一种危险因素,就能达到同样的目的,因此应让该医院来举证。

4. 一审程序违法。

金某某是在开庭前几分钟才收到甲医院答辩状,未有足够时间准备辩论,显失公平。

5. 一审法律文书缺乏严肃性,在落款时间上存在笔误,无法确定该判决书的法律效力。

被上诉人意见(一审被告)

一审判决查明事实清楚,判决结果正确,请求驳回金某某的上诉请求。甲医院未提出上诉是不愿意增加诉累,该医院认为一审判决论述理由存在错误。手术中切除的子宫及附件属于物,而非人体组织。根据《医疗废物管理条例》以及相关医疗废物处理的规定,人体组织在切除以后,除了医疗机构为了明确诊断,取少量组织制作腊块以外,剩余的组织全部要做特殊处理。《卫生部、国家环保总局关于印发〈医疗废物分类目录〉的通知》(卫医发〔2003〕287 号)明确指出将手术过程中切除的组织归类为医疗废物。为了处理医疗废物,相应的配套法规是齐备的,要求对医疗废物分级处理。按照医疗废物的分级管理,医疗废物需交给特定的机构进行运输处理,比如人体组织最终的处理是交到殡仪馆进行高温焚化处理。根据国务院和原卫生部相关医疗废物处理的规定,医疗废物会腐烂,切除后应由医院处理,患者对此并无相应的权利。一审判决以公序良俗为由作出的认定,是对医疗废物的概念、处理的原则以及立法的本意作出的错误论述。案涉被切除的人体组织不具有物的属性,患者对其没有物权,也无占有、管理、支配的权利。

二审法院查明事实

二审查明的事实与一审查明的事实一致。

二审法院认为

《物权法》第5条规定:"物权的归属和种类,由法律规定。"此为物权法定原则在我国《物权法》中的体现。《物权法》第7条规定:"物权的取得和行使,应当遵守法律,尊重社会公德,不得损害公共利益和他人合法权益。"可见,现实世界存在的各种形式的物与能够进入民法保护范围的物并不等同。《物权法》第2条规定的不动产和动产的内涵和外延,事实上不能够囊括现实世界存在的各种形式的物。

人体器官或组织属于自然人身体组成部分,是人格的载体,未与人体分离前,不得成为权利客体。已与人体分离的人体器官或组织,能否成为物而成为物权客体,学说与判例见解不乏争议。如人工授精而发育之胚胎,依据既有判决,认为属于"介于人与物之间的过渡存在",学说有称之为"特殊物""伦理物"。通说认为,"自然人的器官、血液、骨髓、组织、精子、卵子等,以不违背公共秩序与善良风俗为限,可以作为物"。可见,基于公共秩序与善良风俗的考虑,学说上也未将与人体分离之人体器官或组织一概视为物权客体。由此,基于物权法定原则,依据我国现行立法并参考学说见解,尚不能从我国现行法律规定中得出患者对案涉经手术而切除的子宫及其附件享有物权的推论。

经手术切除的子宫及其附件,能否认为属于物而由患者享有所有权从而请求医疗机构返还,应考察国家法令对此是否有特殊规定。如有特殊规定,即应从其规定。具体到本案,是指经手术切除的生长有恶性肿瘤的子宫及其附件,是否属于医疗废物而由医疗机构处置。《医疗废物管理条例》第2条第1款规定:"本条例所称医疗废物,是指医疗卫生机构在医疗、预防、保健以及其他相关活动中产生的具有直接或者间接感染性、毒性以及其他危害性的废物。"由此定义可见,医疗废物的界定不以具有传染性为必要条件,尚应考虑是否具有毒性或其他危害性。人体内生长的恶性肿瘤虽一般不具有传染性,但其具有危害性足以认定。根据本案现有情形,足以认定案涉子宫及其附件具有危害性。一审认定患者没有举证证明案涉子宫及其附件具有感染性、毒性及其他危害性确属不当,本院予以纠正。

《医疗废物管理条例》第2条第2款规定:"医疗废物分类目录,由国务院卫生行政主管部门和环境保护行政主管部门共同制定、公布。"根据本条授权,原卫生部、原国家环保总局制订了《医疗废物分类目录》(2003年版)。依据该分类目录,医疗废物分为感染性废物、病理性废物、损伤性废物、药物性废物及化学性废物五大类,其中病理性废物是指:诊疗过程中产生的人体废弃物和医学实验动物尸体等,包括手术及其他诊疗过程中产生的废弃的人体组织、器官等,医学实验动物的组织、尸体,病理切片后废弃的人体组织、病理蜡块等。根据以上定义及分类目录,本案争议之子宫及其附件,因患者罹患子宫内膜癌行腹腔镜下全宫双附件切除术而切除,应属于手术过程中产生的废弃的人体组织和器官。这一认定根据本案现有证据足以作出,无须当事人另行举证。所谓手术过程中废弃的人体组织和器官,从文意解释,不应解释为患者抛弃之组织或器官,而是指手术中切除不能再加以利用的人体组织或器官。按照《医疗废物分类目录》(2003 年版)的规定,即使案涉子宫及其附件未附着恶性肿瘤,也应属于医疗废物。

关于医疗废物的处理。《医疗废物管理条例》第 13 条第 1 款规定:"医疗卫生机构和医疗废物集中处置单位,应当采取有效措施,防止医疗废物流失、泄漏、扩散。"第 14 条第 1 款规定:"禁止任何单位和个人转让、买卖医疗废物。"上述法规具有强行性,应适用于本案。医方抗辩称子宫及其附件属于医疗废物,应由医疗机构集中处置而不应返还给患方理据充分,本院予以采纳。鉴于人体器官及其组织的特殊性,《卫生部关于产妇分娩后胎盘处理问题的批复》(卫政法发〔2005〕123 号)只应适用于胎盘的处理,而不应类推适用于本案。患者请求判决甲医院将案涉子宫及其附件返还缺乏法律依据,对其请求依法不应支持。

二审法院判决

金某某以对系争子宫及附件享有所有权而请求医方予以返还,不符合我国现行法律、行政法规的规定,对其上诉请求,本院不予支持。一审判决认定事实清楚,处理结果并无不当,本院予以维持。依照《医疗废物管理条例》第 2 条、第 13 条第 1 款、第 14 条第 1 款,《医疗废物分类目录》(2003 年版),《民事诉讼法》(2012 年版)第 170 条第 1 款第 1 项的规定,判决如下:

驳回上诉,维持原判。

二审案件受理费 100 元由金某某负担。

本判决为终审判决。

各方意见

医方意见

杨扬　中山大学附属第三医院肝脏外科主任、肝脏移植中心主任

在临床上,人体受细菌或病毒侵犯的组织和器官,比如胆囊炎、阑尾炎、肝肿瘤等,或往

往需要进行手术切除后才能达到治疗疾病的目的,而因创伤受到损害的组织和器官,比如四肢离断伤、脾破裂、肾脏破裂等,有时在无法修补的情况下也需要进行相应处理。对于手术切除后的组织和器官均属医疗废物,根据现行国家医疗卫生法规和规章制度要求,需要严格进行集中处置的,不能交由其他人随意处置,避免可能造成的不可预知或可预知的不良后果。这在医疗行业内部属于行业规范或惯例,符合一般性医疗处置原则。不同于一般法律上物的属性,虽然属于个人所有,但是其支配权和处置权需要受到严格限制,即人体的组织和器官在国家卫生部门法规和规章没有明确规定可以交由家属自行处置的前提下,均需要交由医疗机构按照《医疗废物管理条例》进行依法处置。在实践中,我们也曾遇到患者进行去颅骨减压术后,患者要求将除去的颅盖骨交由患者自行处置的;也有患者主张病理蜡块、切片的所有权问题,对此,作为临床医生来说,往往非常无奈地要向患者及家属进行反复解释沟通,甚至科普宣教,有时还要找到医务管理部门提供相应的法律法规和部门规章规定以及文件规定等,如果无法提供,患者及家属必然会吵闹不休。

本案中法院判决既有事实依据,也有法理学依据,从公序良俗角度出发,对手术切除组织器官属于人体废弃物的属性进行明确,对所有权人在行使支配和处置权的前提限制性进行论述,体现了法律的公平公正。同时,对今后医疗机构及其医务人员在遇到同类问题时,提供了有法律效力的指导性判例,有效维护医疗机构正常诊疗秩序,保证社会公共秩序。

鉴定专家意见

罗斌　中山大学法医鉴定中心　主任法医师

1. 此案对今后患者或被手术者等当事人手术切除的占位性病变(如恶性肿瘤)、炎性坏死的组织器官(如坏疽的阑尾、糖尿病坏疽的足趾)、对身体无用的自然脱出物(如胎盘)的处置权等医学争议问题具有很好的指导性意见。

2. 本案争议之子宫及其附件,因患者罹患子宫内膜癌行腹腔镜下全宫双附件切除术而切除,应属于手术过程中产生的废弃的人体组织和器官。这一认定根据本案现有证据足以作出,无须当事人另行举证。所谓手术过程中废弃的人体组织和器官,从文意解释,不应解释为患者抛弃之组织或器官,而是指手术中切除不能再加以利用的人体组织或器官。按照《医疗废物分类目录》(2003 年版)的规定,即使案涉子宫及其附件未附着恶性肿瘤,也应属于医疗废物。按照医学惯例及常规做法确实无保留价值,尽管无感染。加之保留需要福尔马林液固定,否则容易腐烂,势必对环境产生影响。故病人没有保存之必要。

3. 一般医院会对切除的罹患内膜癌子宫及双附件进行病理学检验(取材、包埋、制成蜡块,进行切片、染色、免疫组化等,最后作出病理学诊断)。作为医学研究会将患者的切除物之蜡块、玻片长期保存。近些年我们也对蜡块进行亲权鉴定(是否属于患者本人,因可能涉及投诉诊断错误等纠纷事件),部分可以作出准确认定。但毕竟组织块经甲醛、酒精、二甲苯等化学物处理,DNA 因受到破坏而不能检测出来。

4. 涉及此类案件,建议术前告知:医疗切除组织器官为医疗废物,将由医院予以处理。特此告知。同手术同意书一并让患者签名(写在最后一行)可能更规范。

律师意见

李立　广东广信君达律师事务所　高级合伙人律师

宋立志　广东广信君达律师事务所　实习律师

手术所切除的组织或器官究竟是何属性,以及所有权和处置权应该如何认定?是这起医疗服务合同纠纷的核心问题。

首先,根据物权法定原则,作为人格权载体的器官、组织等在与人体不可分离,即在被迫分离之前无法作为物权客体。而当这些部分与人体分离后其属性究竟应当归为种类物,还是作为应按照特别规定特殊处理的特定物?作为带有一定人身特性的器官、组织具备特定物的典型特点——不可替代,因此不能用种类物的一般原则来对待,不能简单视所有权来确定其他权利。

其次,本案中被切除的器官或组织离体后会产生腐败、造成污染并带给其他人不适感,从而具备一定危害性,根据原卫生部、原国家环保总局制订的《医疗废物分类目录》(2003 年版)的规定应当属于医疗废物,而医疗废物由国家依规进行处理,并不是某个人或某个单位的所有物。

最后,根据《医疗废物管理条例》第 13 条的规定,医院依规定获得授权负责医疗废物的处置,因此,尽管认为本案医院处置争议的器官组织是合法的,但也认为,本案诉争的医疗处置行为是否得当并未有充分表现:对患者未告知说明是一方面,在依法处置医疗废物上医院也没有举证证明其合理合规,根据《医疗废物管理条例》第 12 条的规定,"医疗卫生机构和医疗废物集中处置单位,应当对医疗废物进行登记,登记内容应当包括医疗废物的来源、种类、重量或者数量、交接时间、处置方法、最终去向以及经办人签名等项目。登记资料至少保存 3 年",据此,医院在该医疗服务合同中不足之处也明显。

法官意见

官健　医学博士　广州知识产权法院　法官

如果单纯从案件处理的角度看,本案不难。患者基于物权请求权主张返还原物,但手术切除的子宫及附件显然早已灭失,或者仅存病理切片或蜡块。既然原物已经灭失,患者的请求权基础已不复存在。法官可以释明患者变更诉请为侵权损害赔偿,若患者拒不变更,可以直接驳回起诉。

本案一审、二审法院在我国法律存在空白的情况下,从实体上判决驳回诉讼请求,患者侵权赔偿之路已基本断绝。两级法院判决结果虽相同,但说理部分却有不同。主要区别在两点:(1)如何认定手术切除的子宫及附件是否属于医疗废物?(2)患者对手术切除的子宫及附件是否享有物权?

关于第一点,两级法院均认定手术切除的子宫及附件属于医疗废物,但选择的路径并不相同。一审根据《医疗废物管理条例》中关于医疗废物的定义,将手术切除的子宫及附件不具有直接或间接感染性、毒性以及其他危害性的举证责任分配给患者一方,从而以患者举证不能得出结论。二审一方面认为,手术切除的子宫及附件生长有恶性肿瘤,足以认定其具有危害性;另一方面则认为,根据《医疗废物分类目录》(2003 年版)的规定,手术切除的子宫及附件应属于手术过程中产生的废弃的人体组织、器官,并认为对此不应解释为患者抛弃的组织或器官,而是指切除后不能再加以利用的人体组织或器官。但笔者认为,上述两条路径均存在一定的瑕疵。首先,一审将不属于医疗废物这一否定性事实的举证责任直接分配给患者一方,没有依据,亦欠缺必要的分析说明;其次,二审仅以手术切除的子宫及附件生长有恶性肿瘤为由,认为足以认定具有危害性,难免缺乏说服力;最后,对于“废弃”的解释,二审认为应指切除后不能再加以利用的人体组织或器官,恐怕亦不够准确。

笔者认为,判断手术切除的子宫及附件是否属于医疗废物,应先考察我国对于医疗废物进行特殊管理的立法目的,从而进一步界定医疗废物的内涵与外延。《医疗废物管理条例》第 1 条规定:“为了加强医疗废物的安全管理,防止疾病传播,保护环境,保障人体健康,根据《中华人民共和国传染病防治法》和《中华人民共和国固体废物污染环境防治法》,制定本条例。”由此可见,之所以需要对医疗废物进行特殊管理,原因在于,如不加强管理、随意丢弃,任由医疗废物混入生活垃圾或流散到生活环境中,可能会污染环境,造成疾病传播,危害人体健康。因此,一旦确定为医疗废物,应由医疗机构和医疗废物集中处置单位统一集中处理。《医疗废物分类目录》(2003 年版)则对医疗废物进一步科学分类,以指导相关人员容易辨认并合理处置。据此,对于《医疗废物管理条例》第 2 条关于医疗废物定义中的关键词"危害性",更为合理的解释应当是,该废物若不加强管理而随意丢弃,则可能对环境或人体健康产生危害或不良影响。这样就可以很好地解释,为什么手术切除的子宫及附件可能成为医疗废物,并非取决于其是否带有癌细胞,而是因为将其随意丢弃可能会给环境或其他人的健康带来危害。同时,手术切除的子宫及附件并不必然成为医疗废物,这就需要正确理解《医疗废物分类目录》(2003 年版)中的"废弃"一词。该词在《医疗废物分类目录》(2003 年版)中出现多次,如感染性废物中的"废弃的被服""废弃的医学标本""废弃的血液",病理性废物中的"手术及其他诊疗过程中产生的废弃的人体组织、器官""病理切片后废弃的人体组织、病理蜡块",损伤性废物中的"医用锐器",药物性废物中的"废弃的药物",化学性废物中的"废弃的汞温度计"等。从立法用语的一般规律看,上述"废弃"的含义应当一致。由此分析,二审将"手术及其他诊疗过程中产生的废弃的人体组织、器官"中的"废弃"解释为切除后不能再加以利用的人体组织或器官,恐怕不太准确。如前所述"废弃的被服",其属于患者个人之物,即便粘有患者血液,如果患者不愿意将其抛弃而继续使用,医院不可能将其归入医疗废物,而不允许患者保留,除非该物品即便经过处理仍具有危害性。因此,"废弃"的本义应在于某物品被其所有权人或合法占有人因不再需要等原因抛弃,而非其不能再加以利用。

值得探讨的是,患者放弃对手术切除的子宫及附件的权利,应采取明示还是默示的方式,即医方是否需要向患者告知并取得明确的同意方才取得处置权。解决这个问题应先考察医疗服务合同的性质。医疗服务合同较为复杂,但究其本质,仍具有委托合同性质,即患者将其身体健康事务委托予医方行使。这种委托应属于一种概括性委托,通常情况下并无书面的约定,但对于需要向患者告知说明并取得患者同意的事项,相应的法律法规均有明确的规定,一般属于需要由患者做出选择或决定的较为重大的事项。对于患者是否需要保留手术切除的人体组织、器官这一事项,一般不属于重大事项,实践中也极少有人提出这一要求。若要求医方需要向患者告知并取得患者明示的放弃方可行使处置权,没有法律依据,也与一般公众的经验和习惯不符,脱离社会实际。因此,笔者认为,原则上应采取默示规则,即只要患者没有在合理的期限内提出保留手术切除的人体组织、器官,均视为患者放弃权利,除非个别情形,如术中出血需要回输、切除的骨需要移植等。但本案中,患者手术前后均明确提出保留手术切除的子宫及附件,此时并不满足"废弃"这一要件,不能简单地将其判定为医疗废物而由医方取得处置权。

关于第二点。一审认为,脱离人体的器官、组织具有物的一般属性,手术切除的子宫及附件是患者身体的组成部分,脱离后即成为独立的物,该物权属于患者本人;二审则引用通说及现行法律,认为不能当然地得出患者对手术切除的子宫及附件享有物权的结论。笔者认同二审的论述,并赞同其所引用的通说观点,即脱离人体的器官、组织等可以成为物权的客体,但以不违背公共秩序和善良风俗为限。也就是说,患者对于手术切除的子宫及附件并不必然享有物权,而需要考察是否违反公序良俗,当然包括是否违反法律、行政法规的强制性规定。本案中,当患者向医方提出保留手术切除的子宫及附件这一要求时,医方应对患者能否取得该物权做出判断。若该要求违反法律、行政法规的强制性规定或公序良俗,医方不应满足患者的要求;若则应在进行必要处理后返还患者。若医方无法做出判断,可以请示上级行政主管部门。如胎盘能否保留的问题,原卫生部就曾作出肯定性批复。但如牙齿、结石等,若患者要求保留,应该不会有太大争议。笔者难以判断,若当时医方请示行政部门,会有怎样的批复。但即便法律存在空白,法官也不能拒绝裁判。笔者看来,患者保留手术切除的子宫及附件,未发现存在违反法律、行政法规强制性规定的情形,但是否违反公序良俗,恐怕见仁见智。

本案启示

医疗废物新论:《民法典》新时代中的身体权释放、行使和保障

宋儒亮 法治广东研究中心、广东省医事法学分会主任

“废物”,是解读本案的关键词。查百度百科,有三种含义:(1)指无用之物;(2)fèi wu:詈词,比喻没有用或妨碍自己的人(指责人的话)。(3)fèi wu:指由于人的认识上的局限性,而不知道其用处或未被认知的东西、事物。我们应辩证地看待废物:废物是相对的,不是绝对的。

废物中,“医疗废物”,恰是一块医事法学研究中待研究、待挖掘、待评价的处女地。《民法典》的颁布实施,更让该问题的阐明又有了针对性、紧迫性和重要性。谈论“医疗废物”,离不开身体。

一、《民法典》实施之前:与身体及其身体一部分相关的医疗废物管理、类型与属性

医疗废物,正规医疗活动开始之日起就有了。对其纳入规范化、法治化管理,我国恰在

21世纪初期。大致有以下几个重要节点和内容论断：

医疗废物，按分类目录管理。2003年6月16日，《医疗废物管理条例》颁布实施。其第2条规定："本条例所称医疗废物，是指医疗卫生机构在医疗、预防、保健以及其他相关活动中产生的具有直接或者间接感染性、毒性以及其他危害性的废物。医疗废物分类目录，由国务院卫生行政主管部门和环境保护行政主管部门共同制定、公布。"第55条规定："计划生育技术服务、医学科研、教学、尸体检查和其他相关活动中产生的具有直接或者间接感染性、毒性以及其他危害性废物的管理，依照本条例执行。"

根据《医疗废物分类目录》(2003年版)，确定5类医疗废物。2003年10月10日，《医疗废物分类目录》施行，其确定了5类医疗废物，比如，"感染性废物"，是指携带病原微生物具有引发感染性疾病传播危险的医疗废物，比如"各种废弃的医学标本"。又如，"病理性废物"，是指诊疗过程中产生的人体废弃物和医学实验动物尸体等，包括：(1)手术及其他诊疗过程中产生的废弃的人体组织、器官等；(2)医学实验动物的组织、尸体；(3)病理切片后废弃的人体组织、病理蜡块等。

最新进展是，医疗废物归属危险废物(见表1)。2016年8月1日《国家危险废物名录》施行。其第3条规定："医疗废物属于危险废物。医疗废物分类按照《医疗废物分类目录》执行。"第7条第4项规定：(4)危险特性，包括腐蚀性(Corrosivity，C)、毒性(Toxicity，T)、易燃性(Ignitability，I)、反应性(Reactivity，R)和感染性(Infectivity，In)。

表1　国家危险废物名录

废物类别	行业来源	废物代码	危险废物	危险特性
HW01 医疗废物	卫生	831-001-01	感染性废物	In
		831-002-01	损伤性废物	In
		831-003-01	病理性废物	In
		831-004-01	化学性废物	T
		831-005-01	药物性废物	T

危险废物的医疗废物，适用《固体废物污染环境防治法》，其第124条第6项规定："(六)危险废物，是指列入国家危险废物名录或者根据国家规定的危险废物鉴别标准和鉴别方法认定的具有危险特性的固体废物。"其第74条规定："危险废物污染环境的防治，适用本章规定；本章未作规定的，适用本法其他有关规定。"第75条规定："国务院生态环境

主管部门应当会同国务院有关部门制定国家危险废物名录，规定统一的危险废物鉴别标准、鉴别方法、识别标志和鉴别单位管理要求。国家危险废物名录应当动态调整。国务院生态环境主管部门根据危险废物的危害特性和产生数量，科学评估其环境风险，实施分级分类管理，建立信息化监管体系，并通过信息化手段管理、共享危险废物转移数据和信息。”第90条规定：“医疗废物按照国家危险废物名录管理。县级以上地方人民政府应当加强医疗废物集中处置能力建设。县级以上人民政府卫生健康、生态环境等主管部门应当在各自职责范围内加强对医疗废物收集、贮存、运输、处置的监督管理，防止危害公众健康、污染环境。医疗卫生机构应当依法分类收集本单位产生的医疗废物，交由医疗废物集中处置单位处置。医疗废物集中处置单位应当及时收集、运输和处置医疗废物。医疗卫生机构和医疗废物集中处置单位，应当采取有效措施，防止医疗废物流失、泄漏、渗漏、扩散。”据此，作为危险废物的医疗——“感染性废物”和“病理性废物”——废物，根据最新的《国家危险废物目录》第7条之规定，危险特性包括“感染性”。

结合本案，一方面，本案诉争标的——作为身体一部分子宫及其附件——乃“感染性或者危险性废物”，属于危险医疗废物，适用诸如《固体废物污染环境防治法》、《医疗废物管理条例》、《国家危险废物目录》、《医疗废物分类目录》（2003年版）等法规；另一方面，诉争标的其“感染性”，恰就是其危险特性，并不是判决中诉争所称的诸如是“传染性”、“毒性”或“其他危害性”。要强调的是，归类“感染性或者危险性”的医疗危险废物，危险特性是“感染性”而非其他，乃最新规定，是法定的非约定、意定的，其之“危险特性”，并不再需要另行予以检验、检查与评定。

二、民法典颁布之后：基于身体及其身体一部分形成的新权利、新权益

身体，是革命的本钱。基于身体的身体权，是医事法学得以不断发展进步的本金。

循进展之沿革，医事民事法律领域，1987年1月1日起施行的《民法通则》最早确定了“生命权、健康权”；2017年10月01日起施行的《民法总则》在“生命权、健康权”之外，又确定了一项崭新的权利——“身体权”，但也限于称谓，含义等并未明确，其第110条规定：“自然人享有生命权、身体权、健康权、姓名权、肖像权、名誉权、荣誉权、隐私权、婚姻自主权等权利。法人、非法人组织享有名称权、名誉权、荣誉权等权利。”2020年5月28日颁布的《民法典》，在《民法通则》《民法总则》基础上，尤其对“身体权”的规定，又大大向前了一步，既给了含义界定，又在内容、保护、法律救济等予以深化、细化与扩充，比如，赋予了“身体权”的含义，《民法典》第1003条规定：“自然人享有身体权。自然人的身体完整和行动自由受法律保护。任何组织或者个人不得侵害他人的身体权。”

与此同时，围绕“身体完整”“行动自由”两大维度，《民法典》又对“身体权”进行了深耕细作，让身体权保护保障又进入新层次新高度新境界，比如，择其要者有：明确了身体权也作为一种人格权；身体权，不能放弃、转让或者继承；身体权行使，要尊重个人意愿、身体不能被非法搜查、行动自由不能被非法剥夺限制；支持自愿捐献、医学和科研活动的需求。不仅如此，基于身体完整和（或）行动自由，针对身体的某部分又予以专门性保护，比如，不得以丑化、污损，或者利用信息技术手段伪造等方式侵害他人的肖像；不得以刺探、侵扰、泄露、公开等方式侵害他人基于身体私密；不得非法收集、使用、加工、传输他人生物识别、健康、行踪信息；等等。

简言之，《民法通则》《民法总则》《民法典》，法律不断出台，规定不断细化，让尊重和保障人权行动又有了更新的标杆，让身体权行使与保障又进入了更高水平的全新时代。

三、《民法典》实施之后：对身体及身体一部分之“医疗废物”的新思考

1. 旗帜鲜明指出，摒弃以“物”思维而应以“人”思维再来重新看待和再次审视之前“身体及身体一部分”与“医疗废物”之间的关系，尤其把“医疗废物”与“身体及身体一部分”之间进行精准切割，并引之进入新的话语体系。基于《宪法》对人权的尊重和保障，基于《民法典》对人格权的价值和意义，对身体及身体一部分、身体权的对待、认知和尊重，要有革命性变化，也即对身体及身体一部分、身后身体、身后身体（遗体、遗骨等）的一部分，要从“人”而非“物”的角度进行评析，要给它们以充分的尊重，人道德地对待，文明地看待，不宜再沿用“废物”一词称之。毕竟，“废物”一词同“人”“身体”予以联系、连接，就带着不尊重、不人道、不文明之意，是对人不尊重、对生命不敬畏、对身体不人道的表现之一。继续沿用此称呼和彼此关系，则贬义、歧视、嫌弃、讨厌等之义难脱。

2. 针对之前基于“物”与“身体及身体一部分”之间所形成的某些固有的法律概念、理念、观念，进行清理梳理，有些要扬弃，有些要摒弃。比如，有把“人”的身体一部分当作是“特定物”“伦理物”，等等。对此，即便初心是良好的，但如此用词，本质仍从“物”的角度、视野进行确定、约定，仍乃“物”之衍生、次生、伴生，本质上仍在“物”而非“人”的范畴进行思考。

之前以物之视野看待“身体及身体一部分”的认知过时了、眼界落伍了！“爱屋及乌”要以“人”之角度、之视野，对“身体及身体一部分”重新认知，要对我们每个人的“身体及身体一部分”，无论其是曾经还是现在、无论其因医学需要还是灾难导致，“身体及身体一部分”都曾是我们身体完整和行动自由的一部分，真心尊重、真诚善待对待它，就是在尊重人、就是在尊重人格，比如，可称之为“特定身”“伦理身”等。

3. 张开怀抱，打开视野，全面审视法规对“身体一部分”的保护，这方面，《刑法》和某些行政管理机关的有些规定，已给了很好示范。

第一，关于身体及身体一部分、遗体等保护，《刑法》早作出了好的示范。

比如，对身体、身体权相关个人信息的保护，《刑法》早走在前面了。如《刑法》第234条规定：“故意伤害他人身体的，处三年以下有期徒刑、拘役或者管制。犯前款罪，致人重伤的，处三年以上十年以下有期徒刑；致人死亡或者以特别残忍手段致人重伤造成严重残疾的，处十年以上有期徒刑、无期徒刑或者死刑。本法另有规定的，依照规定。”第253条之一规定：“违反国家有关规定，向他人出售或者提供公民个人信息，情节严重的，处三年以下有期徒刑或者拘役，并处或者单处罚金；情节特别严重的，处三年以上七年以下有期徒刑，并处罚金。违反国家有关规定，将在履行职责或者提供服务过程中获得的公民个人信息，出售或者提供给他人的，依照前款的规定从重处罚。窃取或者以其他方法非法获取公民个人信息的，依照第一款的规定处罚。单位犯前三款罪的，对单位判处罚金，并对其直接负责的主管人员和其他直接责任人员，依照各该款的规定处罚。”

比如，对身体一部分如器官以及身后的尸体器官、尸骨、骨灰的保护，更是重视。如《刑法》第234条之一规定：“组织他人出卖人体器官的，处五年以下有期徒刑，并处罚金；情节严重的，处五年以上有期徒刑，并处罚金或者没收财产。未经本人同意摘取其器官，或者摘取不满十八周岁的人的器官，或者强迫、欺骗他人捐献器官的，依照本法第二百三十四条、第二百三十二条的规定定罪处罚。违背本人生前意愿摘取其尸体器官，或者本人生前未表示同意，违反国家规定，违背其近亲属意愿摘取其尸体器官的，依照本法第三百零二条的规定定罪处罚。”第302条规定：“盗窃、侮辱、故意毁坏尸体、尸骨、骨灰的，处三年以下有期徒刑、拘役或者管制。”

第二，关于身体及身体一部分的保护，之前的卫生行政机关也给了示范。

卫生部关于产妇分娩后胎盘处理问题的批复

（卫政法发〔2005〕123号）

山东省卫生厅：

青岛市卫生局《关于产妇分娩后医疗机构如何处理胎盘问题的请示》（青卫发〔2005〕22号）收悉。经研究，答复如下：

产妇分娩后胎盘应当归产妇所有。产妇放弃或者捐献胎盘的，可以由医疗机构进行处置。任何单位和个人不得买卖胎盘。如果胎盘可能造成传染病传播的，医疗机构应当及时告知产妇，按照《传染病防治法》、《医疗废物管理条例》的有关规定进行消毒处理，并按照医疗废物进行处置。

此复。

二〇〇五年三月三十一日

好的就要坚持。这些规定充分表现了对人、身体及身体一部分、遗体等的尊重，以后当循此办理，再接再厉，不断拓展，共同实现尊重和保障人权目的。

4. 把握《民法典》实施的大势，把身体、身体权保护的理念、规定和内容，以更高水平、更快速度融合到医事活动之中、融入司法活动之内。

本案而言，患者能否将被切除的器官取回，至少还涉及和需明确四大问题：一是本案当按身体权损害赔偿纠纷案进行审理。聚焦于患者身体——作为身体一部分的子宫及其附件——司法保护问题，乃本案审查裁判之焦点。二是“身体及身体一部分”是否仍适合再当作“医疗废物”？三是行政法规是否仍然有权认定“身体及身体一部分”归属于“医疗废物”？如此认定，是否合宪合法？四是“身体及身体一部分”的行使，权属于谁，边界和尺度在哪里？究竟有多大？

面对这些问题，亟须依法释明，更需司法给力的同时，又催促我们，要运用《民法典》实施的大势，把身体、身体权保护的理念、规定和内容，以更高水平、更快速度融合到医事活动之中、融入司法活动之内，为此：

一是属性认识上，基于身体权行使形成的新理念新观念新规定的引入更为迫切。再把“身体及身体一部分”当作“医疗废物”的时代过去了。究其根源，如此认知，既与现行《宪法》《刑法》等关于身体、身体权的立法精神、内容之间，存在很大距离；也与《民法典》之新规定新精神新观念，相去甚远。对此，在当前，建立新知识，改变旧认识，非常紧迫。

二是时间衔接上，我们知道万众瞩目的《民法典》还没有实施，《民法总则》中关于身体权的规定仍在适用，司法审查不能留空白。如果本案能从《民法总则》中有关身体权的规定角度进行法规运用和充分释明，就是一次有力阐释、有效释明的人格尊重的大好机会。

三是医事活动上,更需要深刻领会、掌握和运用好身体权的价值和意义。身体保护,《刑法》走在前面;身体权行驶,《民法典》又有了新飞跃。

身体是革命的本钱。从事生命、身体、健康保护前线的医疗活动,担负人权尊重和保障前沿的医事工作者们,更要深刻认识《民法典》颁布实施对医事工作、生活、社会的巨大价值和意义,更要通过对《民法典》中诸如生命、身体、健康的医疗阐释、运用和保护,身体力行,积极作为,传达尊重和保障人权的理念,传递“以患者为中心”的宗旨,传送以人民生命身体健康为追求的目的。

没有人,世界就没有意义;没有身体,有意义的世界也与我们无关。法律赋予我们身体的完整和行动的自由,就是通过我们对身体权的行使,充分享受更美好的世界、更美好的生活。身体权,就是我们享受权益的看家之权。

对一审死亡赔偿金数额不服提出上诉，追求的不仅是个案公正，更考验平等理念要在平等主体医疗损害赔偿纠纷中践行

宋儒亮　单玉涛　官　健　罗　斌　李　强　宋立志

案情简介

2015年11月9日，患者高某录到C市中医医院就诊，后于2015年11月26日转院至甲医院，2015年11月27日经抢救无效死亡。2016年4月27日，经A省第三方医疗纠纷人民调解委员会调解，患者家属降某芳、高甲、高乙三人与甲医院达成调解协议，由甲医院赔偿三人156000元。2016年5月4日，A省D市E市人民法院（2015）某调确字第×××号民事裁定书对上述协议予以确认。

但不久，患者近亲属三人认为C市中医医院诊疗与患者高某录死亡之间存在因果关系，于2016年8月25日诉至一审法院。

一审各方意见

原告（降某芳、高甲、高乙）意见

原告认为：C市中医医院存在诊疗过错且该过错与高某录死亡之间存在因果关系，要求C市中医医院赔偿其医疗费、交通费、住院伙食补助费、死亡赔偿金、误工费等各项损失共计345097.41元。

被告（C市中医医院）意见

我院对患者的诊断是正确的，不存在任何过错与过失，患者高某录的死亡后果是其自身疾病造成的，与本院无关，请求驳回原告对本院的全部诉讼请求。

经C市中医医院申请，甲医院被列为被告。

被告（甲医院）意见

我院已经与三原告达成调解协议，双方已不存在任何纠纷，不应再支付费用。

鉴定意见

经原告申请，在一审法院的委托下，于2016年8月29日提交鉴定申请，对C市中医医院对高某录诊治过程中是否存在过错、其过错与损害后果是否存在因果关系进行司法鉴定。2017年5月18日，某司法鉴定中心接受委托，并于2017年6月12日出具某正〔2017〕临医鉴字第×××号司法鉴定意见书，鉴定意见为“C市中医医院为高某录的诊治过程中存在诊断错误、未行低分子肝素抗凝、复查不及时、病情变化以后未及时建议转院、病情告知不充分等过错，其过错与被鉴定人高某录死亡之间存在次要因果关系；甲医院为高某录的诊治过程中存在对病情重视不够、未及时完善检查的过错，其过错与被鉴定人高某录最终死亡之间存在轻微因果关系”。

一审法院认为

患者在诊疗活动中受到损害，医疗机构及其医务人员有过错的，由医疗机构承担相应赔偿责任。本案中，经某司法鉴定中心鉴定，C市中医医院对患者高某录的诊治过程中存在过错，且该过错与患者高某录的死亡之间存在次要因果关系，所以C市中医医院应承担相应赔偿责任。三原告主张的各项损失：(1)医疗费5106.31元，提供的医药费票据予以证明，予以支持。(2)交通费，患者住院治疗产生交通费是必然的，其提供的交通费票据时间与死者高某录治疗时间不一致，无法证明与本案的关联性，故酌情认定交通费500元。(3)住院伙食补助费1700元，该项主张合理合法，且有住院病历等证据予以证明，予以支持。(4)营养费，原审原告未能提供医嘱证明确需加强营养，所以对于该项主张，不予支持。(5)护理费，患者高某录实际住院天数17天，按照2016年A省居民服务业从业人员工资标准予以计算，即(36307元÷12个月÷30天)×17天=1714.5元。(6)误工费，受害人亲属为办理丧葬事宜会造成一定的误工损失，本案中原审原告未能提供证据证明办理丧葬事宜人员的收入情况及误工情况，也未能提供误工天数证明，所以原审酌情认定误工天数为15天，人数为2人，按照2016年A省农村居民可支配收入10082元/年标准予以计算，即应办理丧葬事宜造成的误工损失应为(10082元÷12个月÷30天)×15天=420.08元。(7)丧葬费27337.5元，该项主张合理合法，予以支持。(8)死亡赔偿金，原审原告提供的证据不足以证明其生活在城镇且其收入源于城镇，所以应按照2016年农村居民人均可支配收入10082元/年计算20年，即死亡赔偿金应为10082元/年×20年=201640元。(9)精神损害抚慰金，合理合法，予以支持。(10)鉴定费系为了查明过错程度及因果关系支付的合理的必要的费用,且有提供的鉴定费票据予以证明,予以支持。以上损失共计 308418.39 元。

一审法院判决

根据某司法鉴定中心出具的某正〔2017〕临医鉴字第×××号司法鉴定意见书,载明C市中医医院对患者高某录诊疗过程中存在过错,且该过错与患者高某录死亡之间存在次要因果关系,所以原审认定由 C 市中医医院对原审原告主张的上述损失承担 35% 的赔偿责任,即 308418.39 元×35% = 107946.44 元。另外,根据鉴定意见书,甲医院对患者高某录的死亡也存在过错,且该过错与患者高某录死亡之间存在轻微因果关系,但三原审原告与甲医院已经达成一致调解意见并经 A 省 D 市 E 市人民法院(2015)某调确字第×××号民事裁定书予以确认,所以本案中不再对双方之间的赔偿事宜进行处理。依据《侵权责任法》、《最高人民法院关于审理人身损害赔偿案件适用法律若干问题的解释》(2004 年版)、《民事诉讼法》(2012 年版),《最高人民法院关于民事诉讼证据的若干规定》(2008 年版),原审判决如下:

1. 判令 C 市中医医院于判决书生效后 10 日内赔偿降某芳、高甲、高乙医疗费、住院伙食补助费、交通费、护理费、误工费、丧葬费、死亡赔偿金、精神损害抚慰金、鉴定费共计 107946.44 元。

2. 驳回降某芳、高甲、高乙的其他诉讼请求。如未按判决指定期间履行金钱给付义务,应当依据《民事诉讼法》(2012 年版)第 253 条之规定,加倍赔付迟延履行期间的债务利息。案件受理费 6476 元,由 C 市中医医院承担 2026 元,由降某芳、高甲、高乙共同承担 4441 元。

一审判决后,三原告、C 市中医医院不服,提起上诉。

二审各方意见

上诉人(一审三原告)意见

上诉请求:(1)请求依法按照 A 省 2016 年居民人均可支配收入标准计算上诉人死亡赔偿金,增加部分为 62769 元(179340 元×35%)。(2)请求依法改判被上诉人支付营养费为 1700 元。(3)请求依法认定交通费 3000 元。(4)请求依法认定误工费为 840.16 元。(5)请求依法认定甲医院鉴定费 10000 元由被告承担。以上总计 78507.16 元。(6)本案诉讼费用由被上诉人承担。

事实和理由：第一，一审法院按照农村居民人均可支配收入标准认定上诉人的死亡赔偿金，适用标准错误。根据《最高人民法院关于审理人身损害赔偿案件适用法律若干问题的解释》（2003 年版）第 29 条规定："死亡赔偿金按照受诉法院所在地上一年度城镇居民人均可支配收入或者农村居民人均纯收入计算，一审法院适用农村居民人均可支配收入标准认定患者死亡赔偿金的认定标准毫无法律依据。"《A 省公安厅交通管理局关于转发 A 省 2016 年有关统计数据的通知》记载：由于省统计局今年未公布我省 2016 年度的农村居民人均纯收入数据，各地可参照"A 省 2016 年居民人均可支配收入"进行计算。因此，一审法院对死者死亡赔偿金的计算标准错误，应当按照 A 省 2016 年居民人均可支配收入 19049 元认定，计算死亡赔偿金为 380980 元。

第二，一审法院对于上诉人的营养费不予支持，存在错误。一审法院因原告未能提供医嘱证明需加强营养，对原告的该项费用不予支持存在错误。根据《最高人民法院关于审理人身损害赔偿案件适用法律若干问题的解释》（2003 年版）第 24 条规定：营养费根据受害人伤残情况参照医疗机构的意见确定。明确指出医疗机构的意见只是"参照"，根据受害人实际情况，加强营养具有必要性。而一审法院断章取义，未考虑实际情况，对原告营养费不予支持存在严重错误。

第三，一审法院对于原告的交通费用认定明显过低，不符合实际情况。法律规定患者及其陪护人员因就医和转院治疗发生的交通费用支出应予以认定，本案患者 2015 年 11 月 9 日入住 C 市中医医院，11 月 26 日转院至甲医院。住院治疗 17 天并且从 C 市转院至 D 市继续治疗，交通费属于必要支出，而原告在治疗期间没想要进行诉讼，未有效保存相关票据，该部分费用法院应参考实际情况酌情予以支持。而一审法院对于原告的交通费仅仅认定 500 元，明显过低，不符合原告的实际情况。

第四，一审法院对误工费计算有误。一审法院对误工费的计算有误，忘记乘以 2，应该是 $420.08\times2=840.16$ 元。

第五，C 市中医医院追加甲医院为被告没有法律依据。被告在明知已调解的情况下仍追加，反而使原告支出了一笔没必要的费用，所以追加甲医院所产生的鉴定费就由 C 市中医医院全额承担，原告只承担鉴定所产生费用的 35%。

综上，恳请二审法院维护上诉人的权利，支持上诉请求。

上诉人(一审被告)意见

上诉请求:(1)依法撤销原判主文第1项。(2)依法改判减少上诉人赔偿被上诉人数额18219.58元:①依法改判驳回被上诉人要求上诉人赔偿其医疗费、住院伙食补助费、交通费、护理费的诉讼请求;②依法改判上诉人赔偿被上诉人丧葬费、死亡赔偿金、精神损害抚慰金、鉴定费的30%,即(27337.5+201640+50000+20000)×30%=89693.25元;③依法改判上诉人赔偿被上诉人2天的误工费即10082元÷12月÷30天×2天×2人×30%=112.02元×30%=33.61元;综上,上诉人应赔偿被上诉人89726.86元,故请二审法院改判减少上诉人赔偿数额18219.58元(原判数额107946.44-应赔偿数额89726.86)。

事实及理由:(1)上诉人不应承担死者高某录医疗费、住院伙食补助费、交通费、护理费,原审判决上诉人承担该费用错误。高某录因患冠脉综合征等疾病住院治疗,发生医疗费、住院伙食补助费、交通费、护理费是其治疗疾病所必需的,非上诉人医疗行为所致,与上诉人无关,故对被上诉人的上述诉讼请求不予承担责任,一审判决支持错误。

(2)上诉人的治疗行为仅对高某录死亡承担次要责任,最多承担造成被上诉人损失的30%,一审法院判决承担35%的责任过大,有失公平。①根据被上诉人提供的村委会证明,高某录死亡时间为2015年11月27日,下葬时间为2015年11月29日,故被上诉人办理丧葬事宜的误工时间为2天,非一审判决认定的15天,即应计算为10082÷12÷30×2×2=112.02元。②丧葬费为27337.5元,死亡赔偿金为201640元,精神损害抚慰金为50000元,鉴定费为20000元。③根据甲法鉴定中心鉴定意见书,上诉人的诊疗过错与高某录死亡之间存在次要因果关系,原审被告的过错与高某录死亡之间存在轻微因果关系。言外之意,显而易见高某录的自身病因是导致其死亡的主要原因,至少应承担60%的责任,那么上诉人最高承担高某录死亡导致的各种损失的30%,因为原审被告至少也应承担10%的责任,很显然原审判决确定上诉人承担35%责任的比例过高,有失公平,且与鉴定意见确定的责任不符。④这样,上诉人最多赔偿被上诉人的数额为(112.02+27337.5+201640+50000+20000)×30%=299089.52×30%=89726.86元。

综上所述,原审判决错误,请二审法院依法改判。

经二审审理查明事实与原审一致。

本案争议焦点:(1)原审判决C市中医医院赔偿原审原告医疗费、住院伙食补助费、交通费、护理费是否有误,对于误工费、营养费、交通费等各项金额的确定是否适当;(2)原审对高某录的死亡赔偿金标准确定是否有误;(3)原审认定C市中医医院承担35%的赔偿责任比例是否适当;(4)甲医院鉴定费应如何承担。

二审法院认为

关于第一个焦点,本院认为:经某司法鉴定中心出具的京正〔2017〕临医鉴字第138号司法鉴定意见书,载明C市中医医院对患者高某录诊疗过程中存在过错,且该过错与患者高某录死亡之间存在次要因果关系,原审原告所主张赔偿的医疗费、住院伙食补助费、交通费、护理费也属于此次医疗损害造成的损失范围,故原审确定由C市中医医院予以赔偿并无不当。而原审所确定的误工费、营养费、交通费等各项金额,经本院审查:交通费一项,原审认定患者住院治疗产生交通费是必然的,但因所提供的证据关联性不足,酌情认定500元并无不当;营养费一项,原审原告未能提供医嘱证明确需加强营养,且该项费用应为出院后发生,故原审不予支持正确;误工费一项,受害人亲属为办理丧葬事宜会造成一定的误工损失,但患者高某录从死亡到下葬时间很短也系事实,原审认定误工时间15天明显较长。鉴于本案中原审原告未能提供证据证明办理丧葬事宜人员的收入情况及误工情况,也未能提供误工天数证明,本院酌情对误工天数认定为7.5天,人数为2人,按照2016年A省农村居民可支配收入10082元/年标准予以计算,即办理丧葬事宜造成的误工损失应为(10082元÷12个月÷30天)×7.5天×2人=420.08元,故对原判确定的误工费金额不再变动。

关于第二个焦点,本院认为:患者高某录生前为农村居民为本案事实,根据相关司法解释的规定,高某录的死亡赔偿金标准为受诉法院上一年度农村居民人均纯收入标准,但我省政府统计部门近年来对该标准不再发布也系事实,原审根据审判实际,参照统计部门公布的、相近的2016年农村居民人均可支配收入标准计算高某录死亡赔偿金也无不妥。

关于第三个焦点,本院认为:C市中医医院对患者高某录诊疗过程中存在过错,且该过错与患者高某录死亡之间存在次要因果关系,已经鉴定意见确定,原审据此认定该院在本案中承担35%的赔偿责任比例属于根据案件实际情况自由裁量的范畴,本院不再变动。

关于第四个焦点,本院认为:甲医院鉴定费属于为查明各方当事人在全案中的过错程度及确定因果关系而由原审原告已支付的合理、必要的费用中不可分割的组成部分,也属于本案原审原告主张的因本次医疗责任纠纷造成的损失范围,原审判定按过错责任比例由各方分担并无不妥。

二审法院判决

上诉人C市中医医院及上诉人降某芳、高甲、高乙各自的上诉理由,事实和法律依据均不足,本院均不予支持。原审认定事实清楚,适用法律正确,依法应予维持。故依据《民事诉讼法》(2012 年版)第 170 条第 1 款第 1 项之规定,判决如下:

驳回上诉,维持原判。

上诉人 C 市中医医院预交的二审案件受理费 255 元,上诉人降某芳、高甲、高乙预交的二审案件受理费 1763 元,由各自承担。

本判决为终审判决。

各方意见

单玉涛　中山大学附属第三医院医疗管理办公室　主任

(一)关于司法鉴定过错参与度认定问题

目前司法鉴定将过错参与度分为 5 级,即 A 级:损害后果完全是其他因素造成的。B 级:损害后果绝大部分是其他因素造成的,医疗过失行为起轻微作用。C 级:损害后果主要是其他因素造成的,医疗过失行为起次要作用。D 级:损害后果是医疗过失行为和其他因素共同造成的。E 级:损害后果主要是医疗过失行为造成的,其他因素起次要作用。F 级:损害后果完全是医疗过失行为造成的。具体划分等级、理论系数值(%)、责任程度、参与度系数值(%)如表 1 所示。

表 1　司法鉴定过错参与度认定

划分等级	理论系数值	责任程度	参与度系数值
A	0	无	0
B	10%	轻微	1%~20%
C	25%	次要	20%~40%
D	50%	共同	40%~60%
E	75%	主要	60%~90%
F	100%	全部	90%~100%

本案中,鉴定意见认定"C 市中医医院为高某录的诊治过程中存在诊断错误、未行低分子肝素抗凝、复查不及时、病情变化以后未及时建议转院、病情告知不充分等过错,其过错与被鉴定人高某录死亡之间存在次要因果关系(过失参与度的赔偿参考范围为 20%~40%);甲医院为高某录的诊治过程中存在对病情重视不够,未及时完善检查的过错、其过

错与被鉴定人高某录最终死亡之间存在轻微因果关系(过失参与度的赔偿参考范围为1%~20%)”。结合现有事实和结论,本人认为司法鉴定书的鉴定意见是符合司法鉴定规则要求的。但是,鉴定专家认为中医医院在患者病情变化以后未及时建议转院方面存在过错,本人持有不同看法。建议转院义务是在患者所患疾病超出医疗机构诊疗许可范围和医务人员医疗技术水平和能力的前提下提出的,如果是同级别医疗机构之间原则上并不存在建议转院事实,往往是患者及家属出于对医疗效果的不满意或不接受而提出转院要求,在此种情况下,本人认为不应当认定存在医疗过错行为。当然,如果疾病确实超出诊疗能力范围,确实需要及时建议转院,积极协助家属联系会诊或转院。

(二)关于法院认定医疗过错赔偿责任比例问题

由于疾病发生发展转归是一个极其复杂的过程,其受到疾病自身特点、个体差异、医疗技术水平以及其他未知等综合因素影响,甚至可以说疾病的治愈具有一定的或然性,或者说是一种偶然性。换句话说,就是一种疾病即使做到早期诊断、积极干预治疗,也有可能得不到好的治疗效果。在医学科学上,是客观存在和经常发生的。本案中,法院应当充分考虑到疾病病情复杂程度、患者自身体质、C市中医医院的医疗水平以及当地的医疗水平等因素,结合具体案件情节,酌情给予20%~30%赔偿责任比例是相对比较合理的。

(三)关于法院认定医疗费范围问题

根据《最高人民法院关于审理人身损害赔偿案件适用法律若干问题的解释》(2003年版)第17条“受害人遭受人身损害,因就医治疗支出的各项费用以及因误工减少的收入,包括医疗费、误工费、护理费、交通费、住宿费、住院伙食补助费、必要的营养费,赔偿义务人应当予以赔偿……受害人死亡的,赔偿义务人除应当根据抢救治疗情况赔偿本条第一款规定的相关费用外,还应当赔偿丧葬费、被扶养人生活费、死亡补偿费以及受害人亲属办理丧葬事宜支出的交通费、住宿费和误工损失等其他合理费用”的规定,结合本案,C市中医医院就其误诊行为引发患者病情加重甚至死亡产生医疗费用应当承担赔偿责任,但是患者因自身疾病治疗所产生的正常住院医疗费用,应当在有充分证据支持的情况下,依法予以扣除常规疾病诊疗产生的医疗费用。当然,在现实中,由于疾病诊疗是多种综合诊疗方案,治疗费用往往难以完全进行划分分离,本人建议可以参考临床工作中单病种付费管理中的医疗费用额度作为标准依据,保证原被告诉讼当事人的合法权益,维护社会公平正义。

鉴定专家意见

罗斌　中山大学法医鉴定中心　主任法医师

本案中,各方争议的焦点主要围绕在赔偿金额的确定,而对于金额的确定,其中一个环节是责任比例多少的问题。根据《最高人民法院关于审理医疗损害责任纠纷案件适用法律若干问题的解释》第12条的规定,鉴定意见可以按照导致患者损害的全部原因、主要原因、同等原因、次要原因、轻微原因或者与患者损害无因果关系,表述诊疗行为或者医疗产品等造成患者损害的原因力大小。

但对于参与度,也就是责任比例,目前我国没有统一的标准,因此各省份可能存在差异。如《广东省高级人民法院关于人民法院委托医疗损害鉴定若干问题的意见(试行)》* 第17条规定:"医疗过错行为通常情况下会导致损害后果的,应认定医疗过错行为与损害后果具有因果关系。医疗过错行为在损害后果中的原因力大小可分为:(一)全部因素,指损害后果完全由医疗过错行为造成,参与度为91%~100%;(二)主要因素,指损害后果主要由医疗过错行为造成,其他因素起次要作用,参与度为61%~90%;(三)同等因素,指损害后果由医疗过错行为和其他因素共同造成,参与度为41%~60%;(四)次要因素,指损害后果主要由其他因素造成,医疗过错行为起次要作用,参与度为21%~40%;(五)轻微因素,指损害后果绝大部分由其他因素造成,医疗过错行为起轻微作用,参与度为1%~20%;(六)无因果关系,指损害后果全部由其他因素造成,参与度为0。"

而四川省2015年实施的《四川省医疗侵权损害司法鉴定指南》第22条规定,过错参与度以区间百分比数值表示。四川省并未明确参与度区间百分比数值的范围。因此,在医疗损害鉴定案件实践中,参与度区间的划分,利于司法审判,其最终取值取决于法院的综合权衡。

律师意见

李强　广东正大联合律师事务所　律师

本案二审总结了一个争议焦点,就是关于死亡赔偿金适用何种标准的问题。患方上诉认为应当适用城镇标准,理由是近年来省内未再公布农村人均可支配收入的数据,因此应当参照城镇标准计算。在法律规定未修改之前,尽管当地农村标准的数据统计缺失,也不

---

* 此文件于2021年1月1日失效。案件发生时,此文件仍有效。——编者注

能因此就改为适用城镇标准，法律规定仍应遵守。患方上诉理由显然不成立。无论是死亡赔偿金还是残疾赔偿金并非对生命或身体本身价值进行的赔偿。如是，则生命必须同价；没有地域、民族、身份、地位等任何因素所导致的差异。真正的差异源于，死亡和残疾赔偿金都是基于当事人能创造的劳动收入来考量，是对死者或伤者劳动收入减损的补偿，而不是对生命或身体本身的补偿或赔偿；一般来说，当事人在城镇工作和在农村从事农业劳动生产所能获得的收入是有差别的，不同地区也存在明显差异，所以，各省有各自的标准，不能全国“一刀切”。当然，凡事均有例外，比如A死者生前在城镇生活，但是收入很低，仅能拿到最低工资、甚至是失业状态无收入；但对于他的补偿也必须按法律规定标准计算，还高于他实际能获得的收入。同时B死者虽是农业户籍，从事农业劳动，但很有可能他的收入还高于同地区的城镇居民；不过也不能因此就按他的实际收入计算补偿。虽然这明显存在不合理，但也只能待日后法律规定的完善和调整。从多数情况看，目前的赔偿原则和计算标准还是基本合理的。

法官意见

官健　广州知识产权法院　法官

本案经鉴定认为C市中医医院对患者的死亡后果负次要责任，双方并无太大争议，至于责任比例是35%还是30%属于法官自由裁量权的范围，无须过多讨论。有意思的是患方在起诉前已经第三方调解与甲医院达成和解协议，并经法院确认，但在本案中仍然将其列为被告。按照患方在上诉中的说法，其并未起诉甲医院，而是C市中医医院申请将甲医院追加为被告。但其实，本案并无追加甲医院为被告的必要，尤其是在患方已与甲医院达成调解的情况下。而且，追加被告应取得原告即患方的同意，若患方不同意追加，法院不宜将甲医院列为被告，因为患方并不要求甲医院承担责任。若法院为查明事实，认为甲医院确有必要参加诉讼，可将其追加为第三人。法院之所以追加甲医院参加诉讼，无非认为甲医院对患者的死亡也有过错，追加甲医院有助于查清事实，分清责任。但其实，完全可以仅对患者在C市中医医院的诊疗过程进行医疗损害鉴定，如果鉴定机构需要了解患者在甲医院的诊疗情况，可以由患方提供相应的病历资料，或由法院调取。如本案患方上诉称，若由于追加甲医院而增加了鉴定的费用，而这部分增加的诉讼成本该由谁承担？恐怕由患方和甲医院承担均不合适，而只能由C市中医医院预缴并承担了。

本案启示

践行平等理念思想，更应率先改变形式与实质未有机统一的赔偿金

宋儒亮　法治广东研究中心、广东省医学会医事法学分会主任

平等是民法民事活动中最具核心、最具标志的特点。没有平等，就没有民法。正因为如此，常说民法就是聚焦平等百姓权之法，就是展示一国社会文明程度之法。贯彻平等，需要理念，更需要行动。

一、追根溯源：平等精神要切实运作起来，更需立法的积极介入

《民法典》第 2 条规定："民法调整平等主体的自然人、法人和非法人组织之间的人身关系和财产关系。"第 4 条规定："民事主体在民事活动中的法律地位一律平等。"第 14 条规定："自然人的民事权利能力一律平等。"

这些规定，与我们一直倡导的诸如人格平等、机会平等和权利平等，一脉相承；与我们的日常生活经验、常识，如男女平等、夫妻平等、同学平等，契合吻合。对平等理念在民事活动中的全面贯彻和完全落实，我们充满了期待和向往。

但是，平等的落实，仍有遗憾之处，比如，"死亡赔偿金"数额多少，可能因人而异、因地而异。作为一个侵害他人死亡必须要赔偿的法定项目，"死亡赔偿金"项目，深得人心，备受肯定，《民法典》也延续此规定，比如第 1179 条规定："侵害他人造成人身损害的，应当赔偿医疗费、护理费、交通费、营养费、住院伙食补助费等为治疗和康复支出的合理费用，以及因误工减少的收入。造成残疾的，还应当赔偿辅助器具费和残疾赔偿金；造成死亡的，还应当赔偿丧葬费和死亡赔偿金。"

"死亡赔偿金"问题，争论却一直没有消停，甚至更具紧迫性。作为考验平等理念落实的一个窗口，其在司法实践中的落实，更屡受争议。之属性、范围、标准等缺乏共识仍是要害。究其根源，仍在于我们对人权尤其是对生命权、身体权和健康权的认知、接受和运用并不到位。

当前，面对"死亡赔偿金"事宜，化解争议，立法方式，更为可取，也更加妥当。

二、循序渐进：由立法变迁看人身损害"赔偿金"沿革与进展

人身和财产保护，乃民法使命。人身损害的救济，验证民事法规的生命力。"赔偿金"问题是人身损害救济面临的一大难题。

改变和应对，我们在行动，有着强烈的年代特点、时代特色。

（一）1987~2020年：《民法通则》《民法总则》适用的时代

开始：自1987年1月1日起施行的《民法通则》，首次提出生命健康权。《民法通则》第98条规定："公民享有生命健康权。"

终止：自2021年1月1日起施行《民法典》，《民法通则》正式废止。

在这一年代和时代中，人身赔偿金问题上，法规、司法解释的重要进展与贡献主要在这些方面：

《民法通则》并没有明文规定"赔偿金"。《民法通则》第119条规定："侵害公民身体造成伤害的，应当赔偿医疗费、因误工减少的收入、残废者生活补助费等费用；造成死亡的，并应当支付丧葬费、死者生前扶养的人必要的生活费等费用。"这其中，尽管该条有关于"……等费用"的表述，但并没有明文的"赔偿金"项目，但是，"等"的存在，为后来确定"赔偿金"预留了可能和空间。

进行人身损害赔偿救济，司法解释快了一步，明确提出了"赔偿金"的规定。为正确审理人身损害赔偿案件，依法保护当事人的合法权益，根据《民法通则》、《民事诉讼法》（1991年版）等有关法律规定，结合审判实践，就有关适用法律的问题，2004年5月1日起施行《最高人民法院关于审理人身损害赔偿案件适用法律若干问题的解释》。该司法解释，对人身损害赔偿事宜有了很大的提升与深化，主要包括以下几点：

一是明确提出了两种类型的"赔偿金"："死亡赔偿金"和"残疾赔偿金"，这其中，关于"残疾赔偿金"，其第25条规定："残疾赔偿金根据受害人丧失劳动能力程度或者伤残等级，按照受诉法院所在地上一年度城镇居民人均可支配收入或者农村居民人均纯收入标准，自定残之日起按二十年计算。但六十周岁以上的，年龄每增加一岁减少一年；七十五周岁以上的，按五年计算。受害人因伤致残但实际收入没有减少，或者伤残等级较轻但造成职业妨害严重影响其劳动就业的，可以对残疾赔偿金作相应调整。"

二是提出了"死亡赔偿金"的计算标准。其第29条规定："死亡赔偿金按照受诉法院所在地上一年度城镇居民人均可支配收入或者农村居民人均纯收入标准，按二十年计算。但六十周岁以上的，年龄每增加一岁减少一年；七十五周岁以上的，按五年计算。"

自2010年7月1日起施行的《侵权责任法》正式确立了"赔偿金"，并又有了明显的三大进展：

一是明确了"赔偿金"是一个独立的法定项目。《侵权责任法》第16条规定："侵害他人造成人身损害的,应当赔偿医疗费、护理费、交通费等为治疗和康复支出的合理费用,以及因误工减少的收入。造成残疾的,还应当赔偿残疾生活辅助具费和残疾赔偿金。造成死亡的,还应当赔偿丧葬费和死亡赔偿金。”

二是首次揭开了同命和同价可能不统一问题。《侵权责任法》第 17 条规定:“因同一侵权行为造成多人死亡的,可以以相同数额确定死亡赔偿金。”自此,同命“要同价”还是“不同价”的争议,揭开了,延续自今。

三是有了“精神损害赔偿”。《侵权责任法》第 22 条规定:“侵害他人人身权益,造成他人严重精神损害的,被侵权人可以请求精神损害赔偿。”

进行精神损害赔偿救济,司法解释又快了一步,提出了精神损害抚慰金。为在审理民事侵权案件中正确确定精神损害赔偿责任,根据《民法通则》等有关法律规定,结合审判实践经验,自 2001 年 3 月 10 日起施行了《最高人民法院关于确定民事侵权精神损害赔偿责任若干问题的解释》。对精神损害赔偿事宜,又有了两大新进展:

一是提出了精神损害抚慰金的类型。该司法解释第 9 条规定:“精神损害抚慰金包括以下方式:(一)致人残疾的,为残疾赔偿金;(二)致人死亡的,为死亡赔偿金;(三)其他损害情形的精神抚慰金。”

二是提出了影响精神损害赔偿数额的法定因素。该司法解释第 10 条规定:“精神损害的赔偿数额根据以下因素确定:(一)侵权人的过错程度,法律另有规定的除外;(二)侵害的手段、场合、行为方式等具体情节;(三)侵权行为所造成的后果;(四)侵权人的获利情况;(五)侵权人承担责任的经济能力;(六)受诉法院所在地平均生活水平。法律、行政法规对残疾赔偿金、死亡赔偿金等有明确规定的,适用法律、行政法规的规定。”

再接再厉,2017 年 10 月 1 日开始实施的《民法总则》又开启了民事法律保护的新篇章。在人身保护上,又有了重大进展:

一是首次提出了“身体权”:《民法总则》第 110 条规定:“自然人享有生命权、身体权、健康权、姓名权、肖像权、名誉权、荣誉权、隐私权、婚姻自主权等权利。法人、非法人组织享有名称权、名誉权、荣誉权等权利。”

二是首次明确胎儿视为具有民事权利能力。《民法总则》第 16 条规定:“涉及遗产继承、接受赠予等胎儿利益保护的,胎儿视为具有民事权利能力。但是胎儿娩出时为死体的,其民事权利能力自始不存在。”

正是上述这些规定、进展和进步,成为日后我们能在更好、更高层面,不断实现对人身权益保护的制度基础和制度保障。

2020年5月28日,第十三届全国人民代表大会第三次会议通过《民法典》。《民法典》第1260条规定:“本法自2021年1月1日起施行。《中华人民共和国婚姻法》、《中华人民共和国继承法》、《中华人民共和国民法通则》、《中华人民共和国收养法》、《中华人民共和国担保法》、《中华人民共和国合同法》、《中华人民共和国物权法》、《中华人民共和国侵权责任法》、《中华人民共和国民法总则》同时废止。”自此,《民法通则》《民法总则》年代、时代过去了,我们掀开了新的一页,又迎来了《民法典》的新时代。

(二)2021年1月1日:正式进入《民法典》实施的新时代

进入“《民法典》新时代”,回顾过去,关于“赔偿金”事宜,既有对过去法规规定的继续,又有了革命性变化的新规定,主要状况是:

一是对行之有效的,比如对死亡赔偿金项目,继续沿用。《民法典》第1179条规定:“侵害他人造成人身损害的,应当赔偿医疗费、护理费、交通费、营养费、住院伙食补助费等为治疗和康复支出的合理费用,以及因误工减少的收入。造成残疾的,还应当赔偿辅助器具费和残疾赔偿金;造成死亡的,还应当赔偿丧葬费和死亡赔偿金。”

二是存在争议,也仍然沿用,比如,同命可能不同价问题。《民法典》第1180条规定:“因同一侵权行为造成多人死亡的,可以以相同数额确定死亡赔偿金。”

三是完全崭新的、零的突破,又全新开始,比如,开启合同违约需要承担精神损害赔偿的革命性一大步。

大家知道,在实务界,延续至今,形成了一个固化模式或者认知,即精神损害赔偿,侵权责任可有,但合同责任没有。如此认知和规定,对当事人的生命、健康和身体权益的保护和保障明显不公,比如,让当事人客观存在的精神损害赔偿救济长久陷入两难——侵权还是合同——选择之中。

《民法典》改变了这样的局面:一方面,继续保留侵权责任要有精神损害赔偿。其第1183条规定:“侵害自然人人身权益造成严重精神损害的,被侵权人有权请求精神损害赔偿。因故意或者重大过失侵害自然人具有人身意义的特定物造成严重精神损害的,被侵权人有权请求精神损害赔偿。”但更重要的另一方面是,对违约责任,也赋予了精神损害赔偿救济。其第996条规定:“因当事人一方的违约行为,损害对方人格权并造成严重精神损害,受损害方选择请求其承担违约责任的,不影响受损害方请求精神损害赔偿。”

如此重大进展,践行了尊重人格权的立法目的,维护了对生命、身体和健康的尊严,彰显了尊重和保障人权的宪法承诺,值得点赞。

三、攻坚突破:赔偿金规定导致的不平等事宜不能再理所当然地延续下去,改变既需有积少成多的耐力功夫,也需有担当作为只争朝夕的梦想行动

从生命、身体和健康角度来看,损害可发生在——精神、人体和遗体——三个层面,据此,对应的赔偿金可分别对应设立为"精神抚慰金""残疾赔偿金""死亡赔偿金"。

目前,对"精神抚慰金"的研究比较成熟、认识比较明确,数额较偏低是突出问题。数额问题的改变,将随着时间和认识等提高而予以化解。

但是,对"残疾赔偿金""死亡赔偿金",存在问题比较多,难度比较大,比如,下列问题就是主要的影响因素和要素:

关于属性。一般认为"残疾、死亡赔偿金",就是对死者亲属的一种抚慰,并不是对伤者、死者生命、身体、健康上的等价或者对价赔偿。生命、身体和健康,本身就是无价的,不能用金钱衡量。正因如此,凡是与生命、身体和健康本身、本质没有联系的身外的因素要素,赔偿金计算时就不应再考虑在内、纳入在内,比如,当事人的工作性质、生活地方、身份性别,等等。

关于"度"。既然是"抚慰",那么度的把握就需要考虑,比如具体要到什么高度、程度、高度、力度,等等,"度"不同,差异就存在,死亡赔偿金数额就不同。这方面,宏观层面全国统一考虑更恰当,与所处的时代、人权状况、国内生产总值等直接相关。

关于范围。死亡赔偿金,既然是对死者"亲属"的一种抚慰,那么,"亲属"范围面临不同选择,争议随之产生,比如,是选择"近亲属"、选择"亲属",还是"家庭成员",这是很不一样的。《民法典》第1045条规定:"亲属包括配偶、血亲和姻亲。配偶、父母、子女、兄弟姐妹、祖父母、外祖父母、孙子女、外孙子女为近亲属。配偶、父母、子女和其他共同生活的近亲属为家庭成员。"选择不同,自然死亡赔偿金就不同。

关于计算。更有不同的主张,比如有持"扶养丧失说",核心观点在于:由于受害人死亡导致其生前依法定扶养义务供给生活费的被扶养人,丧失了生活费的供给来源,受到财产损害,对此损害加害人应当予以赔偿;又如,有持"继承丧失说",核心观点在于:认为侵害他人生命致人死亡,不仅生命利益本身受侵害,而且造成受害人余命年岁内的收入"逸失",使这些原本可以作为受害人的财产为其法定继承人所继承的未来可以取得的收入,因加害人的侵害行为所丧失,对于这种损害应当予以赔偿。显然,主张不同,死亡赔偿金也就不同。

关于标准。更是标准不一。个人情况是不同的，比如不同地方，不同工作，不同关系，不同的收入、支出等情况，差异很大，这是事实。因此确定统一标准，不容易。因此，死亡赔偿金的标准相距更远了。

公允地说，这些因素的客观存在，让“同命不同价”得以肆无忌惮的存在。当前虽然在死亡赔偿金及其问题研究方面也有进展，实务也有进展，但不全面、缺共识犹如“摸象”，是基本看法。究其根源，仍在于我们对人权尤其是对生命权、身体权和健康权的认知、接受和运用不到位，究其方法，在于我们理论创新不足、改变动力不够、思路方式不新。

同命不同价，无论从哪个角度来看都是不妥的、不应当鼓励的。寄希望于司法个案调整更是一种治标不治本的拖延之策。面对人格权上的不平等的问题，不改变就是纵容。而这不应再继续被视为理所当然了。

切实实施《民法典》，就需要化解这个痛点。迎接挑战，完善立法是性价比最高的方法。可贵的是，《民法典》本身也已有了可贵的尝试，比如，面对前述的因素要素之一的“范围难题”，《民法典》就给出了答案：选择了“近亲属”，其第 994 条规定：“死者的姓名、肖像、名誉、荣誉、隐私、遗体等受到侵害的，其配偶、子女、父母有权依法请求行为人承担民事责任；死者没有配偶、子女且父母已经死亡的，其他近亲属有权依法请求行为人承担民事责任。”

又比如，在权利救济方式上，也更给力，《民法典》第 998 条规定：“认定行为人承担侵害除生命权、身体权和健康权外的人格权的民事责任，应当考虑行为人和受害人的职业、影响范围、过错程度，以及行为的目的、方式、后果等因素。”如此规定，让生命、身体和健康的保护，更是得心应手而不是沧桑坎坷。

赔偿金导致的不平等事宜，虽可用形式与实质平等等理论予以解释，但规定不能违反常识，解释不能替代感受。要高举平等大旗，把一切造成、形成不平等的规定习惯予以针对修改和彻底完善，实现形式和实质、程序和内容之间的有机统一，这才应当是我们对平等最好的尊重与回报。这一切，不为别的，就是为了让我们认可的人格权在新时代得到切实尊重、保障与提升。

漏诊、损害、赔偿与诉讼，彼此之间的关系在法律上该怎样呈现？

宋儒亮　单玉涛　官　健　罗　斌　李　强　宋立志

案情简介

2017年4月14日10时，郑甲因疾病入B市中医院住院治疗，主要诊断为2型糖尿病。2017年4月17日行全腹CT结果检查，明确消化道穿孔。2017年4月17日15时，郑甲被送至B市中心医院住院治疗12天。2017年4月17日16时，对郑甲行剖腹探查，行十二指肠穿孔修补术，出院诊断为十二指肠溃疡伴穿孔，弥漫性腹膜炎。

2017年8月7日，经B市医疗纠纷人民调解委员会委托，B市中医院与郑甲共同选择甲司法鉴定所鉴定，鉴定事项为医方诊疗过程中是否存在过错；医方的诊疗行为与患方十二指肠穿孔是否存在因果关系；医方诊疗行为致十二指肠穿孔责任参与度；十二指肠穿孔是否构成伤残等级。鉴定过程中，甲司法鉴定所组织双方进行了听证，并于2017年9月4日作出司法鉴定意见书，分析说明：(1)依据提供的医学资料及检查所见，被鉴定人郑甲因病2017年4月14日入住B市中医院被诊断为糖尿病，发热原因待查。因疏忽大意未对被鉴定人行X线辅助检查，如拍摄腹部平片等，而于3天后经腹部CT诊断为消化道穿孔而漏诊。此应认为医方存在医疗过错。(2)医方之医疗过错造成被鉴定人郑甲消化道穿孔之漏诊、漏治，后医方尽转诊义务送至上级医院行十二指肠穿孔修补术。该医疗损害后果之发生为医方医疗过错疏忽大意过错形成，应认为医方过错与医疗损害后果之间存在因果关系。但被鉴定人消化道穿孔系自身罹患疾病发展过程，医方漏诊、漏治、延误病情在导致被鉴定人医疗损害后果发生作用上占主导作用，故认为医方责任参与度应为主要责任。(3)被鉴定人十二指肠穿孔修补术参照《人体损伤致残程度分级》中第5.10.4.3条之规定，构成十级伤残。鉴定意见为：(1)B市中医院对被鉴定人郑甲之医疗行为存在医疗过错；(2)医方之医疗过错与郑甲医疗损害后果之间存在因果关系，医方责任参与度为主要责任；(3)被鉴定人郑甲现肠穿孔修补术构成十级伤残。

原告认为被告给其造成了损失，起诉至法院。

一审各方意见

原告(郑甲)意见

诉讼请求:要求B市中医院赔偿残疾赔偿金455083元(29744元×17年×90%,根据医疗事故赔偿标准)、医疗费14823.68元、护理费2778.86元(6天×120.82元、17天×120.82元)、住院伙食补助费1600元、精神抚慰金29744元(根据2017年医疗事故赔偿标准1年)、交通费1400元(长春往返进行司法鉴定出租车费)、误工费12390元(29744元÷12个月×5个月)、打字复印费176元、邮寄费42元,合计518036元。诉讼过程中,郑甲的诉讼请求变更为:残疾赔偿金162000元(日工资150元×30天×12个月×30年×10%,根据医疗事故赔偿标准)、医疗费14968.68元、护理费2778.86元(6天×120.82元、17天×120.82元)、住院伙食补助费1600元、精神抚慰金54000元(根据2017年医疗事故赔偿标准1年)、交通费1400元(长春往返进行司法鉴定出租车)、误工费22500元(4500元×5个月)、打字复印费176元、邮寄费42元,合计259465.54元。

事实与理由:2017年4月14日10时,郑甲因发热、腹部(肚)疼痛,在B市中医院住院,B市中医院错误地给诊断为2型糖尿病、菌血症、败血症等疾病。2017年4月15日,郑甲腹部(肚)疼痛加重,剧烈疼痛不止,浑身出汗,昏迷不醒,经主治医生检查,明显有十二指肠穿孔症状,家属要求转院,主治医生说"先不用转院,观察一两天就能确认"。B市中医院没有按照十二指肠穿孔治疗。4月17日,郑甲腹部(肚)剧烈疼痛不止,并且腹部(肚)鼓起大包,家属强烈要求给予治疗,B市中医院表示"这种病我们治不了,你们转院吧"。B市中医院拨打120,让家属支付了车费,送到B市中心医院,当即检查确认十二指肠穿孔,直接送手术室,剖腹行腹腔清创手术和十二指肠修补术。郑甲在B市中医院治疗4天中,没有对郑甲的实际病状甚至出现的危重情况进行逐项、全面检查,导致了郑甲在4月14日病情危重的情况下还让观察一两天,甚至到4月17日已经时隔22小时,在郑甲出现了十二指肠穿孔治不了还险些造成生命不保的情况下才让郑甲转院。B市中医院给郑甲造成的医疗事故,使郑甲身体上造成伤害,精神上造成创伤,严重地侵害了郑甲生命权、健康权。由于B市中医院对郑甲的诊断和治疗存在严重错误,导致延误了郑甲的治疗是真实的,才造成了这起医疗事故。B市中医院应该对郑甲承担医疗事故的赔偿责任。甲司法鉴定所2017年8月7日召开了由B市中医院和郑甲参加的听证会,双方对该起医疗事故所发生经过和事实的整体案情都作了确认和认可,鉴于此,甲司法鉴定所作出某大司鉴

〔2017〕法临鉴字第256号司法鉴定意见:(1)B市中医院对被鉴定人郑甲之医疗行为存在医疗过错;(2)医方之医疗过错与郑甲医疗损害后果之间存在因果关系,医方责任参与度为主要责任;(3)被鉴定人郑甲现肠穿孔修补术构成十级伤残。故B市中医院应对郑甲医疗事故承担赔偿责任。

被告(B市中医院)认为

B市中医院认为,患者出现十二指肠穿孔是其自身疾病造成的,跟我院的诊疗行为不存在因果关系。另外,该鉴定意见不具有事实根据和法律依据,应重新鉴定。

一审法院认为

郑甲因病于2017年4月14日入B市中医院住院治疗,于2017年4月17日入B市中心医院住院治疗,后造成郑甲肠穿孔修补术的十级伤残。经司法鉴定,中医院对郑甲的医疗行为存在过错,其医疗过错与郑甲医疗损害后果之间存在因果关系,责任参与度为主要责任。中医院抗辩该鉴定意见不具有事实根据和法律依据,未提供充分证据予以反驳,该鉴定意见,鉴定程序合法、鉴定机构具备鉴定资质,且鉴定人员已出庭接受质询,未有明显依据不足情形,故法院对该鉴定意见予以采信。中医院主张重新鉴定,法院不予准许。根据鉴定意见,中医院承担主要责任,法院酌定按三七责任比例划分,即由中医院承担70%,郑甲承担30%。郑甲虽为农村户口,但在城镇打工,以城镇收入为主要生活来源,应按城镇标准予以赔偿。关于郑甲主张的各项损失:(1)残疾赔偿金:162000元,郑甲主张按照医疗事故赔偿标准,没有依据,法院不予支持。郑甲十级伤残,定残时已年满61周岁,其残疾赔偿金应为50407.80元(26530.42元×19年×10%);(2)医疗费14823.68元,根据其提供的票据,合理的医疗费数额为12243.97元;(3)护理费2778.86元(6天×120.82元,17天×120.82元)、住院伙食补助费1600元,根据郑甲护理天数及住院天数,其主张数额,符合法律规定,法院予以确认;(4)精神抚慰金54000元,郑甲主张数额过高,没有依据,根据郑甲伤残十级,法院酌定支持其精神抚慰金5000元;(5)交通费1400元,鉴于郑甲的身体情况,其因鉴定雇佣出租车到长春,法院酌定支持其交通费用700元;(6)误工费22500元(4500元×5个月),虽然郑甲提供了其证明,但不足以证实其近3年的平均收入,法院酌定比照居民服务、维修和其他服务业标准,至郑甲定残前一日,支持其误工费17969.38元(125.66元×143天);(7)打字复印费176元、邮寄费42元,已提供票据,属合理费用,法院予以确认。综上所述,郑甲因该医疗责任纠纷发生的合理费用为残疾赔偿金50407.80元、医疗费 12243.97 元、护理费 2778.86 元、住院伙食补助费 1600 元、精神抚慰金 5000 元、交通费 700 元、误工费 17969.38 元、打字复印费 176 元、邮寄费 42 元,以上共计 90918.01 元,由中医院承担 70%,计 63642.61 元(90918.01 元×0.7)。

一审法院判决

B 市中医院赔偿郑甲各项损失 63642.61 元,于本判决生效之日起 10 日内付清。案件受理费 9000 元,减半收取 4500 元,由郑甲负担 3946 元,由 B 市中医院负担 554 元。

一审判决后,B 市中医院不服,提起上诉。

二审各方意见

上诉人(一审被告)意见

上诉请求:撤销一审判决,改判 B 市中医院不承担郑甲损失的赔偿责任。

事实与理由:一审判决根据甲司法鉴定所出具的司法鉴定意见书认定 B 市中医院承担本案的 70%责任错误。一审时,B 市中医院已经就鉴定意见存在法定应当重新鉴定的事实向法庭进行了较为详细的陈述,但一审法院未予理会,对 B 市中医院申请重新鉴定未予支持。本案不应以该鉴定意见为定案依据,应依法重新鉴定。郑甲为农村居民,其并没有提供应按城镇居民标准进行赔偿的证据,一审判决给予支持郑甲按城镇居民标准计算赔偿是错误的。对于误工费的计算,按照法律规定,应对郑甲因误工实际产生减少的收入进行赔偿,郑甲没有提供相关证据证明。一审判决对 B 市中医院提供的鉴定费负担问题没有审理亦是错误的。

被上诉人(一审原告)意见

被上诉人辩称,B 市中医院的上诉请求缺乏事实与法律依据,一审判决认定事实清楚,适用法律正确,请求驳回上诉,维持原判。

本院二审审理查明

本院二审审理查明的其他事实与一审法院查明的事实相同。另外,二审期间,B 市中医院提供 A 省医疗救助结算单,证明郑甲是农村低保人员。郑甲质证认为,对该证据的真实性没有异议,但该证据能够充分地证明郑甲参加农村合作医疗,发生了医疗事故以后,农村合作医疗给报销了 5004.68 元。这说明郑甲在 2015 年年满 60 周岁以后,单位不再给交参保金,郑甲才入的农村合作医疗。郑甲的单位 2017 年 9 月 9 日出示的证明表明郑甲

2007~2017年4月还在单位工作,工种木工,日工资150元,所以B市中医院说的郑甲没有工作是不对的。本院认为,因郑甲对B市中医院提供证据的真实性没有异议,本院予以确认。

郑甲提供两份证据:(1)B市社会保险局提供的个人参保证明和个人基本信息,证明郑甲2007年10月1日参加的失业保险,缴费的结束时间为2011年12月,养老保险金2007年10月1日,缴费结束时间为2015年10月。(2)B市某公司2017年12月14日出示的证明,证明郑甲2007年10月至2015年10月参保,参保金是单位支付的,名头落在个人,每年3600元。B市中医院质证认为,对这两份证据的真实性没有异议,但是只能证明郑甲参保时间是2015年。另外郑甲没有提供工资条,不能证明郑甲在2017年还有工作。本院认为,因B市中医院对郑甲提供证据的真实性没有异议,本院予以确认。

二审中,郑甲自认其始终在农村居住,是农村户口,但是从2007年到2017年4月,其始终以自己的木工专业从事木工工作。

二审法院认为

根据《最高人民法院关于适用〈中华人民共和国民事诉讼法〉的解释》(2015年版)第323条的规定,本案为民事二审案件,本院依法只针对上诉人的上诉请求进行审理。

该解释第90条规定:当事人对自己提出的诉讼请求所依据的事实或者反驳对方诉讼请求所依据的事实,应当提供证据加以证明,但法律另有规定的除外。在作出判决前,当事人未能提供证据或者证据不足以证明其事实主张的,由负有举证证明责任的当事人承担不利的后果。本案中对于甲司法鉴定所作为本案的鉴定机构系在一审诉讼之前,B市医疗纠纷人民调解委员会征得双方当事人共同同意的情况下委托所作。一审中,郑甲将甲司法鉴定所出具的司法鉴定意见书作为证据提交法院,B市中医院对该鉴定意见不认可,要求重新鉴定,理由为该鉴定意见不具有事实根据和法律依据,不具有科学性,存在法定应当重新鉴定的情形。后又向一审法院提交申请,要求鉴定人员出庭接受质询。一审法院即时通知鉴定人员出庭,在庭上,B市中医院就专门性问题向鉴定人员发问,鉴定人员一一进行了解答。在B市中医院无明确证据证实甲司法鉴定所出具的司法鉴定意见书鉴定结论明显依据不足的情况下,对其要求重新鉴定的申请,本院不予准许。

关于B市中医院上诉提出郑甲系农村居民,一审法院按城镇居民标准计算不当的理由。经查,一审时郑甲除提交B市某有限公司于2017年9月9日出具的证明之外,再无证据证明其在城镇生活、工作,且二审时其自认一直都在农村居住,故一审法院按城镇标准计算残疾赔偿金显然不当,应当按照《A 省高级人民法院关于 2017 年度人身损害赔偿执行标准的通知》中 2016 年度 A 省农村居民人均纯收入为 12122.94 元计算残疾赔偿金,即残疾赔偿金应为 23034 元(12122.94 元×19 年×10%)。

关于误工费问题。国家法定的企业职工退休年龄是男年满 60 周岁,女工人年满 50 周岁,女干部年满 55 周岁。达到以上年龄的人,可以办理退休手续,与其工作单位解除劳动合同,享受基本养老保险等待遇,也就意味着可以不再工作。当其人身受到伤害,也不会存在误工问题。因此,受害人达到以上年龄,赔偿权利人主张误工费原则上不予支持。但郑甲系木匠,属于有一定职业技能的工种人员。一审时,郑甲提供 B 市某有限公司出具的证明,证实郑甲从 2007~2017 年均在其单位从事木工工作。B 市中医院对该证据真实性并未提出异议,即对郑甲从事木工的职业并未持反对意见。因郑甲未向法庭提供工资表,一审法院比照居民服务、维修和其他服务业标准计算郑甲的误工费并无不当。

故郑甲因本次医疗责任纠纷而发生的合理费用为残疾赔偿金 23034 元、医疗费 12243.97 元、护理费 2778.86 元、住院伙食补助费 1600 元、精神抚慰金 5000 元、交通费 700 元、误工费 17969.38 元、打字复印费 176 元、邮寄费 42 元,共计 63544.21 元,由 B 市中医院承担 44480.95 元。

一审时,B 市中医院向法院提供了鉴定费发票,以此证明当时甲司法鉴定所鉴定时,其单位交纳了鉴定费 7500 元。根据甲司法鉴定所的鉴定结论 B 市中医院对郑甲的医疗行为存在医疗过错,其医疗过错与郑甲医疗损害后果之间存在因果关系,责任参与度为主要责任。进而一审法院判决 B 市中医院承担 70% 的责任,故鉴定费应按 7∶3 的比例承担为宜,因此关于鉴定费承担问题,B 市中医院应承担 5250 元,郑甲应承担 2250 元。

二审法院判决

变更 A 省 B 市 C 区人民法院(2017)某×××民初×××号民事判决“B 市中医院赔偿郑甲各项损失 63642.61 元,于本判决生效之日起十日内付清。”中的“63642.61 元”为“44480.95 元”。

如果未按本判决指定的期限履行给付金钱义务,应当依照《民事诉讼法》(2017 年版)第 253 条之规定加倍支付迟延履行期间的债务利息。

两审案件受理费 18000 元,由 B 市中医院承担 1546 元,郑甲承担 16454 元。鉴定费 7500 元,由 B 市中医院承担 5250 元,郑甲承担 2250 元。

本判决为终审判决。

各方意见

医方意见

单玉涛　中山大学附属第三医院医疗管理办公室　主任

就本案来说,B市中医院的诊疗行为构成医疗侵权是没有争议的,其符合医疗侵权的一般构成要件,即存在漏诊漏治医疗过失行为,违反卫生部门制定的医疗诊疗规范要求,延误患者疾病诊治行为并造成病情加重的后果,漏诊漏治与患者病情加重后果之间存在因果关系。

但就是否造成患者人身残疾的损害后果,是否需要承担残疾赔偿责任,以及具体因果关系作用比例大小等问题,我们需要根据具体情况进行具体分析。由于未能获取更多的诊疗信息,我们可以通过前提假设条件进行分别评论。

假设1:患者第一时间到达B市中医院后,结合当时患者临床症状、体查、实验室检验、影像学检查等情况,判断患者具备必须尽快接受剖腹探查和修补手术指征,那么患者因实施十二指肠修补术最终被确认为十级伤残,就不应当属于B市中医院漏诊漏治侵权行为造成的损害后果,而是患者自身所患疾病自然进展转归的结果。法院不应当判决B市中医院承担残疾赔偿责任,而应当判决承担加重患者病情造成不良后果,主要是额外增加的医疗费用、营养费、伙食费、护理费、误工费、交通费以及精神损害费用等。

假设2:患者第一时间到达B市中医院后,结合当时患者临床症状、体查、实验室检验、影像学检查等情况,判断患者具备采取保守治疗手段的指征,但B市中医院漏诊漏治行为造成患者丧失了非手术治愈的可能性,以致病情不断加重必须实施手术治疗,并构成伤残损害后果。因此,法院应当判断B市中医院承担残疾赔偿责任。但是,在医疗过失行为与残疾损害后果之间因果关系作用力大小,本人认为司法鉴定机构判定缺乏客观事实依据,而法院判决同样不具有客观性,B市中医院应当承担次要因果关系或者轻微因果关系。其理由如下:(1)患者自身存在十二指肠溃疡是发生穿孔的前提,是根本原因和主要因素。如果患者不存在基础疾病,B市中医院实施诊疗行为不会导致患者发生肠穿孔以及实施修补手术的不良后果。(2)由于疾病的隐匿性,早期表现不明显,加上客观医疗技术水平受限,临床上漏诊或误诊具有一定的发生率,在一定程度范围内是可以允许的,本案中B市中医院诊疗行为未明显超出相应范围。(3)B市中医院诊疗行为不会绝对完全避免患者实施手术修补,也就是说,即使B市中医院实施了正确的诊疗行为,患者仍然有可能因保守无效而接受手术修补。因此,法院应该判决 B 市中医院承担 30%或 10%残疾赔偿责任。

鉴定专家意见

罗斌　中山大学法医鉴定中心　主任法医师

本案关于司法鉴定方面的争议点在诉前委托鉴定是否具有法律效力以及程序是否适当的问题。根据《司法鉴定程序通则》(2016 年版)第 11 条的规定:司法鉴定机构应当统一受理办案机关的司法鉴定委托。同时对比《司法鉴定程序通则》(2007 年版)第 11 条"司法鉴定机构应当统一受理司法鉴定的委托"的规定。《司法鉴定程序通则》(2016 年版)明显强调委托方为办案机关的司法鉴定委托。而根据 2018 年 10 月发布的《医疗纠纷预防和处理条例》第 34 条第 1 款的规定,医疗纠纷人民调解委员会调解医疗纠纷,需要进行医疗损害鉴定以明确责任的,由医患双方共同委托医学会或者司法鉴定机构进行鉴定,也可以经医患双方同意,由医疗纠纷人民调解委员会委托鉴定。虽然《司法鉴定程序通则》(2016 年版)规定办案机关委托鉴定,但按照法律原则,有特例法规遵从特例,故目前,我国关于医疗损害鉴定的委托,可由医患双方共同委托或医疗纠纷人民调解委员会进行委托。

本案为诉前鉴定案,在起诉前,医患双方经医疗纠纷人民调解委员会共同选择鉴定机构进行鉴定,该鉴定意见,鉴定程序合法、鉴定机构具备鉴定资质,且鉴定人员已出庭接受质询,未有明显依据不足情形;且被告医院抗辩该鉴定意见不具有事实根据和法律依据。因此法院采信该鉴定意见。同时,该案亦传达了鉴定人员出庭接受质询的重要性。出庭质证是鉴定人的权利和义务,在商议好的时间、地点出庭接受质询,如无故拒绝出庭,则需承担相应的法律后果。

律师意见

李强　广东正大联合律师事务所　律师

本案有两个问题值得关注。一是关于如何判断是否需要重新启动鉴定的问题;二是关于确定死亡或残疾赔偿时,对于农业户籍人员是否适用城镇标准,当事人应当或可以提供哪些证据才能获得法院的支持。

医疗纠纷案件因其专业性特点,使过错鉴定在审理过程中的地位非常重要,虽说法院不该也不会以鉴代审,但实践当中几乎都是参照鉴定意见给出的范围定责,极少遇到法院依据自主判断否定或修正鉴定意见的。所以,围绕鉴定意见的争议一直以来都非常突出与尖锐,而双方的争执无非就是鉴定意见是否应当采信、是否应当启动再次鉴定。首次鉴定被动一方通常都是提出鉴定人认定事实不清或错误,鉴定程序违法,鉴定意见没有依据等。根据律师的经验,实践中除少数小的司法鉴定所鉴定水平确实不敢恭维之外,多数鉴定机构的意见还是基本公正的。无论对病历(检材)的审查,对鉴定依据的选取、因果关系的分析等,鉴定人都能尽到专业的审慎义务。唯独在参与度认定与分析上,不可避免地存在一些主观差异;在这个问题上也确实没有绝对客观的量化标准。所以,律师认为如果要推翻第一份鉴定意见,启动再次鉴定还是从鉴定依据方面着手分析较好;毕竟严重程序违法的取证不是那么容易。如果发现鉴定人在诊疗规范的适用上存在问题是最容易得到法庭支持的,因为专业鉴定的依据范畴是较为清晰的,如教材、专科权威著作、专家共识、临床指南等,这些是鉴定人无法主观去改变的,一旦发现鉴定的意见与专业规范相左,则异议较容易得到认同。

关于农业户籍人员如想要按城镇标准获得赔偿应该如何组织证据呢。农业人口在城镇工作,受限于知识结构和工作能力,往往都是从事简单的体力劳动,工作岗位相对低端,用人单位也常常不按国家规定办理劳动用工手续,所以,经常遇到某人在城镇工作、生活多年却无法提供直接的证据予以佐证。根据多地庭审经验,律师认为如不能提供最直接的社保缴费记录,还可以提供银行卡交易流水、就医证明、子女入学、入托证明、甚至报警记录等,只要是能够形成一个证据链条,证明一段时间内在城市生活工作即可;当然劳动合同,上班打卡、签到、加班记录,工资签收记录等更是必不可少的。很多法官能够认同当事人的多方举证。本案的患方似乎在这方面做得不够,类似他这种情况,应该能找出很多有利证据。

法官意见

官健　广州知识产权法院　法官

本案主要争议在残疾赔偿金的标准问题,二审将一审认定的城镇标准改为农村标准。但我想说的并非这种赔多赔少的问题,而是残疾赔偿金该不该赔的问题,或者说赔偿范围如何确定的问题。简单讲,与医方过错存在因果关系的赔偿项目应列入赔偿范围,否则应排除在外。实践中,许多赔偿项目如医疗费中,既有治疗原发病本应产生的费用,又有因医方过错所增加的费用,难以准确分辨。因此,对于医疗纠纷案件,在确定医方责任比例时,通常需要考虑原发病因素,罕见判决医方承担全部责任的判例。同时,对于有些赔偿项目如残疾赔偿金,应根据具体案情加以分析,若其与医方过错之间并不存在因果关系,则应将其排除在赔偿范围之外。本案中,患者的原发病为十二指肠穿孔,医方的过错为疏忽大意而漏诊,进一步延误正确治疗而导致损害。从鉴定意见看,患者之所以被评定为十级伤残,是参照《人体损伤致残程度分级》中第5.10.4.3条之规定,十二指肠穿孔修补术即构成十级伤残。也就是说,该修补术的实施是患者原发病造成的,无论医方延误与否,患者最终均需实施该修补术,故与医方过错之间不具因果关系。无须否认,医方过错确实增加了患者的身体损害、精神痛苦、治疗难度以及经济负担,但十级伤残的后果却是原发病导致的,相应的残疾赔偿金当然不应由医方承担。

本案启示

诉讼是让不完美医学更能完好真实规范呈现的一类有益推动方式

宋儒亮　法治广东研究中心、广东省医学会医事法学分会主任

一、不是所有的漏诊,都必然存在损害,都必须让医院赔偿

漏诊可能造成患者损害。一旦明确患者是因漏诊受到了损害,医疗机构或者其医务人员有过错的,医疗机构就要承担赔偿责任。这方面,法律已有规定,比如,《民法典》第1218条规定:“患者在诊疗活动中受到损害,医疗机构或者其医务人员有过错的,由医疗机构承担赔偿责任。”

漏诊产生的原因是多种的。一旦明确漏诊是与当时所处的治疗义务相当,那么,医院就要承担责任。这方面,法律已有规定,比如,《民法典》第1221条规定:“医务人员在诊疗活动中未尽到与当时的医疗水平相应的诊疗义务,造成患者损害的,医疗机构应当承担赔偿责任。”

漏诊、损害和赔偿之间,并不是简单的线性关系,要求的因果关系查证也不容易,需要专业判断,具体病症具体分析。比如,有些直接可通过时间—结果情况予以推出,比如,心梗病人,漏诊就耽误救治,造成的损害包括死亡;有些漏诊,并不必然导致损害、损害加重。又如,无症状的肾结石被漏诊,耽误几天但并不影响救治。

二、对医学漏诊情形了解越多,相关公开透明越充分,各方期待越客观

如同谣言止于公开,误解则止于透明。医疗活动,丰富多彩;医疗进展,日新月异。面对进展迅速的医学活动,即便作为医生,不及时学习都会落后,更何况作为医疗以外人士,更当学习,这方面,诉讼就是其中的一类学习,一种性价比很高的方式。

诉讼是一种公开透明的方式:让双方能够在法治轨道上权益博弈,保证了公平正义。

因此,面对医疗纠纷,选择诉讼方式进行化解,各方应当要有更高的站位,更专业的判断,更长远的预期,比如,本案中,进行医疗漏诊、损害与赔偿的判断,尽管情形复杂,比如有要素、问题、对策等问题争议,但正因有如此复杂的情形,既需要各方参与来完成,又需要各界知晓来化解,广泛参与,公开透明,专业精准,证据表达,化解一案,警示一片,长远而言,利远远大于弊。

三、医院尤其是三甲医院医疗纠纷化解优选、首选诉讼方式更是一种既性价比高又利于推进更高水平医院法治建设的好途径

以自由选择纠纷化解方式、以看得见的方式让每一个患者、医师和医院在案件处理上享受到公平和正义,是我们建设更高水平法治医院的目的。

不可否认,目前发生的很多医疗纠纷,要直接回答和立刻处理并不容易,也不专业和科学。医患和谐,长治久安,从科学、专业和尊严保障角度,个案上,更需要杜绝和稀泥式的方式化解医疗纠纷,单位上,更应当成为医疗行业进行"谁执法谁普法"履职活动要坚守的底线,也是进行"谁执法,谁普法"要评估的重点之一。

对管理而言,诉讼方式可以避免法规规定医院设立的医疗信息安全制度、保障措施因不用而被虚置,诉讼可让这些制度措施真正发挥作用,有的放矢,有用武之地,从而更利于推进医院管理上水平。比如,《基本医疗卫生健康与促进法》第 101 条规定:"违反本法规定,医疗卫生机构等的医疗信息安全制度、保障措施不健全,导致医疗信息泄露,或者医疗质量管理和医疗技术管理制度、安全措施不健全的,由县级以上人民政府卫生健康等主管部门责令改正,给予警告,并处一万元以上五万元以下的罚款;情节严重的,可以责令停止相应执业活动,对直接负责的主管人员和其他直接责任人员依法追究法律责任。"如果不选择诉讼方式,这样的规定在其他方式中很难得到适用。"规定的归规定,约定的归约定",其中固有的"约定不能违反法定"的合法性风险,就这样溜走了。

对医院而言,一旦进行了诉讼,既让医院不怕暴露软肋,敢于直面存在的问题,也让医院坚持的专业精神等直接展现在我们面前而更为社会知晓。最终通过有公信力的司法活动,彻底化解医疗活动中可能存在的种种隐患、风险,让医院轻装上阵、医师尊严执业、患者坦然接受、医患和谐有序。

对社会而言,公开的诉讼和司法判决书,既可让人们知晓医院的管理动态、权益保护状况,又可知晓是非对错,公平正义,也让诸如个案的审理、单位的"谁执法,谁普法"活动更有民意基础,更多社会参与,更多结案支持。

总之,面对争议不可怕,搞不清争议最可怕。凡是更利于推进医学长足进步,更利于公平正义长久推进的方式,不回避、不躲避、不排斥,应是我们对待各种纠纷的态度和立场。

这方面,行政主要负责人出庭应诉的道理、进程和实践,也可以参考一二。

这大有裨益。

一旦选择进行医疗事故争议，随之也就预示了后续处理的案由、依据和未来

宋儒亮　付洪林　温国明　欧阳兵　宋立志　许文滔　周　攸

案情简介

2015年6月29日，冼甲等在A市C区卫生和计划生育局(以下简称C区卫计局)(现卫生健康局)填写《医疗事故争议处理申请表》，当事发生医院为C区中心医院，内容为：李某(冼甲母亲)2015年5月11日入院，2015年6月3日18时30分死亡，申请提出医疗事故鉴定。冼甲一并提交落款时间为2015年6月20日的《一级甲等医疗事故(侵权)争议行政处罚申请》。

该申请载明呈C区卫计局、A市卫生和计划生育委员会(以下简称市卫计委)、某省卫生和计划生育委员会和国家卫生和计划生育委员会(现国家卫生健康委员会)，以A市C区中心医院及相关医护人员、C区卫计局有关工作人员为被申请人，认为C区中心医院谋财害命，C区卫计局熟视无睹，请求：(1)吊销C区中心医院医疗执业许可证、罚款200万元；(2)请求吊销C区中心医院各被申请人医师执业执照，罚款3万元；(3)请求责令C区中心医院负责人公开道歉引咎辞职或者撤销其职务，开除其公职；(4)涉嫌医疗事故、包庇、伪证犯罪的，依法移送司法机关追究刑事责任；(5)请求卫生行政部门依法行使调查权，调取全部病历资料和涉案监控录像资料，准许申请人复制，以示行政处理公开、公平、公正；(6)请求给予有事不找法的卫生行政责任人行政处分，开除其公职，涉嫌滥用职权、玩忽职守犯罪的，依法移送司法机关追究刑事责任；(7)赔偿损失300万元。

C区卫计局收到上述申请后，于2015年7月3日向市卫计委(现市卫生健康委员会)发出《C区卫生和计划生育局关于移送李某医案的函》，将相关材料及司法卫生行政部门医疗事故技术鉴定委托(移交)书等一并移送给市卫计委。其中A市C区中心医院出具的医案报告认为，死亡原因考虑感染导致败血症，治疗过程中医院均严格按照抢救治疗规范积极给予抗感染治疗，痰培养、血培养等提示为鲍氏不动杆菌，为泛耐药菌，治疗效果欠佳，感染加重致患者抢救无效。其对患者李某的诊疗措施遵循医疗常规。并于当天出具了

编号2015006号的《C区卫生和计划生育局关于移送材料的通知》,告知冼甲其反映的情况属于医疗纠纷的范畴,根据《医疗事故处理条例》第38条的规定,按规定将相关材料移送给市卫计委(现市卫生健康委员会)审查。

市卫计委另于2015年7月6日根据C区卫计局的委托书(患方认为C区中心医院在本次诊治过程中存在诊疗过错,包括手术指征、手术及术后治疗方面,导致患者死亡。向医院投诉,对医院处理结果不满意,要求进行医疗事故鉴定。医方则同意进行医疗事故鉴定),向A市医学会医疗事故技术鉴定工作办公室出具了《司法、卫生行政部门医疗事故技术鉴定委托(移交)书》,委托鉴定事由为患方(患方代理人为冼甲)认为该医院(A市C区中心医院)在对患者诊疗过程中存在过失,导致患者死亡,要求进行医疗事故技术鉴定,现委托A市医学会进行医疗事故技术鉴定。A市医学会医疗事故技术鉴定工作办公室于2015年7月14日受理后,于2015年7月27日向市卫计委出具某医鉴办字〔2015〕945号《关于终止组织医疗事故技术鉴定的函》,其中内容为:我学会于2015年7月14日受理由贵局委托(移交)的关于A市C区中心医院李某医疗事故技术鉴定案,现由于患方拒绝配合医疗事故鉴定工作,根据《医疗事故技术鉴定暂行办法》第38条的规定,我学会决定终止组织该医案的医疗事故技术鉴定。A市医学会医疗事故技术鉴定工作办公室制作《关于A市C区中心医院李某医案情况说明》将相关情况告知市卫计委。

冼甲等人分别于2015年7月8日、7月11日向市卫计委邮寄了上述落款时间为2015年6月20日的《一级甲等医疗事故(侵权)争议行政处罚申请》,市卫计委收到上述申请函后,于当月22日向C区卫计局发出某卫群〔2015〕医字47号《信访事项转办函》,将冼甲提出的上述事项,要求C区卫计局按照有关工作和时限的要求(按照《某省医疗纠纷预防与处理办法》,将调查处理情况书面答复信访人并抄送市卫计委)办理。C区卫计局收到上述转办函后,于2015年7月29日向冼甲等作出某卫信(信)〔2015〕100号《C区卫生和计划生育局关于冼甲等反映C区卫生和计划生育局有法不依等问题的答复》,其中内容为:

1.6月29日,你们已向我局提交C区中心医院李某医案事故争议处理等申请,当时患者已死亡。根据《医疗事故处理条例》第38条的规定,我局已于7月3日将你方的申请及其他材料移交市卫计委,同日你方家属代表冼乙已签收我局发出的《C区卫生和计划生育局关于移送材料的通知》。

2.关于你们提出对C区中心医院及相关人员的行政处罚的申请,卫生行政部门将根据前述申请依职权调查相关情况,结合医疗事故鉴定结论等事实后依法进行处理。

3. 我局对该案件的转送处理流程，符合法规规定，也及时书面通知你们，不存在推诿责任、有法不依等情况。C 区卫计局并以番卫信（信）〔2015〕112 号《C 区卫生和计划生育局关于冼甲等提出信访事项的复函》回复 A 市卫计局。

冼甲认为市卫计委没有履行职责，遂向法院提起行政诉讼。

一审各方意见

原告意见（冼甲）

请求被告履行法定职责，包括医疗事故争议行政调查、取证、行政处罚、涉嫌犯罪案件移送司法机关处理和保护起诉人人身权、财产权等合法权益。

审理过程中，冼甲当庭增加一项诉讼请求，要求市卫计委赔偿因其不作为造成的财产损失 5 万元（包括打印、复印、往返差旅费、代理人的误工费、聘请律师的费用）。

被告意见[市卫计委（现市卫健委）]

已经完全履行法定义务，不存在不作为的情况。另外，对于冼甲当庭增加的诉讼请求已超过法律规定的期限，就其增加的诉讼请求也没有提供相应的证据。请求全部驳回。

一审法院认为

《医疗事故处理条例》第 37 条第 1 款规定："发生医疗事故争议，当事人申请卫生行政部门处理的，应当提出书面申请。申请书应当载明申请人的基本情况、有关事实、具体请求及理由等。"第 38 条规定："发生医疗事故争议，当事人申请卫生行政部门处理的，由医疗机构所在地的县级人民政府卫生行政部门受理。医疗机构所在地是直辖市的，由医疗机构所在地的区、县人民政府卫生行政部门受理。有下列情形之一的，县级人民政府卫生行政部门应当自接到医疗机构的报告或者当事人提出医疗事故争议处理申请之日起 7 日内移送上一级人民政府卫生行政部门处理：（一）患者死亡；（二）可能为二级以上的医疗事故；（三）国务院卫生行政部门和省、自治区、直辖市人民政府卫生行政部门规定的其他情形。"第 39 条规定："卫生行政部门应当自收到医疗事故争议处理申请之日起 10 日内进行审查，作出是否受理的决定。对符合本条例规定，予以受理，需要进行医疗事故技术鉴定的，应当自作出受理决定之日起 5 日内将有关材料交由负责医疗事故技术鉴定工作的医学会组织鉴定并书面通知申请人；对不符合本条例规定，不予受理的，应当书面通知申请人并说明理由。当事人对首次医疗事故技术鉴定结论有异议，申请再次鉴定的，卫生行政部门应当自收到申请之日起7日内交由省、自治区、直辖市地方医学会组织再次鉴定。"《卫生行政处罚程序》第7条规定："上级卫生行政机关可将自己管辖的案件移交下级卫生行政机关处理；也可根据下级卫生行政机关的请求处理下级卫生行政机关管辖的案件。"根据上述规定，冼甲在就相关医疗纠纷向C区卫计局提出医疗事故争议处理申请及医疗事故鉴定申请后，再度向市卫计委提出内容基本相同的申请，市卫计委结合C区卫计局移送的资料和冼甲多次向各级卫生行政主管部门递交同一申请及申请涉及行政处罚、行政追责、刑事追责及民事赔偿等各方面的内容，将冼甲投诉事项指定由C区卫计局办理并无不当。此外，因医患双方就医疗争议形成原因存在较大分歧，卫生行政主管部门又无法直接判定是否属于医疗事故的，市卫计委根据C区卫计局的委托移送意见，委托A市医学会进行医疗事故技术鉴定，已履行了相应的职责。冼甲认为市卫计委不履行职责的理由不能成立，不予支持。另依照《最高人民法院关于执行〈中华人民共和国行政诉讼法〉若干问题的解释》*第四十五条规定："起诉状副本送达被告后，原告提出新的诉讼请求的，人民法院不予准许，但有正当理由的除外。"冼甲开庭时才增加新的诉讼请求，不符合上述规定，不予接纳。

一审法院判决

依照《行政诉讼法》(2014年版)第69条的规定，判决驳回冼甲的诉讼请求。

一审宣判后，冼甲不服，提起上诉。

二审各方意见

上诉人(一审原告)

1. 原审认定被上诉人已履行相应职责错误。本案无须进行医疗事故技术鉴定，只要卫生行政机关依法履行职责，调取全部病历资料、询问当事人和举行听证会，即可查明事实依法处理，原审认为被上诉人委托A市医学会进行医疗事故技术鉴定已履行相应的职责显然有误。

2. 被上诉人未履行法定职责。根据《医疗事故处理条例》第38条第2款第1项以及《行政处罚法》的规定，涉案医疗纠纷应由被上诉人进行处理，被上诉人未能举证证明其已

---

* 此文件于2018年2月8日被《最高人民法院关于适用〈中华人民共和国行政诉讼法〉的解释》废止。此案发生时该文件仍有效。——编者注

对涉案医疗纠纷进行处理,应承担举证不能的法律后果其未履行法定职责违法。

3. 原审适用法律错误。原审适用《卫生行政处罚程序》认为被上诉人将冼甲投诉事项指定由C区卫计局办理并无不当显然适用法律错误。综上,故上诉请求:(1)撤销A市B区人民法院(2015)某法行初字第579号行政判决;(2)改判被上诉人在一定期限内履行法定职责(医疗事故争议行政调查、取证、行政处罚、涉嫌犯罪案件移送司法机关处理和保护上诉人人身权、财产权等合法权益);(3)赔偿因被上诉人过错造成上诉人的损失5万元;(4)由被上诉人承担本案一审、二审诉讼费。

被上诉人(一审被告)

未提出二审答辩意见。

二审法院查明

经审理,原审法院认定的事实清楚,本院予以确认。

二审法院认为

本院认为,《医疗事故处理条例》第39条规定:"卫生行政部门应当自收到医疗事故争议处理申请之日起10日内进行审查,作出是否受理的决定。对符合本条例规定,予以受理,需要进行医疗事故技术鉴定的,应当自作出受理决定之日起5日内将有关材料交由负责医疗事故技术鉴定工作的医学会组织鉴定并书面通知申请人;对不符合本条例规定,不予受理的,应当书面通知申请人并说明理由……"本案中,被上诉人市卫计委在2016年7月3日收到涉案医疗纠纷材料后,2016年7月6日委托A市医学会对涉案医疗纠纷进行医疗事故技术鉴定,医疗事故鉴定是卫生行政部门处理医疗纠纷案件、作出行政处罚的法定依据,属于卫生行政部门认定和处理涉案医疗纠纷的基础事实及前提条件,由于上诉人拒绝配合医疗事故鉴定工作,导致涉案技术鉴定被迫终止,上诉人应当承担事故鉴定被依法终止的法律后果,上诉人认为本案无须进行医疗事故技术鉴定、被上诉人未履行法定职责的上诉意见均不能成立,本院不予支持。上诉人提出的赔偿判决请求,系在起诉状副本送达被告后所增加的,且无正当理由,原审法院不予接纳,于法有据,并无不当。综上所述,原审法院判决驳回上诉人诉讼请求的处理正确,本院依法予以维持。

二审法院判决

驳回上诉,维持原判。

二审案件受理费50元,由上诉人冼甲负担。

本判决为终审判决。

各方意见

监管方意见

温国明　广东省卫生监督所　副所长

本人认为一审、二审法院适用法律准确。这里需讨论的是“患方拒绝配合医疗事故鉴定工作”所产生的后果。

《医疗事故处理条例》第30条第2款规定:“双方当事人应当按照本条例的规定如实提交进行医疗事故技术鉴定所需要的材料,并积极配合调查。当事人任何一方不予配合,影响医疗事故技术鉴定的,由不予配合的一方承担责任。”而医疗事故鉴定是卫生行政部门处理医疗纠纷案件、作出行政处罚的法定依据,属于卫生行政部门认定和处理涉案医疗纠纷的基础事实及前提条件。本案由于上诉人拒绝配合医疗事故鉴定工作,导致涉案技术鉴定被迫终止,单方面抹杀了医疗事故鉴定结果对其有利的可能,因此“拒绝配合医疗事故鉴定工作”的行为是非常不明智的,需要承担由此产生的不利后果。

同理,《医疗事故处理条例》第18条第3款规定:“医疗事故争议双方当事人可以请法医病理学人员参加尸检,也可以委派代表观察尸检过程。拒绝或者拖延尸检,超过规定时间,影响对死因判定的,由拒绝或者拖延的一方承担责任。”

因此,建议当事人在发生医疗事故争议时,应对相关技术鉴定工作予以配合,否则将抹杀对自身有利的因素,必导致其在后续争议处理过程中处于不利的位置。

律师意见

欧阳兵　广东省律师协会政府法律顾问委员会　秘书长

行政诉讼的举证原则与民事诉讼的“谁主张,谁举证”的原则有所不同。《行政诉讼法》(2014年版)第34条第1款规定:“被告对作出的具体行政行为负有举证责任,应当提供作出该具体行政行为的证据和所依据的规范性文件。”在一般情况下,行政诉讼的举证责任由被告承担,被告若不能提供或者无正当理由逾期提供证据,则视为没有相应证据,将会承担举证不能的不利诉讼后果。但《最高人民法院关于行政诉讼证据若干问题的规定》第4条规定,“在起诉被告不作为的案件中,原告应当提供其在行政程序中曾经提出申请的证据材料”。本案中,原告以被告没有履行职责为案由提起诉讼,应负相应的举证责任。

具体到本案中,原告的诉讼请求是以需通过医疗事故鉴定才能得出结论为基础事实及前提条件的,被告依法定程序对涉案医疗纠纷进行医疗事故鉴定。但由于原告方拒绝配合医疗事故鉴定,导致涉案技术鉴定被迫终止,无法通过鉴定意见判断是否存在医疗事故或医疗过错。原告原因导致本案的主要依据无法形成,原告应承担举证不能的败诉后果。

法官意见

付洪林　广州铁路运输中级法院　法官

本案涉及两个问题:

1. 负有职责的行政机关之认定。根据卫生行政管理机关层级职责划分的相关规定,涉及患者死亡的医疗事故争议,县级卫生行政机关应当移交上级机关处理,即C区卫计局无权处理本案医疗事故争议。冼甲母亲于医院死亡后,冼甲分别向国家各级卫生行政管理机关申请查处,可能是因为冼甲并不知悉应向哪一级机关申请,也可能是意图造成较大影响。但是,负有职责的机关应当依法确定,并不受冼甲申请的影响。A市卫计委已经收到冼甲的查处申请,也收到了C区卫计局移送的涉案材料,但其一开始又将该医疗事故争议作为信访件移交C区卫计局处理,属履行职责不当。不过,A市卫计委接到C区卫计局的复函后,已正式以自己名义委托鉴定机构对冼甲母亲死亡进行医疗事故鉴定,已经履行职责。此点应当在裁判意见中载明,以达明断是非之目的。

2. 实体部分。冼甲主张其母亲死于医疗事故,并提出多项诉求,但在A市卫计委正式立案调查后,其拒绝配合行政机关委托的医疗事故鉴定机构进行鉴定,导致无法作出鉴定意见,对此冼甲存在过错,其对无法查清事实负主要责任,并应当承受由此带来的不利后果。冼甲主张不需要鉴定即可查明事实、分清责任,理由不成立,终审判决不支持其诉求是正确的。

本案启示

医事案件案由小变迁,医事人权保障大进步

宋儒亮　法治广东研究中心、广东省医事法学分会主任

法律纠纷案由之选择,犹如医疗治疗的方式选择,选择之时,输赢对错与疗效后果,往往就已注定了。

一、纠纷官司选择案由，似诊疗看病选择科室挂号，万事之开头，大意不得

案由是在基于法律关系理论前提下，确定你该用什么样的法治思维——民事、行政、刑事、宪治——和法治方式来处理纠纷。比如，选择了民事案由，就根据民事法律思维和方式进行；选择了行政案由，就根据行政法律思维和方式进行；选择了刑事案由，就根据刑事法律思维和方式进行。

确定了案由，实际上你就找到了具体的法治思维，找到了法律的方式，这有点像我们到医院看病挂号，如腹疼，消化科可以挂、普通外科也可以挂，还可以挂中医科；若是女性，可以挂妇科，等等。

总之，案由的选择，看似很简单，但背后有很大的学问。如同一旦确定科室，随之也就确定了后面的救治思路和操作方案；一旦确定了案由，随之就确定了按什么法律法规程序进行案件操作，也就预示了后续处理的案由、依据和未来。

结合本案，案件原告打输了，为什么？根本原因在于其主动填写了《医疗事故争议处理申请表》，选择了医疗事故争议案由。选择案由背后实际也就选择了纠纷处理的依据、程序和走向。《医疗事故处理条例》第2条规定："本条例所称医疗事故，是指医疗机构及其医务人员在医疗活动中，违反医疗卫生管理法律、行政法规、部门规章和诊疗护理规范、常规，过失造成患者人身损害的事故。"本案先选择进行医疗事故争议处理，既是患者的自愿选择，也是进行行政处理的事由，还是裁判进行审理的要旨，而这，恰是决定本案对错与输赢的关键。究其根源就在当事人选择了医疗事故争议，争议处理必然根据《医疗事故处理条例》依法推进，必须进行医疗事故鉴定。

在此也温馨提示：不能一方面先进行了案由的选择，另一方面又不同意根据案由选择鉴定。这样的后果就是没办法依法处理了。既如此，最终只能判败诉。本案输赢关键也在这一点上。

二、进行医疗纠纷的处理不一定要进行医疗事故技术鉴定，强求不得

答案肯定不一定。即便《医疗事故处理条例》也明确，"有医疗事故鉴定需要的"才进行鉴定。换言之，没有需要，就不必鉴定了。

上诉中指出不需要进行医疗事故鉴定，理由是认为卫生行政部门根据现有资料就可以依法处理。从法律上，主张是准确的，也是正确的。众所周知，卫生主管机关进行医疗纠纷处理，从来没有一定要依靠医疗事故技术鉴定才能进行。但这也是有前提的：当事人双方认为不用，且卫生主管机关也认为不用进行鉴定。

但本案中,当事人选择,前后矛盾。一方面,起诉前,当事人先是自愿、主动选择了医疗事故争议,并且卫生主管机关也按照此程序履行职责;另一方面,二审时又提出不进行医疗事故技术鉴定。面对前后矛盾的鉴定诉求,卫生主管机关当然有自己的独立判断,法院也有自己的独立判断,比如,判决不支持。

所以会发觉,医疗纠纷处理确实麻烦:看病,已很麻烦,且很专业;诉讼,不易,也很专业。这里,提醒大家的是,医疗纠纷处理是一个专业活。进行医疗纠纷处理,要走好第一步的案由选择。

三、体现了时代、科学、专业和文明的案由并非一成不变,进步了得

案由的变化反映了我们对医患纠纷的认识程度,反映了这个时代的进步。医疗纠纷这个大领域中,针对案由,提出最早、运用最熟悉、传播最广、持续最久、诟病最多的一定就是医疗事故,它具有交叉性,可用于民事、行政和刑事领域,兼具民事、行政和刑事等属性或者特点,但总体而言,主要更侧重在民事领域运用。这其中,一谈到医疗纠纷,或一谈到有医疗争议,首先就是要问构不构成医疗事故。围绕是不是医疗事故,之前是 1987 年 6 月出台的《医疗事故处理办法》,现在是 2002 年 9 月实施的《医疗事故处理条例》,都是支持其存在和运用的最具有影响的依据,与之对应配套的就是诸如《医疗事故技术鉴定办法》等。都是围绕医疗事故进行展开,都是为了获得医疗事故技术鉴定。为什么鉴定往往是各个单位、机构和部门最喜欢用的?理由很多,其中一个就是用着方便、简单、省事。拿个鉴定,就能用;根据鉴定,就能判断。

随着认识加深,比如,医疗纠纷要获得赔偿,是不是一定要达到医疗事故程度,没有构成事故程度,要不要承担赔偿责任呢?又如,鉴定是一个结论还是一个意见?是结论,必须照搬照抄;是意见,可以选择参考。

关注、争论和博弈多了,突破性进展、革命性改变有了。一是关于赔偿,2010 年 7 月正式实施的《侵权责任法》,宣告有医疗损害就可赔偿,不一定必须达到医疗事故程度;二是关于鉴定,其不再是“结论”而是“意见”,也只是证据中的一种。对鉴定意见,各方均可根据真实性、合法性、关联性进行质证。最后是否采纳或者多少,法院具有最终裁判权。此变迁,三大诉讼法均确认。

突破来临了。医疗事故作为案由的局限性越来越明显的同时,一个新的案由来了。就是《侵权责任法》正式确认了医疗损害赔偿。它的出台,让医疗纠纷化解,无论是在科学性还是专业性,抑或公平性上,有了大幅的提升和提高。

进展还在发生。作为民生领域的医疗服务,在医疗损害赔偿提出之后,为更好预防和处理医疗争议,充分发挥民事管理、医院管理和行政管理作用,2018 年 10 月 1 日《医疗纠纷预防和处理条例》正式实施了。《医疗纠纷预防和处理条例》第 2 条规定:"本条例所称医疗纠纷,是指医患双方因诊疗活动引发的争议。"它的出台,与之前就有法规支撑的医疗事故、医疗损害一起,共同构成了医疗纠纷、医疗事故和医疗损害三足鼎立的局面。

拓展也在出现。2020 年 6 月,《基本医疗卫生和健康促进法》正式实施了。它的出台实施,虽未改变医事领域纠纷三足鼎立的处理局面,但尤其在知情同意范畴,其对之前已达成了共识、也由法律认可的"近亲属"范围之外,又开了一个新口子:该自然人虽不属于其"近亲属",但也可接受委托成为其监护人。如此规定,大大提升了医疗活动中有关说明告知与知情同意之间的主体范围、沟通难度和冲突风险。值得密切关注。

亮点就更大了。2021 年 1 月 1 日,《民法典》正式实施了。"人格权编"的独立成编,是《民法典》的最大亮点。伴随《民法典》的正式实施、《侵权责任法》的正式废止,《侵权责任法》有关医疗损害的主要内容和精华已被《民法典》吸收和接受。不仅如此,包括生命权、身体权和健康权等"9+1(等)"种权利在内的独立成编的人格权,因《民法典》的实施,又揭开了人权保障的新篇章。

芝麻开花节节高!这些法律法规的出台,尽管仍然维持着医疗纠纷、医疗事故和医疗损害三足鼎立的局面,但它们的存在和进展拉高了我们对尊重和保障人权的期待。有充分理由相信,作为人权尊重和保障最前沿、最前哨、最前线的医事纠纷,其之个案处理、事件应对与风险防范,必将伴随新时代,迎来更好、更高、更大的新辉煌。

患者死亡，出借执业许可证者承担刑事共犯的责任逃不了

宋儒亮　洪嘉忠　杨金顺　李建林　李棠洁　宋立志

案情简介

游某，男，1966年10月19日生，汉族，小学文化，农民，户籍所在地A省B市C区，现住D省E市。

王某系E市卫生局退休职工，游某未取得医生执业资格，2014年9月30日，游某与王某达成协议，由王某办理并出借《医疗机构执业许可证》给游某开办"E市人济门诊"，游某每月向王某支付人民币2000元，且王某无须参与"E市人济门诊"的任何事务。2014年10月，"E市人济门诊"开业，由未取得医生执业资格的游某在诊所内坐诊。为了应付相关部门的检查，游某在开出的处方笺上签署王某的名字，王某明知游某未取得医生执业资格任由游某在诊所内坐诊为他人治疗及在处方笺上签名。2015年4月15日，游某在该诊所内坐诊为患者冯某输液治疗过程中导致冯某死亡。经鉴定，冯某系过敏性休克死亡。

游某和王某因涉嫌犯非法行医罪被司法机关采取了刑事强制措施，经游某和王某申请，于2015年5月28日被取保候审。

一审各方意见

公诉机关（E市人民检察院）

公诉机关D省E市人民检察院向D省E市人民法院提起公诉，认为被告人游某、王某犯非法行医罪，对其应进行相应的处罚。

被告人意见

被告人游某如实供述了自己的犯罪事实，自愿认罪，真诚悔罪。被告人王某主动配合调查，没有回避、逃避责任的想法和行为。王某辩称是在事后才知道游某在处方笺上冒签其名字，其主观恶性较轻，请求法庭从轻处罚。

一审法院认为

一审根据上述认定的事实,认为被告人游某、王某无视国法,被告人游某在未取得医生执业资格证的情况下非法行医,被告人王某明知游某未取得医生执业资格证非法行医,而为其办理开设门诊的相关手续并出借《医疗机构执业许可证》给游某,导致被告人游某在为他人行医治疗过程中造成就诊人死亡,二人的行为均构成非法行医罪。本案系共同犯罪,被告人王某在共同犯罪过程中未具体出资、坐诊,而是办理了开设门诊的相关手续,出借《医疗机构执业许可证》给游某开办“E市人济门诊”,并从中获利,为被告人游某非法行医提供了帮助,起次要、辅助作用,系从犯,应对其减轻处罚。本案案发后,包括公安、卫生部门第一时间到过案发现场,相关部门对二被告人进行了询问,在此过程中二被告人积极配合、协助相关部门调查取证,后卫生部门将案件移交至公安机关立案查处,二被告人到案后如实供述了自己的犯罪事实,认罪态度较好,二被告人的行为系自首,可对二被告人减轻处罚。

一审法院判决

依照《刑法》(2011年版)第336条第1款、第25条第1款、第27条、第67条第1款、第52条、第53条、第64条之规定,判决:(1)被告人游某犯非法行医罪,判处有期徒刑7年,并处罚金人民币25000元。(2)被告人王某犯非法行医罪,判处有期徒刑4年,并处罚金人民币20000元。(3)被告人王某先前缴纳至E市卫生局的非法所得人民币12000元依法予以没收。

宣判后,被告人王某上诉,D省E市人民检察院提出抗诉。D省F州人民检察院指派检察员杨某、李某出庭执行职务。上诉人王某及其辩护人秦某、章某,原审被告人游某到庭参加诉讼。因案情重大复杂,经报D省高级人民法院批准,依法延长审理期限2个月。在审理过程中,D省F州人民检察院建议本案延期审理,本院依法决定延期审理。

二审各方意见

上诉人王某意见

王某以“因侦查机关不作为,导致能够证实其罪轻的证据无法取得,应当推定缺失的证据对其有利,并在量刑中体现;其在本案中作用明显较小,不能够仅仅为了平息受害人家属的不满情绪,就将不应当由其承担的法律责任转嫁到其身上,希望对其判处三年以下有期徒刑并适用缓刑"为由,提出上诉。庭审过程中,王某针对抗诉机关提出的抗诉意见,认为其在事发后积极主动配合调查,没有回避、逃避责任的想法和行为,应认定其具有自首情节。

辩护人秦某、章某提出以下辩护意见:王某在事发前并不知道事情经过,其在事发后接到电话即赶到现场并积极配合相关部门调查,在事发后的第二天,王某主动到卫生部门协助调查,并垫付了尸体鉴定的费用。王某符合主动投案,应认定其具有自首情节;因尸检未检测被害人血液中是否含有酒精,导致对王某有利的证据无法取得;王某是在事后才知道游某在处方笺上冒签其名字,其主观恶性较轻,原判量刑过重,请求法庭从轻处罚。

抗诉人(D省E市人民检察院)意见

E市人民检察院以"一审判决认定被告人游某、王某具有自首情节错误,属于适用法律错误;一审判决以非法行医对二被告人量刑明显畸轻"为由,通过F州人民检察院向本院提出抗诉。F州人民检察院认为E市人民检察院抗诉正确,予以支持。出庭履行职务的检察员亦发表了与抗诉意见相同的意见。

经二审审理查明的事实与原判认定的事实一致。认定本案事实的证据在一审庭审已予以质证,并在一审判决中分项予以列述,证据确实、充分,足以认定,本院予以确认。

二审法院认为

上诉人(原审被告人)王某与原审被告人游某无视国法,游某在未取得医生执业资格证的情况下非法行医,王某明知游某未取得医生执业资格证非法行医,而为其办理开设门诊的相关手续并出借《医疗机构执业许可证》给游某,导致游某在为他人行医治疗过程中造成就诊人死亡,二人的行为均已构成非法行医罪,应依法追究其刑事责任。

在共同犯罪中,原审被告人游某系非法行医致人死亡的直接行为人,系主犯;上诉人王某在共同犯罪过程中未具体出资、坐诊,而是办理了开设门诊的相关手续,出借《医疗机构执业许可证》给游某开办"E市人济门诊",并从中获利,为被告人游某非法行医提供了帮助,起次要、辅助作用,系从犯,依法应对其减轻处罚。案发后,游某、王某在明知他人报案的情况下,在现场等候配合有关部门调查,在调查过程中如实供述非法行医的事实,其行为应视为自首,依法可对其从轻处罚。

在本院审理期间,上诉人王某的亲属代其赔偿了被害人冯某的亲属人民币20万元,双方达成了和解,被害人冯某的亲属对上诉人王某表示谅解。对于上诉人王某可在原判量刑基础上进一步从轻处罚。

原审被告人游某作为非法行医的直接行为人,造成被害人死亡的严重后果,虽具有自首情节,但只能对其从轻处罚。原判对其减轻处罚并在10年有期徒刑以下量刑,属法律适用不当,量刑畸轻。

抗诉机关关于游某、王某不具有自首情节的抗诉理由不能成立,本院不予采纳;关于原判对游某量刑畸轻的抗诉意见成立,本院予以采纳;关于原判对王某量刑畸轻的抗诉意见,因二审期间王某得到被害人亲属谅解,量刑情节发生改变,该抗诉意见不能成立,本院不予采纳。

本案中,鉴定部门未对被害人冯某尸体进行酒精含量及患有的疾病进行鉴定,但按正常治疗程序,作为行医者应对患者认真诊断,排除相关风险因素后正确给药。故被害人冯某生前就诊时是否饮酒及是否患有泌尿系统方面的疾病,不影响本案的定罪处罚。上诉人王某的辩解及辩护人的相关辩护意见本院不予采纳。

原审判决认定游某、王某犯非法行医罪的事实清楚,证据确实、充分,定性准确,审判程序合法,但量刑不当,本院依法予以改判。

二审法院判决

依照《刑事诉讼法》(2012年版)第225条第1款第2项,《刑法》(2011年版)第336条第1款、第25条第1款、第26条第1款、第27条、第67条第1款、第52条、第53条、第64条之规定,判决如下:

1. 维持D省E市人民法院(2015)某刑初字第×××号刑事判决的第3项。

2. 撤销D省E市人民法院(2015)某刑初字第×××号刑事判决的第1项、第2项。

3. 原审被告人游某犯非法行医罪,判处有期徒刑10年,并处罚金人民币25000元。(刑期从判决执行之日起计算。罚金限在判决生效之次日缴纳。)

4. 上诉人(原审被告人)王某犯非法行医罪,判处有期徒刑3年,并处罚金人民币二万元。(刑期从判决执行之日起计算。判决执行以前先行羁押的,羁押一日折抵刑期一日,即自2015年5月28日起至2018年5月27日止。被告人王某先前缴纳至E市卫生局的罚款人民币5000元依法折抵其罚金,剩余罚金人民币15000元限在判决生效之次日缴纳。)

本判决为终审判决。

各方意见

医方意见

李建林　中山大学第八附属医院　副院长

非法行医的处罚,早已实现了有法可依。《医疗机构管理条例》、《医疗纠纷预防和处理条例》和《基本医疗卫生与健康促进法》对诸如医师执业证、医疗机构执业许可证、医疗机构不得使用非卫生技术人员从事医疗卫生技术工作等事项,都有着明确的、清晰的规定,不得伪造、涂改、出卖、转让、出借等,应当成为一个基本法律常识。

王某作为E市卫生局退休职工,明知游某为非卫生技术人员仍出借执业许可证并获利,属于知法犯法。因此,对其惩罚是恰当的。

游某作为非卫生技术人员,无行医资格,却以王某的名义"诊治"病人,在处方上借用王某的名字,更是违反诸如《执业医师法》和《刑法》等规定。比如,《执业医师法》(2009年版)第14条第2款规定:未经医师注册取得执业证书,不得从事医师执业活动;第39条规定:未经批准擅自开办医疗机构行医或者非医师行医的,由县级以上人民政府卫生行政部门予以取缔,没收其违法所得及其药品、器械,并处10万元以下的罚款;对医师吊销其执业证书;给患者造成损害的,依法承担赔偿责任;构成犯罪的,依法追究刑事责任。又如,《刑法》(2011年版)第336条规定:"未取得医生执业资格的人非法行医,情节严重的,处三年以下有期徒刑、拘役或者管制,并处或者单处罚金;严重损害就诊人身体健康的,处三年以上十年以下有期徒刑,并处罚金;造成就诊人死亡的,处十年以上有期徒刑,并处罚金。"

当地卫生监督部门仍然存在监管缺失问题。本案游某为非卫生技术人员,无行医资格,却以王某医师的名义"诊治"病人,在处方上借用王某的名字达半年之久,当地卫生监督部门却没有发现,直到出现患者死亡才暴露出来,恰恰说明当地卫生监督部门未认真履行监管职责,没有进行全方位、多角度的依法监管。对此,也应当深挖细究,举一反三,杜绝监管盲区和监管失职。

通过本案,对医疗机构管理者有如下警示:一是《医疗机构执业许可证》绝不可出卖、转让和出借给其他个人和机构。二是不得聘用非卫生技术人员从事医疗卫生工作,即使是取得医师资格证的医师亦须在本机构注册/多点执业备案后,方可在执业范围内执业。三是各大医疗机构或多或少可能存在诸如未取得执业资格的实习医生使用带教老师的账号、签章书写病历、开具医嘱等,或下级医师使用上级医师的账号、签章开具医嘱等问题。面对这些问题，在法治越来越健全、实施越来越严格的今天，此现象应引起管理者的重视。

律师意见

杨金顺　《中国医学论坛报》第二届医事法学理事会医刑大案要案解读部主任，律师

本案是一起非法行医致人死亡的案例，符合《刑法》（2011年版）第336条非法行医罪之“未取得医生执业资格的人擅自从事医疗活动”的情形，且属于“造成就诊人死亡”的加重情节。

本案值得思考的是，王某作为具有医生资格的人，是否可以构成非法行医罪？根据传统刑法理论，非法行医罪的主体要件是“未取得医生资格的人”，王某似乎并非适格的犯罪主体。但是，随着共同犯罪理论的深入，无身份者与有身份者共同犯罪已不存在理论上的障碍。无身份者与有身份者的共同实行行为如何定性？存在统一定罪说、主犯决定说、实行犯决定说、核心决定说等学说，各种学说之间虽然存在差异，但本质上存在共通。本案中，被告人游某未取得医生执业资格，开办“E市人济门诊”，直接进行非法行医活动，造成就诊人死亡，属于主犯、实行犯；被告人王某在明知游某未取得医生执业资格的情况下，帮助其办理并出借《医疗机构执业许可证》，并任由游某在诊所内开展诊疗活动及在处方笺上签自己的名字，构成从犯。判决书以主犯游某的犯罪行为定性整个共同犯罪行为的性质，是妥当的。

此外，关于加重情形“造成就诊人死亡”的因果关系应当如何认定？司法实践通常将医疗过错参与度纳入刑法因果关系评定之中，当医疗过错参与度达到50%以上，即非法行医行为作为就诊人死亡的主要或全部原因时，才可认定具有刑法上的因果关系。2016年《最高人民法院关于审理非法行医刑事案件具体应用法律若干问题的解释》第4条第1款规定：“非法行医行为系造成就诊人死亡的直接、主要原因的，应认定为《刑法》第三百三十六条第一款规定的‘造成就诊人死亡’。”本案中，判决书并未对此进行详细论述。

法学专家意见

李棠洁　广州医科大学法学系博士

本案涉及非法行医罪的定罪与量刑问题。关于被告人游某、王某的违法行为是否构成非法行医罪，一审法院与二审法院的判决完全一致，而且抗诉机关对罪名的认定并无异议。但针对一审法院判决，检察机关以量刑畸轻提起抗诉，二审法院在查明案件细节的基础上，对两名被告的刑事处罚予以改判。

根据《刑法》(2011年版)第336条第1款的规定,未取得医生执业资格的人非法行医,情节严重的,处3年以下有期徒刑、拘役或者管制,并处或单处罚金;严重损害就诊人身体健康的,处3年以上10年以下有期徒刑,并处罚金;造成就诊人死亡的,处10年以上有期徒刑,并处罚金。可知,非法行医罪的法定量刑情节取决于犯罪结果危害程度。本案中,因游某、王某实施非法行医的违法行为,导致被害人冯某死亡,根据《刑法》规定应处10年以上有期徒刑。另外,本案是两名被告人实施的共同犯罪行为,根据《刑法》(2011年版)第26、27条的规定,各行为人在共同犯罪中所起作用不同应区分主犯和从犯,对于从犯应当从轻、减轻处罚或免除处罚。本案中,游某在未取得医生执业资格的情况下实施诊疗是导致被害人死亡的直接原因,是共同犯罪中的主犯;王某出借《医疗机构执业许可证》给不具备医生执业资格的游某开办诊所,并从中获利,为游某非法行医提供了帮助,起次要、辅助作用,是从犯,根据《刑法》规定应当从轻、减轻处罚。除法定量刑情节外,影响量刑情节的因素还包括行为人犯罪后的态度。犯罪后的态度反映犯罪人人身危险性的大小和改造的难易程度,如行为人犯罪后有坦白认罪,积极退赃,主动赔偿损失等悔罪表现,从有利于刑罚目的实现出发,这些事实在量刑时应予以考虑。就本案而言,量刑的分歧关键在于是否应认定两被告具有自首情节。一审判决认定被告人游某、王某具有自首情节;而抗诉机关认为一审法院的上述认定是错误的。自首是指犯罪分子犯罪以后自动投案,如实供述自己的罪行的行为。根据《最高人民法院关于处理自首和立功若干具体问题的意见》第1条的规定,"自动投案"的情形包括:(1)犯罪后主动报案,虽未表明自己是作案人,但没有逃离现场,在司法机关询问时交代自己罪行的;(2)明知他人报案而在现场等待,抓捕时无拒捕行为,供认犯罪事实的;……本案中,游某、王某在案发后他人报案的情况下,没有逃避侦查而是在现场等候配合有关部门调查,在调查过程中如实供述非法行医的事实,应认定为具有自首情节,依法可从轻处罚。而且王某在案发后主动对被害人亲属予以赔偿,并取得被害人亲属的谅解,也可认定为酌定从轻量刑的情节。综上,二审法院对被告人游某判处有期徒刑10年,对被告人王某判处有期徒刑3年的量刑是适当的,符合罪刑相适应原则。

法官意见

洪嘉忠　广东省高级人民法院　法官

本案中,法院对被告人游某以非法行医罪定罪处罚,没有任何争议。对被告人王某的处理,涉及非法行医罪的共犯认定问题。《刑法》规定,非法行医罪的犯罪主体是"未取得医生执业资格的人",是一种消极限定。也就是说,本罪正犯只能是未取得医生职业资格的人,取得医生执业资格的人员不能成为本案正犯。根据共犯原理,虽正犯属于消极的身份犯,但其共犯的身份并没有限制。因此,无论是否取得执业医生资格,教唆或帮助未取得医生执业资格的人非法行医,就成立非法行医罪的共犯(教唆犯或帮助犯),不能因为行为人取得了执业医生资格就不能定非法行医罪。实践中,取得执业医生资格的人员,以出租、出借、转让、出卖执业医生资格等方式帮助没有取得执业医生资格的人非法行医,构成非法行医罪的共犯,应定罪处罚。至于行为人罪责轻重,应按照其在共同犯罪中的作用确定。本案中法院对被告人王某的处理是准确的。

本案启示

与时俱进的医事法制,给予更多执业便利的同时也对应赋予了对等责任

宋儒亮　法治广东研究中心主任、《中国医学论坛报》第二届医事法学理事会理事长、广东省医学会医事法学分会主任

医学的进步,是永无止境的;法学的提升,更与时俱进。伴随时代的发展,一直修正完善、提升进展的,不只是医学,法学也是其一。《刑法》更是其中典型的代表。《刑法》是规定犯罪、刑事责任和刑罚的法律,是规定哪些行为是犯罪并且应当负何种刑事责任,并给予犯罪嫌疑人何种刑事处罚的法律规范的总称。

非法行医案件,增多趋势怕难以避免,如何更好提升自身守法能力和增加监管能力乃当务之急。伴随《中医药法》的实施、《基本医疗卫生与健康促进法》的出台和《刑法》的修正,极大推进了医疗服务方式供给的创新的同时,极大方便医师自主执业的同时,也让伴随的非法行医的出现和惩罚,更多地呈现在我们面前。

第一,中医药领域,备案制等管理制度的实施,让自主执业更是便利的同时,非法行医问题也随之在浮现。

酝酿了 33 年之久,我国首部《中医药法》于 2017 年 7 月 1 日正式实施!作为我国首部全面、系统体现中医药特色的综合性法律,其的出台,既让社会力量举办医疗机构更加容易,如其第 13 条规定:“国家支持社会力量举办中医医疗机构。社会力量举办的中医医疗机构在准入、执业、基本医疗保险、科研教学、医务人员职称评定等方面享有与政府举办的中医医疗机构同等的权利。”又为中医诊所开办大开了方便之门,如第 14 条第 2 款规定:

"举办中医诊所的，将诊所的名称、地址、诊疗范围、人员配备情况等报所在地县级人民政府中医药主管部门备案后即可开展执业活动。中医诊所应当将本诊所的诊疗范围、中医医师的姓名及其执业范围在诊所的明显位置公示，不得超出备案范围开展医疗活动。具体办法由国务院中医药主管部门拟订，报国务院卫生行政部门审核、发布。"《中医药法》的上述规定，极大地调动和方便了中医执业，自然，伴随的非法行医问题也就随之浮现。

第二，医疗卫生服务层面，以"打通"为制度模式的法定方式的确定，让提供医疗卫生服务的执业活动更加便利的同时，非法行医更有条件和可能随之多发频发。

2020 年 6 月 1 日，《基本医疗卫生与健康促进法》出台，更开启了基本医疗卫生服务方式创新的法治新天地。概括而言，提供医疗卫生服务，法定方式主要有以下三种：

一是建立了打通诊疗各环节的分级诊疗制。《基本医疗卫生与健康促进法》第 30 条第 1 款规定："国家推进基本医疗服务实行分级诊疗制度，引导非急诊患者首先到基层医疗卫生机构就诊，实行首诊负责制和转诊审核责任制，逐步建立基层首诊、双向转诊、急慢分治、上下联动的机制，并与基本医疗保险制度相衔接。"

二是建立了打通各医院的医疗联合体等协同联动的医疗服务合作制。《基本医疗卫生与健康促进法》第 30 条第 2 款规定："县级以上地方人民政府根据本行政区域医疗卫生需求，整合区域内政府举办的医疗卫生资源，因地制宜建立医疗联合体等协同联动的医疗服务合作机制。鼓励社会力量举办的医疗卫生机构参与医疗服务合作机制。"

三是建立了打通医生个人的家庭医生服务团队制。《基本医疗卫生与健康促进法》第 31 条规定："国家推进基层医疗卫生机构实行家庭医生签约服务，建立家庭医生服务团队，与居民签订协议，根据居民健康状况和医疗需求提供基本医疗卫生服务。"

甘蔗没有两头甜！中医诊所管理推行备案制、医疗卫生服务"打通"模式的推进，在让医疗卫生服务和服务方式更具市场化、契约化、社会化的同时，在让医生执业需求更为旺盛、行医更加便利、服务更加人性、获得更加增多之余，非法行医等问题也不可避免地出现了。此时，若监管不当，医疗服务市场的混乱就是常态、就属必然。

呼吁好好珍惜当前医事法制大好局面的同时，也要强调进行医疗活动时，不能只顾眼前小利，更不能放弃法治底线，更不能丢掉风险思维。

行医越发便利的同时，意味着对非法行医监管也越来越严，如何提升运用法治思维和法治方式能力，又成为新挑战。伴随更多执业便利的同时，承担相应民事责任、行政处罚之外，面对非法行医的刑事惩罚制度完善也在快速推进之中。《刑法修正案（十一）》从坚持依法行医角度，对非法编辑、克隆人类基因行为有了新规定。《刑法修正案（十一）》在《刑法》（2017年版）第336条（罪名：非法行医罪）之后，又新增第336条之一：

第336条规定："未取得医生执业资格的人非法行医，情节严重的，处三年以下有期徒刑、拘役或者管制，并处或者单处罚金；严重损害就诊人身体健康的，处三年以上十年以下有期徒刑，并处罚金；造成就诊人死亡的，处十年以上有期徒刑，并处罚金。未取得医生执业资格的人擅自为他人进行节育复通手术、假节育手术、终止妊娠手术或者摘取宫内节育器，情节严重的，处三年以下有期徒刑、拘役或者管制，并处或者单处罚金；严重损害就诊人身体健康的，处三年以上十年以下有期徒刑，并处罚金；造成就诊人死亡的，处十年以上有期徒刑，并处罚金。"

第336条之一规定："将基因编辑、克隆的人类胚胎植入人体或者动物体内，或者将基因编辑、克隆的动物胚胎植入人体内，情节严重的，处三年以下有期徒刑或者拘役，并处罚金；情节特别严重的，处三年以上七年以下有期徒刑，并处罚金。"

显然，如此修改，体现了对非法行医的认识更全面了，比如不再简单停留诸如执业类别、地点、范围等传统认识、再局限于传统风险了，而是通过修正将"基因编辑、人工智能、医疗诊断"等易引发重大风险的领域纳入调整，表明了对人格尊重，对非法行医的惩罚，具有很大的理论与现实价值和意义。

关于共同犯罪，《刑法》专节进行了规定。《刑法》的存在，既是刑事法制建设的最新成果，也是规范刑事执业底线的需求。由刑事法制到刑事法治，就是一种法制的转化，就是一种法治实践。如何更好把刑事法制在医事领域予以激活和运用，是针对性提升依法行医工作能力和水平的一种刚性需要。满足这方面的法律需求，既需有更多如同"医事法学栏目"和专家的现身说法，也更需医学专业人士自己，留些时间，放下身段，认真学习，不断提升。

专业，无论是医学还是法学，须受尊重，重在落实。不听医嘱，不尊重医学规律，疾病就没有办法科学诊疗；不守法规，不遵守法学规矩，权益就没有办法正确保障。对专业的尊重、遵守和运用，就是在进行一次专业检验，也是在进行一项专业教育，更是在进行一场专业洗礼，这对医疗救治的开展是如此，对法律救济的实施也是如此，本案则是专业的刑事案件的典型代表之一。

术后仍有未发现和未取出的左足异物，判决支持376天误工，究竟对不对？

宋儒亮　官　健　单玉涛　何　平　李永丰　宋立志　陈静雯

案情简介

2017年4月3日，王甲因左脚被碎玻璃扎伤，就诊于县医院行清创探查术，共花医疗费476元。遵医嘱，王甲进行了X光检查，报告单检查结论意见：左足未见骨关节病变。术后因王甲左足局部疼痛，于2018年3月30日，到C县医院就诊，X线片见王甲左足异物。行手术取出左足异物。异物为0.3~4.5厘米大小玻璃片，王甲在C县医院共花医疗费100元。

王甲认为县医院存在过错，向法院提起诉讼。

一审各方意见

原告意见(王甲)

王甲认为，县医院在治疗中存在过错，没有完全取出左足异物，导致王甲需要行二次手术，请求县医院赔偿各项损失人民币10万元并承担全部诉讼费用。

被告意见(县医院)

县医院已经对王甲行清创探查术，术后X线片未见异物残留，县医院在治疗中不存在过错，请求驳回原告全部诉讼请求。

一审法院查明

2017年4月3日，王甲因左脚被碎玻璃扎伤，就诊于县医院行清创探查术，共花医疗费476元。遵医嘱，王甲进行了X光检查，报告单检查结论意见：左足未见骨关节病变。术后因王甲左足局部疼痛，于2018年3月30日，到C县医院就诊，X线片见王甲左足异物。行手术取出左足异物。异物为0.3~4.5厘米大小玻璃片，王甲在C县医院共花医疗费100元。

本院委托D司法鉴定中心对王甲损害相关内容进行鉴定,D司法鉴定中心司法鉴定意见书认定:(1)县医院在对王甲的治疗中存在过错;其过错与王甲左足异物的不良后果存在因果关系;过错程度为全部责任。(2)因县医院的过错延长王甲的误工期限为376天。(3)王甲二次手术期间的护理期限以14天为宜。

一审法院认为

县医院在王甲就诊过程中,因过错造成王甲损害,县医院的医疗行为经D司法鉴定中心司鉴定后认定:县医院在对王甲的治疗中存在过错;其过错与王甲左足异物的不良后果存在因果关系,双方对此均无异议,予以认定。

关于D司法鉴定中心司法鉴定意见书认定:(1)县医院在对王甲的治疗中过错程度为全部责任。(2)因县医院的过错延长王甲的误工期限为376天。(3)王甲二次手术期间的护理期限以14天为宜的问题,县医院提出异议,本院通知鉴定人杨某新、张某楠出庭对鉴定意见提出了说明并接受质询,质证中,县医院未能提出充分的证据,证明其异议成立,继而否定D司法鉴定中心的鉴定意见书认定的事实和结论。对王甲放弃要求县医院承担就医的医疗费、放弃误工费按固定工资收入计算,主张误工费按当地2017年度的农、林、牧、渔行业平均工资标准计算的请求,本院予以支持。王甲要求县医院赔偿交通费1万元,未向本院提出充分的证据,不予支持。本案各项损失认定如下:医疗费576元,二次手术期间护理1961.68元(住院14天,每天140.12元)、误工费53053.60元(376天,每天141.10元),鉴定费6580元,合计62171.28元。

一审法院判决

依据《民法通则》第119、134条,《侵权责任法》第16、54条,《最高人民法院关于确定民事侵权精神损害赔偿责任若干问题的解释》(2001年版)第8条,《民事诉讼法》(2017年版)第152条之规定,判决:

1.县医院于本判决生效之日起10日内赔偿原告医疗费576元、二次手术期间护理费1961.68元(住院14天,每天140.12元)、误工费53053.60元(376天,每天141.10元)、鉴定费6580元,合计62171.28元。

2.驳回王甲的其他诉讼请求。案件受理费2300元,减半收取1150元,鉴定人出庭合理费用1000元,由县医院负担。此款与上述第1项判决一并执行。

一审判决后,县医院不服,提起上诉。

二审各方意见

上诉人(县医院)

县医院上诉请求:请求撤销一审判决,依法改判。其中不服误工费金额为53053.60元,一审、二审诉讼费由王甲承担。事实及理由:(1)甲司法鉴定中心的司法鉴定意见书对于误工期的鉴定明显错误,不符合生活事实和客观事实,一审法院采信该鉴定意见错误。首先,王甲于2017年4月3日因左脚被碎玻璃扎伤,就诊于县医院,县医院所属医生行伤清创探查术,嘱其抗炎、对症治疗,出院后病情变化随诊。出院后王甲一直未随诊复查。2018年3月30日王甲就诊于C县医院手术取出异物。鉴定机构将其两次就医的间隔时间作为误工期出具鉴定意见是不客观公正的。误工费是指伤者因侵权行为不能参加劳动而使其实际减少的损失,从异物的大小和取出的部位看,如果王甲的伤痛到不能参加劳动的程度,其早应来我院复诊或者到其他医院检查,不会等到一年以后才去中医院检查进而得知原因进行手术,所以从伤情推断来看,其误工期不应达到376天。一审庭审时两名鉴定人出庭对上诉人提出的问题回答自相矛盾。(2)县医院所属医生嘱王甲出院后病情变化随诊,王甲出院后一直未随诊复查,也未及时去其他医院检查伤情的恢复状况,其自身对病情的延误及治疗情况存在主观过错,应当适当减轻上诉人的责任。

被上诉人(王甲)

王甲答辩称,县医院的上诉请求缺乏事实与法律依据。王甲是因左足异物未及时取出,不能正常行走,所以误工期限达一年以上,一审判决依据鉴定意见所作判决正确。

二审法院查明

本院二审期间,当事人没有提交新证据,本院对一审认定的事实予以确认。在本院审理中,县医院申请重新鉴定。

二审法院认为

本院认为,本案争议的焦点是王甲的误工时间按376天计算是否正确的问题。误工费是赔偿义务人向赔偿权利人支付的受害人从遭受伤害到完全治愈这一期间内,因无法从事正常工作而实际减少的收入。由于县医院的过错行为,王甲左足异物没有得到及时取出、医治,不能正常行走,一审法院结合本案的事实并依据D司法鉴定中心司法鉴定意见,判决王甲的误工时间按376天计算并无不当。县医院虽对该鉴定意见中误工天数存有异议，认为依据《人身损害受伤人员误工损失日评定准则》，该鉴定意见中的误工天数过长，不符合常理，但县医院在一审法院审理中并未申请重新鉴定，且没有足够的证据否定该鉴定意见，对县医院上诉所称一审采信该鉴定意见错误，该鉴定意见中误工天数不符合常理，误工天数过长等上诉理由不予支持。关于对县医院要求重新鉴定的请求，由于该鉴定意见的鉴定程序并无违规、违法，鉴定意见并无明显不当，对县医院要求重新鉴定的请求不予准许。

二审法院判决

依照《民事诉讼法》(2017年版)第170条第1款第1项之规定，判决如下：

驳回上诉，维持原判。

二审案件受理费2300元由县医院负担。

本判决为终审判决。

各方意见

医方意见

单玉涛　中山大学附属第三医院医疗管理办公室　主任

创伤后各类异物(玻璃、金属、石子、木块、沙砾等)遗留问题是医院急诊外科常见现象之一。在临床一线工作中，医务人员在处理创伤伤口创面异物时，异物本身存在大小不一，特别是微小异物，在不能随意扩大伤口创面的医疗原则和操作规范要求下，在有限的伤口创面内往往是难以完全避免异物遗留的，这是现有医学局限性的表现。

本案中，个人认为当事医院已经尽到符合其专业水准的谨慎注意义务，其对创面清创探查、拍X片等处置是符合医疗原则和操作规程的。但是，由于玻璃异物是透光的，早期通过X光片是无法显示的，这样更增加了临床一线医生处理的困难，而非主观过错责任。面对此种情况，医生只能通过对患者的复诊复查，才有可能及时发现异物和妥善有效处理。而本案中，患者一直未能按照医嘱及时返回医院随诊复查，直到一年后到其他医院就诊，其应当承担不配合医院诊疗行为的过错责任。同时，在因果关系上，本人认为玻璃遗留是患者创伤造成的，非医院及其医务人员诊疗行为造成的，且由于玻璃质地的特殊性，现有医疗水平局限性，当事医生无法第一时间及时发现和完全清除异物，并不能归结于医务人员过错责任，应当属于医学上客观存在难以完全避免的医疗风险之一。因此，无论是司法鉴定机构,还是法院法官,应当客观全面地评判医疗行为科学性、合理性、合法性,不能简单依据司法鉴定意见中认定的事实和责任进行判案。而作为医院在处理急性异物创伤伤口时,应当尽可能清除异物,并强调清创术可能风险的告知,特别是对异物清除不全、可能存在遗留问题进行说明,要明确提醒患者回院复诊复查的具体期限要求,并如实在病历中书写记录,提高医务人员的书面证据意识,避免因告知不充分带来的法律风险。

鉴定专家意见

李永丰　广东省医学会医鉴办　副主任

本案中,双方当事人对误工期的计算问题存在强烈争议。对此,《最高人民法院关于审理人身损害赔偿案件适用法律若干问题的解释》(2003 年版)第 20 条已有明确规定,认定误工期及误工费时,应当按照这个司法解释进行认定。遇到不明确的,可以主动依法查证,或者要求有关单位补交医学证明,然后依法处理。

律师意见

何平　广东鹏浩律师事务所　律师

本案焦点是患者误工时间按 376 天计算是否正确的问题。

《最高人民法院关于审理人身损害赔偿案件适用法律若干问题的解释》(2003 年版)第 20 条第 2 款规定:“误工时间根据受害人接受治疗的医疗机构出具的证明确定。受害人因伤残持续误工的,误工时间可以计算至定残日前一天。”但本案中医疗机构未出具医嘱证明患者的误工期限,并且患者也未达到伤残。在无医疗机构出具医嘱证明患者误工期限,患者亦未有伤残的情况下,为查明本案的误工期限,法院可以委托专业的司法鉴定机构进行司法鉴定,而本案一审法院亦委托 D 司法鉴定中心对患方的误工期限进行鉴定,经鉴定误工期限为 376 天。

面对医疗机构的异议,一审法院已通知鉴定机构专家出庭接受质询,且本案一审及二审法院均未启动对患者误工期限重新鉴定合理合法,采纳按 376 天计算患者误工期限,并无不当。

法官意见

官健　广州知识产权法院　法官

《最高人民法院关于审理人身损害赔偿案件适用法律若干问题的解释》(2003 年版)第 20 条规定,误工费根据受害人的误工时间和收入状况确定。误工时间根据受害人接受治疗的医疗机构出具的证明确定。受害人因伤致残持续误工的,误工时间可以计算至定残日前一天。受害人有固定收入的,误工费按照实际减少的收入计算。受害人无固定收入的,按照其最近3年的平均收入计算;受害人不能举证证明其最近3年的平均收入状况的,可以参照受诉法院所在地相同或相近行业上一年度职工的平均工资计算。本案主要争议误工时间。患者足部外伤清创手术后遗留异物导致再次手术,法院根据鉴定意见认定误工时间为376天。首先,误工时间一般不属于医学专业性问题,无须鉴定加以确定。其次,误工是否必要,依上述规定,一般应由医疗机构出具证明即通常所说的诊断证明书。根据举证规则,此应由患方承担举证责任。从法院查明的事实看,没有显示患者于两次手术之间的就诊情况。最后,从常识出发,若患者于第一次手术后因伤口无法恢复或异物残留导致无法正常行走或不能工作,其不可能不去就医,其应保留有相应的证据。两次手术间隔近1年,若患者无法行走,却一直不去就医,或者去就医却一直未发现异物残留,此损失是否均应由医方承担?依本案患者的伤情,法院支持376天误工损失是否合理,值得商榷。

本案启示

坚持放宽、从宽和就宽的思维,让被侵权人更充分享受合法权益保护

宋儒亮　法治广东研究中心主任、《中国医学论坛报》第二届医事法学理事会理事长、广东省医学会医事法学分会主任

一、误工费问题:法律、行政法规、司法解释等一直密切关注的重要事项

误工费问题包括在有些已失效的法律中,如《民法通则》第119条规定:“侵害公民身体造成伤害的,应当赔偿医疗费、因误工减少的收入、残废者生活补助费等费用;造成死亡的,并应当支付丧葬费、死者生前扶养的人必要的生活费等费用。”《侵权责任法》第16条规定:“侵害他人造成人身损害的,应当赔偿医疗费、护理费、交通费等为治疗和康复支出的合理费用,以及因误工减少的收入。造成残疾的,还应当赔偿残疾生活辅助器具费和残疾赔偿金。造成死亡的,还应当赔偿丧葬费和死亡赔偿金。”

误工费问题也包括在现行法律中,如《民法典》第1179条规定:“侵害他人造成人身损害的,应当赔偿医疗费、护理费、交通费、营养费、住院伙食补助费等为治疗和康复支出的合理费用,以及因误工减少的收入。造成残疾的,还应当赔偿辅助器具费和残疾赔偿金;造成死亡的,还应当赔偿丧葬费和死亡赔偿金。”

误工费问题还包括正在适用的行政法规中,如《医疗事故处理条例》第 50 条第 2 项规定:“误工费:患者有固定收入的,按照本人因误工减少的固定收入计算,对收入高于医疗事故发生地上一年度职工年平均工资 3 倍以上的,按照 3 倍计算;无固定收入,按照医疗事故发生地上一年度职工年平均工资计算。”第 51 条规定:“参加医疗事故处理的患者近亲属所需交通费、误工费、住宿费,参照本条例第五十条的有关规定计算,计算费用的人数不超过 2 人。医疗事故造成患者死亡的,参加丧葬活动的患者的配偶和直系亲属所需交通费、误工费、住宿费,参照本条例第五十条的有关规定计算,计算费用的人数不超过 2 人。”

误工费问题更包括在案件审理常用的司法解释中,如《最高人民法院关于贯彻执行〈中华人民共和国民法通则〉若干问题的意见(试行)》* 第 143 条规定:“受害人的误工日期,应当按其实际损害程度、恢复状况并参照治疗医院出具的证明或者法医鉴定等认定。赔偿费用的标准,可以按照受害人的工资标准或者实际收入的数额计算。受害人是承包户或者个体工商户的,其误工费的计算标准,可以参照受害人一定期限内的平均收入酌定。如果受害人承包经营的种植、养殖业季节性很强。不及时经营会造成更大损失的,除受害人应当采取措施防止损失扩大外,还可以裁定侵害人采取措施防止扩大损失。”《最高人民法院关于审理人身损害赔偿案件适用法律若干问题的解释》(2003 年版)第 17 条第 1 款规定:“受害人遭受人身损害,因就医治疗支出的各项费用以及因误工减少的收入,包括医疗费、误工费、护理费、交通费、住宿费、住院伙食补助费、必要的营养费,赔偿义务人应当予以赔偿。”第 20 条规定:“误工费根据受害人的误工时间和收入状况确定。误工时间根据受害人接受治疗的医疗机构出具的证明确定。受害人因伤致残持续误工的,误工时间可以计算至定残日前一天。受害人有固定收入的,误工费按照实际减少的收入计算。受害人无固定收入的,按照其最近三年的平均收入计算;受害人不能举证证明其最近三年的平均收入状况的,可以参照受诉法院所在地相同或者相近行业上一年度职工的平均工资计算。”

一言以蔽之,误工费作为损害赔偿法定事项之一,规范事宜,备受法规、司法解释的关注和重视;但作为损害赔偿的争议事项之一,计算事宜,司法实践中备受各方聚焦和争议,成为纠纷处理的一个难点问题。

二、误工费判定:司法实践的认定难点和实现方式

误工费判定,源于误工,数额本身关乎当事人的合法权益保障和保护。《现代汉语词

* 此文件于 2021 年 1 月 1 日失效,此案发生时仍有效。——编者注

典》(第五版)中,“误工”指耽误工作,也指生产劳动中缺勤或者迟到。据此,误工费就是因耽误工作而产生的费用。

但是,“耽误工作”的判定,不是一个简单的问题,与耽误工作的时间、日期、时期、工作类型、收入标准等有关,存在变数,一言难以蔽之。

比如,司法解释中,有规定“误工费要根据受害人的误工时间和收入状况确定”、有规定“受害人的误工日期应当按其实际损害程度、恢复状况并参照治疗医院出具的证明或者法医鉴定等认定”。这其中,诸如“误工时间”“收入状况”“损害程度”“恢复状”“参照治疗医院出具的证明或者法医鉴定”等,这些要素要一一明确,并不容易。

因此,正本清源,除非予以源头立法,明确界定“误工费”的含义、构成要素、判断依据与计算标准,否则,难以达成共识,也难以一视同仁,更难以类案相同。

就司法实务而言,当事人通过自行举证予以证明、有关政府职能部门出台规范性文件予以明确、个案审理中法官通过自由裁量予以确认,这是当前关于进行误工费判断常见的三种实现方式。

三、认定建议:赔偿责任进展时代下进行误工费认定思考

误工费认定,与“赔偿”一词,关系密切。据此,这三个方面的认识,要引起重视:

1. 关于渊源。就“赔偿”一词,《法国民法典》开了历史先河。《法国民法典》第1382条:“因过错致人损害者,应对他人负赔偿之责。”自此,“赔偿”一词,进入人类法治历史。

因此,存在过错,是进行误工费认定时,要考虑的重要历史渊源。

2. 关于前提。民事范畴而言,究其来源,源自《民法典》第七编侵权责任之第二章损害赔偿,是在侵权责任篇中当事人因承担损害赔偿前提下要承担的一项事项。

因此,已存在了侵权责任、已认定了需损害赔偿,是进行误工费认定时,要考虑的基本前提。

3. 关于进展。“赔偿”一词,诞生之日起,宛若火炬,光芒四射;犹如芦苇,弯而不折。

“赔偿”之研究,历史悠久,成果颇丰,如今又有了新进展,比如,分类又更细化多样;名称又如雨后春笋般,如有违约损害赔偿、侵权损害赔偿、精神损害赔偿、补偿性赔偿、惩罚性赔偿、加倍赔偿,等等,这其中,“精神损害赔偿”“惩罚性赔偿”的导入以及被立法接受认可,更是这些年中国法治建设成就之一。

结合设立误工费的立法目的,结合当前研究,针对本案,建议:

除非有法定的抗辩事由予以抗辩,有直接过硬的证据予以反驳,否则,坚持放宽、从宽和就宽的思维,更多让被侵权人享受被保护的合法权益,当为当前对误工费认定要秉承的一种基本态度、趋势走向。

法院委托10个鉴定机构都不接受,五花八门的理由带来什么思考?

宋儒亮　官　健　单玉涛　李永丰　何　平　宋立志　陈静雯

案情简介

2014年4月22日,患者周某因“头部外伤、烧伤4小时”入B市第一人民医院(以下简称市一医院)住院。

入院诊断:(1)重型颅脑外伤包括右侧颞部硬膜外血肿,广泛脑挫裂伤并出血,蛛网膜下腔出血,颅内积气,头皮裂伤。(2)全身多处火焰烧伤,8%深Ⅱ°。2014年5月19日,周某被宣告临床死亡。周某在上述住院期间支出医疗费148963.7元。2014年5月20日,周某的尸体被火化。

郑甲、周甲、周乙、周丙、周丁认为周某在市一医院就诊时,市一医院存在过错,从而导致周某死亡的后果,遂向法院提起诉讼。

一审各方意见

原告意见(郑甲、周甲、周乙、周丙、周丁)

郑甲、周甲、周乙、周丙、周丁认为,周某在市一医院住院期间死亡,市一医院未能治愈周某属于违反医疗服务合同的约定,市一医院应当承担违约责任,请求:

1. 市一医院向郑甲、周甲、周乙、周丙、周丁退还手术费、治疗费、西药费等医疗费用共计148963.7元;

2. 市一医院向郑甲、周甲、周乙、周丙、周丁支付死亡赔偿金70万元(按城市标准计算);

3. 市一医院向郑甲、周甲、周乙、周丙、周丁支付精神损害赔偿金10万元;

4. 本案诉讼费由市一医院承担。

被告意见(市一医院)

市一医院认为,患者于市一医院住院时,医院已经履行医疗服务合同对患者尽力治疗,不应当承担违约责任。另外,周某于2014年5月19日死亡,郑甲、周甲、周乙、周丙、周丁在2015年10月9日才提起诉讼,距离周某死亡时间已经超过一年,其诉讼请求已经超出诉讼时效。请求驳回原告全部诉讼请求。

一审法院查明

根据市一医院出具的死亡记录,2014年4月22日,患者周某因"头部外伤、烧伤4小时"入市一医院住院。

入院诊断:(1)重型颅脑外伤包括右侧颞部硬膜外血肿,广泛脑挫裂伤并出血,蛛网膜下腔出血,颅内积气,头皮裂伤;(2)全身多处火焰烧伤,8%深Ⅱ°。2014年5月19日,周某被宣告临床死亡。周某在上述住院期间支出医疗费148963.7元。2014年5月20日,周某的尸体被火化。

案件审理过程中,郑甲、周甲、周乙、周丙、周丁向一审法院申请对医方在为患者诊疗过程中是否存在过错、医方的过错与患者的损害后果之间是否具有因果关系、医方的过错参与度是多少进行鉴定。经一审法院委托,相关鉴定机构回复意见如下:

1. 甲司法鉴定中心:患者周某死后未做尸体解剖检验,死因无法确定。因死因无法科学、准确鉴定,其他鉴定委托事项也无法准确判定。

2. 乙司法鉴定中心:请委托方提供周某在市一医院处全部病历资料及CT片,审后再决定是否受理。

3. 壬司法鉴定中心:因我所机构住所设在市一医院处,建议回避,故不予受理。

4. 丙司法鉴定中心:医患双方是否认可医院最终的死亡诊断(因死者未进行尸体解剖,死因无法确定),医患双方对法院提供的病历资料的真实性是否存在疑问。当对上述两个问题医患双方均不持异议时,若法院委托该所进行鉴定,该所同意受理。若委托该所鉴定,请法院提供经医患双方开庭质证后的全部病历资料及术前、术后的全部CT片。

5. 丁司法鉴定中心:医患双方应协商死因,如未能协商一致死因则无法受理本案。如能协商一致死因,需请法院补充医患双方的陈述意见各一份,周某于2014年4月22日至5月19日在市一医院处的完整病历材料一套,周某的经治医师资格证复印件。若无法确认上述鉴定材料,则可能无法受理本案的鉴定。

6. B市医学会:我会现在可以开展医疗损害鉴定。

7. 戊司法鉴定中心:由于本案被鉴定人死亡后未行尸检,仅根据病历资料无法明确其死亡原因,在此种情况下无法进一步对医疗行为及其与死亡后果之间的因果关系进行鉴定。因此,该中心无法进行此案的医疗损害鉴定。

8. 己司法鉴定中心:患者死亡未做尸体解剖检验,因此未能从病理解剖上明确该患者的死亡原因,仅能根据病历资料、医患双方的陈述答辩及询问等情况作出临床分析,并分析医方的医疗行为是否有过错、医方的过错行为与患者的人身损害后果的因果关系及原因力大小等。

9. 庚司法鉴定中心:因患者周某死亡时没有做尸体解剖且尸体已经火化,死因无法确定。该中心不受理该案的死因鉴定。

10. 辛司法鉴定中心:鉴于本案被鉴定人未做死因鉴定,如医患双方及委托方同意,该中心可根据现有材料及结合当前医学知识,对被鉴定人进行死因推断。由于医患双方一致认可的病历资料是进行医疗损害责任纠纷司法鉴定的必要基础。就本案而言,医患双方对被鉴定人周某的病历资料不能一致认可,该中心鉴定人认为缺乏鉴定基础。如经法院协调后,医患双方对被鉴定人的完整病历资料能一致认可,并经法院质证,该中心方能对此案进行鉴定;如经协调后,医患双方仍对被鉴定人的完整病历不予认可,则该中心不能对本案进行医疗损害责任纠纷鉴定。

后经询问双方当事人,郑甲、周甲、周乙、周丙、周丁表示对周某的死因不清楚,无法确定,同意由鉴定机构推断。市一医院则表示由于未做尸检,死亡原因无法确定,但不同意由鉴定机构推断。周某在住院期间死亡,有死亡记录,但上面记录的死因由于未做尸检而不能确认,且不能进一步提交无利害关系的第三方持有的病历资料。

后一审法院再次发函询问相关鉴定机构的意见,鉴定机构的回复意见如下:

1. 己司法鉴定中心:目前由于医学会开展医疗损害鉴定的收费标准问题还在等物价部门答复,故难以进行鉴定。因此,决定对法院的委托不予受理。

2. 甲司法鉴定中心:根据法院提供的材料,本案医患双方对病历未能达成一致认可,且未进行死因鉴定,该中心决定不受理此案。

3. 乙司法鉴定中心:由于郑甲、周甲、周乙、周丙、周丁、市一医院未能在现有基础上按要求提供病历资料,且市一医院不同意死因推断,故无法进行临床司法鉴定。

4. 丁司法鉴定中心:因市一医院不同意死因推断,且尸体已经火化,难以明确死亡原因,故不能进行鉴定,因此对本案不予受理。

5. 辛司法鉴定中心:因鉴定材料、死因为鉴定的基础,而法院无法补充完整的住院病历资料;且医方不同意该中心进行死因推断,死因无法得到当事双方一致认可,因此,该中心无法继续受理此案。

6. 丙司法鉴定中心：患者死亡后未行尸体解剖及毒物分析鉴定，确切死亡原因不明，且医方不同意死因推断，该案不具备医疗损害鉴定基本条件，故不能受理。

后经一审法院释明，郑甲、周甲、周乙、周丙、周丁未能在指定的期间内提供可以受理的鉴定机构名单。

另查明：(1)死者周某生前是家庭户，常住户口地址是某市××路××公寓 17-601。其妻子是郑甲，育有周甲、周乙、周丙、周丁四名子女。周某的父母在其死亡前已经去世。(2)根据《A 省 2017 年度人身损害赔偿计算标准》，全省城镇居民人均可支配收入中一般地区是 37684.3 元/年。

一审法院认为

本案为医疗服务合同纠纷。

关于郑甲、周甲、周乙、周丙、周丁的诉请是否超出诉讼时效问题。根据《民法通则》第 135 条、第 136 条、第 137 条的规定，请求保护民事权利的诉讼时效期间为两年，法律另有规定的除外。身体受到伤害要求赔偿的诉讼时效期间为一年。诉讼时效期间从知道或者应当知道权利被侵害时起计算。上述一年的诉讼时效适用于因医疗纠纷而发生的人身伤害侵权责任纠纷，本案属于医疗服务合同纠纷，相关违约责任应适用两年的诉讼时效。周某在 2014 年 5 月 19 日死亡，郑甲、周甲、周乙、周丙、周丁在 2015 年 10 月 9 日起诉，未超过上述两年的诉讼时效。市一医院相关抗辩意见缺乏依据，不予采纳。

关于周某是否因市一医院的过错而死亡，市一医院是否存在违约责任问题。由于医疗活动具有专业性强的特点，且医疗技术和医疗水平仍处在不断发展的过程中，判断医疗活动是否具有过错以及过错和损害后果之间是否具有因果关系，以普通人的日常经验难以进行判断，需要凭借高度专业化的技术手段和丰富的临床经验，故法院首先需要借助专门的医学鉴定机构出具的鉴定意见作为判断基础。郑甲、周甲、周乙、周丙、周丁对此虽负有举证责任，但从相关鉴定机构的回函来看，无法进行过错鉴定的原因有两个方面：一是周某未进行死因鉴定，且尸体已经火化；二是市一医院无法提供完整的真实可信的病历资料。故郑甲、周甲、周乙、周丙、周丁、市一医院对于本案无法进行过错鉴定均负有责任，一审法院确定各自承担 50%的责任，郑甲、周甲、周乙、周丙、周丁、市一医院亦应承担相应的举证不能的后果。因此，一审法院确定市一医院承担 50%的违约赔偿责任。

关于郑甲、周甲、周乙、周丙、周丁的法定损失，一审法院核定如下：(1)医疗费

148963.7元;(2)死亡赔偿金753686元。

关于文书鉴定费34080元,由于鉴定意见显示的签名字迹及公章印文均不是在市一医院所称的时间(2014年5月19日)形成,而是形成于2014年6月下旬至7月上旬,故上述鉴定费应由市一医院自行承担。

关于精神损害赔偿金,本案系合同纠纷,郑甲、周甲、周乙、周丙、周丁诉请该费用缺乏法律依据,不予支持。

市一医院应承担上述费用的50%,即(医疗费148963.7元+死亡赔偿金753686元)×50%=451324.85元。

一审法院判决

1. 市一医院于判决发生法律效力之日起10日内向郑甲、周甲、周乙、周丙、周丁赔偿医疗费、死亡赔偿金合计451324.85元;

2. 驳回郑甲、周甲、周乙、周丙、周丁的其他诉讼请求。

市一医院如果未按判决指定的期间履行给付金钱义务,应当依照《民事诉讼法》(2012年版)第253条之规定,加倍支付迟延履行期间的债务利息。案件受理费减半收取2622元,由市一医院负担1378元,由郑甲、周甲、周乙、周丙、周丁负担1244元。

一审判决后,市一医院不服,提起上诉。

二审各方意见

上诉人(市一医院)

市一医院上诉请求:

1. 撤销一审判决,改判驳回郑甲、周甲、周乙、周丙、周丁的全部诉讼请求;

2. 本案诉讼费用由郑甲、周甲、周乙、周丙、周丁承担。

事实和理由:

1. 市一医院已提供完整的真实可信的病历资料,一审法院以"市一医院无法提供完整的真实可信的病历资料"为由,认定市一医院对本案无法进行过错鉴定负有50%的责任,属事实认定和证据审核错误,应依法改判。

首先,市一医院已提供完整的真实可信的病历资料,但一审法院却将部分形成时间有瑕疵的病历排除。虽然封存的病历有形成时间上的瑕疵,但对此市一医院已经作出合理解释,原因系有部分资料尚未整理完毕,市一医院要求郑甲、周甲、周乙、周丙、周丁等待,待市一医院整理完毕后,郑甲、周甲、周乙、周丙、周丁却拒绝签名,只签署了前边封存的一册病历,故市一医院只好自行封存,双方还因此事发生争执并报警处理。一审法院应当结合市一医院的全部证据材料对病历的真实性进行认定,如其他病历材料可以与之相互印证,并形成完整的证据链,能够确定待证事实,则可以认定该部分有争议的病历的真实性。本案中有争议的病历与其他记录不存在矛盾,也没有不符合医学诊疗常规的情形,且本案有电子病历,如对纸质病历有异议,可以通过周某的电子病历对市一医院的诊疗行为是否存在过错进行鉴定,进而判断市一医院是否存在过错。如果对电子病历有异议,也有相应的鉴定手段可以确认。另外,虽然对没有郑甲、周甲、周乙、周丙、周丁签名的病历进行了形成时间的鉴定,但因鉴定技术的原因鉴定意见与客观事实会存在差异,法院应结合其他证据查实病历的真伪。

其次,一审法院并未尽全面审查职责,没有结合患者住院治疗期、病历之间的联系和对电子病历的印证对部分病历的真实性予以确认,导致鉴定无法进行。即使郑甲、周甲、周乙、周丙、周丁对部分封存的病历没有签名,一审法院也应该审核证据的合法性,法律对未签名的封存病历的真实性如何判定没有强制性的规定,而市一医院对未封存的原因已作出合理解释。一审法院未结合电子病历、其他病历即排除该部分病历,并认定由市一医院承担举证不能的后果,属证据审核错误。

最后,未对周某进行死因鉴定,且尸体已经火化是无法进行过错鉴定的根本原因。从相关鉴定机构的回函可知,即使市一医院提供了完整病历,也会因为郑甲、周甲、周乙、周丙、周丁不同意死因推断而使鉴定无法进行。市一医院的病历可以经质证甄别,而尸体已经火化是无法恢复的,此才是无法进行过错鉴定的根本原因。一审法院判决市一医院承担50%的责任,于法无据。

2. 郑甲、周甲、周乙、周丙、周丁已经主张工伤赔偿,不应再由市一医院赔偿损失。本案是医疗服务合同纠纷,据了解,郑甲、周甲、周乙、周丙、周丁对周某的死亡已经申请了工伤赔偿,依据相关的法律规定,郑甲、周甲、周乙、周丙、周丁不应再向市一医院提出相关违约的损害赔偿。

被上诉人(郑甲、周甲、周乙、周丙、周丁)

郑甲、周甲、周乙、周丙、周丁辩称,不同意市一医院的上诉请求,请求驳回上诉,由市一医院承担诉讼费用。

事实和理由：

1. 一审判决认定事实比较清楚，证据确凿，程序正确合法。

2. 市一医院的上诉理由不成立，一审法院基于合同性质及举证责任分担，判决市一医院承担50%的责任合理。郑甲、周甲、周乙、周丙、周丁已完成举证责任，市一医院应当承担保持病历和医疗资料完整的责任。鉴定结果认为市一医院弄虚作假，隐瞒和销毁真实医护资料，其应承担举证不能的责任。死者火化未进行尸检，不能把责任全部推在死者家属身上，否则违背公平原则。

3. 市一医院由于过错造成周某死亡，其未能提供恰当、科学的医疗服务，依法应当承担责任和赔偿损失。

二审法院查明

二审期间，双方当事人没有向本院提交新的证据。

经审理，一审判决查明事实清楚，本院予以确认。

二审法院认为

首先，根据郑甲、周甲、周乙、周丙、周丁选择的请求权法律基础，本案为医疗服务合同纠纷，应适用《合同法》的相关规定。该法第60条第1款规定："当事人应当按照约定全面履行自己的义务。"虽然患者不能要求医疗机构必须将其治愈，但医疗服务合同以为患者治疗伤病为目的，医疗机构应当以足够的勤勉和高度的注意谨慎行事，因此，医方运用医学知识和技术，为患者诊断伤情进而施以相应救治的诊疗义务，是医方应当履行的主给付义务。

其次，无论是对于医疗纠纷的解决还是患者的继续治疗，治疗记录特别是病历的重要性都毋庸置疑，故医疗机构还负有制作病历等治疗记录以及进行保管的义务。

本案中，市一医院封存了两套病历，其中一套病历有患者家属签名确认，另一套则仅有市一医院医务科的盖章和医生签名，没有患者家属签名。市一医院称后者的封存时间比前者仅迟半个小时，但是，按照鉴定机构的鉴定意见，后者（没有患者家属签名的病历）医生签名和公章的形成时间为2014年6月下旬至7月上旬，并非市一医院所称的2014年5月19日。市一医院提出该鉴定意见存在误差，而且可以通过电子病历印证没有患者家属签名那一套病历的真实性。本院认为，上述鉴定是由一审法院委托，以有患者家属签名的那一套封存的病历作为样本进行鉴定的，样本真实性双方均予以确认，故该次鉴定意见应予采信。

至于电子病历问题,《电子签名法》(2004年版)第5条规定:“符合下列条件的数据电文,视为满足法律、法规规定的原件形式要求:(一)能够有效地表现所载内容并可供随时调取查用;(二)能够可靠地保证自最终形成时起,内容保持完整、未被更改。但是,在数据电文上增加背书以及数据交换、储存和显示过程中发生的形式变化不影响数据电文的完整性。”根据市一医院在一审中所称的一部分手写的病历没有存放在电脑里,可见并非全部纸质病历均附有电子病历印证,而且电子病历系统的服务器往往由医疗机构自行保管,系统管理员也是医疗机构的人员,虽然有访问权限的设定,但该设定也由医疗机构自行控制,何况本案医患双方在患者死亡当日即因病历问题发生争执乃至报警,加上另一套纸质病历的形成时间经鉴定并非市一医院所称的2014年5月19日。在此情况下,电子病历的真实性存疑,不能通过电子病历认定市一医院是否已经履行了提供完整病历的责任。除患者周某尸体已经火化这一原因之外,多个鉴定机构基本上也认为病历的不完整性是不能进行过错鉴定的原因。而病历不完整的责任在于市一医院,市一医院并未全面履行自己作为医疗机构应尽的义务。因此,一审判决确定医患双方均承担50%的责任,进而判令市一医院赔偿郑甲、周甲、周乙、周丙、周丁451324.85元损失并无不当。

最后,即便患者周某的死亡被认定为工伤,郑甲、周甲、周乙、周丙、周丁因而获得相应的工伤保险赔偿,市一医院作为违约一方也不能因对方参投工伤保险而减轻或免除自己的赔偿损失责任,故对市一医院的该项上诉主张,本院不予支持。

综上,市一医院的上诉主张不能成立,本院不予支持;一审判决认定事实清楚,适用法律正确,应予维持。

二审法院判决

驳回上诉,维持原判。

二审案件受理费2757元,由上诉人市一医院负担。

本判决为终审判决。

各方意见

医方意见

单玉涛　中山大学附属第三医院医疗管理办公室　主任

案件提醒医院在封存病历过程中,对于正在运行病历和归档病历,要予以高度的重视,制定完善的病历封存的标准化操作规程,明确封存病历的内容、名称、张数、页码、签字时间以及其他需要说明事项,这些均需要在封存件中进行列明,减少人为因素对病历真实性的判断影响。根据国务院颁布的《医疗纠纷预防和处理条例》第16条第1款之规定,"患者有权查阅、复制其门诊病历、住院志、体温单、医嘱单、化验单(检验报告)、医学影像检查资料、特殊检查同意书、手术同意书、手术及麻醉记录、病理资料、护理记录、医疗费用以及国务院卫生主管部门规定的其他属于病历的全部资料",不再仅仅限于以往的客观病历资料才能复印,主观病历资料不能复印。医院医务人员需要进一步提高自我保护意识,客观完整及时书写病历资料和妥善保管病历资料,规范复印复制封存病历资料。

鉴定专家意见

李永丰　广东省医学会医鉴办　副主任

本案例未能进行医疗损害鉴定,其原因包括:一是患者死亡后未能进行尸体解剖,无法从病理解剖上明确其死亡原因,而当事人对于是否可通过临床资料对患者死因进行推断这一事宜也无法达成一致意见。二是病历资料欠完整,双方当事人对于病历资料的完整性、真实性也存在争议。

就上述原因之一而言,由于患者死亡后已火化,无法复原相关证据材料。就上述原因之二而言,可通过法庭质证、司法文检等方式解决。如经过质证、相关技术手段检验认定医疗机构存在隐匿、伪造病历的情况,可直接推断其存在医疗过错。

关于患者未行尸检而导致的死因不明确的问题,造成该结果可能与以下因素有关:一是医方未履行尸体解剖的说明告知义务;二是患方拒绝进行尸体解剖。当患方拒绝进行尸体解剖而导致患者死因难以明确进而影响对医疗机构的诊疗行为的评判时,应判定患方也需承担相应的责任。这方面,要按法律规定严格执行,不能"和稀泥"。

律师意见

何平　广东鹏浩律师事务所　律师

本案委托过的鉴定机构均以"患者死亡后未进行尸体解剖"和"对病历真实性无法达成一致意见"为由作出退案无法鉴定的意见。从这个案件可以看出,医疗机构真实客观及时地书写病历,按照法定的程序对有争议的病历进行封存是非常重要的。

在医疗争议案件中,有关病历真实性的争议一直都是法院认定案件事实的难点。如果对于病历真实性无法达成一致意见，鉴定机构是无法受理案件进行鉴定的，因此患方就其对病历真实性的质疑是否完成了举证责任，就成了法院审查的重点。在本案中，医方不按照法律规定对病历进行封存是患方质疑病历真实性的基础，且法院委托司法鉴定机构对医方单方封存的病历上医生签名与印章形成时间进行鉴定的结论也是认定医方没有履行提供完整病历义务的有力证据。

对于尸体解剖，不能一概而论地认为没有进行尸检就不能进行鉴定。在本案中，恰恰是为患者治疗的医方对于自己出具的死亡原因不予确认，也不同意鉴定机构进行死因推定，这个是让人无法理解的。应当明确的是，尸检并不是死亡原因认定的唯一方法。对于原发疾病与治疗经过非常清晰、死亡原因明确的案件，尸检并不是必需的；但是对于死亡原因确实无法确定、有争议的案件，进行尸体解剖明确死亡原因是查清案件事实的重要环节，在这个过程中，强调的是医方对于尸检的法定说明告知义务，以及患方明确表示不同意尸检应当承担的不利法律后果。

法官意见

官健　广州知识产权法院　法官

医疗纠纷审判离不开鉴定。本案一审法院为了取得医疗损害鉴定意见先后委托10家鉴定机构，不可谓不艰辛，但终究未果。究其原因，无非两点：死因与病历。死因鉴定常见于刑事领域，多为查明死因或致命伤。在医疗纠纷案件中，若医患双方对于死因争议较大或者死因不明，可在患方同意尸检的前提下，启动死因鉴定。此时，通常由医方要求患方签署尸检同意书，若患方不同意，则尸检无法进行。也就是说，是否尸检的决定权在患方，而且，若双方对于死因无争议，亦无尸检之必要。同时，死因鉴定与医疗损害鉴定虽有一定联系，但两者属于不同的鉴定，目的、方法、内容均差别很大，死因鉴定亦非医疗损害鉴定所必需。医疗损害鉴定主要是对医疗过程中的医疗行为是否合法合规的一种评价，死因如何一般不会影响过程的评价。对于因果关系的判定，死因鉴定确有一定影响。但即便有死因鉴定，医疗损害鉴定专家亦应结合临床加以综合考虑。因此，本案医疗损害鉴定无法进行的最大障碍在于病历问题。双方在患者死亡当日对于病历就发生了很大争议，甚至报警。在一审，法院还对后补病历的形成时间进行了鉴定。但是，综观整份判决书，对于病历重要事实并未予以查明。虽然二审对于医方上诉重点提出的病历问题给予了大段的回应，但由于缺乏事实方面的详细资料，这里无法进行评论。

本案启示

鉴定接收规范化问题不解决，医疗纠纷源头性问题就难防范

宋儒亮　法治广东研究中心主任、广东省医学会医事法学分会主任、《中国医学论坛报》第二届医事法学理事会理事长

鉴定难，并不只是当事人面临的难题，也是进行医疗纠纷化解——调解、裁决、复议、诉讼——的共同难点，法院也不例外。甚至在一定意义上说，鉴定难还是医疗纠纷处置中最难的一个，即便在《民事诉讼法》已将证据类型中的“鉴定结论”修改为“鉴定意见”的今天，也是如此。本案就是典型的代表之一。

阅读本案，以下三个方面问题，值得再从源头上予以考虑：

1. 接受委托鉴定，究竟需要提供哪些具体材料，目前基本仍是一个由鉴定机构自行解释判断之事，这意味着进行医疗纠纷处置时，鉴定接收不规范化问题，乃是困扰鉴定的一个首要问题。

仔细阅读本案裁判文书后，思考分析如下：

经过“一次委托”“再次发函询问”“庭审释明”，法院也算穷尽救济渠道和方式，但仍然是难以进行鉴定。拒绝接受委托鉴定的理由，可为五花八门，缺乏统一标准，但这就是当前委托鉴定正面临的难题。本案汇总了委托鉴定面临的难题，可谓难得。

冰冻三尺非一日之寒。本案鉴定接受遇到的问题，一直存在。这给了我们如下警示：一是委托鉴定规范化严重不足的问题，是导致鉴定难的一个首要问题。二是鉴定难问题一直存在，说明在化解委托鉴定规范化这个问题上，当前的鉴定行业协会、鉴定机构是心知肚明的，因此，寄希望行业自身主动行动、积极作为怕会落空。三是应当引起司法行政机关的高度重视。通过监督监管依法改变，一方面，认真总结提炼问题，依法处理；另一方面，采取立法方式，在源头化解委托鉴定不规范的问题。

2. 鉴定事项上，究竟有哪些是当事人须遵守的底线，目前基本上也是一个靠当事人自身觉悟之事，这表明进行医疗纠纷处置，当事人的医事法专业教育、培养和指引等工作，不可少。

同一些法官交流，他们不约而同且共同表示：案件审理中很乐意诉讼当事各方都能聘请律师代理诉讼，医疗诉讼更是，医疗专业律师参与最好。之所以如此，因即便当事人本身

存在某些先天性的认知不足等问题，面对医学、法学交叉性问题时，也通过律师专业代理予以弥补，也容易让问题处理走在法治轨道之上，既专业，有效率，便于案件的审查，又利于案结事了。

结合本案，一方面，对医院来说，关于电子病历和纸质病历的记录和保存，裁判文书予以了回应，其指出："根据市一医院在一审中所称的一部分手写的病历没有存放在电脑里，可见并非全部纸质病历均附有电子病历印证，而且电子病历系统的服务器往往由医疗机构自行保管，系统管理员也是医疗机构的人员，即使有访问权限的设定，但该设定也由医疗机构自行控制，何况本案医患双方在患者死亡当日即因病历问题发生争执乃至报警，加上另一套纸质病历的形成时间经鉴定并非市一医院所称的2014年5月19日。在此情况下，电子病历的真实性存疑，不能通过电子病历认定市一医院是否已经履行了提供完整病历的责任。除了患者周某尸体已经火化这一原因之外，多个鉴定机构基本上认为病历的不完整性也是不能进行过错鉴定的原因。"我们知道，临床活动中，电子病历和纸质病历，都是病历，他们之间可以互相补充、替代，但须保证有机统一。这其中的要害问题，也就是依法行医要遵守的事项，就面临坚持法律底线的难题。这些底线问题的遵守，不是诸如管理、人文等可以替代的。

另一方面，对患者和医方而言，关于死因争论也遇到底线问题。裁判文书指出：后经询问双方当事人，郑甲、周甲、周乙、周丙、周丁表示对周某的死因不清楚，无法确定，同意由鉴定机构推断。市一医院则表示由于未做尸检，死亡原因无法确定，但不同意由鉴定机构推断。"死亡"是临床活动的大事，"死因"是临床活动要查明的要事，"死因推断"是需各方配合的大事，这方面，要落实对死者负责的底线，不仅医院而且死者近亲属也需配合，否则，难以保证底线。

卫生行政监管机关、医疗机构、患者等是一个医疗建设共同体。今后遇到类似这样的问题还会更多，因此，在符合法规基础的情况下，建议各方尤其是卫生行政监管机关，应当对这些容易产生争议的问题及时总结归纳，拟定底线清单。

底线清单，是临床活动中各方一个动态的权责清单。一清二楚列出医疗活动的各方必须各自、共同坚持的底线，利于凝聚各方争议焦点，只有这样，各方才更懂得主动把握，才更愿意坚持边界底线，才更精准掌握方寸，才更利于保证纠纷处理在法治轨道上运行。

3. 鉴定认定上，究竟裁判对错输赢比例是多少，目前基本上也是一个靠审案法官自行把握之事，这表明妥善处置医疗纠纷，规范法官自由裁量的责任比例，很是紧要。

本案中，正是基于这些——"郑甲、周甲、周乙、周丙、周丁表示对周某的死因不清楚,无法确定,同意由鉴定机构推断”+“市一医院则表示由于未做尸检,死亡原因无法确定,但不同意由鉴定机构推断”+“后经一审法院释明,郑甲、周甲、周乙、周丙、周丁未能在指定的期间内提供可以受理的鉴定机构名单”+“但从相关鉴定机构的回函来看,无法进行过错鉴定的原因有两个方面:一是周某未进行死因鉴定,且尸体已经火化;二是市一医院无法提供完整的真实可信的病历资料”——推断和事实,一审、二审均认定:郑甲、周甲、周乙、周丙、周丁、市一医院对于本案无法进行过错鉴定均负有责任,一审法院确定各自承担50%的责任。

面对“各自承担50%的责任”之裁决结果,难让人服,困扰多多,五味杂陈,如支撑判决的证据,不仅彼此难量化,而且还不是一类的、同质的、证明力相当的、相互之间难以简单比较的,如“未进行死因鉴定”“同意或者不同意死因推断”“无法提供完整的真实可信的病历资料”,它们分属不同类型。这其中,究竟哪一个导致的后果对判决的影响更严重,究竟哪一个引发的问题对判决的影响更重大,显然,缺乏明确指引。也即支撑“各自承担50%的责任”判决,存在理由不充分、证据不确切、阐明不清楚的问题。

个人独资医院承担无限责任，如此风险该咋看？

宋儒亮　官　健　单玉涛　何　平　李永丰　宋立志　陈静雯

案情简介

2011 年 6 月 29 日，田甲因“体检发现右侧附件肿瘤”到 C 区人民医院就诊，入院婚育史为未婚未育。初步诊断为右侧卵巢肿瘤（畸胎瘤）。次日，田甲及其父母与 C 区人民医院签订妇科手术知情同意书。

2011 年 7 月 1 日，C 区人民医院对田甲进行右侧卵巢肿瘤切除术，术中，主治医生沿宫角处将肿物及输卵管（与肿物紧密粘连）一起切除。同月 7 日，C 区人民医院超声医学影像报告单描述：右侧附件区未探及明显异常回声、左侧卵巢囊性回声，子宫未见明显异常，盆腔积液。次日，田甲出院，出院诊断：右侧卵巢畸胎瘤。共用去医疗费 3959.63 元。

2015 年 7 月 10 日，田甲因“停经 40 天，下腹部疼痛 3 小时”到 A 医院诊治，急诊行剖腹探查术。左侧卵巢肉眼未见明显异常，右侧输卵管及卵巢未探及，请院长及家属上台查看病情后决定行妊娠病灶清除术。经治疗后于同月 20 日出院，出院诊断：左侧输卵管壶腹部妊娠流产型。

2016 年 3 月 4 日，某大学第二附属医院妇科 B 超报告单诊断：子宫及左侧卵巢未见异常声像，右侧卵巢探查不清。

同月 7 日，在提起诉讼前，经田甲单方委托，经甲司法鉴定中心鉴定，田甲伤残等级为七级，鉴定费 700 元。2016 年 12 月 23 日，甲司法鉴定中心提出意见认为，C 区人民医院在为田甲提供医疗服务过程中存在以下过错：

1. 田甲是未婚未育患者，院方对其行妇检及阴道镜检查前告知记录不完善。

2. 经治医生及手术医生贾某慧的执业范围为外科专业，进行妇产科的诊治为超范围执业。

3. 田甲入院后被诊断为：右侧卵巢肿瘤（畸胎瘤），有行手术治疗的指征，但医方对卵巢畸胎瘤认识不足，术中未按规范对肿瘤与周围正常组织的情况进行详细的探查及描述。

4. 对田甲未婚未育的病情认识不足，未对探查情况、手术方式及手术预后与家属再次进行沟通即行右侧卵巢及输卵管的切除。

其鉴定意见为：

1. C区人民医院在为田甲提供医疗服务过程中存在过错。

2. C区人民医院存在的过错与田甲右侧附件（输卵管及卵巢）的缺失有一定因果关系。

C区人民医院系个人独资企业，投资人为詹甲。

对于以上损害后果，田甲向法院提起诉讼。

一审各方意见

原告意见（田甲）

田甲向一审法院起诉请求：（1）判令C区人民医院、詹甲赔偿护理费、住院伙食补助费、营养费、误工费、交通费、残疾赔偿金、精神抚慰金，合计223406元；（2）案件受理费、鉴定费由C区人民医院、詹甲承担。

诉讼过程中，田甲提出各项费用计算标准应按一审法庭辩论终结时的上一统计年度数据计算，故将诉讼请求变更为：（1）要求C区人民医院、詹甲赔偿医疗费3959.63元、护理费900元、住院伙食补助费900元、营养费3000元、误工费6616元、交通费50元、残疾赔偿金228888元、精神损害抚慰金20000元，合计264313.63元；（2）案件受理费、鉴定费由C区人民医院、詹甲承担。

被告意见（C区人民医院、詹甲）

C区人民医院、詹甲认为，医院为田甲切除右侧卵巢肿瘤的手术过程中，发现肿物与输卵管紧密粘连，难以剥离，为完整切除肿物，必须同时切除右侧输卵管。C区人民医院为田甲提供的医疗服务过程中不存在过错，请求驳回原告全部诉讼请求。

一审法院认为

经司法鉴定确定，C区人民医院在为田甲提供医疗服务过程中存在过错，且其过错与田甲右侧附件（输卵管及卵巢）缺失有一定因果关系，应由C区人民医院承担向田甲赔偿经济损失的民事责任。

同时，C区人民医院系个人独资企业，其投资者詹甲应以其个人财产对企业债务承担无限责任。故田甲要求C区人民医院赔偿其经济损失，詹甲承担无限责任的诉讼请求，有事实和法律依据，本院予以支持。

根据司法鉴定意见，C区人民医院存在的过错与田甲右侧附件（输卵管及卵巢）的缺失有一定因果关系。结合本案损害结果及双方原因力之大小,本院认为,应由医疗机构承担90%的责任,田甲自担10%的责任为宜。至于田甲起诉要求赔偿的项目及数额,本院依法评判如下:医疗费3959.63元系治疗原发病医疗费用,本院不予支持;护理费900元、住院伙食补助费900元、营养费3000元、误工费6616元、交通费50元,田甲诉称为2011年住院期间产生,但该期间为田甲治疗原发病期间,C区人民医院的诊疗行为未导致田甲需再次入院治疗,故上述费用本院不予支持;残疾赔偿金228888元、鉴定费700元,有证据证实,计算正确,本院予以支持。

上述损失共计229588元,由C区人民医院承担90%,即206629.2元,田甲自担剩余的10%。精神抚慰金20000元计算过高,根据C区人民医院的过错程度及考虑田甲系年轻未育女性,右侧附件(输卵管及卵巢)缺失会对其未来生活造成严重影响,本院酌情支持10000元。故C区人民医院应赔偿田甲的经济损失共计为216629.2元,詹甲对上述债务承担无限责任。

一审法院判决

(1)由C区人民医院于判决生效后十五日内赔偿田甲经济损失216629.2元,詹甲对上述债务承担无限责任;(2)驳回田甲的其他诉讼请求。案件受理费4650元,由C区人民医院负担。

一审判决后,C区人民医院、詹甲不服,提起上诉。

二审各方意见

上诉人(C区人民医院、詹甲)

C区人民医院、詹甲上诉请求:撤销一审判决,依法改判驳回田甲的全部诉讼请求。

事实和理由:詹甲不是适格的诉讼主体,本案是医疗损害责任纠纷,提供医疗服务的主体是C区人民医院,与詹甲无关。本案已经超过了诉讼时效,田甲在C区人民医院就医时间为2011年6月29日至2011年7月8日,且经过治愈出院。因此本案诉讼时效应自2011年7月8日起算,一年的时间截至2012年7月8日。一审法院所依据的司法鉴定意见是单方委托的,鉴定人员亦未出庭,未对鉴定意见进行说明,不能作为定案的依据。C区人民医院提供的医疗服务符合诊疗规范,一审判决承担90%的赔偿责任没有依据。一审法院计算的赔偿标准中,田甲应当按照农村居民赔偿标准计算,田甲没有收入减少,因此残疾赔偿金应当做调整。鉴定费应当由田甲自己承担,精神抚慰金不应当支持。

被上诉人(田甲)

田甲答辩称,一审认定事实清楚,适用法律正确,请求驳回上诉,维持原判。

二审法院查明

二审中,双方均未提交新证据。

双方当事人对一审法院确认的案件事实均无异议,本院予以确认。此外,C 区人民医院要求补充确认,2011 年 7 月 7 日作出超声医学影像报告时就交给了田甲。

二审法院认为

归纳各方当事人的诉辩主张,本案的争议焦点是:C 区人民医院的诊疗行为是否存在过错;伤残赔偿金的计算标准;精神抚慰金是否应当支持;詹甲是否应当承担责任;本案是否已经超过诉讼时效。

本院认为,《侵权责任法》第 54 条规定:“患者在诊疗活动中受到损害,医疗机构及其医务人员有过错的,由医疗机构承担赔偿责任。”本案中,甲司法鉴定中心出具鉴定报告认为,C 区人民医院在提供医疗服务过程中存在 4 点过错,鉴定意见为:(1)C 区人民医院在为田甲提供医疗服务过程中存在过错。(2)C 区人民医院存在的过错与田甲右侧附件(输卵管及卵巢)的缺失有一定因果关系。二审中,鉴定人员出庭接受双方当事人质询,亦对鉴定报告作出了合理说明。C 区人民医院虽然对鉴定报告有异议,但是并未举证反驳,应当由其承担举证不能的不利后果。一审法院采信前述鉴定报告,认定 C 区人民医院的诊疗行为存在过错,该过错与田甲右侧附件(输卵管及卵巢)的缺失有一定因果关系并无不当,本院予以维持。

关于伤残赔偿金的计算标准问题,经审理查明,田甲的职业是护士,收入源于城镇,故一审法院按照城镇标准计算伤残赔偿金并无不当,本院予以维持。关于田甲的伤残等级,C 区人民医院虽然对甲司法鉴定中心出具的报告有异议,但是并未提交充分有效的证据予以反驳,二审中,鉴定人员出庭接受双方当事人质询,对鉴定报告作出了合理解释,故一审法院采信该鉴定报告,确认田甲的伤残等级为七级并无不当,本院予以维持。

关于精神抚慰金是否应当支持的问题。如前所述,本案中主要过错方为 C 区人民医院,且田甲的伤残等级达到七级,确实会对其身心造成影响,一审法院结合本案情况酌情认定精神抚慰金为 10000 元并无不当,本院予以维持。

关于詹甲是否应当承担责任的问题。本案中,C区人民医院的企业类型为个人独资企业,詹甲是该院投资人,一审法院判令其对C区人民医院的债务承担无限责任并无不当,本院予以维持。

综上,C区人民医院的上诉请求没有事实和法律依据,本院予以驳回;一审法院认定事实清楚,但是适用法律和处理有误的部分,本院予以纠正。

二审法院判决

依据《民事诉讼法》(2007年版)第170条第1款第1项之规定,判决如下:

驳回上诉,维持原判。

二审案件受理费4650元,由C区人民医院、詹甲负担。

本判决为终审判决。

各方意见

医方意见

单玉涛　中山大学附属第三医院医疗管理办公室　主任

该案件是一起典型的侵犯患者知情同意权的医疗诉讼案件。医疗过错行为主要表现在:第一,术前,未对患者未婚未育史给予充分重视,对可能存在的手术困难、手术风险评估不充分,未制定对应的预防和处置方案,未尽到符合其专业水准要求的谨慎注意义务,比如,未充分说明告知手术切除输卵管的可能风险,未让患者选择符合最大利益的决定。第二,术中发现右侧附件肿瘤与右侧输卵管紧密粘连严重需要实施右侧输卵管切除术时,缺乏对拟变更手术方案以及可能预后等情况与患者近亲属进行说明告知,并征得其同意。

当然,当事医院能够举证术前讨论记录、手术知情同意书、术中变更手术方案再次签署的知情同意书以及详细的手术记录等,存在改判之可能。

单方委托第三方司法鉴定问题,是一个举证问题,对此,可向人民法院主张申请要求鉴定人出庭质证,寻求救济。

若医院无法提出有力证据,要承担败诉的法律风险。

鉴定专家意见

李永丰　广东省医学会医鉴办　主任

从医疗损害鉴定视角,本案由符合资质的鉴定机构进行,鉴定程序等符合法律规定;对鉴定结果是否科学合理,审判过程中可通过要求鉴定人出庭质证或申请有专门知识的司法辅助人出庭提供专业意见等方式进行庭辩,以便法官进行裁量。

本医案鉴定后,医方未提出申请,从一定程度上也佐证了鉴定认定的事实是清晰的,鉴定依据也是较为充分的,医方难以从专业技术层面上推翻该鉴定意见。

律师意见

何平　广东鹏浩律师事务所　律师

本案件是基于知情同意而切除器官的典型案件。根据《侵权责任法》第 55 条,医务人员在实施手术时,应当及时向患者说明医疗风险、替代医疗方案等情况,并取得其书面同意。但在本案中,被告医院在为该患者实施手术中,表现并不专业,比如,术前手术方案制定中没有考虑患者未婚未育;实施手术的医生其执业范围为外科;术中未按照规范对肿瘤与周围组织情况进行探查,也没有按照规范对探查情况、手术方式、预后等再次向患者家属沟通确认,据此,被告医院的过错是非常明确的。

事实上,术前要分析病情、评估风险、考虑风险收益比例、针对患者的情况制定有针对性的手术方案、提前预备应对方案主动防范医疗风险,坚持专科专治等,这些都早有法律规定。

出现这些过错,存在这些违法行为,不能说明是医疗活动有风险,而是表明有医院、医生并不把法律当回事,不把患者权益当回事。对这些违法行医者,必须要其承担对应的法律责任。

法官意见

官健　广州知识产权法院　法官

本案谈谈诉讼时效制度。《民法通则》第 135 条规定,向人民法院请求保护民事权利的诉讼时效期限为 2 年(2017 年颁布实施的《民法总则》改为 3 年)。此规定的目的在于敦促当事人及时主张权利以维护社会关系的稳定。《民法通则》另有短时效特殊规定,其中包括身体受到伤害要求赔偿的,诉讼时效为 1 年(该规定在《民法总则》中已删除)。

本案侵权行为发生于 2011 年,应适用《民法通则》的规定。就医疗纠纷而言,通常为人身损害,故应适用《民法通则》1 年的短时效规定,患方应当在身体受到医疗损害后 1 年内主张权利。但应当注意,诉讼时效期间从知道或应当知道权利被侵害时计算。由于医疗损害可能具有隐蔽性或迟发性,故起算点应为患方知道或应当知道身体损害时。

本案中,患者2011年因右侧卵巢肿瘤(畸胎瘤)入院手术,切除了右侧卵巢及输卵管。若医方在病历中有显示明确告知了该情况,或者有证据表明患者应当知道该结果,那么此时诉讼时效应当已经开始起算。若患者当时确实不知道或不应当知道其右侧卵巢及输卵管被医方切除,而直到2015年或2016年才知道这一情况,则诉讼时效应从此时起计算。应当指出,不能以患方知道医方有过错为前提,只要患方知道损害后果即可。否则,于医疗纠纷而言,诉讼时效制度将形同虚设。

本案医方以诉讼时效抗辩,且二审中也明确将其作为上诉理由之一,但一审、二审法院均未对此作出回应,显然不妥。

本案启示

实现个人更好的创业梦　立法须出手　解无限责任的魔咒

宋儒亮　法治广东研究中心、广东省医学会医事法学分会主任、《中国医学论坛报》医事法学理事会理事长

新时代,是一个关注、鼓励和推进创新、创造和创业的时代。

医事活动,往往是一个社会中既最能体现时代风采,又最具有活力、最具特点的代表。

个人独资企业,是新事物,承担无限责任;个人独资办医院,虽新潮,但责任大,不易办。个人独资医院,是个人独资企业中的一个弄潮儿。一起医疗损害诉讼把个人独资医院带到我们面前,引发了我们对个人创业的新思考。

就医事领域而言,在个人创业这方面,政策上,早"吹风了";法律上,早具备了。

比如,举办中医诊所,规定"备案"即开业了:如2017年7月1日起施行的《中医药法》第14条规定:"举办中医医疗机构应当按照国家有关医疗机构管理的规定办理审批手续,并遵守医疗机构管理的有关规定。举办中医诊所的,将诊所的名称、地址、诊疗范围、人员配备情况等报所在地县级人民政府中医药主管部门备案后即可开展执业活动。中医诊所应当将本诊所的诊疗范围、中医医师的姓名及其执业范围在诊所的明显位置公示,不得超出备案范围开展医疗活动。具体办法由国务院中医药主管部门拟订,报国务院卫生行政部门审核、发布。"

比如,考虑西医特点,开办口腔诊所类的创业多见,也有创办个人独资企业(医院)等,如本案"C区人民医院系个人独资企业",就是代表。

个人独资医院,是个人独资企业的一种形态。《个人独资企业法》第2条规定:“本法所称个人独资企业,是指依照本法在中国境内设立,由一个自然人投资,财产为投资人个人所有,投资人以其个人财产对企业债务承担无限责任的经营实体。”有了这部法,个人创业法律依据充分,法律保障明确。《个人独资企业法》就是一部实施较久的鼓励个人创业之法,自2000年1月1日起施行,距今已有二十多年了,它的出台实施,让个人拥有“个人独资企业”并不是难事。

尽管如此,要开办个人独资企业搞创业,对许多人来说,仍是一个梦想。要实现这样的目的,不同人群面临的问题并不一致。比如,对非法律人士而言,越是行业翘楚,接触企业越多,越发觉办企业是一个重大的事情;又如,要有人、要有钱、要有场地、要有资金、要有项目、要有盈利等。总之,困难多多,风险重重,但这就是现实。

实现企业梦,虽然法律是支持的,且开办个人独资企业,满足法律规定并不难,但为什么在现实中开办个人独资企业(医院)并不是成群结队,蔚然成风?究竟该如何看待个人独资办企业呢?

整体而言,个人在中国创业,开办个人独资企业,我国并不存在法律空白,且是有法可依的。

1. 满足法律条款,就可以成立自己的企业,比如,《个人独资企业法》第8条规定:“设立个人独资企业应当具备下列条件:(一)投资人为一个自然人;(二)有合法的企业名称;(三)有投资人申报的出资;(四)有固定的生产经营场所和必要的生产经营条件;(五)有必要的从业人员。”第10条规定:“个人独资企业设立申请书应当载明下列事项:(一)企业的名称和住所;(二)投资人的姓名和居所;(三)投资人的出资额和出资方式;(四)经营范围。”

2. 个人独资企业还可以成立分支机构,比如,《个人独资企业法》第14条规定:“个人独资企业设立分支机构,应当由投资人或者其委托的代理人向分支机构所在地的登记机关申请登记,领取营业执照。分支机构经核准登记后,应将登记情况报该分支机构隶属的个人独资企业的登记机关备案。分支机构的民事责任由设立该分支机构的个人独资企业承担。”

3. 个人独资企业还可以委托或者聘用其他帮手,比如,《个人独资企业法》第19条规定:“个人独资企业投资人可以自行管理企业事务,也可以委托或者聘用其他具有民事行为能力的人负责企业的事务管理。投资人委托或者聘用他人管理个人独资企业事务,应当与受托人或者被聘用的人签订书面合同，明确委托的具体内容和授予的权利范围。受托人或者被聘用的人员应当履行诚信、勤勉义务，按照与投资人签订的合同负责个人独资企业的事务管理。投资人对受托人或者被聘用的人员职权的限制，不得对抗善意第三人。”第38条规定：“投资人委托或者聘用的人员管理个人独资企业事务时违反双方订立的合同，给投资人造成损害的，承担民事赔偿责任。”

4. 个人独资企业还可以申请贷款等，比如，《个人独资企业法》第24条规定：“个人独资企业可以依法申请贷款、取得土地使用权，并享有法律、行政法规规定的其他权利。”

5.《个人独资企业法》还规定了承担管理个人独资企业事务的人员的行为，不能出现下列行为，比如，第20条规定：“投资人委托或者聘用的管理个人独资企业事务的人员不得有下列行为：（一）利用职务上的便利，索取或者收受贿赂；（二）利用职务或者工作上的便利侵占企业财产；（三）挪用企业的资金归个人使用或者借贷给他人；（四）擅自将企业资金以个人名义或者以他人名义开立账户储存；（五）擅自以企业财产提供担保；（六）未经投资人同意，从事与本企业相竞争的业务；（七）未经投资人同意，同本企业订立合同或者进行交易；（八）未经投资人同意，擅自将企业商标或者其他知识产权转让给他人使用；（九）泄露本企业的商业秘密；（十）法律、行政法规禁止的其他行为。”

6. 个人独资企业挣到的钱投资人还可以转让或者继承，比如，《个人独资企业法》第17条规定：“个人独资企业投资人对本企业的财产依法享有所有权，其有关权利可以依法进行转让或继承。”

7. 个人独资企业不想办了，还可自行解散，比如，《个人独资企业法》第26条规定：“个人独资企业有下列情形之一时，应当解散：（一）投资人决定解散；（二）投资人死亡或者被宣告死亡，无继承人或者继承人决定放弃继承；（三）被依法吊销营业执照；（四）法律、行政法规规定的其他情形。”

8. 个人独资企业享有法律赋予企业解散责任的消灭时间，比如，《个人独资企业法》第28条规定：“个人独资企业解散后，原投资人对个人独资企业存续期间的债务仍应承担偿还责任，但债权人在五年内未向债务人提出偿债请求的，该责任消灭。”

上述这些法律规定，对开办个人独资企业，是管用的、好用的，虽不能说据此，人人都可以、人人都有能力开办个人独资企业，但是只要有意愿，尤其是对有工作收入的成年人，满足这些条款规定，并不是难事。

尽管法律支持开办个人独资企业，但也要承担对应法律责任，其中，承担“无限责任”

的规定,需认真对待。

比如,《个人独资企业法》第21条规定:“个人独资企业应当依法设置会计账簿,进行会计核算。”第22条规定:“个人独资企业招用职工的,应当依法与职工签订劳动合同,保障职工的劳动安全,按时、足额发放职工工资。”第23条规定:“个人独资企业应当按照国家规定参加社会保险,为职工缴纳社会保险费。”第29条规定:“个人独资企业解散的,财产应当按照下列顺序清偿:(一)所欠职工工资和社会保险费用;(二)所欠税款;(三)其他债务。”第30条规定:“清算期间,个人独资企业不得开展与清算目的无关的经营活动。在按前条规定清偿债务前,投资人不得转移、隐匿财产。”第42条规定:“个人独资企业及其投资人在清算前或清算期间隐匿或转移财产,逃避债务的,依法追回其财产,并按照有关规定予以处罚;构成犯罪的,依法追究刑事责任。”第43条规定:“投资人违反本法规定,应当承担民事赔偿责任和缴纳罚款、罚金,其财产不足以支付的,或者被判处没收财产的,应当先承担民事赔偿责任。”

这些条款,符合一般法律认知,既是可以理解,也是可以接受的。

但有一个突出的问题恐怕是很多人关心的:既然根据《个人独资企业法》,既可实现企业梦,又有这么多便利,责任也可承担,但为什么开办个人独资企业并没有形成热潮呢?

究其根本,“无限责任”怕是问题要害。《个人独资企业法》第2条规定:“本法所称个人独资企业,是指依照本法在中国境内设立,由一个自然人投资,财产为投资人个人所有,投资人以其个人财产对企业债务承担无限责任的经营实体。”第18条规定:“个人独资企业投资人在申请企业设立登记时明确以其家庭共有财产作为个人出资的,应当依法以家庭共有财产对企业债务承担无限责任。”

基于此,结合本案,“C区人民医院系个人独资企业,投资人为詹甲”“一审法院判令其对C区人民医院的债务承担无限责任并无不当,二审法院予以维持”的判决内容并无不当。以既有的法律规定来看,不违反法理,也符合权责利的统一和平衡。

未来而言,更需以法治中国建设新成绩,不断开创健康中国新未来,培育出更多“个人独资医院”,更好实现造福民众的健康新生活。

个人独资企业易开办,但要承担无限责任,是大难题,如何看待这一观点?站在什么角度是关键。

甘蔗没有两头甜!讲到这,要强调的是,个人独资办企业越容易,同时意味着对应要承担的法律责任也越大。从责任风险角度,这是影响开办个人独资企业的“拦路虎”;但从创业挑战角度，恰也是验证个人创业闯事业的“试金石”。

承担无限责任，不是小事。正因如此，《个人独资企业法》需要进一步完善思考制度配套。这其中，源头上的立法规制，更是要害。要探讨并找到一条不恐惧无限责任之法，这不是为谁开脱责任，而是为创业者开路。也就是说，要尽情释放创业政策，更好推进创新、创造和创业遍地开花，迎来创新、创造和创业的春天，当前就更需要找到化解对无限责任的法律担忧之新对策，尤其在立法上。

法治中国建设日新月异，医事法治建设活动，更是独领风骚。医事之创，亮点不少，如多点执业、个人独资医院、医生集团、医联体等，形式多样，活力日增，前景风光。有理由相信，诸如个人独资企业其中的一种形态的个人独资医院，伴随破产法制的建设和完善，尤其是无限责任的依法化解，举办个人独资企业（医院）犹如春回大地，生机勃勃。

期待有更多的“个人独资医院”出现并加入现有的医疗卫生服务机构体系之内，通过更多样的更高质量的医疗服务的提供，推动医疗水平不断向前，更好地造福民众，更好地共创美好健康新生活。

不服医疗事故争议处理诉卫生行政机关却败诉要学什么?

宋儒亮　付洪林　温国明　王　浩　宋立志　许文滔　周　攸

案情简介

张甲和马甲之子张戊于2016年2月29日17时许到甲医院治疗,皮试后进行输液,输液后2分钟张戊即出现全身抽搐、不省人事情况,甲医院即进行抢救并拨打“120”,A省中医学院第二附属医院急救车19时5分到达现场后发现患者已心跳停止,经抢救后宣布临床死亡。同日,甲医院出具居民死亡医学证明(推断)书,死亡原因注明为:过敏性休克。

2016年3月2日16时许,被告C区卫生主管机关到甲医院进行调查,对甲医院负责人及大夫、护士进行了询问。调查后向患方代表对甲医院医疗机构资质及人员资质进行了告知,封存了就诊病历,对药物进行现场确认并封存以及告知说明了目前医疗纠纷处理的三条途径和尸检条件。同日,被告C区卫生主管机关向甲医院作出卫生监督意见书。3月3日C区卫生主管机关向B市医疗纠纷人民调解委员会(以下简称医调委)报告。3月4日下午,C区卫生主管机关就相关内容再次向患方代表进行告知,同日,甲医院向C区卫生主管机关递交医疗事故鉴定申请书。3月5日,医调委作出《关于张戊与甲医院发生医疗纠纷处置情况再次告知书》。3月6日,被告C区卫生主管机关再次向甲医院作出卫生监督意见书。3月15日,被告C区卫生主管机关将事件移交被告B市卫生主管机关,被告B市卫生主管机关于当日即向B市医学会医疗事故技术鉴定委员会递交了鉴定委托书,申请鉴定医疗事故技术鉴定。

3月11日,张甲和马甲认为甲医院对其子构成医疗损害赔偿责任而将甲医院诉至法院。

张甲和马甲认为,C区卫生主管机关和B市卫生主管机关及甲医院未履行法定职责,张甲和马甲又提起了行政诉讼。

一审各方意见

原告(张甲和马甲)

认为C区卫生主管机关和B市卫生主管机关虽对本次医疗事故进行了调查,但在调查过程中不履行法定职责,推脱职责敷衍了事,没有对医疗事故进行任何实质意义上的调查与处理,构成行政不作为,且C区卫生主管机关和B市卫生主管机关的事故调查处理权限不明。因此,依法请求判决被告及第三人甲医院履行法定职责。

被告(C区卫生主管机关和B市卫生主管机关)

医疗事故发生后,于2016年3月2日16时许,C区卫生主管机关到甲医院进行调查,对甲医院负责人、大夫及护士进行了询问。调查后向患方代表告知:

1. 甲医院医疗机构资质及人员资质符合相关要求。

2. 监督已封存的就诊病历,对药物进行现场确认并封存,以备日后相关部门调用。

3. 目前医疗纠纷处理三条途径:调解、鉴定、司法。

4. 尸检条件为冻藏情况下保存7天。

同日,C区卫生主管机关向甲医院作出卫生监督意见书。3月3日C区卫卫生主管机关向B市医调委报告。3月4日下午,C区卫生主管机关就上述四项内容再次向患方代表进行告知,同日,甲医院向C区卫生主管机关递交医疗事故鉴定申请书。3月5日,医调委作出《关于张戊与甲医院发生医疗纠纷处置情况再次告知书》。3月6日,C区卫生主管机关再次向甲医院作出卫生监督意见书。3月15日,C区卫生主管机关将事件移交B市卫生主管机关,B市卫生主管机关于当日即向B市医学会医疗事故技术鉴定委员会递交了鉴定委托书,申请鉴定医疗事故技术鉴定。

据此,C区卫生主管机关和B市卫生主管机关认为已履行了法定职责,请求依法驳回原告全部诉讼请求。

第三人(甲医院)

对张戊进行输液前,甲医院已经对其进行皮试,确认张戊无药物过敏才进行输液。当张戊出现全身抽搐、不省人事的情况时,甲医院已第一时间进行抢救并拨打“120”,A省中医学院第二附属医院急救车19时5分到达现场后发现张戊已心跳停止,经抢救后宣布临床死亡。同日,甲医院出具居民死亡医学证明(推断)书,死亡原因注明为:过敏性休克。

认为其已履行了法定职责，请求依法驳回原告全部诉讼请求。

一审法院查明

两原告之子张戊于 2016 年 2 月 29 日 17 时许到第三人甲医院治疗，皮试后进行输液，输液后 2 分钟张戊即出现全身抽搐、不省人事情况，甲医院即进行抢救并拨打“120”，A 省中医学院第二附属医院急救车 19 时 5 分到达现场后发现患者已心跳停止，经抢救后宣布临床死亡。同日，甲医院出具居民死亡医学证明（推断）书，死亡原因注明为：过敏性休克。2016 年 3 月 2 日 16 时许，被告 C 区卫生主管机关到甲医院进行调查，对甲医院负责人、大夫及护士进行了询问。调查后向患方代表告知：

1. 甲医院医疗机构资质及人员资质符合相关要求。

2. 监督已封存的就诊病历，对药物进行现场确认并封存，以备日后相关部门调用。

3. 目前医疗纠纷处理三条途径：调解、鉴定、司法。

4. 尸检条件为冻藏情况下保存 7 天。

同日，被告 C 区卫生主管机关向甲医院作出卫生监督意见书。3 月 3 日，被告 C 区卫生主管机关向 B 市医调委报告。3 月 4 日下午，被告 C 区卫生主管机关就上述四项内容再次向患方代表进行告知，同日，甲医院向被告 C 区卫生主管机关递交医疗事故鉴定申请书。3 月 5 日，医调委作出《关于张戊与甲医院发生医疗纠纷处置情况再次告知书》。3 月 6 日，被告 C 区卫生主管机关再次向甲医院作出卫生监督意见书。3 月 11 日，原告即将甲医院诉至本院。3 月 15 日，被告 C 区卫生主管机关将事件移交被告 B 市卫生主管机关，被告 B 市卫生主管机关于当日即向 B 市医学会医疗事故技术鉴定委员会递交了鉴定委托书，申请鉴定医疗事故技术鉴定。

一审法院认为

两被告系卫生行政管理部门，对行政区域内的医疗机构依法进行监督和查处是两被告的法定职责，发生医疗事件后应履行相应的医疗行政管理职责。本案事件发生后，被告 C 区卫生主管机关进行了相应的卫生监督、检查，在对医患双方调解无果的情况下上报至被告 B 市卫生主管机关，B 市卫生主管机关即委托鉴定。两被告在事件发生后积极履行了行政监督、管理职责，并没有怠于履行职责。根据《行政诉讼法》（2014 年版）第 6 条“人民法院审理行政案件，对行政行为是否合法进行审查”的规定，法院只对行政机关的行政行为的合法性进行审查，第三人是否有伪造病历的情形、诊疗过程是否违反诊疗规范并没有最终的鉴定结论或者司法认定,司法审查权不能替代行政权,两被告已经履行了相关行政职责,原告的诉请没有法律依据,不予支持。

一审法院判决

依照《行政诉讼法》第69条、《最高人民法院关于执行〈中华人民共和国行政诉讼法〉若干问题的解释》第56条第1项之规定,判决驳回原告张甲、马甲的诉讼请求;判决原告承担本案全部诉讼费用。

二审各方意见

上诉人(张甲和马甲)

1. 原审认定事实错误。原审对第三人在本案中存在的关键的可能属违法的行政行为未作认定,仅罗列了大量与本案无关的事实。原审将非医疗行政行为错误地认定为被上诉人履行了职责;对明显存在的不作为行为未加以认定;将两被上诉人推脱职责、敷衍了事的行为当作履行职责的行为错误地加以认定;对两被上诉人到底是哪一方拥有此事故调查处理权限的问题至今仍没有查明;对两被上诉人在一审答辩状中自认的、未履行管理职责的行为未加以认定。

2. 原审适用法律错误。(1)对医疗事故进行调查处理,应为被上诉人的法定义务。没有证据证实被上诉人进行了任何实质意义上的调查与处理,构成行政不作为,上诉人的请求依法应当得到支持。(2)上诉人在本案审理时,并没有将第三人是否存在处方、病历造假,是否违反诊疗规范的事实作为诉请提出过,仅是请求判令被上诉人履行法定的医疗卫生行政管理职责,让被上诉人对当事人进行调查及处理处罚。"司法审查权不能替代行政权"的论述与本案毫无关联。

3. 被上诉人将医患间医疗侵权损害赔偿纠纷的起诉当成其履行查处职责终止的条件是完全不能成立的。请求支持一审诉讼请求:(1)责令被上诉人履行法定的医疗行政管理职责,在合理期限内依法对第三人进行调查及处理处罚;(2)请求法院向被告的主管部门提出司法建议,建议撤销两被告法定代表人职务,对其行政不作为的怠政行为进行处理;(3)判令两被告承担本案一审、二审全部案件受理费。

被上诉人(C区卫生主管机关)

1. 原审判决认定事实清楚,适用法律正确,应予以维持。C区卫生主管机关在调查、检查、监督之后才依法进行了移送,完全履行了自己的职责,无行政违法行为。上诉人的上诉逻辑混乱,理由不成立。

2. 事故发生后,C区卫生主管机关第一时间到达现场,依法调取证据,查验相关医师资质证件,提出书面监督意见,及时上报,请求医调委调解,告知各方权利义务,将案件移送到上级行政主管部门,已经按法律规定履行了应尽的法律义务。基于前期的调查资料,尚无事实和法律规定应对第三人甲医院进行处理处罚。

被上诉人(B市卫生主管机关)

B市卫生主管机关已经履行了相应职责,并无过错,法定代表人也无过错,上诉人的诉讼请求没有法律依据。本案发生后C区卫生主管机关做了大量的调解工作,也进行了现场监督。B市卫生主管机关接报后,一方面指示C区卫生主管机关继续做好调解稳定工作,另一方面将本案委托给B市医学会医疗事故鉴定中心鉴定,以便确定相关责任依法论处。但因上诉人不愿意鉴定,同时选择诉讼解决,B市卫生主管机关只能根据《医疗事故处理条例》第40条的规定,终止受理。目前尚无结论性的证据证明当事人有过错或严重过失,依法应予以处理或处罚,故无法按照上诉人的要求对第三人进行处罚。原审判决认定事实清楚,程序合法,适用法律正确,应依法维持,并驳回上诉人的上诉请求。

原审第三人甲医院与两被上诉人的答辩意见一致。

二审法院查明

本院经审理查明的事实与一审判决认定的事实一致,本院予以确认。

二审法院认为

本案争议焦点为:C区卫生主管机关和B市卫生主管机关是否已经履行了法定职责。

被上诉人C区卫生主管机关在本案医疗事件发生后,及时进行了调查、询问,将相关情况向被上诉人进行了告知,并向第三人作出卫生监督意见书,向B市医调委报告,在经过调查认为不属于自己管辖后将案件移送B市卫生主管机关,之后做了相关调解工作。B市卫生主管机关在接受移送后,即向B市医学会医疗事故技术鉴定委员会委托鉴定。两被上诉人积极履行了相关行政职责,上诉人认为被上诉人没有依法履行相关管理职责与事实不符。至于被上诉人是否应对第三人进行处理或处罚,应视调查结果而决定,由于目前没有第三人具有相关过错、过失或违反相关规定的证据,上诉人要求被上诉人对第三人进行处罚无事实依据。关于上诉人提出法院向被上诉人的主管部门提出司法建议,建议撤销两被上诉人法定代表人职务,对其行政不作为的怠政行为进行处理的诉讼请求,不属于人民法院行政案件受案范围。综上,上诉人的上诉理由不能成立,对其上诉请求本院不予支持。

二审法院判决

依照《行政诉讼法》第 89 条第 1 款第 1 项的规定,判决如下:

驳回上诉,维持原判。

本案二审诉讼费 50 元,由上诉人张甲、马甲承担。

本判决为终审判决。

各方意见

监管方意见

温国明　广东省卫生监督所　副所长

事件发生后,C 区卫生主管机关积极应对,现场核查、向当事人做询问笔录、现场确认并封存相关物证、告知。之后移送上级行政部门 B 市卫生主管机关。原审第三人向 C 区卫生主管机关递交医疗事故鉴定申请书,B 市卫生主管机关委托 B 市医学会医疗事故鉴定中心鉴定。从以上的处置,两被上诉人与原审第三人对待该事件积极主动,程序合法合规,履行了各自的法定职责。

对于甲医院的医疗行为,应通过医疗事故技术鉴定来明确是否有过失或过错。上诉人既然选择了直接向人民法院提起诉讼,那就意味着不接受调解和鉴定。没有鉴定结论,无证据证明当事人有过错或严重过失,也就无依据依法做相应的处理或处罚。原审二审判决认定事实清楚,程序合法,适用法律正确,应依法维持,并驳回上诉人的上诉请求。

律师意见

王浩　广东连越律师事务所　律师

本案是因医疗损害处理问题引发的行政诉讼,诉讼涉及卫生行政主管部门的行政处理职权问题。

根据上述案情介绍,争议发生后,C 区卫生主管机关及时进行了调查,询问,将相关情况向死者父母进行了告知,并向涉事医院作出卫生监督意见书,向 B 市医调委报告,在发现没有权限处理后报 B 市卫生主管机关处理,B 市卫生主管机关在无法判定是否为医疗事故时，当天即委托B市医学会组织鉴定。C区卫生主管机关和B市卫生主管机关作为行政执法主体，在无法判定是否为医疗事故的情况下，已经履行了《医疗事故处理条例》第4章规定的行政处理与监督职责。仅是C区卫生主管机关在患者死亡的情形下，超过了《医疗事故处理条例》第38条规定的“7日内移送上一级人民政府卫生行政部门处理”时限，但该瑕疵不影响医疗事件的后续处理。

争议发生后，甲医院递交了医疗事故鉴定申请，B市卫生主管机关亦委托B市医学会组织鉴定，但因死者父母不愿意鉴定，本案医疗事件因缺乏证据而无法确定为医疗事故。加上前期两级卫生主管机关的调查材料不能确定医院在治疗过程中有过错。故B市卫生主管机关不实施《医疗事故处理条例》第55条规定的行政处罚行为亦是依法行政的必然要求。

2014年第十二届全国人民代表大会常务委员会对《行政诉讼法》作了修订。2014年修订的《行政诉讼法》第6条规定合法性审查原则是行政诉讼的核心原则，但该法第70条第6项规定了合理性审查原则。本案医疗事件发生在2016年，因此我认为只对行政机关的行政行为的合法性进行审查而不进行合理性审查是存在问题的，亦与《行政诉讼法》确定的发展方向相悖。

许文滔　广东广信君达律师事务所　律师

《医疗事故处理条例》第40条规定：“当事人既向卫生行政部门提出医疗事故争议处理申请，又向人民法院提起诉讼的，卫生行政部门不予受理；卫生行政部门已经受理的，应当终止处理。”正是基于此规定，才有了“鉴于上诉人已向人民法院提起了民事诉讼，B市卫生主管机关遂根据《医疗事故处理条例》的相关规定，终止了鉴定和处理程序，符合法律法规规定”之结果，但对此，本人不认可。理由在于：

本条的内容是时代背景所决定的，当时只有医疗事故鉴定，因此无论是通过法院还是行政机构都只是进行医疗事故鉴定，考虑到法院的终局性，此时只能要求行政机构终止，由法院委托医疗事故鉴定。

但现在的背景完全不同，医学会已经可同时进行医疗损害鉴定与医疗事故鉴定，两者分属完全不同的两个类型，因此，对两种鉴定有需要，都可以进行。

本律师认为，行政方面的医疗事故鉴定与民事当中的医疗损害鉴定不能画等号，二者关于民事责任和行政责任方面也不能等同。建议这二者可并行处理，均属患者权利选择范畴。

法官意见

付洪林　广州铁路运输中级人民法院　原副院长

两上诉人(原告)之子在B市甲医院意外死亡后,甲医院积极配合调查,C区卫生主管机关作为卫生行政管理机关积极介入调查处理,在发现自己不具有管辖权(出现患者死亡情形的,应当由市级或以上卫生行政管理机关管辖)后,在事件发生后的第12天移交B市卫生主管机关处理,应认定其已经履行了法定职责。B市卫生主管机关在接手处理事件过程中,已委托医疗鉴定机构进行医疗事故技术鉴定,应视为履行职责的行为。但是鉴于上诉人已向人民法院提起了民事诉讼,B市卫生主管机关遂根据《医疗事故处理条例》的相关规定,终止了鉴定和处理程序,符合法律法规规定。上诉人主张行政机关不履行职责,理由不能成立,人民法院判决驳回其诉讼请求正确。

实践中,患方或者其亲属出于各方面原因,对卫生行政机关处理医疗争议或多或少都有一种焦虑和不信任感,故法律赋予了其对司法解决或者行政解决途径的选择权。但是,为节约司法或者行政资源以及出于不希望两者出现矛盾或者抵触情形等多重考虑,法律并不支持多种解决路径同时进行,故行政机关发现当事人提起诉讼时,终止了正在进行的行政处理程序并无不当,不存在上诉人所主张的不作为问题。

本案启示

推进医事纠纷治理现代化更要善于用好法制新进展

宋儒亮　法治广东研究中心主任、《中国医学论坛报》第二届医事法学理事会理事长、广东省医学会医事法学分会主任

一个法律案件的处理,往往蕴含着一段法治进展之史。

当回看某个案件,品味其中的处理,既可见其中历史变迁的遗留,又见法制的进展进步,这是一件很特别之事。

本案发生于2016年,经过多年发展,能感受到医事法制建设中的某些保留、有些进展和一些进步。

一、医事纠纷:法制建设中的医疗事故、医疗损害和医疗纠纷

医疗事故、医疗损害、医疗纠纷,这是医事争议中最常见的三个专业法律词汇。

(一)关于医疗事故

医事法制建设长河中,"医疗事故"既是历史最久的一个法规用词,又是最受争议的法律用语之一。

"医疗事故"在法制建设上的沿革变迁主要是:最早的行政立法即1987年6月29日颁布的行政法规——《医疗事故处理办法》。它已经废止。替代它的是2002年9月1日起施行的《医疗事故处理条例》。尽管该条例取代了《医疗事故处理办法》,但是"医疗事故"这一概念,却仍然被沿用的法规保留下来了。

如今,从法制角度,支撑"医疗事故"运用的、相对应的行政法规即《医疗事故处理条例》。只要进行医疗事故处理的,《医疗事故处理条例》就绕不开。为此,知晓以下内容非常重要:

一是关于医疗事故技术鉴定的申请。尽管备受争议,但只要《医疗事故处理条例》存在,它就必然存在。在司法实务中,当事人提出医疗事故技术鉴定申请的,可委托进行。

二是关于委托医学会进行鉴定。各地都有医学会。医学会是中国医学系统中最具有影响力的学术团体。接受委托,进行医疗事故技术鉴定,是其法定职责之一。进行医疗事故技术鉴定,只能委托医学会。医学会内设的医鉴办,就是专门进行医疗事故技术鉴定的机构。

实务活动中,面对医疗活动争议,无论是"医疗事故争议"还是"医疗损害争议"或是其他"医疗纠纷争议"等,只要是请求卫生行政主管机关依法处理的,常规操作就是委托医学会先进行鉴定,然后再根据鉴定意见予以处理。

处理医事纠纷,当事人尤其患方当事人,对卫生行政主管机关的积极作为非常期待,可以说是到了"渴求"的程度。卫生行政主管机关处理医事纠纷,效率是最高的。但问题是,一旦卫生行政主管机关委托医学会进行鉴定(即便委托的可能是医疗损害鉴定),当事人尤其是患方当事人易立即产生出种种顾虑、思虑,比如"老子鉴定儿子"等,各种后续问题也可能随之产生。纠纷复杂化,往往难以避免。

这往往既是患方当事人是否坚持寻求卫生行政主管机关处理的纠结之处,也是医事纠纷处理更易激化、复杂化的一大根源。

三是关于行政和司法等的边界划分事宜。《医疗事故处理条例》第40条规定:"当事人既向卫生行政部门提出医疗事故争议处理申请,又向人民法院提起诉讼的,卫生行政部门不予受理;卫生行政部门已经受理的,应当终止处理。"这是边界的划分,大方向是清楚的，但争议也是存在的，比如，何为“医疗事故争议”？从字面上讲，仅是“医疗事故争议”，但在实务中，却不尽然。有认为“医疗事故争议”，仅指“医疗事故争议”；也有认为其也包括“医疗纠纷争议”“医疗损害争议”。

面对此种争议，在没有出台新的规定、司法解释之前，当前卫生行政主管机关的常规做法往往就是“一刀切”，即只要提起了诉讼，不管是“医疗事故”还是“医疗纠纷”或是“医疗损害争议”，往往根据《医疗事故处理条例》第40条之规定，选择“终止处理”。需要说明的是并不是全部如此。比如，据本所律师最新办案发现，在律师代理的医疗纠纷案件中，即便有患者起诉了，也有卫生行政主管机关还在进行资质问题、是否有病历造假、病历书写是否规范等调查，即卫生行政主管机关并未终止调查。

四是关于医疗事故罪的追究。这个罪名仍在《刑法》之中。除非出台刑法修正案或者司法解释，否则医疗事故罪的追究，必须取得医疗事故技术鉴定意见，这是要件之一。或许，正因《刑法》中“医疗事故罪”的存在，《医疗事故处理条例》、医疗事故技术鉴定才得以保留。

与“医疗事故”相关、相近的法规用词，还有“医疗纠纷”“医疗损害”，支撑这二词的核心法规分别是一部行政法规《医疗纠纷预防和处理条例》和一部法律《民法典》。

(二)关于医疗纠纷

“医疗纠纷”，其之使用也很久了，但法规意义予以规范，却是在不久之前，即2018年10月1日起施行的《医疗纠纷预防和处理条例》。这又是关于医事法制建设的一部新的行政法规，其的制定和出台，正式从行政法规层面确认了“医疗纠纷”。《医疗纠纷预防和处理条例》第2条规定：“本条例所称医疗纠纷，是指医患双方因诊疗活动引发的争议。”

(三)关于医疗损害

“医疗损害”，其之出现，是医事法制建设的一大进展，也是一大进步。2010年7月1日《侵权责任法》正式实施。该法专设“第七章　医疗损害责任”。其的制定和出台，一个新概念——“医疗损害”正式导入，并日益登上了医疗纠纷处理的舞台的中央，逐渐占据医疗纠纷处理中的核心位置。

2021年1月1日，《民法典》开始实施，《侵权责任法》废止，但有关“医疗损害责任”的内容，被《民法典》予以吸收。

总体而言，“医疗事故”“医疗损害”“医疗纠纷”这三者在法律法规使用上，“医疗损害”要比“医疗事故”“医疗纠纷”更通用、更适用、更好用；在行政管理上，“医疗事故”“医疗纠纷”更多考虑的是医疗卫生行政机关管理问题；在纠纷处理上，“医疗事故”“医疗损害”都是“医疗纠纷”中的一类，其中，“医疗事故”是要比“医疗损害”更严重的一种类型。

知晓医疗事故、医疗损害、医疗纠纷的前前后后，更利于我们知晓法制保留、进展与进步，更利于我们从容把握、妥当处理面对的纠纷。

二、监督管理：行政法制中医疗纠纷、医疗损害、医疗事故的处理

医事纠纷的处理，如“医疗纠纷”“医疗损害”“医疗事故”的处置，患方同医方清楚地知道它的专业性强，化解不易，比如，涉及问题敏感、涉及法规复杂、涉及主体众多、涉及专业性强、涉及费用难出、涉及证据太多、涉及处置时间太长、涉及对错是非难定等，这些难题客观存在。因此，进行医事纠纷处理，就是一个民生的痛点、处理的难点和关注的焦点，是一个欲说还休的难题。

《医疗纠纷预防和处理条例》之理念观念，有较鲜明的时代特点，如其第 4 条规定：“处理医疗纠纷，应当遵循公平、公正、及时的原则，实事求是，依法处理。”

其之定位站位，有大局有高度，如其第 5 条规定：“县级以上人民政府应当加强对医疗纠纷预防和处理工作的领导、协调，将其纳入社会治安综合治理体系，建立部门分工协作机制，督促部门依法履行职责。”

其之监管职责，有具体的抓手支持，如其第 19 条规定：“卫生主管部门应当督促医疗机构落实医疗质量安全管理制度，组织开展医疗质量安全评估，分析医疗质量安全信息，针对发现的风险制定防范措施。”

其之监管事项，明确而针对性强，如其第 47 条规定：“医疗机构及其医务人员有下列情形之一的，由县级以上人民政府卫生主管部门责令改正，给予警告，并处 1 万元以上 5 万元以下罚款；情节严重的，对直接负责的主管人员和其他直接责任人员给予或者责令给予降低岗位等级或者撤职的处分，对有关医务人员可以责令暂停 1 个月以上 6 个月以下执业活动；构成犯罪的，依法追究刑事责任：(一)未按规定制定和实施医疗质量安全管理制度；(二)未按规定告知患者病情、医疗措施、医疗风险、替代医疗方案等；(三)开展具有较高医疗风险的诊疗活动，未提前预备应对方案防范突发风险；(四)未按规定填写、保管病历资料，或者未按规定补记抢救病历；(五)拒绝为患者提供查阅、复制病历资料服务；(六)未建立投诉接待制度、设置统一投诉管理部门或者配备专(兼)职人员；(七)未按规定封存、保管、启封病历资料和现场实物；(八)未按规定向卫生主管部门报告重大医疗纠纷；(九)其他未履行本条例规定义务的情形等。”

这些只是一部分,但都是管用、好用的处置依据,得之不易,是难得的法制进步。作为医事争议的当事人,面对这些法制进展和进步,认真学习贯彻领会的同时,更当善于在专业人士如医事律师等指引下,将这些规定切实适用到具体个案处置之中,充分享受医事法制进步带来之好。

比如,进行医事争议处理,面对鉴定,先别急着抱怨,一股脑儿就把争议让其他单位办理,而是先坚定走出鉴定这一步,即便是进行医疗事故技术鉴定也是如此。按规定提交病历材料,参加鉴定听证会,走完初次鉴定、再次鉴定,再根据鉴定意见,在比照证据资料基础上,寻求运用这些法治方式,如要求鉴定人出庭、专家辅助人出庭、鉴定意见质询等方式,查找破绽,寻求突破,实现自身诉求。这不是不可完成之事,但前提是必须熟练掌握法规规定,知晓法制变迁;必须坚持医法结合,运用法治思维和方式;必须坚持专业指引加自身坚持,最终实现自身目标。毕竟,作为医事纠纷最关键证据——鉴定,其之定位,法律上已由之前的"结论"调整为"意见",对其,合法则用、不合法则弃,这就是鉴定法制之精髓,这就是医事纠纷处置出彩之处。

三、医事法治:推进实现更高水平医事纠纷处理的法治之路

医事纠纷,不同于医疗纠纷,包括与医事相关的一切纠纷,不仅限于医疗活动。尽管二者一字之差,但含义范围却差异广泛,比如,医事纠纷要比医疗纠纷的范围更广阔,医疗纠纷也仅是其中的一类纠纷,尽管这是医事纠纷处理难点较大的一类。

化解医事纠纷,治标之举较多,调解之方式,是其中最多之选;治本之策,不在单一方式的选择,而在于过程环节的综合治理,核心在于强化民事、行政和刑事之间的无缝衔接,信心在于坚持有法必依、执法必严、违法必究。

总体而言,要推进更高水平的医事纠纷处理法治之路,这些问题,要综合考虑,充分估量。

1. 民事法治之路。在这条道路上,优先选择哪个化解方式,最令人纠结。当前方式选择最多的就是调解。面对调解方式的选择,解读与回答,理由多,观点多,牵涉利益方更多。

但不可否认的是,选择调解之方式有不得已之处,比如若不选择调解方式,选择其他方式化解医事纠纷,具有耗时、耗钱、耗力等问题。

但毋庸置疑的是,化解医事纠纷,诉讼方式最专业。诉讼方式化解医事纠纷,专业指引效果也最好。以法律专业对医疗专业,具有科学性强、专业性强、客观性强等特点特质;以事实为据、用证据说话,程序公正,庭审博弈,以理服人,更具有法律属性强、查明事实清、法律效益大、性价比高的特点。

专业纠纷,要专业办理。这方面的认识要到位,推进更高水平的医事纠纷处理的民事法治之路,更容易上层次,更容易让各方重视法制。

2. 行政法治之路。在这条道路上,如何理解纠纷对象的转变,最令人纠结。毕竟,患者是在医院看病,不是在行政机关,一旦有争议,也应找医院。虽可向行政机关投诉医院要求处理,但转变对象,直接起诉行政机关,从情、从理,似乎都比较牵强和无奈。

《行政诉讼法》第34条规定:"被告对作出的行政行为负有举证责任,应当提供作出该行政行为的证据和所依据的规范性文件。被告不提供或者无正当理由逾期提供证据,视为没有相应证据。但是,被诉行政行为涉及第三人合法权益,第三人提供证据的除外。"

医院监管,行政为先。这方面的认识要到位,推进更高水平的医事纠纷处理的行政法治之路,监管会更主动,更加赢得各方支持。

3. 刑事法治之路。在这条道路上,如何提升尊重和保障人权意识,最让人关心。医事纠纷中,一旦出现有追究医师刑事责任的案件,一定备受医界质疑、媒体聚焦、社会关注。不到万不得已,不到山穷水尽,不到心灰意冷,各方不会轻易迈出刑事法治这一步。一旦走到这一步,面对医务人员,之前最常见的是传统的罪名,如"非法行医罪""医疗事故罪""非法进行节育手术罪""非法采集、供应血液、制作、供应血液制品罪";《刑法修正案(十一)》通过,又增加了几个新罪名,比如,"非法采集人类遗传资源、走私人类遗传资源材料罪""非法植入基因编辑、克隆胚胎罪"等。

人权保障,刑事托底。这方面的认识要到位,推进更高水平的医事纠纷处理的刑事法治之路,工作会更严谨,举措会更心存敬畏。

推进更高水平的医事法治建设,认识、思维和方式要与时俱进,要有改变改革,可以通过以下方式:一是及时学习新的法律知识,尤其是医事法律专业知识;二是不断提升运用法治思维和方式处理医事纠纷的能力;三是多注重在法治上的积累,比如,多交些医事法律专业领域的良师益友,遇到问题随时咨询,比如,面对本案,本所律师表示,患方建议撤销两被上诉人法定代表人职务,就明显不属于行政诉讼法的受案范围,明显不符合司法职责之范围。因此,这属非医事法律的专业性建议,不值得效防。

总之,面对这些观点、建议,不理解、不接受、不认同,更不及时在实际工作予以改进、跟进和推进,吃亏、吃苦肯定不远。要相信医事法治进程的体制力量,比如,体制内一种推进、推动、推行的力量已经进入了医事纠纷的处理,那就是引入了"监察机关"。在推动更高水平的医事法治建设之路大业上,更期待监察机关等积极作为。《医疗纠纷预防和处理条例》第52条规定:“县级以上人民政府卫生主管部门和其他有关部门及其工作人员在医疗纠纷预防和处理工作中,不履行职责或者滥用职权、玩忽职守、徇私舞弊的,由上级人民政府卫生等有关部门或者监察机关责令改正;依法对直接负责的主管人员和其他直接责任人员给予处分;构成犯罪的,依法追究刑事责任。”

求诊治、请查处和打官司，这些环节要管用须更重视法律衔接

宋儒亮　温国明　佘树林　欧阳兵　宋立志

案情简介

2015年12月19日张甲父亲张乙去C县甲医院就诊，当时医院诊断为浅表性胃炎，并予中药治疗。张乙当晚发病被家属送到乙医院，诊断为心脏病，心功能不全，抢救无效在乙医院去世。

2015年12月30日张甲到C县卫生主管机关要求对张乙诊断进行处理。C县卫生主管机关经过向张甲和甲医院调查、调解后，于2016年9月5日作出关于张甲投诉甲医院的答复。

答复的结论是：

1. 调取医患双方相关医疗文书，再次与B市医学会联系，争取B市医学会受理此次医疗争议（C县卫生主管机关医政科工作人员与张甲自2016年8月19日联系至今，电话虽然接通多次，也说明了事情的原委，但是张甲始终不来C县卫生主管机关，也不提供相关鉴定需要的材料）。

2. 如果B市医学会再次不受理该起医疗争议，建议患方到C县人民法院提起诉讼，依法维护自己的权利。

张甲认为C县卫生主管机关未履行法定职责，提起诉讼。

一审各方意见

原告意见（张甲）

2015年12月30日张甲到C县卫生主管机关处要求其就甲医院对张乙诊断进行处理。张甲向C县卫生主管机关递交投诉材料时要求其对甲医院的行为是否构成医疗事故作出明确答复意见，但C县卫生主管机关并没有就此问题作出答复。

请求判决被告对甲医院的行为是否构成医疗事故作出明确答复意见。

被告意见(C县卫生主管机关)

C县卫生主管机关经过向张甲和甲医院调查、调解后,已于2016年9月5日作出关于张甲投诉甲医院的答复。

答复的结论是:

1. 调取医患双方相关医疗文书,再次与B市医学会联系,争取B市医学会受理此次医疗争议(C县卫生主管机关医政科工作人员与张甲自2016年8月19日联系至今,电话虽然接通多次,也说明了事情的原委,但是张甲始终不来C县卫生主管机关,也不提供相关鉴定需要的材料)。

2. 如果B市医学会再次不受理该起医疗争议,建议患方到C县人民法院提起诉讼,依法维护自己的权利。

C县卫生主管机关已经对张甲的投诉作出答复,且该答复未给张甲造成实际影响,未涉及张甲的实体权利,属于指导性答复,不具有可诉性。请求驳回原告全部诉讼请求。

一审法院查明

2015年12月19日原告父亲张乙去C县甲医院就诊,当时医院诊断为浅表性胃炎,并予中药治疗。张乙当晚发病被家属送到乙医院,诊断为心脏病,心功能不全,抢救无效在乙医院去世。

2015年12月30日原告到被告处要求被告就甲医院对张乙诊断进行处理。被告经过向原告和甲医院调查、调解后,于2016年9月5日作出关于张甲投诉甲医院的答复。

答复的结论是:

1. 调取医患双方相关医疗文书,再次与B市医学会联系,争取B市医学会受理此次医疗争议(C县卫生主管机关医政科工作人员与张甲自2016年8月19日联系至今,电话虽然接通多次,也说明了事情的原委,但是张甲始终不来C县卫生主管机关,也不提供相关鉴定需要的材料)。

2. 如果B市医学会再次不受理该起医疗争议,建议患方到C县人民法院提起诉讼,依法维护自己的权利。

一审法院认为

原告因与甲医院发生医患纠纷要求被告出具处理意见,被告经审查后作出关于张甲投诉甲医院的答复,该答复内容没有涉及原告的实体权利,是行政指导性的答复,不是行政行为,不具有可诉性,且原告也不要求法院审查该答复,只要求被告作出处理意见。因原告要求被告作出处理意见时没有提出具体处理意见的准确含义,庭审中也没有确定被告应作出处理意见的具体内容,故对原告的诉讼请求,本院不予支持。

一审法院判决

依照《行政诉讼法》(2014年版)第69条的规定,判决如下:驳回原告要求被告作出医疗事故处理意见的诉讼请求。诉讼费50元,由原告负担。

二审各方意见

上诉人(原审原告:张甲)

首先,上诉人在向被上诉人递交投诉材料时已经明确要求被上诉人对甲医院的行为是否构成医疗事故作出明确答复意见,一审中也明确要求法院对被上诉人是否应作出明确答复行为进行审查,而一审法院不予支持上诉人的诉讼请求,认定事实错误。

其次,根据《医疗事故处理条例》第38条第2款第1项的规定,上诉人反映的医疗事故争议被上诉人应当移送给上一级卫生行政主管部门,而被上诉人未移送,该行政行为违法,一审法院认定该行为是行政指导行为属适用法律错误。

综上,请求撤销原判,改判被上诉人依法履行法定职责。

被上诉人(原审被告:C县卫生主管机关)

首先,我单位给张甲作出的答复未给张甲造成实际影响,未涉及张甲的实体权利,属于指导性答复,不具有可诉性。

其次,张甲在诉讼过程中也没有明确要求我单位作出什么样的处理意见,因此法院也无法判决我单位作出什么行政行为。

综上,原审法院认定事实清楚,适用法律正确,请求驳回上诉,维持原判。

二审法院查明

本院经审理查明的事实与一审判决认定的事实基本一致,本院予以确认。

另查明,2016年6月21日上诉人张甲到被上诉人C县卫生主管机关,反映C县甲医院违反诊疗规范常规,误诊、误治、延误病情,未明确病情盲目用药等过错,造成患者死亡,要求被上诉人C县卫生主管机关对C县甲医院治疗过程是否构成医疗事故进行处理。

被上诉人C县卫生主管机关向上诉人张甲解释,并告知医疗纠纷处理途径,上诉人张甲决定回家与其他家属研究后决定。2016 年 6 月 24 日上诉人张甲再次到被上诉人 C 县卫生主管机关投诉 C 县甲医院，要求对其父亲之死申请医疗事故技术鉴定，被上诉人 C 县卫生主管机关要求上诉人张甲提交申请材料：

1. 书面陈述。

2. 有关的其他医疗事故技术鉴定材料（法医鉴定书、当事人身份证件、出生证、死亡证明等）。

3. 住院患者的住院病历复印件。

4. 与医疗事故技术鉴定有关的其他材料。

5. 门诊病历、急诊病历等资料。

上诉人张甲只提供了 C 县甲医院的一张中药单和一份影像学资料，其他的材料均未能提供。病历资料均是 C 县甲医院的住院病历。

被上诉人工作人员当即电话联系了 B 市医学会，把上诉人所提供的所有材料以及事情的详情进行了沟通，并申请医疗事故技术鉴定。

由于上诉人所提供的材料不足，B 市医学会在电话里明确告知上诉人其不能受理该起医疗事故技术鉴定。被上诉人要求上诉人张甲将医疗事故技术鉴定所需材料补齐，然后进一步申请医疗事故技术鉴定。

二审法院认为

本案争议的焦点为：其一，被上诉人作出的答复行为是否可诉；其二，被上诉人是否履行了法定职责，答复内容是否合法。

关于被上诉人作出的答复行为是否可诉的问题，根据《行政诉讼法》第 12 条第 1 款第 6 项的规定，公民、法人或者其他组织起诉行政机关拒绝履行保护人身权、财产权等合法权益的，属于人民法院行政诉讼受案范围。

另根据《医疗事故处理条例》第 20 条、第 38 条第 1 款的规定，县级人民政府卫生行政部门具有对医疗事故争议进行处理的法定职责，对需要进行医疗事故技术鉴定的，应当交由负责医疗事故技术鉴定工作的医学会组织鉴定。

本案中，张甲因其父亲死亡的医疗事故争议问题向被上诉人提出申请，要求对医疗事故进行技术鉴定并对医疗事故争议进行处理，属于要求被上诉人履行法定职责的明确申请，被上诉人对张甲的申请有作出处理决定的法定职责，并于 2016 年 9 月 5 日针对张甲的申请作出答复，张甲与该答复内容有利害关系，对该答复内容不服有提起行政诉讼的主体资格,该答复具有可诉性,属于人民法院行政诉讼审查范围。

因此,原审法院认为该答复内容不属于行政行为,不具有可诉性错误,应予纠正。如果一个行政行为不具有可诉性,说明该行为不属于行政诉讼的审查范围,法院最终的裁判结论也应当是驳回起诉,而不应是驳回诉讼请求。

关于被上诉人是否履行了法定职责,答复内容是否合法的问题,根据《医疗事故处理条例》第20条的规定,"卫生行政部门接到医疗机构关于重大医疗过失行为的报告或者医疗事故争议当事人要求处理医疗事故争议的申请后,对需要进行医疗事故技术鉴定的,应当交由负责医疗事故技术鉴定工作的医学会组织鉴定"。本案中,被上诉人接到上诉人要求处理医疗事故争议的申请后,对双方进行了调解,但未达成一致意见。之后被上诉人根据上诉人的申请认为需要进行医疗事故技术鉴定,并向B市医学会申请医疗事故技术鉴定,B市医学会认为上诉人未能按照要求提供鉴定所需全部材料,不能受理此次鉴定申请。被上诉人已经将该情况告知上诉人,并对上诉人的申请作出书面答复,该答复针对上诉人提出的医疗事故争议处理申请作出了全面的解释说明,属于依法履行了职责,并不违反法律规定,上诉人再次要求被上诉人履行法定职责没有法律依据。

二审法院判决

依照《行政诉讼法》第89条第1款第1项的规定,判决如下:

驳回上诉,维持原判。

二审案件受理费50元,由上诉人张甲负担。

本判决为终审判决。

各方意见

监管方意见

温国明　广东省卫生监督所　副所长

纵观本案的经过,我认为本案中的卫生行政部门及法院能够依照法律法规作出相关行政行为,对于法院的终审判决结果没有异议,浅析如下:

关于医疗机构:作为涉事一方的甲医院,对于原告父亲张乙的初步诊断为浅表性胃炎,并开中药治疗,从医疗角度上涉嫌误诊,在事故发生后,甲方医院是否有采取行动安抚病人家属情绪,听取患者家属诉求,积极寻求协商,是否有在第一时间封存病历,在本案中未有反映。

关于卫生行政部门:C县卫生主管机关在接到投诉人的投诉后,有告知医疗纠纷处理途径,并协助及引导投诉人按程序处理本案件。C县卫生主管机关有协助投诉人与B市医学会进行联系,并争取B市医学会受理此次医疗争议,其间亦多次致电投诉人,要求其提供相关鉴定需要的材料,同时也有引导投诉人到C县人民法院提起诉讼,依法维护自己的权利。

关于上诉方:上诉人在本案有两个行为值得商榷。

第一,在本案中上诉人上诉称:"上诉人在向被上诉人递交投诉材料时已经明确要求被上诉人对甲医院的行为是否构成医疗事故作出明确答复意见。"在此,上诉人容易陷入误区,认为卫生行政部门是医疗事故责任的认定机构,实际上根据《医疗事故处理条例》第20条、第38条第1款的规定县级人民政府卫生行政部门具有对医疗事故争议进行处理的法定职责,对需要进行医疗事故技术鉴定的,应当交由负责医疗事故技术鉴定工作的医学会组织鉴定。由此可见,卫生行政部门无医疗事故责任认定资质,需委托第三方医疗事故鉴定专业机构来认定。

第二,在卫生行政部门协助投诉人进行第三方医疗事故鉴定期间,多次要求投诉人提供有关鉴定材料未果,导致医学会无法受理此案,从客观角度来说,这是投诉人对自身权利的不尊重表现。

关于案件判决结果,投诉人张甲上诉称:"根据《医疗事故处理条例》第38条的规定,上诉人反映的医疗事故争议被上诉人应当移送给上一级卫生行政主管部门,而被上诉人未移送,该行政行为违法。"对此,由于C县甲医院是C县卫生主管机关的直属医疗机构,上诉人所反映的医疗事故争议应由该医院的卫生行政主管部门进行处理,因此无构成行政行为违法。法院依照《行政诉讼法》第69条的规定,判决如下:驳回原告要求被告给付医疗事故处理意见的诉讼请求。

律师意见

欧阳兵　广东岭南律师事务所　律师

本案涉及C县卫生主管机关的答复是否属于行政案件受案范围问题。

C县卫生主管机关的答复是否属于行政案件的受案范围,应根据张甲对C县卫生主管机关提出的要求的全部内容进行判断。

二审查明:2016年6月21日,张甲要求C县卫生主管机关对甲医院治疗过程是否构成医疗事故进行处理,其实质是张甲要求C县卫生主管机关依法履行《医疗事故处理条例》第4章规定的法定职权。根据《医疗事故处理条例》第36条的规定,C县卫生主管机关在不能判定是否属于医疗事故的情形下,要求张甲提供相应材料并联系B市医学会,张甲在不能提供鉴定所需材料的前提下,B市医学会明确答复不能受理该起医疗事故技术鉴定。

该答复实质是C县卫生主管机关履行《医疗事故处理条例》第4章赋予的法定职权的结果体现,是可诉行政行为。

因此,二审的认定和处理是正确的。一审没有查明张甲的具体要求及C县卫生主管机关答复的准确内涵,导致对C县卫生主管机关的答复作出错误认定,从而错误认为C县卫生主管机关的答复不具有可诉性。

关于C县卫生主管机关处理张甲的申请并对其请求作出答复之过程中是否履行其法定职权的问题。在B市医学会不受理医疗事故鉴定之前,C县卫生主管机关的行为系按照《医疗事故处理条例》第4章规定内容执行。在B市医学会不受理医疗事故鉴定之后,在无法判定为医疗事故的情形下,《医疗事故处理条例》并未赋予C县卫生主管机关处罚甲医院的权能。

无法进行医疗事故鉴定系张甲不能提供鉴定所需材料所致,C县卫生主管机关作出答复告知张甲两项内容并无不当。

二审法院认定答复针对张甲提出的医疗事故争议处理申请作出了全面的解释说明,属于依法履行了职责,并不违反法律规定,亦是正确的。

宋立志　周攸　广东广信君达律师事务所　律师

本案主要涉及3个方面的问题:第一,诉讼请求问题;第二,C县卫生主管机关的职权范围问题;第三,法院判决问题。

第一,关于诉讼请求究竟是什么的问题。根据原告申请,本案诉请应为要求C县卫生主管机关履行法定职责之诉,而非对答复审查意见的性质进行认定,答复审查意见只是证明C县卫生主管机关履行法定职责的表现形式。

第二,关于C县卫生主管机关是否履行职权问题。关于C县卫生主管机关职权范围,根据《医疗事故处理条例》第38条第2款的规定:“有下列情形之一的,县级人民政府卫生行政部门应当自接到医疗机构的报告或者当事人提出医疗事故争议处理申请之日起

7日内移送上一级人民政府卫生行政部门处理:(一)患者死亡;(二)可能为二级以上的医疗事故;(三)国务院卫生行政部门和省、自治区、直辖市人民政府卫生行政部门规定的其他情形。”

本案是一起患者死亡案件,C县卫生主管机关是没有权利直接申请医疗事故鉴定的,依法应于收到医疗事故争议处理申请之日起7日内移送上一级人民政府卫生行政部门处理,而C县卫生主管机关并未履行该义务,无论其作出答复意见与否,其行为已经属于行政不作为或违法作为,均属于未依法履行法定职责。

第三,关于法院判决。因C县卫生主管机关并未按照法律的规定将案件移送至上一级卫生行政部门,C县卫生主管机关已经违反法定程序在先,即未依法履行法定职责,即使原告按照要求提交了鉴定材料,C县卫生主管机关也无权直接委托医疗事故鉴定。

故本律师认为,法院不能因为原告未按照C县卫生主管机关要求提供鉴定材料就认定原告是造成无法作出鉴定的原因,认定C县卫生主管机关作出的答复就是履行了法定职责。法院应判决C县卫生主管机关限期履行法定职责。

法官意见

余树林　广州铁路运输中级人民法院　法官

一是医疗投诉案件的被诉行政行为的确定。原告张甲主张C县甲医院违法违规诊治导致其父亲死亡,而向被告C县卫生主管机关投诉请求处理,原告提出的医疗投诉实为履行法定职责申请。

被告作出涉案答复后,原告提起本案诉讼,且不要求审查该答复,而要求被告对其投诉事项作出处理意见,故本案为申请履行法定职责之诉。而被告对原告投诉所作的答复仅是反映被告履责过程的形式和载体,并非本案被诉行政行为。一审、二审法院将涉案答复作为被诉行政行为进行审查不当。

二是关于原告申请被告履行法定职责的内容。一审法院认为原告要求被告作出处理但没有明确具体的处理意见,故其申请请求不明。

首先,我们可以释明指引原告明确其申请请求。其次,根据原告的投诉目的和被告的法定职责范围,我们不难明白原告的申请请求包括以下三个方面:一是调查认定违法侵权事实,即调查认定被投诉的医疗机构存在医疗过错和违法侵权行为,并造成原告损害事实;二是作出民事赔偿裁决,即确定被投诉人向投诉人承担民事赔偿责任;三是作出行政处罚决定,确定被投诉人对侵权事实承担的行政责任。

其中,第一个方面是后面两个方面的前提和基础。行政救济与司法救济职能分工不同,行政救济具有快速裁决性质,故当事人对行政机关调查认定投诉的违法侵权事实时要求不宜过高,仅限于"事实清楚,权利义务关系明确,争议不大"的标准。如果案件事实不清,权利义务关系复杂,争议较大的,行政机关可以尚无充分证据证明侵权事实成立为由不予处理,当事人应当向人民法院提起侵权民事诉讼寻求司法救济。

三是关于本案的处理结果。卫生行政部门对医疗投诉调查违法侵权事实的手段往往是委托医学会进行医疗事故鉴定。本案中原告未能按照要求提供鉴定所需全部材料导致医学会不能受理此次鉴定申请,尚无充分证据证明原告投诉的违法侵权事实成立,被告无法进一步作出处理,被告亦告知原告可以提起民事诉讼寻求司法救济,故被告已履行了法定职责。一审、二审法院判决驳回原告的诉讼请求的处理结果是正确的。

本案启示

强化法律衔接　释放法律活力

宋儒亮　法治广东研究中心主任、《中国医学论坛报》第二届医事法学理事会理事长、广东省医学会医事法学分会主任

是人,都可能生病。因而,就有了医案之可能。

医事案件,往往都是这样发生并发展的:因病到医院,人或伤残或死亡,若认为是医院的责任,或是采取民事法律救济,直接同医方交涉,要求医方依法承担法律责任;或是采取行政法律救济,向卫生主管机关投诉,要求查处医院医生。若对投诉查处不满意,认为卫生主管机关没有依法履行查处职责,可转为向人民法院提起行政诉讼,要求依法裁判行政机关依法承担不作为等的法律责任。最后根据裁判结果再做考虑。

本案中,选择行政法律救济路径,以求实现法律目的。面对行政诉讼,经过二审终审,最终判决卫生主管机关胜诉。显然,患方的行政法律救济策略没有实现,患方并没有实现诉求。

问题的解决,又回到了起点,该怎样看?

一、法律衔接问题是法律实施面临的较突出的问题

又回到起点,是说在患者死亡问题上,诊疗医院有无责任,还没有答案。

转了这么一圈,其实牵涉出了一个非常重要的问题:法律规定之间的衔接即在医事法

治领域，民事纠纷、行政处理、行政诉讼和刑事追究之间，该如何建立一个衔接有效的封闭体系，让问题的走向始终在法治轨道上运行，让问题的化解始终有清晰的规则指引和跟进的法律对策在衔接。

比如，当本案行政法律救济终结，该案患者死亡问题，又该如何进一步处理？是自动转为下一个行政处理案，由卫生主管机关重新跟进并依法处理；或是又要患方把之前没有完成的事项继续接上再推；再或是本案件自然终结；等等。

可能的情形并不是一个，但一个大概率事件就是患者死亡的责任追究问题却有可能慢慢被淡化、弱化。

问题的关键是什么？法律衔接不完善。

二、重视法律衔接成为当前一个重要的议题

法律衔接问题，我们是非常重视的，也一直在强调，比如，《中共中央关于全面推进依法治国若干重大问题的决定》中就有许多关于衔接方面的要求：

在健全行政执法和刑事司法衔接机制方面。《中共中央关于全面推进依法治国若干重大问题的决定》指出："健全行政执法和刑事司法衔接机制，完善案件移送标准和程序，建立行政执法机关、公安机关、检察机关、审判机关信息共享、案情通报、案件移送制度，坚决克服有案不移、有案难移、以罚代刑现象，实现行政处罚和刑事处罚无缝对接。"

在加强职务犯罪线索管理方面。《中共中央关于全面推进依法治国若干重大问题的决定》指出："加强职务犯罪线索管理，健全受理、分流、查办、信息反馈制度，明确纪检监察和刑事司法办案标准和程序衔接，依法严格查办职务犯罪案件。"

在健全社会矛盾纠纷预防化解机制方面。《中共中央关于全面推进依法治国若干重大问题的决定》指出："健全社会矛盾纠纷预防化解机制，完善调解、仲裁、行政裁决、行政复议、诉讼等有机衔接、相互协调的多元化纠纷解决机制。加强行业性、专业性人民调解组织建设，完善人民调解、行政调解、司法调解联动工作体系。完善仲裁制度，提高仲裁公信力。健全行政裁决制度，强化行政机关解决同行政管理活动密切相关的民事纠纷功能。"《法治中国建设规划（2020—2025年）》指出："积极引导人民群众依法维权和化解矛盾纠纷，坚持和发展新时代'枫桥经验'。充分发挥人民调解的第一道防线作用，完善人民调解、行政调解、司法调解联动工作体系。全面开展律师调解工作。完善调解、信访、仲裁、行政裁决、行政复议、诉讼等社会矛盾纠纷多元预防调处化解综合机制，整合基层矛盾纠纷化解资源和力量，充分发挥非诉纠纷解决机制作用。深化法律援助制度改革，扩大法律援助覆盖面。有序推进行政裁决工作,探索扩大行政裁决适用范围。”

在注重党内法规同国家法律的衔接和协调方面。《中共中央关于全面推进依法治国若干重大问题的决定》指出:“注重党内法规同国家法律的衔接和协调,提高党内法规执行力,运用党内法规把党要管党、从严治党落到实处,促进党员、干部带头遵守国家法律法规。”

在健全事前事中事后监管有效衔接、信息互联互通共享、协同配合工作机制方面。《法治中国建设规划(2020—2025年)》指出:“健全事前事中事后监管有效衔接、信息互联互通共享、协同配合工作机制。完善行政执法权限协调机制。健全行政执法和刑事司法衔接机制,全面推进‘两法衔接’信息平台建设和应用。完善行政强制执行体制机制。建立健全军地联合执法机制。”“推进执纪执法贯通、有效衔接司法。”

三、推进更高水平法律衔接工作的新思考

第一,要在顶层设计上做文章。比如,建议统筹考虑,一体布局,制定法律衔接规划,以此作为推进法律衔接工作的路线图。

第二,要在流程安排上做安排。比如,确定推进法律衔接要遵守的原则,目的在于有效化解法律规定衔接上的冲突、保留、空白等问题,让法律适用更加流畅。

第三,要在督查协调上做布局。比如,成立地方各级党委法治衔接议事协调机构,围绕法律制定、解释和实施,履行法律衔接的顶层设计、统筹协调、整体推进、督促落实职责,加强对本地区法律规定衔接建设的牵头抓总、运筹谋划、督促落实等工作。

第四,要在衔接指标上下功夫。建议建立以宪法为统帅,以宪法相关法、民法、商法等多个法律部门的法律为主干,由法律、行政法规、地方性法规等多个层次法律规范为主要内容、对象的法律衔接指标体系。通过法律衔接,更好实现法治国家,坚持依法治国、依法执政、依法行政共同推进,法治国家、法治政府、法治社会一体建设目标。

第五,要在定期评估上求实效。围绕民事、行政、刑事和宪法彼此衔接中可能存在的突出问题,进行定期评估,比如,可采取立法后评估、执法后评估、合宪性审查等方式,既求法规效力,又求法规合力。

第六,要在结果考核上来真的。这其中,要加强对重大法治衔接问题的法治督察工作,加强党对法律规定衔接的统一领导、统一部署、统筹协调。党政主要负责人要切实履行推进法律规定衔接第一责任人职责,将履行推进法律规定衔接第一责任人职责情况列入年终述职内容。各级党委要将法律衔接与经济社会发展同部署、同推进、同督促、同考核、同奖惩,实现集中领导、高效决策、统一部署。

第七,要在法律衔接上见效益。法律的权威源自拥护和信仰,法律生命源于法律的衔接。有效、有序、有力的法律衔接,才能实现法律的目的。因此,制定法律衔接规划,完善法律衔接的制度、原则、规则、评估和考核,更利于推进法律的制定、监督、解释和实施,更利于激活法律活力,更利于让人民群众在每一项法律制度、每一个执法决定、每一宗司法案件中都切实感受到公平正义。

快速提升中的医事立法,呼吁能有更多彰显法治效益的医事纠纷处置案

宋儒亮　温国明　余树林　欧阳兵　宋立志

案情简介

2008年8月6日,陈甲之子吕甲因肠胃不适、拉肚子前往某市A医院集团总医院(以下简称A医院)就诊,后病情加重。次年1月6日,吕甲与A医院共同申请某市医学会(以下简称市医学会)对双方医疗纠纷一案进行医疗事故鉴定,当月15日,市医学会作出某医鉴〔2009〕01号《医疗事故技术鉴定书》(以下简称01号《鉴定书》),内容:"……八、分析意见:(一)经审核,A医院为合法医疗机构,医护人员为合法执业人员。……九、鉴定意见:综上所述,根据《医疗事故处理条例》第二条、第三十三条(等),本病例不属于医疗事故。"

吕甲不服,向某省医学会(以下简称省医学会)申请再次鉴定,同年4月15日,省医学会作出某医鉴〔2009〕10号《医疗事故技术鉴定书》(以下简称10号《鉴定书》),内容:"……九、结论综上所述,根据《医疗事故处理条例》第二条、第三十三条(等),本病例不属于医疗事故。"

2009年5月18日,吕甲将A医院、某市B医院(以下简称B医院)、某社区卫生服务站(以下简称C卫生服务站)诉至区法院。2010年1月17日,该院委托D医科大学司法鉴定所(以下简称D大鉴定所),对A医院、B医院、C卫生服务站对吕甲的诊疗行为是否有过错,该过错与损害结果是否有因果关系及过错参与度进行司法鉴定,该所于同年4月26日作出D大鉴定所〔2010〕书鉴字第10号《司法鉴定意见书》(以下简称10号《意见书》),其分析说明中载明:(1)根据现有材料,A医院门诊对吕甲未行全面体格检查和必要辅助检查,未尽谨慎注意义务,存在医疗过错。C卫生服务站和B医院对吕甲的诊疗行为未见违反医疗原则之处。(2)吕甲目前情况符合自身溃疡性肠炎的自然转归,虽不能排除A医院的医疗过错有延误诊治的可能,但对最终后果无必然影响。

案件审理过程中,由于吕甲未按期缴纳诉讼费用,该院于2010年6月25日作出(2009)某民一初字第1091号民事裁定书,裁定按自动撤回起诉处理。

2011年4月18日，吕甲再次提起诉讼，要求前述三被告赔偿损失，区法院于2012年4月10日作出判决：驳回原告吕甲的诉讼请求。

宣判后，吕甲不服，提起上诉，某省某市中级人民法院（以下简称市中院）于2012年12月6日作出（2012）某民一终字第00491号民事判决：驳回上诉，维持原判。

后吕甲于2013年3月28日向某省高级人民法院（以下简称省高院）申请再审，省高院于2013年7月10日作出（2013）某民申字第00095号民事裁定：指令市中院再审。经再审，市中院于2013年12月2日作出（2013）某民一再终字第00039号民事判决：维持本院（2012）某民一终字第00491号民事判决。

2014年5月26日，吕甲向某省人民检察院（以下简称省检察院）提起抗诉。该院于2014年8月10日作出某检民（行）监（2014）34000000059号不支持监督决定书，不支持吕甲的监督申请。

陈甲母子认为A医院的诊疗行为存在过错，并多次找到市卫生主管机构，请求对A医院及涉案医疗人员的过错行为依法处罚。后陈甲通过信访渠道，向市卫生主管机构提交了《某市卫生主管机构行政不作为行业监管不当情况反映》（以下简称《情况反映》）。

市卫生主管机构针对该《情况反映》于2017年12月28日以"提出的信访事项属于人民法院职权范围"为由，向陈甲作出《不予受理告知书》。陈甲不服，针对该《不予受理告知书》于2018年1月4日向某市人民政府（以下简称市政府）申请行政复议。市政府于2018年1月9日以"请求的事项不属于行政复议受理范围"为由，作出《不予受理行政复议申请决定书》（某府复不受〔2018〕1号）。

陈甲不服，将市卫生主管机构与市政府一并诉至市中院，经释明，陈甲撤回对市卫生主管机构的起诉。市中院于2018年5月9日作出（2018）某04行初16号行政判决，驳回陈甲的诉讼请求。

后陈甲将市卫生主管机构诉至一审法院。

一审各方意见

原告意见（陈甲）

诉讼请求：（1）依法确认市卫生主管机构行政不作为违法；（2）判令市卫生主管机构依法履行法定职责，对该医院过错行为进行行政处罚。

被告意见(市卫生主管机构)

陈甲母子认为A医院的诊疗行为存在过错,并多次找到市卫生主管机构,请求对A医院及涉案医疗人员的过错行为依法处罚。后陈甲通过信访渠道,向市卫生主管机构提交了《某市卫生主管机构行政不作为行业监管不当情况反映》(以下简称《情况反映》)。市卫生主管机构经过审查,认为医疗过错行为不属于市卫生主管机构的查处范围,依照法定程序,市卫生主管机构针对该《情况反映》于2017年12月28日以“提出的信访事项属于人民法院职权范围”为由,向陈甲作出《不予受理告知书》。

市卫生主管机构对医疗过错行为没有查处的职权,作出《不予受理告知书》不属于行政不作为。请求驳回原告全部诉讼请求。

一审法院查明

原告母子认为A医院的诊疗行为存在过错,并多次找到市卫生主管机构,请求对A医院及涉案医疗人员的过错行为依法处罚。

后陈甲通过信访渠道,向市卫生主管机构提交了《某市卫生主管机构行政不作为行业监管不当情况反映》(以下简称《情况反映》)。

市卫生主管机构针对该《情况反映》于2017年12月28日以“提出的信访事项属于人民法院职权范围”为由,向陈甲作出《不予受理告知书》。

陈甲不服,针对该《不予受理告知书》于2018年1月4日向某市人民政府(以下简称市政府)申请行政复议。市政府于2018年1月9日以“请求的事项不属于行政复议受理范围”为由,作出《不予受理行政复议申请决定书》(某府复不受〔2018〕1号)。

陈甲不服,将市卫生主管机构与市政府一并诉至市中院,经释明,陈甲撤回对市卫生主管机构的起诉。市中院于2018年5月9日作出(2018)某04行初16号行政判决,驳回陈甲的诉讼请求。后陈甲将市卫生主管机构起诉至法院。

一审法院认为

本案争议焦点系医疗过错行为是否属于市卫生主管机构的查处范围。

陈甲系吕甲母亲和举报人,与本案涉诉的《不予受理告知书》之间具有利害关系,具备原告主体资格。根据庭审查明的事实,A医院对吕甲的诊治过程中存在医疗过错,医疗机构和医务人员为合法执业,并不存在医疗事故。本案系不履行法定职责的案件,市卫生主管机构履行法定职责的前提系其具有被诉的法定职责。

我国法律法规并没有赋予一审被告对医疗过错行为查处的职权,仅是在《医疗事故处理条例》中规定了卫生行政部门对发生医疗事故的医疗机构和医务人员作出行政处理的职权,并没有规定对医疗过错的行政处罚职权。

对于一审原告认为本案属于行业监管,一审被告应当予以查处。行业监管包括外部的行政处罚以及内部的行政指导行为,对于内部的行政指导行为因缺乏强制力,不属于行政诉讼审理范围;对于外部的行政处罚,则需要法律法规的明确规定。

本案所涉行业监管缺乏法律法规规定的可操作规范。根据职权法定原则,陈甲认为市卫生主管机构不履行法定职责的理由不成立。

一审法院判决

依照《行政诉讼法》(2017 年版)第 69 条之规定,判决驳回陈甲的诉讼请求。

二审各方意见

上诉人(陈甲)

1. 一审判决认定事实不清。上诉人之子吕甲因出现腹泻症状,于 2008 年 8 月 6 日前往 A 医院就诊,该医院玩忽职守,疏于对吕甲进行检查,就作为肠易激综合征病人处理,严重耽误了吕甲的最佳治疗时间,后治疗检查被确诊已经发展成为溃疡性结肠炎,至今未能痊愈。经鉴定,该医院的行为属于漏诊,且不能排除与吕甲的损害结果之间存在因果关系。

根据《最高人民法院关于民事诉讼证据的苦干规定》(2001 年版)(以下简称《民事证据规定》)第 4 条第 1 款第 8 项之规定:“因医疗行为引起的侵权诉讼,由医疗机构就医疗行为与损害结果之间不存在医疗过错承担举证责任。”第 4 条第 2 款规定:“有关法律对侵权诉讼的举证责任有特殊规定的,从其规定。”

《侵权责任法》中关于医患纠纷诉讼举证责任的规定于 2010 年 7 月 1 日执行,本案发生在 2008 年 8 月 6 日,应适用《民事证据规定》,由 A 医院举证医疗过错和损害结果之间没有因果关系。但该医院至今未能举证予以证明。

《执业医师法》第 37 条规定:“……有下列行为之一的,由县级以上人民政府卫生行政部门给予警告或者责令暂停六个月以上一年以下执业活动,情节严重的,吊销其执业证书……(二)由于不负责任延误急危患者的抢救和诊治,造成严重后果的……”

A 医院的行为是不负责任的,属于漏诊,延误上诉人儿子吕甲的诊治,造成溃疡性结肠炎至今未能痊愈的严重后果,被上诉人至今不依照《执业医师法》对A医院肇事医生作出行政处罚,属于行政不作为。一审判决罔顾事实,认定A医院违反《执业医师法》的行为不属于被上诉人查处范围,系认定事实不清。

2. 一审判决适用法律错误。本案中,上诉人申请被上诉人市卫生主管机构依照《执业医师法》第37条的相关规定,履行法定职责的理由证据充分,一审判决援引《行政诉讼法》第69条,驳回上诉人诉讼请求,属于适用法律错误。

综上,请求二审法院:(1)撤销一审判决;(2)改判确认被上诉人市卫生主管机构未应上诉人申请履行职责对A医院的医疗过错行为进行行政处罚,属于行政不作为违法;(3)改判被上诉人市卫生主管机构依法对A医院的医疗过错行为履行行政处罚职责。

被上诉人(市卫生主管机构)

《执业医师法》第37条第2项规定"由于不负责任延误危急患者的抢救和诊治,造成严重后果的"包含三层意思:一是医务人员存在严重不负责任而非技术因素;二是医务人员的严重不负责任与发生严重后果之间存在因果关系;三是已经造成严重后果。

本案中,涉诉的司法鉴定意见中,均表述为"未行全面体格检查和必要辅助检查",属于医疗技术水平因素,而非主观不负责任,且相关鉴定意见已经明确"与后果无必然影响",即无因果关系的存在。因此卫生行政部门无权依据前述条款的规定予以处罚。

关于上诉人之子吕甲与A医院的民事诉讼,现有证据明确A医院不承担民事赔偿责任,上诉人上诉状中提到的民事诉讼举证责任问题,与被上诉人无关,也不属于行政诉讼审查范围,对此不予评价。综上,一审判决认定事实清楚,适用法律正确,上诉人的上诉理由不能成立,请求驳回上诉,维持原判。

二审法院查明

二审对一审认定的事实依法予以确认。

二审法院认为

本案争议焦点:(1)上诉人关于判令市卫生主管机构履行法定职责的诉讼请求,有无事实和法律根据,能否得到支持;(2)一审判决是否正确。

本院认为,申请人申请行政机关履行法定职责,应当有充分的事实和法律根据,并在行政机关具有相应法定职责的基础上,依照法律规定履行。

本案中,上诉人因其子吕甲与A医院之间的医患纠纷未得到满意的处理结果,申请市卫生主管机构履行对A医院予以行政处罚的法定职责。

本案所涉的医疗纠纷,经鉴定机构依法鉴定,并不属于医疗事故。且上诉人之子吕甲已就涉诉医患纠纷向人民法院提起民事诉讼,并已终审处理结案,医方不承担民事责任。

现上诉人诉请被上诉人履行对A医院进行行政处罚的法定职责,无法律依据规定被上诉人应当履行该职责,所谓法无明文规定不可为,因此,上诉人的请求不能成立。

综上,一审判决正确,应予维持。上诉人的上诉理由不能成立,不予支持。

二审法院判决

依照《行政诉讼法》第89条第1款第1项之规定,判决如下:驳回上诉,维持原判。

二审案件受理费50元,由上诉人陈甲承担。

本判决为终审判决。

各方意见

监管方意见

温国明　广东省卫生监督所　副所长

一、整体看法

本案发生在2008年,基于当时的医疗环境及法律法规,我个人认为此判决结果是没有异议的。

二、要点分析

1. 涉事医疗机构:当事医生在接诊时未进行必要的检查,涉嫌存在主观上的不负责任,玩忽职守。同时,院方难以举证医疗过错和损害结果之间无因果关系。事发后,院方是否积极与投诉人寻求协商,在本案中未能体现。

2. 卫生行政部门:市卫生主管机构在本次案件中能按照法律法规进行处理,但缺乏人性化并且固化的处理方式使投诉人将政府部门告上法庭,一方面会损害政府公信力;另一方面使政府疲于应对,降低日常工作效率。

3. 法律法规:根据"本案争议焦点系医疗过错行为是否属于市卫生主管机构的查处范围。本案系不履行法定职责的案件,市卫生主管机构履行法定职责的前提系其具有被诉的法定职责。我国法律法规并没有赋予一审被告对医疗过错行为查处的职权,仅是在《医疗事故处理条例》中规定了卫生行政部门对发生医疗事故的医疗机构和医务人员作出行政处理的职权,并没有规定对医疗过错的行政处罚职权。对于一审原告认为本案属于行业监管,一审被告应当予以查处。行业监管包括外部的行政处罚以及内部的行政指导行为,对于内部的行政指导行为因缺乏强制力,不属于行政诉讼审理范围;对于外部的行政处罚,则需要法律法规的明确规定。本案所涉行业监管缺乏法律法规规定的可操作规范。”由此可见,我国未有完善的法律法规支持上诉人判令市卫生主管机构履行法定职责的诉讼请求。

4. 医疗事故鉴定机构:在有明确的医疗事故鉴定结果下,投诉人仍多次上诉,从侧面反映医疗事故鉴定机构的鉴定结果缺乏权威性。而从上诉人的角度出发,会考虑该鉴定机构成员的组成及资质,甚至其中的利益关系。

三、管理建议

1. 医疗机构:加强医院之间的联动机制,建立信息共享和业务交流平台。提高医务人员法律意识和质量意识,规范医疗行为,降低误诊率,预防重大医疗过失行为、医疗事故的发生,预防医疗纠纷,改善服务态度,对于患者投诉要积极响应、及时处理,争取在医院的职能部门内解决问题,避免事情扩大化。

2. 卫生行政部门:在依照法律法规的基础上,加强沟通协调能力,扮演好“和事佬”角色。积极促进医患双方协商,探索并提出双方满意的解决意见,切实提高群众对政府的满意度。

3. 医疗事故鉴定机构:积极构建全国专家库,不局限于本区域的医疗专家,必要时可邀请外省专家参与鉴定,提高鉴定机构的权威性。

4. 顶层设计:政府有关部门要顺应医疗环境变化趋势,厘清医患关系,与有关法律部门加强联动,对于滞后的涉及医疗纠纷的法律法规应及时修订。

律师意见

欧阳兵　岭南律师事务所　律师

本案中,陈甲之子吕甲与A医院之间的医患纠纷未得到满意的处理结果,陈甲母子几乎穷尽了所有司法手段来寻求一个说法。在日常案件中,不难见到类似陈甲这样的行政相关人。

本案引用了“法无明文规定不可为”的行政法理论,也就是说凡是法律没有明文规定的,作为行政机关是不能作出行政处罚的,否则就是违法处罚。此法理与民事法律理论的“法无禁止即自由”是相对的。在民事法律领域,凡是法律没有禁止的行为,作为老百姓做了都不是违法的,这个自由是说老百姓的自由,而不是政府行政行为的自由。

公权是需要用法律来约束的，政府执行法律就应当有所为，有所不为。有法律规定的属于政府部门的职责，不能不作为，没有法律规定的，政府不能乱作为。本案中，陈甲提出了市卫生主管机构对A医院予以行政处罚的请求，但无法律依据规定卫生主管机构应当履行行政处罚的职责，如果市卫生主管机构在无法律依据的情况下作出行政处罚，就属于违法处罚了。

法官意见

余树林　广州铁路运输中级人民法院　法官

一、关于市卫生主管机构是否具有对医疗过错行为进行查处的法定职权问题

《医疗事故处理条例》赋予卫生行政部门对发生医疗事故的医疗机构和相关人员进行查处的职权，卫生行政部门根据该条例的规定，形成了一套较为完整的查处医疗事故的程序和方法。但卫生行政部门对医疗过错行为的查处尚无统一的操作规范，甚至有观点认为我国法律法规没有赋予卫生行政部门对医疗过错行为进行查处的法定职权。

目前，医疗损害鉴定进入“二元化”时代：一是卫生行政部门委托的医疗事故技术鉴定；二是司法机关委托的医疗损害司法鉴定，而且存在大量医疗事故技术鉴定转向医疗损害司法鉴定的趋势。

离开了医疗事故技术鉴定这个行政定性的有效手段，对那些没有经过医疗事故技术鉴定或经鉴定不构成医疗事故但存在明显违规行为的医疗过错行为，卫生行政部门应该及时介入监管，否则将导致卫生行政部门履行医疗监管职责以保护患者合法权益的目的不能实现。

此外，根据《执业医师法》第37条之规定，卫生行政部门对医师执业活动中的医疗责任事故和其他医疗过错行为均有权进行调查处理并作出行政处罚。可见，我国法律法规赋予了卫生行政部门对医疗过错行为进行查处的职权。

二、关于本案的处理意见

本案中一审、二审判决均认为我国法律法规没有赋予卫生行政部门对医疗过错行为查处的职权，该观点值得商榷。虽然被上诉人市卫生主管机构具有对医疗过错行为查处的职权，但根据医疗损害赔偿民事诉讼中医疗过错司法鉴定意见书，A医院门诊的医疗过错与患者吕甲的损害后果并无因果关系，人民法院据此判决医方不承担民事赔偿责任。

故上诉人陈甲投诉主张A医院门诊“不负责任延误危急患者的抢救和诊治，造成严重后果”的违法事实不能成立。因此，一审、二审法院判决驳回上诉人陈甲的诉讼请求的处理结果是正确的。

本案启示

跟上医事立法的提升步伐是当前执法、司法和守法的当务之急

宋儒亮　法治广东研究中心主任、《中国医学论坛报》第二届医事法学理事会理事长、广东省医学会医事法学分会主任

时代变化得非常快，医事法制进展得非常迅速。对过去案件的点评，既略见一斑，又感触颇深。

案件点评，必须基于当时的法律法规，这是正确的。不溯及既往，就是必须坚持的一个基本法律原则。

一、法律制定加速进展、快速推进，强化法规学习已是当务之急

以本案为例，从案情及其案情中的律师点评、医疗管理专家点评以及法官点评来看，他们都坚持基于当时的法律法规谈案件处理得失，我认同他们这些点评观点，也真切感觉到这些点评内容尽管适合当时案件的处理，但是与现有的立法相比，当时的观点及做法有点太旧了！面对医疗案件在要吸取其中的教训和领会其中经验的同时，更要提醒的是，当前的我们要往前看，要往新的规定看，要往新的立法看。不然在学到所谓经验的同时，有可能已落后于这个时代了。

二、要有重新铺垫法律新知识的意识，要把新时代新法规掌握好

即使是同样的案情，假如现在来处理，结果可能大相径庭。

须重新洗牌，须重新铺垫，尤其在医事法学这个领域。要处理好民事、行政和刑事这方面的问题，这几部法律法规要特别予以重视，要特别及时跟进更新，要特别重点掌握。它们就是《民法典》、《基本医疗卫生与健康促进法》、《医疗纠纷预防和处理条例》以及《医师法》。

要在医事活动中享受到公平正义，上述这几部医疗类法律法规必须全面精准贯彻下去。之所以是这几部法律法规，是因为通过这几部法律法规，我们得以预测医事活动的走向和未来，从中我们看得出、看得到新的理念、原则和规则。同以往的医疗纠纷处置规则相比，它们中的一些规定已经有了许多革命性的改变。最深刻的改变就是，通过立法我们这些单位和个人——医院、医师、患者及其近亲属，还有包括卫生行政机关以及人民法院、检

察院等相关联的机构——的权利、义务、职责被清晰化、明确化、规范化和实践化了。

当再站立于这些新法律法规面前时,我们的高度提升了;当又面对这些法律法规时,我们的基础提升了;当重新看待曾经处理的医疗纠纷时,我们的真正理念升华了。因此,会发觉这样的效果形成了:即便再面对同样的医疗纠纷,再面对同样的行为,当我们现在再处理时,因衡平、公平正义等理念的渗入,处理方式、后果都可能不一样了。

以下两点尤其明显:一是各方的职责、权利义务更清晰。医院的职责更加清晰、医师职责更加清晰、监管的职责更加清晰及其相关各方的权利义务也更加清晰。二是审查策略开始调整了。原来那种以形式审查为主、实质审查为辅的处理策略要调整了。既要有形式的审查,更要有实体的审查。实体上有哪些问题已经规定得很清晰,查看《医疗纠纷预防和处理条例》就会发现,什么是违法、谁来负责、有什么后果等,逐字逐句摆在面前。立法水平高了,执法再不跟上,出问题的只能是医院、医生等自己了。

三、公权力机关监管,更多要体现为依法是否用心、是否给力上

立法水平提升,执法就必须跟上。这是法治的基本要求。随之的进步就是坚持形式和实质审查并重,这是必需的选择。

不可否认,医事法制进步非常明显。如果案例的执法、司法、守法还停留在以往的认知上,将是麻烦而困惑的。比如,面对医疗纠纷,从原来不管三七二十一,就是去医院当场闹吵,到后来开始强调调解,到现在又开始注重找行政机关依法解决。为什么?立法规定的越清晰明了,当事人用法的选择就更多,随之,执法、司法就自然跟进了。

这个思路和趋势是符合立法导向的。我们常常遇到这样的情形:患者带着他的律师,带着他的清晰诉求,带着明白规定的法规,能不能出来回应?医院,它可能不回应、拖延,随后找到卫生行政主管部门,行政机关不能拖了,必须回应,如果不回应或者回应不妥,长久的信访、可能的诉讼和向监察部门的投诉,就是后手。

时代在发展,立法在提升,到了要执法、司法和守法密切跟进的时候了!当前,对医院的管理,对医生的爱护,对患者的关心,要更加注重从法律责任的角度来强调,要更加开始用法律思维来调整,要更加践行以法治方式来应对,这就是时代赋予医事各方的新期待。

行政监管等公权力机关,更要顺应潮流新变化,聚焦立法新趋势,积极调整适应,切实跟进落实,不断提升运用法治思维和法治方式的能力,更好推进更高水平的健康中国、法治中国建设。

救治低治愈率的胰腺癌晚期患者,要知道些什么呢?

宋儒亮　郭尔绚　单玉涛　李永丰　何　平　宋立志　周　攸　许文滔　陈静雯

案情简介

2015年9月15日11时02分,患者就诊于甲医院急诊,主诉:胰头占位,要求内科保守治疗。主要诊断:胰头占位;其他诊断:腹痛,胆管扩张。

2015年9月17日至2015年9月29日,患者在甲医院住院治疗。完善血、尿、便常规,生化,肝肾功能,胸片等检查以了解一般情况。

2015年9月18日,甲医院为患者在超声内镜下行胰头肿物穿刺活检,过程顺利。

2015年9月22日,甲医院为患者行内镜逆行胰胆管造影术,过程顺利,患者术后安返病房。

2015年9月24日11时,患者出现高热、畏寒、寒颤,右上腹压痛阳性,墨菲征阳性。

2015年9月29日,患者转院后继续治疗,不适随诊。定期消化科门诊复查。遵嘱执行。

2015年10月9日至12日,患者又返甲医院住院治疗。2015年10月12日8时48分,患者及家属均表示拒绝行超声引导下肝穿刺,并表示拒绝进一步检查,要求中医中药治疗。医生反复向患者及家属交代病情,患者及家属仍表示拒绝进一步检查,并要求出院。患者目前生命体征平稳,可安排患者今日出院,嘱其出院后监测病情变化,若有不适,及时就诊。遵嘱执行。

2015年12月16日至2016年2月10日,患者在乙医院住院治疗。患者肿瘤逐渐进展,病情逐渐加重。至2016年2月10日11时53分患者处于深度昏迷状态,出现下颌式呼吸,心电监护显示节性心律,HR35次/分,血压未测及,双瞳孔散大固定,家属表示放弃一切抢救措施。11时55分患者心电监护显示心律呈直线,血压未测及,双瞳孔散大固定,颈动脉搏动消失,HR0次/分。医生宣布患者临床死亡。死亡原因:胰腺癌。死亡诊断:胰腺癌肝转移、梗阻性黄疸、胆管支架术后贫血、低蛋白血症、腹腔积液、肺部感染、反流性食管炎。

张甲、张乙认为，甲医院不当的诊疗行为导致患者最终死亡，遂向人民法院提起诉讼。

一审各方意见

原告意见（张甲和张乙）

原告认为，被告甲医院不当的诊疗行为导致患者最终死亡，请求依法确认被告对患者的医疗行为不当、治疗过程存在过错，并判令甲医院承担诉讼费。

被告意见（甲医院）

甲医院认为，患者首次入院时，甲医院诊断正确，予以对症治疗。2015 年 9 月 22 日行内镜逆行胰胆管造影术时，存在相应的手术指征。当患者出现胆道感染时，甲医院及时予以抗感染等治疗符合规范。2015 年 10 月 9 日至 12 日，患者再次住院时，甲医院拟行超声引导下肝穿刺，多次向患者及家属交代肝穿刺相关风险，患者及家属均表示拒绝行超声引导下肝穿刺，并表示拒绝进一步检查及治疗，甲医院反复向患者及家属交代病情，患者及家属仍表示拒绝。

甲医院对患者的诊疗过程并无过错，患者的死亡结果是胰腺癌自然发展和患者家属拒绝配合诊疗的结果。请求法院驳回原告全部诉讼请求。

鉴定意见

在一审法院正式立案之前，经张甲、张乙及甲医院同意，一审法院组织双方进行医疗纠纷立案前鉴定。经张甲、张乙申请，法院委托丙鉴定所就甲医院对患者的诊疗行为是否存在过错，如存在过错与患者死亡之间是否存在因果关系及过错程度进行司法鉴定。张甲及张乙垫付鉴定费 10000 元。

2017 年 7 月 7 日，丙鉴定所出具《司法鉴定意见书》，其中分析说明一节，对甲医院的诊疗行为进行了评价，载明：被鉴定人首次入院后，医方诊断为“胰头占位，胰腺炎肝占位，反流性食管炎”，该诊断正确无误。医方给予抑酶、护肝以及对症支持治疗符合诊疗常规。2015 年 9 月 18 日在超声内镜下行胰头肿物穿刺活检、2015 年 9 月 22 日行内镜逆行胰胆管造影术、内镜下胰管内支架引流术、金属支架引流术均存在手术指征，手术操作符合规范。被鉴定人出现感染后，医方给予感染、抑酸、保护胃黏膜、增强胃肠动力等治疗亦符合诊疗常规。被鉴定人再次入院后，医方诊断为：胰头占位，胰腺癌？肝占位，转移癌？反流性食管炎,便秘,该诊断无误。医方给予完善相关检查、补液、补钾、通便、抗凝等对症支持治疗符合诊疗常规。被鉴定人存在肝占位,为明确其性质,医方拟行超声引导下肝穿刺符合诊疗常规。

但医方存在以下过错:病历书写不规范,存在日期书写错误、错别字等情况。同时,分析说明部分对甲医院的医疗过错与被鉴定人死亡之间的因果关系进行分析如下:胰腺癌主要指胰外分泌腺的恶性肿瘤,发病率近年来明显上升,恶性程度高、发展较快、预后较差。影像学胰腺有占位时,诊断胰腺癌并不困难,但属晚期,绝大多数已丧失手术的时机。

本病预后甚差。在症状出现后平均寿命1年左右,扩大根治术的年存活率为4%。被鉴定人未进行尸体解剖,具体死亡原因无法明确。根据现有病历材料记载,被鉴定人就诊于甲医院时已属胰腺癌晚期,预后极差。被鉴定人的死亡应系胰腺癌病情进展所致,与医方的诊疗行为不存在因果关系。医方过错仅为病历书写不规范,并不影响医方诊疗行为的实施,其与被鉴定人的死亡亦无因果关系。鉴定意见为:甲医院对被鉴定人的诊疗行为存在病历书写不规范的过错,该过错与被鉴定人的死亡不存在因果关系。

经质证,张甲、张乙对上述鉴定意见有异议,仍坚持甲医院对患者的诊疗行为存在过错,申请重新鉴定,但未提供相关证据。

一审法院查明

患者系葛甲之女,患者之父已经先于患者死亡。患者与张甲系夫妻,二人生育一女即张乙。一审审理过程中,经询问,患者之母葛甲明确表示不参加本案诉讼,放弃对本案主张实体权利。

2015年9月15日11时02分,患者就诊于甲医院急诊,主诉:胰头占位,要求内科保守治疗。主要诊断:胰头占位。其他诊断:腹痛,胆管扩张。

2015年9月17日至2015年9月29日,患者在甲医院住院治疗。根据住院病案记载,主诉:中上腹胀1周。现病史:该患者1周前无明显诱因出现中上腹胀,随后出现皮肤黄染、尿色深黄、并逐渐加重,有白陶土样大便,无腹痛,无肩背部疼痛,无发热,无意识障碍,无恶心以及呕吐,无腹围渐大。为明确诊治就诊甲医院,门诊经腹部CT检查后以“胰头占位”收入院。首次病程记录:进行腹部CT(门诊)辅助检查发现胰头部占位,恶性可能,肝内外胆管扩张。肝右叶异常密度灶。胰腺炎可能。入院诊断:胰头占位,胰腺炎,肝占位,反流性食管炎。诊疗计划:(1)完善相关检查。(2)给予加贝酯、谷胱甘肽、抑酶、护肝治疗,注意患者病情变化。

下一步诊疗计划：完善血、尿、便常规，生化，肝肾功能，胸片等检查以了解患者一般情况，该病人高度怀疑胰头癌，同时警惕自身免疫性胰腺炎的可能，需进一步行胰头肿物穿刺活检，以及免疫球蛋白G亚型4检查以明确。治疗上暂给予抑酶、护肝、对症以及支持治疗，注意患者病情变化。

2015年9月18日，甲医院为患者在超声内镜下行胰头肿物穿刺活检，过程顺利。超声内镜结果显示：胰头部见低回声区，形态不规则，边界欠清，病变范围约3.2cm×3.0cm，其内可见无回声区，无明显血流信号。肝周可见液性暗区。诊断：胰腺低回声病变（癌可能性大），腹水。入院后诊断胰头占位、胰腺炎明确。完善相关检查，若无手术禁忌证，可行内镜逆行胰胆管造影术以及胰胆管支架治疗，以解除患者梗阻性黄疸，待病理回报再进行下一步治疗。2015年9月22日，甲医院为患者行内镜逆行胰胆管造影术，过程顺利，患者术后安返病房。内镜报告：进镜至十二指肠降部，十二指肠乳头形态大致正常，造影管配合导丝选择性胰管插管成功，保留导丝于胰管内。再次选择性胆管插管成功，造影示：胆总管下段明显狭窄，中上段明显扩张。分别沿导丝置入5Fr×7cm塑料支架于胰管内，沿导丝置入10mm×60mm全覆膜金属支架于胆管内，位置满意，胆汁流出通畅。

2015年9月24日11时，患者出现高热、畏寒、寒颤，右上腹压痛阳性，墨菲征阳性。患者胰头占位，胆管支架置入术后，血象较前明显升高。考虑存在胆系感染，治疗上给予头孢哌酮舒巴坦抗感染。患者存在胆系感染，使用头孢哌酮舒巴坦后出现皮疹，血象较前升高，感染控制不佳。警惕出现化脓性胆管炎的情况，治疗上给予亚胺培南西司他汀积极抗感染。

2015年9月28日病历显示：患者胆系感染原因考虑存在反流因素，给予增加胃肠动力治疗。病人目前消耗重，贫血，低蛋白血症。血淀粉酶正常，可增加肠道内营养。患者以及家属要求转入外院继续治疗。医生嘱患者注意饮食以及休息，监测血糖。转院后继续治疗，不适随诊。定期消化科门诊复查。遵嘱执行。

2015年10月9日至12日，患者又在甲医院住院治疗。根据住院病案记载，首次病程记录示：近1周患者出现排便、排气减少，现患者被进一步诊治收住院。查体：腹膨隆，未见静脉曲张、胃肠型，中下腹轻压痛，无反跳痛、肌紧张，肝脾肋下未触及，移动性浊音阴性，肠鸣音3次/分，双下肢不肿。入院诊断：胰头占位，胰腺癌？肝占位，转移癌？反流性食管炎，便秘。诊疗计划：（1）完善血常规、生化、弥散性血管内凝血等常规检查明确患者一般情况。（2）如患者凝血功能正常，可予B超引导下行肝穿刺取活检病理检查。（3）予补液、补钾、通便等对症支持治疗。(4)请示上级医师查房指导进一步治疗。

2015年10月9日18时20分危急值记录,患者血常规示血小板 $593\times10^9/L$,报危机值,立即予阿司匹林100mg口服,同时监测血小板变化,及时对症处理。

2015年10月10日16时30分,患者凝血功能无明显异常,今日拟行超声引导下肝穿刺,向患者及家属交代肝穿刺相关风险,患者及家属均表示拒绝行超声引导下肝穿刺,并表示拒绝进一步检查及治疗,甲医院反复向患者及家属交代病情,患者及家属仍表示拒绝,后果自负。

2015年10月12日8时48分,患者及家属均表示拒绝行超声引导下肝穿刺,并表示拒绝进一步检查,要求中医中药治疗,甲医院反复向患者及家属交代病情,患者及家属仍表示拒绝进一步检查并要求出院。患者目前生命体征平稳,可安排患者今日出院,嘱其出院后监测病情变化,不适及时就诊。遵嘱执行。

2015年12月16日至2016年2月10日,患者在乙医院住院治疗。根据住院病案记载,入院诊断:胰腺癌肝转移、梗阻性黄疸、胆管支架术后贫血、肺部感染、反流性食管炎。诊疗经过:患者胰腺癌晚期,腹部疼痛,予芬太尼贴及间断吗啡针剂止痛治疗,康莱特抗肿瘤治疗,维生素B6止吐,泮托拉唑抑酸保护胃黏膜,头孢他啶抗感染,盐酸氨溴索化痰,补液补充电解质及对症治疗,间断肥皂水及甘油灌肠剂灌肠治疗。患者肿瘤逐渐进展,病情逐渐加重。

至2016年2月10日11时53分患者处于深度昏迷状态,出现下颌式呼吸,心电监护显示节性心律,HR35次/分,血压未测及,双瞳孔散大固定,家属表示放弃一切抢救措施。11时55分患者心电监护显示心律呈直线,血压未测及,双瞳孔散大固定,颈动脉搏动消失,HR0次/分。宣布患者临床死亡。死亡原因:胰腺癌。死亡诊断:胰腺癌肝转移、梗阻性黄疸、胆管支架术后贫血、低蛋白血症、腹腔积液、肺部感染、反流性食管炎。

一审法院认为

当事人对自己提出的诉讼请求所依据的事实,有责任提供相应的证据予以证明,没有证据或证据不足以证明其事实主张的,应承担不利的法律后果。本案中,丙鉴定所根据张甲、张乙申请进行的司法鉴定,程序合法,作出的鉴定意见书应当作为本案认定事实的重要依据。根据鉴定意见书的分析意见,甲医院对患者的诊断正确无误,诊疗措施符合诊疗常规,患者的死亡应系胰腺癌病情进展所致,与甲医院的诊疗行为不存在因果关系。

甲医院的过错仅为病历书写不规范,存在日期书写错误、错别字等情况,并不影响甲医院诊疗行为的实施,其与患者的死亡亦无因果关系。张甲、张乙虽然对鉴定意见有异议,但未提供相应证据足以推翻鉴定结论,故张甲、张乙要求重新鉴定的意见,法院不予采纳。张甲、张乙要求确认甲医院对本案患者的医疗行为不当、治疗过程存在过错,缺乏事实依据,法院不予支持。

一审法院判决

驳回张甲、张乙之诉讼请求。

一审判决后,张甲、张乙不服,提起上诉。

二审各方意见

上诉人(张甲、张乙)

上诉请求:撤销一审判决,依法改判,并判令甲医院承担本案一审、二审诉讼费。

事实和理由:丙鉴定所作出的鉴定意见书因无本案患者 2015 年 9 月 15 日的 12 张片子 CT 报告,没有门诊腹部 CT 检查病历,不能作为定案依据。病历资料中费用清单不是 1 页而是 5 页,片子是 12 张不是 11 张,病历签字不是患者及家属所签,患者体内有留置的外周静脉穿刺中心静脉置管等遗留物,甲医院的治疗行为存在错误。

被上诉人(甲医院)

甲医院同意一审判决,不同意张甲、张乙的诉讼请求。2015 年 9 月 15 日患者于甲医院门诊就诊,病历应自行保管,所有的片子都由患方保管,病历签字问题一审核实过,无问题。穿刺部位有留置针是正常医疗行为,鉴定机构也给患方解释过。上诉状其他内容语句不通,不懂什么意思,这些问题与甲医院是否有医疗过错没有明确指向。

二审法院查明

双方对于一审判决已经认定的事实均未提出异议,二审法院对一审判决认定的事实予以确认。经审阅一审卷宗,一审法院在委托鉴定前已就相关病历资料进行质证,针对张甲的质疑,甲医院逐一予以答复,特别提到全部片子由患方保管,张甲表示若鉴定机构需要可以提供;对于签字真实性问题,张甲明确表示不再提出异议。一审卷宗中并无鉴定机构要求补充检材的记载。张乙接到本院通知,未参加庭审,经书记员电话联系,表示撤回上诉,并于 2018 年 1 月 16 日向本院寄送撤诉申请书。

二审法院认为

上诉人张乙二审期间表示撤回上诉,不违法相关法律规定,二审法院准予。

医疗机构的医务人员在诊疗活动中未尽到与当时的医疗水平相应的诊疗义务,造成患者损害的,医疗机构应当承担赔偿责任。因医疗损害责任纠纷涉及医学问题,专业性极强,故人民法院委托司法鉴定机构针对专业问题作出的司法鉴定意见书是人民法院审理此类纠纷的重要证据。

一审法院针对甲医院对患者的诊疗行为是否存在过错、与患者损害后果之间是否存在因果关系及原因力大小,已经委托丙鉴定所进行了鉴定,该所出具了鉴定意见书。张甲虽对鉴定意见书质疑,但经本院审查,其一审中已经放弃就签字问题再行主张,并表示鉴定机构如需补充片子可以提供,但鉴定机构并未向一审法院要求补充检材。张甲自认为根据影像片及报告甲医院存在的过错,基本上源于甲医院医务人员医学常识的欠缺。现张甲不能提供证据证实丙鉴定所出具的鉴定意见书存在错误或存在启动重新鉴定程序的情况,故二审法院对该司法鉴定意见书的证明效力予以确认。

根据该鉴定意见书可以确认,甲医院的诊疗行为与患者的损害后果之间无因果关系。张甲的诉讼请求缺乏依据,本院无法支持。

综上所述,上诉人张甲的上诉请求不能成立,应予驳回;一审判决认定事实清楚、适用法律正确,应予维持。

二审法院判决

依照《民事诉讼法》(2012 年版)第 170 条第 1 款第 1 项之规定,判决如下:

驳回上诉,维持原判。

二审案件受理费 70 元,由张甲负担(已交纳)。

本判决为终审判决。

各方意见

医方意见

单玉涛　中山大学附属第三医院医疗管理办公室　主任

本案件从审判书的内容来看,属于基本事实比较清晰的医疗诉讼案件,双方争议的主要问题集中在:患者家属认为医方未能及时对患者所患疾病明确诊断而延误病情和治疗,并认为医方提供的病历资料不完整,存在伪造患者及家属签字等过失行为;而医方认为其诊疗行为符合操作规范要求,患者病情加重甚至死亡是自身疾病自然进展的结果,与患者及家属不积极配合治疗有一定因果关系,与医疗诊疗行为之间不存在因果关系。

经法院依法委托的第三方司法鉴定机构鉴定认为虽然医方存在病历书写缺陷等医疗过失行为,但是此过失与患者疾病加重恶化之间无因果关系。同时,法院据此给予驳回上诉人所有诉讼请求的终审判决。

个人非常认同法院依据客观事实作出的无责任判定,但是在本案件中我们忽略了三个事实:其一,患者在甲医院门诊和两次住院期间,甲医院是否给予患者及家属足够明确的疾病诊断;其二,患者第一次住院期间进行了病理活检,其结果有无向患者及家属进行充分告知说明;其三,患者第二次住院期间,在拒绝了甲医院提供的检查或治疗方案后,是否就其他可能替代治疗进行充分告知。

结合现有资料来说,本人认为甲医院存在从第一次住院 9 月 18 日取胰头活检后至第二次出院 10 月 12 日均未能及时将病理报告结果向患者及家属进行告知,未能及时修订和完善胰腺癌诊断的不足,当然这个不足与患者疾病的进展不存在因果关系,不影响法院最终驳回原告所有赔偿要求的刚性审判。

另外,医方存在的主要问题是医院的医学人文关怀缺失,面对恶性程度非常严重的肿瘤,医院及医务人员更应当给予更多的关爱,耐心解释病情转归,提高患者及家属对所患疾病的认识和理解,增进医患双方的信任,获得患者及家属的积极主动配合和支持,尽最大可能减轻病痛、延长生命和保证生活质量。

因此,在医患关系处理过程中,医疗机构及医务人员应当高度重视诊疗行为符合医学专业知识和法律要求之外的医学人文素养培养,构筑医患之间信任的基石,进而避免不必要的医疗诉讼发生。

鉴定专家意见

李永丰　广东省医学会医鉴办　主任

该医案对技术鉴定部分没有提出异议,争议点仍然在鉴定材料的完整性以及真实性上。

有关鉴定材料的完整性的问题,医患双方在鉴定会前有向法院提供完整真实材料的义务。如果因隐藏材料或者丢失材料影响鉴定意见,应由相关当事人负相应的责任。另外,判断鉴定材料是否完整,也需要评估未提交材料的重要程度。如果未提交部分的材料对医疗诊断治疗行为无明确的影响,不应以此为由来质疑鉴定意见的有效性。

关于本案例材料真实性的判断相对简单,签字的真实性可通过技术手段进行确认。

综上所述,本医案的判决是公正合理的。在实际工作中,我们必须监督医院做好住院病历、门诊病历的规范管理,也要杜绝患者拿病历造假作为借口,为鉴定审判工作增添困难。这个案例也告诉我们,医院对于门诊病历的管理还是存在不足,因此做好此项工作是医院管理者需要思考的问题。

律师意见

何平　广东鹏浩律师事务所　律师

本案是一名胰腺癌、梗阻性黄疸患者在被告医疗机构进行内镜逆行胰胆管造影术、胆管支架术治疗后出现胆系感染,转诊外院后经治疗死亡的案件。本案件的判决,体现了在医疗损害赔偿案件中,医疗过错司法鉴定的证据意义。

在本案的医疗损害鉴定中,医患双方争议的焦点在于"医方为患者实施的手术导致患者出现的胆系感染并发症,医方的操作是否存在过错以及如果存在过错是否加速了患者的死亡",但遗憾的是,本案的鉴定意见,并没有对医方实施的内镜逆行胰胆管造影术、内镜下胰管内支架引流术、金属支架引流术的适应证、手术操作进行评判,也没有对患者术后出现的胆系感染并发症的原因进行分析,最后结论中对于胰腺癌晚期的转归分析太过宽泛,鉴定意见分析认定"顾左右而言他",分析认定并没有解决医患双方争议的焦点问题。

这个案件为低治愈率患者医疗损害案件,即患者已罹患低治愈疾病(如恶性肿瘤、癌症等),如果医疗中存在误诊误治等医疗过错,如何认定医疗过错与低治愈率患者不良后果(死亡或诊治延误)的过错比例,这类案件的鉴定以及审判均存在诸多难点。

在本案中,假设医方的手术操作存在过错,与患者的术后胆系感染有关,并且胆系感染使得患者本就复杂的原发疾病更加复杂难治,客观上加重了患者的病情,加速了患者的死亡,那么对于本案如何认定损害后果、因果关系是医疗过错技术鉴定的难点,如何确定赔偿客体、赔偿范围是审判的难点。

集合目前的司法观点,低治愈率患者医疗损害赔偿案件中可以借鉴存活机会丧失理论以法律上的因果关系替代事实上的因果关系。赔偿客体可以以可期待利益为标准,即医疗过错使得原本较低的存活或者治愈可能性丧失,医方需要赔偿的不是患者最后伤害或者死亡之损害,而是存活机会丧失本身或者期待适当正确治疗的利益,但是由于生存可能性实质上只是概率或者一种可能性,因此损害赔偿的核算相当困难,所以考虑支持精神损害抚慰金赔偿更具实际意义。在比例关系与精神损害抚慰金上,我们更加期待法官自由裁量权的应用,来体现个案的公平。

周攸 广东广信君达律师事务所 律师

该案的患方对鉴定意见结论有异议,但未在一审中结合异议的内容要求鉴定人书面答复或要求鉴定人出庭质询,仅在上诉时质疑鉴定材料的真实性和完整性,要求重新鉴定,但最终未能得到二审法院的支持。

从代理律师的角度,审查一份医疗损害鉴定意见能否作为定案的依据,应当结合鉴定依据是否充分进行审查。具体到本案,医疗损害鉴定意见没有对医方实施的内镜逆行胰胆管造影术、内镜下胰管内支架引流术、金属支架引流术的适应证、手术操作进行评判,也没有对患者术后出现的胆系感染并发症的原因进行分析,对于胰腺癌晚期的转归分析结论也太过宽泛等。

此时,原被告双方均可以要求鉴定人提供术后出现的胆系感染并发症可能的原因分析及依据;要求提供医方具备手术适应证和符合手术操作的评判标准;要求对鉴定意见中结论部分对于胰腺癌晚期的转归分析情况提供依据;要求判断审查鉴定意见中对因果关系的阐述是否具有科学性,客观性。通过这样的方式,不仅让法官更明确案件的争议焦点,而且可以对于依据不足的鉴定意见或程序违法作出的鉴定意见进行重新鉴定或者在判决书中加以分析说明,更利于各方息诉服判。

许文滔 广东广信君达律师事务所 律师

鉴定意见书经法院质证,双方也发表意见,因此法院拒绝患方重新鉴定的申请,似乎无可厚非。

《最高人民法院关于民事诉讼证据的若干规定》(2019 年版)第 40 条规定了重新鉴定的情形,从司法实践来看,缺乏可操作性,对是否应该重新鉴定和能否重新鉴定目前仍然缺乏一定的客观评价标准,尤其对于“依据明显不足”的认定。

法院不应当苛求其中一方要提供足够的证据来否认鉴定意见内容,也不应当过度依赖鉴定意见。对于有事实存疑或观点矛盾的情况下,仍然开放必要的救济途径,包括再次鉴定的途径,留存两份乃至多份鉴定意见书的比对研究,再由法院居中裁判的做法似乎也有一定合理之处,希望法律上能够为此类做法提供一定的辅佐。

法官意见

郭尔绚　广东省高级人民法院民一庭　助理审判员

《侵权责任法》第57条规定:"医务人员在诊疗活动中未尽到与当时的医疗水平相应的诊疗义务,造成患者损害的,医疗机构应当承担赔偿责任。"该条确立了医疗过错的客观判断标准。

从鉴定意见看,本案医疗机构对患者作出的诊断无误,给予的检查和对症支持治疗符合诊疗常规,手术行为符合诊疗常规,拟行超声引导下肝穿刺符合诊疗常规,不存在过度医疗的情况。除对患者给予符合法律、行政法规、部门规章以及诊疗护理规范、常规的诊断及治疗以外,医疗机构还负有妥善书写和保管病历资料的义务。

本案中医疗机构存在病历书写不规范、日期书写错误、错别字的瑕疵。但是,从侵权责任另一构成要件因果关系的认定来看,患者自身所患胰腺癌具有恶性程度高、发展较快、预后较差的特点,病程发展迅速,鉴定机构认定医疗机构病历书写不规范的过错与被鉴定人的死亡不存在因果关系,是对疾病自身发展规律、医疗机构违反注意义务的内容和程度予以综合判断后给出的鉴定意见,依据较为充分。在此情况下,人民法院判决驳回原告的全部诉讼请求是适当的。

本案启示

保障低治愈率的患者的权益,医学在努力,法学也在出力

宋儒亮　法治广东研究中心主任、广东省医学会医事法学分会主任、《中国医学论坛报》第二届医事法学理事会理事长

有资料表明:有些疾病,比如胰腺癌,作为癌中之王,早期的信号并不明显,很多人等到身体出现异常症状才去检查,疾病可能已经发展到了中晚期,中晚期的癌症治疗难度大,癌细胞可能转移和扩散,在发病过程中会有腹痛、黄疸、身体消瘦等表现。患者五年生存率小于1%。

这样的病患,医学上可称为"低治愈率患者"。面对这类病患,法律上可称为"低治愈率患者医疗损害赔偿案"。

"低治愈率患者":医疗上存在的难题与解读

诊疗、护理这样的病患,医学上的难度很大,诊疗结果往往都不好。同样,审理这样的

医损案件,法律上的难度也很大,审理结果也常难如意。

为什么?最大原因在于医疗本身对这些问题的研究和回答仍然处于动态变化之中。有病患整体的进展趋势或者形态构成,但个体差异或者差别仍然普遍存在。面对这样的病患,医疗能力有限,治愈率太低。

比如,下列这三个用词,可从一些侧面勾勒出它的大致轮廓,当然,它在一定程度也回答了诊疗难的根源和真相。

【治愈率】(recovery rate,curative ratio)是在一定时期内平均每百名治疗病人中,经医生判定为治愈的人数,或者可以说是某种病可治愈的概率。

【临床治愈】从医学角度上讲,只要表面症状消失便是治愈(临床治愈),所需费用和时间较少。

【五年生存率】系指某种肿瘤经过各种综合治疗后,生存五年以上的比例。是医学界为了统计癌症病人的存活率,比较各种治疗方法的优缺点,采用大部分患者预后比较明确的情况作为统计指标。

用五年生存率表达有其一定的科学性。某种肿瘤经过治疗后,有一部分可能出现转移或复发,其中的一部分人可能因肿瘤进入晚期而去世。转移和复发大多发生在根治术后三年之内,约占80%,少部分发生在根治后五年之内,约占10%。

所以,各种肿瘤根治术后五年内不复发,再次复发的机会就很少了,故常用五年生存率表示各种癌症的疗效。术后五年之内,一定要巩固治疗,定期检查,防止复发,即使有转移和复发也能及早治疗。另外,也有用三年生存率和十年生存率表示疗效的。

癌症治疗的五年生存率是医生用来评价手术和治疗效果的,如果癌症患者经手术治疗能生存5年以上,即可认为肿瘤被治愈的可能性为90%。这是因为癌症和其他疾病不同,难以治愈。不少患者经过手术切除、局部放疗和全身化疗之后,从表面上看,精神、饮食、休息都不错,能够像正常人一样工作和生活,生化指标、X线、超声甚至CT检查也发现不了任何异常,但在3年或5年后可能又出现肿瘤复发或转移。专家经过大量的临床观察和资料统计,发现肿瘤患者的复发和转移,大多数(占80%)是发生在手术根治术后3年左右,10%是发生在治疗后5年左右,这就形成了用“五年生存率”的概念去评价某一癌症的治疗效果。

大量临床调查还发现,肿瘤患者如果能生存5年以上,出现复发和转移的仅占10%。所以“五年生存率”不意味着只能活5年,而是意味着已接近治愈。癌症患者在治疗后五年期内及其后,需要定期复查,积极配合医生治疗,才可使自己健康长寿。

“低治愈率患者”:法律上存在的难题与一定意义的解读

“低治愈率患者”在医疗上的难,也体现在这类纠纷案的处理上。尽管都知道“胰腺癌”是癌王,但希望奇迹发生乃人之常情。医疗,就是被寄予可能诞生“奇迹之地”。

医学上不能实现“奇迹之地”,期望医疗损害诉讼成为一个新的“奇迹之地”。无可厚非。

带有医疗难题的医疗损害诉讼该如何面对?最高人民法院给出过这样一个案例:[案号:(2013)浙甬民一终字第186号]

低治愈率患者医疗损害赔偿案件中可借鉴存活机会丧失理论以法律上的因果关系代替事实上的因果关系。

本案要旨:在低治愈率患者医疗损害赔偿案件中,患者依照传统因果关系理论难以证明其受到的损害与医疗过失行为之间存在因果关系,因此,获得赔偿的可能性极小。为平衡医方和患方利益,在此类医疗损害赔偿案件中,可借鉴存活机会丧失理论,以法律上的因果关系代替事实上的因果关系,对医方和患方的举证责任进行合理分配,并将期待适当治疗利益作为赔偿对象,以比例因果关系原则为基础,由法官酌定赔偿数额。

显然,医疗意义上的“低治愈率患者”,并非就是法律意义上的“低胜诉率当事人”。保护患者合法权益,治愈率高低并不是判断的根本因素。

面对低治愈率患者医疗损害案件的审理,运用法治思维和法治方式,把这些新理念导入这类案件审理之中,这其中有一些关键用词或者信息需要我们知晓,比如在原则理念上导入了机会存活丧失理论,这意味着即便该病患医学上的“机会存活很小”,但在治疗护理上“丧失了”,就构成了损害,也存在了过错。如此一来,在对低治愈率患者的救治上,医方的心态、行为、活动等,都必须尽到与当时的医疗水平相应的诊疗义务,也即符合《民法典》第1221条规定:“医务人员在诊疗活动中未尽到与当时的医疗水平相应的诊疗义务,造成患者损害的,医疗机构应当承担赔偿责任。”

例如,把“期待适当治疗利益”作为损害大小高低的判断对象,之前诸如对待低治愈率患者时,常常或有的诸如“死马当活马医”等思维和方式就不能或者不再适合存在了。尽管都知道这类病患的诊疗结果最终都是死亡,但如何证明在面对低治愈率患者时医方“尽到与当时的医疗水平相应的诊疗义务”,就成为一个关键议题。《医师法》第29条第2款规定:“在尚无有效或者更好治疗手段等特殊情况下,医师取得患者明确知情同意后,可以采用药品说明书中未明确但具有循证医学证据的药品用法实施治疗。医疗机构应当建立管理制度,对医师处方、用药医嘱的适宜性进行审核,严格规范医师用药行为。”总之,围绕这个议题,尽管如何救治,病患最终结果都是一样,这是事实,也可接受,但是有无尽到与当时的医疗水平相应的诊疗义务就是其中的判断依据之一。为此,双方都要有证据意识,正所谓“一份证据,一份话”。

又如,“比例原则”开始在案件中运用。毕竟,低治愈率是这类患者最基本的病情,手到病除,并不适用描述这类病患。因此,“比例原则”的导入,犹如一杆秤,衡平着医患双方之利益,目的是保证在权益、利弊等比例取舍上对各方是恰当的、公平和公正的。

再如,“法官自由裁量权”会在这类案件更多被提起。理由无外乎就是低治愈率患者自身携带的诸如模糊、不确定等的特性和特点,如“治愈率”“低”等。

“低治愈率患者”:我们当前的态度和选择

低治愈率患者状况的根本改变在于医学的进展和进步。法律的完善和健全也具有独立的、基础性的价值和意义。因此,具有医学和法学等综合、融合的医事法学更要以《民法典》颁布实施为重点,以《基本医疗卫生与健康促进法》《医师法》为重点,有所作为。为此,提出三个方面建议:

一是患者应当切实在诊疗活动中履行自己健康的第一责任人职责。《基本医疗卫生与健康促进法》第69条规定:“公民是自己健康的第一责任人,树立和践行对自己健康负责的健康管理理念,主动学习健康知识,提高健康素养,加强健康管理。倡导家庭成员相互关爱,形成符合自身和家庭特点的健康生活方式。公民应当尊重他人的健康权利和利益,不得损害他人健康和社会公共利益。”第33条规定:“公民接受医疗卫生服务,应当受到尊重。医疗卫生机构、医疗卫生人员应当关心爱护、平等对待患者,尊重患者人格尊严,保护患者隐私。公民接受医疗卫生服务,应当遵守诊疗制度和医疗卫生服务秩序,尊重医疗卫生人员。”

这就要求,面对疾病尽管是低治愈的,也不要自弃,也要享受有尊严的治疗,要在受尊重的治疗中走完一生。国家、社会和医方都要力所能及地提供和满足这样的医疗服务。

二是医学界应当尽快在源头上对诸如“低治愈率患者”加以界定、归类和规范。低治愈率患者并不是各方的共识,医学界也没有这样的共识。但是,面对临床上治愈不良、不好、不佳等的疾病,考虑医学进展、个体差异等因素,迫切需要对“低治愈率患者”予以界定、归类、规范,达成医学共识。这是医学界要履行的职责,更是法律交办的任务。《民法典》第1005条规定:“自然人的生命权、身体权、健康权受到侵害或者处于其他危难情形的,负有法定救助义务的组织或者个人应当及时施救。”

这方面,医学界更应当仁不让,担负职责,切实落实,如可通过接受诸如卫生主管机关的委托进行有关诊疗指南、治疗规范、伦理规范、技术规范等的制定,尤其是学会、协会等社会组织和团体在这方面大可有所作为。

三是法学界应当切实通过《民法典》、《基本医疗卫生与健康促进法》以及《医师法》等为抓手,更好保障各方当事人合法权益。这其中,尤其是《民法典》的实施,对人权的尊重、人格的保护,意义重大。比如,《民法典》第1002条规定:“自然人享有生命权。自然人的生命安全和生命尊严受法律保护。任何组织或者个人不得侵害他人的生命权。”第1003条规定:“自然人享有身体权。自然人的身体完整和行动自由受法律保护。任何组织或者个人不得侵害他人的身体权。”第1004条规定:“自然人享有健康权。自然人的身心健康受法律保护。任何组织或者个人不得侵害他人的健康权。”这些规定的出台,以法的形式呈现在我们面前让生命、健康、身体这些既是作为人格权最重要要保障的权利客体,又是作为低治愈率患者得以继续生存特别珍贵的内容。得之不易,弥足珍贵,我们要认真保障和保护。

这就要求,尽管在面对诸如低治愈率患者等情形下,也要以《民法典》等立法宗旨为导向,在医患权益保障之间实现优质衡平,让各方均能够更多、更好、更充分享受法治中国、健康中国建设带来的制度红利。

面对“抽搐待查、癫痫、腹水”患者就诊风险，我们“应急处突”败在哪里？

宋儒亮　郭尔绚　单玉涛　李永丰　何　平　宋立志　周　攸　陈静雯

案情简介

患者林某2015年8月16日13时07分以“抽搐半小时”为主诉去A省某急诊抢救中心就诊，医方接诊后给予了心电监护、查头颅CT、查血常规、查生化等处置，根据相关辅助检查结果，初步诊断考虑“抽搐待查、癫痫、腹水”，并给予静脉输液对症处理并留观，患者于20时55分自行步入抢救室，要求拔除输液针，于21时00分返回留观室途中，突发抽搐，意识不清，后摔倒致头部着地，经查头颅CT提示颅骨骨折、脑挫裂伤、脑出血形成。其后，患者因重型颅脑损伤抢救无效死亡。

薛甲和马甲为林某家属，认为A省抢救中心不当的诊疗行为导致患者最终死亡，遂向人民法院提起诉讼。

一审各方意见

原告意见(薛甲和马甲)

薛甲和马甲认为，患者到A省抢救中心就诊，医院对患者病情判断存在疏忽，在没有查清昏迷原因，且患者随时可能再次昏迷的情况下，未让患者卧床检查治疗，导致患者在A省抢救中心医务人员的视线范围内摔倒，摔倒后并未进行及时救护，最终导致患者死亡。医院在诊疗过程中存在严重过错，请求A省抢救中心赔偿医疗费70969元；住院伙食补助费910元；营养费910元；护理费1365元；交通费336元；住宿费1198.4元；死亡赔偿金801850元；精神损害抚慰金10万元；丧葬费32365.2元。除精神损害抚慰金外，均按照70%的责任比例主张。

薛甲、马甲提交住院预交金收据1页、起诉书、病人费用清单复印件、护理费收据(金额：600元)、交通费(金额总计：480元)和住宿费票据(付款单位：B市某公司)，证明医疗费、护理费、交通费和住宿费支出。

被告意见(A 省抢救中心)

A 省抢救中心认为,林某具有癫痫病史,该病症具有高风险性,发作不可预见,其直接死亡原因是重型颅脑损伤,并非 A 省抢救中心原因,A 省抢救中心不应该承担责任,请求驳回原告全部诉讼请求。

鉴定意见

案件审理过程中,经薛甲、马甲申请,经 A 省抢救中心同意,法院委托甲司法鉴定中心就“A 省某急诊抢救中心对患者林某的医疗行为有无过错;如有过错,与林某死亡之间有无因果关系及责任程度”进行司法鉴定。甲司法鉴定中心经鉴定,出具“某正〔2016〕临医鉴字第 449 号司法鉴定意见书”,其意见中“五、分析说明”和“六、鉴定意见”部分为:

五、分析说明:依据委托人提供的现有文证资料,结合鉴定听证会了解情况,综合分析如下:

该患者林某 2015 年 8 月 16 日 13 时 07 分以“抽搐半小时”为主诉于 A 省抢救中心就诊,医方接诊后给予了心电监护、查头颅 CT、查血常规、查生化等处置,根据相关辅助检查结果,初步诊断考虑“抽搐待查、癫痫、腹水”,并给予静脉输液,留观处理,患者于 20:55 自行步入抢救室,要求拔除输液针,于 21:00 返回留观室途中,突发抽搐,意识不清,后摔倒致头部着地,经查头颅 CT 提示颅骨骨折、脑挫裂伤、脑出血形成。

分析认为:该患者来该院急诊就诊后,医方进行相关辅助检查,诊断考虑为“抽搐待查、癫痫、腹水”,因癫痫具有短暂性、刻板性、间歇性、反复发作性特征,发作时可出现意识丧失、抽搐、跌伤等,医方应将该疾病的特点及所具有的风险、注意事项及防范措施告知患方以尽量避免外伤、并发症的发生,但根据目前医方急诊病历所示,没有证据证明医方履行了上述风险告知义务,其医疗行为存在过错,与该患者其后发生摔倒致头部摔伤之间存在一定的因果关系。

该患者摔倒受伤后,医方给予了相关临床查体,并给予头颅 CT 检查及输注地西泮等措施符合诊疗常规,根据颅脑 CT 检查结果提示患者存在颅骨骨折、脑出血,根据该头颅 CT 所示,患者颅内出血情况尚未达到开颅手术的指征,医方给予收住院观察是可行的,但根据该患者来诊后的相关辅助检查结果,提示患者存在严重肝功能异常和凝血功能障碍,很大程度上增加了手术风险及预后较差的可能性,医方未就该风险在术前向患方充分告知。

该患者收入院后给予吸氧、心电监护、止血、消炎、抑酸、抗癫痫、保肝、补液等对症支持治疗，并观察患者病情进展情况，后根据患者病情进展，结合其临床表现和颅脑CT复查所见，给予开颅、血肿清除、坏死脑组织清除、去骨瓣减压术等治疗措施符合诊疗规范，术后给予心电监护、吸氧、止血、保肝、营养支持等对症治疗符合诊疗规范，但患者病情逐渐恶化，2015年8月29日05:30患者心率、血压进行性下降继而为零，经积极抢救60分钟无效，于2015年8月29日06:30患者临床死亡。

死亡原因考虑为重型颅脑损伤，死亡诊断：(1)急性闭合性颅脑损伤(重型)；脑疝；脑挫裂伤(额双侧颞右)；硬膜下血肿(额双侧颞右)；硬膜外血肿(额顶枕)；创伤性蛛网膜下腔出血；额顶骨线性骨折；颅骨凹陷性骨折(枕右)；矢状缝哆开；头皮血肿(额枕部)；(2)癫痫；(3)乙型病毒性肝炎；肝功能不全；肝硬化？肝腹水？(4)颧弓骨折(右)；(5)肺部感染；(6)胸腔积液(双侧)。

因患者死亡后未做尸检，故未取得其死亡的病理学诊断，根据其病史，结合相关临床检验、检查结果，考虑其死亡原因为癫痫发作后摔倒致颅脑损伤，并因肝功能不全、凝血功能障碍导致其术后病情持续恶化、出现并发症，最终致呼吸、循环衰竭而死亡。

A省抢救中心在对患者林某的诊治过程中存在未尽到相应的风险提示和告知义务的医疗过错，该过错与该患者摔倒致颅脑损伤并最终导致死亡的损害后果之间存在一定的因果关系；另外考虑到该患者所患癫痫再次发作是在病情稳定、返回留观室途中突然发生的，事先难以完全预见，且该患者自身存在肝功能不全、凝血功能障碍等疾病，影响了患者预后及康复，故其所患疾病自身的特点及诊治本身具有的高风险性与其死亡后果之间亦存在一定的因果关系。综合以上因素考虑：该院的责任程度应为部分因果关系。

六、鉴定意见：A省抢救中心在对患者林某的诊治过程中存在未尽到相应的风险提示和告知义务的医疗过错，该过错与该患者摔倒致颅脑损伤并最终导致死亡的损害后果之间存在一定的因果关系，该院的责任程度应为部分因果关系。

申请鉴定人出庭

薛甲、马甲不认可鉴定意见，申请鉴定人出庭，就以下问题提出质询："1.林某摔倒头部着地的具体部位是哪？如何得出在返回留观室途中摔伤的结论？是否仔细阅读证人证言和录音，该争议由法庭认定还是由鉴定机构认定？2.医院病情判断疏忽，在没有查清昏迷原因,且患者随时可能再次昏迷的情况下,未让患者卧床检查治疗,护理严重不当,该情节由录音和证人证言证明,如果该事实成立,医院的过错责任程度是什么,是否应当进行补充鉴定?3.鉴定听证环节聘请了专家共同会诊、参与讨论,是否应当告知患方专家的专业、所在单位、职称以及是否与被告存在利益、隶属或其他利害关系?是否存在秘密鉴定的情形,剥夺了患方申请专家回避的法定权利?"

甲司法鉴定中心派一名鉴定人出庭接受了质询,并对上述问题一一作出答复:"1.经审查病历、证人证言及录音资料等,证人李某先是称林某应该是跟着他一起去的抢救室(未给予肯定性回答),后又称林某未和他一起去抢救室,前后回答相互矛盾;证人王某也没有看到林某摔倒的过程;医院的赵副院长称是在急诊室摔倒的,暂且无论赵副院长是否是接诊医生,即便患者是在急诊室摔倒,与在留观返回途中摔伤并不矛盾。因此,我们认为患者在急诊室摔倒和在留观返回途中摔倒不矛盾,最终如何认定由法庭调查核实。2.部分因果关系是40%~60%的责任范围,如果原告方所述情形属实也不影响最终的鉴定结论,但医方会在部分因果关系的范畴内承担超过50%的责任比例。3.根据《司法鉴定程序通则》,司法鉴定实行鉴定人负责制,专家意见记入档案。我们已经告知本案有临床专家共同参与,临床专家只是协助鉴定,双方当事人也已经签字确认不申请专家及鉴定人回避,且临床专家的意见并不起决定性作用,本案临床专家的意见和我们的意见是不一致的,最终以司法鉴定人的意见为准。并无法律规定告知内容和告知程度,且我们已经告知了双方有临床专家参与,双方对专家姓名等均未提出异议,如果患方提出进一步告知专家详细情况的要求,我们也会进一步告知。"

薛甲、马甲、A省抢救中心均认可鉴定机构确实告知了有专家参与,并签署了《医疗过失鉴定告知书》。薛甲、马甲还称因担心有可能不进行鉴定,故未提出异议,但不提异议不能免除告知义务。经询问,鉴定人称,林某如在急诊室摔伤,医生在现场,医方承担责任更重,如在返回途中摔倒,医方承担的责任会轻一些,鉴定结论已经认定了医方在告知提醒方面存在的过错。

薛甲、马甲认为患者死亡是医院的过错导致,医院至少应承担大部分责任,并申请重新鉴定。A省抢救中心认可鉴定结论和鉴定人的出庭答复,称林某是在同行人员与医生沟通过程中,并不是在做了住院决定后摔倒的。经审查,薛甲、马甲所提重新鉴定申请,不符合《最高人民法院关于民事诉讼证据的若干规定》(2008年版)第27条之规定,故对该重新鉴定申请,法院不予准许。

一审法院查明

当事人围绕诉讼请求依法提交了证据,法院组织当事人进行了证据交换和质证,对当事人无异议的证据,法院予以确认并在卷佐证。

患者林某(1972年出生)是薛甲与林甲之子,是马甲的继子。薛甲与林甲原系夫妻关系,于1976年离婚,离婚后,林某归林甲抚养。1983年,林甲与马甲再婚,马甲与林某形成抚养关系。2009年4月30日,林某与胡某结婚,于2009年8月10日离婚,二人未育有子女。林甲于2011年2月9日去世。除了薛甲、马甲之外,林某无其他法定第一顺序继承人。

对有争议的证据和事实,法院认定如下:

诉讼过程中,薛甲、马甲申请证人李某、王某、林某乙出庭作证,证明林某在急诊室摔倒的经过以及医院未尽到相应的医护责任。证人李某称:"……林某输液的时候,我和王某出去吃饭了,当时林某已经清醒了。吃完饭,王某出去找住的房子,我自己先回来,看林某怎么样。回去后,我先到的输液室,跟林某说,让他先休息休息,明天早上再走,还说我先去和大夫说下联系方式,然后我就去抢救室和大夫交代一下我们的联系方式,林某应该是跟着我一起去的抢救室,我正和大夫交代联系方式的时候,林某站在我的左后方,我就听见林某倒地上了,声音特别响,脑袋先着地,摔倒了。"李某还称:"林某不是跟我一起去的抢救室,因为我和大夫交流,林某没有说话,但医生应该看到林某了,林某在我后面,医生和林某面对面。"证人王某称:"林某输液过程中,我和李某出去吃饭了。林某摔完了,我才回来的。"证人林某乙称:"医生说看到林某摔倒了,说林某双手握拳倒地。"A省抢救中心称证人证言能够证明林某在到该院输液过程中要回B市治疗的事实,且医院采取的措施并无不当。

薛甲、马甲提交林某的哥哥林某乙与A省抢救中心医生的录音,证明医院存在医疗过错。A省抢救中心认可录音的真实性,但不认可证明目的,认为录音不能证明医院存在过错。

薛甲、马甲提交住院预交金收据1页、起诉书、病人费用清单复印件,证明医疗费支出。A省抢救中心认可该证据的真实性,认可患方仅支付医疗费500元。

薛甲、马甲提交护理费收据(金额:600元)、交通费(金额总计:480元)和住宿费票据(付款单位:B市某公司),证明护理费、交通费和住宿费支出。A省抢救中心不认可护理费收据和住宿费票据的真实性,认为护理费没有发票,住宿费票据的付款单位不是薛甲、马甲，且护理人员在医院护理，不会产生住宿费。关于营养费，薛甲、马甲未提交证据证明。

一审法院认为

医疗机构承担医疗侵权损害赔偿责任需满足以下要件：医疗机构对患者的医疗行为存在过错，且其过错医疗行为与患者的损害后果之间存在因果关系。为查明本案是否满足上述要件，法院委托甲司法鉴定中心进行医疗过错和因果关系的司法鉴定，该所作出的鉴定意见认为，A省某急诊抢救中心在对林某的诊治过程中存在未尽到相应的风险提示和告知义务的医疗过错，该过错与患者摔倒致颅脑损伤并最终导致死亡的损害后果之间存在部分因果关系。此鉴定意见，系有资质的鉴定机构依据法律规范作出，鉴定程序合法，鉴定意见明确，薛甲、马甲虽提出异议，但未提出有效证据予以反驳，故法院采信该鉴定意见。

根据鉴定意见，医方未将疾病的特点及所具有的风险、注意事项及防范措施告知患方以尽量避免外伤、并发症发生，该过错与患者摔倒导致头部摔伤之间存在一定的因果关系。结合李某的证言等证据可知，林某自行步入抢救室，在A省抢救中心医务人员的视线范围内摔倒，因此，综合考虑本案情况，法院确定A省抢救中心按照55%的责任比例予以赔偿。

受害人遭受人身损害，因就医治疗支出的各项费用以及因误工减少的收入，包括医疗费、误工费、护理费、交通费、住宿费、住院伙食补助费、必要的营养费，赔偿义务人应当予以赔偿。受害人死亡的，还应当赔偿丧葬费、被扶养人生活费、死亡赔偿金以及受害人亲属办理丧葬事宜支出的交通费、住宿费和误工损失等其他合理费用。

关于医疗费，薛甲、马甲主张于法有据，但因其只支付了500元的住院押金，故对其未支付部分的诉讼请求，法院不予支持。

关于护理费，护理费根据护理人员的收入状况和护理人数、护理期限确定。对薛甲、马甲有证据支持部分的护理费，法院予以支持，确定由A省抢救中心按责任比例赔偿。

关于交通费，交通费根据受害人及其必要的陪护人员因就医或者转院治疗实际发生的费用计算。交通费应当以正式票据为凭，有关凭据应当与就医地点、时间、人数、次数相符合。交通费支出系当事人的实际损失，A省抢救中心应按责任比例赔偿，对有票据支持部分的交通费，法院予以支持。

关于住院伙食补助费，薛甲、马甲主张于法有据，法院确定由A省抢救中心按照相应的责任比例，以A省国家机关一般工作人员出差伙食补助标准每天100元计算13天，予以赔偿。

关于住宿费，因薛甲、马甲所提交票据上显示的付款单位是B市某公司，抢救中心亦不予认可,故对该证据的关联性,法院不予认可。因薛甲、马甲未能提交有效证据证明其存在住宿费损失,故对此项诉讼请求,法院不予支持。

关于死亡赔偿金,患者林某于1972年出生,死亡时43周岁,法院确定由A省抢救中心按照2016年度A省城镇居民人均可支配性收入57275元的标准,计算20年,再乘以相关责任比例予以赔偿。

关于丧葬费,薛甲、马甲主张于法有据,对此项诉讼请求,法院予以支持,确定由A省抢救中心按照2016年度A省职工月平均工资7706元的标准,计算6个月,再乘以相关责任比例予以赔偿。

关于精神损害抚慰金,薛甲、马甲主张于法有据,但主张数额过高,对过高部分,法院不予支持。关于营养费,薛甲、马甲未提供证据予以证明,故对此项诉讼请求,法院不予支持。

一审法院判决

1. A省某急诊抢救中心于判决生效后10日内赔偿薛甲和马甲医疗费275元、护理费330元、交通费264元、住院伙食补助费715元、丧葬费25430元、死亡赔偿金630025元、精神损害抚慰金55000元;

2. 驳回薛甲、马甲的其他诉讼请求。如果未按判决指定的期间履行给付金钱义务,应当依照《民事诉讼法》(2012年版)第253条之规定,加倍支付迟延履行期间的债务利息。

司法鉴定费18000元,由A省某急诊抢救中心负担(于判决生效后7日内交纳)。

鉴定人出庭费1000元,由薛甲、马甲负担(已交纳)。

一审案件受理费11169元,由薛甲、马甲负担3294元(已交纳275元,余款3019元,于判决生效后7日内交至一审法院);由A省某急诊抢救中心负担7875元(于判决生效后7日内交至一审法院)。

一审判决后薛甲、A省抢救中心对一审判决不服,提起上诉。

二审各方意见

上诉人(薛甲)

上诉请求:撤销一审判决第二项,依法改判支持薛甲一审全部诉求;全部诉讼费用由A省抢救中心承担。

事实与理由:(1)一审认定的A省抢救中心责任比例过低,应当承担全部责任。林某从未有过癫痫病史及家族遗传病史，其步入诊室时生命体征平稳；导致林某死亡的直接原因系重型颅脑损伤，该情形发生于林某输液过程中，且A省抢救中心的医生亦在现场，但未对林某进行及时救护，且在不具备医疗技术水平时没有同意转院，故A省抢救中心应当承担全部责任；一审遗漏被扶养人生活费；且医疗费已经实际发生，医院已在该市某新区人民法院提起诉讼要求薛甲支付医疗费，这部分费用应当支持；薛甲对鉴定结论有异议，认为应当重新鉴定。(2)适用法律不当，还应适用《消费者权益保护法》(2013年版)第7、18条及《侵权责任法》第18、57、58条。故请求二审法院判如所请。

上诉人(A省抢救中心)

上诉请求：撤销一审判决，依法改判A省抢救中心按20%比例承担责任；一二审诉讼费用由薛甲、马甲承担。

事实与理由：(1)一审判决认定A省抢救中心承担责任比例过高，鉴定意见中40%～60%的责任范围没有相应依据；(2)林某具有癫痫病史，该病症具有高风险性，发作不可预见，非A省抢救中心诊疗行为导致；(3)死亡赔偿金及丧葬费应当按照2014年的相关标准予以认定；(4)一审认定住院伙食补助费1300元，薛甲主张金额为910元，超出了薛甲的一审诉请；(5)一审对交通费、护理费、精神损害抚慰金认定金额过高。

上诉人薛甲辩称，不同意A省抢救中心的上诉请求，请求驳回其上诉请求。一审认定A省抢救中心的责任比例过低，A省抢救中心应当承担全部责任；林某癫痫没有确诊，是A省抢救中心用药不当导致；一审根据2016年人均可支配收入计算死亡赔偿金及丧葬费，符合法律规定；伙食补助费判决未超出诉请，各项费用一审认定过低。

薛甲提交证据三份，证据一：林某的驾照信息查询网页打印件两张，证明林某具有驾驶资格，按照我国法律规定有癫痫病史的人不能取得驾驶证，可反证林某没有癫痫病史；证据二：某市某区人民法院关于(2016)某0116第63458号继承人债务清偿纠纷一案寄送给薛甲的开庭传票，证明医院已就医疗费向薛甲主张，该费用已经实际发生，法院应予支持；证据三：王某于2018年1月25日出具的书面证人证言，证明A省抢救中心具有医疗过错，应当承担全部赔偿责任。

A省抢救中心辩称，不同意薛甲的上诉请求，请求驳回其上诉。林某有癫痫病史，去医院就医时林某及其陪同人员都陈述过该事实，且其直接死亡原因是重型颅脑损伤，并非A省抢救中心原因，故A省抢救中心不应该承担全部责任；医疗费薛甲只支付了500元，一审判决无误；一审中薛甲未主张被扶养人生活费，且即使确实存在被扶养人生活费，也应查明薛甲有无退休金。

被上诉人(马甲)

马甲同意薛甲的上诉意见和答辩意见,认为一审判决不当,应当由A省抢救中心承担全部责任;住院伙食补助费一审是按每天100元的标准计算13天,共计1300元,薛甲按70%的比例主张,一审判决正确。

二审法院查明

本院二审期间,薛甲提交证据三份,证据一:林某的驾照信息查询网页打印件两张,证明林某具有驾驶资格,按照我国法律规定有癫痫病史的人不能取得驾驶证,可反证林某没有癫痫病史;证据二:某市某区人民法院关于(2016)某0116第63458号继承人债务清偿纠纷一案寄送给薛甲的开庭传票,证明医院已就医疗费向薛甲主张,该费用已经实际发生,法院应予支持;证据三:王某于2018年1月25日出具的书面证人证言,证明A省抢救中心具有医疗过错,应当承担全部赔偿责任。A省抢救中心对于证据一的证明目的不认可,不能证明林某没有癫痫病;证据二真实性认可,但该案已经中止,等待本案诉讼结果,对本案处理结果不会造成影响;证据三不符合证据规则,对其真实性、证明目的均不认可,证人未出庭作证,证言出具人是王某,其上"我"后面括号中又写了李某。马甲对上述三份证据的真实性、证明目的均认可。

本院经庭审质证认为,双方当事人对证据二的真实性认可,本院不持异议。对上述证据的证明力,本院将综合全案案情进行评断。

本院经审理查明的其他事实与一审法院查明的事实一致。

二审法院认为

根据《侵权责任法》第54条的规定,患者在诊疗活动中受到损害,医疗机构及其医务人员有过错的,由医疗机构承担赔偿责任。本案中,根据甲司法鉴定中心作出的鉴定意见,A省抢救中心在对林某的诊治过程中存在未尽到相应的风险提示和告知义务的医疗过错,该过错与患者摔倒致颅脑损伤并最终导致死亡的损害后果之间存在部分因果关系。

薛甲、A省抢救中心虽对该鉴定结论持有异议,但未提出有效证据予以反驳,本院对该鉴定结论予以采信。一审法院综合考虑本案情况,确定A省抢救中心按照55%的责任比例予以赔偿,并对A省抢救中心应当赔偿薛甲、马甲的各项费用予以核算,并无不当,本院予以维持。

关于薛甲提出一审法院未释明其增加被扶养人生活费作为诉讼请求的意见,本院认为,在民事诉讼中,人民法院仅就当事人的诉讼请求进行审理,薛甲的上述意见,缺乏法律依据,本院不予采纳。

综上,薛甲、A省抢救中心的上诉请求不能成立,应予驳回;一审判决认定事实清楚,适用法律正确,应予维持。

二审法院判决

依照《民事诉讼法》第170条第1款第1项规定,判决如下:

驳回上诉,维持原判。

二审案件受理费7109元,由A省某急诊抢救中心负担4090元(已交纳);由薛甲负担3019元(已交纳)。

本判决为终审判决。

各方意见

医方意见

单玉涛　中山大学附属第三医院医疗管理办公室　主任

急诊科是各大医院内急危重症患者救治的重要工作场所。由于来诊患者起病急、病因复杂、病情变化快以及急诊环境拥挤,急诊科往往具有工作强度大、医疗风险高等特点,另外,急诊科医务人员配置不足也使急诊科成为医院医疗纠纷高发科室之一。

本案件中值得我们注意的主要问题是病历文书的规范、及时、完整书写,这对于判断医疗机构及其医务人员告知义务履行和谨慎注意义务履行具有重要意义。当然,按常理来说,一名抽搐患者来到急诊科后,接诊医务人员在诊疗过程中一定会交代可能病因及注意事项,特别是对于急诊留观患者,这是医院履行谨慎注意义务的表现,其目的在于对当前病因不明确、病情仍有可能反复甚至加重的患者,及时给予留院密切观察病情,以便发生意外或病情进展后能及时有效处理。

因此,本案中不排除医务人员已经口头告知卧床休息、留人陪护、需要护士按呼叫铃等事宜。但是,在司法实践中,法院法官在审理案件时对书面证据的依赖性越来越大,这就需要医疗机构及其医务人员在诊疗行为中重视病历书写,特别是对病情判断评估、可能风险或不良后果、重要注意事项等的说明,均需要在急诊病历中如实记录,以便证明医疗机构及其医务人员履行了谨慎注意和告知说明义务。

同时,建议对于急诊留观患者,参照住院患者管理模式,制定留院观察告知书、常规开展跌倒风险评估、健康宣教,防范可能发生的医疗风险,减少医疗意外事件发生。

在责任比例大小方面,个人认为患者自身基础疾病的复杂性是导致患者病情加重甚至死亡的最直接且主要的因素,患者摔倒是诱因,非直接引起患者病情加重和死亡的原因。也就是说,即使患者跌倒了造成重型颅脑损伤,如果没有基础疾病因素,也不必然导致患者死亡。

因此,鉴定人员和法官在鉴定和审判中应当适当降低医疗机构及其医务人员的责任比例,建议40%以内为宜,以彰显司法的公正性。

鉴定专家意见

李永丰　广东省医学会医鉴办　主任

在医疗损害鉴定过程中,医疗机构的诊疗活动往往有相应的医疗文书记载,如检查、用药、手术等治疗措施,护理措施,医患沟通记录等,但对于诊疗活动以外的情形,则没有相应的记录。而部分特殊的案例中,该部分活动可能是当事人的争议焦点之一,也与判断医疗机构的诊疗行为是否合法合理有着相当的关联性。如本案例中,当事人争议的焦点之一就是患者完成输液后摔倒的时间、地点。

如何认定诊疗活动以外的事实行为,是鉴定机构头痛的问题之一。鉴定机构在作出鉴定意见前,应仔细审阅送鉴材料,对于与判断诊疗行为相关联的证据资料特别是可能影响鉴定意见而又未能明确的事实行为应给予高度关注,在送鉴材料不能明确的情况下,应请求人民法院组织双方当事人对相应的事实进行质证或认定后,再依据其质证结果,结合专业知识进行鉴定,以作出更为科学合理的鉴定意见。

律师意见

何平　广东鹏浩律师事务所　律师

本案件是一个典型的医患双方对诉讼中进行的医疗过错技术鉴定意见争议较大的案件。本案体现了人民法院在审理案件中,如何采信鉴定意见;在医患双方对鉴定意见均有异议的情况下,如何进行审查的过程。

在医疗争议案件中,根据《民事诉讼法》的规定,对于涉及的医学专业问题,人民法院应当依申请或职权,委托具备专业资格的鉴定人进行鉴定。在本案中,患者林某在某急救中心诊治过程中因“癫痫发作”，出现摔倒导致颅脑严重外伤后死亡的时间；某急救中心在诊疗、护理、告知、抢救过程中是否存在过错；如果存在过错，其过错是否与林某摔伤后严重颅脑外伤、死亡之间存在因果关系以及两者关联程度如何。这些属于专业技术问题，一审法院依患方申请启动鉴定程序，委托鉴定机构对以上专业问题进行了技术鉴定。

在鉴定意见出具后，因患方对于鉴定意见不认可，申请鉴定人出庭就相关问题进行质询，人民法院准许鉴定人出庭。在质询的过程中，鉴定人对于患方提出的问题当庭进行了回应。法官在鉴定人接受质询的环节中，就鉴定意见是否客观、科学，能否采信进行判断。

在本案中，虽然患方对鉴定意见不服，也申请了重新鉴定，但是法官经审查，认为其重新鉴定的申请并不符合《民事诉讼法》关于重新鉴定的法定条件而不予准许。这也体现了人民法院在审理医疗争议案件中，对于鉴定意见是否客观、科学，能否作为审理案件的证据的审查需要程序保障以及法官基于“自由心证”原则进行判定。

目前在医疗损害赔偿案件司法实践中，法院“以鉴代审”的情况也比较普遍，而医疗过错技术鉴定基于医学科学的特殊性、鉴定人能力，导致鉴定意见只是学理性推断、不同的鉴定人对同一问题的看法不一致、鉴定能力与鉴定标准不统一等问题。因此，对于鉴定机构的约束，开展鉴定“同行评议”显得尤为紧迫与重要。当然，对于鉴定如何采信，法官也应该依据法律规定，通过经验法则、逻辑规则理性地判断证据和认定事实，我们期待着在医疗争议案件的判决中，都能看到法官对于案件争议焦点的认定观点与说理，而不是机械地照搬鉴定结论。

宋立志　广东广信君达律师事务所　律师

医术高明、医德高尚、医法高超是医疗机构立身之宗旨，但高度的谨慎注意义务、充分的说明告知义务、合理的诊疗义务往往成为评价个案处理好坏的依据，是个案之要求。

本案就是因为医疗机构高度的谨慎注意义务、充分的说明告知义务履行不充分所以被认定需要承担更多的责任。上述义务在大多数医疗鉴定中都会被提到，也会被作为认定医疗机构是否需要承担责任的因素之一。进行专项法律培训、履行说明告知文书的签署义务等是有效防范措施，这方面需要更多的努力，没有最好，只有更好。

周攸　广东广信君达律师事务所　律师

医疗纠纷中患者能否依据《消费者权益保护法》维权？医疗纠纷能否纳入《消费者权

益保护法》的适用范围这一问题历来颇具争议。本案A省抢救中心经营性质是否属于营利性，文中没有交代，在该案中法院的判决也并没有正面回应。但是，如果法院最终查明A省抢救中心具有社会保障性及公益性，提供医疗、预防、保健等非营利服务，属于非营利性质，可以判断其并不是一般意义的经营者。主要理由如下：

一是患者因患有疾病而需要医疗介入，其目的是为治疗疾病，但医疗效果即疾病能否治愈具有不确定性，该诊疗行为与消费行为有明显区别；

二是在本案中A省抢救中心和患者建立的医患关系亦无法被消费关系所包容，除医疗服务合同关系外，医患之间还存在因负担救死扶伤社会义务而建立的医患无因管理关系及基于公共利益和国家政策而建立的强制医疗关系。因此，认为本案不适用《消费者权益保护法》的规定是正确的。

法官意见

郭尔绚　广东省高级人民法院民一庭　助理审判员

确定医疗损害赔偿责任以及责任份额，应当综合考虑医疗过错行为在损害结果中的责任程度、损害结果与患者原有疾病之间的关系等因素确定。本案中患者死亡的后果是在其自身疾病和医疗过错行为共同作用下发生，最终法院确定医疗机构的责任比例为55%，案例体现的法律适用问题有以下两点：

1. 医疗机构过错的认定。医疗过错的认定以医疗机构、医务人员是否违背法定注意义务为标准。而医方的注意义务是一个完整的体系，其中告知义务即说明义务，是十分重要的一个组成部分。医方必须就患病状况、治疗方法以及治疗伴生的危险等事项对患者加以说明，若医方未将疾病的特点及所有的风险、注意事项、防范措施告知患方以尽量避免外伤、并发症发生，应当认定其行为具备过错要件。

2. 关于医疗损害责任纠纷的法律适用问题。在患方的上诉意见中，提到应当适用《消费者权益保护法》第7条、第18条，虽然法院判决没有正面回应，但这一问题本身还是有探讨的空间的。笔者认为，医疗行为与消费行为不同，医疗行为具有高风险性、阶段性、多元性，同时，医疗行为具有高度技术专业性以及隐秘性（患者难以了解、难以知悉）。医疗过错是医疗损害责任纠纷中的核心概念，医疗过错和因果关系的判断标准、举证责任的分配均具有较强的特殊性，因此不应适用《消费者权益保护法》的规定。

本案启示

看似无巧不成书的案件背后　揭示了我们应急处突能力还不到家

宋儒亮　法治广东研究中心、广东省医学会医事法学分会主任

这是一个令人唏嘘的案件——"抽搐待查、癫痫、腹水"给予静脉输液对症处理并留观患者，最终因重型颅脑损伤抢救无效死亡。案件教训是带来了人们对医疗风险识别不彻底、风险走向预测把握不精准和风险防范管理不到位的担忧，案件背后引发了对医事法学领域一个新问题即应急处突能力的关注。

提升应急处突能力，对许多医务人员来说，可能还比较陌生。但是，强调提高运用法治思维和法治方式应对风险的能力，早已明确。《中共中央关于坚持和完善中国特色社会主义制度　推进国家治理体系和治理能力现代化若干重大问题的决定》提出："各级党和国家机关以及领导干部要带头尊法学法守法用法，提高运用法治思维和法治方式深化改革、推动发展、化解矛盾、维护稳定、应对风险的能力。"本案其实就在考验医院、医务人员面对医疗风险的处置能力。

结合本案，从应急处突能力的提升角度，有三点值得我们持续思考：

1. 专业识别医疗风险，是提升应急处突能力的第一步。本案中，风险识别是做了，但并不彻底。面对病患，诊断时医师是有风险意识的，"初步诊断考虑'抽搐待查、癫痫、腹水'，并给予静脉输液对症处理并留观"就是具体的体现，反映了医师知道病患可能存在的医疗风险，即"癫痫"的突发性。

"癫痫"疾病病情稳定的时候，难以预测它何时发作，犹如一头"灰犀牛"。"留观"的医嘱，就是对可能"癫痫"发作的一种防范，法律意义上就是医师在专业上做到了"谨慎注意""有说明告知"。

但是，"留观"之后的工作却不彻底，初步诊断是综合的，"癫痫"之外还可能有其他疾病，但没有列出。"留观"，只是"留"之，没有"观"之。病患在门诊仍然完全自由——"自行步入抢救室""自行返回留观室"——活动就是风险，"留观"的落实不到位、不彻底。如果到位了、彻底了，诸如"跌倒""摔伤头部"就不会出现了。

2. 预测出医疗风险的走向，是提升应急处突能力的第二步。本案中，风险预测做了，但并不精准。由前文可知，"初步诊断考虑'抽搐待查、癫痫、腹水'，并给予静脉输液对症处

理并留观”体现了医师对风险的专业识别能力。

按理来说,伴随风险识别的是谨慎注意、说明告知等法定义务。这些法律知识,医师平时的学习是到位的,掌握也是明确清楚的,法律知识的含义指向和风险防范对策,是难不倒专业医师的。但要有对应的举措表现出来,例如,面对留观患者,执业时真觉得其癫痫疾病有突然发作可能,就要把这种认识理解意义上的风险防范,切实转变到执业风险防范的具体操作上,增加防范力度:强调让他留在自己视野可及之处;让护士加强护理;叮嘱患者让其家人来照顾一下,等等。总之,识别了风险,既然留观,就不要让患者乱跑,要精准施策。对此要落实、管理才起作用,否则功亏一篑。本案中,医师最可惜就在于对已知风险的防范不彻底、应对不精准。

3. 占领主动权,是提升应急处突能力的第三步。本案中,医院在主动权提升方面努力了,但风险防范要到位,往往必须综合给力。面对医患之间的风险,防范工作不能只盯着医师、护士,不要限于执业层面讲风险、论防范。毕竟,有时候有的风险真是连医生护士也是没办法的。面对医疗风险防范,既要强调活力,又要强调合力。

强调活力,就是要求医务人员提升应急处突能力。这其中,识别风险、预测走向和占领主动权,就是支持活力持续的关键。

强调合力,就是要求提高站位,把风险防范层级再提高,重点有以下三个方面:

一是要强调医院管理给力。防范医院风险,医院必须在第一线,要先给力。例如,加强一些硬件的设施;多安装一些摄像头;多配备一些辅助服务人员,多提供一些应急法律方面的专业培训等,这都是有效方法。

二是强调科技出力,建设智慧医院。一个医院重视科技,不仅体现在医疗设备的供给上有档次有水平,也体现在医院管理的科技服务上有层次有能力。例如,如果医院有摄像头,问题就不难查清,也利于矛盾化解。摄像头的有无,不是医务人员的能力范畴,而是医院对防范风险的一种科技投入。

三是强调第三方力量。进行鉴定,就是一个选择。例如,患者在医院跌倒,是医院责任还是患者责任?医院和患方各执一词,怎么办?没有鉴定,你说你的,我说我的,纠纷处理中法院该听谁的?鉴定机构就是第三方,在两方各执其词的情况下,通过鉴定拿出一个意见助力问题化解。这不是以鉴代判,选择和采纳鉴定意见也并不是退而求其次的一种选择。

医疗风险,医疗机遇,都是我们日常生活和工作的一部分。有机遇我们要及时抓住,有风险我们要及时应对。生活和工作经验告诉我们,往往在许多看似无巧不成书的案件背后,既有机遇也有风险。显然,就本案而言,法院的判决揭示了医疗机构风险防范还不到家;面对无处不在的医疗风险,医疗机构的风险防范工作还有许多值得改进和提升之处。识别了可能的医疗风险只是第一步,但这并不意味就能防范和应对好风险,要处理好风险必须提高站位,牢牢掌握主动权,不断提升运用法治思维和法治方式应对医疗风险的能力,不断提高应急处突能力。

未诊断出股骨颈头下型骨折部分嵌插导致的诉讼中,各方医事法治力表现如何?

宋儒亮 官 健 单玉涛 李永丰 李 立 何 平 宋立志 周 攸

案情简介

2016 年 11 月 27 日,郭某因摔伤被送至甲医院住院治疗,被诊断为左胫骨近端及腓骨头骨粉碎骨折、右跟骨骨折。经治疗,于 2016 年 12 月 13 日出院。

2017 年 4 月,郭某先后到某大一院、某大二院、某大三院、某联谊医院复诊,诊断为左侧股骨颈头下型骨折部分嵌插。

2017 年 4 月 20 日,在 B 市中心医院做髋关节置换手术,共住院 117 天(一级护理 3 天,其余均为二级护理),支付医药费 61215.14 元。

郭某认为在治疗过程中,甲医院对郭某摔伤造成的左侧股骨颈头下型骨折部分嵌插没有及时作出诊断,延误治疗,存在过错,遂向法院提起诉讼。

一审各方意见

原告意见(郭某)

郭某认为,甲医院对郭某当时摔伤造成的左侧股骨颈头下型骨折部分嵌插没有及时作出诊断,导致郭某延误治疗。甲医院的诊疗行为存在过错,应承担相应的赔偿责任,请求判令甲医院赔偿郭某医疗费、伤残赔偿金、精神抚慰金、后续治疗费等合计 452451.64 元。

被告意见(甲医院)

郭某在甲医院住院治疗期间,甲医院已就郭某左胫骨近端及腓骨头骨粉碎骨折、右跟骨骨折进行了相关的检查和手术,当时郭某没有任何主诉左髋关节不适的情况。因此,甲医院认为医院不存在诊疗过错,请求法院驳回原告全部诉讼请求。

一审法院查明

郭某于 2016 年 11 月 27 日因摔伤被送至甲医院住院治疗,经诊断为左胫骨近端及腓骨头骨粉碎骨折、右跟骨骨折，于2016年12月13日出院，后郭某于2017年4月先后到某大一院、某大二院、某大三院、某联谊医院复诊，诊断为左侧股骨颈头下型骨折部分嵌插，于2017年4月20日在B市中心医院做髋关节置换手术，共住院117天（一级护理3天，其余均为二级护理），支付医药费61215.14元。

经郭某申请，一审法院委托丙鉴定中心对甲医院诊疗行为与郭某损伤的因果关系、过错参与度、郭某伤残等级及后续治疗费进行鉴定，鉴定结论意见为：甲医院对郭某的诊疗行为存在过错；参与度为10%～20%（后补充为同等作用）；损伤被评定为九级伤残；人工髋关节每10年更换一次，每次费用为60000元。

一审法院认为

郭某因摔伤到甲医院治疗，在治疗过程中，甲医院对郭某摔伤造成的左侧股骨颈头下型骨折部分嵌插没有及时作出诊断，导致郭某延误治疗。经鉴定，甲医院对郭某的诊疗行为存在过错，应承担相应的赔偿责任；丙鉴定中心对甲医院过错参与度的鉴定最初作出10%～20%的鉴定意见，后以补充说明的方式评定为同等作用。本院认为，其补充意见并没有新的证据支持，也未有其他正当理由，系基于同一事实作出的鉴定意见，鉴定机构如此行为缺乏严肃性。但从维护郭某利益的角度考虑，可酌情确定甲医院承担30%的责任。根据世界卫生组织于2016年作出的统计报告，中国人均寿命为76.1岁，郭某后续治疗应支持3个周期，即180000元。因郭某不满60周岁，故其伤残赔偿金为26530.42元×20年×20%＝106121.68元。交通费支持300元为宜。综上，郭某的诉讼请求部分成立，一审法院予以支持。

一审法院判决

依照《侵权责任法》第6条第1款、第20条、第54条、第55条，《最高人民法院关于审理人身损害赔偿案件适用法律若干问题的解释》（2003年版）第18条、第19条、第21条、第22条、第23条、第25条，《最高人民法院关于确定民事侵权精神损害赔偿责任若干问题的解释》（2001年版）第8条规定，判决如下：

1.被告甲医院于本判决生效后10日内给付原告郭某医疗费61215.14元、护理费15079.2元、伙食补助费11700元、残疾赔偿金106121.68元、精神抚慰金10000元、后续治疗费180000元、鉴定费9000元、交通费300元、复印费32元合计393448.02元的30%，即118034.406元；

2. 驳回原告郭某其他诉讼请求。

二审各方意见

上诉人(郭某)

郭某上诉请求:(1)撤销原判,改判甲医院承担此次医疗事故主要责任,并承担相应赔偿责任;(2)一审、二审的全部诉讼费用、鉴定费用、丙鉴定中心出庭费用由甲医院承担。

事实和理由:

1. 一审判决采信鉴定意见书第3条不符合法律规定。2017年9月21日的鉴定意见书写明:“甲医院的医疗过错行为在导致被鉴定人郭某损害后果中承担次要责任,参与度为10%~20%。”但是,2018年4月10日丙鉴定中心出具补充说明函,明确表达了“关于我中心出具的参与度比例为10%~20%的问题,根据相关法律、法规规定,没有明确具体标准,建议法院根据此案的具体情况,由法院自行决定”。《最高人民法院关于民事诉讼证据的若干规定》(2008年版)第27条第2款规定:“对有缺陷的鉴定结论,可以通过补充鉴定、重新质证或者补充质证等方法解决的,不予重新鉴定。”由此可见,补充鉴定是对原有缺陷鉴定结论的更正和说明,补充鉴定与原鉴定结论不一致的,应以后出具的补充鉴定为准。在本案中,后出具的补充说明函对原鉴定意见书中“参与度为10%~20%”的鉴定意见进行了修改。

2. 一审法院对补充说明函中“同等作用”的理解存在错误,且一审法院没有对补充说明函中“医方在对被鉴定人郭某左股骨颈骨折诊断的延误、漏诊方面应承担主要责任”的鉴定结论予以认定或否定,而是采取了置之不理的态度。在补充说明函中,鉴定意见为“而由他院行人工髋关节置换治疗后,医方的过错参与度综合评定为同等作用”,此处所说“同等作用”是指在B市中心医院处为郭某行人工髋关节置换治疗和在甲医院处对郭某行人工髋关节置换治疗,治疗的效果、治疗的结果具有同等作用。

被上诉人(甲医院)

1. 原审采用丙鉴定中心的鉴定意见,应当是正确的,我方认可。对补充说明函不予采信也是正确的,理由是原鉴定意见书论述得非常详细准确,甲医院一方的参与度是10%~20%。补充说明函并非更有说服力的论述,若引用其作相关依据就改变了原鉴定结论,不符合补充鉴定函的一般要求:对有瑕疵的鉴定报告,可以补充说明,若明显改变了原鉴定结论,那就是重新鉴定应解决的问题,而不是补充鉴定应解决的问题。

2. 郭某从摔伤住院到出院,历经几个月才查出有陈旧性的骨折,是否是本案摔伤事故引起都难以证明。因为时间跨度较大,不能排除是经甲医院治疗后,又发生的其他事故导致。

3. 郭某在甲医院住院治疗期间,从病历记载上看,没有任何主诉髋关节骨折的情况。郭某不主诉任何的不良感觉,院方是不能随意扩大检查的,不存在所谓的漏诊。

4. 郭某左股骨颈骨折并在术后被评定为九级伤残。即使甲医院当时未漏诊,也进行了相关的检查和手术,患者依然是九级伤残。九级伤残不应当成为甲医院承担赔偿的部分,因为郭某骨折本身是摔伤造成的,即使当时手术了也会是九级伤残,并不是院方导致的九级伤残。

二审法院查明

本院二审期间,当事人围绕上诉请求依法提交了证据,本院组织当事人进行了证据交换和质证。

对当事人二审争议的事实,本院认定如下:

1. 二审中,郭某向本院申请鉴定人员出庭作证,本院依照《民事诉讼法》(2017 年版)第 78 条规定准许该申请并通知鉴定人员出庭作证,郭某向丙鉴定中心支付鉴定人员出庭费用 1000 元。鉴定人员蔡某伟签署保证书后出庭作证。

关于鉴定意见与补充说明函是否存在矛盾,鉴定机构工作人员蔡某伟称:医院的病历记载中没有对郭某的左髋部进行记载描述,医院没有记载就视为不存在阳性体征,但是我们在收到质询函时经过详细分析,认为被鉴定人在入院时医院应当对其进行全面的检查,并且在病历中详细记载,所以在补充说明中认为医院在病历中对左髋部没有记载描述应当视为医院对此没有进行检查。

关于医院的漏诊与郭某须进行人工髋关节置换手术的后果有没有必然关系的问题,蔡某伟称:无法明确,所以我们在补充说明中认为医患双方对郭某置换髋关节的手术要承担同等责任。如果郭某在住院期间确诊股骨颈骨折,并且由于延误而需要手术治疗,医院应该对其后果承担主要责任,但由于郭某股骨颈骨折是在出院后诊断出的,郭某自身也存在就诊不积极,使骨折具体形成时间无法明确的责任,所以补正意见认为对于郭某髋关节置换的损害后果,医患双方应承担同等责任。

2. 郭某向本院提交其在甲医院心内科、骨科等挂号的票据及病历本,对上述证据材料的真实性本院予以确认，但均与本案争议焦点没有直接关联性。

3. 案涉鉴定意见书载明：医方在对被鉴定人郭某的诊疗中，没有详细询问病史、了解受伤机制、进行系统的体格检查和必要的辅助检查，诊疗行为上对被鉴定人是否存在左股骨颈骨折的诊断存在延误，该过错与被鉴定人伤后左股骨颈骨折症状加重之间的因果关系难以排除。但被鉴定人郭某左股骨颈骨折的根本原因为外伤，且被鉴定人出院后缺乏必要的病历资料及影像资料，不能证明其左股骨颈骨折与其原发损伤存在连续性。综上，医方诊疗行为上的过错与被鉴定人伤后出现的左股骨颈骨折后果加重（行人工髋关节置换）之间因果关系难以排除。由于被鉴定人郭某的左股骨颈骨折是外伤所致的原发性损伤，医方诊疗行为中的过错是被鉴定人左股骨颈骨折行人工髋关节置换的次要参与因素，其过错对被鉴定人左股骨颈骨折行人工髋关节置换的参与度为10%~20%。

二审法院认为

本案的争议焦点是责任比例划分问题。

郭某主张其因自身原因摔伤后入甲医院住院治疗左胫骨近端粉碎性骨折、左腓骨头骨粉碎骨折、右跟骨骨折时，甲医院对于已经存在的左股骨颈骨折漏诊应承担主要责任。

甲医院主张郭某损害后果是自身原因造成的，因郭某没有对左股骨颈的主诉而未对郭某左股骨颈进行检查，且不能排除左股骨颈骨折为二次受伤的可能性，甲医院应承担次要责任。

《侵权责任法》第54条规定："患者在诊疗活动中受到损害，医疗机构及其医务人员有过错的，由医疗机构承担赔偿责任。"《侵权责任法》第26条规定："被侵权人对损害的发生也有过错的，可以减轻侵权人的责任。"本案中，关于责任比例划分的问题，鉴定意见与补充说明函相互矛盾，鉴于补充说明函的出具不符合法定程序且变更了鉴定意见，故一审法院对于补充说明函未予采信符合法律规定。综合本案的实际情况，一审法院认定甲医院承担次要责任并酌定其承担30%责任符合法律规定。郭某主张甲医院承担主要责任缺乏证据支持。

综上所述，郭某的上诉请求不能成立，应予驳回；一审判决认定事实清楚，适用法律正确，应予维持。

二审法院判决

依照《民事诉讼法》第170条第1款第1项之规定，判决如下：

驳回上诉,维持原判。

二审案件受理费2300元(已缴纳),鉴定人员出庭费用1000元(已付)由郭某负担。

本判决为终审判决。

各方意见

医方意见

单玉涛　中山大学附属第三医院医疗管理办公室　主任

本案件是医院骨科常见外伤后多发部位骨折漏诊问题引发的医疗诉讼案件。

其争议关键点在于:

第一,患者的股骨颈骨折是不是第一次外伤所致,是否存在出院后二次外伤的可能性,从现有证据材料来看,无法排除与第一次损伤有关的可能性。

第二,医院在诊疗过程中有没有进行细致全面的体格检查,是否存在因为疏忽大意遗漏股骨颈骨折的情况。从鉴定意见来看,医院未对患者髋关节功能和体格检查进行客观记录和描述,据此即可推断医院极有可能未予以重视、检查不仔细而遗漏诊断,存在违反临床诊疗规范行为。

第三,医院诊疗行为是否造成了患者残疾的后果?答案应当是否定的。外伤是造成患者骨折的原因,如果无论患者实施什么样的治疗方案,伤残评定等级都只能是九级伤残,那么就不能认定医院诊疗行为与患者残疾之间存在因果,这个时候医院仅需要在漏诊行为造成患者额外增加的医疗费用、营养费用、交通费用、住院伙食费用以及精神损害费用范围内进行赔偿。只有因为医院的漏诊行为加重了患者的伤残评定级别,才能认定医院的诊疗行为与患者伤残加重之间存在因果关系,并承担相应增加残疾等级的赔偿责任。

第四,第三方司法鉴定机构在出具鉴定意见书后,在质询中补充了鉴定意见,尽管与原鉴定意见不一致,但个人认为其符合准许重新鉴定的情形。法院是否要在征得原被告双方同意的前提下重新委托第三方鉴定机构进行鉴定,值得进一步商榷。

第五,医院及其医务人员通过本诉讼案件应当吸取一定的经验教训,强调专科体格检查的重要性、病历规范书写的重要性,以避免因遗漏体格检查记录带来举证不能的败诉风险。

鉴定专家意见

李永丰　广东省医学会医鉴办　副主任

本案例在审判过程中进行了医疗损害鉴定,鉴定机构出具了鉴定意见后,在没有新的鉴定材料的情况下,又出具了一份"补充说明",且补充说明意见与原鉴定意见的结论相矛盾。这是极不严肃的行为。司法鉴定应具有相应的法律性、科学性和专业性。司法鉴定人应在事实证据清晰的基础上结合自身的专业知识,经过严谨、科学的分析后再作出相应的鉴定意见。一般而言,补充说明是对于鉴定意见中没有明确的部分予以详细解释。鉴定意见一旦得出结论,任何个人和机构都不应随意更改。如果在鉴定意见出具之后,有新的证据足以推翻或更改原鉴定意见,应进行重新鉴定,不应该以补充说明的形式更改结论。

本案例中,同一鉴定人先后向委托方出具了两份不同结论的鉴定意见,虽后一份仅为"补充说明"的复函,但也是体现了鉴定人的主观意志的,且经过出庭质证,鉴定人仍坚持其后一份"补充说明"的意见。鉴于此,本案例不宜以第一份鉴定意见书作为定案依据,应重新委托鉴定后再行审判为宜。

律师意见

李立　广东广信君达律师事务所　高级合伙人

化解难题的背后,重点考的是思维。从专业角度说,就是考医学和法学结合形成的一种办案思维。医学专业和法学专业二者的结合和融合,要能有更好的效果,才体现专业,才是医学专业律师的特点。基于此,对于究竟何时发生左股骨颈骨折的争议,能从医学、法学和医事法学三个方面入手的律师,才是高手。例如,从医学入手,可进行针对性的病史追查和医学检查;从法学入手,可利用追加当事人的策略;从医事法学入手,就要在兼顾已有的医学和法学层面提出办法、证据的基础上,充分利用鉴定意见的取舍,展现医事法学专业律师的特长。对此,本案律师的表现有待进一步的提升和完善。

周攸　广东广信君达律师事务所　律师

郭某何时发生左股骨颈骨折是存疑的,是争议焦点。怎么办?

面对何时发生左股骨颈骨折争议,医学上是有办法可查的;法律上也是有办法可查的。医方可在鉴定前向法院提出申请,或者要求患方补充提交外院就诊病历资料,当事人可依法申请法院追加就诊过的医院作为被告或者第三人,或者法院也可以主动依职权追加被告或第三人,在补充完整的治疗病历之后,再进行鉴定。

何平　广东鹏浩律师事务所　律师

在本案中,争议在于鉴定机构就同一个案件先后出具两份不同鉴定意见,法院如何认定与采信。

根据《司法鉴定程序通则》第30条的规定,有下列情形之一的,司法鉴定机构可以根据委托人的要求进行补充鉴定:(1)原委托鉴定事项有遗漏的;(2)委托人就原委托鉴定事项提供新的鉴定材料的;(3)其他需要补充鉴定的情形。补充鉴定是原委托鉴定的组成部分,应当由原司法鉴定人进行。在本案中,鉴定机构出具的补充说明函从内容来看,属于补充鉴定意见。但是鉴定机构在没有新的鉴定材料的情况下,将补充说明函的意见从原鉴定意见10%~20%责任更改为同等责任,是违反司法鉴定程序、违反司法鉴定原则的行为,且鉴定人在出庭时,也没有对修改意见作出充分合理的解释,因此法院认定鉴定机构行为缺乏严肃性。对于补充说明函的意见不予采信是人民法院基于程序法以及实体法对于鉴定意见进行审查后的决定,在本案中,判决很好地诠释了程序公正才能保证实体的公正。也提醒鉴定机构在对专门性问题进行鉴定时,应当秉承客观、科学、严谨、公正的态度,并对自己作出的鉴定意见负责。

医疗损害鉴定是医疗争议案件审理中的重要依据,是对医疗行为科学、公正的评判,对于维护医患双方合法权益起着至关重要的作用。但在司法实践中,同一个案件出现两种不同甚至截然相反的鉴定意见的情形也是存在的,这对鉴定意见的科学性和公信力均产生不好的影响。如果鉴定机构确实发现自己出具的鉴定意见有错误,如何纠错,这也是一个现实的问题。究竟是自己认错予以纠正还是一定要启动重新鉴定程序由其他机构予以纠正,这均需要制定规范予以明确。当然,纠错是个严肃的过程,应当制定严格的程序予以保证,我们期待"医疗损害鉴定管理办法"尽快出台。

法官意见

官健　医学博士　广州知识产权法院　法官

复合伤在临床并不少见。对于此类外伤,应根据受伤机理,全面进行身体检查。对于重点可疑部位,还应进一步通过辅助手段鉴别,必要时应请相关科室会诊,以明确诊断。

本案患者为摔伤,接诊医生应了解摔下高度、如何落地等情形,以对伤情有大致判断。患者经检查确诊左胫骨近端及腓骨头骨粉碎骨折、右跟骨骨折,说明受力严重,应进一步排查股骨、腰椎、内脏等部位有无损伤。若患者对这些部位无主诉疼痛等,且经检查无阳性体征,应在病历中如实记载、描述。

本案中,医方主张患者出院后诊断的左侧股骨颈头下型骨折系出院后发生,其应承担举证责任。医方可以举证证明患者在其处住院期间经检查无股骨颈骨折,或者患者出院后有再次遭受外伤的病史。显然,医方无法完成上述举证。而且,患者 2017 年 4 月到其他医院复诊,诊断为左侧股骨颈头下型骨折,通过病历及 X 线检查结果完全可以判断该骨折是新鲜骨折还是陈旧性骨折,据此亦可推断骨折发生的大概时间。

因此,法官应尽可能根据现有证据以及证据规则,对案件关键事实作出明确的认定,而不能过于依赖鉴定,把举证责任的分配、证据规则的运用等法官的职责交由鉴定机构去行使。本案表面上是责任比例的分歧,是鉴定意见与其后补充意见的不一致,而实质上是案件事实的认定,是举证规则的运用。法官的,归法官;专家的,归专家。

本案启示

在化解医事纠纷的跨界难题中实现提升医事法治力的跨越

宋儒亮　法治广东研究中心主任、《中国医学论坛报》第二届医事法学理事会理事长、广东省医学会医事法学分会主任

尽管本案案情脉络简单,但案例妥当处理并不容易。恰在一定程度上,是一个既考察鉴定意见取舍能力,又考察医事法学融合程度的案例。其中,案件处置涉及的问题具有典型性,案件处理涉及的举措具有代表性,精细琢磨很有意义。

一、鉴定意见的博弈和取舍情况,是观察案审水平高低的一大看点

这是本案第一个问题,在这方面,尽管进行鉴定已实现有法可依,但是,如何落实有法必依,规则的学习和践行还有待加强。

(一)关于鉴定意见:案内和案外的观点差异很大,理论学习与实务运用差距也很大

案内:就案件本身而言,法院选择采纳"鉴定意见",但不采纳"补充鉴定意见";鉴定机构,认同自己提交了两份鉴定意见,尽管它们是矛盾的;原告认同两份不同的鉴定意见;被告对两份不同的鉴定意见都不认同。

案外:就案件评议而言,点评律师有律师自己的意见;点评鉴定人又有鉴定人自己的看法。

"一千个人眼中有一千个哈姆雷特",用这句话形容"鉴定意见",很是贴切。若再进一步把上述观点一一梳理,综合来看,鉴定问题专业而复杂的一面已直观地呈现在我们面前。但是无论怎样,鉴定已纳入法治轨道,就名称类型而言,有"鉴定""补充鉴定""重新鉴定"等;就相关法律规定而言,有关于鉴定的法律法规、部门规章,专业性很强。正因如此,实践运用中,鉴定意见的取舍,是一门专业的学问。这提醒我们,医事案件的审理如果过不了鉴定意见审查这一关,案件质量是不会高的。

(二)关于不同鉴定:含义界定有法可依,但审查运用还不在路上

关于鉴定意见的法律法规资源比较丰富,与本案关系最密切的部门规章是2016年5月1日起施行的《司法鉴定程序通则》,这是在本案发生之前就有的规定。

评价本案得失,《司法鉴定程序通则》的这些规定要认真对待:

【补充鉴定】第三十条　有下列情形之一的,司法鉴定机构可以根据委托人的要求进行补充鉴定:(一)原委托鉴定事项有遗漏的;(二)委托人就原委托鉴定事项提供新的鉴定材料的;(三)其他需要补充鉴定的情形。补充鉴定是原委托鉴定的组成部分,应当由原司法鉴定人进行。

【重新鉴定】第三十一条　有下列情形之一的,司法鉴定机构可以接受办案机关委托进行重新鉴定:(一)原司法鉴定人不具有从事委托鉴定事项执业资格的;(二)原司法鉴定机构超出登记的业务范围组织鉴定的;(三)原司法鉴定人应当回避没有回避的;(四)办案机关认为需要重新鉴定的;(五)法律规定的其他情形。

第三十二条　重新鉴定应当委托原司法鉴定机构以外的其他司法鉴定机构进行;因特殊原因,委托人也可以委托原司法鉴定机构进行,但原司法鉴定机构应当指定原司法鉴定人以外的其他符合条件的司法鉴定人进行。接受重新鉴定委托的司法鉴定机构的资质条件应当不低于原司法鉴定机构,进行重新鉴定的司法鉴定人中应当至少有一名具有相关专业高级专业技术职称。

显然,本案中,鉴定意见的取舍适用《司法鉴定程序通则》。本案争议中,"鉴定意见"是"一审法院"委托丙鉴定中心取得的,因此,即便要进行"补充鉴定",程序上委托人依法也应当是"一审法院",而不是郭某或者鉴定机构本身。显然,本案"补充鉴定"的取得在程序上是不合规的。"补充鉴定"的启动是有程序规定的,不是可以随便进行的,鉴定内容也

不是可任意扩大的。《司法鉴定程序通则》第 30 条就是判断依据。

当然,若本案在 2020 年 9 月以后发生,又有一个司法解释可以适用:2020 年 9 月 1 日起施行的《最高人民法院关于人民法院民事诉讼中委托鉴定审查工作若干问题的规定》。这是本案发生之后的新规定,不适用本案。但是,以后如果遇到类似问题,《最高人民法院关于人民法院民事诉讼中委托鉴定审查工作若干问题的规定》中的这些具体的规定,也要认真对待。例如,该规定第 11 条规定,鉴定意见书有下列情形之一的,视为未完成委托鉴定事项,人民法院应当要求鉴定人补充鉴定或重新鉴定:(1)鉴定意见和鉴定意见书的其他部分相互矛盾的;(2)同一认定意见使用不确定性表述的;(3)鉴定意见书有其他明显瑕疵的。补充鉴定或重新鉴定仍不能完成委托鉴定事项的,人民法院应当责令鉴定人退回已经收取的鉴定费用。

通过对鉴定意见相关法律规定的分析,我们要知道:鉴定意见不仅内容很重要,委托程序也很重要。任何一方面不合规,鉴定的意见都难以最终获得共同认可。

(三)关于鉴定处理:法院主动作为是有途径和办法的

本案中,"鉴定意见"和"补充鉴定意见"在内容上矛盾,在程序上并没有遵守《司法鉴定程序通则》,故部分鉴定意见会不被采纳。本案法院采纳了"鉴定意见",没有采纳"补充鉴定意见"。

不仅如此,面对争议法院还是有办法的,比如再委托原鉴定机构对本案进行"补充鉴定",或者委托新的一家鉴定机构对本案进行"重新鉴定"。这都是可选的做法。面对不按照规定出牌的鉴定机构,法院也可有所作为的,可以通过司法建议书方式,要求鉴定主管部门等对它们进行监管、培训、教育。在这些方面,本案裁判机关仍有进一步提升和完善的空间。

二、医和法融合性思维的坚守,医、法和医事法三足鼎立的坚定,医学、法学和医事法学三类方式综合运用的坚持状况,是评估涉案各方医事法专业水平高低的关键

医学和法学融合及运用是我们进行医事案件处理必须具有的一种能力。面对本案存在的问题,医院、法院、鉴定机构除自身专业、工作之外,均有再学习、再改进之必要,秉承医与法领域、学科、专业上的取长补短、共同提升,乃推进之路。

1. 作为医师,要把自身的医学优势在案件处理中发挥出来。比如,面对"左侧股骨颈头下型骨折"这个问题,组织有关科室再进行会诊,就是一个新思路,会诊完了再去答复,法律效果也肯定会更好一点。

2. 作为鉴定机构，鉴定工作是本职，因此，对于鉴定、补充鉴定、重新鉴定的相关规定一定是清楚的。鉴定机构提供的鉴定存在矛盾，表明工作操守、专业技能有待提升。在受到“不严肃”的法院认定后，要有后续的改进和责任担当，比如重新进行培训、进行教育整改等。

3. 作为涉案医院，更要学习法规知识，比如，认真学习鉴定方面的各种法律规定。医院能够学习好、把握好相关法律规定，就有了工作主动权，就能显现出专业优势。面对本案“补充说明”，医院完全可根据法律规定当场提出程序违法。

4. 作为审案法官，既然审理了医疗官司，专业和敬业不可缺，在面对鉴定机构的“鉴定意见”和“补充说明”时，法言法语是必需的，“不严肃”不是法言法语，能运用《司法鉴定程序通则》进行鉴定意见的取舍，才是专业之道。

5. 作为案件的一审、二审法院，面对“左侧股骨颈头下型骨折”是新的还是旧的这一争议焦点时，不能让当事人有束手无策之感。要知道，医疗的争议至少具有医学、法学二重属性，它的存在不仅是医学问题，也是法律难题，还是医事法学问题。化解这样的疑惑，“医和法融合性思维的坚守”“医、法和医事法三足鼎立的坚定”“医学、法学和医事法学三类方式综合运用的坚持”肯定是基本功。比如，基于专业考虑，最直接的就是充分利用不同鉴定意见，对其进行取舍，据此表明法官的专业态度；若法官要由法学跨界到医学并给出专业判断是不容易的，此时，完全可以邀请有关的医学专家来对本案进行“医法会诊”，通过邀请他们参与，从病历及 X 线检查等方面给出该骨折是新鲜骨折还是陈旧性骨折的医学判断。法院请医学专家论证，如同医院邀请法学专家会诊，本质上是一种专业活动。国外把法院邀请医学专家进行论证活动，当作一种“法庭之友”的活动。在医疗纠纷案处置上，尽管法院认识可能是到位的，知道它具有专业性，但行动上却没有专业储备和专门行动跟进。这不符合新时代审理交叉领域、学科和专业难题的形势需要。

三、医事纠纷案办理水平的提升，专业能力的充实，专门机构的弥补，是推进更高水平的医事法治建设的必然要求

法官，最后的裁决者；法院，最终的裁决地。面对医疗诉讼中的问题，更需在医疗纠纷案的终端发力。以下选择是必需的：

1. 成立专门的医事法院，审理专业的医事类案件，是关键一步。道理如同之前成立互联网法院、金融法院、海事法院等一样，把尊重和保障人权的认识切实落实到司法活动之中。

2. 若认为成立医事法院条件不成熟，动作大、难度高，那么如同法院设立房地产庭、破产庭一样，可成立专门的医事法庭。它的价值和意义是划时代的，它的存在体现了对生命权、身体权、健康权的尊重和保护。

3. 如果医事法院、医事法庭成立困难,那么,要审理这类案件,只有要求办理这类案件的法院法官们在业务领域、知识结构等方面进行拓展、更新,力争在知识结构或者能力上形成相匹配水平。因此,借鉴外脑外力、邀请专业律师提供咨询等,就成为优先选择事项。如本案,面对"左侧股骨颈头下型骨折是新还是旧"的问题,当医院、鉴定机构、当事人都有了自己观点,且其中存在冲突,该怎么应对?围绕"左侧股骨颈头下型骨折",至少进行医学、法学的双梳理也是关键思路之一。面对骨折的新旧问题,就医学专业而言,对其救治病史进行挖掘,对其新旧问题进行检查比较,是一种有效办法,不能只把希望留给鉴定人,让其给你答案;对法学专业而言,将其救诊过的医院进行当事人追加,也是一种有效办法。

跨界,本质上是一个要实现"1+1>2"的跨越。跨界的本质是跨领域、学科和专业。因此,要化解跨界问题,必须实现跨越,需要通过不同领域、学科、专业的有机融合实现跨越,否则,不仅不能化解跨界面临的具体困难,而且更难以化解因跨界衍生的新问题。如同本案,医院医师因缺乏法律素养,面对鉴定意见,不仅不懂得运用追加当事人的思维和方式进行据理力争,而且连其所既有的医学专业优势恐怕也难以正常发挥;法院法官因缺乏医学素养,面对冲突的鉴定意见,不懂得通过医学检查、病史追踪进行从容应对的同时,其所既有的法学专业的优势也难以运用和发挥。这样的状况必须尽快改变。

有利就有弊。医疗诉讼案之所以难,跨界是拦路虎。当然,该弊存在的同时,也意味着可能的未来之利。谁有能力先跨越,谁就有占得变弊为利的先机。为此,要处理好医事纠纷案件,要在诉讼中占先机、夺制高点,必须进一步强化医学和法学的有机融合,必须坚守医和法融合性思维,坚定医、法和医事法三足鼎立,坚持医学、法学和医法三类方式综合运用。法院、法官更要通过医学类的专业学习,弥补和提升医事案件审判能力;医院、医师也要通过法规类的专业学习,弥补和促进医事案件应对能力。

万事开头难。跨界难题的化解要依靠跨越,这在很大程度是一个思维和能力的转化问题。跨界问题的面对和处置,不仅不是问题之源,还可能是幸福之泉,可以在化解医事纠纷的跨界难题中,实现提升医事法治力的跨越。医事法治力,就是在医疗纠纷处理中,各方医学、法学和医事法学之综合能力运用的一种统称。为此,我们要更正视跨界问题,更善于融会贯通,更敢于举一反三,更及时抓好主动权。如果能这样,那么通过对医事纠纷的跨界诉讼的处理所形成的、基于医与法融合而养成的医事法治力,不仅让我们获得了结合之妙、增添了功力之效,又为我们日后更好处理日益增多的医事法学问题增添了一张好牌。

破"鉴"代"调""裁""判"等困局,解药在哪里?

宋儒亮 官 健 李建林 罗 斌 李 立 宋立志 周 攸 甘翌晓

案情简介

2016年2月1日,患者李乙因浮肿2个月,加重伴发热3天入住中心医院肾内科,临床诊断:糖尿病肾病、慢性肾功能不全、氮质血症期、贫血、2型糖尿病,后因半年前摔伤右下肢一直疼痛提请X线检查,请骨一科会诊后转入该科治疗。2016年2月22日9时10分,行全髋关节置换术,18时45分行人工关节置换术后假体脱位复位术。2016年3月21日转回肾内科治疗,2016年5月26日行动静脉内瘘术,2016年7月7日患者病情稳定,当日办理出院。

因对治疗不满意,2016年9月18日,患者李乙向一审法院提起诉讼。李乙于2016年12月26日死亡,其配偶刘甲及女儿李甲继续参与本案诉讼。一审法院、医患双方同意,向B市卫生主管机关医管处提出尸检申请,B市卫生主管机关委托甲司法鉴定中心于2016年12月28日在A省E市某大学尸检室对李乙进行尸检。患者家属对于甲司法鉴定中心司法鉴定意见书(〔2016〕法理鉴字第P48号)的鉴定意见不服,要求再次进行司法鉴定。2017年5月12日,医患双方在一审法院立案庭司法技术辅助工作办公室抽取乙司法鉴定中心负责该案司法鉴定。

一审各方意见

原告(李甲、刘甲)

认为被告在其诊疗护理上存在过错,造成了损害,依法要承担赔偿责任,具体的诉讼请求是:要求B市中心医院赔偿经济损失合计383777.89元(包括医疗费89819.67元、住院伙食补助费16300元、护理费21189.82元、死亡赔偿金473116.34元、丧葬费25779元、被扶养人生活费170739.89元,合计796944.72元的40%为318777.89元和精神损害抚慰金50000元);要求全部诉讼费由中心医院负担。

被告(B市中心医院)

中心医院在此次事故中没有过错,李乙不是因为骨科手术而造成的死亡,其死亡与中心医院的手术没有任何关系。申请法院依法驳回李甲、刘甲的诉请。

一审法院查明事实

中心医院对李乙住院治疗的经过无异议,一审法院予以确认。李乙在中心医院住院治疗163天,住院期间医嘱需要护理,已支付医疗费7273.57元,尚欠中心医院医疗费53921.58元。住院治疗期间,向B市社会医疗保险管理局补缴医疗保险费、续缴保险费和滞纳金、一次性补缴大额救助费用合计59568.10元。出院后在某老年公寓休养期间支付护理费1496.16元,在某医院进行血液透析支付医疗费22800元。

审理过程中,李乙于2016年12月26日死亡。经B市卫生和计划生育委员会委托甲司法鉴定中心对李乙死亡原因进行法医病理鉴定,2017年3月21日鉴定机构出具鉴定意见:死者李乙系糖尿病性肾病、慢性肾功能不全患者,经临床治疗病情好转出院。出院后因肺部感染、肺水肿、机体呼吸功能障碍引起机体缺氧缺血、肝脏淤血、肝细胞坏死、肾脏浊肿、间质水肿,导致病人全身水肿加重,病程迁延,反复发作,引发全身感染性综合征,多器官功能衰竭死亡。多器官功能衰竭为直接死因,糖尿病性肾病、慢性肾功能不全为根本死因。刘甲系李乙妻子,李甲系李乙与刘甲的女儿。

李乙死亡后,2017年1月7日刘甲、李甲作为原告参加诉讼,并向一审法院提出鉴定申请,要求对这三个方面进行法医临床司法鉴定:中心医院在对李乙治疗过程中是否存在医疗过错进行认定;如果存在医疗过错与李乙的损害及死亡后果是否构成因果关系;如果存在因果关系其合理参与度是多少。经一审法院委托由双方共同选择的乙司法鉴定中心鉴定,2017年6月20日出具鉴定意见:

1. 中心医院在对李乙治疗过程中存在手术操作不当及术后大量输液的过错;

2. 该过错与李乙手术后加剧心肾功能损害及最终因肾功能不全导致多脏器功能衰竭死亡存在间接因果关系;

3. 中心医院应当对李乙死亡后果承担次要责任。中心医院预付司法鉴定费6500元。刘甲、李甲因委托律师代理诉讼支付律师代理费15000元。李乙生前尚欠中心医院医疗费53921.58元,刘甲、李甲为进行诉讼向中心医院借款17942元(包括诉讼费1130元、复印费212元、尸检及运输费10100元、乙司法鉴定中心鉴定费6500元)。

一审法院认为

本案争议焦点如下:

1. 中心医院在对李乙的治疗过程中是否存在过错；

2. 如果存在过错与李乙的死亡后果是否存在因果关系；

3. 刘甲、李甲的各项赔偿请求有无事实及法律依据。

李乙因腿部浮肿，加重伴发热症状到中心医院经手术治疗后，最终出现因肾功能不全导致多脏器功能衰竭而死亡的后果，已经乙司法鉴定中心出具法医临床司法鉴定意见：中心医院对李乙的治疗过程中存在手术操作不当及术后大量输液的过错，该过错与李乙手术后加剧心肾功能损害及最终因肾功能不全导致多脏器功能衰竭死亡存在间接因果关系，中心医院应当对李乙死亡后果承担次要责任。

乙司法鉴定中心系由刘甲、李甲与中心医院在人民法院组织下共同选择，鉴定程序合法，故对该鉴定意见一审法院予以采信。

因此，应当认定中心医院的医疗过错行为与李乙的死亡后果之间存在因果关系，并且参与度为次要责任。刘甲、李甲合理的诉讼请求应当依法予以适当保护。结合本案查明的相关事实，并参照乙司法鉴定中心的司法鉴定意见，酌定中心医院对李乙因医疗过错导致死亡的合理经济损失承担20%的赔偿责任。

关于医疗费、住院伙食补助费、护理费，应当按照住院治疗期间的医疗费实际支出情况、病历记载和责任比例合理保护。

关于死亡赔偿金、被扶养人生活费，参照乙司法鉴定中心的鉴定意见，按照责任比例计算，被扶养人生活费单独计算并计入死亡赔偿金。

关于精神损害抚慰金，因中心医院的医疗过错行为而导致李乙最终死亡的损害后果，给刘甲、李甲造成较大的精神痛苦，应予适当保护。

关于律师代理费，系诉讼过程中发生的合理费用，应予适当保护。

李乙欠付中心医院的医疗费应当按照责任比例从赔偿款中扣除，中心医院预付的其他费用亦应当按照责任比例从赔偿款中扣除。

一审法院判决

综上所述，依照《侵权责任法》第6条第1款、第16条、第22条、第26条、第54条、《民事诉讼法》(2012年版)第64条第1款规定，判决如下：

1. 中心医院于本判决生效后的5日内赔偿刘甲、李甲的各项经济损失合计167475.32元(包括医疗费30251.57元、住院伙食补助费16300元、护理费21189.82元、丧葬费25779元、死亡赔偿金643856.23元，合计737376.62元的20%即147475.32元和精神损害抚慰金

10000元、律师代理费10000元),扣除已经预付费用51386.86元(包括医疗费53921.58元、复印费212元、尸检及运输费10100元,合计64233.58元的80%),应当实际赔偿116088.46元;

2. 驳回刘甲、李甲的其他诉讼请求。如果未按本判决指定的期间履行给付金钱义务,应当按照《民事诉讼法》第253条的规定,加倍支付迟延履行的债务利息。案件受理费7057元,由刘甲、李甲负担4940元(刘甲已交5927元,判决生效后退还987元),中心医院负担2117元(已交1130元,判决生效后补交987元)。司法鉴定费(乙司法鉴定中心)6500元,由刘甲、李甲负担3500元(判决生效后返还中心医院),中心医院负担3000元。

一审判决后,李甲、刘甲及B市中心医院均不服,均提起上诉。

二审各方意见

上诉人(李甲、刘甲)

上诉请求:撤销一审判决第一、二项,依法改判由中心医院赔偿李甲、刘甲总计人民币383777.89元,并承担一审、二审全部诉讼费用。事实和理由:

一审判决事实认定不清,法律依据不足。(1)中心医院应对李乙因其医疗过错所致死亡向李甲、刘甲承担赔偿责任。中心医院在为李乙治疗的过程中,对病情判断不清,治疗方案错误,且在股骨头置换手术过程中存在严重医疗过错导致进行二次手术,未尽到应有的诊疗义务,严重延误了患者的治疗,最终导致李乙病情恶化,加速李乙的死亡。

(2)中心医院承担次要责任的比例应为40%,且精神损害抚慰金、律师费、鉴定费、诉讼费不应参照责任比例。①在一审庭审中,中心医院明确表示对李甲、刘甲主张的次要责任的比例应为40%没有异议,但一审法院却按照20%进行判决;②精神损害抚慰金是对受害人或者死者近亲属遭受精神损害的补偿,不应当参照责任比例;鉴定费用为实际花费的,且中心医院在存在过错的情况下鉴定费是必然发生的费用,与责任比例无关;律师费及诉讼费均是李甲、刘甲按照次要责任比例计算后应得赔偿对应的金额,不应再参照责任比例。

(3)李甲、刘甲提供的证据确实充分,足以证明遭受的经济损失。综上所述,请支持我方的上诉请求。

上诉人(B市中心医院)

上诉请求:(1)请求依法撤销一审判决,依法改判或重审。(2)诉讼费由对方承担。事实及理由：

①对于乙司法鉴定中心出具的鉴定意见，中心医院在开庭前向一审法院提出《要求鉴定人出庭咨询申请》，开庭时鉴定人员当庭对中心医院提出的死亡原因、出院时间及死亡时间、术后大量输液、肾病专业上的问题，均答非所问，不能给予清晰明确的回答，故中心医院认为该鉴定与事实严重不符，科学依据不充分，无法采信；

②鉴定人对鉴定标准、依据、方法的回答过于笼统，并没有指明具体出处，其所谓的材料是自行整理记录没有专科专家的书写鉴定内容及签字，存在主观臆断，不能客观、科学地反映事实，不能作为鉴定标准及鉴定依据；

③鉴定中心咨询的教授是脊柱外科专家，不是关节外科专家，不能准确做出该学科专业性意见；

④鉴定意见书所述的逻辑是无依据的，更是不科学的；

⑤鉴定书所诉的肾小球硬化是个漫长的过程，是慢性肾衰竭的诱因，不会因为3~5天的短期补液，以致肾小球血流量增高，致肾小球硬化。综上所述，甲司法鉴定中心尸检结果是具有法律效力及有力证据的，李乙不是因为骨科手术而造成的死亡。

李甲、刘甲辩称：第一，中心医院所述与事实不符。首先，尸检鉴定是由中心医院提出，由双方共同委托进行；其次，尸检鉴定意见仅是对于死亡原因的客观说明，而对于死亡原因与诊疗行为之间是否存在因果关系及参与度问题无法准确得出结论；最后，根据法律规定，中心医院应当对其诊疗行为不存在过错承担相应的举证责任。

第二，中心医院主张司法鉴定意见不应采信无事实及法律依据。首先，鉴定人的身份真实有效，且具有法律承认的相关从业资质；其次，专家意见虽然没有签名，但意见为其亲笔书写，真实有效；最后，根据《最高人民法院关于民事诉讼证据的若干规定》(2008年版)第27条、第71条规定，本案并不具备申请重新鉴定的理由。综上所述，请求法院依法驳回中心医院的上诉请求。

中心医院辩称：依法驳回李甲、刘甲的诉请，或发回重审。一审中，院方对司法鉴定不认可，院方认为在此次事故中院方没有过错。

二审法院认为

本院二审查明的事实与原审认定的事实一致。本院认为：

1. 乙司法鉴定中心出具的鉴定意见为：

(1)中心医院在对李乙治疗过程中存在手术操作不当及术后大量输液的过错；

(2)该过错与李乙手术后加剧心肾功能损害及最终因肾功能不全导致多脏器功能衰竭死亡存在间接因果关系;

(3)中心医院应当对李乙死亡后果承担次要责任。鉴于医疗活动的专业性和特殊性,涉及医学领域的专门知识和科学技术,作为审判机关的法院通常无法自行直接作出判断,而需要委托专业机构对医疗机构及其医务人员有无过错、损害后果及因果关系、医疗过错行为在医疗损害后果中的原因力大小等进行鉴定,并以鉴定机构出具的鉴定意见为重要参考。

首先,乙司法鉴定中心系双方当事人在一审法院委托鉴定的过程中通过合法的方式确定的,该鉴定程序合法;其次,参与鉴定的两位鉴定人的执业类别均为"法医临床",具有专业资质,且资质符合《司法鉴定执业分类规定(试行)》第5条规定;最后,根据《司法鉴定程序通则》第33条规定,鉴定过程中,涉及复杂、疑难、特殊技术问题的,可以向本机构以外的相关专业领域的专家进行咨询,但最终的鉴定意见应当由本机构的司法鉴定人出具。专家提供咨询意见应当签名,并存入鉴定档案。因此,在鉴定中向专家进行咨询不是必须进行的,专家提供的咨询意见未签名也并不违反该项规定。

本案中鉴定程序合法,鉴定意见及说明充分,鉴定人资质合格,中心医院对采纳该鉴定意见虽有异议,但提供的理由和证据不足以推翻该鉴定意见,根据《最高人民法院关于民事诉讼证据的若干规定》第71条的规定,人民法院委托鉴定部门作出的鉴定结论,当事人没有足以反驳的相反证据和理由的,可以认定其证明力,故一审法院采信该鉴定意见并无不当。

2. 对于一审法院认定的责任比例及精神损害抚慰金、鉴定费、律师代理费、诉讼费数额问题。

首先,在一审第二次庭审笔录中,对于李甲、刘甲变更后的诉讼请求,中心医院表示同意按照责任比例40%进行赔偿,律师费按照比例赔偿,中心医院借给李甲、刘甲方的住院费53921.58元,律师代理费5300元,诉讼费1130元,复印费212元,尸检费及运输费10100元,司法鉴定的鉴定费用总计77163.58元,该费用应予以扣除。中心医院同意承担责任的条件是"按比例赔偿律师费"和"扣除总计77163.58元费用",一审法院结合案件事实和司法鉴定意见对其提出的条件不能完全支持,酌定其承担20%的责任,且中心医院向本院提出上诉中陈述其对赔偿结果完全不认可,并非李甲、刘甲方所说的没有异议,故本院审查整个案件事实,认定一审法院确认的中心医院承担20%的责任比例适当。

其次,根据《最高人民法院关于确定民事侵权精神损害赔偿责任若干问题的解释》(2001年版)第10条规定,精神损害的赔偿数额根据以下因素确定:(1)侵权人的过错程度,法律另有规定的除外;(2)侵害的手段、场合、行为方式等具体情节;(3)侵权行为所造成的后果;(4)侵权人的获利情况;(5)侵权人承担责任的经济能力;(6)受诉法院所在地平均生活水平。法律、行政法规对残疾赔偿金、死亡赔偿金等有明确规定的,适用法律、行政法规的规定。综合整个案件事实,一审法院认定精神损害抚慰金数额为10000元适当,二审法院不予调整。

最后,一审法院根据本案事实酌定案件受理费、鉴定费、律师代理费的数额负担并无不当。对于双方有争议的律师代理费扣除问题,在一审法庭调查中,中心医院提交的证据4转账支票,证明李甲、刘甲委托律师的费用是由中心医院承担的,李甲、刘甲对此证据的真实性并无异议;一审第二次庭审中,中心医院提交证据3转账凭证,证明中心医院借给李甲、刘甲律师代理费5300元,但其中银行进账单(回单)中出票人名头为"B市中心医院",而并非李甲、刘甲,一审法院计算数额时未予扣除符合本案的实际情况。

二审法院判决

综上所述,李甲、刘甲及B市中心医院的上诉请求均不能成立,应予驳回;一审判决认定事实清楚,适用法律正确,应予维持。依照《民事诉讼法》第170条第1款第1项规定,判决如下:

驳回上诉,维持原判。

二审案件受理费5315元(李甲、刘甲预交),由李甲、刘甲负担;二审案件受理费7059元(B市中心医院预交),由B市中心医院负担。

本判决为终审判决。

各方意见

医方意见

李建林　中山大学附属第八医院(深圳福田)　副院长

此案例的患者,基础病变多。在此基础上,结合案例,以下内容要予以重视:

1. 进行骨科髋关节置换手术,术前指征应认真把关,体现谨慎、注意义务:比如,要开展病情综合评估、要考虑手术时机是否恰当、要注意围手术期处理是否到位、手术操作是否规

范、手术能力是否具备。术前要加强康复训练,对手术可能出现的并发症要有充分预见和处理预案;

2. 要对可能的风险有预防:患者手术时间从上午 9 时 10 分到晚上 6 时 45 分,手术时间长,易增加患者感染机会,同时手术时间长对患者打击大,因此,对伴随基础病变多的高危患者属于高风险手术,应当规范预防使用抗菌药,术中追加抗菌药,以预防感染;

3. 术前对患者和家属要尽充分的说明告知义务:比如,把采取手术的有利因素及可能出现的各种不利因素都充分告知家属;

4. 术后要严密观察,术后处理要加强。因患者基础病变多,建议术前后都要开展多学科诊疗,比如,可邀请肾内科、血液科、感染科、呼吸科、麻醉科、心血管科、康复科和骨科共同讨论,提出最佳方案;同时,即便患者存在术后 7 月 7 日水肿基本消退出院的情况,出院后骨科、肾内科也应主动开展联合随访,并指导家属开展生活护理;

5. 医院医务管理部门要担负管理职责,比如,对高危病人重大手术应组织院内多学科会诊,手术医生要建立评价制度,重点病人要重点关注,住院超长的住院患者,医务管理部门要提前干预;

6. 医院和科室对死亡患者情况进行细致的剖析,吸取经验和教训,以进一步改进医疗服务,保障患者安全。

鉴定专家意见

罗斌　中山大学司法鉴定中心　主任法医师

本案争议在于对鉴定人资质和专家意见如何看待。《司法鉴定程序通则》第 33 条对此有详细的规定,据此是可以进行判断的。

鉴定实务中,一方面,司法鉴定人,往往也并非该专业领域的专家,往往需要求助相关专业的专家来解决技术上的不足;另一方面,给出的司法鉴定意见,非专家组意见,非医学会邀请多名专家进行表决获得的意见,而是鉴定人需要承担终身负责制的司法鉴定意见。因此,专家的人数、技术能力和质量,需要鉴定人自己甄别选用。

通常,在从事医疗损害纠纷司法鉴定过程中,邀请专家的做法是:至少邀请二名以上相关专业临床专家,同时该相关专家必须是副高以上职称,且与涉案医院不存在法律上规定的回避关系。专家意见仅供鉴定人参考,不对委托方和当事方负责,以确保所邀请的专家最大可能地保持中立、客观的态度,不受外界因素干扰,仅就专业技术给予指导。同时,鉴定人最大可能地保护专家不因咨询而在日常工作生活中受到当事人干扰,不对外公布所邀请专家的信息。

鉴定意见是司法鉴定人根据委托方提供的鉴定材料，运用科学技术和专门知识以及鉴定经验对专门性问题作出判断的一种倾向性意见，受限于当时的技术水平和个人业务能力，可能出现某些程度的偏差。当事人对鉴定意见有异议，可以通过庭审质证或者申请重新鉴定等予以化解。

律师意见

李立　广东广信君达律师事务所　高级合伙人

围绕鉴定意见所衍生出的新问题，是进行医疗纠纷处理中最纠结的难题之一。面对这样的难题，实务中没有更管用的办法。

鉴定意见领域存在的问题，原因很多，比如面对日新月异的医学新进展，鉴定机构、鉴定人的专业能力也亟待提升，鉴定机构的继续医学教育要跟上，鉴定人的医学培训要跟上，不能出现鉴定人专业水平不足的问题。在鉴定机构管理上，也要与时俱进，跟上形势发展。最近出台的《司法鉴定机构诚信等级评估办法（试行）》就是一个好的开头，建立了司法鉴定机构诚信等级评估工作，将司法鉴定机构诚信分为A、B、C、D四个等级。司法鉴定机构出现影响诚信等级的重大事项的，司法行政机关应当及时组织重新评估，实时更新评估结果。这些举措的出台，严管厚爱，相信对鉴定意见形成的难题的解决会有积极帮助。

周攸　广东广信君达律师事务所　律师

医疗纠纷中司法鉴定意见领域目前存在许多问题，化解问题重要的核心抓手除加强鉴定机构管理外，还应加强对鉴定人管理。

《司法鉴定机构和司法鉴定人退出管理办法（试行）》第2章第5条规定："司法鉴定机构或司法鉴定人有下列情形之一，情节严重的，由原负责登记的司法行政机关依法撤销登记：……（五）司法鉴定人经人民法院依法通知，非法定事由拒绝出庭作证的……"按原来的旧管理规定，司法鉴定人经法院通知，拒绝出庭作证的，该鉴定意见可以不作为定案依据。按现在的管理办法，该司法鉴定人出现该种情形，情节严重，负责主管部门可以撤销该鉴定人的登记事项。期待这些措施的严格落实、细化、执行，对化解当前医疗纠纷鉴定问题起到积极的作用。

甘翌晓　广州金鹏律师事务所　律师

本案主要涉及司法鉴定程序是否符合法律规定的争议。司法鉴定机构接受委托后，根据《司法鉴定程序通则》第 18 条、第 19 条、第 33 条之规定，鉴定中向专家进行咨询不是必需的，是选择性的。专家出具的只是咨询意见，并不是鉴定结论。即便如此，最终的鉴定意见也是由鉴定人结合专家的医学意见，以及鉴定过程查明的事实、相关的法律规定，综合考虑后作出。

法官意见

官健 医学博士 广州知识产权法院 法官

在医疗纠纷案件的审理中，医疗损害鉴定人已经成为另一个“法官”。在这个“无冕之王”面前，真正的法官似乎也无能为力。本案透视出的正是这种现实中的尴尬与无奈。

从判决书可以看出，患者本身有比较严重的肾病，已经发展为慢性肾功能不全，于 2016 年 2 月行全髋置换术后转肾内科治疗，于 2016 年 7 月病情好转后出院，后于 2016 年 12 月因多器官功能衰竭死亡。医疗损害鉴定意见认为，医方在对患者治疗过程中存在手术操作不当及术后大量输液的过错。由于判决书所给资料不多，对此无从评价。

鉴定人同时认为，上述过错与患者最终死亡之间存在间接因果关系。由于患者并非在医方手术后的住院期间死亡，而是病情好转出院后的相当长一段时间后死亡，此“间接因果关系”的认定便变得疑点重重。在法学界，因果关系就像幽灵般难以捉摸。当因果关系链条过长的时候，判断是否构成法律上的因果关系，应慎之又慎。

从判决书的说理部分看，法官出于对医疗专业性的敬畏，也仅从鉴定程序、资质上对鉴定意见进行审查，而未在实体的过错及因果关系认定上进行分析，无法让人解除上述疑惑。对于医疗损害鉴定意见，法官们既爱又恨，不愿也不敢进行实体审查，在程序合法的情况下，一般只能照单全收。

因此，在鉴定意见给出次要责任结论的前提下，法院以 20%的下限作判应是无奈之下的折中选择。

本案启示

善用医事法治力，破鉴定意见取舍博弈之困局

宋儒亮 法治广东研究中心主任、《中国医学论坛报》第二届医事法学理事会理事长、广东省医学会医事法学分会主任

鉴定意见作为证据之一，却成本案裁判的直接依据，以“鉴”代“判”，如何看？类似的还有以“鉴”代“调”、代“裁”等。

这方面，立法能给的立场和态度都给了，即面对争议的专业问题，以“鉴定方式”，由鉴定机构给出一份“意见”而不是“结论”，交由涉案各方对这份“意见”进行质证、博弈，最终由裁判机关依法进行取舍。

鉴定意见，犹如化解争议的一个个“靶”，说几环就几环，涉案各方往往就只能照单全收。为什么？涉案各方的当事人、办案的法院法官们，没有办法或者没有能力给出有效质疑，动摇并否定该“鉴定意见”。这就是现状。

毋庸讳言，鉴定意见，作为办案的法定证据，本来就是科学的产物，具有专业的优势。要想质疑、动摇和否定某个“鉴定意见”，必须善于运用医事法治力。

关于医事法治力问题，笔者认为，化解复合、交叉而专业的医事跨界问题，占领先机、夺制高点，虽无捷径，但有窍门，那就是以对策跨越解跨界问题为导向，坚持医事法治规律，遵循“医学、法学和医事法学三足鼎立的坚定”“医学、法学和医事法学有机融合的坚守”和“医学方式、法律方式和医事法方式综合运用的坚持”，以可持续的医事法治力为抓手，不断推进更高水平的医事治理现代化建设。

医事法治力作为跨界难题与对策跨越博弈中形成的一种新能力，是进行医事纠纷处置需具有的一种专业资格，是考验医事纠纷处置能力的一大指标，是衡量医事法学成熟度的一大标志。我们需要提升运用医事法思维和方式深化改革、推进发展、化解矛盾、维护稳定和应对风险的能力。医事法治力的高低、强弱和大小，衡量着医事法专业的素养、医事职业事业的成就、医事法治建设的水准。

医事法治力是一种综合能力。在司法实务中，面对鉴定意见取舍难题，运用医事法治力，必须从医学、法学和医事法学三个维度进行思考，从中找出关于“鉴定意见”的取舍答案。

一、鉴定意见：医学意义上进行质疑的思路、方式和期待

这是对鉴定意见进行质疑最基本、最基础的一种思路选择。面对提交的鉴定意见，从医学上质疑没捷径，强调医学思维的缜密、专业的扎实和经验的丰富，靠专业、重科学，用实力说话。

这方面不缺可依据的规范。比如，《最高人民法院关于审理医疗损害责任纠纷案件适用法律若干问题的解释》第 14 条规定：“当事人申请通知一至二名具有医学专门知识的人出庭，对鉴定意见或者案件的其他专门性事实问题提出意见，人民法院准许的，应当通知具有医学专门知识的人出庭。前款规定的具有医学专门知识的人提出的意见，视为当事人的陈述,经质证可以作为认定案件事实的根据。”

这方面在方式选择上可邀请专家出庭、进行论证等,道理如同邀请专家会诊,论证、评价、报告就是应对之道。

在实践中,尽管有上述法律可依据、有上述方式可选,对此呼声也多,但尝试的不多,成功做法则更少。表面原因在于医学专家难请、不配合,比如,有人主张专家都是体制内的,有顾虑,不愿得罪人、不愿签名等。但是,关键原因出在有专门知识的人出庭问题上,其权益行使、利益取得与权益保护之间仍然不平衡,仍然存在安全、利益等方面的顾虑。

化解这些顾虑的关键还在于构建对有专门知识的人出庭的制度保障,比如,针对医师,尽快实现身份统一,如事业编统一成为合同编就是有效方式。这方面,《医师法》中有关多点执业的推进,有望在一定程度上缓解这个问题,比如其第15条规定:“医师在二个以上医疗卫生机构定期执业的,应当以一个医疗卫生机构为主,并按照国家有关规定办理相关手续。国家鼓励医师定期定点到县级以下医疗卫生机构,包括乡镇卫生院、村卫生室、社区卫生服务中心等,提供医疗卫生服务,主执业机构应当支持并提供便利。卫生健康主管部门、医疗卫生机构应当加强对有关医师的监督管理,规范其执业行为,保证医疗卫生服务质量。”

二、鉴定意见:法学意义上进行质疑的思路、方式和期待

这是对鉴定意见进行质疑最直接、最方便的一种思路选择。面对提交的鉴定意见,从法学意义上进行质疑,有方式技巧可取,比如,鉴定须依据法律程序,找出鉴定中存在的法律问题就是一种有效方式。

这方面可依据的法律丰富,比如,《最高人民法院关于审理医疗损害责任纠纷案件适用法律若干问题的解释》第10条规定:“委托医疗损害鉴定的,当事人应当按照要求提交真实、完整、充分的鉴定材料。提交的鉴定材料不符合要求的,人民法院应当通知当事人更换或者补充相应材料。在委托鉴定前,人民法院应当组织当事人对鉴定材料进行质证。”第11条规定:“委托鉴定书,应当有明确的鉴定事项和鉴定要求。鉴定人应当按照委托鉴定的事项和要求进行鉴定。下列专门性问题可以作为申请医疗损害鉴定的事项:(一)实施诊疗行为有无过错;(二)诊疗行为与损害后果之间是否存在因果关系以及原因力大小;(三)医疗机构是否尽到了说明义务、取得患者或者患者近亲属书面同意的义务;(四)医疗产品是否有缺陷、该缺陷与损害后果之间是否存在因果关系以及原因力的大小;(五)患者损伤残疾程度;(六)患者的护理期、休息期、营养期;(七)其他专门性问题。鉴定要求包括鉴定人的资质、鉴定人的组成、鉴定程序、鉴定意见、鉴定期限等。”

从法学意义上质疑鉴定意见的方式。方式选择就是“兵来将挡水来土掩”“以子之矛攻子之盾”，比如，对照法律，针对鉴定意见审查鉴定资料是否符合要求、鉴定事项是否符合法律规定、鉴定人的资质、鉴定人的组成、鉴定程序、鉴定意见、鉴定期限等是否合格。

在实务中，这样的做法非常普遍，但在实际效果上往往不理想，个案之间差别也很大。

为什么？没有积累，难有突破。评判医疗活动的对错需要医学专业知识，质疑一个“鉴定意见”，凭单纯的法律活动往往很难做到“一箭穿心”。没有医学的积累、积淀，难在“鉴定意见”的异议上“厚积薄发”。

怎么办？改变传统的思想认识最重要。比如，不要再把“医疗纠纷”与其他诸如“道路交通、劳动争议、物业管理等纠纷”混同、等同。它们不是一类的，医疗纠纷的专业性是这些纠纷完全不能比拟的。如果这个认识不进行调整、不彻底改变，那么医疗纠纷的专业处置水平就难以提升，医疗纠纷处置能力、水平必然会一直在低位徘徊，此时的医事法治力是低的。

与思想认识改变相适应的，就是考虑对医疗法律业务的处理设置必要的专业门槛，比如，医疗纠纷的调解不能泛化，不适合以调解率作为医疗法治建设好坏的考核指标，更不能把调解与否作为考核的先决条件。在医疗纠纷处置问题上，感兴趣、练练手、找感觉、“和稀泥”等，都不是进行医疗法律服务业务应有的立场、态度和做法。

三、鉴定意见：医事法学意义上进行质疑的思路、方式和期待

这，是对鉴定意见进行质疑中最专业、最费心的一种思路选择。进行医事法学意义上的质疑，不是说说就行，不是办过案件就可以的，拥有单一的医学的或者法学的本领、技能是不能胜任的。

从法律依据中可略见一斑，比如，《民法典》第1003条规定：“自然人享有身体权。自然人的身体完整和行动自由受法律保护。任何组织或者个人不得侵害他人的身体权。”第1008条规定：“为研制新药、医疗器械或者发展新的预防和治疗方法，需要进行临床试验的，应当依法经相关主管部门批准并经伦理委员会审查同意，向受试者或者受试者的监护人告知试验目的、用途和可能产生的风险等详细情况，并经其书面同意。进行临床试验的，不得向受试者收取试验费用。”第1009条规定：“从事与人体基因、人体胚胎等有关的医学和科研活动，应当遵守法律、行政法规和国家有关规定，不得危害人体健康，不得违背伦理道德，不得损害公共利益。”显然，这些法律规定背后有专业诉求和价值导向，不是简单条文解读就可以应对的。需要有厚积薄发的功力，需要有医事法治力的运用。

从医事法学意义上质疑鉴定意见的方式。方式选择上讲究以“鉴定”对“鉴定”，以“鉴定意见”对“鉴定意见”，或者寻求“重新鉴定”“补充鉴定”的“意见”，或者另开渠道，进行司法鉴定、医疗事故技术鉴定等。也就是说，质疑、动摇、推翻某一个鉴定意见，需要再多一个鉴定、再多一个鉴定意见才更具效力。但在实务中，获得多一个“鉴定意见”不是常态。多个鉴定意见带来的不经济、更难选择等问题又备受诟病。怎么办？寻求真相，要穷尽最后的救济手段，要努力获取最后一个证据。此时，就要厚积薄发，就要选取符合医事法学范畴的认知和行动，善于运用医事法治力，在诸如“以鉴代调”“以鉴代审”“以鉴代裁”“以鉴代判”等困局上又开新局。为此，发挥好医事法治力作用，以下三个事宜，要认真对待：

第一，作为证据之一的“鉴定意见”不要少。要知道，“鉴定意见”是民事、行政和刑事三大诉讼中的一类独立的证据类型，尤其在化解医事纠纷诉讼中，它更不能少。《民事诉讼法》第63条规定：“证据包括：（一）当事人的陈述；（二）书证；（三）物证；（四）视听资料；（五）电子数据；（六）证人证言；（七）鉴定意见；（八）勘验笔录。证据必须查证属实，才能作为认定事实的根据。”少了“鉴定意见”，医疗损害诉讼的处置因缺乏专业性，证据可能单薄，裁判结果也显得不太牢靠。

第二，对专业属性的“鉴定意见”不要怕。“鉴定意见”可以说是医事法学中最具有该学科特性、特点、特色的证据类型。也正因如此，医事纠纷处置中，“鉴定意见”既是各方最难应对的证据类型，也是最难推翻的证据类型。“以鉴代调”“以鉴代审”“以鉴代判”等现象一直存在，就是其之反映。这方面对它予以抱怨没有用，认清本质，强化能力，为我所用，方为正途。

第三，质证“鉴定意见”的思路、方式不要单一。“鉴定意见”本质上也是一种意见。“意见”，就要受各方质证、质疑或者推翻，非常正常。但是，面对作为证据之一、专业属性的“鉴定意见”，在对它的质疑、动摇、推翻问题上，思路、方式不能单一，要综合运用好医事法治力，尤其善于运用医事法学的思维和方式，要在办案全过程中，贯彻这样的原则：“医、法和医事法三足鼎立的坚定”“医、法和医事法融合性思维的坚守”和“医学方式、法律方式和医事法方式综合运用的坚持”。

没有这方面的专业认识、专业积累、专业能力，对有“鉴定意见”支持、支撑的当事一方仍难进行破解，怕还是大概率之事。

法院对“收条”的裁判，呈现了专业性纠纷化解方式的品质

宋儒亮 官 健 李 立 李建林 罗 斌 甘翌晓 宋立志 周 攸

案情简介

2016年11月6日，患者罗甲因“腰及双下肢疼痛伴活动受限一年余，加重一周”至乙医院外科住院诊疗。X线示：腰椎退行性病变。CT示：腰4/5椎间盘突出，腰3/4椎间盘膨出，腰椎退行性病变。彩超示：双肾、输尿管、膀胱未见明显异常。入院诊断：腰椎间盘突出症。入院后予活血、消炎、止痛、针灸、中药熏蒸、射频、小针刀等治疗。于2016年11月23日出院。出院情况：患者一般情况尚可，查体：腰椎平直，双侧腰骶棘肌稍紧张，腰椎活动尚可，双下肢肌力、肌张力及皮肤感觉正常。

2016年12月9日，罗甲至C市人民医院行腰椎磁共振平扫检查，报告显示：腰椎退行性病变，腰3/4、腰4/5椎间盘膨出，腰5/骶1椎间盘左后突出。

2016年12月10日，罗甲再次入住乙医院治疗，初步诊断：腰椎间盘突出症。入院后予活血、消炎止痛、针灸、理疗、小针刀等治疗。2016年12月23日，罗甲出院。出院情况：患者一般情况尚可，病情较平稳，查体：腰椎平直，双侧腰骶棘肌稍紧张，腰椎活动尚可。罗甲在乙医院治疗期间，共计产生医疗费21071.31元，其中自费3362.5元。

2016年12月24日，罗甲因“腰痛伴双下肢胀痛2月余”至甲医院疼痛科住院诊疗。入院诊断：腰椎间盘突出症、窦性心动过缓。于当日予抗感染、脱水、活血止痛等治疗。于2016年12月29日出院，出院情况：患者一般情况可，腰部及下肢不适症状有所缓解。罗甲在甲医院住院期间，共计产生医疗费2000元。

2017年1月16日，罗甲因“腰臀部疼痛2月余”至丙医院脊柱外科住院诊疗。入院诊断：腰椎感染？予以对症感染治疗后症状未明显缓解，复查腰椎CT、磁共振成像检查提示腰椎结核倾向性大，予以抗结核治疗后，症状稍缓解。2017年2月7日，在全麻下行“腰椎后路清创取髂骨植骨内固定术”，术后予以预防感染、止痛、抑酸、补液及其他对症治疗，患者病情平稳恢复，术后腰部疼痛较术前明显改善，于2017年2月15日出院。出院诊断：腰

椎结核。罗甲在丙医院治疗期间,共计产生医疗费 76660.91 元(含护理费 1020 元),其中自费 41928.06 元。

2017 年 2 月 15 日~3 月 29 日,罗甲在 C 市人民医院住院治疗共计 42 天,共计产生医疗费 18687.63 元,其中自费 7348.25 元。

罗甲认为,在治疗过程中甲医院、乙医院过错行为导致了对其病情的延误诊治、增加了治疗费用,应承担赔偿责任,遂向法院提起诉讼。

一审各方意见

原告(罗甲)

甲医院、乙医院过错行为导致了对其病情的延误诊治、增加了治疗费用,应承担赔偿责任。

请求法院判决甲医院、乙医院共同赔偿罗甲 152947.72 元;诉讼费由两医院负担。

被告(甲医院)

本案医疗纠纷双方已达成一致协议,一次性解决完毕。我院无须再次向其支付任何费用。

被告(乙医院)

罗甲医疗损害后果与乙医院没有因果关系,我院不应承担赔偿责任。

鉴定意见

经罗甲申请,一审法院委托 B 市医学会进行鉴定,鉴定结论为:

1. 关于乙医院对患者的诊疗行为,2016 年 11 月 6 日,患者因"腰及双下肢疼痛伴活动受限一年余,加重一周",首次在乙医院住院诊疗,X 线及 CT 检查提示腰 4/5 椎间盘突出,未见明显腰椎炎性的影像学改变,医方诊断为"腰椎间盘突出症",予对症治疗符合临床诊疗常规,但在诊疗过程中存在以下过错:根据专家现场读片(2016 年 12 月 9 日,患者在 C 市人民医院腰椎磁共振平扫片)示,腰 3/4 椎间盘内及腰 3/4 椎体可见异常信号改变,提示炎性病变。乙医院未能发现该片提示的异常改变,未进行必要的鉴别诊断,继续诊断为"腰椎间盘突出症",并予活血、消炎止痛、针灸、理疗、小针刀等治疗,过错行为导致了对患者病情的延误诊治。

2. 关于甲医院对患者的诊疗行为,甲医院诊断为"腰椎间盘突出症",未能发现 2016 年

12 月 9 日 C 市人民医院腰椎磁共振平扫片示:腰 3/4 椎间盘内及腰 3/4 椎体可见异常信号改变,提示炎性病变,未进行必要的鉴别诊断,过错行为导致了对患者病情的延误诊治。另外,甲医院在患者住院当日对其施行"腰 3/4 椎间盘射频消融术+腰 4/5 椎间盘激光减压术"指征不明确,该手术存在促进患者病情发展的可能。

3. 脊柱结核的治疗包括全身治疗和局部治疗,治疗的目的是彻底消除病灶、解除神经压迫、重建脊椎稳定性和矫正脊柱畸形,本案患者所患疾病为腰椎结核,2017 年 2 月 7 日,在丙医院行"腰椎后路清创取髂骨植骨内固定术"是其疾病所致,与甲医院、乙医院诊疗行为之间无因果关系,甲医院、乙医院的诊疗过错行为延长了患者的治疗周期、增加了治疗费用。

4. 乙医院、甲医院对患者的诊疗过程均存在一定的过错,过错行为给患者延长了治疗周期、增加了治疗费用。

一审法院查明事实

除上述案情之外,一审法院另查明,2017 年 4 月 5 日,杨某向甲医院出具了一份收条,载明:"今收到甲医院罗甲的医疗补偿费 3000 元整,罗甲每月到医院免费检查肝功能一次,到 2018 年 10 月为止,本事到此结束,以后一律与医院无关。"罗甲质证称:我知道我妻子杨某去甲医院索赔一事,但是我没有授权给她与甲医院达成调解协议,不代表我的真实意愿。

以上事实,有当事人陈述、提交的书面证据在卷予以证实。

一审法院认为

一、关于甲医院、乙医院诊疗行为的过错问题

本案系罗甲在甲医院、乙医院处就医引发的医疗损害赔偿纠纷。关于甲医院、乙医院对罗甲的诊疗行为是否有过错的问题,B 市医学会作出了鉴定结论,认为甲医院、乙医院对患者的诊疗过程均存在一定的过错,过错行为给患者延长了治疗周期、增加了治疗费用。该鉴定结论,作出的程序合法、说理充分,法院予以采信。罗甲及甲医院均对鉴定结论提出了异议,但未申请重新鉴定,二者提出的异议理由,经审查,无事实和法律依据,法院不予采信。

二、关于各责任主体的赔偿范围问题

1. 在乙医院治疗期间的损失。首先,与甲医院无关;其次,第一次住院治疗期间,依据

B市医学会鉴定报告,符合医疗常规,乙医院没有过错,故此期间产生的损失,乙医院无须承担责任;最后,第二次住院治疗期间,乙医院未能鉴别诊断,存在过错,此治疗期间产生的损失,法院推定既有正常治疗“腰椎间盘突出症”的费用,也有将“腰椎结核”当作“腰椎间盘突出症”治疗的费用,而将“腰椎结核”当作“腰椎间盘突出症”治疗产生的损失部分,乙医院应适当承担赔偿责任,因具体无法区分,法院酌情认定该部分损失占该治疗期间所有损失的30%。

2. 在甲医院治疗期间的损失。首先,与乙医院无关;其次,甲医院未能鉴别诊断,存在过错,此治疗期间产生的损失,法院推定既有正常治疗“腰椎间盘突出症”的费用,也有将“腰椎结核”当作“腰椎间盘突出症”治疗的费用,而将“腰椎结核”当作“腰椎间盘突出症”治疗产生的损失部分,甲医院应适当承担赔偿责任,因具体无法区分,法院酌情认定该部分损失占该治疗期间所有损失的30%。

3. 在丙医院、C市人民医院治疗腰椎结核产生的损失。罗甲患有腰椎结核,其正常治疗也需花费金钱和时间,而由于甲医院、乙医院的诊疗行为存在过错,耽误了治疗腰椎结核,扩大了损失范围,故罗甲在丙医院、C市人民医院治疗腰椎结核产生的损失,甲医院、乙医院均应当根据过错大小,适当承担赔偿责任。

关于甲医院、乙医院诊疗行为的过错大小。依据B市医学会对甲医院、乙医院诊疗行为中过错的分析认定,罗甲第二次在乙医院住院治疗时,乙医院对“异常信号改变,提示炎性病变”未进行必要的鉴别诊断,仍视为“腰椎间盘突出症”治疗,存在过错,但乙医院的治疗行为,仅是导致了对患者病情的延误诊治。甲医院同样对于“异常信号改变,提示炎性病变”未进行必要的鉴别诊断,但其治疗行为存在促进患者病情发展的可能。据此,法院认定乙医院的过错较小,甲医院的过错较大,并酌情认定对于治疗腰椎结核的所有损失,乙医院承担15%的责任,甲医院承担25%的责任。

三、关于具体损失认定问题

1. 对罗甲第二次在乙医院住院治疗期间产生的所有损失,认定如下:

医疗费:扣除报销的费用,自费1472.79元;

营养费:住院13天,共计130元;

住院伙食补助费:650元;

护理费:95元/天×13天=1235元;

误工费:依据病历资料,2016年12月23日出院后即前往甲医院治疗,故法院认定误工

13天;罗甲主张按照2850元/月标准计算误工费,依据不足,法院酌情按照农业行业平均收入标准32535元/年计算,此项金额为:1158.78元;

精神抚慰金:法院酌情不予支持;

交通费:法院酌情认定200元。

上述费用合计4846.57元,乙医院应赔偿1453.97元。

2. 对罗甲在甲医院住院治疗产生的损失,认定如下:

医疗费:2000元;

营养费:住院5天,共计50元;

住院伙食补助费:250元;

护理费:95元/天×5天=475元;

误工费:依据病历资料,2016年12月29日出院后,2017年1月16日入住丙医院治疗,此期间罗甲仍然疼痛,故法院酌情认定误工17天;按照农业行业平均收入标准32535元/年计算,此项金额为:1515.33元;

精神抚慰金:法院酌情不予支持;

交通费:法院酌情认定100元。

上述费用合计4390.33元,甲医院应赔偿1317.1元。

3. 对罗甲在丙医院、C市人民医院治疗腰椎结核产生的损失,认定如下:

医疗费:扣除报销的费用,自费共计48256.31元(已扣除在医院缴纳的1020元护理费用);

营养费:住院72天,共计720元;

住院伙食补助费:3600元;

护理费:95元/天×72天=6840元;

误工费:依据病历资料,法院酌情认定为住院期间72天,外加出院后休息3个月,共计162天;按照农业行业平均收入标准32535元/年计算,此项金额为:14440.2元;

精神抚慰金:法院酌情不予支持;

交通费:法院酌情认定900元;

鉴定费:1700元。

上述费用合计76456.51元,乙医院应赔偿11468.48元;甲医院应赔偿19114.13元。

乙医院共计应赔偿12922.45元,甲医院共计应赔偿20431.23元,扣除甲医院已支付的3000元,还应赔偿17431.23元。

四、关于杨某出具收条的问题

依据收条的内容以及罗甲的质证意见,该收条不应认定为罗甲、甲医院就医疗损害赔偿问题达成了一致意见,故甲医院的抗辩意见,法院不予采信。

一审法院判决

(1)乙医院于判决生效之日起15日内赔偿罗甲12922.45元;(2)甲医院于判决生效之日起15日内赔偿罗甲17431.23元;(3)驳回罗甲的其余诉讼请求。如果未按判决指定的期间履行给付金钱义务,应当依照《民事诉讼法》(2012年版)第253条之规定,加倍支付迟延履行期间的债务利息。案件受理费1679元(已减半收取),由罗甲负担1346元,由乙医院负担142元,由甲医院负担191元。

一审判决后,甲医院不服,提起上诉。

二审各方意见

上诉人(甲医院)

上诉请求:撤销原判,改判驳回被上诉人的诉讼请求;一审、二审诉费用由被上诉人承担。

事实和理由:本案医疗纠纷双方已达成一致协议,一次性解决完毕。

被上诉人(罗甲)

罗甲在答辩期内未作书面答辩。在二审中辩称:罗甲从未与上诉人达成任何协议,收条仅表明杨某收到上诉人3000元,不能代表其他任何内容。罗甲也未授权杨某与上诉人达成协议。

被上诉人(乙医院)

乙医院在答辩期内未作书面答辩。在二审中辩称:罗甲所得疾病在医疗损害鉴定报告中已经明确,与乙医院没有因果关系,我们对一审判决我方承担次要责任不予认可,但我方没有上诉。

证人证言

二审中,证人杨某出庭作证,杨某陈述与甲医院协商处理医疗损害赔偿罗甲不知情;签字时收条上已有内容,但具体内容医院未告知,其也不识字,只认可收到3000元,3000元的性质以及以后与医院无关事项不清楚,对于肝功能检查的事项不知情,也未去甲医院免费做肝功能检查。

二审经审理查明,一审判决认定的案件基本事实正确,二审予以确认。

二审法院认为

甲医院的上诉请求部分成立,一审判决应予以改判。

理由及依据

一、关于二审的审理范围

《最高人民法院关于适用〈中华人民共和国民事诉讼法〉的解释》(2015 年版)第 323 条第 1 款规定,"第二审人民法院应当围绕当事人的上诉请求进行审理"。第 2 款规定,"当事人没有提出请求的,不予审理,但一审判决违反法律禁止性规定,或者损害国家利益、社会公共利益、他人合法权益的除外"。一审判决作出后,乙医院未提出上诉,虽在二审庭审中对一审判决有异议,但所提异议不属于"一审判决违反法律禁止性规定,或者损害国家利益、社会公共利益、他人合法权益"的情形,故二审对乙医院所提异议不作审理。上诉人甲医院的上诉请求有关收条的效力问题,认为双方已一次性解决,故二审审理的范围为案涉收条的效力问题、罗甲与甲医院的纠纷是否已解决。

二、关于案涉收条

出庭证人杨某陈述其仅仅是在收条上签名,3000 元的性质以及以后与医院无关事项,她不清楚。对于该陈述,法庭不予采信。杨某作为完全民事行为能力人,赴医院协商赔偿事宜,却陈述医院未告知收条上的内容,且在不清楚收条内容的情况下在收条上签字并收取医院 3000 元,这一陈述显然不符合常理。杨某作为罗甲妻子,到甲医院处理罗甲医疗损害赔偿事宜,法庭认为认定罗甲不知情违反一般生活习惯。此外,罗甲、杨某在庭审中陈述,对于杨某到乙医院协商医疗损害赔偿,罗甲是知情的。故而法庭认为杨某到甲医院协商医疗损害赔偿问题,罗甲也应当是明知的,此认定更符合常理。

此外,杨某、罗甲均陈述收到了甲医院支付的 3000 元,且已用于家庭生活开销。据此,即使罗甲事先不知情,其享用这一利益的过程,应当认定为对杨某行为的追认。

据此,杨某在 2017 年 4 月 5 日签字的收条系双方真实意思表示,具有协议性质。双方在收条中约定甲医院与罗甲之间的医疗损害问题一次性解决。该收条载明的内容真实、明确,不违反法律禁止性规定,应认定为有效。罗甲有关"收条仅表明杨某收到 3000 元,不能代表其他任何内容，也未授权杨某与上诉人达成任何协议”的抗辩不能成立，二审不予采信。

但是，根据收条约定，除支付3000元外，甲医院还有其他待履行义务，即2017年4月至2018年10月每月一次的免费肝功能检查。因甲医院没有实际履行这一义务，根据庭审情况，本院酌情认定一次肝功能检查178元，19次共计3382元，该款项甲医院应当一次性给付罗甲。

二审法院判决

综上，上诉人的上诉理由部分成立，二审予以采纳。依照《民事诉讼法》第170条第1款第2项之规定，判决如下：

1. 维持C市人民法院（2017）某0481民初3825号民事判决第1项；

2. 撤销C市人民法院（2017）某0481民初3825号民事判决第2项、第3项；

3. 甲医院于本判决生效之日起15日内向罗甲支付3382元；

4. 驳回罗甲的其他诉讼请求。

如未按本判决指定的期间履行给付金钱义务，应当依照《民事诉讼法》第253条之规定，加倍支付迟延履行期间的债务利息。

一审案件受理费1679元，由罗甲负担679元，乙医院负担1000元。二审案件受理费236元，由甲医院负担。

本判决为终审判决。

各方意见

医方意见

李建林　中山大学附属第八医院（深圳福田）　副院长

一、医院应吸取的经验教训

1. C市人民医院影像科读片能力不足，存在误诊行为。腰椎磁共振平扫片提示：腰3/4椎间盘内及腰3/4椎体可见异常信号改变，提示炎性病变，C市人民医院影像科没有发现问题，出具影像学报告：腰椎退行性病变、腰3/4、腰4/5椎间盘膨出、腰5/骶1椎间盘左后突出。

2. 患者出院17天因同一问题腰椎间盘突出症再次到乙医院住院，医院没有引起足够重视。医院应该组织骨科、影像科等多学科诊疗，结合C市人民医院磁共振片进行会诊讨论。乙医院未能发现该磁共振片的异常改变，未进行必要的鉴别诊断，继续诊断为“腰椎间盘突出症”，并予活血、消炎止痛、针灸、理疗、小针刀等治疗，过错行为导致了对患者病情的延误诊治。

3. 甲医院疼痛科收治患者罗甲住院。罗甲在乙医院二次住院没有解决问题应该引起足够重视，应该组织多学科讨论，对二次在乙医院和C市人民医院的磁共振片等资料进行分析，进行鉴别诊断。甲医院手术决定草率，手术指征不明确，在患者住院当日对其施行“腰3/4椎间盘射频消融术+腰4/5椎间盘激光减压术”，该手术存在促进患者病情发展的可能。

二、医疗纠纷处理存在问题

甲医院与患者罗甲的妻子协商解决此起纠纷，没有签订医疗纠纷调解协议书，没有约定双方的条款，而是用收条替代，工作不严谨！没有患者当事人的授权委托书，并且在患者的妻子杨某不识字的情况下，也没有详细告知其收条内容，导致纠纷处理留下后续隐患。

鉴定专家意见

罗斌　中山大学司法鉴定中心　主任法医师

根据《最高人民法院关于审理医疗损害责任纠纷案件适用法律若干问题的解释》第1条规定，患者以在诊疗活动中受到人身或者财产损害为由请求医疗机构承担侵权责任的案件，适用本解释。据此，患者受到损害，后果可分人身损害及财产损害。在司法鉴定实践中，鉴定人往往以人身损害为鉴定损害后果，容易忽略财产损害这一损害后果。很多时候，即便医方有过错，致患者财产损害这一后果，如延长诊治、增加治疗费用等，而无人身损害的后果，鉴定机构也往往会以无人身损害后果或者损害后果不明确为由拒绝受理案件。

本案例对于鉴定有很好的警示作用，提醒鉴定机构不宜着重人身损害后果，亦要关注患者的财产损害后果的评估。

律师意见

李立　宋立志　周攸　广信君达律师事务所　律师

医疗纠纷处置上，存在很多难分开、不确定等因素。比如医疗费问题，包括正常治疗自身疾病而产生的医疗费，也包括因医疗机构存在过错，比如治疗存在不足、误诊、漏诊等而产生的医疗费。但具体数额问题上往往不易区分，司法实践中也很少进行区分，但这就会导致患者治疗费用与赔偿费用等方面纠缠不清的问题,容易产生累诉。

本案在这方面表现不错,比如,一审法官对各项费用进行了释明,将医疗费用分为了治疗自身疾病费用及因医疗机构过错产生的费用,这些费用的区分可能不一定很准确,但也体现了法院审理案件的严谨及法治思维。

当然也有值得商榷之处,比如,本案中原告方在诉讼请求中主张甲医院和乙医院须赔偿精神抚慰金,在鉴定意见明确甲医院和乙医院均存在诊疗过错的情况下,一审法院均不予支持,具体理由并未在上述材料中有提及。

翌晓 广州金鹏律师事务所 律师

本案涉及多家医疗机构的医疗纠纷诉讼管辖及责任问题。这方面的法律还是很丰富的,比如《民事诉讼法》第21条规定:"对公民提起的民事诉讼,由被告住所地人民法院管辖;被告住所地与经常居住地不一致的,由经常居住地人民法院管辖。对法人或者其他组织提起的民事诉讼,由被告住所地人民法院管辖。同一诉讼的几个被告住所地、经常居住地在两个以上人民法院辖区的,各该人民法院都有管辖权。"第35条规定:"两个以上人民法院都有管辖权的诉讼,原告可以向其中一个人民法院起诉;原告向两个以上有管辖权的人民法院起诉的,由最先立案的人民法院管辖。"因此,在涉及多家医疗机构的诉讼时,患方可以自由选择其中一家医疗机构所在地的人民法院起诉,哪怕是不同市区、不同省份的机构。

由于涉及多家医疗机构的医疗,在定责时必须综合考虑:(1)患者的自身基础疾病;(2)各医疗机构的诊疗行为是否存在过错;(3)如有过错,各医疗机构的过错与患者的损害后果之参与度。结合以上三点,由涉及过错的多家医疗机构分担赔偿。笔者认为本案法院的判决符合法律规定。

法官意见

官健 医学博士 广州知识产权法院 法官

本案一审、二审分歧在于收条的效力问题。事发后患者妻子向甲医院出具收条,并收取了甲医院支付的3000元。从收条的内容看,可以明确与患者在甲医院的诊疗行为有关,并且承诺"本事到此结束,以后一律与医院无关"。该收条虽为患方单方出具,但可以认定双方就患者在甲医院的诊疗问题已经达成补偿协议且已实际履行,对患方应当具有约束。患者虽以其未授权其妻子相抗辩,但该收条以其妻子的身份出具,在法律上可以构成表见代理。在不违反法律、行政法规的强制性规定,不违背公序良俗的情况下,应认定该私了协议合法有效。因此,患者再以同一事由要求甲医院赔偿,不应予以支持。

另外,收条还有"罗甲每月到医院免费检查肝功能一次,到 2018 年 10 月为止"的内容,二审认为甲医院没有实际履行该义务而判决折价支付检查费给患者。对此,笔者有不同意见。

从字面上看,甲医院为患者提供免费肝功能检查的前提是患者到院提出相应要求。如果患者未提出该要求,甲医院并无履行该义务的可能。因此,若患者在上述期限内确未到院要求过检查肝功能,应当视为其放弃该权利。即便患者确实存在到甲医院检查不方便而选择其他医院进行检查的情况,也应通知甲医院并获得同意,且确有证据证明患者实际进行了该检查并支付了相应的费用,方可让甲医院支付该费用。

本案启示

积极推动以"三看"为导向的医疗纠纷化解方式的选择和运用

宋儒亮　法治广东研究中心主任、《中国医学论坛报》第二届医事法学理事会理事长、广东省医学会医事法学分会主任

原告配偶与医院之间一个"收条"引起各方关注,其载明:"今收到甲医院罗甲的医疗补偿费 3000 元整。罗甲每月到医院免费检查肝功能一次,到 2018 年 10 月为止,本事到此结束,以后一律与医院无关。"这样司空见惯的情形还受到关注,倒有点儿出人意料。但细细一想,通过司法审查,给"收条"事宜一个司法裁决,符合"个案释明法制"的价值。司法审查中一个不经意的裁判释明,又把我们拉回到了该如何审视医疗纠纷处置的方式选择和运用这个老生常谈的话题上了。

面对我们倡导的法治医疗建设,在提倡什么、反对什么、禁止什么的问题上,我们对处置结果的关注更多,对处置方式选择、处置的过程等却关注得不多。究其原因,我们并没有注重把纠纷化解方式的选择和运用同法治能力和水平提升之间联系起来,缺乏统筹布局、共同建设和一体推进。

《中共中央关于坚持和完善中国特色社会主义制度　推进国家治理体系和治理能力现代化若干重大问题的决定》提出:"各级党和国家机关以及领导干部要带头尊法学法守法用法,提高运用法治思维和法治方式深化改革、推动发展、化解矛盾、维护稳定、应对风险

的能力。”这不是一般的号召，而是一种严肃的践行。

结合医疗纠纷处置事件，实务中为了避免纠纷问题的加重或者延缓纠纷的爆发，类似“收条”“借条”“欠条”等应急方式非常常见。本案就是一个比较典型的个案：患方在同医院处理纠纷时，夫妻中的一位不在场，另一位到场跟医院谈判，取得一个“收条”，根据“收条”收到了钱。事后，患者一方又将双方的医疗纠纷起诉到法院。面对法庭的调查，不在场的患者站出来表态道：“我知道我妻子去甲医院索赔一事，但是我没有授权给她与甲医院达成调解协议，不代表我的真实意愿。”显然，这是基于“趋利避害”的一种意思表示和行为选择，是医疗纠纷处置中常见的“小花样”，不是法治思维和法治方式的正确运用。

为什么会这样？原因很多，其中一个原因就是受单一的纠纷化解方式影响过深。不可否认，不少地方单位和个人，面对医疗纠纷的化解，在方式管理上往往存在过度向某一个、某一类纠纷化解方式倾斜的问题，把某一个、某一类纠纷化解方式当作主导方式甚至唯一方式，并在各种管理考核上不断加码，以至于在进行医疗纠纷处置的思维、方式和能力运用上，不是更强调法治运用本领，不是追求更高的法律效果，而是满足于事了、满足于收到钱。有甚者，有些地方或者群体还可能没有意识到这是问题，未把这当回事。

如何改变？进行医疗纠纷争议处置，必须要同法治医疗建设在提倡什么、反对什么、禁止什么直接挂钩，形成一体化建设。为此，当前更应当强调运用看得见的法治思维和法治方式，选择司法审判、医事仲裁等可复制、可示范的断案方式，坚持法理情相统一，说法、讲理、谈情，弘扬真善美、鞭笞假恶丑，以应对风险。

本案的判决就是一个好的示例，它给出了很好的司法指引：杨某作为完全民事行为能力人，赴医院协商赔偿事宜，却陈述医院未告知收条上的内容，且在不清楚收条内容的情况下在收条上签字并收取医院3000元，这一陈述显然不符合常理。杨某作为罗甲妻子，到甲医院处理罗甲医疗损害赔偿事宜，法庭认为罗甲不知情违反一般生活习惯。同时，罗甲、杨某在庭审中陈述，对于杨某到乙医院协商医疗损害赔偿，罗甲是知情的。故而法庭认为杨某到甲医院协商医疗损害赔偿问题，罗甲也应当是明知的，此认定更符合常理。此外，杨某、罗甲均陈述收到了甲医院支付的3000元，且已用于家庭生活开销。据此，即使罗甲事先不知情，其享用这一利益的过程，应当认定为对杨某行为的追认。杨某在2017年4月5日签字的收条系双方真实意思表示，具有协议性质。双方在收条中约定甲医院与罗甲之间的医疗损害问题一次性解决。该收条载明的内容真实、明确，不违反法律禁止性规定，应认定为有效。罗甲有关“收条仅表明杨某收到3000元，不能代表其他任何内容，也未授权杨某与上诉人达成任何协议”的抗辩不能成立，二审不予采信。

这一判决结果的好处是什么？让厚积的法律、管用的法治，通过司法运用在法治轨道上有了用武之地。面对“收条”争议的当事各方，尽管存在前后表态不一等情况，但法院仍然坚持不“和稀泥”，直面问题，依法审查，以案说法，采用看得见、看得明的个案裁判方式，厘清来龙去脉，释明对错是非，让当事人和其他人明白，既传递法院对该“收条”的法院之声，又体现选择专业纠纷化解方式的重要性。

习近平总书记指出，“要强化依法治理，培育全社会办事依法、遇事找法、解决问题用法、化解矛盾靠法的法治环境”。鼓励选择运用以专业、科学和前瞻为基础，以“三看”（看得见条款、看得明对错、看得清指引）纠纷化解方式化解纠纷，这就是在营造更优的法治环境，这就是期待更好的法治氛围。

“立法”给出了这样的期待，进行立法的目的就是要铺出一条条法治的轨道，“执法”、“司法”和“守法”都要在法治轨道上，按照各自权限职责施展才能、追求目标目的。尽管本案判决时，并没有《民法典》，但《民法典》下列这些条款，同之前的法律规定是一脉相承的，这些就是立法在“合同形式”“表见代理”“夫妻代理”等事宜上铺就的一条条法治轨道。比如，《民法典》第 469 条规定：“当事人订立合同，可以采用书面形式、口头形式或者其他形式。书面形式是合同书、信件、电报、电传、传真等可以有形地表现所载内容的形式。以电子数据交换、电子邮件等方式能够有形地表现所载内容，并可以随时调取查用的数据电文，视为书面形式。”《民法典》第 503 条规定：“无权代理人以被代理人的名义订立合同，被代理人已经开始履行合同义务或者接受相对人履行的，视为对合同的追认。”《民法典》第 1060 条规定：“夫妻一方因家庭日常生活需要而实施的民事法律行为，对夫妻双方发生效力，但是夫妻一方与相对人另有约定的除外。夫妻之间对一方可以实施的民事法律行为范围的限制，不得对抗善意相对人。”

显然，正是在这些法治轨道上，行使裁判权的法院法官在给出了“收条”背后的法律指引的同时，通过司法释明让我们知道了法律资源的丰富，清楚了将这些法律规定激活的司法途径，明白了司法裁判在释放法律价值上的活力和效力。

工欲善其事，必先利其器！面对我们常讲的要提升运用法治思维和法治方式应对各类医事风险的能力这个话题，当前更主要的着力点就是要在纠纷化解方式的选择和运用上下功夫。要坚持以专业、科学和前瞻为基础，鼓励选择以看得见、看得明和看得清为导向的医疗纠纷化解方式，让广大医患们知道法治医疗提倡什么、反对什么、禁止什么，推动医事纠纷化解又上新台阶、又开新局面。这更是对新时代的更高水平医事法治建设的呼吁。

拒绝进行医疗损害鉴定,“过错”就不能判断吗?

宋儒亮 官 健 李建林 罗 斌 李 立 甘翌晓 宋立志 周 攸

案情简介

2017年5月19日,提甲因生产住进甲医院,准备做剖宫产手术。21日早上进入手术室,医生王甲给提甲腰部打了麻药后,因不能达到麻醉效果,于是请C市人民医院曲甲前来麻醉,麻醉成功。出手术室后提甲双腿一直没有知觉。5月24日提甲到C市人民医院做核磁检查,发现腰1~4节段椎管内占位性病变、腰部浅筋膜炎。提甲于同年5月26日出院,支付医疗费3735.45元,经农村合作医疗报销费用后,自负费用1612.27元。同日到乙医院住院,做肿瘤切除手术治疗,但双腿没有知觉症状仍无明显好转。提甲于同年6月10日出院,支付医疗费45334.75元。2017年7月10日至同年12月15日,提甲在C市人民医院住院进行康复治疗,支付医疗费39435.50元,经农村合作医疗报销费用后,自负医疗费11343.25元。

提甲认为自己的损害后果是甲医院造成的,商讨无果,遂提起诉讼。

一审各方意见

原告(提甲)

认为被告的诊疗存在过错;被告对原告的麻醉行为与原告双腿失去知觉存在因果关系,是造成原告双腿没有知觉的原因,同时被告存在执业资格问题,有伪造病历等情况。

为此,请求被告甲医院赔偿原告医疗费自负部分合计42756.07元、住院伙食补助费17900元(100元/天×179天)、交通费3780元、误工费16085.40元(78.85元/天×204天)、定残前护理费35523.54元[151.81元/天×(204+30)天]、定残后护理费1108213元(151.81元/天×365天×20年)、残疾赔偿金165648元(11832元×20年×70%)、被抚养人生活费216752元(9424元/年×5年+9424元/年×18年)、精神抚慰金20000元、鉴定费2700元、护理用具费4000元(1000元×4),合计1633358.01元。

被告(甲医院)

我院诊疗行为合理,符合诊疗规范,不存在任何过错。原告的损害后果是其自身疾病进展导致,我院不应承担赔偿责任。请求驳回原告全部诉讼请求。

鉴定意见

经原告申请,一审法院委托甲司法鉴定所作出某一院〔2017〕临司鉴字339号司法鉴定意见书。原告预付鉴定费2700元。鉴定结论为:提甲伤残四级,误工损失日至评残日止,住院期间需二人护理1个月,继之一人护理至评残日止,评残后需一人部分护理依赖,需残疾用具轮椅一辆,约人民币1000元或以实际合理发生为准,每10年更换一次,以实际合理发生为准。

一审法院认为

原告到被告医院做生产手术,被告已经为原告实施了剖宫产手术,原被告之间已经形成了医疗服务合同关系。《侵权责任法》第58条规定:"患者有损害,因下列情形之一的,推定医疗机构有过错:(一)违反法律、行政法规、规章以及其他有关诊疗规范的规定;(二)隐匿或者拒绝提供与纠纷有关的病历资料;(三)伪造、篡改或者销毁病历资料。"《最高人民法院关于民事诉讼证据的若干规定》(2008年版)第4条第2款第8项规定:"因医疗行为引起的侵权诉讼,由医疗机构就医疗行为与损害结果之间不存在因果关系及不存在医疗过错承担举证责任。"第75条规定:"有证据证明一方当事人持有证据无正当理由拒不提供,如果对方当事人主张该证据的内容不利于证据持有人,可以推定该主张成立。"被告单位的医生王甲对原告进行术前麻醉未能达到麻醉效果,之后请C市人民医院曲甲前来实施麻醉才麻醉成功而实施手术。在原告提供王甲、曲甲录音予以佐证的情况下,被告未提供王甲执业资格证,拒绝王甲出庭说明情况并接受质证,并且提供的原告病历显示麻醉师"张甲"等内容,这足以表明原告主张王甲是实际麻醉医生且无执业资质,原告病历有伪造、虚假之处的观点成立,足以表明被告有过错。被告应当就其医疗行为与损害结果之间不存在因果关系及不存在医疗过错承担举证责任。

医疗事故鉴定是医疗行政主管部门对医疗机构及人员进行行政处理时,由医学会依据相关行政法规、规章等所做的鉴定。《侵权责任法》实施以后,对医疗损害责任纠纷不再进行是否构成医疗事故鉴定,而是依据《侵权责任法》及《民事诉讼法》相关规定,通过委托当事人共同选定的或者人民法院随机抽取指定的,中立、独立的司法鉴定部门做司法鉴定的方式,确认医疗行为与损害结果之间是否存在因果关系,是否存在医疗过错。关于被告是否构成医疗事故问题不是本案争议的问题,双方当事人均没有主张被告的医疗行为构成医疗事故,因此做医疗事故鉴定既不是本案所要解决的问题,也不是确定医疗过错的前提。即使被告不构成医疗事故,如果存在医疗过错且过错与损害结果之间存在因果关系,同样要承担损害赔偿责任。

故此,在原告不同意做医疗事故鉴定的情况下,被告不申请做司法鉴定而只申请做是否构成医疗事故鉴定并在该鉴定中一同确定因果关系,本院对被告只申请做医疗事故鉴定的主张不予支持。《最高人民法院关于审理医疗损害责任纠纷案件适用法律若干问题的解释》(2017 年版)第 4 条规定:“患者依据侵权责任法第五十四条规定主张医疗机构承担赔偿责任的,应当提交到该医疗机构就诊、受到损害的证据。患者无法提交医疗机构及其医务人员有过错、诊疗行为与损害之间具有因果关系的证据,依法提出医疗损害鉴定申请的,人民法院应予准许。医疗机构主张不承担责任的,应当就侵权责任法第六十条第一款规定情形等抗辩事由承担举证证明责任。”该条规定的意思是,患者申请“医疗过错及诊疗行为与损害结果之间具有因果关系”司法鉴定的,人民法院应当准许,但没有规定必须由患者承担申请鉴定的举证责任,同时再次规定医院就不承担赔偿责任负举证义务。该条解释与《最高人民法院关于民事诉讼证据的若干规定》第 4 条第 2 款第 8 项规定并不冲突,并没有因准许患者举证、申请司法鉴定,而否定了由医疗机构“就医疗行为与损害结果之间不存在因果关系及不存在医疗过错”负举证责任的规定。虽然原告椎管内有占位性病变,但原告是正常行走去被告医院做剖宫产手术,椎管占位性病变并没有影响原告的双腿功能。被告的麻醉师无执业资质而实施麻醉且达不到麻醉效果的情况下,经外请麻醉师完成后续麻醉工作。原告麻醉后双腿失去知觉,经切除椎管内肿瘤后,双腿仍然没有明显好转。被告对原告的麻醉行为与原告双腿失去知觉有关联。被告主张原告椎管占位性病变致使原告双腿失去知觉,应由被告就自己主张的免责理由负举证责任。被告不能针对其免责事由举证,不能证明其医疗行为与原告双腿失去知觉不存在因果关系且不申请做司法鉴定,应当视为其不履行举证义务,应当承担举证不能的法律责任。

《侵权责任法》第 16 条规定:“侵害他人造成人身损害的,应当赔偿医疗费、护理费、交通费等为治疗和康复支出的合理费用,以及因误工减少的收入。造成残疾的,还应当赔偿残疾生活辅助具费和残疾赔偿金。造成死亡的,还应当赔偿丧葬费和死亡赔偿金。”《最高人民法院关于审理人身损害赔偿案件适用法律若干问题的解释》(2003 年版)第 17 条第 1 款规定:“受害人遭受人身损害,因就医治疗支出的各项费用以及因误工减少的收入,包括医疗费、误工费、护理费、交通费、住宿费、住院伙食补助费、必要的营养费,赔偿义务人应当予以赔偿。”

原告因做剖宫产手术在被告医院住院 7 天，被告致原告双下肢损害应就损害进行赔偿，但被告已为其完成了剖宫产手术，孩子已安全出生，对剖宫产手术费用应由原告自己负担。原告支付医疗费 3735.45 元，经农村合作医疗报销费用后，自负费用 1612.27 元。原告所举证据未能体现出自负费用 1612.27 元中，哪部分费用是对其双腿失去知觉的治疗费用，故对该部分损失不予保护。

原告在乙医院住院 15 天，主要做入院后术前常规检查，肿瘤切除手术治疗及术后止血抗炎、营养神经对症治疗，支付医疗费 45334.75 元，原告要求赔偿 29800.55 元，其所举证据无法反映出营养神经具体费用，故此不予保护。

原告在 C 市人民医院住院进行康复治疗 158 天，支付医疗费 39435.50 元，经农村合作医疗报销费用后，自负医疗费 11343.25 元，客观、真实，予以保护。原告在被告医院做剖宫产手术住院期间及在乙医院住院期间，主要是生产及做原发性疾病的肿瘤切除，故住院伙食补助费不予保护。原告在 C 市人民医院康复治疗 158 天的伙食补助费参照受诉法院所在地职工出差补助 30 元/天标准计算，伙食补助费为 4740 元(30 元/天×158 天)。

原告主要由其丈夫王某江护理，其夫妻二人均居住甲村，均以农业生产为主业，故其误工费及护理费应以上年度 A 省农、林、牧、渔业年工资 28782 元计算，误工费及护理费均从(双腿失去知觉之日)5 月 21 日至(定残日的前一天)12 月 10 日止，计 204 天。在此期间，原告因生产、做椎管肿瘤切除术等事由而误工和须护理，不作为扣减原告双腿失去知觉所需误工费及护理费的理由。

因为十级、九级等级别较低的伤残不需要定残后护理依赖，所以原告四级伤残定残后需一人部分护理依赖问题，如果按伤残等级比例系数 70%计算部分护理依赖损失，则明显不合理。考虑本案具体情况，原告定残后需一人部分护理依赖工资损失比例酌定为 50%。原告伤残赔偿金应以上年度 A 省农村居民人均可支配收入 11832 元/年标准计算。被抚养人生活费按上年度 A 省农村常住居民人均生活消费支出 9424 元/年计算。从 2017 年 5 月 21 日原告双腿失去知觉到其长女施甲年满 18 周岁，还需父母抚养 5 年 90 日，次女王乙年满 18 周岁需父母抚养 18 年。精神抚慰金酌定 10000 元，护理用具费基于鉴定意见及平均寿命情况，酌定 4000 元。原告主张交通费因无有效票据证明，本院不予保护。

经核定，被告应赔偿原告自负部分的医疗费 11343.25 元、伙食补助费 4740 元(30 元/天×158 天)、误工费 16086.38 元(28782 元/年÷365×204 天)、定残前护理费 18452.02 元

[28782 元/年÷365×(204+30)天]、定残后护理费 287820 元(28782 元/年×20 年×50%)、残疾赔偿金 165648 元(11832 元/年×20 年×70%)、被抚养人生活费 76676.50 元(9424 元/年×5 年÷2×70%+9424 元/年÷365×90 天÷2×70%+9424 元/年×18 年÷2×70%)、精神抚慰金 10000 元、护理用具费 4000 元(1000 元×4)。原告合计损失为 594766.15 元。

一审法院判决

依照《侵权责任法》第 16 条、第 58 条,《最高人民法院关于审理人身损害赔偿案件适用法律若干问题的解释》第 17 条第 1 款,《最高人民法院关于民事诉讼证据的若干规定》第 4 条第 2 款第 8 项、第 75 条,《最高人民法院关于审理医疗损害责任纠纷案件适用法律若干问题的解释》第 4 条之规定,判决如下:(1)被告甲医院于本判决生效之日起 10 日内,赔偿原告提甲自负部分的医疗费 11343.25 元、伙食补助费 4740 元、误工费 16086.38 元、定残前护理费 18452.02 元、定残后护理费 287820 元、残疾赔偿金 165648 元、被抚养人生活费 76676.50 元、精神抚慰金 10000 元、护理用具费 4000 元,合计 594766.15 元。(2)驳回原告提甲的其他诉讼请求。案件受理费 9748 元,鉴定费 2700 元,合计 12448 元,由被告甲医院负担。

二审各方意见

上诉人(甲医院)

请求撤销一审判决,发回重审或依法改判。事实和理由:一审判决认定事实不清,适用法律错误,程序违法。

1. 被上诉人一审起诉时,确定的案由是医疗服务合同纠纷,在最后一次庭审时原审法院才征求被上诉人意见,将案由变更为医疗损害赔偿责任纠纷。在此之前被上诉人也没有向法院举示医疗服务合同是否违约的相关证据。在限期内上诉人向法院提出医疗事故鉴定申请,一审法院拒不委托医疗事故鉴定,程序严重违法。一审法院确定上诉人承担举证不能的法律后果没有任何法律依据。在医疗事故鉴定意见出具前,本案是否构成医疗事故,上诉人的医疗行为是否有过错以及上诉人的医疗行为与被上诉人的目前状态是否存在因果关系,均没有定论。在医疗事故鉴定意见中,不仅能确定是否构成医疗事故,还能依法确定医患双方的过错责任,也能确定医疗行为与损害结果是否存在因果关系。上诉人自提出医疗事故鉴定申请之日就完成了法院要求的举证责任。一审法院凭什么说医疗事故鉴定不能解决本案的问题？请二审法院予以纠正。

2. 一审法院确定由上诉人负有举证责任是错误的。自《侵权责任法》生效后，在法院审理医疗损害责任案件中，举证责任发生了改变，由原来的被告负举证责任变成了由原告对自己的主张负有举证责任，这是全国司法实践及最高法院审判理论的主流观点。2017年12月13日发布的《最高人民法院关于审理医疗损害责任纠纷案件适用法律若干问题的解释》第4条中不仅要求患者提交就医及损害的证据，还要求患者提交证明医疗机构有过错及因果关系的证据。如果没有证据证明过错及因果关系问题，就应提出鉴定申请。该条款非常明确了患者的举证责任问题。而医疗机构的举证责任，仅限于《侵权责任法》第60条第1款规定的三种情形，《侵权责任法》并没有规定由医疗机构对过错及因果关系问题负有举证责任。这一条款的规定内容与一审法院适用的《最高人民法院关于民事诉讼证据的若干规定》(2008年版)第4条第8项相矛盾，内容根本不一致。而《最高人民法院关于审理医疗损害责任纠纷案件适用法律若干问题的解释》第26条规定："本院以前发布的司法解释与本解释不一致的，以本解释为准。"而一审法院仍然引用与最高法院司法解释不一致的规定，违法扩大了上诉人的举证责任，认定上诉人承担举证不能的法律后果，明显是适用法律错误。

3. 患者原发病问题。在本案中，被上诉人术后下肢运动障碍的主要原因是其原发性疾病，即其椎管内占位性病变是其伤残的主要原因。即便是上诉人的医疗行为有过错，上诉人也不能承担被上诉人原发疾病所引发的伤残及护理的全部责任。关于医疗行为的过错与被上诉人的损害是否存在因果关系的问题，一审判决既然确认患者有先天性脊髓病变，在确定责任之时就不应判定上诉人承担全责。被上诉人患有原发性病变是客观事实，其下肢运动障碍也与其患有椎管内肿瘤有直接的因果关系。另外，被上诉人在其他医院有就医过程，术后未达到治疗效果，其他医院在对被上诉人的治疗过程中是否存在问题无法排除。一审法院只判定上诉人单方承担被上诉人的全部损失无任何依据。

4. 一审判决确定上诉人医生王甲没有执业资质，这一认定是错误的。一审过程中，一审法院没有要求上诉人提交医生的执业资格证书，也没有释明不提交执业证书的相应法律后果，在一审判决中确认王甲无执业资质，没有任何依据，不仅程序违法，认定事实也是错误的。

被上诉人(提甲)

1. 在本案立案的时候，是医疗服务合同纠纷，在庭审中经法官释明，被上诉人明确要求医疗损害赔偿，这一情况在实践中屡见不鲜。

2. 经过庭审释明，我方要求明确医疗损害责任，上诉人在原审中要做医疗事故鉴定与双方的争议焦点没有关联，无论是否是医疗事故，均不影响医疗损害的赔偿，上诉人要求做司法鉴定不当。

3. 一审中我方证实了损害后果，出示了录音证据，对当时的麻醉师王甲进行了录音，因麻醉不成功，又请来曲甲，两份录音结合看可得出结论是王甲个人实施的麻醉。我们查阅上诉人记录的病例中发现，麻醉师记录栏中记录的是张甲，因此我们提出上诉人病例造假的事实，造假原因我们认为是王甲不具备独立的执业资质，法院当庭要求王甲出庭接收询问，上诉人当庭拒绝，因此问题双方发生非常大的争议，最后我们说出拒证推定的观点，由于上诉人方拒绝出示相关证据，推定我方主张成立。我方依据《侵权责任法》第58条规定，推定院方有过错。原审中院方病历造假，医生不出庭接受质询，未出示执业证件，医生无资质独立上岗，因此法院要求上诉人方证明其无过错或过错较轻，向上诉人下发举证责任划分通知书。上诉人拒绝做司法鉴定，要求做与案件争议焦点无关的医疗事故鉴定，法官开庭进行释明，上诉人仍拒绝做司法鉴定。因此，原审在法律适用、举证责任分配、查明事实方面均是正确的，遗憾的是原审在计算各种损害赔偿时采用的标准过低，使赔偿数额低于我方要求，原审判决基本正确。

二审法院查明

本院二审期间，上诉人甲医院围绕上诉请求依法提交了张甲专业技术资格证书、王甲助理医师资格证书(复印件)、证明一份、处理决定文件一份，意在证明：在当时针对患者的医疗行为过程中，不是王甲一个人实施麻醉，而是王甲在张甲的指示下实施的麻醉行为，依据执业医师法等相关法律规定，王甲的行为完全合法；在一审程序中法院也没有要求上诉人提交参与医生的相关证件，不存在拒不提供相关证据的问题；处理决定明确说明关于被上诉人提出的麻醉记录和手术记录体现张甲的事实，证明并非王甲个人单独实施麻醉行为，证明上诉人的麻醉过程和手术过程合法，参与的医务人员资质合法；在我医院不能顺利实施麻醉后及时聘请专家，医疗行为符合法律规定；上述事实在一审审理过程中没有涉及，一审法院也没有审理相关内容，在判决中却认定上诉人无执业资质，显然是错误的，属于认定事实不清，程序违法。

被上诉人提甲对上述证据质证认为，这些证据均不是新证据，在一审中都是双方的争议焦点，上诉人有义务提交，但为了隐瞒某些事实拒绝提交，现又把自己的举证义务推到原审法院，理由很牵强。张甲的证书与本案无关联性，通过处理决定可看出张甲并未在病历上签名，可看出张甲并未在现场，是上诉人为了证明自己的医疗行为合法炮制出来的处理决定，被上诉人在原审提交两份录音（王甲、曲甲）的过程中，王甲均称自己独立实施的麻醉行为，被上诉人家属考虑到上诉人可能编造事实，隐瞒王甲独立实施麻醉行为的情况，又对现场人员曲甲实施录音，在录音笔录第6页5~8行有记载：现场只有王甲自己，曲甲说剖宫产一个麻醉师就够了。此组证据不应采信。王甲是执业助理医师，不能独立承担麻醉，且职业是临床，不是麻醉专业，其医疗行为违反《执业医师法》。文件中也对王甲进行了处罚。

关于王甲是否具备执业助理医师资格，因上诉人未能提供执业证书原件，其出具的证明材料亦非客观证据，本院不予认定。张甲专业技术资格证书和C市卫生和计划生育局的处理决定书，可以证明张甲具备麻醉师执业资格，但并不能证明张甲与本案的关联性，不能证明王甲是在张甲指导下对提甲剖宫产手术进行的麻醉。王甲、曲甲的录音资料证实，在对提甲进行麻醉过程中，并未有其他麻醉医师在场指导，再结合提甲病历中“张甲”的签字并非其本人所签的事实，可以证实王甲是实际麻醉医生且无执业资质，提甲的病历存在伪造、虚假之处的事实。综上，本院对该组证据不予采信。

被上诉人提甲未提供新的证据。

根据当事人诉请主张、法庭陈述及举证、质证情况，结合本院二审及一审法院对事实与证据的分析认定，本院认定事实与一审一致。

二审法院认为

被上诉人提甲在一审诉讼过程中，变更诉争法律关系为医疗损害赔偿责任纠纷，系提甲自行处分民事权利的行为，符合法律规定。关于上诉人甲医院提出一审法院对其医疗事故鉴定申请不予支持，程序违法，且举证责任分配不当的问题，根据《最高人民法院关于审理医疗损害责任纠纷案件适用法律若干问题的解释》第4条：“患者依据侵权责任法第五十四条规定主张医疗机构承担赔偿责任的，应当提交到该医疗机构就诊、受到损害的证据。患者无法提交医疗机构及其医务人员有过错、诊疗行为与损害之间具有因果关系的证据，依法提出医疗损害鉴定申请的，人民法院应予准许。医疗机构主张不承担责任的，应当就侵权责任法第六十条第一款规定情形等抗辩事由承担举证证明责任。”该规定虽对患者一方举证证明责任按照“谁主张，谁举证”的一般规则进行了分配，但依据《侵权责任法》第58条“患者有损害，因下列情形之一的，推定医疗机构有过错：（一）违反法律、行政法规、规章以及其他有关诊疗规范的规定;(二)隐匿或者拒绝提供与纠纷有关的病历资料;(三)伪造、篡改或者销毁病历资料"的规定,对于医疗机构存在上述条款规定的三种过错情形之一的,适用过错推定原则。

本案中,提甲在接受医生王甲麻醉后,双腿失去知觉构成伤残四级的损害事实存在,对提甲进行麻醉的医生王甲并无麻醉师的执业资质,提甲病历上显示麻醉师"张甲"的签字系伪造,是本案的基本事实。上述事实,已足以证实甲医院在对提甲进行诊疗过程中,存在着违反法律、行政法规、规章以及其他有关诊疗规范规定的情形。因此,一审法院据上述法律规定,认定上诉人甲医院存在过错,并对其医疗事故鉴定申请不予支持,举证责任分配合理,适用法律正确。

关于甲医院提出提甲术后下肢运动障碍是因其患有原发性疾病所致,缺乏事实依据,不予认定。经查,提甲系正常行走至甲医院接受的剖宫产手术,麻醉后双腿一直没有知觉,经诊断为椎管内占位性病变后,在乙医院切除了肿瘤,但双腿仍没有明显好转。

据此,一审认定甲医院对提甲的麻醉行为与提甲的双腿失去知觉存在关联,并以甲医院不能就免责事由举证为由,认定其应当承担举证不能的法律责任,认定事实及适用法律正确。

二审法院判决

综上所述,上诉人甲医院的上诉请求不能成立,应予驳回;一审判决认定事实清楚,适用法律正确,应予维持。依照《民事诉讼法》(2017年版)第170条第1款第1项规定,判决如下:

驳回上诉,维持原判。

二审案件受理费9748元,由上诉人甲医院负担。

本判决为终审判决。

各方意见

医方意见

李建林 中山大学附属第八医院(深圳福田) 副院长

上诉人甲医院任用助理医师王甲对提甲进行独立麻醉,使用没有麻醉执业资质医生,并且在病历中伪造麻醉师"张甲"的签字,严重违反法律、行政法规和规章制度,存在医院管理松懈、卫生行政部门监管不到位的情况。应以此案在全院、全市医疗机构开展依法执业全面排查和警示教育。

患者提甲正常行走至甲医院接受的剖宫产手术，麻醉后双腿一直没有知觉，到C市人民医院做核磁检查，提示腰1~4节段椎管内占位性病变、腰部浅筋膜炎。后提甲到乙医院住院，施行肿瘤切除手术治疗，但双腿仍无明显好转，可能与麻醉操作或肿瘤原发病手术有关联，提醒我们要本着以患者为中心和救死扶伤的职责，组织多学科诊疗，明确病因、积极处理。

鉴定专家意见

罗斌　中山大学司法鉴定中心　主任法医师

医疗事故技术鉴定由医学会负责，司法鉴定由司法鉴定机构负责。两种鉴定，都分析医疗行为与损害结果之间是否存在因果关系，是否存在医疗过错等。关于医疗损害鉴定，只要当事方其中一方提出申请，法院按实际审判需要，一般都会允许，而非指定某方申请。

该案同时提示鉴定人员，医方的资质审核以及病历的真伪性，要引导当事方先到相关管理部门去解决。建议受理案件前，明确告知双方当事人风险，并签字立据。

律师意见

甘翌晓　广州金鹏律师事务所　律师

《侵权责任法》第58条规定："患者有损害，因下列情形之一的，推定医疗机构有过错：(一)违反法律、行政法规、规章以及其他有关诊疗规范的规定；(二)隐匿或者拒绝提供与纠纷有关的病历资料；(三)伪造、篡改或者销毁病历资料。"结合本案，有无伪造病历，是本案审查的关键问题之一。

本案存在这样的问题：一方面，王甲不具备麻醉资格，不能为患者施行麻醉。《执业医师法》第14条对此有着明确规定。本案中，王甲系执业助理医师，执业类别属于临床，其并不具备麻醉师资格，无论是否有麻醉师在场指导，王甲均不具备麻醉资格，不能为患者施行麻醉。其为患者施行麻醉的医疗行为违反《执业医师法》的规定，属超范围行医。另一方面，医方为了规避责任，在病历中伪造了麻醉师张甲的签名，已构成法律上的伪造病历行为。根据《侵权责任法》第58条的规定，此行为是违法的，故推定医方承担过错责任恰当。

李立　广东广信君达律师事务所高级合伙人　律师

办理医疗损害纠纷案，经手时间越久、案件越多，对“鉴定”的法律感悟也就越多了。从实务上讲，“鉴定意见”不是我们理解的“意见”这么简单，这个“意见”是医疗诉讼中最具证明力的证据，“鉴定意见”左右“裁判决定”的情况并不少见。

不打破这个“魔咒”，医疗专业律师的符号、价值和作用就受到限制，也影响律师专业能力的成长和发挥。怎么办？

《民事诉讼法》(2021 年版)给了指引，其第 81 条规定：“当事人对鉴定意见有异议或者人民法院认为鉴定人有必要出庭的，鉴定人应当出庭作证。经人民法院通知，鉴定人拒不出庭作证的，鉴定意见不得作为认定事实的根据；支付鉴定费用的当事人可以要求返还鉴定费用。”第 82 条规定：“当事人可以申请人民法院通知有专门知识的人出庭，就鉴定人作出的鉴定意见或者专业问题提出意见。”

因此，要让“鉴定”回归“意见”而非“结论”，就要把握好以下三个方面：其一，实务中，作为医疗专业律师，须时刻保证医学和法律新规定、新知识的学习，最好保证与新规定、新知识的同步，比如，与“鉴定”密切相关的就是“过错”，要应对“鉴定意见”，就要掌握“过错”知识。对此，关于“过错”的来龙去脉的认识，就要跟上。关于“过错”，1804 年《法国民法典》第 1382 条“任何行为使他人损害时，因自己过错(过失)而致行为发生之人对该他人负赔偿的责任”和第 1383 条“任何人不仅对其行为所致的损害，而且对其过错(过失)或者懈怠所致的损害，负赔偿责任”就是最具代表性的规定，这两条分别规定了作为和不作为两种情形的过错责任。掌握这样的知识，面对随之而来的对“鉴定意见”的质证，也就更踏实和自信了。其二，面对案件，要直接听取当事人陈述，比如，深入第一线，与案件当事医师等进行面对面沟通、多次沟通，掌握第一手资料，掌握纠纷案件的医疗全过程。其三，充分运用律师兼具医学和法学结合的专业优势特点，在当事人、鉴定人、法院法官之间，找到诉讼的最佳结合点，最大程度保护当事人合法权益。

宋立志　周攸　广东广信君达律师事务所　律师

过错推定是法律定责原则之一，此时，原告提交病历证据就已经完成了举证义务，法院可据此判定被告承担责任。被告如需反驳，则应提交相应的证据证明其不存在过错，此时应认定被告为了反驳原告提供的证据在履行法定举证义务。

2020 年 12 月 29 日颁布，2022 年生效的《最高人民法院关于印发修改后的〈民事案件案由规定〉的通知》,将民事案由分为11部分共54类473种。其中,在第四部分合同、准合同纠纷的第10类合同纠纷的第137种服务合同纠纷中,列为第4项的是医疗服务合同纠纷;第九部分侵权责任纠纷第31类第376种的案由为医疗损害责任纠纷。在双方已建立医疗服务合同关系的前提下,若因诊疗而产生民事争议,存在侵权和违约的案由竞合,任意一方可以选择不同的案由在人民法院立案。本案立案时患方选择的案由是医疗服务合同,在诉讼中经法院释明后,变更为医疗损害责任纠纷,符合法律规定。

法官意见

官健　医学博士　广州知识产权法院　法官

本案的争议点很多。有执业资格问题,有伪造病历问题,但关键还是举证责任分配的问题,举证证明的对象则是医疗过错及因果关系。对此,2002年实施的《最高人民法院关于民事诉讼证据的若干规定》规定了举证责任倒置,即由医疗机构对其无过错及不存在因果关系承担举证责任。该规定有不合理地加重医方举证责任之嫌,实践中争议很大。2010年实施的《侵权责任法》对此进行了纠偏,恢复了"谁主张,谁举证"的一般规则,仅在该法第58条中规定了推定医疗过错的三种情形。2021年实施的《民法典》基本保留了该条款的内容。请注意,这里的推定仅及于过错,而并未涉及因果关系,且推定是可以被推翻的,医方仍可以举证证明其医疗行为并不存在过错。因此,即便本案中确如法院所认定的医方存在麻醉医师无执业资格、病历中伪造签名等符合上述条款所规定的推定医疗过错的情形,但并非已无鉴定必要,尤其在患者同时存在腰1~4椎管内占位性病变的情况下,医疗损害鉴定更有利于查明因果关系及参与度等与责任认定密切相关的因素。

本案中,在上述认定的基础上,法院将相应的举证责任分配给医方,但医方只申请医疗事故鉴定,法官释明应进行医疗损害鉴定,在医方知悉相应不利后果并明确拒绝的情况下,法院直接推定由医方对患者的损害后果承担100%的赔偿责任,该处理并无不当。

本案启示

科学看待诉讼、鉴定和过错,推进医事法治共同体建设

宋儒亮　法治广东研究中心主任、《中国医学论坛报》第二届医事法学理事会理事长、广东省医学会医事法学分会主任

这其实是一起很普通的医疗损害赔偿纠纷案。当事人希望通过诉讼方式,找出该患者

的损害与医院医生医疗活动之间究竟有没有因果关系的责任问题。获得案件的结果容易，按部就班走完法律程序就行了；但要获得支持案件答案背后的内在逻辑是不容易的，那就是透过本案，如何落实好三个看待——“诉讼”、“鉴定”和“过错”——问题。

显然，结合本案，透过对“三个看待”的解读，更折射出的是，在医事法学领域，关于医事纠纷的处置，行业内既没有认知上的普遍共识，医事纠纷处置的共同体意识还很薄弱，又没有专业上的普及认可，医事法治共同体建设亟待加强。对于这些问题，要认真对待，要切实解决。

一、如何看待诉讼问题

没有纠纷，没有诉讼，是最好的。但服务人的医疗活动，纠纷难以避免。进行医事纠纷处置，这些意识或者感悟或者说观点值得思考，需要达成共同认识。

“告不告，是当事人权利；赢不赢，看法律运用本事。”“到法院告你”不是洪水猛兽，依法提起民事诉讼是《民事诉讼法》赋予当事人的法定救济权利，不可剥夺，不能限制。对进行中的医疗活动过程、结果，一旦不认可或者不满意，依法提起医疗诉讼，是当事人再正常不过的权利。但遗憾的是，出于种种原因，这方面并不见得已达成了普遍共识。“喊打喊杀”“要死要活”“死缠烂打”等做法不是文明法则，是“丛林法则”，虽唯恐避之不及。但出于种种原因，引导走法律渠道、以诉讼方式化解纠纷、在法庭里解决问题，并不总被看好。

“愿意打官司的当事人，都是讲规则的当事人。”医疗活动，具有不确定性。医疗活动中，走着进来的患者，推着出去、躺着出去的情况并不少见。面对医疗救治中存在的不确定性导致的医疗纠纷，诉讼方式化解是制度渠道、法定渠道。实践中，以诉讼方式化解纠纷的当事人内心是相信规则、制度、法治的。对于这样的当事人，是可以用制度解决问题的，是可以通过法律手段把双方纠纷处理干净的。但遗憾的是，“打官司时间长”“打官司浪费钱”“打官司伤害感情”等似是而非的观点，仍影响着当前运用法治思维和方式化解纠纷。

“不是医疗事故，打官司就是为了要钱。”从事过医疗纠纷处理工作的人，见过很多这样的观点，包括“不是医疗事故，医院即便有什么错，也不担心”“只有构成医疗事故，医院才赔偿，医生才有责任”“对不构成医疗事故的纠纷，当事人维权也是‘闹’，目的就是为了钱、为私利”等。尽管《民法典》的颁布实施从立法上对这些认识说“不”，但遗憾的是，出于种种原因，有这样观点支配的各种纠纷处置活动仍然很多。

纠纷化解之道是走法律程序，用法治思维和法治方式化解矛盾，当是基本共识。整体而言，运用法治思维和法治方式化解纠纷，法治氛围在明显向好、法治环境在明显提升，也已过了要努力把当事人尤其患者引入或者导入法治轨道进行纠纷化解的阶段了，但是，这些观念、认识，如“打官司就在激化矛盾”“诉讼就是把问题搞大”“赢了官司输了关系”等比较广泛存在是不争事实。不改变这些误导性观念，运用法治思维和法治方式化解矛盾、维护稳定和应对风险的努力，就会不断被挑战。

面对可能出现的医事纠纷，在医事法治共同体建设上要树立和达成这样的纠纷处置共识，那就是强化运用法治思维和法治方式化解纠纷，不留后患，才能让医疗活动有序推进，长治久安。

二、如何看待鉴定问题

“医疗损害鉴定”“医疗事故技术鉴定”是当前医疗损害赔偿纠纷案中最常见的两类鉴定，它们各自有独立的法律支撑，彼此之间是并存的，不是相互排斥的。但在司法实践中，很多人却认为，进行“医疗事故技术鉴定”对医院较有利，对患者不利；进行“医疗损害鉴定”对患者有利，对医院、医务人员不利。这样的认知，可能在不同地域、不同学会、不同鉴定机构中，可有部分被验证，在一些案件上也并不能说这是完全错误，但不具有普适性。

在这样不客观、不全面的认知指引下，表现出来的问题就是，在实务中“对方主张的就是我方反对的”，比如主张进行与对方当事人申请的鉴定类型不同的鉴定，就是常态。在形式、方式上，就是充分利用某些法院法官对医疗纠纷的不熟悉，通过己方鉴定类型选择权的行使，“坚决反对对方提出的鉴定主张，把鉴定问题复杂化”。

这样看待鉴定问题是有问题的。究其实质，还是对司法介入、采取诉讼方式化解医疗纠纷不理解、不认同和不接受。这种思维意识如果不改变，当事人的业务越好、专业越强，双方当事人之间的隔阂就越大，麻烦就越多，不合作情形也就越多。

事实上，“鉴定”是一种查找专业问题、真相的方式，“鉴定”也只是提供了一种“意见”而非“结论”。在效力定位上，同“病历资料”“当事人陈述”等一样，还只是待各方通过法庭质证后，才能被确认效力的一个“证据”。

关于“鉴定”，作为从事医事法治建设的共同体各方，没有必要再从亲疏、关系等角度进行思考、应对。作为医院，选择进行“医疗损害鉴定”还是“医疗事故技术鉴定”，目的就是要找出有没有过错、有无因果关系、存不存在免责事由，从而回应患者诉求。因此，当事人各方，尤其是医院方，当持一种开放、信任、专业的态度，把“鉴定”摆到台面上，公开透明，让对方当事人优先自由选择，选哪一个，医方配合。如果医方能做到这一点，既体现了高度，也展现了诚意，是推进问题解决的一个好方法。毕竟，如果医方越不想进行某个鉴定，越是强调进行另外一个鉴定，患方当事人大概率就是不同意、不配合、不支持。这样既加重了双方当事人的互不信任，也不利于医院及时有效化解矛盾、维护稳定和应对风险。面对"鉴定"，希望用"鉴定意见"解释也是医方医疗活动的初衷；支持和配合患方优先行使法律赋予的鉴定类型选择权；"鉴定"，只是众多证据中一种"意见"而不是一个"结论"；"鉴定意见"是否能用于法院裁判必须通过法庭质证；医方具有的专业优势可以保证在医学和法学活动全过程中均能不断释放医事法治力，这就是医事法治共同体建设应当秉承的看待和对待鉴定事宜的核心认识。不可否认，对这些核心认知，在很长一段时间里、在很多当事人认识上、在很多医疗纠纷案件处理上，是模糊的、摆动的、不统一的，科学、严谨和专业的医事法律培训不足是其中的原因之一。

作为从事医事法治建设的共同体各方，围绕鉴定这一块，更当坚持科学态度，保持开放心态，秉承专业精神，更当鼓励和支持患方当事人优先选择"鉴定类型"，更当通过法庭博弈来掌握和运用对"鉴定意见"的解释权，最终赢得主动。

三、如何看待医疗过错问题

工作不出错误、没有错误，是最理想状态，是永恒追求，但并不现实。错误往往难以避免，这是事实。落实到医疗活动，关于"过错"，在实务上有了以下判断途径：

1. 推定途径。诊疗活动中是否存在"过错"，是可以"推定"的。《民法典》第1222条规定："患者在诊疗活动中受到损害，有下列情形之一的，推定医疗机构有过错：(一)违反法律、行政法规、规章以及其他有关诊疗规范的规定；(二)隐匿或者拒绝提供与纠纷有关的病历资料；(三)遗失、伪造、篡改或者违法销毁病历资料。""推定过错"的判断主体可以是司法机关、卫生行政机关、鉴定机构等，这既是最容易识别的一类"过错"，也是最难以掩盖或者逃避的一种"过错"，只要与法律规定情形符合，推定的过错就跑不了，也就知道了。在实务上，为防范出现"推定过错"，最根本的就是要求依法行医。

2. 鉴定途径。"鉴定"是证据角度给出一个专业"意见"，通过鉴定途径得出过错，是"过错"的判断中最常见的一种方式。这种"过错"容易理解，也容易获得，比如，进行医疗事故技术或者医疗损害鉴定，就可以"鉴定"出该医疗活动是否存在"过错"。"鉴定"出来的"过错"，并不是一锤定音的。"鉴定意见"一旦被推翻，其中的"过错"也就不存在了。正所谓"皮之不存毛将焉附"。

3. 裁判途径。裁判途径是司法机关通过诉讼的途径，审理后作出一个裁判文书，予以呈现。通过裁判文书呈现的"过错"，其本身效力也要基于该裁判文书的法律效力来定。

未生效的一审裁判文书不具有法律效力，其载明的“过错”也不存在。具有法律效力的裁判文书载明的“过错”，才被认可，才具有法律效力。

4. 裁决途径。裁决途径是指通过卫生行政主管机关等作出的行政裁决，如“行政处罚决定书”等，予以呈现。比如，面对争议中的医疗活动，经过行政机关的调查，认为在该医疗活动中有违背当事人真实意思表示的行为，比如，“不具备民事法律行为有效条件”，则可依法裁决存在“过错”。《民法典》第143条就是法源之一，《民法典》第143条规定：“具备下列条件的民事法律行为有效：(一)行为人具有相应的民事行为能力；(二)意思表示真实；(三)不违反法律、行政法规的强制性规定，不违背公序良俗。”

裁决途径并不常用，也不多见，这同医疗纠纷处理的特点有关。实践中，面对医事纠纷，当事人通过民事途径进行处置是第一选择，通过卫生行政主管机关处置往往是第二选择。但当前的一个突出特点就是，在同医方当事人协商无果的情况下，患方往往跨过当事医院，直接到卫生行政主管机关进行投诉，要求依法处置。这是一个新问题，如果处理不好，行政复议或者行政诉讼可能难免。

上述这些对“过错”认定的途径，并不完全是并列存在的，它们中间有交叉情况。之所以这样罗列，目的是更容易说明问题。

医事活动，领域广泛；专业问题，复杂综合。要希望以后医疗工作做起来更多坦荡、更加容易、更为顺畅，就要高姿态、好心态和强能力，就要科学看待“诉讼”“鉴定”“过错”，就要医事共同体各方相向而行、达成共识。这既是在司法领域中推进医患和谐、强化医事法学共同体意识的建设之道，也是助力推进医事法治共同体建设、增进医事法学共同体融合的建设之途。

医院对医疗欠费患者主动提起民事诉讼合法吗?

宋儒亮 官 健 李建林 罗 斌 宋立志 甘翌晓 周 攸

案情简介

史甲于2007年9月25日因病入住甲医院,入院诊断为心律失常、阵发性房颤、劳力性心绞痛等,于同年9月27日行腔内电生理检查及射频消融术。2013年1月26日出院。后又于2013年3月8日入院,2013年10月17日出院。2013年10月17日入院,2014年6月23日出院,2014年6月23日入院,2016年1月12日出院。2016年1月13日入院,2016年9月13日出院。史甲认为甲医院2007年9月27日对其实施射频消融术以及之后的医疗行为存在过错,造成其损害,向法院起诉,要求损害赔偿,终审法院判决甲医院应对史甲的损失承担40%的赔偿责任。

因史甲一直未支付住院期间医疗费,因此,甲医院提起了诉讼。

一审各方意见

原告(甲医院)

因史甲一直未支付住院期间医疗费,请求判决史甲支付医疗费393900.22元,并承担案件受理费用。

被告(史甲)

被告辩称已经支付20000元,同时被告辩称对医疗费的实际价值有异议,比如皮肤问题不能使用留置针,但是清单中有十几个留置针,以及吸氧等项目。

一审查明事实

史甲于2007年9月25日因病入住甲医院,入院诊断为心律失常、阵发性房颤、劳力性心绞痛等,于同年9月27日行腔内电生理检查及射频消融术。2013年1月26日出院。后又于2013年3月8日入院,2013年10月17日出院。2013年10月17日入院,2014年6月23日出院。2014年6月23日入院,2016年1月12日出院。2016年1月13日入院,2016年9月13日出院。史甲认为甲医院2007年9月27日对其实施射频消融术以及之后的医疗行为存在过错,造成其损害,向法院起诉,要求损害赔偿。一审法院于 2014 年 1 月 22 日作出(2013)某民初字第 3516 号民事判决,驳回史甲的诉讼请求。史甲上诉至 B 市中级人民法院,因双方一致同意由甲司法鉴定中心进行相关鉴定,故 B 市中级人民法院裁定发回重审。重审期间一审法院委托甲司法鉴定中心进行相关鉴定,并于 2016 年 8 月 22 日作出(2014)某民初字第 5103 号民事判决,认定甲医院应对史甲的损失承担 40%的赔偿责任。史甲不服该判决,上诉至 B 市中级人民法院,该院于 2017 年 6 月 29 日维持一审判决。

有关本案甲医院所主张的医疗费,根据甲医院提供的住院费用账单明细、住院病人费用明细单、欠条,足以确认为 1065634.87 元。扣除医保统筹,史甲个人须支付 676500.37 元。史甲已经向甲医院支付 20000 元,尚欠 656500.37 元未付。史甲在(2014)某民初字第 5103 号案件中未要求处理医疗费问题。在本案审理中,史甲除提出上述辩称意见外,还辩称对医疗费的实际价值有异议,比如皮肤问题不能使用留置针,但是清单中有十几个留置针,以及吸氧等项目。

一审法院认为

根据法律规定,依法成立的合同受法律保护,对当事人具有法律约束力。史甲到甲医院处就诊,与甲医院形成合法的医疗服务合同关系,双方应当全面履行自己的合同义务,不得擅自变更或解除。甲医院作为医疗机构对史甲履行了诊疗义务,史甲应向甲医院支付相应的医疗费用。甲医院对史甲诊疗行为的过错情况及甲医院应当承担的赔偿比例等已经经过(2014)某民初字第 5103 号民事判决书、(2017)苏 01 民终 492 号民事判决书予以认定。甲医院在本案中提供的证据足以确认史甲尚欠医疗费数额为 656500.37 元。史甲对该数额虽有异议,但是并没有提供反证予以证明。史甲的辩称意见不具有合法、合理性,法院不予采纳。史甲应向甲医院支付医疗费数额计算为 676500.37 元×60%-20000 元=385900.22 元。

一审法院判决

(1)史甲于判决生效之日起 10 日内一次性支付 B 市甲医院医疗费 385900.22 元;(2)驳回 B 市甲医院的其他诉讼请求。

一审判决后,史甲不服,提起上诉。

二审各方意见

上诉人(史甲)

请求二审法院查明事实后,依法对本案进行改判。事实与理由:(1)上诉人不应承担赔偿责任。本案系医疗纠纷所引发,医疗纠纷导致上诉人无法正常出院,并非上诉人不出院。一审法院对于双方责任的认定过于草率,以医疗损害案件确定的责任比例划定双方责任,对上诉人不公平。且甲司法鉴定中心司法鉴定报告书也认定被上诉人应当承担30%~50%的责任,一审也应采用司法鉴定中责任比例的最大值,而非医疗损害案中的责任比例来划分本案责任。(2)本案医疗费存在各种问题,如留置针、空调费等问题。

被上诉人(甲医院)

甲医院辩称:(1)医疗损害责任纠纷一案中,法院作出终审判决,认定被上诉人对上诉人的损失承担40%的责任,因此上诉人发生的医疗费也应当自行承担60%;(2)医疗费均有明细清单,不存在上诉人所提及的乱收费情况。一审判决认定事实清楚,适用法律正确,请求二审法院驳回上诉,维持一审判决。

二审法院查明

经审理查明,一审法院查明的事实属实,本院予以确认。

二审期间,上诉人提交录音光盘、影像各一份,以证明被上诉人存在不实收费、乱收费和管理混乱等情况。经质证,被上诉人认为该证据与本案没有关联性,不同意上诉人的证明目的,不存在收费错误的问题。上述事实,有出院记录、住院费用账单明细、住院病人费用明细单、欠条、(2014)某民初字第5103号民事判决书、(2017)某01民终492号民事判决书、当事人陈述等证据予以证实。

二审法院认为

当事人对自己提出的诉讼请求所依据的事实应当提供证据加以证明。在作出判决前,当事人未能提供证据或者证据不足以证明其事实主张的,由负有举证证明责任的当事人承担不利的后果。关于本案责任比例的问题,根据《最高人民法院关于民事诉讼证据的若干规定》(2008年版)第9条第1款第4项规定,已为人民法院发生法律效力的裁判所确认的事实,当事人无须举证证明。现生效判决书已认定被上诉人甲医院对上诉人史甲的损失承担40%的赔偿责任,相应地,在被上诉人起诉上诉人要求返还欠付的医疗费时,上诉人应当向被上诉人返还60%的欠付费用,一审法院对此所作认定正确。关于医疗费的数额问题,上诉人虽然对其中部分费用持有异议,但被上诉人均作出了相应解释,该解释具有合理性。且上诉人亲属2016年9月29日向被上诉人出具欠条,也确认了本案医疗费的欠款数额,因此,一审法院认定的医疗费数额正确。

二审法院判决

综上,上诉人史甲的上诉理由,本院不予采信。一审判决认定事实清楚,适用法律正确,应予维持。依照《民事诉讼法》(2012年版)第170条第1款第1项规定,判决如下:

驳回上诉,维持原判。

二审案件受理费7089元,由上诉人史甲负担。

本判决为终审判决。

各方意见

医方意见

李建林　中山大学附属第八医院(深圳福田)　副院长

史甲与甲医院形成合法的医疗服务合同关系。一审、二审法院依法判决史甲应向甲医院支付医疗费数额385900.22元。这笔费用应当支付。此案例反映了当前许多医疗机构面对的类似现象:患方以医疗损害为由,拒不出院,拒不缴纳医疗费用,长期霸占病床,挑唆其他患者或社会不明事情真相的群众攻击医院,医院往往是无能为力。B市甲医院拿起法律武器维护医院正当权益,一审、二审法院依法判决,这是法治社会的进步,也是维护医疗机构公共卫生事业的社会属性的体现。

鉴定专家意见

罗斌　中山大学司法鉴定中心　主任法医师

本案虽然为医疗损害鉴定,但还包含着临床鉴定类的另一项目——医疗费的合理性评定。根据《最高人民法院关于审理医疗损害责任纠纷案件适用法律若干问题的解释》(2017年版)第11条规定:“委托鉴定书,应当有明确的鉴定事项和鉴定要求。鉴定人应当按照委托鉴定的事项和要求进行鉴定。下列专门性问题可以作为申请医疗损害鉴定的事项:(一)实施诊疗行为有无过错;(二)诊疗行为与损害后果之间是否存在因果关系以及原因力大小;(三)医疗机构是否尽到了说明义务、取得患者或者患者近亲属书面同意的义务;(四)医疗产品是否有缺陷、该缺陷与损害后果之间是否存在因果关系以及原因力的大小;(五)患者损伤残疾程度;(六)患者的护理期、休息期、营养期;(七)其他专门性问题。”据此,“医院医疗费是否合理”是否包括在内呢?我认为,“医院医疗费是否合理”并不包含在医疗损害鉴定项目之中。

本案原告方对医疗费的必要性和合理性质疑,但并未申请对医疗费合理性的鉴定,错失这一有力的证据的获得。

关于医疗费的合理性的判断,也是有实现途径的,其依据来自《最高人民法院关于审理人身损害赔偿案件适用法律若干问题的解释》的“赔偿义务人对治疗的必要性和合理性有异议的,应当承担相应的举证责任”。

律师意见

宋立志　广东广信君达律师事务所　律师

医疗纠纷中,法治思维和法治方式的运用,不仅患者可以选择使用,医院也可以选择使用。千万不能认为医院是被动的,只能当被告,只有患者可以作原告。在这个方面,本案判决,给了各方尤其是医方一个启示。

甘翌晓　广州金鹏律师事务所　律师

医疗损害的后果往往不是由单一原因而是由多个原因造成的,即患者的损害后果既有医疗过错的行为因素,也有自身基础疾病的因素,同时还要考虑到医疗机构和从医人员的级别、技术水平,疾病的复杂程度等。因此,应该考虑医疗机构过错程度和诊疗行为在损害结果中的原因力大小,最终依法确定各项赔偿比例。

在本案所涉及的医疗损害赔偿纠纷中,法院参考司法鉴定意见,考虑到患者的自身病情发展亦是导致损害后果不可缺少的因素,最终认定由该医院承担40%的赔偿责任,而不是全部赔偿责任。对此,本人认为是恰当的。

周攸　广东广信君达律师事务所　律师

医院以提起民事诉讼方式依法追要医疗欠费是合适的。本案属于医疗服务合同纠纷,患者已经达到出院标准拒不出院、无正当理由占用医疗病床、拖欠医疗费不支付等情况下,医方可以选择医疗服务合同纠纷向法院提起诉讼,依法要求患者办理出院和支付相应医疗费等。

法官意见

官健　医学博士　广州知识产权法院　法官

患者在医方诊治后出现纠纷,并在医方住院治疗近9年。住院期间,医患双方的医疗损害责任纠纷已经生效判决,认定医方对患者的损失承担40%的责任,后患者出院。但患者仍拖欠医方医疗费65万余元,并未解决。故医方起诉患者讨要医疗费,即为本案医疗服务合同纠纷。案情非常清楚,法院根据之前的生效判决所确定的责任比例进行简单计算即可。但实际上,看起来简单的医疗费若认真计算起来可能相当复杂。首先,医疗费从一入院就开始产生,但通常并非医方在患者入院时就存在医疗过错。因此,从理论上讲,患者的损失从医疗过错出现后才可能开始计算,即过错前的医疗费应当从损失范围内予以排除。这部分费用应当由医方主张并举证。其次,患者可能抗辩医方存在过度医疗、滥收费等问题,如本案患者就质疑医方费用中的留置针等问题。这部分费用则应当由患者主张并举证。最后,即便是医疗过错后发生的医疗费,仍有可能有部分费用与医疗损害无关,若可以确定,亦应当从患者的损失范围内予以排除。此部分费用同样应由医方主张并举证。

本案中,医方并未提出上述主张,患者虽质疑但未能有效举证,故法院对所有医疗费一律按之前的责任比例作简单处理,并无不当。

本案启示

提升运用法治思维和法治方式化解医事民事纠纷的能力

宋儒亮　法治广东研究中心主任、《中国医学论坛报》第二届医事法学理事会理事长、广东省医学会医事法学分会主任

一、法律介入与调整:活动、医事活动和医事法律活动有了不同

医事活动,指与医相关的一切活动,但只是我们活动中的一部分。法律介入和调整的医事活动,并不是医事活动的全部,而只是医事活动中的一个部分。医事活动,要比医事法律活动的外延更大、更广。医事法律活动,指由不同法律介入和调整对应形成的一种具有法律效力的医事活动,把法律介入和调整的这部分医事活动称为医事法律活动。医事法律活动占医事活动之比虽然较小,但更具典型性,“麻雀虽小,五脏俱全”。

医事法律活动,就是通过法律的介入和调整,让我们参加的医事活动变得不一样了,变得不熟悉,变得不随心所欲,要考虑和注重其他各方了。也正是有了法律的介入和调整,我

们有了"法治国家"、"法治政府"和"法治社会"这样的建设目标,有了"依宪治国""依法执政""依法行政"这样的治理要求;也正是通过法律的介入和调整,我们有了对不同地方、领域、行业等的法律规制。

比如,医疗救治活动就是一种医事法律活动。医疗救治活动是具有法律强制力保证实施的最基本、常见的、典型的一种民事医事法律关系、一项民事医事法治建设和一类民事医事法律活动。在这种医事法律关系、法治建设、法律活动中,被调整的主体是地位平等的医方和患方,对象是人身关系和财产关系,内容是彼此形成的权利和义务,以及可能存在的法律责任和法律救济。

我们最常见的医疗活动、医患关系、医疗纠纷等,以及我们常说的依法行医、依法执业等,它们背后共同蕴含着法治道理。无论它们怎样丰富多彩,都是在医事法律活动范畴和法治轨道中运作与展开的。

二、法律实施和运用:人身、财产和其他合法权益有了保障

以民事法律领域为例。通过法律的介入和调整,在对应医事活动中,随之也就形成了民事医事法律关系,它要保护的就是平等民事主体的"人身权利"、"财产权利"和"其他合法权益"。《民法典》就是其中最具有权威性的一部法律。《民法典》第2、3、4条分别规定:"民法调整平等主体的自然人、法人和非法人组织之间的人身关系和财产关系。""民事主体的人身权利、财产权利以及其他合法权益受法律保护,任何组织或者个人不得侵犯。""民事主体在民事活动中的法律地位一律平等。"据此,面对一个完整的临床活动,从医事民事法律关系内容来看,形成了三大法律链:人身关系链、财产关系链和其他合法权益关系链。

一是人身关系链。"人身关系链"聚焦人身权利,关注人权尊重和保障。在这个关系链中,形成了一套由高到低、由抽象到具体的综合系统。比如,有关人权、人格等的尊重和保障,就是宪法问题,这其中,宪法实施、监督和解释的能力水平最为关键;又如,有关人身权利、生命健康权、知识产权、债权等的保护,可能形成刑事、行政、民事问题,其之成效,关系刑事法治、行政法治和民事法治建设能力水平。这其中,合法性审查、合规性审查等,就是推进刑事法治、行政法治和民事法治的工作抓手。

二是财产关系链。"财产关系链"聚焦财产权利,重点关注"物""物权"等的尊重和保护。这个关系链中,"物"是最重要的内容之一,又分为"不动产与动产";"物权",是财产关系链中最重要的权利之一,又分为"所有权""用益物权""担保物权""占有权"等。这些都是财产关系覆盖的内容。

三是其他合法权益关系链。“其他合法权益关系链”聚焦新的权益类型，比如“数据”“网络虚拟财产”等。这个关系链是崭新之链，这是一个新动态。《民法典》第 3 条规定：“民事主体的人身权利、财产权利和其他合法权益受法律保护，任何组织或者个人不得侵犯。”

显然，《民法典》这方面的表述，为“其他合法权益”的界定、内容预留了扩展的空间和余地。《民法典》第 127 条规定：“法律对数据、网络虚拟财产的保护有规定的，依照其规定。”

一言以蔽之，我们常见的临床活动，从民事医事法律关系角度看，就是围绕“人身权利”“财产权利”“其他合法权益”保护所进行的一种由医事法律调整的医疗活动，而推进医事治理能力现代化，进行更高水平的法治医疗建设，就是当前我们进行医事改革的重大目标。

三、法律评价与价值：患者、金钱、处置彼此的协调有了聚焦

进行医疗纠纷、医疗损害、医疗事故等处理，更当围绕人身、财产和其他合法权益的关系链，从法律轨道推进，才会长治久安。医疗活动中，落实“以病人为中心”，从民事法治思维和法治方式角度说，就是医疗活动要追求切实在临床活动中尊重和保护民事主体的“人身权利”、“财产权利”和“其他合法权益”的目的。

围绕“人身关系链”的法律调整，目的就是让医疗活动主体们的“生命健康权”等权益受到保障；表现在司法实务中，就是不出现“医疗损害”，不违反“医疗服务合同”，否则，就表明当事人“人身关系”受到侵犯、“人身权利”受到损害，而这是民事法律不允许的，也是须通过诉讼等法律救济方式进行追究的。

围绕“财产关系链”的法律调整，目的就是让医疗活动主体们的“财产权利”如“物权”等受到保护；表现在司法实务中，就是不违反“医疗服务合同”，否则，就表明“财产关系”受到侵犯、“财产权利”受到损害，而这是民事法律所不允许的，也是须通过诉讼等法律救济方式进行追究的。

围绕“其他合法权益链”的法律调整，目的就是让医疗活动主体们的“其他合法权益”受到保护；表现在司法实务中，就是不违反“医疗服务合同”等，否则，就表明“其他合法权益关系”受到侵犯、“其他合法权益”受到损害，而这是民事法律所不允许的，也是须通过诉讼等法律救济方式进行追究的。

联系实际,面对医疗纠纷的发生和处置,常听到涉案的医务人员这样说:要不想有医疗纠纷、诉讼,或者要让医疗纠纷、诉讼早了结,一是要遇到所谓的“好病人”,这样的患方好商量;二是要手中“钱”,有钱好办事。

这些说法虽然听起来比较粗糙,但其中的道理并不过分,符合进行民事医事法律活动处置的特征特点。这也在提示着我们,进行医疗纠纷、医疗损害、医疗事故的处置,最终的走向和最后的化解,无外乎就是让“人身权利”、“财产权利”和“其他合法权益”在法律上实现平衡,这其中,如何解决好人的问题、如何谈好财的问题、如何保证“其他合法权益”,就是处理问题的关键。

一言以蔽之,进行医疗纠纷、医疗损害、医疗事故等处理,就是要让基于“人身”、“财产”和“其他合法权益”形成的关系链和权利链得到依法保障。这恰是把医事活动纳入民事医事法律轨道、运用法治思维和法治方式处理医疗问题之果。

明白了其中的逻辑,懂得里面的道理,就能以更高、更深、更专的层面,看待民事活动、看待医事活动和看待纠纷处置。这让我们不仅在面对医事法律问题的化解上不再模糊、不再纠结了,也在处理上更乐意主动运用法治思维和法治方式进行医事、民事纠纷的化解,这是我们该有的、需不断提升的本领。

法律武器不是哪一方独有,医患等各方都有权利。本案中,医方主动运用诉讼方式化解医疗欠费等难题,本案就是贯彻这样理念、思维和逻辑的一个较典型的医案。

出现缺氧缺血性脑病(重度)患儿相关生育问题，各方责任如何评判？

宋儒亮 官 健 李建林 罗 斌 李 立 宋立志 许文滔 周 攸 甘翌晓

案情简介

李某于2015年4月7日20时45分入院B市C区人民医院准备生育小孩，当天21时B市C区人民医院开始记录。入院诊断：(1)巨大儿？(2)孕1产0孕39+6周胎位左枕前单活胎临产。(3)脐带绕颈一周。

2015年4月7日21时30分，B市C区人民医院的医生告知李某、任某阴道试产的风险较大，有可能出现产程异常、肩难产、胎儿窘迫、新生儿产伤、产道裂伤等风险。任某明白病情，要求阴道试产。B市C区人民医院建议剖宫产。

2015年4月8日9时50分至10时20分进行手术，小孩任甲出生后，诊断为：(1)新生儿重度窒息；(2)新生儿休克；(3)缺氧缺血性脑病(重度)；(4)新生儿胎粪吸入综合征；(5)内环境紊乱；(6)颅内出血；(7)巨大儿；(8)颜面软组织损害；(9)心肌损害等。因此，任甲发育迟缓，需要持续治疗。

李某、任某认为甲医院医疗行为存在过错，其过错与李某之子任甲身体损害后果之间存在一定的因果关系，因此提起诉讼。

一审各方意见

原告(任甲、李某、任某)

被告在诊疗上存在过错，造成李某之子任甲身体损害的后果，被告过错包括但不限于：(1)采取不恰当的困难的阴道助产方式，导致李某及胎儿出现严重损伤，令胎儿失去最佳娩出方式和最佳娩出胎儿的时机；(2)在施行产钳助产手术时操作失误，导致胎儿软组织损伤，颜面损伤，存在过错；(3)手术准备不足等问题，依法应承担赔偿责任。因此，提出如下诉讼请求：

(1)请求B市C区人民医院向任甲、任某、李某赔偿476594元；(2)请求法院判令B市

C 区人民医院承担本案的诉讼费。

被告(甲医院)

B 市 C 区人民医院认为其医疗行为不存在过错,手术前已经向原告进行了风险说明告知,患方坚持顺产,后果应由患方自行承担。请求依法驳回原告的全部诉讼请求。

鉴定意见

经被告申请,一审法院于 2016 年 12 月 9 日委托乙司法鉴定所对 B 市 C 区人民医院在李某住院分娩过程中的医疗行为是否存在医疗过错,诊疗行为与李某之子任甲身体损害之间是否存在因果关系及过错参与度进行鉴定。该鉴定所于 2017 年 3 月 27 日出具某〔2017〕医鉴字第 54 号鉴定意见书,鉴定为 B 市 C 区人民医院在李某住院分娩过程中的医疗行为存在过错,其过错与李某之子任甲身体损害后果之间存在一定的因果关系,属主要因素,建议过错参与度以 61%~70%为宜。

一审法院查明事实

李某于 2015 年 4 月 7 日 20 时 45 分入院 B 市 C 区人民医院准备生育小孩,当天 21 时 B 市 C 区人民医院开始记录。入院诊断:(1)巨大儿?(2)孕 1 产 0 孕 39+6 周胎位左枕前单活胎临产。(3)脐带绕颈一周。

2015 年 4 月 7 日 21 时 30 分,B 市 C 区人民医院的医生告知了李某、任某阴道试产的风险较大,阴道试产有可能出现产程异常、肩难产、胎儿窘迫、新生儿产伤、产道裂伤等风险。任某明白病情,要求阴道试产。B 市 C 区人民医院建议剖宫产。

手术前情况:产妇一般情况良好,宫口开全,羊水Ⅱ度粪染,胎头 S+3,胎位左枕前,产瘤 4cm×4cm,宫缩 25 秒/3 分,胎心 85~120 次/分。

2015 年 4 月 8 日 9 时 50 分至 10 时 20 分进行手术,小孩任甲出生后,诊断为:(1)新生儿重度窒息;(2)新生儿休克;(3)缺氧缺血性脑病(重度);(4)新生儿胎粪吸入综合征;(5)内环境紊乱;(6)颅内出血;(7)巨大儿;(8)颜面软组织损害;(9)心肌损害等。因此,任甲发育迟缓,需要持续治疗。

任甲持续康复治疗情况如下:

1. 2015 年 4 月 8 日至 6 月 25 日在 B 市 C 区人民医院治疗,共产生医疗费 59824. 12 元。

2. 2016 年 4 月 13 日至 2017 年 2 月 25 日在某妇幼保健医院治疗,共产生医疗费

61095.46元。

3.2015年5月7日至2016年9月20日在B市妇女儿童医院治疗,共产生医疗费43976.89元。

4.2016年9月13日至2017年3月1日在B市中西医结合医院治疗,共产生医疗费618.2元。

5.2015年10月29日至2017年3月27日在某社区医院门诊治疗,共产生医疗费2157.8元,未提供病历,且部分票据未盖章。

6.在某医院产生医疗费50元。

7.在某声语矫正中心产生医疗费5600元。

8.2017年4月6日至6月24日在某甲医院治疗,产生医疗费10818.35元。

9.2017年4月6日在B市儿童医院治疗,产生医疗费8840.71元,未提供票据佐证。

10.2017年6月26日至7月2日在某医科大学附属第二医院住院,产生医疗费3267.2元。

11.2017年4月17日至6月13日在某康复医院门诊产生医疗费16560.2元。

任甲共住院158天。

2015年12月17日,李某委托甲司法鉴定中心对B市C区人民医院关于患者李某的诊疗行为是否存在过错,如存在过错,与任甲损害后果是否存在因果关系及过错参与度为多少进行了鉴定,该鉴定中心于2016年4月18日出具某司鉴16010510200387号鉴定意见书,鉴定为B市C区人民医院对患者李某的诊疗行为中存在过错,与任甲的损害后果存在因果关系,是导致任甲的损害后果的主要因素,参与度以70%为宜。

一审法院认为

一审法院依法对上述鉴定意见进行质证,但B市C区人民医院仍对鉴定意见不服,认为造成任甲脑瘫的原因有很多,包括宫内感染、产伤、遗传代谢性疾病和其他自身先天性疾病等因素,同时提出李某在怀孕期间于2015年1月22日曾因下腹坠痛10余天,以先兆早产在外院进行保胎治疗25天。医院认为鉴定意见书忽略了临床医学的复杂性和高风险性以及以上的相关因素,未对脑瘫的形成原因进行客观分析并逐一排除,主观片面地得出医疗行为是造成患儿脑瘫的主要因素的鉴定结论缺乏明确依据,故申请重新鉴定。

本案为医疗损害责任纠纷,一审法院对B市C区人民医院在李某住院分娩过程中的医疗行为是否存在医疗过错，诊疗行为与李某之子任甲身体损害之间是否存在因果关系及过错参与度进行了鉴定，乙司法鉴定所的鉴定意见书分析合理合法，一审法院予以确认。对于参与度，一审法院确定为B市C区人民医院承担65%，李某承担35%。对B市C区人民医院再次申请重新鉴定的请求，依据不足，一审法院不予采纳。

任甲的各项损失应依法计算如下：

1. 医疗费，凭据计算为201810元，一审法院予以确认。

2. 住院伙食补助费15800元（158天×100元/天）。

3. 交通费，酌定10000元（2015年4月30日暂计至2017年4月30日）。

4. 护理费，按通常标准计算住院158天为12640元（80元/天×158天）。

5. 营养费，酌定10000元。

6. 租屋损失费3884元，任某认为小孩需到某区进行后续康复治疗，每天需排队及做很多的项目，故在医院旁边租赁小屋，提供租赁合同、结算说明、租赁收据、物业管理费发票佐证，一审法院予以支持。

7. 司法鉴定费13600元（甲司法鉴定中心），一审法院予以支持。

以上合计267734元，该款由B市C区人民医院赔偿65%即174027元。

一审法院判决

依照《民法通则》第119条，《侵权责任法》第54条、第55条，《最高人民法院关于审理人身损害赔偿案件适用法律若干问题的解释》（2003年版）第17条、第19条、第21～24条，《最高人民法院关于民事诉讼证据的若干规定》（2008年版）第2条、第4条第2款第8项的规定，作出判决：

（1）B市C区人民医院于本判决发生法律效力之日起10日内向任甲、任某、李某赔偿174027元。（2）驳回任甲、任某、李某的其他诉讼请求。如果未按判决书指定的期间履行给付金钱义务，应当依照《民事诉讼法》（2017年版）第253条之规定，加倍支付迟延履行期间的债务利息。

一审案件受理费9505元，由B市C区人民医院负担2900元，任甲、任某、李某负担6605元。

一审判决后，任甲、李某、任某不服，提起上诉。

二审各方意见

上诉人(任甲、李某、任某)

上诉请求:(1)请求原判第一项请求,B 市 C 区人民医院向任甲、任某、李某赔偿 476594 元;(2)请求法院判令 B 市 C 区人民医院承担本案的诉讼费。

事实与理由:

1. 一审法院认定 B 市 C 区人民医院的过错参与度为 65%,上诉人认为 B 市 C 区人民医院的过错参与度应为 80%。

(1)B 市 C 区人民医院严重违反告知、说明义务。分娩前,B 市 C 区人民医院就应当将胎儿是巨大儿、脐带绕颈、母体相对矮小等具有一定剖宫产手术指征的情况告知李某及家属,更重要的是 B 市 C 区人民医院应当告知李某发生肩难产的严重后果是可能导致胎儿窒息、颅内出血、神经损伤甚至死亡,而且根据胎儿体重的情况和母体的情况,肩难产的发生率达到了 12%,所以,若李某和家属能清晰知道存在如此严重风险,肯定不会有丝毫的想法要冒险尝试阴道试产,那么,胎儿就会剖宫生产,不会发生今天的悲剧。正因为 B 市 C 区人民医院没有明确告知“肩难产”的情况和风险,所以,李某才无知地称“先尝试一下顺产”。而且,病案资料中的“风险告知书”事项内容是 B 市 C 区人民医院医生手写补充填写的。综上,B 市 C 区人民医院正确履行了告知说明义务与否,直接影响了李某作出不同的选择,而且该不同选择所产生的后果与实际发生的后果之间,存在重大差距,因此,B 市 C 区人民医院违反该义务应承担全部的民事责任。

(2)B 市 C 区人民医院医疗病例资料缺失,且无有效解释说明,根据《最高人民法院关于审理医疗损害责任纠纷案件适用法律若干问题的解释》(2017 年版)第 16 条、第 17 条的规定,应当承担相应不利的诉讼后果。本案中,首先,B 市 C 区人民医院遗失或故意不提供李某的产检资料(有医务人员录音证据证实),导致无法判断医方对李某的孕期检查是否规范、完善,从而无法判断医方对李某的产前准备工作是否规范合法,存在过错。其次,B 市 C 区人民医院缺失 2015 年 4 月 8 日 7:00~9:48 的胎监数据,导致无法判断该期间胎儿窘迫程度,存在过错。

(3)B 市 C 区人民医院严重违反注意义务,令胎儿处于极度危险的状态但未被及时发现,导致出现胎儿窘迫。在第一产程时,已经出现产程过缓,宫缩乏力的情况下,未及时监测处理,找出原因及采取有效措施,继续要求李某艰难地阴道试产,增加了胎儿宫内窒息的风险。

(4)B 市 C 区人民医院采取不恰当的困难的阴道助产方式,导致李某及胎儿出现严重损伤,令胎儿失去最佳娩出方式和最佳娩出胎儿的时机。

(5)B 市 C 区人民医院在施行产钳助产手术时操作失误,导致胎儿软组织损伤,颜面损伤,存在过错。

(6)B 市 C 区人民医院对发生肩难产的评估及预防措施准备不到位,导致出现肩难产后,延长了胎头胎肩娩出的时间间隔,降低了胎儿存活率,导致胎儿娩出时出现濒死状态,重度窒息,存在过错。

(7)根据甲鉴定报告的分析,B 市 C 区人民医院未能根据李某及胎儿的情况做出正确决策,而是顺从李某的意见,在分娩开始时采用阴道分娩方式,是医院分娩方式选择错误,存在过错。

上诉人在本案中不存在过错。本案损害结果发生的关键原因根本不在于开始时选择哪种分娩方式,而是分娩过程中是否能够认真地监测到位,是否能够及时正确地采取应对措施,以及有无做好预防的准备工作,把风险和危害结果的发生率降低。所以,退一步讲,即便在开始时初选择的是顺产方式,但如果 B 市 C 区人民医院监测到位,处理得当,抢救及时,手术操作正确,及时采取终止妊娠的措施,那么,胎儿就不至于宫内窒息时间过长而导致悲痛结果发生。所以,李某是否变更了产检医院,是否在分娩之初提出过尝试顺产的要求,都不是如今损害结果发生的原因和关键所在。至于胎儿自身因素,胎儿是不是巨大儿是客观情况,况且胎儿一直无先天性疾病及遗传疾病,产检的情况都是健康的,所以,胎儿自身并不存在任何过错。因此,客观实际情况及证据均表明上诉人对损害结果的发生是不存在过错的。

2. 一审法院认定的交通费、护理费的数额过低。

(1)交通费:自任甲出生之后,就没有办法停止治疗、康复训练,需要辗转不同的医院进行治疗,2 年的时间那么长,现在的物价那么高,只有 1 万元的交通费,这是非常不合理的。

(2)护理费:护理费是指受害人受到伤害后,由他人进行护理而支出的费用:应当包括住院期间、康复期间、残疾期间的护理费。本案中,任甲重度脑瘫,造成结果极其严重,需要 24 小时进行护理,不论是否住院,但一审法院只计算住院期间的护理费不合理。任甲无法像其他小朋友一样,到现在都不会坐(两岁多了,其他小朋友早就已经会跑了),需要两个人才能够护理,应当计算两人。

被上诉人(甲医院)

B 市 C 区人民医院答辩称:

1. 对于专业问题,应该站在专业的角度考量和分析,而不是用生活常识去评判。上诉人对专业问题缺乏本质的认识,才会用生活上面的常识和想法去推测本案争议的专业问题。

2. 本案有两份鉴定,一份是任甲、任某、李某在诉讼之前做的鉴定,另一份是进行到诉讼程序后法院委托做的鉴定。两份鉴定意见中认定的 B 市 C 区人民医院存在的医疗过错是完全不同的,也就说明,即使是专业的鉴定机构对于本案的争议事实也有不同的看法。从这个事实看出,专业知识不能用生活常识去判定。

3. 医院两次告知风险,但是任某、李某两次签名要求顺产,而且是夫妻签名的。

4. 因为剖宫产会对人体产生伤害,所以我们尽可能选择自然分娩,也不能因为产妇原因随意进行剖宫产。

5. 本案出现了肩难产,其实也就是一瞬间的事情,通过医护人员的努力,婴儿还是存活了,虽然存在一些伤害,我们也很遗憾。但因为是巨大儿肩难产,本身在医学上也是难度很大的事情,难道这样还要对医护人员责难吗?

二审法院查明

一审认定的事实均有相关证据,本院予以确认。

二审法院认为

关于本案造成任甲伤害的原因,一审法院依法委托乙司法鉴定所进行鉴定,乙司法鉴定所作出了 B 市 C 区人民医院存在医疗过错,诊疗行为与李某之子任甲身体损害之间存在因果关系及过错参与度为 61%~70%的结论。分娩本身存在一定的风险,产妇身体状况及胎儿的发育情况等均对分娩后果有一定的影响。故一审法院根据鉴定结论,综合考虑各方因素,确定 B 市 C 区人民医院的参与度为 65%,并无不当。关于交通费,任甲、任某、李某没有提交相应的票据,一审法院酌定 10000 元已属合理。至于护理费,由于任甲目前尚未进行伤残等级及护理依赖度鉴定,故一审法院仅对任甲住院期间的护理费进行处理可行,其余护理费用可另寻途径解决。

一审法院根据双方当事人的诉辩、提交的证据对本案事实进行了认定,并在此基础上依法作出一审判决,合法合理,且理由阐述充分,本院予以确认。本院审理期间,任甲、任某、李某既未有新的事实与理由,也未提交新的证据予以佐证自己的主张,故本院认可一审法院对事实的分析认定,即对任甲、任某、李某的上诉请求,不予支持。

二审法院判决

综上所述,一审认定事实清楚,判决并无不当,本院予以维持。依照《民事诉讼法》第170条第1款第1项之规定,判决如下:

驳回上诉,维持原判。

二审受理费4915元,由上诉人任甲、任某、李某负担。

本判决为终审判决。

各方意见

医方意见

李建林　中山大学附属第八医院(深圳福田)　副院长

涉案医院存在以下问题:(1)医疗质量缺陷。孕妇入院诊断:①巨大儿?②孕1产0孕39+6周胎位左枕前单活胎临产。③脐带绕颈一周。医院对产妇评估不全面,对巨大儿、脐带绕颈、母体相对矮小进行阴道分娩风险判断不足。对巨大儿、脐带绕颈、母体相对矮小具有的剖宫产的指征认知不足。(2)对巨大儿、脐带绕颈的阴道分娩风险告知不够充分,特别是可能导致胎儿窒息、颅内出血、神经损伤甚至死亡等风险。(3)患者及家属参与医疗活动不够,医务人员没有与患方及时有效沟通。(4)分娩过程观察不够仔细,在第一产程时已经出现产程过缓,宫缩乏力的情况下,出现胎儿窘迫,未及时监测处理。此时,应采取有效措施,改为剖宫产,而不是继续要求李甲艰难地阴道试产,增加了胎儿宫内窒息的风险。(5)病历资料记录缺少和事后书面补记,违反病历相关规定。(6)小孩出生后出现严重并发症,诊断:①新生儿重度窒息;②新生儿休克;③缺氧缺血性脑病(重度);④新生儿胎粪吸入综合征;⑤内环境紊乱;⑥颅内出血;⑦巨大儿;⑧颜面软组织损害;⑨心肌损害等。

涉案医院应吸取的经验教训:(1)加强培训,提高医务人员的医疗技术水平;特别是针对高危孕产妇,充分认识和掌握阴道分娩和剖宫产的指征;(2)加强医患沟通,充分告知阴道分娩和剖宫产的好处和风险;(3)加强分娩过程监测,特别是高危产妇的全过程监测,有情况要及时处理;(4)严格遵守病历管理规定,不得销毁、隐藏、遗失、篡改病历资料。

鉴定专家意见

罗斌　中山大学司法鉴定中心　主任法医师

本案原告在诉前单独委托甲司法鉴定中心出具司法鉴定意见,不能被法院采纳。该案例提示鉴定机构人员,对于单方委托的风险务必与当事人说清道明,单方委托可能致使涉事方不认同,致使鉴定意见不被采纳而需重新鉴定。

同时,鉴定中亦存在参与度的争议。鉴定意见出具的参与度非一具体数值(全责、主要、同等、次要、轻微、无责六分法),而是一个区间百分比值,但至于在区间内取何种具体数值,是由法院汇集各种证据材料综合裁定的。

律师意见

李立　广东广信君达律师事务所　高级合伙人

广东省律师协会医疗卫生与健康法律专业委员会　副主任

律师接受当事人委托,更大程度实现当事人的合法权益,是律师存在之道。但面对一个医疗损害赔偿案,要让判决能体现生命尊严,离不开法院和法官的指引、担当和付出。这类案件既考验各方律师的专业能力和水平,更考验各方对于法律价值和理念的遵循和运用。

本案中,被告方的抗辩、法院方主持的证据质询和案件的阐明等工作仍有待完善,这是推进案件实质审查的关键,也是让审理的案件可以出彩的关键。

宋立志　广东广信君达律师事务所　律师

手术方案的选择由谁决定?这既考验医疗水平又考验风险把握能力。《医疗纠纷预防和处理条例》第13条第1款规定:“医务人员在诊疗活动中应当向患者说明病情和医疗措施。需要实施手术,或者开展临床试验等存在一定危险性、可能产生不良后果的特殊检查、特殊治疗的,医务人员应当及时向患者说明医疗风险、替代医疗方案等情况,并取得其书面同意;在患者处于昏迷等无法自主作出决定的状态或者病情不宜向患者说明等情形下,应当向患者的近亲属说明,并取得其书面同意。”第14条规定:“开展手术、特殊检查、特殊治疗等具有较高医疗风险的诊疗活动,医疗机构应当提前预备应对方案,主动防范突发风险。”根据上述法条规定,手术方式的选择不能完全依赖患者或者医方单独决定,而是在尊重患者的选择的同时,医方制定替代方案,最大限度降低医疗损害的发生,以保障生命健康为原则。

符合诊疗规范是诊疗合规的一方面,另一方面也要履行相应的说明告知义务,并征得患者明确同意。《民法典》第1219条规定:“医务人员在诊疗活动中应当向患者说明病情和医疗措施。需要实施手术、特殊检查、特殊治疗的,医务人员应当及时向患者具体说明医疗风险、替代医疗方案等情况,并取得其明确同意;不能或者不宜向患者说明的,应当向患者的近亲属说明,并取得其明确同意。医务人员未尽到前款义务,造成患者损害的,医疗机构应当承担赔偿责任。”由之前《医疗纠纷预防和处理条例》规定的“书面同意”到《民法典》规定的“明确同意”,法律对医疗机构的要求更近一步、更严一层。

许文滔　广东广信君达律师事务所　律师

医疗方案的决策权是在医方而非患方,但不少医护人员因对医疗方案决策权以及告知说明义务理解存在偏差,以为是由患方行使决策权。

根据现有法律规定及司法实践的要求,医师需要对患者的病情作出临床判断并在衡量利弊后做出医疗方案的决策,此系医师作为专业人士的义务及责任。若医方的医疗措施决策错误则需承担相应的专家责任,该专家责任的认定需评估医师的医疗方案选择是否符合现行诊疗规范,并衡量相同医疗水平下医师是否尽到高度谨慎注意义务等。而患方享有相应的知情权,医方需要履行告知说明义务,如通过《手术知情同意书》等方式履行,若医方未尽到告知说明义务则是构成对患者知情权的侵犯。至于患者拒绝配合医方诊疗措施的开展的行为定性,属于对患者自身过错的评估,系减轻医方责任的法定因素。

周攸　广东广信君达律师事务所　律师

本案是一例孕妇在分娩过程中产生的医疗损害赔偿案,特别之处在于,患儿在诉讼时未达到伤残鉴定年龄,故一审判决书对此问题并未进行阐明。这就是不支持患儿的伤残赔偿金、伤残护理费、伤残辅助器具费等项目以及告知患者不服时后续的合法的维权途径的具体原因,也是患方父母认为一审的判决赔偿金额过低而提起上诉的缘由。但是,二审法院对此进行了阐述和分析说明。这提醒我们法律人,要把案件的释明工作做扎实、做到位,才能真正起到各方息诉服判和案结事了的效果。

甘翌晓　广州金鹏律师事务所　律师

在司法实践中，如对鉴定意见不服，可通过诸如申请鉴定人到庭作证、申请重新鉴定等方式进行救济。这方面需要法官的积极引导和支持。

法官意见

官健　医学博士　广州知识产权法院　法官

本案判决书的查明事实部分对于整个诊疗过程的客观描述较为概括，尤其是可能涉及医方过错的部分并不完整。相应地，对于本案的重要证据医疗损害鉴定意见，判决书也只引用了结论部分，而鉴定专家对于医方过错、因果关系及参与度的分析意见等内容却只字未提。这使整个判决看起来像是一个交通事故赔偿案件，按交警的责任认定划定比例，法官仅需计算赔偿数额就可以了。这种现象在全国法院的医疗损害责任纠纷审判中均长期存在，反映出法官在审理专业性很强的医疗损害案件时的无奈与保守。本案发生于医疗纠纷最多发的两大科室之一的妇产科，产妇分娩瞬息万变，最为凶险，且可能同时涉及产妇和胎儿，一旦出事，医患矛盾十分突出。一审按照医疗损害鉴定建议的参与度确定医方承担65%的责任，可谓中规中矩，患方仍不服上诉，二审维持原判亦在情理之中。从医患双方的诉辩意见看，患方家庭非常痛苦且负担沉重，而医方虽未上诉，但在已经告知风险而患方坚持顺产的情况下承受65%的责任，也满怀委屈与不甘，的确非常遗憾。

本案启示

以敢于担当的阳光判决照亮尊重和保障人权之路

宋儒亮　法治广东研究中心主任、《中国医学论坛报》第二届医事法学理事会理事长、广东省医学会医事法学分会主任

阅读裁判文书，感到这个案件的本质并不在专业问题，而是价值问题。比如，怎么看待正患重病的患儿、怎么看待正当的医疗服务、怎么看待法院的担当、怎么看待人当有的尊严等，这些都不是轻松的话题，都是当前推进医疗行业高质量发展要重点考虑的法律议题。

一、面对这个正患重病的患儿，该如何优化思考以提升站位

这关系到如何看待生命的问题。显然，在我们面前的是一个重度的脑瘫患者，他的出生本来是一件愉快、幸福的事情，但现成了一个非常痛苦之事。

孩子诞生，并不只是医学过程，同时也是对生命价值和理念的新思考、新追求的过程。

提升医疗服务质量的背后，首先要先有思考上的优化，必须切实提高我们看待生命的站位，要从宪法规定的尊重和保障人权角度看待一个个新生的生命，要对生命有敬畏、有感恩，这是高站位下的新思考。没有这些新思考、新追求，没有感同身受的同理心，后续高质量的医疗活动便难以诞生、难以持续、难以实现。

二、面对这个待诞生的小生命，该如何提供正当的医疗服务

这就关系到该如何看待医疗服务的问题。假设有这些场景：

在孩子即将出生前的一天、半天、一小时等时刻，如果其父母能知道并懂得诸如“巨大儿”“脐带绕颈一周”“阴道试产可能出现产程异常，肩难产，胎儿窘迫，新生儿产伤，产道裂伤”等的含义和随之的风险，听从医师建议进行“剖宫产”，这个孩子或许就能化险为夷，但这个情形没有出现。

如果当时提供服务的医务人员，清晰知晓这个胎儿面临风险，在面对孕妇及其配偶等近亲属时，沟通交流再多耐心一点，把法律要求的说明告知义务履行地再详细一点、充分一点，把风险讲述得更形象生动更迫切些，比如辅助用图进行说明告知，可能结果又不一样了，但这个情形没有出现。

如果此时面临抢救生命垂危的孕妇和胎儿的紧急情况，在不能取得该患者或者其近亲属意见时，经医疗机构负责人或者授权的负责人批准，医师立即实施剖宫产，可能孩子的命运又不一样了，但这个情形没有出现。

非常遗憾的是，上述三种可能规避风险之情形都未出现，孩子的家人、接生的医师、住院的医院，他们没有把最利于孩子的结果呈现出来！

毕竟，上述这些努力的背后，核心目标就是为孩子的平安诞生选择一种科学的分娩方式。分娩方式直接决定或者影响生育的后果。问题风险讲得全面、清楚、准确、如实与否，患者的理解是不一样的。在涉及重大选择问题上，法律不缺说明告知义务规定，且要求还是比较高的。此时，把风险说清楚、说全面、说到位，是必需的，这对医院医生的要求不为过。反观本案，在生育方式选择问题上，医方说明告知的内容还是不充分、不充足的。需要再次强调的是，履行法律规定上的说明告知义务，不能让自保多过担当。利弊选择的背后，实质是价值选择。在说明告知的“度”的把握下，医师多一点担当，效果就好一点。

强调以患者为中心，意味着当遇到可能风险时，需要将“利”更多地留给患者，将“弊”更多地留给自己。强调以患者为中心、强调医师职业精神、强调医师职业道德，目的都是在关键的时候最大限度让患者生命健康权得到切实保障，让患者更加充分地享受作为患者的法定权利。这方面的表现,各方尤其医方更有待持续提升。

谈到医患沟通这个老话题,这样的结果我们不陌生。有时候,一个人的命运可能就在一次普通对话之中被决定了,而这个时候的你,可能还没有意识到这点。这更提示我们,孩子要平安落地,为人父母要更多地学习,要相信专业,要信赖医务人员;为人医者,要更多地换位思考,要更多地体谅,要更多地考虑工作初心、价值和意义。

三、面对这个不幸的孩子,该如何通过审理传递正义

案件到了法院,就必须专业评点了。整个案件,综合比较各方观点:患者诉请,写得比较详细也比较客观,真情实意;专家点评,将问题梳理得清清楚楚摆在那里;鉴定意见,60%~70%参与度,观点明确;法官点评,面对专业问题一针见血,认为某些法院某些法官们习惯按鉴定意见责任划定比例计算赔偿数额。与各方观点相比,裁判文书表现不尽如人意。比如,未对原告诉请予以精准回应;针对原告与被告的争论争辩,面对证据,惜字如金,仅进行客观性的摘录和摘抄,鲜有观点见解。要知道,各方诉求到法院,法院方观点不仅主要而且紧要,厘清是非对错、担当作为不仅是职业道德的要求,更是法院法官专业上的担当。

对军队内部卫生主管机关针对医事纠纷作出的行政处理不服提起行政诉讼，法院审理有什么特殊吗？

宋儒亮　付洪林　温国明　欧阳兵　宋立志

案情简介

2014 年 12 月 16 日，段某的父亲段某甲(74 岁)因“反复咳嗽、咳痰 10 余年，加重伴胸闷、喘累 3 小时”入住武警 A 省总队医院住院治疗。段某甲的病历材料记载，段某甲入院诊断为：(1)慢性阻塞性肺疾病急性加重期；(2)呼吸衰竭？(3)心力衰竭；(4)高血压病；(5)糖尿病；(6)冠心病。入院后予以抗炎、止咳、化痰、解痉平喘对症治疗。12 月 17 日，段某甲诉头昏，请外科会诊后考虑诊断：(1)多发性脑梗死；(2)帕金森综合征；(3)颈髓病变？建议行头颅磁共振成像和颈椎磁共振成像检查。12 月 29 日，段某甲诉乏力，阵发性头昏，武警 A 省总队医院要求段某甲行头颅磁共振成像和颈椎磁共振成像检查。2015 年 1 月 11 日 15 时前后，段某甲出现头昏、腹胀，患者家属向值班医生左某反映病情，根据病历记载：左某予以了查体，认为患者生命体征平稳，建议临床观察。17 时 30 分段某甲家属诉段某甲头昏症状较前明显加重，查体：血压 118/70mmHg，双肺呼吸音清，双肺可闻及少许哮鸣音，请会诊后建议行头颅磁共振成像检查，段某甲家属拒绝。18 时 25 分，段某甲出现呼之不应，血氧饱和度 80%，医院给予吸痰、静推药物、无创呼吸机辅助呼吸等抢救。2015 年 1 月 12 日段某甲经抢救无效宣布临床死亡。死亡诊断为：(1)呼吸循环衰竭；(2)慢性阻塞性肺疾病急性加重期；(3)老年退行性心瓣膜病，心力衰竭心功能 3 级；(4)高血压；(5)糖尿病；(6)冠心病；(7)高血压性心脏病；(8)白细胞减少；(9)丙型××；(10)电解质紊乱；(11)多发性脑梗死；(12)贫血；(13)帕金森综合征；(14)颈髓病变？

2015 年 2 月 12 日，段某甲的家属郭某、段某乙、段某、段某丙等人通过特别授权代理人李某向武警 A 省总队后勤部提交《医疗事故争议处理申请书》，要求对患者段某甲医疗事故进行调查并依法处理，对医生左某予以处理。武警 A 省总队卫生处对医患双方的医疗争议纠纷予以了协调，2015 年 3 月 20 日，段某甲的家属与武警 A 省总队医院共同申请 D

市医学会对段某甲的医疗纠纷进行医疗事故技术鉴定。2015年4月23日,D市医学会出具某市医鉴〔2015〕005号《医疗事故技术鉴定书》,结论为:本病例不属于医疗事故。因段某甲家属不认可该鉴定结论,2015年5月14日,段某甲家属及武警A省总队医院共同委托A省医学会对段某甲的医疗纠纷再次进行医疗事故技术鉴定。2015年8月14日,A省医学会出具A省医学会医鉴〔2015〕023号《医疗事故技术鉴定书》,根据提供的现有资料及鉴定会医患双方的陈述、专家现场调查结果,专家组讨论后认为:(1)患者因"反复咳嗽、咳痰10余年,加重伴胸闷、喘累3小时"于2014年12月14日入住医方,入院后予以抗炎、止痛、化痰、解痉平喘等对症治疗。医方的上述医疗行为符合诊疗护理常规、规范。(2)2015年1月11日15时至18时25分医方对患者病情的急剧变化估计不足,观察欠仔细,检测措施不到位。医方的上述不足与患者死亡之间存在一定因果关系。(3)根据病历记载:2015年1月11日17时30分患者家属诉患者头昏症状较前明显加重,医方请会诊后建议行头颅磁共振成像检查,患者家属拒绝。但病历中缺乏患者签字的医患沟通记录,医方此项不足与患者死亡之间无因果关系。(4)患者系老年男性,身患多种严重基础疾病,全身多器官代偿功能差,此次病情变化快、进展迅速、系患者死亡的主要原因,因未进行尸体解剖,患者的确切死因不能明确。综上所述,根据《医疗事故分级标准(试行)》第1条第1款"一级甲等医疗事故:死亡"之规定,本病例属于一级甲等医疗事故,医方承担轻微责任。

2015年12月7日,段某甲的家属郭某、段某乙、段某、段某丙以左某涉嫌医疗事故罪向中国人民武装警察部队某军事法院提起刑事自诉,后该案经该院重新审理后,所作出的(2016)武某法刑自立字第1号刑事裁定书,以自诉人提供的现有证据未达到基本证明左某涉嫌医疗事故罪的要求,而决定不予受理。

2015年12月28日,段某向武警A省总队卫生处提交《举报书》,请求:(1)武警A省总队卫生处依据《军队医疗事故处理办法》第40条第1款第2项、《中国人民解放军实施〈中华人民共和国执业医师法〉办法》第17条,对造成医疗事故的医生左某予以行政处分,吊销执业证书;(2)武警A省总队卫生处依据《军队医疗事故处理办法》第12条、第40条第1款第3、4、13项,对武警A省总队医院通报批评和责令改正。2016年1月20日,武警A省总队卫生处作出《关于段某甲医疗纠纷的回函》,主要内容为:"一、该纠纷的刑事诉讼请以你们向军事法院的自诉审理结果为准。二、现有证据材料不足以构成对医院、科室、医疗团队以及个人进行行政处罚的依据。三、鉴于你们至今没有向武警A省总队卫生处提交民事赔偿的具体金额诉求和明细,并且明确'在刑事案件终审和行政诉讼完毕前,不会就民事赔偿谈判’,武警A省总队卫生处作出暂不进行民事调解的决定。”

段某因对武警A省总队卫生处作出的“现有证据材料不足以构成对医院、科室、医疗团队以及个人进行行政处罚的依据”回函不服,遂提起行政诉讼。

另查明:(1)中国人民武装警察部队后勤部向武警A省总队医院颁发有《武警部队单位对外有偿服务许可证》,该医院可对外提供医疗服务,武警A省总队后勤部系其上级主管部门。(2)左某于2002年12月19日取得执业医师资格。2011年4月2日,武警部队后勤部卫生处向第三人左某颁发《军队医师执业证书》,执业地点为“武警A省总队医院”,执业类别为“临床”,执业范围为“内科专业”,技术职称为“医师”。武警A省总队卫生处按年度对左某执业情况进行了审核,并签署有“合格”的审核意见。

一审各方意见

原告意见(段某)

请求撤销武警A省总队卫生处所作的“现有证据材料不足以构成对医院、科室、医疗团队以及个人进行行政处罚的依据”的回复,并请求武警A省总队卫生处重新作出处理。

被告意见(中国人民武装警察部队A省总队后勤部卫生处)

2015年12月28日,段某向武警A省总队卫生处提交《举报书》。武警A省总队卫生处经过调查,认为现有证据材料确实不足以构成对医院、科室、医疗团队以及个人进行行政处罚的依据,已于2016年1月20日向段某作出《关于段某甲医疗纠纷的回函》。武警A省总队卫生处作出的回函并没有对当事人的权利产生影响,本案不属于行政诉讼受案范围。请求驳回原告全部诉讼请求。

第三人意见(左某)

武警A省总队卫生处作出的“现有证据材料不足以构成对医院、科室、医疗团队以及个人进行行政处罚的依据”回函没有对当事人的权利产生影响,本案不属于行政诉讼受案范围。请求驳回原告全部诉讼请求。

一审法院认为

本案争议焦点为:其一,本案是否属于行政诉讼受案范围;其二,武警A省总队卫生处作出“现有证据材料不足以构成对医院、科室、医疗团队以及个人进行行政处罚的依据”的回复的依据是否充足。

国务院颁布的《医疗事故处理条例》第62条规定:“军队医疗机构的医疗事故处理办法,由中国人民解放军卫生主管部门会同国务院卫生行政部门依据本条例制定。”根据该法规授权所颁布的《军队医疗事故处理办法》第30条规定:“医患双方发生医疗事故争议,当事人在知道或者应当知道其身体健康受到损害之日起1年内,可以向军队医疗机构隶属的上级卫生部门提出医疗事故争议处理书面申请。申请书应当写明申请人的基本情况、有关事实、具体请求及理由等内容。”第40条规定:“有下列情形之一的,依照《中国人民解放军纪律条令》的有关规定,对负有直接责任和其他责任的军队人员,给予处分,责令暂停一年以下的执业活动:情节严重的,吊销执业证书;构成犯罪的,依法追究刑事责任;对单位给予通报批评,并责令限期改正……”《执业医师法》第46条规定:“军队医师执行本法的实施办法,由国务院、中央军事委员会依据本法的原则制定。”根据该法律授权所颁布的《中国人民解放军实施〈中华人民共和国执业医师法〉办法》第17条规定:“军队医师有《执业医师法》第三十七条所列行为之一或者下列行为之一的,依照《中国人民解放军纪律条令》的有关规定,给予处分,军队团级以上单位后勤(联勤)机关卫生部门并可以责令暂停六个月以上一年以下执业活动;情节严重的,吊销执业证书;构成犯罪的,依法追究刑事责任……”上述法律、法规及授权规范性法律文件规定了军队医院、医师在医疗执业过程中,造成医疗事故的,其上级卫生部门有处理的职责,包括有权对单位、个人予以行政处罚。武警A省总队医院虽属部队医院,但该医院对外提供医疗服务,其在医疗诊治过程中对患者造成了医疗事故,武警A省总队卫生处作为其上级卫生主管部门,对承担医疗事故责任的医疗单位及其医务人员,有包括行政处罚在内的行政处理职权。武警A省总队卫生处对段某的举报作出“现有证据材料不足以构成对医院、科室、医疗团队以及个人进行行政处罚的依据”的回复,对当事人的权利产生了影响,属于《行政诉讼法》(2014年版)第2条第2款所规定的法律、法规、规章授权的组织所作出的行政行为。因此,武警A省总队卫生处上述涉及“行政处罚”的处理答复属于可诉的行政行为,故本案属于行政诉讼审理范畴。对武警A省总队医院、左某提出本案不属于行政诉讼受案范围的主张,本院不予采纳。

段某父亲段某甲在武警A省总队医院住院治疗死亡,段某在A省医学会出具段某甲病例属于医疗事故的鉴定报告后,向武警A省总队卫生处递交举报申请,其中包括要求对武警A省总队医院、左某予以行政处罚的请求。武警A省总队卫生处收到申请后,作出“现有证据材料不足以构成对医院、科室、医疗团队以及个人进行行政处罚的依据”的回复。一审法院认为,首先,根据《军队医疗事故处理办法》第 2 条第 2 款规定,"本办法所称医疗事故,是指列入军队编制的医疗机构及其医务人员在医疗活动中,违反国家和军队医疗卫生管理规定和医疗护理技术操作常规,过失造成伤病员人身损害的行为",因 A 省医学会出具的医疗事故技术鉴定认为医方"2015 年 1 月 11 日 15 时至 18 时 25 分医方对患者病情的急剧变化估计不足,观察欠仔细,检测措施不到位。医方的上述不足与患者死亡之间存在一定因果关系",并认定本病例属于一级甲等医疗事故,医方承担轻微责任。在患者段某甲的病例已被技术鉴定确定为医疗事故的情况下,该鉴定报告能够证明武警 A 省总队医院在段某甲治疗过程中存在违反医疗卫生管理规定和医疗护理技术操作常规的行为,虽系承担轻微责任,但并不能否定其存在违规行为,因此,武警 A 省总队卫生处以 A 省医学会出具的医疗事故技术鉴定未明确具体的违规条款,而提出医方无责任的主张与事实不符。其次,医疗事故技术鉴定报告只是从技术层面确定是否属于医疗事故及责任承担程度,至于造成该起医疗事故的具体责任者,属于武警 A 省总队卫生处调查确定的范畴,武警 A 省总队卫生处所提交证据并不能证明其对该起医疗事故相关人员进行了调查;且段某在举报中明确要求对左某予以行政处罚,而左某作为当天值班医生,在患者段某甲病情发生变化的情况下,其当时的医疗处置行为是否应当在该起医疗事故中承担责任,武警 A 省总队卫生处并未向段某明确作出答复。最后,虽然武警总队医院在段某甲医疗争议纠纷中予以配合处理,但武警 A 省总队卫生处并未提供证据证明武警 A 省总队医院制定了有关医疗事故防范和处理的预案。综上所述,武警 A 省总队卫生处作出的"现有证据材料不足以构成对医院、科室、医疗团队以及个人进行行政处罚的依据"回函,认定事实方面的主要证据不足,故应予撤销,并由武警 A 省总队卫生处对段某举报要求对武警 A 省总队医院、左某予以行政处罚的申请重新作出处理。

一审法院判决

依照《行政诉讼法》第 70 条第 1 项之规定,判决如下:

1. 撤销武警 A 省总队卫生处对段某的举报申请于 2016 年 1 月 20 日所作的"现有证据材料不足以构成对医院、科室、医疗团队以及个人进行行政处罚的依据"回复;

2. 武警 A 省总队卫生处对段某提出的对武警 A 省总队医院、左某予以行政处罚的举报申请,重新作出处理决定。案件受理费 50 元,由武警 A 省总队卫生处承担。

二审各方意见

上诉人(中国人民武装警察部队A省总队后勤部卫生处)

上诉人认为原审判决事实不清,上诉人作出的回函证据充分,程序合法,请求二审法院依法撤销原审判决,驳回被上诉人的诉讼请求。

被上诉人(段某)

上诉人的上诉理由均不能成立,原审判决正确,请求驳回上诉,维持原审判决。

原审第三人(左某)

原审第三人左某未提交书面答辩意见。

二审法院查明

上诉人武警A省总队卫生处二审中向本院提交一份《武警A省总队医院医疗纠纷应急处置预案》,因已经超过法定举证期限,且不属于法定新证据的范畴,故本院不予接纳。

本院审理查明的事实与原审法院查明的事实一致。

二审法院认为

本案争议焦点为:其一,本案是否属于行政诉讼受案范围;其二,武警A省总队卫生处作出"现有证据材料不足以构成对医院、科室、医疗团队以及个人进行行政处罚的依据"的回复的依据是否充足。

根据国务院颁布的《医疗事故处理条例》第62条,《军队医疗事故处理办法》第30条、第40条,《执业医师法》第46条,《中国人民解放军实施〈中华人民共和国执业医师法〉办法》第17条的规定,军队医院、医师在医疗执业过程中,造成医疗事故的,其上级卫生部门有处理的职责,包括有权对单位、个人予以行政处罚。武警A省总队医院虽属部队医院,但该医院对外提供医疗服务,其在医疗诊治过程中对患者造成了医疗事故,武警A省总队卫生处作为其上级卫生主管部门,对承担医疗事故责任的医疗单位及其医务人员,有包括行政处罚在内的行政处理职权。武警A省总队卫生处对段某的举报作出"现有证据材料不足以构成对医院、科室、医疗团队以及个人进行行政处罚的依据"的回复,对当事人的权利产生了影响,属于《行政诉讼法》第2条第2款所规定的法律、法规、规章授权的组织所作出的行政行为。因此,武警A省总队卫生处上述涉及"行政处罚"的处理答复属于可诉的行政行为,故本案属于行政诉讼审理范畴。

段某父亲段某甲在武警A省总队医院住院治疗死亡,段某在A省医学会出具段某甲病例属于医疗事故的鉴定报告后,向武警A省总队卫生处递交举报申请,其中包括要求对武警A省总队医院、左某予以行政处罚的请求。武警A省总队卫生处收到申请后,作出“现有证据材料不足以构成对医院、科室、医疗团队以及个人进行行政处罚的依据”的处理答复。本院认为,首先,根据《军队医疗事故处理办法》第2条第2款规定,“本办法所称医疗事故,是指列入军队编制的医疗机构及其医务人员在医疗活动中,违反国家和军队医疗卫生管理规定和医疗护理技术操作常规,过失造成伤病员人身损害的行为”,因A省医学会出具的医疗事故技术鉴定认为医方“2015年1月11日15时至18时25分医方对患者病情的急剧变化估计不足,观察欠仔细,检测措施不到位。医方的上述不足与患者死亡之间存在一定因果关系”,并认定本病例属于一级甲等医疗事故,医方承担轻微责任。在患者段某甲的病例已被技术鉴定确定为医疗事故的情况下,该鉴定报告能够证明武警A省总队医院在段某甲治疗过程中存在违反医疗卫生管理规定和医疗护理技术操作常规的行为,虽系承担轻微责任,但并不能否定其存在违规行为,因此,武警A省总队卫生处以A省医学会出具的医疗事故技术鉴定未明确具体的违规条款,而提出医方无责任的主张缺乏事实依据。其次,医疗事故技术鉴定报告只是从技术层面确定是否属于医疗事故及责任承担程度,至于造成该起医疗事故的具体责任者,属于武警A省总队卫生处调查确定的范畴,武警A省总队卫生处所提交证据并不能证明其对该起医疗事故相关人员进行了调查;且段某在举报中明确要求对左某予以行政处罚,而左某作为当天值班医生,在患者段某甲病情发生变化的情况下,其当时的医疗处置行为是否应当在该起医疗事故中承担责任,武警A省总队卫生处并未向段某明确作出答复。故武警A省总队卫生处作出“现有证据材料不足以构成对医院、科室、医疗团队以及个人进行行政处罚的依据”的处理答复,主要证据不足,应予撤销,并由武警A省总队卫生处对段某举报要求对武警A省总队医院、左某予以行政处罚的申请重新作出处理。综上,原审判决认定事实清楚,适用法律正确,审判程序合法。上诉人武警A省总队卫生处的上诉请求不能成立,本院不予支持。

二审法院判决

依照《行政诉讼法》第89条第1款第1项的规定,判决如下:

驳回上诉,维持原判。

一审案件受理费负担不变;二审案件受理费50元,由上诉人中国人民武装警察部队A省总队后勤部卫生处负担。

本判决为终审判决。

各方意见

监管方意见

温国明　广东省卫生监督所　副所长

纵观本案的经过，法院的判决没有争议之处，判决结果公正合理，个人对于案件的过程及判决评析和建议如下：

1. 关于责任问题。(1)医疗机构：作为涉事的值班医师左某，虽其医疗行为符合诊疗护理常规、规范，但对患者病情的急剧变化估计不足，观察欠仔细，检测措施不到位，未能及时控制患者病情，以上不足与患者死亡之间存在一定因果关系。根据省医学会根据医患双方提供的材料、证据，作出的"根据《医疗事故分级标准(试行)》第1条第1款'一级甲等医疗事故：死亡'之规定，本病例属于一级甲等医疗事故，医方承担轻微责任"鉴定。综上，本案中医患双方的纠纷归咎于值班医生左某的疏漏，虽不能说是玩忽职守，但是未能对患者病情及时作出评估及处理，个人责任是不可推卸的，左某虽有请会诊后建议行头颅磁共振成像检查，患者家属拒绝，但病历中缺乏患者签字的医患沟通记录。院方也未能及时提供制定的有关医疗事故防范和处理的预案。

(2)卫生行政部门：中国人民武装警察部队A省总队后勤部卫生处是此案的上诉方，法院作出不予支持上诉请求的判决。该卫生行政部门没有尊重由第三方出具的医疗事故鉴定结果，有偏袒医院嫌疑，而且该卫生部门作出"现有证据材料不足以构成对医院、科室、医疗团队以及个人进行行政处罚的依据"的处理答复缺乏信服力。武警A省总队医院虽属部队医院，但该医院对外提供医疗服务，其在医疗诊治过程中对患者造成了医疗事故，武警A省总队卫生处作为其上级卫生主管部门，对承担医疗事故责任的医疗单位及其医务人员，有包括行政处罚在内的行政处理职权。根据《军队医疗事故处理办法》第2条第2款规定，"本办法所称医疗事故，是指列入军队编制的医疗机构及其医务人员在医疗活动中，违反国家和军队医疗卫生管理规定和医疗护理技术操作常规，过失造成伤病员人身损害的行为"，主管卫生行政部门理当对涉事医院及医生作出相应处罚。

2. 关于建议意见。(1)患者家属：患者家属可凭医疗事故技术鉴定结果向法院提请上诉。对于已经有鉴定结果的医疗纠纷，当事人可凭鉴定结果向涉事单位提出赔偿和处理要求或向法院提出赔偿诉求。

（2）卫生行政部门：在收到医疗事故处理鉴定结果后，卫生行政部门应依照《医疗事故处理条例》，对单位和个人作出行政处罚。

（3）医疗机构：除应加强对医生的医疗行为管理外，在医疗事故发生后，应该首先积极引导当事人寻求第三方调处，要以当事人的诉求为先。第三方调处无果后，再指引其他途径依法解决。

律师意见

欧阳兵　广东岭南律师事务所　主任

本案不同于一般医疗行政案件，主要涉及地方人员在军队医疗机构就医发生医疗事故后行政执法部门的行政处理问题。

《医疗事故处理条例》第62条将军队医疗机构的医疗事故处理办法授权中国人民解放军卫生主管部门会同国务院卫生行政部门依据该条例制定特别规定予以处理。本案两级法院适用军队的特别规定确定武警A省总队卫生处具有行政执法权是正确的。

《军队医疗事故处理办法》第40条和《中国人民解放军实施〈中华人民共和国执业医师法〉办法》第17条赋予了军队团级以上单位后勤（联勤）机关卫生部门行政执法权，作为军队团级以上单位后勤（联勤）机关卫生部门的武警A省总队卫生处应当正确行使职权，围绕A省医学会的《医疗事故技术鉴定书》以及段某的申请请求，对左某在医治病人过程中是否存在《军队医疗事故处理办法》第40条规定的情形以及情节是否达到吊销执业证书标准进行调查取证以最终确定责任。但武警A省总队卫生处并未依职权进行调查取证，而是依赖A省医学会的《医疗事故技术鉴定书》作出行政行为，两级法院认定武警A省总队卫生处作出的行政行为主要证据不足也是非常正确的。

周攸　广东广信君达律师事务所　律师

构成医疗事故是否需承担刑事责任？是否符合构成要件中的“严重不负责任”是关键。《最高人民检察院、公安部关于公安机关管辖的刑事案件立案追诉标准的规定（一）》第56条第2款规定：“具有下列情形之一的，属于本条规定的‘严重不负责任’：（一）擅离职守的；（二）无正当理由拒绝对危急就诊人实行必要的医疗救治的；（三）未经批准擅自开展试验性医疗的；（四）严重违反查对、复核制度的；（五）使用未经批准使用的药品、消毒药剂、医疗器械的；（六）严重违反国家法律法规及有明确规定的诊疗技术规范、常规的；（七）其他严重不负责任的情形。”结合本案，A省医学会作出的鉴定意见分析认为“2015年1月11日15时至18时25分期间医方对患者病情的急剧变化估计不足，观察欠仔细，检测措施不到位。医方的上述不足与患者死亡之间存在一定因果关系”,虽然最终认定本病例属于一级甲等医疗事故,但医方承担轻微责任,据此,本案医方的过错并未达到“严重不负责任”的程度和标准,不符合医疗事故罪的立案和追诉标准,故法院作出不予受理的《刑事裁定书》,是符合法律规定的。

宋立志　广东广信君达律师事务所　律师

军队医院医疗纠纷的案件很罕见,出现纠纷后患者或者家属往往不知道如何维权,本案很好地展现了发生医疗纠纷时患者如何维权,具有很好的参考价值。首先,纠纷发生后,患者家属向市医学会申请医疗事故技术鉴定,对市医疗事故鉴定不服,向省医学会申请再次鉴定,最终认定本案构成一级甲等医疗事故。其次,患者家属向军队医院的主管单位进行行政投诉,要求对涉案医生进行处理。主管单位不处理,再进行行政诉讼。最终经过一审、二审法院的判决,认定医院主管单位未履行相应的职责,判令其限期内履行。本案患者家属的做法就非常好,具有很强的法治思维,最终成功依法维权。

法官意见

付洪林　原广州铁路运输中级人民法院　法官

本案涉及军队医院及军队内部卫生主管机关的行政诉讼主体资格问题,属新类型案件。

和平年代军队医院对普通公众开放医疗服务已属常态,即使当前军队全面停止有偿经营,军队医院仍然是一个例外。军队虽然不属于行政机关,但军队医院对外提供医疗服务过程中是以民事主体身份出现的,其与患者发生的医疗服务争议仍属民事争议,普通法院具有管辖权。如果患者选择向军队的医疗卫生主管机构申请行政处理,对处理决定不服的,认定其属于行政诉讼受案范围。

目前部分军事法院已经开展行政诉讼试点,今后如果可将此类行政争议归属军事法院管辖,在法律上将更加完美。

本案启示

着力实现越是工作重要、事情紧急越要坚持依法行医

宋儒亮　法治广东研究中心主任、广东省律师协会政府法律顾问专业委员会主任、广东省医学会医事法学分会主任

军队医疗机构,作为医疗活动一方,常见;军队医疗机构的卫生主管机关,作为医事行

政诉讼一方,不多见。

本案,就是这样的一个案件。因对与军队医疗机构之间的医疗纠纷处理不服,该患者对该军队医疗机构的卫生主管机关提起了行政诉讼。阅读裁判文书全文,整体感觉是,医疗活动清晰,案情脉络清楚,裁判结果清白。这个案件吸引眼球值得点评之处就在于当军队医疗机构的卫生主管部门作为行政诉讼之被告,从法律角度,法院该如何进行审理,又能给什么监管启示。

以下五个方面的论述,可能对理解本案、知晓审理,有一定的指引思考价值。

一、关于军队医疗机构医疗纠纷的法律适用问题

这方面的法律规定和内容,即便通过关键词在百度上查找,也不多见,属于尽管资料和内容不多,但涉及的信息量又很大的范畴,是需要通过法治思维的运用,才利于通盘理解和把握的事项。总体而言,以下规定和内容,需要认真对待。

《医疗纠纷预防和处理条例》第 54 条规定:“军队医疗机构的医疗纠纷预防和处理办法,由中央军委机关有关部门会同国务院卫生主管部门依据本条例制定。”

《医疗事故处理条例》第 62 条规定:“军队医疗机构的医疗事故处理办法,由中国人民解放军卫生主管部门会同国务院卫生行政部门依据本条例制定。”

《医师法》第 67 条规定:“本法自 2022 年 3 月 1 日起施行。《中华人民共和国执业医师法》同时废止。”

《医师法》第 65 条规定:“中国人民解放军和中国人民武装警察部队执行本法的具体办法,由国务院、中央军事委员会依据本法制定。”(《执业医师法》第 46 条规定:“军队医师执行本法的实施办法,由国务院、中央军事委员会依据本法的原则制定。”)

从上述医事法律规定可看出,在医疗纠纷处理上,针对军队医疗机构的规定,有以下特点:其一,在制定主体上,明确是由军地两地有权机关共同制定的;其二,在法律依据上,明确依据《医疗纠纷预防和处理条例》、《医疗事故处理条例》或者《医师法》。也就是说,虽然军队医疗机构在管理等方面具有特殊性,在医疗纠纷办法或者细则制定方面也有特别或者特殊规定,但是不能违反上位法——《医疗纠纷预防和处理条例》、《医疗事故处理条例》或者《医师法》——规定,是基本原则。

据此,在法律位阶上,《军队医疗事故处理办法》《中国人民解放军实施〈中华人民共和国执业医师法〉办法》是《医疗纠纷预防和处理条例》《医疗事故处理条例》《医师法》的下位法,而不是特殊法。面对与军队医疗机构的医疗纠纷,在处理上适用《军队医疗事故处理办法》《中国人民解放军实施〈中华人民共和国执业医师法〉办法》,但无论怎样,在处理上不能违反《医疗纠纷预防和处理条例》、《医疗事故处理条例》或者《医师法》的规定是基本判断。

二、关于军队医疗机构医疗纠纷的认识问题

本案特别之处就在于,医疗纠纷的一方主体是军队医疗机构。众所周知,老百姓对人民军队是有很深感情的,前往部门医院进行看病的人也是络绎不绝。在诊疗过程中产生医疗纠纷也不奇怪,这并不影响军地团结、军民一家亲的关系。因此,对一方主体是军队医疗机构的情况,也要以平常心看待,坚持运用法治思维和法治方式化解医疗纠纷。本案当事人在这方面就做得很好。

三、关于军队医疗机构医疗纠纷的法律关系问题

认同前文的法官意见,也即"和平年代军队医院对普通公众开放医疗服务已属常态,即使当前军队全面停止有偿经营,军队医院仍然是一个例外。军队虽然不属于行政机关,但军队医院对外提供医疗服务过程中是以民事主体身份出现的,其与患者发生的医疗服务争议仍属民事争议,普通法院具有管辖权"。

四、关于军队医疗机构医疗纠纷中的监管问题

认同本案法院之判决,如二审判决所言,"故武警A省总队卫生处作出'现有证据材料不足以构成对医院、科室、医疗团队以及个人进行行政处罚的依据'的处理答复,主要证据不足,应予撤销,并由武警A省总队卫生处对段某举报要求对武警A省总队医院、左某予以行政处罚的申请重新作出处理"。

五、关于军队医疗机构医疗纠纷的法治层面思考

患者一方,对军队医疗机构卫生主管部门作出的不予受理决定不服,又提起了行政诉讼。该行政诉讼案与普通的行政诉讼案之间是否存在区别,是本案最大的看点,也是本案最特殊、敏感之处。

面对类似这样的案件,如何处理才妥当?以下认识,要高度重视。

其一,要更重视法治思维和法治方式的运用,千万不要忘记。《中共中央关于坚持和完善中国特色社会主义制度 推进国家治理体系和治理能力现代化若干重大问题的决定》提出:"各级党和国家机关以及领导干部要带头尊法学法守法用法,提高运用法治思维和法治方式深化改革、推动发展、化解矛盾、维护稳定、应对风险的能力。"强调以法治思维和法治方式来处理纠纷,是防范可能风险,避免出现历史遗留等问题的良方。

其二,越是工作重要、事情紧急越要坚持依法行政,千万不要忽视。《法治政府建设实施纲要(2021-2025年)》提出:“坚持运用法治思维和法治方式应对突发事件,着力实现越是工作重要、事情紧急越要坚持依法行政,严格依法实施应急举措,在处置重大突发事件中推进法治政府建设。”强调越是特殊或者敏感案件越要坚持依法行政,这是防范可能风险,避免出现历史遗留等问题的良策。

医疗活动的不确定性常有,为此,在医疗领域中,越是遇到特别、特殊、特定的案件,越要强调和突出运用法治思维和法治方式,这是一个基本的原则。这提示我们,无论处理什么问题,都要依法办事;无论出现什么情况,法律的底线都不能动摇。

对法治的认识没有终点,其间都有一个从个案到不断推动法治建设的过程或者经历,与时俱进、不断学习和提升,是我们不变的初心。

更多借鉴,更利于提升。本篇文章提供了一个司法判决,供学习体会,以期更全面、更专业和更深刻地理解军队医疗机构及其医疗活动。

法院酌定医院承担50%的赔偿责任,面对这样的裁判结果,我们又该如何看待?

宋儒亮 官 健 李建林 罗 斌 甘翌晓 宋立志 周 攸

案情简介

患者李丙因胸痛,心肌梗死到B市中心医院就诊,Killip Ⅰ级,实施经皮冠状动脉介入治疗手术后4天死亡。李丙死亡后,孙甲、李甲、李乙与B市中心医院发生医疗纠纷,经B市卫生和计划生育委员会委托乙医学院病理学教研室对死亡原因进行医疗纠纷尸检病理鉴定。2016年4月7日,鉴定机构出具鉴定意见:死亡原因为心肌梗死、心脏破裂和心包填塞。后患方单方委托丙司法鉴定中心对以下问题进行鉴定:(1)B市中心医院是否存在过错;(2)如果存在过错,与李丙死亡是否存在因果关系;(3)如果存在因果关系,参与度为多少?2016年8月2日,鉴定机构出具鉴定意见:(1)B市中心医院在对李丙的诊疗过程中存在过错;(2)医疗过错与李丙的死亡存在因果关系;(3)医疗过错在导致李丙死亡的后果中承担主要责任。

孙甲、李甲、李乙认为B市中心医院存在过错,因此,提起诉讼。

一审各方意见

原告(孙甲、李甲、李乙)

B市中心医院在对李丙诊疗过程中存在过错是李丙死亡的原因。请求判令B市中心医院赔偿:(1)各项损失合计163391.21元(其中包括医疗费17317.85元、住院伙食补助费400元、护理费502.64元、死亡赔偿金218212.92元、丧葬费28049元、精神损害抚慰金50000元、交通费200元、司法鉴定费7100元、律师代理费5000元,合计326782.41元的50%);(2)本案的诉讼费。

被告(B市中心医院)

乙医学院尸检结果具有法律效力及有力证据,李丙不是经皮冠状动脉介入治疗手术造成的死亡,完全是其疾病本身的病理生理改变所致。患者的死亡结果与我院的诊疗行为无关,我院对患者的死亡结果不存在任何过错。

一审法院查明事实

B 市中心医院对李丙住院治疗的经过无异议,一审法院予以确认。李丙在 B 市中心医院住院治疗 4 天,住院期间医嘱需要护理,已支付医疗费 17317.85 元。孙甲系李丙妻子,李甲、李乙系李丙与孙甲的儿女。李丙死亡后,孙甲、李甲、李乙与 B 市中心医院发生医疗纠纷,经 B 市卫生和计划生育委员会委托乙医学院病理学教研室对死亡原因进行医疗纠纷尸检病理鉴定。2016 年 4 月 7 日,鉴定机构出具鉴定意见:死亡原因为心肌梗死、心脏破裂和心包填塞。李甲因办理尸检鉴定,向 B 市中心医院借款 7000 元,其中交付尸检费 4900 元,运尸费 2100 元。2016 年 6 月 23 日,李甲委托丙司法鉴定中心对以下问题进行司法鉴定:(1)B 市中心医院是否存在过错;(2)如果存在过错,与李丙死亡是否存在因果关系;(3)如果存在因果关系,参与度为多少?2016 年 8 月 2 日,鉴定机构出具鉴定意见:(1)B 市中心医院在对李丙的诊疗过程中存在过错;(2)医疗过错与李丙的死亡存在因果关系;(3)医疗过错在导致李丙死亡的后果中承担主要责任。李甲支付司法鉴定费 7100 元。孙甲、李甲、李乙据此向一审法院提起诉讼。孙甲、李甲、李乙因委托律师代理诉讼支付律师代理费 5000 元。审理过程中,B 市中心医院对李甲在诉前单方委托丙司法鉴定中心作出的鉴定意见提出异议,并向一审法院提出申请,针对以下问题重新进行鉴定:(1)B 市中心医院在对李丙诊疗过程中是否存在医疗过错;(2)如果存在医疗过错,与李丙死亡之间是否存在因果关系;(3)如果存在因果关系,医疗行为合理的参与度。

司法鉴定意见

经原被告双方共同申请,一审法院委托由双方共同选择的甲司法鉴定中心鉴定,2017 年 8 月 21 日鉴定机构出具鉴定意见:(1)B 市中心医院在对李丙提供医疗诊疗行为过程中存在医疗过错;(2)医疗过错与李丙的死亡损害后果存在因果关系;(3)B 市中心医院对李丙的死亡后果责任参与度为对等责任。

一审法院认为

B 市中心医院对李丙住院治疗的经过无异议,一审法院予以确认。

李丙因间断胸痛到 B 市中心医院经手术治疗后死亡,经甲司法鉴定中心出具法医临床司法鉴定意见:B 市中心医院对李丙提供的医疗诊疗行为存在医疗过错;医疗过错与李丙的死亡损害后果存在因果关系;B 市中心医院对李丙的死亡后果责任参与度为对等责任。甲司法鉴定中心系孙甲、李甲、李乙与B市中心医院在人民法院组织下共同选择,具备合法的鉴定资质,鉴定程序合法,鉴定意见依据充分,结论客观。应B市中心医院的申请,鉴定人出庭接受了质询,对B市中心医院所提出的各项问题均给予了认真的答复。因此,对该鉴定意见一审法院予以采信。结合本案查明的相关事实,并参照甲司法鉴定中心的司法鉴定意见,应当认定B市中心医院的医疗过错行为与李丙的死亡后果之间存在因果关系,并且参与度为对等责任。一审法院酌定B市中心医院对李丙因医疗过错导致死亡的合理经济损失承担50%的赔偿责任。孙甲、李甲、李乙合理的诉讼请求应当依法予以适当保护。关于医疗费、住院伙食补助费、护理费,应当按照住院治疗期间的医疗费实际支出情况、病历记载和责任比例合理保护。关于死亡赔偿金,参照甲司法鉴定中心的鉴定意见,按照责任比例计算。关于精神损害抚慰金,B市中心医院的医疗过错行为导致李丙死亡的损害后果,给孙甲、李甲、李乙造成较大的精神痛苦,应予适当保护。关于司法鉴定费、律师代理费,系诉讼过程中合理发生费用,应予适当保护。李甲向B市中心医院借款7000元,支付尸检费4900元、运尸费2100元,其中3500元应当由B市中心医院承担。

一审法院判决

综上所述,依照《侵权责任法》第16条、第22条、第26条、第54条,《民事诉讼法》(2012年版)第64条第1款规定,一审法院判决如下:(1)B市中心医院于本判决生效后5日内赔偿孙甲、李甲、李乙各项经济损失150578.38元(包括医疗费17117.85元、住院伙食补助费300元、护理费376.98元、死亡赔偿金218212.92元、丧葬费28049元、交通费100元,合计264156.75元的50%即132078.38元和精神损害抚慰金15000元、司法鉴定费4000元、律师代理费3000元,总计154078.38元;并扣除B市中心医院已经垫付的尸检费4900元、运尸费2100元,合计7000元的50%即3500元)。(2)驳回孙甲、李甲、李乙的其他诉讼请求。如果未按本判决指定的期间履行给付金钱义务,应当按照《民事诉讼法》第253条规定,加倍支付迟延履行的债务利息。案件受理费3568元,由孙甲、李甲、李乙共同负担280元,B市中心医院负担3288元。

一审判决后,B市中心医院不服,提起上诉。

二审各方意见

上诉人(B市中心医院)

B市中心医院上诉请求:(1)请求撤销一审判决,依法改判或发回重审。(2)诉讼费由对方承担。事实与理由:乙医学院尸检结果具有法律效力及有力证据,李丙不是经皮冠状动脉介入治疗手术造成的死亡,完全是其疾病本身的病理生理改变所致。甲司法鉴定中心鉴定意见的科学依据不充分、不科学、不客观,鉴定意见缺乏专业规范指南支持,无法采信。一审法院不应采信该鉴定意见,请求二审法院保护我方权益。

被上诉人(孙甲、李甲、李乙)

一审判决认定事实清楚,法律适用正确,请求驳回上诉人上诉请求。

二审法院查明

本院二审查明的事实与原审认定的事实一致。

二审法院认为

甲司法鉴定中心出具的某司鉴中心〔2017〕法临鉴字第402号鉴定意见认为:李丙因急性心肌梗死入院,Killip Ⅰ级,并行急诊经皮冠状动脉介入治疗。李丙入院前心肌梗死时间较长,自身病情较重,心肌细胞已成缺血心肌细胞,术后心脏破裂的可能性较大。术后如院方可以做到及时监测,并及时预见经皮冠状动脉介入治疗后心脏破裂的病发且尽到注意义务,及时发现心包填塞,及时进行急诊穿刺等处理,李丙不应因心脏破裂导致心包填塞而死亡,故B市中心医院对李丙的死亡后果责任参与度为对等责任。根据《最高人民法院关于民事诉讼证据的若干规定》(2008年版)第71条规定,人民法院委托鉴定部门作出的鉴定结论,当事人没有足以反驳的相反证据和理由的,可以认定其证明力。本案中,甲司法鉴定中心系双方当事人在一审法院委托鉴定的过程中通过合法的方式确定的,该鉴定程序合法,鉴定依据充分,内容客观公正,且鉴定人出庭接受了质询。B市中心医院虽对一审法院采纳该鉴定意见有异议,但并未提供足以反驳的证据和理由。《最高人民法院关于民事诉讼证据的若干规定》第27条规定:"当事人对人民法院委托的鉴定部门作出的鉴定结论有异议申请重新鉴定,提出证据证明存在下列情形之一的,人民法院应予准许:(一)鉴定机构或者鉴定人员不具备相关的鉴定资格的;(二)鉴定程序严重违法的;(三)鉴定结论明显依据不足的;(四)经过质证认定不能作为证据使用的其他情形。对有缺陷的鉴定结论,可以通过补充鉴定、重新质证或者补充质证等方法解决的,不予重新鉴定。"故一审法院认定该鉴定意见具有证明力并无不当。B市中心医院的重新鉴定申请不予准许。另外,B市中心医院提到的乙医学院的尸检报告,其中认定的死亡原因与一审法院采信的鉴定意见并不矛盾,司法鉴定意见进一步分析说明了医院诊疗行为与死亡原因之间的因果关系。

二审法院判决

综上所述,上诉人B市中心医院的上诉请求不能成立,应予驳回;一审判决认定事实清楚,适用法律正确,应予维持。依照《民事诉讼法》第170条第1款第1项规定,判决如下:

驳回上诉,维持原判。

二审案件受理费3312元,由B市中心医院负担。

本判决为终审判决。

各方意见

医方意见

李建林　中山大学附属第八医院(深圳福田)　副院长

患者因胸痛,心肌梗死到B市中心医院就诊,实施经皮冠状动脉介入治疗手术后4天死亡。经皮冠状动脉介入治疗的并发症是冠状动脉损伤、穿孔、栓塞、心包填塞。出现并发症与医生病情判断、时限性、操作和处理有关,特别是心脏破裂可能与操作有关。

一审、二审法院判决B市中心医院对李丙的死亡后果责任参与度为对等责任是客观公正的。

患者家属同意尸检并通过司法途径处理纠纷,是法治社会进步的体现,面对这样的局面,医院应积极主动回应,共同促进依法处理医疗纠纷的进程。

B市中心医院医务科应该组织急诊科、心血管科、护理部、介入导管室等科室讨论分析,按照心肌梗死单病种管理规范进行逐一梳理,认真反思,不断改进和提高医疗技术和质量。

鉴定专家意见

罗斌　中山大学司法鉴定中心　主任法医师

本案的鉴定需要注意两个问题。一是单方委托的效力问题。李甲在诉前单方委托丙司法鉴定中心作出的鉴定意见,遭被告医院提出异议,从而启动了重新鉴定程序。《最高人民法院关于审理医疗损害责任纠纷案件适用法律若干问题的解释》(2017年版)第15条规定:"当事人自行委托鉴定人作出的医疗损害鉴定意见,其他当事人认可的,可予采信。当事人共同委托鉴定人作出的医疗损害鉴定意见,一方当事人不认可的,应当提出明确的异议内容和理由。经审查,有证据足以证明异议成立的,对鉴定意见不予采信;异议不成立的,应予采信。”因此,在委托受理过程中,鉴定机构务必对单方委托的委托人强调单方委托的风险。

二是尸检问题。进行医疗纠纷死亡案例鉴定时,一般需要先行尸体解剖以明确患者的死亡原因,这是正确处理医疗纠纷、维护医患双方合法权益、提供科学依据的重要途径。但在我国,目前,在医院诊治过程中死亡的,尸检率并不高,在很多情形下是处理完尸体再有医疗纠纷鉴定诉求,于是往往因难以明确死因而被拒绝鉴定,致使当事人部分权益受到损失。《医疗纠纷预防和处理条例》第 26 条第 1 款规定:“患者死亡,医患双方对死因有异议的,应当在患者死亡后 48 小时内进行尸检;具备尸体冻存条件的,可以延长至 7 日。尸检应当经死者近亲属同意并签字,拒绝签字的,视为死者近亲属不同意进行尸检。不同意或者拖延尸检,超过规定时间,影响对死因判定的,由不同意或者拖延的一方承担责任。”对此,各方要认真学习。

尸检认为被鉴定人因“心肌梗死、心脏破裂和心包填塞”而死亡,据此,甲鉴定中心认为,被告医院未做到术后监测和预见的注意义务,致使李丙心脏破裂导致心包填塞而死亡,故 B 市中心医院对李丙的死亡后果责任参与度为对等责任。法院认为该份医疗损害鉴定报告事实清楚,分析客观,值得采信。《医疗纠纷预防和处理条例》第 14 条规定:“开展手术、特殊检查、特殊治疗等具有较高医疗风险的诊疗活动,医疗机构应当提前预备应对方案,主动防范突发风险。”本案中,医方未预见、未有预备应对和防范风险,故其医疗过错与李丙死亡存在一定的因果关系。对此,医方应当强化法律法规学习。

律师意见

甘翌晓　广州金鹏律师事务所　律师

进行重新鉴定,又需要满足哪些条件呢?

《最高人民法院关于民事诉讼证据的若干规定》第 27 条规定:“当事人对人民法院委托的鉴定部门作出的鉴定结论有异议申请重新鉴定,提出证据证明存在下列情形之一的,人民法院应予准许:(一)鉴定机构或者鉴定人员不具备相关的鉴定资格的;(二)鉴定程序严重违法的;(三)鉴定结论明显依据不足的;(四)经过质证认定不能作为证据使用的其他情形。对有缺陷的鉴定结论,可以通过补充鉴定、重新质证或者补充质证等方法解决的,不予重新鉴定。”也就是说,要想让法院同意重新鉴定,一方当事人必须举证证明鉴定意见存在重新鉴定之条件:(1)鉴定资格不合格,比如鉴定业务已超出鉴定所的鉴定范围,鉴定人资格不合法等;(2)鉴定程序不合法,如该回避的没回避等;(3)鉴定认定的事实不清,适用的依据错误或依据不足;(4)经质证法院不予采信。如有证据能证明以上问题,则法院应重新委托鉴定,否则仅是瑕疵上的问题,法院可通过要求鉴定机构补充鉴定、鉴定人到庭质证等方式完善鉴定,并不必然导致重新鉴定。

周攸　广东广信君达事务所　律师

诉前单方自行委托取得的鉴定意见,该如何看待?

这并不是新问题。关于鉴定问题,《最高人民法院关于审理医疗损害责任纠纷案件适用法律若干问题的解释》第9条第1款规定:“当事人申请医疗损害鉴定的,由双方当事人协商确定鉴定人。”第2款规定:“当事人就鉴定人无法达成一致意见,人民法院提出确定鉴定人的方法,当事人同意的,按照该方法确定;当事人不同意的,由人民法院指定。”第10条规定:“委托医疗损害鉴定的,当事人应当按照要求提交真实、完整、充分的鉴定材料。提交的鉴定材料不符合要求的,人民法院应当通知当事人更换或者补充相应材料。在委托鉴定前,人民法院应当组织当事人对鉴定材料进行质证。”据此,单方委托进行鉴定可能存在诸如提交的病历不齐全、鉴定材料未经过双方质证、鉴定听证会未听取医方的陈述意见等问题,而这是对对方不公平的。这提醒我们,单方自行委托的鉴定存在合法性问题,常常不被采纳。

宋立志　广东广信君达律师事务所　律师

由败诉方或者责任方承担律师费,该如何看待?

本案支持了3000元的律师费值得关注。《民法典》第1179条、《最高人民法院关于审理人身损害赔偿案件适用法律若干问题的解释》中均未规定律师费属于赔偿范围。虽然没有明确法律依据,也没有约定,但因损害由被告造成,法院判决被告承担一定的律师费,具有合理性。且对鼓励医、患双方遇事找法,合法维权,营造良好的法治环境具有引导作用。

法官意见

官健　医学博士　广州知识产权法院　法官

本案判决从程序上看,一切顺理成章。法院委托医患双方共同选择的鉴定机构进行了医疗损害鉴定,鉴定人应医方的申请出庭接受了质询并对医方的问题给予认真答复。最后,法院依据《最高人民法院关于民事诉讼证据的若干规定》中的相应条款,对医方重新鉴定的申请不予准许,并采信甲司法鉴定中心的鉴定意见,认定医方承担50%的责任并据此判赔。但实体结果是否亦如程序一样令人信服呢?

从判决书中为数不多的一段对于案情的表述中可以看出一点端倪。二审法院的裁判说理部分引用的一段鉴定意见中提到,患者因急性心肌梗死入院并行急诊经皮冠状动脉介入治疗,入院前心梗时间较长,自身病情较重,心肌细胞缺血,术后心脏破裂可能性较大,术后如医方可以做到及时监测,及时预见经皮冠状动脉介入治疗后心脏破裂,及时发现心包填塞,及时急诊穿刺,患者不应因心脏破裂导致心包填塞而死亡。

如此凶险的原发病,如此凶险的并发症,上面连用了四个“及时”,让人深感医生太难了。对于医生,法律要求高度的注意义务并不过分,但若以“事后诸葛亮”的标准反过来衡量当时万分危急的状况,难免失之偏颇。由于缺少案情信息,难以对本案的判决给出更多的评判。但仅以上述案情看,认定医方承担对等责任,依然值得商榷。由于判决书对于案情披露不充分,责任分析不透彻,故在说服力上有所欠缺,也难以发挥更好的社会效果。

本案启示

纠纷酌定结果的评析背后更多考验着对“换位思考和坚持底线”的践行

宋儒亮　法治广东研究中心主任、广东省律师协会政府法律顾问专业委员会主任、广东省医学会医事法学分会主任

阅读本案,最关心的问题就是:关于患者死亡,医方诊疗有责任吗?关于患方、医方的责任分配,法院判决有问题吗?

回答这样的问题,三言两语,恐难说清。为此,以下聚焦医事纠纷的处置、评析与完结三个阶段进行阐述,以期更好地理解医事纠纷领域的故事。

一、医事处置:一个动态讲述医学和法学“二合一”故事的专业领域

生命、健康和身体等事宜,医学关注,法学关心。从专业角度看,面对这些事宜,往往需要开启与之对应的救济——医疗救济和法律救济——活动。开启救济活动,意味争议之事已有结果。

这其中,基于医学视野,进行临床上的救济活动,称为“医疗救济”,此时,围绕医疗救济活动,就是在讲述“一个脚在医院”的故事。

医疗救济,属于自然科学范畴,讲究科学、专业和结果。进行医疗救济,核心目的就是,通过一系列的医疗活动,最终得到一个符合医学规律的结果;核心内容就是,通过实施医疗活动,比如药物、手术、免疫等疗法,实现对生命、健康和身体等的救济保障。结合本医疗纠纷案,尽管患者在该医院有被救治,但没有成功,最终死亡。"最终死亡"是医方医疗救济给予的医学答案。

显然,"一个脚在医院"这个医学故事在医学上之结果就是,患方不满意,提起诉讼,让"脚"之故事,由"医学"之域、"医院"之地进入"法学"之域、"法院"之地。对此,我们该如何看?

这其中,基于法学视野,进入法院中的救济活动,称为"法律救济",此时,围绕法律救济活动,就是在讲述"另一个脚在法院"的故事。

法律救济,属于社会科学范畴,讲究科学、专业和后果。进行法律救济,核心目的是通过一系列的法律活动取得一个法律结论;核心内容就是,通过实施法律活动,比如调解、仲裁、裁决、复议和诉讼等方式,实现对生命、健康和身体等的救济保护。结合本医疗诉讼案,尽管医方有进行救治,但患者在医院死亡。"医方有50%责任",这是法院对患方死亡事宜给出的一个法学答案。

显然,"另一个脚在法院"这个法律故事在法律上之结果、结论就是医方、患方各占50%责任。对此,我们又该如何看待?

总之,医疗救济讲述的是"一个脚在医院"的境况问题,关注的是临床活动如何专业实施的问题;法律救济讲述的是"另一个脚在法院"的境况问题,关注的是司法活动如何专业展开的问题。其中,临床活动之结果该如何进行司法评价,比如对推动工作是好还是坏,带来的是利还是弊,等等,不仅关系具体的医疗个案、法律个案,也关系抽象的生命、健康和身体等权益的保护与保障。以医事处置为例,将医学和法学二合一,讲好故事,动态跟进,实现更好造福民众,就是我们共同的期盼。

二、医事评析:一项本质、跨界和初心"三位一体"的专业融合

评析诸如"关于患者死亡,医方诊疗有责任吗?关于患方、医方的责任分配,法院判决有问题吗?"等救济问题,不能轻易地、随意地,而要专业地、慎重地给出意见。为此,对这些救济活动进行评析,应当具备这样的思维与认知。

首先,进行对救济结局的评析,本质安全,不可缺。救济就要保障本质安全。没有救济,医学上,就没有康复,就没有生存;法学上,就没有恢复,就没有权利。进行医疗救济、法律救济,本质安全,不可或缺。进一步而言,对救济进行的评析,是一种后效评析,既具回顾、总结与提炼之意,又是完善、提升和展望之举,具有很强的理论和实践意义。

其次,进行救济结局的评析,跨界思维,不可少。生命、健康和身体等权益的保护保障事宜,是进行救济的共同源头。对共同之源进行救济,学科类别可以不同,救济类型可以不同。比如,医疗救济不同于法律救济,但这并不意味彼此之间不能沟通、不能跨越,恰巧相反,进行救济时,许多都是相通的,比如都讲究事实、证据、程序和规则,都注重实体和程序的有机统一,都注重规律和规则的运用,等等。这就提醒我们,对救济结局进行评析时,要力争拥有跨界思维和方式,善于在不同学科之间进行理念移植、方式转移,举一反三,触类旁通,以期实现目标利益的最大化。

最后,进行救济结局的评析,初心使命,不能丢。进行救济,是有导向和目标的,那就是要让生命、健康和身体等权益的保护和保障,更符合初心、更符合本源、更符合人本。

综上,以医事评析为例,本质、跨界和初心"三位一体",跨界跨越,专业互通,实现更好造福民众,就是我们共同的期盼。

三、医事完结:一场换位、设身、用心和底线"四位一体"的专业考试

面对诊疗不利的结果,法院以酌定方式进行裁判,如何看?这,说出来,不容易;讲清楚,更不易;提妥当,难上加难。

这其中,"如何动态讲好医学和法学二合一故事""如何动态把握好本质、跨界和初心三位一体的专业融合"?方法方式千条万条,切实导入和不断强化"换位思考和坚持底线"甚为重要,甚是紧要,为什么?

如果没有这方面的切实理解和真诚认同,势必缺乏正确指引,"屁股决定脑袋",各说各话,近水楼台先得月成为当然。这,不是我们期待的,更不是我们要看到的。如果有了这方面的切实理解和真诚认同,就有正确理念的指引,"脑袋决定屁股",依法表述,公平正义,成为必然。这,是我们期待的,也是我们要追求的。

结合本案,医学上,各方均知患者心梗有风险有危险;法律上,各方都知救治有后果有责任。既如此,在进行了相应的医学和法学救济之后,面对临床活动结果,类似"关于患者死亡,医方诊疗有责任吗?关于患方、医方的责任分配,法院判决有问题吗?"之追问,该如何看待?

以下三方面的内容,尤其需要高度重视和切实强调。

1. 专业上的坚守和融合,一定要到点

这其中,就是要切实讲好、讲专、讲准"一只脚在医院""另一只脚在法院"的医事法治故事。这是第一步。

2. 理念上的坚持和融通,一定要到位

这其中,就是在第一步的基础上,更要看到隐藏在专业背后的逻辑,即有无"换位思考和坚持底线"之心。若有了它,上述医疗救济和法律救济即便有利弊得失之考量,本案也或可有更公平的一类境地、更公正的一个结局。

结合本案,在面对"关于患者死亡,医方诊疗有责任吗?"之追问时,通过司法审查,若知晓本医案在诊疗时,在有裁判文书认可的医学救济活动中,医方、患方都能在这些方面多做、多用和多查,比如有切实展现"换位思考和坚持底线"之理念的医学活动、医疗行动(提供绿色通道、及时进行会诊、开展紧急救治,等等),那么,当时患者之救治,结局或会更妥善;此时之判决,对患者权益会有更多之救济。

结合本案,在面对"关于患方、医方的责任分配,法院判决有问题吗?"之追问时,通过司法审查,若知晓本案件在审理时,在有裁判文书认可的医学救济活动中,医方、患方和法院都能在这方面多做、多用和多查,比如有清晰展现"换位思考和坚持底线"理念之法学活动、法律行动(有针对风险的说明告知、有基于风险的知情同意、推动专家辅助人出庭、鉴定人出庭接受质询,等等),那么,当时对医方之救治,评价或会更妥当;此时之判决,对医方之救治会有更多之体谅。

3. 拿捏上的分寸和尺度,一定要到家

这其中,万变不离其宗!基于生命、身体和健康等事宜的保障和保护需要,完结的临床救济是好还是坏,通过"一只脚在医院"的故事讲述,可知一二;完结的司法救济是对还是错,通过"另一只脚在法院"的故事讲述,也可知一二。面对纠纷争议,裁判的结果固然重要,但背后之逻辑更是紧要,往往难解难分。这其中,"换位思考和坚持底线"的践行,理解上是多一点还是少一点、拿捏上是强一点还是弱一点,不仅影响具体的纠纷个案,更可左右行业的导向。总之,以医事完结为例,换位、设身、用心和底线"四位一体",持之以恒,实现更好造福民众,就是我们共同的期盼。

篡改、伪造、隐匿病历，选择哪种法律救济方式性价比更高、个案处置更精准？

宋儒亮　温国明　余树林　欧阳兵　宋立志

案情简介

林甲、谭甲认为A省中医院B市分院为了掩盖其对林甲的诊疗过程中存在的医疗过错，存在篡改、伪造、隐匿病历的行为，而B市医学会依据不完整、不真实的病历材料，违法出具与事实完全不符的《医疗事故技术鉴定书》。为此，2012年11月10日，林甲、谭甲向原A省卫生厅提交咨询书，请求明确告知：如果B市卫生局对B市医学会医疗鉴定办公室违反《医疗事故技术鉴定暂行办法》第16条第1、2项规定的违法行为拒不立案查处，应该由谁立案查处，应该由谁履行实事求是、有错必纠的原则。2012年12月26日，原A省卫生厅作出某卫信〔2012〕208号回复，告知林甲、谭甲，B市医学会为社团组织，民政部门为其登记管理部门，根据《A省社会团体登记管理实施细则》第26条的规定，建议林甲、谭甲向当地社会组织管理部门投诉相关问题。2013年4月12日，林甲、谭甲向B市民政局提交申请书，请求B市民政局对B市医学会违法组织医疗事故技术鉴定的违法行为进行调查处理。2013年4月25日，B市民政局作出某民函〔2013〕149号《关于〈查处B市医学会违法组织医疗事故技术鉴定申请书〉的答复意见》，告知林甲、谭甲，B市医学会组织医疗事故技术鉴定的行为是否构成违法，应由卫生行政部门依法确定，经调查，目前没有发现B市医学会有违反《社会团体登记管理条例》(1998年版)以及《A省社会团体登记管理实施细则》规定的违法事实，对林甲、谭甲的申请不予立案，并告知林甲、谭甲不服答复意见，可自收到答复之日起30日内向上一级行政机关申请复查等内容。2013年4月26日，林甲、谭甲向B市人民政府申请复查。2013年7月1日，林甲、谭甲向A省人民政府邮寄行政复议申请书，请求确认B市人民政府在收到原告复查申请后未在法定期限30日内作出复查意见的行为违法，并责令B市人民政府在法定期限内履行复查职责。2013年7月2日，A省人民政府收到林甲、谭甲的行政复议申请书。2013年7月4日，A省人民政府作出某府行复〔2013〕656号《告知书》并邮寄给林甲、谭甲,告知林甲、谭甲,根据《信访条例》* 第6条第2款以及第36条的规定,林甲、谭甲不服B市人民政府没有在法定时间内履行信访复查请求,可以依照前述规定向有关机构请求督办有关事项,而不是向A省人民政府提出行政复议申请等内容。2013年7月6日,林甲、谭甲收到该《告知书》。

林甲、谭甲认为A省人民政府收到其行政复议申请后,没有在法定期限内作出行政复议决定的不作为违法,而诉至法院。

一审各方意见

原告意见(林甲、谭甲)

诉讼请求:(1)确认被告在2013年7月2日收到原告行政复议申请书,未在法定期限内作出复议决定的不作为违法;(2)责令被告对原告行政复议申请作出复议决定;(3)被告以书面形式告知原告"有关机构"的准确单位名称、地址、邮政编码、有效联系电话。

被告意见(A省人民政府)

根据《信访条例》第6条第2款以及第36条的规定,原告不服B市人民政府没有在法定时间内履行信访复查请求,可以依照前述规定向有关机构请求督办有关事项,而不是向被告提出行政复议申请等内容。原告的诉讼请求没有事实和法律依据,请求驳回。

一审法院认为

《行政复议法》(2009年版)第17条第1款规定:"行政复议机关收到行政复议申请后,应当在五日内进行审查,对不符合本法规定的行政复议申请,决定不予受理,并书面告知申请人……"被告A省人民政府于2013年7月2日收到原告林甲、谭甲的行政复议申请,经审查,于2013年7月5日作出某府行复〔2013〕656号《告知书》,告知原告林甲、谭甲可以依照《信访条例》的规定向有关机构请求督办其信访复核请求事项,而不是向被告A省人民政府提出行政复议申请的处理意见,该《告知书》已送达原告林甲、谭甲。据此,被告A省人民政府已按照上述法律规定履行了对原告林甲、谭甲的上述行政复议申请进行审查的职责。上述《告知书》载明了被告A省人民政府对原告林甲、谭甲的上述行政复议申请的处理依据及处理结果,反映了被告A省人民政府不予受理原告林甲、谭甲的上述行

* 已被自2022年5月1日起施行的《信访工作条例》废止。案例发生时该法仍适用。以下案例有此情况不作一一说明。——编者注

政复议申请的意思表示,尽管存在《告知书》中未使用“不予受理”字样的文书制作上的瑕疵,但该瑕疵并不能否定被告A省人民政府已履行行政复议受理审查、作出处理意见并书面告知申请人的事实,也不会造成原告林甲、谭甲的上述行政复议申请可以受理的误解。因此,原告林甲、谭甲称被告A省人民政府对其上述行政复议申请不作为的诉讼理由不成立,不予采纳,其诉讼请求不予支持。

一审法院判决

依照《最高人民法院关于执行〈中华人民共和国行政诉讼法〉若干问题的解释》*第56条第1项的规定,判决:驳回原告林甲、谭甲的诉讼请求。

一审判决后,原告林甲、谭甲不服,提起上诉。

二审各方意见

上诉人(林甲、谭甲)

(1)B市人民政府在收到《复查请求书》后至今未作出复查意见,违反了《信访条例》第35条“收到复核请求的行政机关应当自收到复核请求之日起30日内提出复核意见”的规定,也违反了《A省人民政府信访事项复查复核暂行办法》的相关规定。(2)被上诉人对B市人民政府违反国务院法规的行为应当履行《行政复议法》第4条规定的职责。(3)被上诉人作出的涉案《告知书》不符合《行政复议法》第17条“对不符合本法规定的行政复议申请,决定不予受理”的规定。被上诉人若坚持认为涉案《告知书》就是“不予受理”的决定书,应该直接作出《不予受理行政复议申请决定书》且告知上诉人“有关机构”的准确名称、地址、有效联系电话。综上,请求判令被上诉人以公函告知上诉人请求督办的“有关机构”的准确单位名称、地址、邮政编码、有效联系电话;并请求撤销原审判决,将本案发回重审或改判。

被上诉人(A省人民政府)

被上诉人A省人民政府二审期间未提交书面答辩意见。

二审法院查明

二审对一审认定的事实依法予以确认。

---

* 被自2018年2月8日起施行的《最高人民法院关于适用〈中华人民共和国行政诉讼法〉的解释》废止。——编者注

另查明,被上诉人A省人民政府于2013年7月4日对上诉人林甲、谭甲作出某府行复〔2013〕656号《告知书》,主要内容为:根据《信访条例》第6条第2款、第36条的规定,你们不服B市人民政府没有在法定时间内履行信访复查请求,可以依照前述规定向有关机构请求督办有关事项,而不是向A省人民政府提出行政复议申请。

二审法院认为

国务院《信访条例》第6条第2款规定:"县级以上人民政府信访工作机构是本级人民政府负责信访工作的行政机构,履行下列职责……(六)对本级人民政府其他工作部门和下级人民政府信访工作机构的信访工作进行指导。"第36条规定:"县级以上人民政府信访工作机构发现有关行政机关有下列情形之一的,应当及时督办,并提出改进建议:(一)无正当理由未按规定的办理期限办结信访事项的;(二)未按规定反馈信访事项办理结果的;(三)未按规定程序办理信访事项的;(四)办理信访事项推诿、敷衍、拖延的;(五)不执行信访处理意见的;(六)其他需要督办的情形。收到改进建议的行政机关应当在30日内书面反馈情况;未采纳改进建议的,应当说明理由。"上述规定明确了信访工作机构履行的职责和督办的事由。

《行政复议法》第17条第1款规定:"行政复议机关收到行政复议申请后,应当在五日内进行审查,对不符合本法规定的行政复议申请,决定不予受理,并书面告知申请人……"

本案中,被上诉人A省人民政府于2013年7月2日收到上诉人林甲、谭甲提出的行政复议申请,经审查后,于2013年7月4日作出某府行复〔2013〕656号《告知书》,认为上诉人林甲、谭甲可以依照《信访条例》的上述规定向A省人民政府信访工作机构请求督办其信访复核请求事项,而不是向被上诉人A省人民政府提出行政复议申请,并于2013年7月5日向上诉人林甲、谭甲送达了该《告知书》。

因此,被上诉人A省人民政府已依法履行了对上诉人林甲、谭甲的行政复议申请进行审查并书面告知的法定职责。虽然被上诉人A省人民政府对上诉人林甲、谭甲的行政复议申请作出了《告知书》,而未作出《不予受理行政复议申请决定书》,属于文书制作上的瑕疵,但该瑕疵并不足以否定被上诉人A省人民政府已履行行政复议审查并书面告知申请人的法定职责的事实。因此,原审判决驳回上诉人林甲、谭甲诉被上诉人A省人民政府行政不作为的诉讼请求并无不妥,本院依法应予以维持。上诉人林甲、谭甲请求撤销原审判决的上诉理由缺乏事实与法律依据,本院不予采纳,其上诉请求本院依法予以驳回。

二审法院判决

依照《行政诉讼法》(2014年版)第61条第1项之规定,判决如下:

驳回上诉,维持原判。

二审案件受理费50元,由上诉人林甲、谭甲负担。

本判决为终审判决。

各方意见

监管方意见

温国明　广东省卫生监督所　副所长

1. 本案是一起医疗纠纷,进行医疗事故技术鉴定后,患方仍认为"院方为了掩盖其在诊疗过程中存在的医疗过错,存在篡改、伪造、隐匿病历的行为,而B市医学会依据不完整、不真实的病历材料,违法出具与事实完全不符的《医疗事故技术鉴定书》"。据此,提起了行政复议和行政诉讼。

2. 原告一开始向省卫生厅提出的咨询书中问的问题其实体现目前普遍存在的一个现象,就是患方对鉴定结果不服,又不信任医学会。

3. 省卫生厅把对医学会出具不真实《医疗事故技术鉴定书》的查处责任推给社会组织管理机关民政部门的答复,令人啼笑皆非。

4. 省人民政府制作回复的《告知书》虽然在形式和措辞上没有严格按照《行政复议法》第17条的规定,但在内容上也表达了同样的意思,原告咬定这一瑕疵不放也没有太大实质性意义。但这也反映政府相关部门在公文方面还需提升能力、加强层级审查。

5. 医学会是根据医患双方提交的病历资料进行医疗事故鉴定的,对病历真实性有怀疑,可向当地卫生行政部门投诉,由卫生行政部门负责查处。

6. 近几年来,由病历问题引起的医疗纠纷和信访、行政诉讼案件比较常见。究其原因,虽然有患者对医疗行业的非理性认知导致的不信任,但是医院对病历的管理也存在较大的漏洞,特别是在电子打印病历普及使用,而经认证的医院信息管理系统的合法、规范的电子病历尚未规模化推行的阶段,打印病历书写不及时、补签名不及时、病历电子模板大量拷贝粘贴而不经严格核对,张冠李戴,日期、时间错误等低级错误时有发生。一旦发生医疗纠纷,有的医院并不是本着实事求是的态度与患者做好沟通和解释,而是利用信息、资源的优势突击修改病历，导致矛盾的进一步升级和激化。

律师意见

欧阳兵　岭南律师事务所　律师

行政复议和信访均是行政救济手段，在自然人、法人或社会组织认为受到行政权力侵害时可以提起相关救济程序，以保护自身的合法权益。但行政复议和信访存在较大区别，最明显的就是受理范围不同。

我国《行政复议法》规定的行政复议范围仅仅是对具体行政行为的合法性和合理性审查，对行政立法和制定行政规章、规范性文件等抽象行政行为只能附带性审查，行政复议范围只限于具体行政行为及其所侵犯的相对人合法权益。不服行政机关作出的行政处分或者其他人事处理决定、行政机关对民事纠纷作出的调解或者其他处理的，不属于行政复议范围。

而信访受案范围非常广泛，《信访条例》规定信访事项的范围基本涵盖了所有公共管理与公共服务领域。信访人不仅可以对行政行为提出投诉请求，也可以对各级党委、人大、法院、检察院的行为通过信访提出意见，甚至对企业事业单位的行为有意见，也可以通过信访反映情况。信访事项符合行政复议、仲裁和行政诉讼等法定受理条件的，信访机构不应受理，信访人应依法向行政复议机关、选定的仲裁机构、人民法院等法定机关提出。

法官意见

余树林　广州铁路运输中级人民法院　法官

当事人以非法定方式寻求救济，所提起的相关行政诉讼不符合法定条件，应裁定驳回起诉。当事人对被诉行为具有诉的利益是人民法院将被诉行为纳入司法审查范围的重要前提条件。

根据《行政诉讼法》规定，行政机关的行政行为侵犯当事人合法权益的，当事人可直接针对该原行政行为提起行政诉讼。当事人不依照上述法定方式寻求救济，却在法定途径之外提出相关申请，进而提起相关行政诉讼，该行为实质上意味着当事人拒绝按照法定救济途径维护其权益。在此情况下，真正影响当事人合法权益的仍是原行政行为，行政机关对当事人在法定方式之外提出的相关申请未作出实质性处理，这对当事人合法权益及其法定救济权利不产生实际影响，当事人对此不具有诉的利益。反之，若行政机关对非法定途径救济申请的处理行为可诉，将使任一行政行为都可衍生出无穷尽的履责申请诉讼，进而导致滥诉。

本案中,林甲、谭甲向B市民政局投诉B市医学会违法组织医疗事故技术鉴定,请求履行查处法定职责。而B市民政局作出涉案答复意见,告知投诉人所投诉事项不属于其法定职责范围,并告知投诉人不服该答复意见的,可以向上一级行政机关申请复查。因此,对林甲、谭甲权利义务产生实际影响的是该拒绝查处(不作为)行为,而涉案答复意见则是该原行政行为的载体。同时,涉案答复意见并未告知其申请复议和提起诉讼的救济权利,说明B市民政局认为林某、谭某所提申请并非依法定途径寻求救济。当然,林甲、谭甲如果坚持认为其所提申请属于依法定途径寻求救济,仍可选择直接对该拒绝查处行为申请复议或提起诉讼。事实上,林甲、谭甲依照涉案答复意见的指引,选择其向B市政府申请复查,说明认可其向B市民政局所提查处申请并非以法定方式寻求救济。根据上文分析,针对该非法定途径救济申请,B市政府作出的复查行为以及省政府作出的被诉《告知书》对当事人的合法权益均不产生实际影响。故林甲、谭甲提起本案诉讼不符合法定条件,可径行裁定驳回起诉。一审、二审法院对省政府的《告知书》进行实体审理并无必要。

本案启示

"信访"但更"信法",强化行政法治救济导向是突破口

宋儒亮　法治广东研究中心主任、中国律师协会医疗卫生法律专业委员会副主任、广东省医学会医事法学分会主任

为更好保持同人民群众的密切联系,对任何国家机关和国家工作人员,公民有权提出批评和建议、有权向有关国家机关提出申诉、控告或者检举。《宪法》第41条规定:"中华人民共和国公民对于任何国家机关和国家工作人员,有提出批评和建议的权利;对于任何国家机关和国家工作人员的违法失职行为,有向有关国家机关提出申诉、控告或者检举的权利,但是不得捏造或者歪曲事实进行诬告陷害。对于公民的申诉、控告或者检举,有关国家机关必须查清事实,负责处理。任何人不得压制和打击报复。由于国家机关和国家工作人员侵犯公民权利而受到损失的人,有依照法律规定取得赔偿的权利。"

进入新时代,党的十八大以来,认真总结党的十八大以来推进网上信访、诉访分离、依法分类处理等信访工作制度改革成果,全面吸收融合2005年《信访条例》内容,2022年5月1日起实施《信访工作条例》。

自此,信访工作又迈入法治新征程。

一、基础:信访工作的目的、适用和定位

《法治中国建设规划(2020-2025年)》指出:"坚持法治建设为了人民、依靠人民,促进人的全面发展,努力让人民群众在每一项法律制度、每一个执法决定、每一宗司法案件中都感受到公平正义,加强人权法治保障,非因法定事由、非经法定程序不得限制、剥夺公民、法人和其他组织的财产和权利。"

推进和加强人权法治保障,信访是一条法定的救济途径。推进信访工作法治化,就是要让信访权和信访救济在法治化轨道上运作,实现管用、好用和能用的价值。

信访立法,具体目的是什么?《信访工作条例》第1条规定:"为了坚持和加强党对信访工作的全面领导,做好新时代信访工作,保持党和政府同人民群众的密切联系,制定本条例。"

信访工作,哪些单位要适用?《信访工作条例》第2条规定:"本条例适用于各级党的机关、人大机关、行政机关、政协机关、监察机关、审判机关、检察机关以及群团组织、国有企事业单位等开展信访工作。"

信访工作,目标定位是什么?《信访工作条例》第3条规定:"信访工作是党的群众工作的重要组成部分,是党和政府了解民情、集中民智、维护民利、凝聚民心的一项重要工作,是各级机关、单位及其领导干部、工作人员接受群众监督、改进工作作风的重要途径。"

显然,明确上述这些内容,对信访工作概况有了基础性认识。信访,是一种法定的救济方式;信访,是公民的权利。本案患者有信访的法定权利。

要指出的是,认可并积极行使信访权利即"信访"的同时,也强调要遵守包括《信访工作条例》等法律法规即"信法",但是,由于种种原因,"信访"但不"信法"难题一直存在。

化解这个难题,改变这个现状,治本之策在哪里?在于清晰法律救济方式差异,选择恰当的法律救济方式。众所周知,任何一种法律救济方式,都有其适用局限性。实践活动中,选择哪一种法律救济方式,也要结合具体案情,考虑该法律救济方式选择适用的性价比。如果不考虑法律救济方式的适用选择,不精准选择恰当的法律救济途径,不仅难以维护人们的合法权益,而且在这个过程中,还容易使人们产生诸如政策法律上的误解和误用,这既不利于更好保持同人民群众的密切联系,也不利于推进法治建设。

二、开展:信访工作、复议工作和诉讼工作等

面对一个矛盾或者纠纷或者争议,进行自身合法权利维护,可以采取的法律救济途径还是挺丰富的，比如，依法“提出信访”“双方调解或者和解”“进行行政复议”“提起行政诉讼”等。这些法定救济方式的提起，就是我们常常说的诸如开展“信访工作、复议工作和诉讼工作等”。

类似的法定方式背后，都有一套法律原则、规定在支撑。进行法律活动，必须熟悉这些规定内容、法理。日常的普法工作的重要任务之一就是让这些法律知识为大众所熟悉、掌握和运用。

比如，就信访而言，要获得成功，实现维权目的，就要懂得这些法律规定，就要按照这些规定进行，比如，这些信访规定，值得认真研读：

《信访工作条例》第 31 条规定：“对信访人提出的申诉求决类事项，有权处理的机关、单位应当区分情况，分别按照下列方式办理：(一)应当通过审判机关诉讼程序或者复议程序、检察机关刑事立案程序或者法律监督程序、公安机关法律程序处理的，涉法涉诉信访事项未依法终结的，按照法律法规规定的程序处理。(二)应当通过仲裁解决的，导入相应程序处理。(三)可以通过党员申诉、申请复审等解决的，导入相应程序处理。(四)可以通过行政复议、行政裁决、行政确认、行政许可、行政处罚等行政程序解决的，导入相应程序处理。(五)属于申请查处违法行为、履行保护人身权或者财产权等合法权益职责的，依法履行或者答复。(六)不属于以上情形的，应当听取信访人陈述事实和理由，并调查核实，出具信访处理意见书。对重大、复杂、疑难的信访事项，可以举行听证。”

同以往不同的是，在信访工作中，对“申诉求决类事项”直接赋予“调解”，成为一个新看点，也是新进展。《信访工作条例》第 33 条规定：“各级机关、单位在处理申诉求决类事项过程中，可以在不违反政策法规强制性规定的情况下，在裁量权范围内，经争议双方当事人同意进行调解；可以引导争议双方当事人自愿和解。经调解、和解达成一致意见的，应当制作调解协议书或者和解协议书。”

如此规定，在化解难题上，让信访救济途径又有了一个实质性解决问题的抓手，既避免了以往只“说”难做、光“说”不做等尴尬局面，又把信访工作可以作为的途径方式公开化、法定化，让信访各方有法定预期，避免滥用权力等问题，这对更好保持党和政府同人民群众的密切联系，实现信访推进实现维权目的，具有促进作用。

肯定信访工作有法治进展和进步的同时，也要明确的是，进行纠纷处置方式的设定、化解途径的设置，是有法律专业考量的、是要尊重和符合法律规律的、是要坚持在法治轨道上推进的。一方面，规定各级党的机关、人大机关、行政机关、政协机关、监察机关、审判机关、检察机关以及群团组织、国有企事业单位等必须接受群众信访,并不意味着这些机关面对信访问题就可以"任性""越权"等,要根据职责规定、职权法定等规定进行信访问题的处理,这是基本原则;另一方面,如同看病一样要对症处理,化解纠纷矛盾也有着对应途径渠道等的选择考虑,比如,作为一个法定的法律救济渠道,"进行行政复议",定位是化解行政相对人与行政机关之间纠纷矛盾的主渠道。"主渠道"之定位,不是随缘确定的,是有着专业法律考量和处置方式选择性价比优势的,因此,面对诸如对行政机关监管处理等存在行政争议的情况,首先考虑提起行政复议,而不是进行信访,更利于行政纠纷矛盾的化解,更利于提高行政处置效率,更利于实现自身权益的保护。

三、示范:提升能力、用好条例和加大个案宣传力度

正因为考虑公民、群众等法律知识、能力等存在差异,所以,面对一个纠纷时,如何选择更恰当的法律救济方式、更好实现法律救济的目的,成为一个专门问题。这方面也没有什么捷径秘诀,以下三方面的对策建议,有助于我们更精准选择法律救济,更好实现"信访"但更"信法"的目的和追求。

1. 与时俱进,不断强化和提升运用法治思维和法治方式的能力

众所周知,主要认识改变了,行为方式就不同了。这点在医疗纠纷处理上也是适用的,且比较而言,更显得重要而紧迫。

比如,与时俱进,认真学习、认真品味这些重要论述,大有裨益:习近平总书记指出,疫情防控越是到最吃劲的时候,越要坚持依法防控,在法治轨道上统筹推进各项防控工作,保障疫情防控工作顺利开展。《法治中国建设规划(2020-2025年)》提出:各级领导干部要全面提高运用法治思维和法治方式深化改革、推动发展、化解矛盾、维护稳定、应对风险能力,绝不允许以言代法、以权压法、逐利违法、徇私枉法。《法治政府建设实施纲要(2021-2025年)》提出:健全突发事件应对体系,依法预防处置重大突发事件。坚持运用法治思维和法治方式应对突发事件,着力实现越是工作重要、事情紧急越要坚持依法行政,严格依法实施应急举措,在处置重大突发事件中推进法治政府建设。

上述这些认识,就是在不断强化我们对"信法"的信心。一旦在这些方面,我们理解并掌握了,我们的法律观念就更清晰了、知识就更明确了,那么,我们在后续法律救济方式的选择上,就更加主动了。

2. 精准把握,切实贯彻落实好《信访工作条例》

法律救济方式的类型,是法定的。不同救济方式有着其自身的特点和适用条件,比

如,“调解方式”,强调双方自愿、意思自治;“仲裁方式”,要求事前双方要有“仲裁协议”;“行政复议方式”,要求符合“行政复议申请人认为具体行政行为侵犯其合法权益”;“行政诉讼方式”,要求原告与被告之间符合提起行政诉讼的法定条件,等等。

在这些法律救济方式中,对“信访方式”的选择,是有法律指引的。

比如,《信访工作条例》第 32 条规定:“信访处理意见书应当载明信访人投诉请求、事实和理由、处理意见及其法律法规依据:(一)请求事实清楚,符合法律、法规、规章或者其他有关规定的,予以支持;(二)请求事由合理但缺乏法律依据的,应当作出解释说明;(三)请求缺乏事实根据或者不符合法律、法规、规章或者其他有关规定的,不予支持。有权处理的机关、单位作出支持信访请求意见的,应当督促有关机关、单位执行;不予支持的,应当做好信访人的疏导教育工作。”

实践表明,当事人对《信访工作条例》的规定理解把握得越全越深,救济方式的选择运用就越精准得力,自身合法权益的保护就越全面可靠。

3. 法治个案,举一反三,传递“信访”更要“信法”新导向

进行信访,是在享受法律赋予的救济权利。法律救济方式的选择,如同用药,是需要看药品说明书适应证进行选择的。进行医疗损害纠纷化解,具有很强的专业性,没有专业支持,医疗损害难有最终定论。“信访”途径,对于医疗损害纠纷的化解,虽也有用但总有限,难以推动问题从专业上实质化解,因此,引导患者转变思路,充分体验和享受司法体制改革带来的司法红利,变“信访”为“信法”,变“上访”为“上庭”,走上行政诉讼方化解纠纷这条路,以行政诉讼等方式,实现权益保护。

这样的选择,是有用的、值得的。比如,因医疗损害纠纷处置不当导致的行政诉讼案,关键是要审查被告行政机关是否依法行政。作为被告的行政机关,要不想承担行政败诉后果,则要通过对举证责任倒置原则的履行,以证据证明自己采取的行政监管举措、处罚等是有事实依据的,是有法可依的。提起行政诉讼,就是要通过法律救济,实现行政相对人的合法权益。而在过往,行政诉讼法律救济方式,常常难以被便利选择和使用。

具体而言,让“民告官”可诉,加强行政诉权保护,就是抓手,而释放和强化“信访”更“信法”导向,提高行政法治救济能力,就是突破口。行政主要负责人出庭应诉制度的建立和运用,尤其行政机关主要负责人出庭参与应诉等工作,让行政机关中的“关键少数”与行政相对人,在法律面前、在法院平台上,面对面坐下来,讲事实、举证据、用法律,依法实质化解双方行政纷争。如此一来,让行政相对人有纠纷去法院解决纠纷、运用行政法治思维和

法治方式化解行政纠纷,让通过行政诉讼实现个案法治效果,成为新时代密切干群关系的一类新常态、一种新方式。

面对矛盾纠纷化解,改善“信访”不“信法”困局,形成“信访”更要“信法”新局面,是一个长期用力的过程。以“信法”方式实现个案法治就是一种新示范,让我们看到了新常态下密切干群联系有了一种新变化、新方式。这其中,化解“信访”但不“信法”的难题,强化“信访”更要“信法”导向,强化行政法治救济方式的科学和精准运用,更好提升行政机关运用法治思维和法治方式深化改革、推动发展、化解矛盾、维护稳定、应对风险能力,既是工作的新方向和新抓手,也是工作开展的一个突破口。

提升行政法治救济能力,是新常态下密切干群关系的法治新抓手,是强化更“信法”的一个突破口,因此,要善于运用能体现这样精神的个案、这样导向的案例、这样示范的典型,重点宣传,举一反三,更多复制,更多效仿,让老百姓知道,让社会知晓,让民众跟随,这不仅是在践行推进包括信访法治等在内的法治建设的初心与使命,更在动态讲着中国法治好故事。这是法治中国建设之福。

肝癌晚期不幸死亡，医方救治未果能不能不承担赔偿责任？

宋儒亮　官　健　李　立　李永丰　李建林　宋立志

案情简介

2018年10月17日，巫某祥（1955年出生）到甲医院治疗，《入院记录》记载，诊断：肝占位性病变（S2/3段肝癌）、肝细胞癌（肝癌破裂出血）、酒精性肝硬化、乙型肝炎后肝硬化失代偿期（腹水）、急性肝功能衰竭、急性肾衰竭、胆囊结石伴慢性胆囊炎、副脾、原发性高血压。

2018年10月25日，甲医院为巫某祥行肝动脉栓塞治疗手术，《手术记录》记载：术程顺利，术中患者未诉明显不适。

2018年10月27日《病程记录》记载：抢救记录，患者于5时10分24秒起床后突发晕厥，立即予心电检测、吸氧……考虑腹腔出血可能，低血容量性休克，给予佳乐施扩容，多巴胺升压，巴曲亭止血治疗，联系麻醉科急诊立即行颈静脉穿刺置管，开放中心静脉通道，申请输注A型血浆、红细胞，请介入科会诊，考虑肝癌介入后出血可能，建议行全腹CT增强进一步协诊。

2018年10月27日9时55分36秒《病程记录》记载：抢救记录，CT检查发现肝左叶及包膜下血肿，腹腔大量积液、积血，介入科急诊会诊后考虑肝癌破裂出血，建议行全腹CT增强进一步协诊，目前患者已行全腹CT，提示肝S3段肝癌并多发子灶术后改变……联系急诊介入止血治疗，继续目前扩容、输血、升压、止血等治疗。

2018年10月27日，甲医院对巫某祥行肝动脉栓塞手术，《手术记录》记载：术程顺利，术中患者未诉明显不适。

2018年11月5日，《病程记录》记载：2018年11月5日23时15分15秒，巫某祥病情持续恶化，具体表现为肝肾功能衰竭，凝血功能障碍，尿量少，肌酐、尿素氮明显升高。

2018年11月5日，巫某祥家属要求出院，已告知家属目前情况及出院风险，家属坚持要求出院，签署自动出院同意书后，予出院。

2018 年 11 月 6 日,巫某祥死亡。

巫某祥近亲属认为甲医院对巫某祥治疗过程中存在过错,协商未果,提起此诉讼。

一审各方意见

原告意见

原告向一审法院提出诉讼,请求如下:(1)被告向两原告赔偿损失 640858.32 元;(2)被告承担本案的诉讼费及鉴定费。

事实和理由:患者巫某样于 2018 年 10 月 17 日到被告处住院,2018 年 10 月 25 日自 18 时多至 20 时多在手术室做介入手术,术后返回病房观察期间一直未有主治医师出现,都是年轻的值班人员。10 月 26 日 20 时,患者发生胸口疼和腹胀,值班医生直到 21 时 10 分左右才出现,并告知患者家属这情况属于术后正常现象后离开。10 月 26 日 22 时患者突发昏迷,值班医生仍然未实施抢救措施。10 月 27 日 5 时,患者再发昏迷,10 月 27 日 10 时紧急行二次介入手术,但未能止血,患者情况一步步恶化。

据此,认为被告存在的过错:(1)介入手术技术操作失误。肝脏肿瘤介入手术本身是注入适量的栓塞剂,使靶动脉闭塞,患者术前体质较好,并无任何手术禁忌症状,本不应该发生术后出血情况。介入后出血一般是剂量把控不好、栓塞不对等引起,这说明主治医师技术不熟练。(2)术后违反护理观察规范,自 2018 年 10 月 25 日 20 时出介入手术室一直至 26 日 20 时整整 24 小时,一直没有主治医师的出现,都是年轻的值班人员,一直至 26 日 20 时多,患者发生胸口疼和腹胀,向值班护士反映该情况叫医生过来检查,至 21 时也未见到医生,其间多次催促护士,值班护士也未正面回答,值班医生直到 21 时 10 分才出现。(3)值班医生严重不负责任,耽误了整整 10 个小时的出血抢救时机。10 月 26 日 20 时患者出现胸口疼痛和腹胀,值班医生 21 时 10 分才到达病房,值班医生并未进行详细检查就告知情况属于术后正常现象并离开。10 时,患者突然发生昏迷情况,医生来到病房后,未重视患者情况,简单询问后开了两瓶葡萄糖注射液。10 月 27 日 5 时,患者再次昏迷,家属向值班医生反映后,才引起值班医生的重视。出血症状整整 10 个小时未得到及时救治,耽误了治疗。(4)二次介入手术止血不及时,再次耽误 5 个小时的抢救治疗时机。(5)二次介入手术止血失败,本是止血的手术变为大出血,医师介入手术技术不成熟。

被告意见

被告对患者治疗过程严格按照规范开展,当中不存在任何过失或过错,患者最终死亡结果是自身的疾病自然转归,与被告的诊疗之间不存在因果关系。

鉴定机构意见

一审法院委托A司法鉴定中心就被告对巫某祥实施的医疗行为是否构成医疗事故、医疗过错,与巫某祥的损害后果之间是否存在因果关系及原因力大小、过错参与度进行鉴定,两原告为此支付鉴定费14162元。

2020年6月28日,A司法鉴定中心出具《司法鉴定意见书》,认为:被告对被鉴定人的诊疗行为中存在对被鉴定人术后腹痛及血压变化未能及时作出判断和处理、肝衰竭进行性加重时未能选择“人工肝”治疗、护理记录欠详细的过错,医方的过错使被鉴定人丧失了可能延长生命期的机会,鉴于被鉴定人为肝癌晚期,重度肝硬化,病情危重,预后极差,医方的过错与被鉴定人死亡的后果存在轻微因果关系,责任参与度为1%~20%。

鉴定机构答复意见

被告对上述《司法鉴定意见书》提出异议。A司法鉴定中心于2020年8月10日出具《复函》,载明:被告医生在被鉴定人失血性休克的处理方面不够及时,加速被鉴定人病情恶化及死亡。由于被鉴定人的死亡与其自身晚期肝癌的基础疾病主要相关,疾病本身预后差,因此医方承担轻微责任符合实际情况。维持原鉴定意见。

一审法院认为

关于医疗过错和承责比例的问题。在医患双方之间分配医疗损害责任比例,应综合考虑医方过错及患者原发病自身的医疗风险因素,合理衡量上述因素与医疗损害后果之间的原因力大小关系。本案委托A司法鉴定中心对涉案医疗行为进行鉴定,鉴定意见对被告的医疗行为在医学上的专业问题也已作了必要的分析和说明,足以为本案判断医方是否构成医疗过错及因果关系是否成立和原因力大小等问题提供依据,本院对此予以采信。结合鉴定机构关于被告责任参与度为1%~20%的建议,本院酌定被告对巫某祥的死亡结果承担10%责任。

关于两原告主张的各项赔偿项目,(1)死亡赔偿金:双方确认计算年限为17年,故死亡赔偿金为818006元(48118元/年×17年)。(2)丧葬费:63800元(127600元/年÷12个月×6个月)。(3)精神损害抚慰金:原告主张100000元符合司法实践标准,本院予以采纳。(4)医疗费,按双方确认的自费金额计算为67357.67元。(5)护理费:根据巫某祥的病情及住院情况,本院酌定护理费为2850元(150元/天×19天)。(6)住院伙食补助费:1900元

(100元/天×19天)。(7)住院期间交通费:本院根据住院天数及实际情况,酌定500元。(8)处理丧葬事宜交通费:两原告未提交票据,本院酌定300元。(9)处理丧葬事宜误工费:原告谢某娣在巫某祥死亡时已达到退休年龄,庭审中,两原告未能举证证明其工作及收入情况,本院对两原告主张的谢某娣的误工费不予支持。关于原告巫某泉的误工费,两原告未对其工作及收入情况提交任何证据,且明确表示不予提交,鉴于两原告未尽初步举证义务,根据公平合理原则,本院认定巫某泉的误工费按广州市最低工资标准2100元/月计算,误工期酌定7天,故误工费应为490元(2100元/月÷30天×7天)。(10)鉴定费:14162元。综上,以上损失合计1069365.67元,按责任比例,被告应向两原告支付106936.57元(1069365.67元×10%)。

一审法院判决

综上所述,本院依照《侵权责任法》第6条、《最高人民法院关于审理人身损害赔偿案件适用法律若干问题的解释》(2003年版)第17条至第23条、第27条至第29条之规定,判决如下:

1. 被告甲医院于本判决发生法律效力之日起10日内向原告巫某泉、谢某娣支付106936.57元;

2. 驳回原告巫某泉、谢某娣的其他诉讼请求。

本案受理费9148元,由原告巫某泉、谢某娣负担6710元,由被告甲医院负担2438元。

一审判决后,双方均未上诉,本案一审生效。

各方意见

医方意见

李建林　中山大学附属第八医院　主任医师

一、医方存在过失

1. 属肝癌晚期多器官功能障碍患者,但对病情评估存在缺陷,比如,采取介入治疗前未评估患者凝血功能、心脏功能、肺功能等情况;

2. 术后应转入监护病房,密切观察病情;

3. 25日、26日患者术后观察不严密,患者术后出现腹痛及血压变化未能及时作出判断和处理,错过最佳抢救时机;

4. 手术医生没有落实在术后亲自观察病情；

5. 患者肝衰竭进行性加重时，未考虑选择“人工肝”治疗。

二、经验教训

1. 此案例医疗核心制度执行不到位，当全面落实整改；

2. 加强对疑难危重症、多系统多器官疾病、综合抢救技术等能力培训。

鉴定专家意见

李永丰　广东省医学会医鉴办　副主任

对于晚期肿瘤病人的医疗损害责任纠纷的判定或鉴定应注意以下三个问题：

1. 恶性肿瘤的病因一般不明，早期临床表现大多隐匿，现代医学有较大的局限性，其临床分期与治疗方案、治疗难易程度、预后转归的关系非常密切。对这类医疗损害鉴定关键要点常集中在漏诊、误诊和误治上。

2. 在归纳医疗过错对恶性肿瘤患者造成的人身损害后果时，往往有以下临床特点：

(1) 治疗难度大，未能达到期望的治疗效果。

(2) 恶性肿瘤转移或病情进展，导致相关器官组织功能障碍加重。

(3) 导致患者生存期缩短，加速了患者的死亡。

3. 在评价此种医疗损害的责任程度时，除了考虑医疗过错行为所占的权重外，还应考虑治疗时病人恶性肿瘤所处的临床阶段（分期），以及该恶性肿瘤的诊断率、治愈率、病死率等流行病学特点。部分恶性肿瘤的早期诊断率、早期治愈率较高，如果因为医疗过错导致未能早期诊断或治疗失误，医疗过错的参与度就大。但临床上，很大一部分恶性肿瘤的预后和转归都是肿瘤转移和死亡，医疗损害的责任程度定在“次要”或“轻微”更符合医学科学规律及科学公正的鉴定原则。

律师意见

李立　广东省律师协会医疗卫生与健康法律专业委员会　副主任

进行医疗活动，要专业理性、规则运用，但也需真情实感，法律人称之“人的尊严”。对患者来说，感受医疗专业的救治，除结果之外，更多就是执业救治过程中点点滴滴，这些要素勾勒该医师在患者眼中的“一个立体、真实和全面”的画像。画像若是令人困惑的、失望的、气愤的，结果可想而知。本案，乃众多纠纷案中的一个，期望是最后一个。

宋立志　广东广信君达律师事务所　律师

结合诉争各方意见，可有这样一个直观认识，诊疗过程的风险有时要比死亡结果本身更容易引发纠纷，这背后的逻辑就是对“法理情”的理解。比如，患方认为原告死亡是因诸如“值班医生都是年轻医生、介入手术技术操作失误、术后违反护理观察规范、值班医生严重不负责任耽误出血抢救时机、二次介入手术止血不及时、介入手术技术不成熟”等；鉴定机构认为“被告对被鉴定人的诊疗行为中存在对被鉴定人术后腹痛及血压变化未能及时作出判断和处理，肝衰竭进行性加重时未能选择‘人工肝’治疗，护理记录欠详细的过错”。法院接受了这样的观点，“参照专业的鉴定意见，本院酌定被告对巫某祥的死亡结果承担10%责任”。

周攸　广东广信君达律师事务所　律师

面对本案，在处理上国外有这样的理论，比如，在日本法律界称为“期待权侵害理论”或“延命利益丧失论”，英美国家法律界称其为“存活机会丧失理论”。本案中鉴定意见有关“人工肝”的观点就是这一理论的体现，即医方的过错使被鉴定人丧失了可能延长生命期的机会。据此，也认可判决医方承担10%责任是合理的。

法官意见

官健医学博士　广州知识产权法院　法官

本案患者入院诊断肝癌晚期并破裂出血、肝硬化失代偿期、急性肝衰竭、急性肾衰竭，每一个都足以威胁患者的生命，在任何医生的眼中，都无疑等于判了“死刑”。但即便如此，若医方未尽诊疗义务或者说存在医疗过错，令患者丧失可能延长生命的机会，仍将承担相应的民事责任。根据《民法典》第1221条即原《侵权责任法》第57条规定，医务人员在诊疗活动中未尽到与当时的医疗水平相应的诊疗义务，造成患者损害的，医疗机构应当承担赔偿责任。此规定仍秉承侵权三要件认定规则，即过错、因果关系、损害后果，满足三要件即应赔偿。因此，即便是已经判了“死刑”的患者，若医方构成侵权，仍应赔偿，可能令人疑惑：既然患者以当时的医疗水平治与不治都会死，或者说即便医方没有过错也无法改变患者的结局，为什么还要医方承担死亡赔偿金？这个问题若展开来，可能会涉及生命价值的哲学讨论，但就人类社会的普适价值观而言，争取最大限度的延长生命，无疑是大多数人的追求，也是医务人员的使命。因此，即便患者时日无多，现代医学回天乏术，只要患方没有放弃治疗，医方仍应尽最大努力，尽到与当时的医疗水平相应的诊疗义务。法院考虑到患者的原发病因素,认定医方承担10%的责任比例,基本上合理适当。

本案启示

掌握医事纠纷防范主动权,在新时代坚持和发展法治医疗事业

宋儒亮　法治广东研究中心主任、中华律师协会医药卫生法律专业委员会副主任、广东省医学会医事法学分会主任

从临床救治角度,患者“将要很快死亡”,病情使然,没有悬念:63岁,男,肝占位性病变(S2/3段肝癌)、肝细胞癌(肝癌破裂出血)、酒精性肝硬化、乙型肝炎后肝硬化失代偿期(腹水)、急性肝功能衰竭、急性肾衰竭、胆囊结石伴慢性胆囊炎、副脾、原发性高血压。面对这样的患者,选择怎样的诊疗护理,大有讲究,难免有争议。

综合来讲,这类病患的医疗救治把握有一定的要领:掌握医事纠纷防范主动权,善用“法理情”三个维度,厘清诊疗护理中的“法”“理”“情”,识别“调节点”、“分界点”和“判断点”,通过整体把握、分类施策和综合运用,构建有序有为有利的救治格局。

这当是一种救治自觉。在这个基础上,力争有更多的换位思考、更强的专业精神和更高的法治素养,实现各方有益、各方受益之目的。

一、诊疗护理中的“情”:纠纷存在与否及激烈程度强弱的调节点

都知道血浓于水,全力救治家人,这是常识。医院和医方,也恰是体现这样常识的地方和群体。

在如此认知情况下,明知救治结局不好,但面对要求积极救治、有着较高期望值的近亲属,“情”之角度,医方又该怎么摆?

这是一个释放的亲情该如何引导到位的伦理难题。背后考验的就是相关各方的人性:用心体悟、用爱说话和用情表达如何释放等;全家动员、全力以赴、全情投入与科学专业救治之间如何协调协同等。

在诊疗护理活动中,患方付出之“情”,医方要有对等呼应。医方之最恰当表达,就是以人道方式对待病人,即“把人当作一个人看”。

鉴于角色站位不同,诊疗护理中的“情”及其表达,虽各有千秋,但无论如何,恰当呼应“情”之诉求,“换位思考”“将心比心”等则是利弊权衡之道,否则,纷争隐患就会埋下。一旦又出现引爆点,彼此之诉争,就是笃定之事。

对医方而言，尊重“情感”，对应的就要强调医德，这其中，诸如“医师誓言”“职业精神”等的重视和践行，非常关键。此时，就要求医方在诊疗护理活动中，更要提升站位、精准换位，把“拥有同理心”“站在对方位置”等要素要旨通过自身的言行举止表达和展示出来。

二、诊疗护理中的“理”：纠纷存在与否及过错程度高低的分界点

都盼望妙手回春，都期待有奇迹，这是人性。医院和医方，就是展现人性的地方和群体。

在这样的认知情况下，明知救治结局不好，但面对要求积极救治、有着较高期望值的近亲属，“理”之角度，医方又该怎么办？

这是一个全力救治该如何实现的专业难题。背后考验的就是医学之理，比如，用专业说话、用科学表达、用理性行事，等等，如何呈现；检查检测完备、诊断正确、及时救治、护理得当，等等，如何证明。

诊疗护理活动中，“理”之阐明，双方都要有对应证明。医方之最恰当证明就是践行“专业人要干专业事”。医疗活动，头绪繁多，专业素养、素质（求实、严谨、认真、科学、负责等）保证不走样，恐难全面实现，但无论如何，医务人员的专业形象要让患方感觉到“像一个医师、护士应有的样子”。

对医方而言，重视“理”，对应的就要注重医术，这其中，诸如“技能”“设施”等的重视和运用，非常关键。此时，就要求医方在诊疗护理活动中，提高专业、提升技能，把“专业精神”“科学严谨”等要素要旨通过自身的举手投足表达和表现出来。

三、诊疗护理中的“法”：冲突存在与否及输赢概率大小的判断点

各方都知道是有法律规定的，都明白法律在保护自己，这是底线。医院和医方，也是验证法律效力的地方和群体。

在这样的认知情况下，明知救治结局不好，但面对要求积极救治、有着较高期望值的近亲属，“法”之角度，医方又该怎么干？

这是一个法治如何保障双方合法权益的法律难题。背后考验的就是法之运用：要以事实为依据、以法律为准绳，对基于医学的检查检验结果、合理诊疗方案的选择，进行说明告知、获得知情同意，等等。

诊疗护理活动中，“法”之运用，双方都要有证据。医方获取证据的最恰当的状态就是依法执业，把法律赋予的权利，一个不少一个不多，公平公正公开地在执业中予以兑现，做到“法律面前人人平等”。

对医方而言，运用法律，对应就要突出医法。这其中，诸如“资格资质”“权利义务”“知情同意书”“鉴定意见”等的重视和运用，非常紧要。此时，就要求医方在诊疗护理活动中，强化法治、依法用法，把“法治思维”“法治方式”等要素要旨通过执业中的身体力行表现和表示出来。

一言以蔽之，防范化解医事纠纷风险，要坚持法理情相结合。“法”之运用，贵当注重衡平；“理”之平衡，贵在利弊分析；“情”之把握，贵要换位思考。面对进行中的医疗活动，基于上述这些认知，从更高水平的平安、法治医疗建设角度，以下建议对策可资参考借鉴：

一是，从教育培养角度，要顺应健康中国建设新时代，提高运用法治思维和法治方式深化改革、推动发展、化解矛盾、维护稳定、应对风险的能力，落实在医药卫生人才源头培养上，主要就是聚焦知识结构的健全与完善，要把长久以来坚持的“医德高尚、医术高明”调整到符合新时代需求的“医德高尚、医术高明和医法高超”上来。

二是，从防范纠纷角度，要顺应健康中国建设新时代，面对要求积极救治、不放弃救治希望的患方，医方要善于进行换位思考，不能因这样的患者见得多了而出现职业倦怠，“绝不能、也不要内卷”。

三是，从纠纷处置角度，要顺应健康中国建设新时代，面对由传统社会到法治社会的转变大势，要懂得由之前坚持的“情理法”向现在强调的“法理情”转变，要知道，“情”与“法”的位序小变化，是治疗护理进程的大变革。

四是，从责任免除角度，要顺应健康中国建设新时代，理念上要树立法治思维，依法免责，心态上就要坚持“不讨好、不逃避、不回避”，行动上切实落实落细《民法典》第 1224 条之规定，即“患者在诊疗活动中受到损害，有下列情形之一的，医疗机构不承担赔偿责任：(一)患者或者其近亲属不配合医疗机构进行符合诊疗规范的诊疗；(二)医务人员在抢救生命垂危的患者等紧急情况下已经尽到合理诊疗义务；(三)限于当时的医疗水平难以诊疗。前款第一项情形中，医疗机构或者其医务人员也有过错的，应当承担相应的赔偿责任”。

头痛原因待查,患者突然死亡

——未进行尸检也没有尸检鉴定意见,该如何进行评判?

宋儒亮　官　健　李　立　李建林　罗　斌　宋立志　甘翌晓

案情简介

2015年10月22日,王甲、姚甲之子姚乙在B市中心医院进行常规体检,后于2016年1月26日又在B市中心医院门诊就诊,病历记载:"主诉:头痛一周;初步诊断:头痛原因待查,建议完善头颅CT检查",后姚乙并未在B市中心医院进行颅脑CT检查。2016年2月9日9时,姚乙因头痛到甲医院就诊,病历记载:"主诉:头痛半月;初步诊断:头痛原因待查,紧张性头痛?治疗意见:(1)完善头颅CT检查;(2)氟桂利嗪1mg,口服,每晚一次。"姚乙于当日在甲医院进行颅脑螺旋CT扫描,影像提示,"各层面脑实质未见明显异常密度区,脑室系统未见明显异常,中线结构居中。未见明显异常"。

2016年2月11日22时许,姚乙又因头痛呕吐被紧急送至甲医院,病历记载:"查体:中度昏迷,双瞳孔不等大,光反射迟钝,有咖啡渣呕吐物;初步诊断:(1)脑出血;(2)消化道出血。"当晚23时头颅CT提示,左侧颞顶叶血肿,大小约5.1cm×8.2cm,中线结构受压右移约1.5cm。

2016年2月11日23时25分病历记载:"头痛4天,加重1天,昏迷3小时。2016年2月11日甲医院头颅CT显示左侧颞顶叶血肿,大小约5.1cm×8.2cm,中线结构受压右移约1.5cm;初步诊断:脑出血、脑疝。"

后姚乙于2016年2月12日3时30分至6时在甲医院接受左颞部开颅血肿清除和去骨瓣减压术手术。2016年2月12日9时患者查体为深度昏迷,双侧瞳孔4mm,对光反射消失,血压131/68mmHg,气管插管,四肢刺痛无反应。2016年2月13日0时10分抢救记录:患者呼吸于2月12日23时50分停止,急行机械通气。23时55分自主心率180次/分左右,室上性心动过速,予胺碘酮治疗,再告病危。

2016年2月13日9时深度昏迷,双侧瞳孔5mm,对光反射消失,无自主呼吸,呼吸机辅助呼吸。

2016年2月15日死亡,死亡原因:脑出血中枢性呼吸循环衰竭;死亡诊断:(1)脑出血中枢性呼吸循环衰竭;(2)应激性消化道出血。

王甲、姚甲系夫妻,婚后育有一子姚乙即本案死者,系城镇居民户口。事发时姚甲已年满54周岁,系C市物资行业管理办公室所属生产资料服务公司的下岗职工,未达到退休年龄。事发时王甲已年满55周岁,系C市棉纺厂的退休职工,每月领取有退休金。

王甲、姚甲认为甲医院在为姚乙治疗过程中存在过错,需要承担侵权责任,因此提起诉讼。

一审各方意见

原告(王甲、姚甲)意见

甲医院在为姚乙治疗过程中存在过错,需要承担侵权责任。原告向一审法院提出诉讼请求:(1)请求判令甲医院赔偿医疗费44285元,精神抚慰金60000元,误工费500元,护理费500元,丧葬费25707.5元,办理丧葬事宜人员的误工费、交通费、住宿费总计20000元,死亡赔偿金587720元,被扶养人生活费400800元,各项损失共计1139512.5元;(2)本案诉讼费及鉴定费由甲医院负担。

被告(甲医院)意见

我方对姚乙的诊疗不存在任何过错,其死亡结果是自身疾病发展所致,与我院的诊疗行为不存在任何因果关系。

被告(B市中心医院)意见

我院未参与死者姚乙的手术等后续治疗,其死亡结果与我院不存在因果关系。

鉴定意见

在诉讼过程中,王甲、姚甲申请对甲医院的医疗行为是否存在过失,与患者的损害后果是否存在因果关系,若存在因果关系,其参与度是多少进行司法鉴定。经一审法院委托,甲法医司法鉴定所于2017年7月27日作出了某法〔2017〕临鉴字第539号司法鉴定意见书,综合分析如下:

1. 关于2016年2月11日入院前病情及医方处置。经专家教授会诊,姚乙2016年2月9日头部CT片反映:未见明显异常。姚乙家属反映,2月9日去医院就医诊断:头痛原因待查,紧张性头痛?处置:(1)头部CT;(2)氟桂利嗪1mg,口服,每晚一次(送检材料中无此门诊病历）。

姚乙回家后，2 月 11 日 22 时头痛呕吐，服用氟桂利嗪后，嗜睡，亲属查看时才发现呈昏迷状态，遂急送医。经查：氟桂利嗪用于典型（有先兆）或非典型（无先兆）偏头痛的预防性治疗，由于前庭功能紊乱引起的眩晕的对症治疗。最常见的不良反应：瞌睡和疲惫。

甲医院在 2016 年 2 月 9 日的门诊检查处置中，对姚乙的头痛原因未作出明确诊断，开具的氟桂利嗪仅为一般性的偏头痛的预防性治疗，而没有将患者留观做进一步检查、观察，以便及时处理（正如急腹症病人不能轻易开具止痛药物，以防掩盖真实病情，需要密切观察一样）。姚乙在服用氟桂利嗪后，出现“嗜睡”，掩盖了颅内出血导致昏迷的真实症状表现，延误了送医治疗，医方在此诊疗过程中存在不当。

2. 关于 2016 年 2 月 11 日以后病情及医方处置。根据临床神经病外科专家意见及查阅专著《神经外科学》，姚乙住院时病情十分危重，属 5 级（最重）。行脑血管造影检查，“1、2 级病人应及早进行；3、4 级病人待病情稳定后，再进行造影检查；5 级病人只行 CT 除外血肿和脑积水”。因此，姚乙此时，只能做 CT 检查，而不能做脑血管造影检查。如进行造影检查，专家以为，会加重颅内出血。病历反映，姚乙 2 月 11 日入院后，23 时 1 分行颅脑 CT 检查，显示“左侧颞叶、额叶脑出血，血肿形成，并少许硬膜大出血，脑肿胀，蛛网膜下腔出血，大脑镰下疝”（专家会诊意见：颅内情况已经十分明确，此时应抓紧时间行开颅手术）。但是，医方坚持认为先行脑血管造影，再考虑手术，直至 2 月 12 日 1 时行脑血管造影（结果未见动脉瘤和脑血管畸形）。2 月 12 日 3 时才进行手术，此举违反医疗原则，延误手术时间，对病情有不利影响。

3. 关于医院过错及参与度。综上所述，甲医院对姚乙的诊疗过程中存在 2016 年 2 月 9 日门诊诊断不明，处置不当；2 月 11 日入院后，术前进行脑血管造影违反医疗原则，延误手术抢救时间，与姚乙损害后果（病情加重，死亡）有因果关系，建议过错参与度为 70%左右。该鉴定书鉴定意见为：甲医院对被鉴定人姚乙的医疗行为存在过错，与姚乙的损害结果存在因果关系，建议过错参与度为 70%左右。

一审法院查明事实

2015 年 10 月 22 日，王甲、姚甲之子姚乙在 B 市中心医院进行常规体检，后于 2016 年 1 月 26 日又在 B 市中心医院门诊就诊，病历记载“主诉：头痛一周；初步诊断：头痛原因待查，建议完善头颅 CT”，后姚乙并未在 B 市中心医院进行颅脑 CT 检查。

2016 年 2 月 9 日 9 时，姚乙因头痛到甲医院就诊，病历记载：“主诉：头痛半月；初步诊断:头痛原因待查,紧张性头痛? 治疗意见:(1)头颅CT;(2)氟桂利嗪1mg,口服,每晚一次。"姚乙于当日在甲医院进行颅脑螺旋CT扫描,影像提示,"各层面脑实质未见明显异常密度区,脑室系统未见明显异常,中线结构居中。未见明显异常"。

2016年2月11日22时许,姚乙又因头痛呕吐被紧急送至甲医院,病历记载:"查体:中度昏迷,双瞳孔不等大,光反射迟钝,有咖啡渣呕吐物;初步诊断:(1)脑出血;(2)消化道出血。"

2016年2月11日23时头颅CT显示:左侧颞顶叶血肿,大小约5.1cm×8.2cm,中线结构受压右移约1.5cm。2016年2月11日23时25分病历记载:"头痛4天,加重1天,昏迷3小时。患者四天前出现头痛,无恶心呕吐,于2月9日于我院就诊行CT检查,未见明显异常。今日仍上班工作,中午上班时感头痛加重,仍坚持上班,下午头痛剧烈,伴恶心呕吐,呕吐物有胆汁样液体,并神志模糊,回家后不愿言语,卧床休息。于3小时前恶心、呕吐、昏迷,家属拨打120急救电话送至我院,急诊行头CT检查提示'脑出血'。为进一步治疗,收入我科。检查:血压129/57mm/Hg,中度昏迷,双侧瞳孔4mm,对光反射消失,刺痛上肢稍屈曲,双下肢背伸,右侧病理症阳性。2016年2月11日我院头颅CT显示:左侧颞顶叶血肿,大小约5.1cm×8.2cm,中线结构受压右移约1.5cm;初步诊断:脑出血、脑疝。"后姚乙于2016年2月12日3时30分至6时在甲医院接受左颞部开颅血肿清除和去骨瓣减压术手术。

2016年2月12日6时,术后首次病程记录:"手术时间2016年2月12日3时30分至6时。适才在全麻下行左颞部开颅血肿清除和去骨瓣减压术,返回重症监护室,转入时血压117/55mmHg,深度昏迷,双侧瞳孔4mm,对光反射消失,四肢刺痛无反应,予以脱水、降颅压、护脑、抗感染、止血、促醒及对症支持治疗。"

"2016年2月12日9时,深度昏迷,双侧瞳孔4mm,对光反射消失,血压131/68mmHg,气管插管吸氧,四肢刺痛无反应。已行脑血管造影未见脑动脉瘤或血管畸形,已予手术治疗,术后予以脱水、降颅压、护脑、抗感染及对症支持治疗。"

2016年2月13日0时10分抢救记录:"病人呼吸于2月12日23时50分停止,急行机械通气。23时55分自主心率180次/分左右,室上性心动过速,行胺碘酮处理,再告病危。2016年2月13日9时深度昏迷,双侧瞳孔5mm,对光反射消失,无自主呼吸,呼吸机辅助呼吸。"

2016年2月13日11时15分,周主任医师会诊记录:"出血原因考虑为血管炎病变导致出血,现深度昏迷,有心跳,无自主呼吸,神经系统生理、病理反射均消失。”

2016年2月14日9时病例记录:“深度昏迷,双侧瞳孔5mm,对光反射消失,呼吸机辅助呼吸,无自主呼吸。四肢刺痛无反应,生理病理反射均消失,现考虑脑死亡状态,继续原方案治疗。”

2016年2月14日15时抢救记录:“14时40分心电监护示急性心动过速,予电除颤一次,并予以胺碘酮转复,血压73/49mmHg左右,予以去甲肾上腺素升压,继续原方案治疗。”

2016年2月15日3时45分死亡记录:“患者于2时出现血压低,给予补液,升压治疗,效果不明显,于2时47分出现心律下降,立即心肺复苏,于2时50分恢复心率正常,但血压60/30mmHg左右,予以肾上腺素升压,维持心率,于3时15分再次心率下降,立即行心肺复苏,于3时45分无自主心跳、呼吸,双侧瞳孔散大至边,光反射消失,心电图呈直线,宣告死亡。死亡原因:脑出血中枢性呼吸循环衰竭;死亡诊断:(1)脑出血中枢性呼吸循环衰竭;(2)应激性消化道出血。”

一审法院认为

本案纠纷系医疗行为致人损害的医疗损害责任纠纷。侵权行为发生在《侵权责任法》施行之后,根据有关规定,应以《侵权责任法》和相应的《民法通则》及《最高人民法院关于审理人身损害赔偿案件适用法律若干问题的解释》(2003年版)等法律法规及司法解释予以调整。

姚乙于2016年1月26日在B市中心医院门诊就诊,病历记载“主诉:头痛一周;初步诊断:头痛原因待查,建议完善头颅CT”,后姚乙并未在B市中心医院进行颅脑CT检查,也并未在B市中心医院就诊治疗,B市中心医院按医疗常规开具检查项目但姚乙并未按医嘱进行相应的检查,故B市中心医院对姚乙的死亡后果没有过错,且王甲、姚甲变更诉讼请求后也未再向其主张权利,依法不应承担侵权责任。姚乙后于2016年2月9日9时在甲医院就诊回家后,2月11日22时头痛呕吐,服用甲医院病历上开具的药物氟桂利嗪后,嗜睡,亲属查看时才发现呈昏迷状态,遂急送医。氟桂利嗪最常见的不良反应是瞌睡和疲惫。甲医院在2016年2月9日的门诊检查处置中,对姚乙的头痛原因未作出明确诊断,开具的氟桂利嗪仅为一般性的偏头痛的预防性治疗,而没有将病人留观做进一步检查、观察,以便及时处理(正如急腹症病人不能轻易开具止痛药物,以防掩盖真实病情,需密切观察一样)。姚乙在服用氟桂利嗪后,出现“嗜睡”,掩盖了颅内出血导致昏迷的真实症状表现，从而延误了送医治疗，甲医院在此诊疗过程中存在不当。该院病历反映，姚乙2月11日入院后，23时01分行颅脑CT检查，显示“左侧颞叶、额叶脑出血，血肿形成，并少许硬膜大出血，脑肿胀，蛛网膜下腔出血，大脑镰下疝”，此时姚乙颅内情况已经十分明确，应抓紧时间行开颅手术治疗，但是，甲医院却坚持认为先行脑血管造影，再考虑手术，直至2月12日1时行脑血管造影(结果未见动脉瘤和脑血管畸形)，2月12日3时才进行手术，此举违反了医疗原则，延误了手术时间，对患者病情有不利影响，其诊疗行为存在一定的过错。

甲医院对鉴定意见提出了异议并向一审法院申请重新鉴定，但其并未提供证据证明甲法医司法鉴定所在鉴定过程中有违反法律规定的可以重新鉴定的几种情形，不符合有关重新鉴定的规定，故对甲医院的异议主张法院不予采信，对其重新鉴定申请，法院亦不予准许。鉴定机构对本案作出的鉴定意见程序合法、有理有据，可以作为有效证据予以使用，故对甲医院抗辩意见法院不予支持。

一审法院根据本案实际以及相关司法鉴定意见，酌定由甲医院对王甲、姚甲因姚乙之死遭受的损害后果承担70%的赔偿责任。王甲、姚甲要求赔偿医疗费44285元，其中44281.18元有正规的医疗费票据证实，且都与甲医院的治疗不当、医疗过错有关联，故一审法院确认支持44281.18元；王甲、姚甲要求赔偿误工费500元(5天×100元)，没有相关证据证实，缺乏事实依据，法院不予支持；王甲、姚甲主张护理费500元(5天×100元)，计算错误，姚乙共住院5天，故法院依规支持护理费447.63元(2017年度A省居民服务、修理和其他服务业在岗职工人均年平均工资收入32677元/年÷365天/年×5天)；王甲、姚甲主张死亡赔偿金587720元(2017年度A省城镇居民人均年可支配收入29386元×20年)，符合规定，法院依规予以支持；王甲、姚甲主张丧葬费25707.5元(2017年度A省在岗职工年平均工资51415元÷2)，符合规定，法院依规予以支持；王甲、姚甲主张精神损害抚慰金60000元，根据《最高人民法院关于确定民事侵权精神损害赔偿责任若干问题的解释》(2001年版)第10条的规定，综合考虑到本案侵权行为造成的后果、事故发生的原因及双方当事人的过错程度，一审法院酌定支持精神抚慰金40000元；王甲、姚甲主张办理丧葬事宜交通费、误工费、住宿费20000元，本案事故造成姚乙死亡，其亲属为善后、办理丧葬事宜等必然要支出一定的费用，根据《最高人民法院关于审理人身损害赔偿案件适用法律若干问题的解释》第17条第3款的规定，结合王甲、姚甲提供的交通费等相关票据及死者近亲属人数、居住地等因素，法院酌定支持8000元；王甲、姚甲主张被扶养人生活费400800元(2017年A省城镇居民人均生活消费性支出20040元×20年)，王甲系单位退休职工，每月有退休金,姚甲没有达到法定退休年龄且未提供已丧失劳动能力的相关证据,不符合有关规定,故法院不予支持。综上,王甲、姚甲因姚乙之死所致的损失共计706156.31元,依法应由甲医院承担除精神抚慰金之外的70%即466309.42元,加上精神抚慰金40000元,共计506309.42元。

一审法院判决

依照《侵权责任法》第6条、第16条、第18条、第22条、第54条、第55条、第57条,《最高人民法院关于审理人身损害赔偿案件适用法律若干问题的解释》第17条第1款和第3款、第18条、第19条、第21条、第22条、第27条、第29条之规定,判决:(1)甲医院于判决生效之日起15日内一次性赔偿王甲、姚甲各项损失共计506309.42元;(2)驳回王甲、姚甲的其他诉讼请求。案件受理费5998元,由王甲、姚甲负担3333元,甲医院负担2665元。鉴定费13000元,由王甲、姚甲负担3900元,甲医院负担9100元。

一审判决后,双方均不服,均提起上诉。

二审各方意见

上诉人(王甲、姚甲)意见

王甲、姚甲上诉请求:撤销B市D区人民法院(2017)某0602民初131号民事判决,改判支持上诉人一审全部诉讼请求;一审、二审诉讼费由被上诉人承担。

事实与理由:(1)一审判决被上诉人甲医院承担70%的责任有失公允,医方的重大过失行为系患者姚乙死亡的根本原因,医方应当承担70%以上的责任。(2)上诉人姚甲年龄虽未达法定退休年龄,但确需姚乙赡养,上诉人王甲已达退休年龄,应视为丧失劳动能力,其微薄收入达不到城镇居民人均消费性支出,且二上诉人终究会老去,二上诉人丧失劳动能力之后亦需要被扶养,一审未支持被扶养人生活费不当。(3)一审认定的精神抚慰金过低,不足以抚慰生者。(4)鉴定费不应分担,应当由被上诉人承担全部鉴定费用。

上诉人(甲医院)意见

甲医院上诉请求:撤销B市D区人民法院(2017)某0602民初131号民事判决,改判上诉人承担次要责任或发回重审,并承担本案上诉费用。事实与理由:(1)甲法医司法鉴定所作出的70%参与度的鉴定意见依据明显不足,一审法院据此判决显失公平。(2)被上诉人在一审未提供办理丧葬事宜的交通费、误工费、食宿费等票据,一审对上述费用酌定支持 8000 元不当。(3)一审支持精神抚慰金 40000 元过高。

B 市中心医院辩称

一审判决认定事实清楚,适用法律正确,请求二审法院驳回上诉,维持原判。

本案争议焦点

一审认定事实清楚,本院对一审查明的事实予以确认。

针对上诉人王甲、姚甲与上诉人甲医院的上诉请求和理由,本院归纳二审争议焦点为:(1)一审采信甲法医司法鉴定所的鉴定意见,认定甲医院承担 70%的责任是否适当;(2)对王甲、姚甲应否支持被扶养人生活费;(3)一审对交通费、误工费、住宿费、精神抚慰金、鉴定费的认定是否适当。

关于焦点一,王甲、姚甲主张一审判决医方承担 70%的责任比例过低,甲医院主张甲法医司法鉴定所的鉴定意见依据不足,显失公平,本院二审通知鉴定人出庭接受质询。姚乙生前在甲医院就诊的主治医生与神经外科主任就鉴定意见中关于医方开具氟桂利嗪存在不当、医方行脑血管造影延误了手术时间等分析意见提出了质疑。参与本案司法鉴定的鉴定人徐某、龚某针对上述质疑陈述,医方开具的氟桂利嗪服用后可能存在嗜睡、疲惫等药物反应,该反应与脑损害后果存在相似状态,医方开具该药物后未将患者留院观察,患者服用该药物后,患者家属等不具备专业医学知识的人对此不易分辨,一定程度上掩盖了真实的病情发展状态。

关于对患者是否应行脑血管造影的问题,鉴定人陈述,患者 2016 年 2 月 11 日 23 时所做的 CT 检查结果显示,患者脑部出血量超过 100ml,脑出血评分属于五级,处于生命极度危险状态,抢救时间争分夺秒,此时行血管造影术耽误抢救时间,造影剂注入患者脑部亦可能造成颅内压增高,故患者的病情严重不具备做血管造影检查的条件。甲医院认为,药物发生副作用的概率极小,年轻患者发生脑出血的概率也很小,而患者在就诊前各项生命体征正常,CT 检查无异常,不具有留院观察指征。氟桂利嗪是治疗偏头痛的常规用药,主治医生考虑氟桂利嗪对偏头痛的治疗作用而开具该药物不存在过错。关于脑血管造影问题,甲医院认为,患者发病的年龄、出血部位等使医方高度怀疑患者存在动脉瘤或其他血管性疾病,而脑血管造影检查是处理动脉瘤或其他血管性疾病所必需的,且最新的医学教材也表明,如果患者病情允许,应当进行病因学诊断。而且,患者在行血管造影术手后病情稳定,也耐受了手术,因此患者的损害是自身病情发展的结果,与脑血管造影术无必然因果关系。

二审法院认为

患者在2016年2月9日就诊时甲医院在病历上记载“头痛原因待查”，之后为患者开具氟桂利嗪。虽然药物发生副作用的概率极低，且医方门诊检查后依据经验判断患者不具备留院观察条件，但医方应将服用药物后可能出现的反映症状、头痛可能出现的原因及后果告知患者或家属，使患者在服用药物后能够留意病情的发展变化并及时就医，故鉴定意见认为姚乙在服用氟桂利嗪后出现“嗜睡”掩盖了颅内出血导致昏迷的真实症状表现，延误了送医治疗符合本案实际，医方在门诊对患者的诊疗存在不当。

关于医方对患者进行脑血管造影术的合理性，本院认为，在质询过程中，医方和鉴定人员对患者在手术前脑出血评分属于五级状态不持异议，双方引用的医学参考书均载明“三级以下病人应及时行脑血管造影，三级及以上病人待病人病情稳定后再行造影检查”，医方未在术前对患者的病情发展和脑部出血量进行客观分析，对患者病情是否稳定和是否具备造影条件判断错误。同时，甲医院在造影术前较长时间等待造影室工作人员，一定程度上延误了手术时间，医方的上述过错与本案损害后果存在因果关系。

甲法医司法鉴定所的鉴定意见认为甲医院对姚乙的医疗行为存在过错，并建议过错参与度为70%符合本案实际。此外，甲医院提出鉴定意见未评判患者在B市中心医院的就诊情况，据此作出的鉴定意见不够客观公正。

对此本院认为，姚乙生前在B市中心医院门诊就诊后未作相关检查，与之后在甲医院的就诊属于独立的两次就医行为，二者没有关联性，王甲、姚甲在一审也未对B市中心医院提出赔偿请求，甲医院与患方共同委托的鉴定事项仅针对甲医院的医疗行为，故鉴定意见中未对B市中心医院的诊疗行为进行分析评判并无不当。一审法院采信该鉴定意见正确，依据医方的诊疗过错及对患方损害的原因力大小确定甲医院承担70%的责任符合本案实际。王甲、姚甲主张一审判决医方责任比例过低，本院不予支持。甲医院关于鉴定意见明显依据不足、显失公平的上诉理由本院亦不予支持，其二审庭后口头提出的重新鉴定申请亦不符合条件，本院不予准许。

关于姚乙被扶养人生活费问题，王甲主张其具备被扶养人条件，应当作为被扶养人支持生活费，姚甲主张对其达到法定退休年龄后的被扶养人生活费应当在本案一并支持。本院认为，根据《最高人民法院关于审理人身损害赔偿案件适用法律若干问题的解释》第28

条第2款的规定,被扶养人是指受害人依法应当承担扶养义务的未成年人或者丧失劳动能力又无其他生活来源的成年近亲属。王甲虽达法定退休年龄,但不必然丧失劳动能力,且其每月尚有社保收入,不符合被扶养人条件。姚甲尚有劳动能力,其主张在退休后将面临被扶养需要,但我国法律对此没有明确规定,上述司法解释中的"被扶养人"仅指受害人在遭受损害当时,应依法承担扶养义务的人,故被扶养人的认定应以实际扶养需要为限,王甲、姚甲主张的扶养期待利益本院不予支持。

关于一审对交通费、误工费、住宿费、精神抚慰金、鉴定费的认定,本院认为,根据《最高人民法院关于审理人身损害赔偿案件适用法律若干问题的解释》第17条第3款的规定,受害人死亡的,赔偿义务人除应当根据抢救治疗情况赔偿相关费用外,还应当赔偿受害人亲属办理丧葬事宜支出的交通费、住宿费和误工损失等其他合理费用。

一审结合王甲、姚甲提供的交通费票据及本案实际情况,酌定支持交通费、误工费、住宿费不违反法律规定。关于精神抚慰金,姚乙系王甲、姚甲的独子,二人在年近60岁时遭受丧子之痛,精神上必然遭受重大创伤,亟须在精神上和经济上给予安抚,且甲医院在诊疗过程中存在较大过错,一审判决结合医方的过错程度和承担责任的经济能力、姚乙的死亡后果以及当地平均生活水平,酌定支持精神抚慰金40000元符合法律规定,本院予以确认。王甲、姚甲、甲医院有关精神抚慰金的上诉请求本院均不予支持。

关于鉴定费,一审中,医患双方为查清案件事实共同委托对本案进行司法鉴定,为此支出鉴定费13000元,一审法院根据医患双方在本案中承担的责任比例确定的鉴定费分担符合法律规定。王甲、姚甲请求该鉴定费全部由甲医院承担,本院不予支持。

二审法院判决

上诉人王甲、姚甲与上诉人甲医院的上诉请求和理由均不能成立。一审判决认定事实清楚,适用法律正确,二审应予维持。依照《民事诉讼法》(2012年版)第170条第1款第1项之规定,判决如下:

驳回上诉,维持原判。

二审案件受理费8830元,由王甲、姚甲承担5998元,甲医院承担2832元。鉴定人出庭费4000元,由甲医院承担。

本判决为终审判决。

各方意见

医方意见

李建林 中山大学附属第八医院(深圳福田)副院长

此案例甲医院应吸取的经验与教训:

1. 患者因头痛二次就诊,2016 年 2 月 9 日在甲医院门诊就诊,医师开具氟桂利嗪,其常见的不良反应是瞌睡和疲惫。对患者头痛原因未作出明确诊断,没有将病人留观做进一步检查、观察,导致患者在服用氟桂利嗪后,出现“嗜睡”,掩盖了颅内出血的真实表现,延误了就医治疗。

2. 患者入院时病情危重,颅脑 CT 检查提示:“左侧颞叶、额叶脑出血,血肿形成,并少许硬膜大出血,脑肿胀,蛛网膜下腔出血,大脑镰下疝。”颅内情况已经明确,应紧急行开颅清除血肿和去骨瓣减压术,而不应行脑血管造影。

3. 患者处于颅内出血、脑疝急危状态,是脑血管造影禁忌证,违反诊疗规范。

4. 介入室没有安排急诊值班人员,紧急情况下医务人员从家里赶到医院,耽误宝贵的抢救时间。

5. 医院要加强医务人员专业学习,加强急危重症的绿色通道建设,特别是脑卒中、胸痛中心建设,影像科要提供 24 小时服务,医务人员在医院值班值守。

鉴定专家意见

罗斌 中山大学司法鉴定中心 主任法医师

是否应采纳甲法医司法鉴定所的鉴定意见,是本案关键之一。甲司法鉴定中心系当事方在人民法院组织下共同选择,具备合法的鉴定资质,鉴定程序合法;且在二审过程中,鉴定人出庭接受了质询,认同该鉴定意见是合适的。

该案也清晰告知大家:鉴定人出庭作证非常重要,越辩越明。在程序合法的情况下,鉴定人随时应做好出庭作证的准备,不卑不亢,有条有理沉着应对委托方和当事方的质询,从而提高鉴定及庭审质量,易于被法院采信。

律师意见

李立 广东广信君达律师事务所 高级合伙人 律师

脑血管造影是否合适,这在鉴定人与临床专家之间形成了不同意见,类似这样的争论,在医疗损害赔偿诉讼实务中常常面临,乃难题之一。

不可否认,争议双方都是专业人士,彼此之间,关系密切,比如,从人才培养角度,鉴定人、临床医师也都是从医学院校培养出来的,可能同出一门,是校友或者师兄弟姐妹;从专业技能上,他们都是业内专家,或者直接从事,或者与临床实务活动密切相关;从证据角度,鉴定人出具的鉴定意见,是一种证据,临床医师对案情的表达,作为当事人陈述,也是一种证据,彼此在证据效力上,并不必然存在孰高孰低的问题。结合本案,这是一个没有尸检、没有死亡鉴定意见支持的死亡纠纷案,因此,当面对鉴定专家与临床专家有不同意见、建议时;面对教科书相关内容观点与临床实践相关结果观点不同时,又该选择、采纳谁的意见建议,谁的意见在医学专业上又更有证明力?

这些深层次争议,在医疗损害赔偿实务中一直存在,不仅法院法官很为难,各方都为难。怎么办?以质证过的鉴定意见为准,不考虑或者少顾及临床专家的临床结论,即便有考虑,裁判文书在释明时也多语焉不详。这样的状态,让医疗损害赔偿案结果存在不确定性,让从事医事纠纷的律师们,备感苦恼。

甘翌晓　广州金鹏律师事务所　律师

在医疗纠纷赔偿中,其中一项是被扶养人生活费,在什么情况下可以获得被抚养人生活费的赔偿呢?

根据《最高人民法院关于审理人身损害赔偿案件适用法律若干问题的解释》第 28 条第 2 款规定,被扶养人是指受害人依法应当承担扶养义务的未成年人或者丧失劳动能力又无其他生活来源的成年近亲属。也就是说,要获得被扶养人生活费,被扶养人必须是其成年或未成年的近亲属。(1)未成年人。由于未成年人不具有劳动能力,是必须的被扶养人。根据我国民法规定,满 18 岁后为完全行为能力人,即成年人,所以,司法实践中,未成年人的抚养费支付至 18 岁止。(2)成年人。必须同时满足以下两个条件:①丧失劳动能力。实际中通常有两种情况,一是因身体伤残而失去社会劳动能力,没有劳动能力就无法获取劳动报酬;二是因年老失去劳动能力,如退休。②无其他生活来源。假如该成年人丧失劳动能力,但有其他生活来源足够日常生活的,比如退休职工,虽然没有劳动能力了,但其有稳定的退休金收入,就不构成"无其他生活来源"这一要件了。

王甲虽达法定退休年龄,但不必然丧失劳动能力,且其每月尚有社保收入,不符合被扶养人条件。因此,法院的不支持被扶养人的生活费的判决是符合法律规定的。

法官意见

官健　医学博士　广州知识产权法院　法官

本案医疗损害鉴定意见，指出甲医院主要存在两点过错：一是门诊处理；二是术前造影。

关于第一点，鉴定意见认为患者头痛原因不明，医方应予留观，但并未给出留观的客观标准，主观性太强。二审法院其实并未采纳该留观的意见，但认为医方对于使用氟桂利嗪的注意事项没有告知患方，而采信了鉴定意见中的服用氟桂利嗪掩盖症状的说法。其实该观点亦比较牵强，就患者当时门诊的病情而言，医方开具氟桂利嗪对症处理并无不当。氟桂利嗪确有引起嗜睡的不良反应，在客观上有掩盖患者病情发展的可能性，但不能事后评价，以此作为医方的过错。至于告知义务，本案病情变化很难预见，要求医方将一般的口服药物不良反应均向患方告知说明，不符合实际情况，更不能要求医方对已尽说明告知义务负举证责任。

关于第二点，以患者当时的情况，是立即开颅减压，还是先行脑血管造影，也是仁者见仁。毕竟以患者的病情，动脉瘤或血管畸形的可能性很大，在未排除该病因的情况下直接开颅手术也存在相应的风险。若在学术观点上存在分歧的情况下，仅以一家之言就认定医方过错，并不严谨。从长远看，也不利于医学的发展和人类的健康。需要指出，即便医方存在上述过错，在确定责任比例时亦应充分考虑患者脑血管意外的突发和凶险程度，医方是否需要承担70%的主要责任也是值得商榷的。

本案启示

没有尸检鉴定意见支撑的诉讼案，判决往往也是一个大概率结论

宋儒亮　法治广东研究中心主任、中华全国律师协会医药卫生法律专业委员会副主任、广东省医学会医事法学分会主任

本案二审终审结案。从形式角度而言，结合医学救济、法律救济规范要求，该法院判决书展现了医疗损害赔偿诉讼案审理全貌：患者就医事实，查证清晰；双方争议点，得到充分回应；涉医风险点争议点，鉴定抓得准、鉴得明；鉴定人出庭接受质询，围绕鉴定意见各自发表意见，激活和展示了专业博弈；一审、二审法院，结合双方证据，紧扣鉴定意见，凭借就医常识和法律知识，居中审查，诉讼过程、观点阐明和裁判结果，具体、清楚而细致，医学救济

充分展示、法律救济充分行使等。一定意义上,是篇论证说理兼顾、兼具的难得、难见的裁判文书。

案件审理情况越是清楚,案件可能潜在的问题暴露得越是明显。比如,本案是因患者死亡引发的医疗损害赔偿诉讼案,从诉争观点来看,在死因问题上双方并没有共识,同时,没有进行死因鉴定,也没有尸检鉴定意见支撑,这是本案最大的遗憾,也是案件难成铁案的关键。

关于死因判断问题,即便不是进行医疗事故技术鉴定,但关于尸检,《医疗事故处理条例》有着清晰指引,其第 18 条规定:"患者死亡,医患双方当事人不能确定死因或者对死因有异议的,应当在患者死亡后 48 小时内进行尸检;具备尸体冻存条件的,可以延长至 7 日。尸检应当经死者近亲属同意并签字。尸检应当由按照国家有关规定取得相应资格的机构和病理解剖专业技术人员进行。承担尸检任务的机构和病理解剖专业技术人员有进行尸检的义务。医疗事故争议双方当事人可以请法医病理学人员参加尸检,也可以委派代表观察尸检过程。拒绝或者拖延尸检,超过规定时间,影响对死因判定的,由拒绝或者拖延的一方承担责任。"

正因如此,虽经历了一审、二审,审理终结,尘埃落定,但从实质角度而言,就科学专业角度而言,由于没有尸体解剖,缺乏尸检鉴定意见,患者之死因只能是"推论"而不是"定论",这样的死亡纠纷案,因证据证明力等原因,虽可以结案,但终究不是一个经得起历史、法律检验的铁案。

牵一发而动全身。由于缺少具有金标准的尸体解剖这个证据,综观本案,总体而言,案件虽然终结,但或可引发三方面的不确定性争议,值得各方在今后的工作中,进一步反思与改进。

一、因缺乏尸检鉴定意见这个关键证据,面对鉴定意见,存在争议,并不少见

关于脑血管造影合不合适的问题,是双方当事人争论的一个关键问题。

甲医院认为:患者发病的年龄、出血部位等使医方高度怀疑患者存在动脉瘤或其他血管性疾病,而脑血管造影检测是处理动脉瘤或其他血管性疾病所必需的,且最新的医学教材也表明,如果患者病情允许,应当进行病因学诊断,而且,患者在行脑血管造影术后病情稳定,也耐受了手术,因此患者的损害是自身病情发展的结果,与脑血管造影术无必然因果关系。

但是,鉴定人并不认同,鉴定人认为:根据临床神经病外科专家意见及查阅专著《神经外科学》,姚乙住院时病情十分危重,属5级(最重)。行脑血管造影检查,“1、2级病人应及早进行;3、4级病人待病情稳定后,再进行造影检查;5级病人只行CT除外血肿和脑积水”。因此,姚乙此时,只能做CT检查,而不能做脑血管造影检查。如进行造影检查,或加重颅内出血。

据此,鉴定人“根据临床神经病外科专家意见及查阅专著”,出具自己认定的鉴定意见,但作为专家的临床医师,面对该患者“在行脑血管造影术后病情稳定,也耐受了手术”之情况,提出自己认可的专业意见建议。面对专业人士的不同意见、建议,又该如何取舍?

二、因缺乏尸检鉴定意见这个关键证据,关于“嗜睡”与“用药”问题上,存在冲突,也不出奇

本案中,患者初次就诊是因“头痛原因待查”,医师接诊后开具氟桂利嗪。众所周知,虽然其发生副作用的概率极低,但究竟是氟桂利嗪掩盖了颅内出血导致昏迷的真实症状表现,还是脑出血导致了嗜睡症状,现有证据的确难以完全查明。因此,引发各方冲突,并不出奇。面对这样的争议冲突,该采纳是药物所致还是疾病本身所致,哪一个更具有说服力?显然,若有尸检鉴定意见,可能在这个问题上,就不会不清不楚了。

三、因缺乏尸检鉴定意见这个关键证据,面对裁判结果,存有分歧,并不意外

如前所述,由于缺乏死因鉴定意见,面对同一个案件,均是法院法官,但分歧仍然存在。比如,通过判决,一审、二审审判法官们表明他们均认同鉴定意见,并据此裁判认定;但是,作为本案例点评者,也是法官,且是具有医学博士背景的法官,却不认同该裁判。彼此分歧已在陈述理由中表达。显然,要化解他们双方分歧,专业角度或许只有依靠这个证据:尸体解剖结论。两方分歧的根源,在于对“鉴定意见”的认知。要知道,当今意义上的“鉴定意见”,已经不同于以前的“鉴定结论”,本身也是一种效力待证的证据,并不具有当然的法律效力。对其进行质证的能力和水平,恰是影响裁判结果不同的关键。

虽是值得称道的案件,但争议也不是没有。如前所述,案例最具争议的地方,即此案没有进行尸体解剖,没有尸检鉴定意见。因此,各方只能是基于对目前掌握的证据及其效力,进行推理分析,进而得出结论。同时,也正是在这样的情况下,上述三个争议问题构成了这个案子精彩裁判的同时,又包括了很具有争议性、复杂性的一个救济画面。

说一千道一万,医事纠纷案处置,全部要素都具备了固是最好,但万一要有缺少、缺乏的,最好不要有什么?对死亡纠纷案而言,没有尸检定论,就缺乏标准,就少了过硬的证据,没有尸体结论支撑的诉讼案,判决往往也是一类大概率结论。因此,死亡纠纷案件之裁判，只能依靠很多的推论、很多的分析去获得，人云亦云、见仁见智的问题肯定少不了，在这个法院按这样判，在那个法院可能就那样判，并不是不可能的。

如何改变？首先从专业、科学角度出发，要通过诸如健康知识的宣讲宣教，尤其是让患者认识、理解和接受尸检，并进而在社会上形成尊重尸检的氛围和风气。

有尸检支撑的医学，才真正具有科学性；有尸检支撑的法学，也才真正具有专业性。除非当事人真正认可，否则，面对死亡诉争案，离开了死因鉴定、没有尸检鉴定意见支撑，谈论医学救济、法律救济的成效，评价司法审判结论，就是一脸茫然，就是一厢情愿。

化解多面相医事纠纷，要情感、讲道理，但也更要诉之法理

宋儒亮　温国明　付洪林　欧阳兵　宋立志

案情简介

孙甲因腰痛伴左下肢疼痛、麻木，于2015年1月11日住入中医院。2015年1月29日，孙甲转入某大附一院住院治疗。2015年2月5日，某大附一院为孙甲做脊柱手术。术后，孙甲称下肢麻木，大小便控制欠佳。2015年3月20日，孙甲申请D市卫生主管机关对其与某大附一院医疗事故争议进行处理，2015年4月7日，根据D市卫生主管机关的委托，D市医学会受理孙甲与某大附一院之间的医疗事故鉴定。后孙甲又分别于2015年4月19日、4月29日、11月23日向省卫生主管机关投诉，要求对其与某大附一院的医疗事故争议进行处理并对某大附一院病案造假等行为进行查处，12月16日、17日，孙甲至省卫生主管机关处填写来访接待登记表，除反映上述情况外，还反映某大附一院不给安排住院订饭，请求省卫生主管机关予以核查解决。省卫生和计划生育委员会收到孙甲寄送的投诉后，即转交D市卫生主管机关予以处理。另查明，某大附一院是省卫生主管机关的直属单位。

孙甲认为省卫生主管机关对于其反映的上述问题没有给予处理，遂提起行政诉讼。某大附一院为本案第三人。

一审各方意见

原告（孙甲）意见

诉讼请求：(1)要求省卫生主管机关处理其与某大附一院的医疗事故争议并查处某大附一院病案造假等行为；(2)请求法院判令某大附一院立即停止对原告人权歧视侵害，恢复其作为病人在医院订饭的权利；(3)要求确认省卫生主管机关行政不作为及要求判令省卫生主管机关履行相关职责的请求。

被告(省卫生主管机关)意见

省卫生主管机关已经按照法律的规定履行了全部义务,不存在不作为等情形。

一审法院认为

根据《医疗事故处理条例》第38条第1款规定,发生医疗事故争议,当事人申请卫生行政部门处理的,由医疗机构所在地的县级人民政府卫生行政部门受理。医疗机构所在地是直辖市的,由医疗机构所在地的区、县人民政府卫生行政部门受理。根据《卫生行政处罚程序》(2006年版)第7条规定,上级卫生行政机关可将自己管辖的案件移交下级卫生行政机关处理;也可根据下级卫生行政机关的请求处理下级卫生行政机关管辖的案件。本案中,在案证据显示,孙甲要求省卫生主管机关处理其与某大附一院的医疗事故争议并查处某大附一院病案造假等行为,省卫生主管机关收到孙甲投诉及申请后即将上述事项交由某大附一院所在地的卫生行政部门D市卫生主管机关予以处理。省卫生主管机关的该处理行为符合上述规定,并无不当。孙甲要求确认省卫生主管机关行政不作为及要求判令省卫生主管机关履行相关职责的请求,缺乏事实和法律依据,不予采纳。

孙甲请求法院判令某大附一院立即停止对其人权歧视侵害,恢复其作为病人在医院订饭的权利,该请求属于其与某大附一院之间的民事争议,不属于行政诉讼受案范围,不予审查。省卫生主管机关作出的案涉行政行为事实清楚,符合法规、规章,程序合法。

一审法院判决

依照《行政诉讼法》(2014年版)第69条的规定,判决驳回孙甲的诉讼请求。

孙甲不服,提起上诉。

二审各方意见

上诉人(孙甲)意见

上诉称,上诉人多次向被上诉人某大附一院申请复制病历,屡屡遭阻。在初级医疗事故鉴定过程中某大附一院对病历造假。上诉人向被上诉人省卫生主管机关投诉举报,其中信访3次,走访3次,请求其监管某大附一院违规执业、病历造假,保护上诉人的健康权。被上诉人省卫生主管机关未回复上诉人,构成行政不作为。一审法院认定事实错误,适用法律不当。请求本院撤销一审判决,判令被上诉人履行法定职责,由被上诉人承担本案的诉讼费。

被上诉人(省卫生主管机关)答辩

被上诉人根据上诉人寄送的挂号信和来访反映的问题,依法转送D市卫生主管机关处理,且一直督促D市卫生主管机关妥善处理上诉人医疗纠纷,故被上诉人就上诉人反映的问题已充分履行自身职责,一审判决认定事实清楚,适用法律正确,请求本院驳回上诉,维持原判。

第三人(某大附一院)的答辩

(1)一审法院认定事实清楚,证据充分,程序合法。(2)上诉人的上诉理由不成立。孙甲的起诉不符合《行政诉讼法》第12条规定的情形;本案不存在不履行法定职责情形,上诉人及其家属对病历存疑是其自身因素导致;上诉人违反相关法律法规不遵医嘱予以出院,且拒不支付医疗费用。(3)某大附一院与上诉人之间的纠纷属民事纠纷,应当通过民事诉讼程序进行解决。请求本院驳回上诉,维持原判。

二审法院查明

上诉人孙甲上诉后,一审法院已将各方当事人在一审中提交的证据材料随案移送本院。

本院经审理查明的事实与一审判决认定的事实一致,依法予以确认。

二审法院认为

根据《医疗事故处理条例》第38条第1款规定,发生医疗事故争议,当事人申请卫生行政部门处理的,由医疗机构所在地的县级人民政府卫生行政部门受理。医疗机构所在地是直辖市的,由医疗机构所在地的区、县人民政府卫生行政部门受理。《医疗机构管理条例实施细则》(1994年版)第66条规定:"各级卫生行政部门负责所辖区域内医疗机构的监督管理工作。"第68条规定:"县级以上卫生行政部门设立医疗机构监督管理办公室。各级医疗机构监督管理办公室在同级卫生行政部门的领导下开展工作。"第69条规定:"各级医疗机构监督管理办公室的职责:……(四)负责接待、办理群众对医疗机构的投诉……"本案中,上诉人孙甲通过多次向被上诉人省卫生主管机关邮寄投诉书和走访的方式,投诉某大附一院对其治疗违规、病历造假、不给订饭等问题,请求省卫生主管机关进行核查处理。根据上述规定,负责接待、办理孙甲对某大附一院的投诉,以及处理双方医疗事故争议的卫生行政部门应为某大附一院所在地的卫生行政部门。被上诉人收到孙甲的投诉后即将上述事项交由D市卫生主管机关予以处理,符合上述规定,孙甲要求省卫生主管机关核查处理其投诉的事项缺乏事实根据和法律依据。同时一审中《D 市卫生主管机关关于孙甲医疗事故争议的情况汇报》和《某大附一院关于孙甲医疗事件的报告函》显示,2015 年 9 月 1 日,D 市医学会鉴定孙甲病例不属于医疗事故。孙甲对该鉴定结论不服,已申请 A 省医学会再次鉴定。2015 年 12 月 22 日,D 市卫生主管机关组织孙甲与某大附一院对相关住院病案进行了质证。孙甲请求法院判令某大附一院立即停止对其人权歧视侵害,恢复其作为病人在医院订饭的权利的诉讼请求,属于民事争议,不属于行政诉讼受案范围,本案不予理涉。一审法院判决驳回孙甲的诉讼请求正确。

综上,上诉人孙甲的上诉理由不能成立,本院不予支持。一审法院对本案的审理,认定事实清楚、适用法律正确、审判程序合法。

二审法院判决

驳回上诉,维持原判。

二审案件受理费人民币 50 元,由上诉人孙甲负担。

本判决为终审判决。

各方意见

监管方意见

温国明　广东省卫生监督所　副所长

1. 医疗事故争议处理程序问题

根据《医疗事故处理条例》第 39 条第 1 款规定,卫生行政部门应当自收到医疗事故争议处理申请之日起 10 日内进行审查,作出是否受理的决定。根据《医疗事故处理条例》第 54 条规定,接到医疗事故争议处理申请后,未在规定时间内审查或者移送上一级人民政府卫生行政部门处理的,由上级卫生行政部门给予警告并责令限期改正;情节严重的,对负有责任的主管人员和其他直接责任人员依法给予行政处分。

行政判决书中述孙甲于 2015 年 3 月 20 日申请 D 市卫生主管机关对其与某大附一院医疗事故争议进行处理。根据 D 市卫生主管机关的委托,D 市医学会 2015 年 4 月 7 日受理孙甲与某大附一院之间的医疗事故鉴定。行政判决书中未交代 D 市卫生主管机关是否在收到医疗事故争议处理申请之日起 10 日内,也就是在 3 月 30 日前进行受理。如超过期限,上诉人可要求 A 省卫生主管机关介入调查处理。

2. 省卫生主管机关是否尽责问题

行政判决书中述孙甲分别于2015年4月19日、29日,11月23日向省卫生主管机关投诉,要求对其与某大附一院的医疗事故争议进行处理并对某大附一院病案造假等行为进行查处,省卫生主管机关收到孙甲寄送的投诉后,即转交D市卫生主管机关予以处理。判决书中未交代D市卫生主管机关是否已将调查结果和处理意见书面回复上诉人。假设已作书面回复,《信访条例》第34条规定:"信访人对行政机关作出的信访事项处理意见不服的,可以自收到书面答复之日起30日内请求原办理行政机关的上一级行政机关复查。收到复查请求的行政机关应当自收到复查请求之日起30日内提出复查意见,并予以书面答复。"按照上述规定,如上诉人有提出复查请求,省卫生主管机关是有责任对上诉人所提事项进行答复的。

3. 关于对病历造假鉴定的思考

医疗事故鉴定不对病历是否造假进行鉴定,但由于病历造假涉及多个专业方面,如病历上各种病种、术语、药物、检查项目及结果等,需要医疗卫生专业人员才看得出它们的内在逻辑关系是否符合医学常规;又如现今医疗机构更多的是使用电子病历系统,则需要电脑专业人员从系统后台查询病历的修改痕迹是否存在违规。若仅靠卫生监督人员对病历是否造假进行判定,显然十分困难。能否在医疗事故鉴定专家库中增加相应技术人员,并将病历鉴定作为医疗事故鉴定的一个内容,值得思考。

律师意见

欧阳兵　岭南律师事务所　律师

原告在向被告提起行政诉讼前,已多次通过投诉举报、信访、走访等多种行政救济措施,历经两审行政诉讼,仍难以实现原告的目标。原告认为被告的行为属于行政不作为,于是以被告不履行法定职责为案由提起行政诉讼。行政不作为的构成要件主要有三个:(1)法定的作为义务,所谓的"法定"即"有法律依据"的意思。(2)履行义务的可能性,"不履行"并不是行政主体意志以外的原因,而是该行政主体有履行能力但却故意延迟履行甚至不履行。(3)履行义务的必要性,指的是行政主体若不行使行政权而仅靠公民个人的力量,并不足以避免损害的发生,所以期待其行使行政权。据此,被告的行为不属于行政不作为。

在《行政诉讼法》第2章明确规定了行政诉讼的受案范围的情况之下,原告仍以被告侵犯其"人权"为由提起行政诉讼,显然是对法律适用理解出现了偏差。综观本案,原告的第一诉讼请求因缺乏事实和法律依据而未获法院支持,第二诉讼请求甚至不属于行政诉讼案范围,行政诉讼属于很专业的事情,没把握要点就贸然起诉只会浪费时间和诉讼成本。

宋立志　广东广信君达律师事务所　律师

虽然一审、二审判决在形式上不存在问题,但并未根本化解本案、类案的问题。本案中上诉人(原告)主要提出了三个问题,分别是治疗违规、病历造假、不给订饭。对于治疗违规、不给订饭这两个问题,医学会和法院都已给了答案,但对于病历造假本案并没有答复。病历造假是一个专业问题,是患者在投诉过程中投诉的内容之一,也是行政机关在行政执法过程中经常遇到的难题之一。如何去认定病历是否造假,难题在于造假病历常与病历的修改混在一起,其中,对电子病历的辨别,可以通过后台进行识别,比如原始记录、修改时间、修改的内容、修改人等,对电子病历的认定往往易于纸质病历。

纸质病历造假的认定,主要考虑以下三个方面:第一,应先观察纸质病历表面的修改是否符合规定,如《病历书写基本规范》第 7 条是审查关键;第二,病历的修改时间是否符合规定,如《病历书写基本规范》第 13 条是审查重点;第三,病历的修改内容,这是区分是篡改病历还是修改病历的重中之重,主要审查考虑其是错别字修改还是对主要诊断、治疗方案、替代方案、说明告知等的修改。

若通过上述途径仍然无法认定,则第三方机构鉴定就是选择。案件未进入诉讼环节,仅仅在行政投诉环节,此时又会出现鉴定费用由谁支付的问题。一种观点认为,应由负有监管职责的卫生行政机关承担。众所周知,在行政投诉中,对投诉人的定位应为“投诉人仅仅作为医疗机构是否存在违法行为的投诉举报人,仅仅是违法行为线索的提供方”,其提供违规线索,就完成了监督人的监督义务。而作为行政机关,对投诉人所投诉的事项具有逐条进行处理的义务,对于无法自行认定是否属于伪造病历的案件,则需要申请第三方鉴定机构进行鉴定,所产生的费用应由行政机关进行支付。但现实是关于病历伪造的投诉数量庞大,行政机关也未设有关于该鉴定的专项经费,往往会造成行政机关不申请鉴定的情形,该问题也值得重视,否则也就成了行政机关被诉不作为的重要原因之一。

法官意见

付洪林　广州铁路运输中级人民法院　原法官

本案涉及下列两个问题:

1. 省卫生主管机关是否已履行了职责。根据《医疗事故处理条例》《卫生行政处罚程序》等法规规章的规定，对医疗事故负有查处职责的机关主要为县级人民政府卫生行政管理机关，同时上级卫生行政管理机关为履行职责需要，有权决定将下级卫生行政管理机关管辖的案件提级由自己管辖，也有权将自己管辖的案件指令下级机关管辖。此点与司法管辖中上级法院的管辖权以及对管辖争议的处理颇有相似之处。据此，省卫生主管机关将孙某的投诉转其下级即 D 市卫生主管机关处理符合规定。另外，涉事医院是省卫生主管机关的直属单位，将相关争议转 D 市卫生主管机关处理，同时也解决了回避问题，在合理性方面也是妥当的。

2. 行政诉讼“一案一争议”规则。为清晰界定当事人的争议，行政诉讼基本贯彻“一案一争议”规则，即原则上一个诉讼只解决一个行政争议。本案中，孙某在 2015 年 3 月向 D 市卫生主管机关提出的仅是申请处理医疗事故争议，同年 4 月向省卫生主管机关投诉时又附加提出对某大附一院病案造假行为进行查处，12 月再次到省卫生主管机关上访时再提出医院不给安排住院订餐等诉求，均不符合“一案一争议”规则，也扰乱了案件处理方向。终审判决拨云见日，厘清了相关法律关系，向孙某释明，指引其循民事途径解决“订饭”引发的民事争议是正确的。

本案启示

医事非诉讼方式运用也是化解多面像医疗纠纷的一个有力选择

宋儒亮　法治广东研究中心、广东省医学会医事法学分会主任

现在看到这个案件，顿生感慨！这样的案件，其实在司法实践中非常常见，作为医事法律专业同道，也经常遇到、听到或者接待这样的案件及当事人。一路走来，感觉这样的案件，从医事非诉讼角度，总结起来，存在有“三难”“三怕”及三个建议。

“三难”之中，第一个“难”是，这样案件的当事人诉求通常比较杂，且多伴有比较大的情绪，其中的诉求，有法律意义上的，也有非法律意义上的，本案订饭问题，就不是一个法律问题。因此，这个或者这类案件要想圆满解决，难度很大。

第二个“难”就是，对这些复杂诉求，进行法律救济难。最重要的一点是很多内容我们在情感上和道理上是理解的、认识的，但如果希望通过法律救济方式纠正起来，却依据不直接、证据不充分，甚至连一些具有法律确定性的预测性内容都不多。

第三个“难”就是，这一类事情处理起来时间成本大，各方有畏难情绪。不可否认，面

对这类案件,律师也好,法官也好,行政机关也好,确实处理起来,要花大量时间解释,而且往往解释之一,可能之二就又出来了,问题连环出现,不好处理。

"三难"之后往往就是"三怕"。第一"怕"是怕期望的法律效果不好。因为法律效果的实现,必须要有法律依据、要有证据支持。当事人想当然认为"有这个权利"往往不具有法律意义,比如,本案当事人认为不给其订饭也侵犯了他的权利,这一点在法律上不能得到直接支持,这不是法律要解决的问题。但问题在于,如果不能化解这个问题,患方当事人往往认为医院没有诚意、不公正、不可信等,进而导致问题扩大。究其根源,背后的问题在于当事人是把"情理"当作"法理"。

第二个"怕"是怕社会效果不好。相对而言,这类案件往往有这样的特点,一方当事人往往是社会的普通人员甚至是比较弱势的一个群体,他们往往心里有很多的话,也有很强烈的权利诉求,也遇到了很多的难,但解决起问题时,苦于知识、能力、人脉等原因,其对争议问题等的梳理并不好,"茶壶里煮饺子有货倒不出",这样的状况,往往让人情绪波动大,近而又产生畏难。

第三个"怕"是怕救济效果不理想。类似案件的当事人,出于种种原因,往往都有一套大词大语的话语体系,大道理一套又一套,讲得也很好很对,但毕竟到了法院,要解决的是一个个具体的诉求,这些诉求的支持,又需要一个个对应的证据予以支持。如果当事人有一个个诉求,但又找不到对应的法条依据、找不出对应的证据支持,是没有办法依法处理的,法院往往也无能为力,问题往往就会僵在那个地方了。此时,后果往往就是当事人对法院,对行政机关,甚至对代理的律师等有很大的意见。"出力不讨好,好心没好报"就是最大的问题。这也就是实务中碰到这类案件,律师等往往选择回避的比较多的原因。为什么?因为此时这样的当事人往往觉得自己受到了损害侵害,心里愤懑但经济支持又不多,没什么钱,律师收不到律师费用也不愿意积极去干,这是实际情况。所以碰到这类法律专业性不强但处理起来真的又比较棘手,又没有收入支持的案件,推脱或者顾左右言他等情况,就比较多见,该怎么办呢?

办法总比问题多。"三难""三怕"之后,也有三个建议。

第一个建议,鼓励和支持这类当事人主动聘请律师。期望通过律师专业指引,帮助其把诉求分类,并写出来。这个时候,承担法援的律师是当下这类案件中性价比最高的选择。

第二个建议,鼓励和支持这类当事人能有可信任的家人陪伴。目的就是通过当事人的家人与律师等专业人士的陪伴,有法律、有理性和有情感地帮他分析问题,耐心解释。从处理方式上，找到这样的家人，是这类当事人有效维权的一个好开始。信任家人、律师介入、良好沟通，更利于共识的形成和问题的化解。

第三个建议，鼓励和支持利用医事非诉讼等方式化解这些纠纷。对这类当事人，大家要有同理心、同情心，在不违反原则的基础上，以协商、调解等非诉讼方式，能第一时间帮助就帮助他把问题早日解决。在实务中，面对这类当事人，当道理讲清楚了，法理讲明白了，情理说透了，将心比心，问题也是能够有效解决。

这样的案件很普通，也不是大案要案；这类当事人，看起来更是普通；这样的问题，看起来也司空见惯。但问题要解决起来、诉求要化解起来，是比较棘手的，也是不容易的。这方面，最大的忠告就是千万不要掉以轻心！彻底解决法理、情理和道理交织在一起的案件和当事人问题，更需要法治环境的营造，更需要当事人法律素质的提升，更需要大家同等、同情、同理的善与爱。当再面对这类案件和当事人，在当事人认为他的一些权益受到损害侵害又迫切需要专业予以维护的时候，我们法律人应该伸出援手，给他一个法律指引。同时，有关职能部门也尽可能给予理解、支持和配合，能给予经济补偿等时，主动说出，创造条件，毕竟，这类案件，诉讼方式非常重要。但诉讼方式只能化解其一方面问题，非诉讼方式同等重要，非诉讼方式能化解其他方面的诉求。

关于疾病和患者，患者的主诉是多样的，在医疗处理上，有对因与对症治疗；关于案件和当事人，当事人的诉求往往也是多种的，在法律处置上，同样也有治本与治标之策。面对这些具有交叉性的医法问题，面对可选择的医事诉讼和非诉讼方式，在问题解释和纠纷解决上，是力争实现事半功倍还是落得个事倍功半，考验我们的综合能力和水平。这其中，以诉求多面化解为导向，以法治能力为条件，以当事人满意为目标，扩大视野，好中选优，强化法治思维，用好法治方式，最大限度实现公平和正义，是提升医事非诉讼方式质量的不二之选。毕竟，化解多面像医疗纠纷，医事非诉讼方式也是一个选择。

加速康复外科的新观点和教科书的传统意见，鉴定和判定该如何定？

宋儒亮 张 怡 林 锋 刘艳伟 李 立 宋立志 周 攸 廖思原

案情简介

患者陈某霞于2016年10月8日以“平滑肌脂肪瘤术后发现盆腹腔占位1月”为主诉入住甲医院妇科肿瘤专科二区，于同月14日转肝胆外科一区，于同年11月8日转重症医学科(ICU)二区。入院诊断为：(1)盆腹腔包块：平滑肌脂肪瘤复发？(2)高血压；(3)右肾周脂肪瘤术后；(4)宫颈鳞癌Ibl期术后；(5)××病毒携带者。入院后于2016年10月17日在全麻下行“剖腹探查+右侧腹膜后脂肪肉瘤切除术+右半结肠切除术”，术后患者出现吻合口瘘等并发症，甲医院给予“剖腹探查+吻合口瘘修补术+回肠造口术+腹腔冲洗”，术后给予抗感染、止血、补充白蛋白等对症治疗，但患者病情持续恶化，于2016年11月10日出院后当日死亡。

陈某娟系患者陈某霞的母亲，陈某霞的父亲陈某已故。陈某忠与陈某霞系夫妻关系，于1993年10月23日生育陈某纯、于1995年3月18日生育陈某琳。

陈某忠、陈某纯、陈某琳、陈某娟认为甲医院在为陈某霞治疗过程中存在过错，需要承担侵权责任，因此提起诉讼。

一审各方意见

原告(陈某忠、陈某纯、陈某琳、陈某娟)意见

甲医院在为陈某霞治疗过程中存在过错，需要承担侵权责任。损失包括：(1)医疗费295533元；(2)误工费6827.5元；(3)护理费1230.5元；(4)交通费2000元。(5)住宿费14850元；(6)住院伙食补助费3300元；(7)营养费630元；(8)丧葬费41433元；(9)死亡补偿金789452.6元；(10)办理丧葬事宜支出的交通费、误工损失2300元；(11)精神损害抚慰金50000元。以上合计1207557元。

陈某忠、陈某纯、陈某琳、陈某娟为证明其损失，提交了以下证据：(1)甲医院开具的医

疗费票据 3 张,个人缴费金额合计 95909.95 元;(2)B 市某区大药房开具的发票 1 张,货物内容为云南白药粉、人凝血酶原复合物、人纤维蛋白原、20%白蛋白,金额为 22234.4 元;(3)某市××区幼儿园出具的证明书,证明陈某霞生前为该园园长;(4)某市国资土地房地产评估有限公司出具的个人收入证明,证明陈某纯在该公司任职房地产估价师助理,月收入 4200 元。

被告(甲医院)意见

我方对陈某霞的诊疗不存在任何过错,其死亡结果是自身疾病发展所致的,与我院的诊疗行为不存在任何因果关系。

本案审理过程中,经陈某忠、陈某纯、陈某琳、陈某娟申请并经陈某忠、陈某纯、陈某琳、陈某娟、甲医院同意,一审法院依法委托乙司法鉴定中心就甲医院对患者陈某霞实施的诊疗行为是否存在医疗过错,若存在过错,其过错与该患者陈某霞死亡之间是否存在因果关系及因果关系类型(过错参与度)进行鉴定。为此,陈某忠、陈某纯、陈某琳、陈某娟预付鉴定费 17000 元。

鉴定意见

乙司法鉴定中心作出某〔2017〕临医鉴字第×××号司法鉴定意见书。

该司法鉴定意见书"分析说明"部分载明:(1)患者陈某霞于 2016 年 10 月 8 日以"平滑肌脂肪瘤术后发现盆腹腔占位 1 月"为主诉入住甲医院,入院后医方依据其主诉、病史、查体及相关辅助检查结果,初步诊断为"1. 盆腹腔包块:平滑肌脂肪瘤复发? 2. 高血压。3. 右肾周脂肪瘤术后。4. 宫颈鳞癌 Ibl 期术后。5. ××病毒携带者",入院后经完善相关检查,该患者有明确的手术适应证,无明显手术禁忌证,医方将患者转入肝胆外科行手术治疗符合诊疗规范,但根据医方现有病历所载,医方术前缺少手术讨论记录,对于肿瘤反复复发并多次手术治疗的患者,医方术前准备不足,对手术复杂程度估计不足,缺少围手术期可能引起的并发症的治疗预案,存在过错。

(2)经向患者本人告知手术风险并征得其签字同意后,医方于 2016 年 10 月 17 日对该患者行"剖腹探查+右侧腹膜后脂肪肉瘤切除术+右半结肠切除术",手术操作符合临床技术操作规范,但术后处理中没有常规行胃肠减压,术后查房记录中缺少腹部体征的描述,对于患者术后辅助检查提示血钾低的异常情况未引起高度重视,没有及时进行分析讨论并给予纠正处理,存在过错;于 10 月 21 日经腹部引流管引流出黄褐色液体后,医方没有对引流液进行化验分析及分析讨论，未能及时明确病因，在一定程度上延误了患者吻合口瘘的早期诊断、早期治疗时机，并且考虑患者为吻合口瘘后，医方二次手术时机掌握欠妥当，未及时给予吻合口瘘修补术，存在过错，影响了患者疾病的预后及诊治效果。

(3)发现该患者吻合口瘘后，医方给予“剖腹探查+吻合口瘘修补术+回肠造口术+腹腔冲洗”及术后抗感染、止血、补充白蛋白等对症治疗。术后辅助检查提示患者存在腹腔内出血，医方给予止血、补充营养、输血等治疗后病情未见明显好转，11 月 8 日患者出现病情危重、陷入昏迷，经该院行胸外按压、气管插管、扩容、止血等抢救治疗措施后当日转重症医学科进一步治疗，但患者病情持续恶化，11 月 10 日患者出现病危，经向患者家属告知病情后患者家属决定带患者离院，离院后患者于当日死亡。

(4)因该患者死亡后未做尸检，故未取得其死亡的病理学诊断，依据其疾病发生、发展过程，结合有关辅助检查结果，考虑其死亡原因为盆腹腔肿瘤切除术后并发肠瘘、腹腔感染、失血等最终引起呼吸、循环衰竭而死亡。根据第一次术中探查所见及术后病理检查所见，该患者所患肿瘤为盆腔去分化脂肪肉瘤，肿瘤与结肠分界不清，肠壁已受侵犯且肿瘤巨大，与周围多部位脏器组织有粘连，手术难度大、风险高，术后易并发各种并发症，疾病自身的特点及诊治过程中本身所具有的高风险性与其术后并发肠瘘、腹腔感染、失血等最终引起呼吸、循环衰竭而死亡之间存在一定的因果关系。

该司法鉴定意见书“鉴定意见”部分载明：甲医院在对该患者陈某霞的诊治过程中存在术前准备不足、术后没有常规行胃肠减压、术后病情观察不足及处置欠及时的医疗过错，该医疗过错与该患者陈某霞的死亡后果之间存在一定的因果关系，因果关系类型（过错参与度）为共同因果关系。

各方对鉴定意见的意见

（一）原告（陈某忠、陈某纯、陈某琳、陈某娟）对鉴定意见的质证意见

第一，司法鉴定意见书的因果关系（过错参与度）为共同因果关系，陈某忠、陈某纯、陈某琳、陈某娟认为甲医院的医疗过错参与度应为主要因果关系。理由如下：(1)甲医院未履行预见义务和结果回避义务，甲医院应预见到患者术前应该要做肠道准备，但未做肠道准备就行右半结肠切除术，切除肠道后未履行预防吻合口瘘的义务，术后没有做胃肠减压、禁食，发现吻合口瘘未及时手术治疗，导致漏出的肠液感染切口，患者因感染性休克、出血性休克死亡。(2)患者的死亡原因主要是甲医院的医疗过错行为造成的，如果没有医疗过错的发生，患者不会死亡，患者本身身体状况良好，即使肿瘤成分倾向于去分化脂肪肉瘤,浸润肠壁浆膜层及肌层,也不会发生死亡的后果。第二,发现吻合口瘘后,甲医院未履行告知义务,一直告诉患者和家属很快就可以出院了,侵犯患方知情权,导致患者失去救治机会。

(二)被告(甲医院)对鉴定意见的质证意见

第一,真实性。无异议。第二,合法性。《最高人民法院关于审理医疗损害责任纠纷案件适用法律若干问题的解释》(2017 年版)第 9 条第 3 款规定:“鉴定人应当从具备相应鉴定能力、符合鉴定要求的专家中确定。”但是,本案的鉴定人中并无所涉专业(普通外科或胃肠外科)的专家,出席听证会的临床专家是妇产科专业的,在听证会的问答环节中,该妇产科专家对胃肠外科的专业知识匮乏,不具有对胃肠外科疾病进行鉴定的资格与能力。因此,鉴于本案争议焦点是我院肝胆外科在诊疗过程是否存在过错,本案鉴定机构及鉴定人均不具备相应鉴定能力,不符合司法解释相应规定,依法应当进行重新鉴定。第三,关联性。(1)关于甲医院过错及因果关系,认同鉴定意见书第 6 页中所分析及确认的:①“入院完善相关检查,该患者有明确的手术适应证,无明显手术禁忌证,医方将患者转入肝胆外科行手术治疗符合诊疗规范”。②“经向患者本人告知手术风险并征得其签字同意后,医方于 2016 年 10 月 17 日行‘剖腹探查+右侧腹膜后脂肪肉瘤切除术+右半结肠切除术’,手术操作符合临床技术操作规范”。③“考虑其死亡原因为盆腹腔切除肿瘤术后并发肠瘘、腹腔感染、失血等最终引起呼吸、循环衰竭而死亡。根据术中探查所见及术后病理检查所见,患者所患肿瘤为盆腔去分化脂肪肉瘤,肿瘤与结肠分界不清,肠壁已受侵犯,且肿瘤巨大,与周围多部位脏器组织有粘连,手术难度大、风险高,术后易并发各种并发症,疾病自身特点及诊治过程中本身的高风险性与其术后并发肠瘘、腹腔感染、失血等最终引起呼吸、循环衰竭而死亡之间存在一定的因果关系”。以上,证明我院的手术方案及手术操作符合诊疗规范的要求,术程顺利,术后患者恢复良好,我院诊疗不存在任何过错。同时可明确,患者所患肿瘤为恶性肿瘤,本身病情复杂,系外院求诊建议转上级医院治疗后入我院治疗,手术难度大、风险高,术后易并发各种并发症。以此进一步证明患者的死亡是其原发性疾病及特殊体质因素所引起的。(2)不认同鉴定意见书中所认为的医院过错方面。①关于术前准备,鉴定意见书中的认定错误。其一,不认同鉴定意见书第 6 页记载的“医院术前缺少手术讨论记录,对于肿瘤反复复发并多次手术治疗的患者,医方术前准备不足,对手术复杂程度估计不足,缺少围手术期可能引起的并发症的治疗预案,存在过错”。首先,针对以上问题,我院在听证会时已明确作出回答,病历书写规范并未强制性要求对所有患者进行术前病例讨论,也未要求病例讨论的病历书写形式,我院已对该病例进行术前讨论,包括对该患者的基础病情分析、不同治疗方案的对比、不同手术方式的对比等,上述讨论于术前科内例会中完成,并记载在病程记录中,由管床医生在签订手术同意书时向患者(或家属)逐一详细讲解。手术同意书已明确写上可能进行的不同手术方式、围手术期的处理、术后可能出现的并发症及相应的应对措施并由管床医生口头讲解,最后由患者或家属表示理解后签字表示同意手术,本病例第一次手术的术前同意书上,患者本人已签字同意手术,代表患者已理解手术方式、围手术期的处理、术后可能出现的并发症及相应的应对措施。听证会时,我院向鉴定人说明上述情况,并说明我院作为重点教学院校,对于肿瘤复发的患者,均在术前的每周例会上作为例会重点讨论病例,例会中已对患者可能并发症及预案等进行了充分讨论。当时鉴定专家也予以肯定:“像贵医院这种级别的医院及本案患者的情况,应该是有过术前讨论的。”因此,鉴定人是理解及认同此种临床常规做法的,但却在鉴定意见书中作出与当时询问事实完全不一样的内容。因此,此项认定明显错误。其次,我院在手术同意书中已明确第一次手术可能存在的风险及术后可能的并发症,包括“4. 剖腹探查+右侧腹膜后脂肪肉瘤切除术+右半结肠切除术术后引起相应并发症,如胰漏、胆漏、肠瘘、尿漏等;5. 术后腹腔内感染;6. 术后吻合口瘘、吻合口梗阻、吻合口出血,严重时需要再次手术”等,同时手术同意书中已明确术后并发症的应对措施、可能进行的不同手术方式、围手术期的处理等。我院对手术后出现吻合口瘘的诊断与处理已在2016年10月21日至10月28日的病程记录中详细写明。以上可证明我院在术前已对手术复杂程度、可能引起的并发症及治疗预案等进行充分预估并积极处理,已充分尽到谨慎注意义务,不存在术前预估不足和处理不当的过错,鉴定意见认定明显有误。其二,关于肠道准备的问题,我院的处理是“术前患者准备(2016年10月10日起肠道准备,10月16日术前日予甘露醇250ml口服)”,其根据为《中国实用外科杂志》刊载的《结直肠手术应用加速康复外科中国专家共识(2015版)》中关于“术前肠道准备”的必要性描述:“术前常规肠道准备对患者是一个应激刺激,可能导致脱水及电解质失衡,肠道准备对结肠手术患者无益处,还有可能增加术后发生肠吻合口瘘的危险,因此,不提倡对拟行结直肠手术的患者常规肠道准备。术前肠道准备适用于需要术中结肠镜检查或有严重便秘的患者。”因此,我院的术前肠道处理是符合最新诊疗规范的,鉴定人由于对本专业知识匮乏,不了解专业知识进展,从而作出了错误认定。结合目前外科医学共识的“加速康复外科理念”要求,“加速康复外科理念是指贯穿围手术期的各种措施,要想在治疗过程中在患者身上体现出有效性,一般是通过对比,如伤口疼痛较轻微、较早排气排便、较早出院等,但这个对比只要能通过以往的数据得出结论后对患者实施或观察。例如,不插胃管确实能减少病人因放置胃管后带来的喉头不适感”,加速康复外科理念是贯穿围手术期的各种措施,本病例在处置中已体现其有效性,如患者术后有排气,一度恢复良好等。关于鉴定人所称的术前灌肠问题,术前灌肠并非术前必须进行的措施,而且会极大地增加患者术后发生肠吻合口瘘的可能性,因此,外科医学指南及临床诊疗中早已摒弃术前常规灌肠的做法。基于此,本案中我院已于2016年10月10日起为患者进行肠道准备,术前给予口服甘露醇进行肠道准备,符合诊疗常规的要求。鉴定意见以此认定我院术前准备不足(专家在听证会称我院未进行术前灌肠),明显已不符合目前外科诊疗规范及指南的要求,属于医学界已摒弃的陈旧临床诊疗知识,以此作出的鉴定意见明显有误,依法不应得到采纳。对于以上情况,听证会时鉴定专家都进行了详细询问,可最终记载认定的结果却跟当时询问的事实完全颠倒,以此为推论的结果当然存在极大的偏差。根据以上陈述,我院的术前准备充分,不存在任何过错。②关于医院的术后诊疗过程,鉴定意见书中的过错认定错误。其一,不认同鉴定意见书第6页中认为的“术后处理中没有常规行胃肠减压,术后查房记录中缺少腹部体征的描述,对患者术后辅助检查提示血钾低的异常情况未引起高度重视,没有及时进行分析讨论并给予纠正处理,存在过错”。关于术后行胃肠减压,《中国实用外科杂志》刊载的《结直肠手术应用加速康复外科中国专家共识(2015版)》中有关于“术后放置鼻胃管减压”的必要性描述:“结直肠手术中不应常规放置鼻胃管减压,这样可以降低术后发热、肺不张及××的发生率。如果在气管插管时有气体进入胃中,可以插入胃管排出气体,但应在病人麻醉清醒前予以拔除。因此,在术后不应常规使用鼻胃管减压。通过鼻胃管给予流食有返流、误吸的情况。”《中华外科杂志》刊载的《中国加速康复外科围手术期管理专家共识(2016)》中也有描述:“手术后不推荐常规使用鼻胃管,仅在发生胃排空延迟时选择性使用。Meta分析及系统评价结果均表明,与常规留置鼻胃管相比,不使用鼻胃管减压的患者肺部并发症明显减少,排气及饮食时间提前,住院时间缩短,腹部并发症并未增加。”因此,结合目前外科医学共识的“加速康复外科理念”的要求,术后胃肠减压已并非必须常规进行的措施,胃肠减压可能给患者带来喉头疼痛、恶心、睡眠障碍等。反之,如果不留置胃管,患者胃肠功能恢复较快,并且可明显减少肺部并发症,因此,外科医学指南及临床诊疗中早已摒弃术后常规胃肠减压的做法。本案中,2016年10月18日术后第一天,患者神志清楚,腹部伤口疼痛,生命体征平稳。复查验血结果提示血钾2.96mmol/L,血红蛋白94g/L,白细胞计数6.25×10^9/L,给予补钾、预防性使用抗生素、补充营养等治疗。病程中没有记录上消化道不适感,以此可以明确该患者在无胃肠减压的情况下,各项体征平稳,不放置鼻胃管可以避免胃肠减压造成的不适感,符合诊疗常规的要求。鉴定意见认定我院术后未行常规胃肠减压,明显已不符合目前外科诊疗规范及指南的要求,属于医学界已摒弃的陈旧的临床诊疗知识,以此作出的鉴定意见明显有误,依法不应得到采纳。其二,关于术后患者血钾低。首先,我院在诊疗中已充分考虑到该情况并相应预案,术后已对患者的血钾情况予以充分关注,在患者出现血钾低的情况时及时予以补钾处理。2016 年 10 月 18 日术后第一天,患者神志清楚,腹部伤口疼痛,生命体征平稳。复查验血结果提示血钾 2. 96mmol/L,血红蛋白 94g/L,白细胞计数 6.25×10^9/L,给予补钾、预防性使用抗生素、补充营养等治疗。长期医嘱大补液中有补钾,临时医嘱中有口服氯化钾溶液。因此,鉴定意见的相应认定明显不符合实际情况,我院已及时行补钾处理,此项不存在过错。根据以上陈述,术后行常规胃肠减压已不符合目前外科诊疗规范及指南的要求,属于医学界已摒弃的陈旧的临床诊疗知识,而不留置胃管患者胃肠功能恢复较快,并且可明显减少肺部并发症,目前早已成为外科医学专家的共识,并已全面推广使用于外科临床诊疗当中。我院在术后已对患者的血钾情况予以充分关注,在患者出现血钾低的情况时及时予以补钾处理,不存在过错。因此,鉴定意见基于陈旧的临床诊疗知识且忽略了我院病历记载的补钾处理的事实,作出的过错认定明显错误,依法不应得到采纳。其三,我院不认同鉴定意见书第 6 页中所认为的"医方没有对引流液进行化验分析及分析讨论,未能及时明确病因,在一定程度上延误了患者吻合口瘘的早期诊断、早期治疗时机,且考虑患者为吻合口瘘后,医方二次手术时机掌握欠妥当,未及时给予吻合口瘘修补术,存在过错,影响了患者疾病的预后及诊治效果"。我院积极监测患者各项指标,包括对患者引流液进行密切监测,并积极予以治疗,包括 2016 年 10 月 21 日至 23 日、28 日的病程记录中均有对引流液性状的详细记录,包括引流量及颜色等,并根据引流液情况作出相应处理,包括禁食、肠外营养、护胃、抗感染并加强腹腔冲洗等。患者出现吻合瘘的可能征象后,临床分析,由于第一次术后患者血色素有缓慢下降及白细胞升高的情况出现,考虑患者有术后应激反应和感染存在的可能,过早的二次手术可能是阴性探查;并且考虑恶性肿瘤患者本身多合并凝血功能紊乱,而二次手术创伤和应激反应较大,不利于患者自身快速康复,存在加重患者失血情况继而引发不良后果的可能性;又结合患者的身体耐受情况等,我院按诊疗常规先予以禁食、持续腹腔冲洗、生长抑素、肠外营养支持等保守治疗,择机再进行包括手术在内的处置措施,符合诊疗规范及患者的临床利益。之后我院根据病情变化，观察患者见神志清楚，腹胀、腹部压痛症状无改善。腹部 CT 报告提示：弥漫性腹膜炎，全腹肠管肠淤张征象，不除外合并低位不完全性肠梗阻；盆腹腔多发包裹性积液，建议增强扫描检查，以除外腹腔脓肿形成；腹腔积气，拟术后所致，不除外胃肠空腔器官穿孔可能，建议结合临床考虑；子宫、双侧附件未见显示，呈术后改变；右中腹一引流管留置；双下腹多发金属夹，呈术后改变；扫描范围双肺下叶炎症并双侧少量胸腔积液，邻近双肺下叶局部受压含气不全；扫描范围胸腰椎骨质增生；双侧骶髂关节致密性骨炎。因此，留胃管胃肠减压，当日下午行彩超引导下腹腔脓肿穿刺引流术，抽出较多带黄色粪臭味液体，考虑患者肠瘘症状明显，经治疗组讨论，拟行急诊剖腹探查手术，因此告知家属，家属同意并签字为证。以上，说明我院对肠吻合口瘘的发现和处理是谨慎与及时的，第一次手术后对应对症治疗，术后积极复查各项指标，持续监测生命体征。患者出现吻合瘘后，我院考虑患者身体耐受情况和诊疗常规，先予以药物和腹腔冲洗的治疗，随后及时进行二次手术，二次手术时机不存在任何延误。医生不是神仙，更不能以事后诸葛亮的方式判断当时诊疗措施是否存在过错。鉴定机构的过错认定明显有误，根本不符合本案的实际情况。二次术后考虑腹腔创面出血时，积极给予止血、输血等治疗，并继续心电监护、复查抽血，之后患者血红蛋白水平持续稳定。其四，不认同鉴定意见书第 7 页认定的"医方存在术前准备不足，术后没有常规行胃肠减压，术后病情观察不足及处置欠及时的医疗过错，该过错与陈某霞的死亡结果存在一定的因果关系"。鉴定意见认定患者死因为盆腹腔切除肿瘤术后并发肠瘘、腹腔感染、失血等最终引起呼吸、循环衰竭而死亡。临床上肠瘘主要发生在腹部手术后，是术后发生的一种严重并发症，根据临床资料分析，肠瘘中以继发于腹腔脓肿、感染和手术后肠瘘最为多见，常见原因有手术、创伤、腹腔感染、恶性肿瘤、放射线损伤、化疗以及肠道炎症与感染性疾病等方面，属于不可完全避免的手术并发症。本案患者肠瘘的发生发展系患者自身原发性疾病及特殊体质因素所致，与我院诊疗行为不存在因果关系。根据病历中详细的病程记录及两次手术同意书内容，可明确说明我院术前已对患者可能并发症及相应预案进行充分预估，术后观察密切到位，二次手术及时得当，诊疗中不存在任何过错。因此，鉴定意见的相应认定不符合本案的实际情况及诊疗常规的要求，依法不应得到采纳。综上，鉴定意见书由于鉴定人的资格问题，属于非法鉴定意见书；鉴定人由于专业知识匮乏而对我院诊疗行为进行错误的过错认定，对我院极为不公，我院不存在诊疗过错，患者的死亡后果完全系由其自身疾病所造成的；本案鉴定人不具备相应的鉴定能力，不符合司法解释的相应规定。

庭审中,甲医院以上述司法鉴定意见书的鉴定意见明显有误为由申请重新进行医疗过错鉴定,但甲医院没有举证证明存在法定可以重新鉴定的条件,故已当庭告知甲医院不予接纳其重新鉴定申请。甲医院于庭后提交复议申请书,坚持申请重新进行医疗损害司法鉴定。

一审法院认为

患者陈某霞因“平滑肌脂肪瘤术后发现盆腹腔占位1月”到甲医院处住院治疗,入院后经完善相关检查,于2016年10月17日行“剖腹探查+右侧腹膜后脂肪肉瘤切除术+右半结肠切除术”,术后患者出现吻合口瘘等并发症,甲医院给予“剖腹探查+吻合口瘘修补术+回肠造口术+腹腔冲洗”及术后抗感染、止血、补充白蛋白等对症治疗,但患者病情持续恶化,于2016年11月10日出院后当日死亡。结合陈某忠、陈某纯、陈某琳、陈某娟、甲医院的诉辩意见,本案的争议焦点为:(1)甲医院对患者陈某霞所实施的诊疗行为是否存在医疗过错;(2)若存在过错,其过错与该患者陈某霞死亡之间是否存在因果关系及因果关系类型(过错参与度)。

因涉及专业的医疗问题,在陈某忠、陈某纯、陈某琳、陈某娟、甲医院均同意的情形下,一审法院依法委托乙司法鉴定中心对本案进行过错鉴定。该鉴定中心作出的司法鉴定意见书明确甲医院对患者诊治过程中存在术前准备不足、术后没有常规行胃肠减压、术后病情观察不足及处置欠及时的医疗过错,该医疗过错在一定程度上影响了患者疾病的预后及诊治效果,与患者死亡后果之间存在一定的因果关系。但也分析因该患者死亡后未做尸检,故未取得其死亡的病理学诊断,依据患者疾病发生、发展过程,结合有关辅助检查结果,考虑其死亡原因为盆腹腔肿瘤切除术后并发肠瘘、腹腔感染、失血等最终引起呼吸、循环衰竭而死亡;根据第一次术中探查所见及术后病理检查所见,该患者所患肿瘤为盆腔去分化脂肪肉瘤,肿瘤与结肠分界不清,肠壁已受侵犯且肿瘤巨大,与周围多部位脏器组织有粘连,手术难度大、风险高,术后易并发各种并发症,疾病自身的特点及诊治过程中本身所具有的高风险性与其术后并发肠瘘、腹腔感染、失血等最终引起呼吸、循环衰竭而死亡之间也存在一定的因果关系。该司法鉴定意见书是在组织医患双方听证,通过对医患双方提交的证据材料进行分析形成的意见,陈某忠、陈某纯、陈某琳、陈某娟对于该鉴定中心的鉴定资质、鉴定程序未提出异议,甲医院虽认为鉴定人不具备相应鉴定能力、存在鉴定程序违法,但未能举证予以证明,也没有提供足以反驳的相反证据推翻上述司法鉴定意见书,故一审法院采纳该司法鉴定意见书,认定此次鉴定合法,可以作为本案分析事实的证据。甲医院申请重新鉴定依据不足，故不予采纳。

《侵权责任法》第54条规定："患者在诊疗活动中受到损害，医疗机构及其医务人员有过错的，由医疗机构承担赔偿责任。"第55条规定："医务人员在诊疗活动中应当向患者说明病情和医疗措施。需要实施手术、特殊检查、特殊治疗的，医务人员应当及时向患者说明医疗风险、替代医疗方案等情况，并取得其书面同意；不宜向患者说明的，应当向患者的近亲属说明，并取得其书面同意。医务人员未尽到前款义务，造成患者损害的，医疗机构应当承担赔偿责任。"第57条规定："医务人员在诊疗活动中未尽到与当时的医疗水平相应的诊疗义务，造成患者损害的，医疗机构应当承担赔偿责任。"

从科学的角度分析，医疗行为是具有高风险的专业行为，医学是一门探索性、经验性的学科，在医疗实践中尚有许多未知领域，这是人类在社会发展中不断发现自我、认识自我的一个漫长的过程，是一个需要高度科学积累和探索的领域。时至今天，人类对许多疾病的发生原因还不了解，已知发病原因的也有相当一部分难以治愈，对许多药品副作用的认识也非常有限，由此造成在医疗行为过程中不但会经常出现各种事前可预知或不可预知的并发症，也常会因患者病情异常或者体质特殊而发生医疗意外，甚至基于人体的基因、体质、情绪、所处环境等的不同，患者在疾病表现与治疗效果上也存在差异，同时亦不可避免地会出现在现有医学科学技术条件下发生无法预料或者不能防范的不良后果等医疗风险。在这种高风险的情况下，医疗机构或医方从其救死扶伤、治病救人的职业操守出发，运用专业的、科学的技能及专业设备进行诊治，诊治的过程不但是治疗病患以降低病患者致死致残风险或减轻其生活质量降低程度的过程，也是向未知医疗领域探索的过程、向未知病患挑战的过程。与此同时，病患一方对自己病情专业性知识了解的匮乏及渴望尽早恢复健康的心情是常人可以理解的，但如果将所有的医疗风险完全让医疗机构承担，势必违背了法的基本价值，得不到社会的公认，从而使社会价值观失衡，违背科学认识世界的观念。

综合考虑医学的复杂性及本案实际情况，并参考鉴定意见，一审法院酌情确定，甲医院对陈某忠、陈某纯、陈某琳、陈某娟损失承担15%的赔偿责任。

关于陈某忠、陈某纯、陈某琳、陈某娟的损失。根据陈某忠、陈某纯、陈某琳、陈某娟提供的证据并结合庭审双方意见，一审法院认定如下所述。

1. 医疗费，应根据医疗机构出具的收款凭证，结合病历、用药清单等相关证据确定。现根据医疗费票据显示个人缴费金额为95909.95元，外购药物支出22234.4元，合计118144.35元。

2. 住院伙食补助费，陈某忠、陈某纯、陈某琳、陈某娟主张 3300 元，没有超出法定标准，该院予以确认。

3. 护理费，根据护理人员的收入状况和护理人数、护理期限确定；护理人员有收入的，参照误工费的规定计算；护理人员原则上为一人，但医疗机构或者鉴定机构有明确意见的，可以参照确定护理人员人数。陈某霞住院治疗 33 天，陈某忠、陈某纯、陈某琳、陈某娟自述住院期间由陈某霞丈夫陈某忠及女儿陈某纯、陈某琳对其进行照顾，陈某忠、陈某纯、陈某琳、陈某娟主张的陈某纯误工费实为护理费，但陈某忠、陈某纯、陈某琳、陈某娟只提供陈某纯的个人收入证明证明其月收入 4200 元，没有提交劳动合同、缴税证明及购买社保记录等证据予以佐证，也没有提交陈某忠、陈某琳收入及误工减少损失的证据，故护理费按照 B 市最低工资标准 2100 元/月计算，确定为 2310 元。陈某忠、陈某纯、陈某琳、陈某娟还另行诉请护理费 1230.5 元，属重复主张，该院不予支持。

4. 丧葬费，陈某忠、陈某纯、陈某琳、陈某娟主张 41433 元，没有超出法定标准，该院予以照准。

5. 死亡赔偿金，陈某霞住所地位于某市××区，陈某忠、陈某纯、陈某琳、陈某娟主张 789452.6 元，金额过高，根据《A 省 2017 年度人身损害赔偿计算标准》规定的 2016 年 A 省一般地区城镇居民人均可支配收入 37684.3 元/年计算 20 年，死亡赔偿金应为 753686 元。

6. 交通费，陈某忠、陈某纯、陈某琳、陈某娟主张交通费 2000 元，但未提交相应票据支持。另外，陈某忠、陈某纯、陈某琳、陈某娟主张办理丧葬事宜也有发生交通费，但无明确主张的数额，故综合考虑患者的病情、就诊事实及乘坐交通工具的合理性、亲属办理丧葬相关事宜的事实，该院酌情确定交通费为 1500 元。

7. 住宿费，陈某忠、陈某纯、陈某琳、陈某娟主张住宿费 14850 元，虽无票据支持，但考虑患者家属陪同患者从外地来 B 市区住院治疗、护理，确需产生住宿费，该院酌情确定按 3 人 7 天，每天 450 元的标准，住宿费为 3150 元。

8. 办理丧葬事宜的误工损失，陈某忠、陈某纯、陈某琳、陈某娟主张 2300 元，但未提交证据证实其因误工导致收入减少的情况，故参照 B 市最低工资标准 2100 元/月的标准，酌情按照 3 人 7 天计算，确定该误工损失为 1470 元。

9. 营养费，陈某忠、陈某纯、陈某琳、陈某娟主张 630 元，该院综合考虑陈某忠、陈某纯、陈某琳、陈某娟的病情以及住院情况，予以照准。

10. 精神损害抚慰金，根据本案医方的过错程度及司法惯例的标准，该院酌情确定精神损害抚慰金为20000元。

11.鉴定费,陈某忠、陈某纯、陈某琳、陈某娟主张鉴定费17000元,有票据为证,该院予以认可。

综上,陈某忠、陈某纯、陈某琳、陈某娟的经济损失是925623.35元,精神损失是20000元。鉴于精神损害已考虑甲医院的过错程度,精神损失不再按比例分责,甲医院应赔偿的金额是925623.35×15%+20000=158843.5元。

一审法院判决

依照《侵权责任法》第54条、第55条、第57条,《最高人民法院关于审理人身损害赔偿案件适用法律若干问题的解释》(2003年版)第17~24条、第27条、第29条、第31条,《最高人民法院关于确定民事侵权精神损害赔偿责任若干问题的解释》(2001年版)第8条、第11条的规定,于2018年9月3日作出如下判决:(1)甲医院应于判决发生法律效力之日起10日内,一次性向陈某忠、陈某纯、陈某琳、陈某娟赔偿158843.5元;(2)驳回陈某忠、陈某纯、陈某琳、陈某娟的其他诉讼请求。一审案件受理费6292元,由陈某忠、陈某纯、陈某琳、陈某娟共同负担4997.78元,甲医院负担1294.22元。

一审判决后,陈某忠、陈某纯、陈某琳、陈某娟不服一审判决,向二审法院提起上诉。

二审各方意见

上诉人(陈某忠、陈某纯、陈某琳、陈某娟)意见

陈某忠、陈某纯、陈某琳、陈某娟上诉请求:撤销一审判决,改判支持其一审诉讼请求,本案诉讼费、鉴定费由甲医院负担。事实和理由:(1)一审判决认定事实错误,未充分考虑医方的过错,过度考虑医疗风险,减轻了医方的责任,应予提高。①本案诊疗过程中,医方欠缺责任心,未尽到谨慎注意义务,过错明显,是导致患者死亡的主要原因。鉴定意见对医疗风险评判过高,结肠切除术后发生吻合口瘘在医方的预见范围内,医方应采取措施避免此后果发生,但其未履行预见义务和结果回避义务,如未留置胃肠减压、术后第一日就进食流食,导致进食的流食混合肠液漏入腹腔感染切口,造成患者感染性休克、出血性休克死亡,应承担主要责任。②术前未做肠道准备,发生吻合口瘘后继续进食流食、第二次手术时机掌握欠妥等延误了救治时间。因此,患者的死亡主要是医方的过错行为造成的。患者术前身体状况良好,即使肿瘤成分倾向于去分化脂肪肉瘤,浸润肠壁浆膜层及肌层,也

不会发生死亡的后果。③一审遗漏医方侵犯患方知情权的认定。医方侵犯知情权,导致患者失去救治机会,应承担相应责任。第一次手术时同意书上手术名称为腹腔肿物切除术,术中根据探查改变手术方式(肠管部分切除),未告知患者切除的范围、并发症、日后影响、病理结果等;发现吻合口瘘后也未如实告知,直到患者心脏骤停才下发病情危重通知书。④一审判决过于考虑医疗复杂性,不参考鉴定意见的参与度认定,由我方承担85%的责任不合理、不公正。鉴定意见已经考虑患者的病情、医疗复杂性,已经作出事实因果关系的评判,一审在此基础上再减轻医方的责任比例是重复考虑医疗风险。吻合口瘘是可避免的医疗风险,患者的原发疾病及医疗风险为次要因素。(2)一审判决赔偿数额错误。①护理费过低。我方已提供个人收入证明以证明陪护人陈某纯月收入4200元,一审判决按2100元/月计算不当。②死亡赔偿金过低。死亡赔偿金包括被赡养人生活费,患者的母亲无劳动能力,无生活来源,应当予以支持。③交通费。汕头到广州的交通费用每次200元,一审判决酌情1500元不足以弥补该损失。④住宿费。患者住院33天,每天2人陪护,探视的亲属更多,均需要住宿。⑤一审判决支持的精神损害抚慰金过低。

被上诉人(甲医院)意见

甲医院二审答辩称,同意一审判决。

二审时,陈某忠、陈某纯、陈某琳、陈某娟提交:(1)陈某纯的银行账户明细查询打印件,拟证明陈某纯的工资标准;(2)某市××区某镇某村民委员会于2019年4月12日出具的证明及陈某娟三个儿子(陈某坤、陈某鑫、陈某峰)的户口登记卡复印件,称陈某娟无退休金,无生活来源,靠子女赡养,共生育三子一女,其中女儿陈某霞已去世。甲医院质证对银行查询明细的真实性、合法性和关联性均不予认可,认为该证据没有原件,也无劳动合同、工资单、社保证明等予以佐证且并非一审时无法提交的证据材料;对某村民委员会出具的证明的真实性有异议,认为无法核实其的真实性,而且不属于新证据,依法不能被采信,同时对某村民委员会出具的证明和户口本复印件的关联性有异议,根据该证据可确认陈某娟是农村户籍,但无法证明陈某娟由陈某霞生前进行赡养。

庭询时,陈某忠、陈某纯、陈某琳、陈某娟确认其所主张的医疗费包括医疗机构的费用和外购药物费用,其中医疗机构的费用是按照全部金额请求,包含医保已经报销的部分。

另查明,2016年10月17日,陈某霞签署手术同意书,拟行手术名称:腹腔肿物切除术,告知的风险包括"术中根据探查改变手术方式,如单纯剖腹探查、腹部肿物切除、肠管部分切除、淋巴结清扫等"。

2016年10月16日，陈某纯签署手术同意书。手术同意书载明：术前诊断为腹腔平滑肌脂肪瘤术后、吻合口瘘和腹腔感染，拟行手术名称为剖腹探查、腹腔冲洗和回肠造口，告知风险包括“术中术后大出血、术中术后出现全身多器官功能衰竭危及生命、术后全身感染、败血症危及生命等”。

二审庭询时，对于签署时间，甲医院称存在笔误，应当是2016年10月29日术前与家属谈话后签署的，对于该事实，患方一直认可，不存在病历伪造篡改，笔误也不属于医疗过错。此后，陈某忠、陈某纯、陈某琳、陈某娟则就两份手术同意书和病情危重通知书（2016年11月8日）上陈某霞和陈某纯的签字申请进行真伪鉴定，称并非其本人所签。经查，陈某霞作为患者，在2016年10月15日的《使用医疗器械、一次性医用消耗材料知情同意书》（拟行手术名称如上）、《输血治疗知情同意书》上面签字；陈某纯作为病者家属和见证人，还在2016年10月16日的《使用医疗器械、一次性医用消耗材料知情同意书》（拟行手术名称如上）、《输血治疗知情同意书》，2016年11月8日的《入ICU同意书》《重症医学科紧急有创治疗及手术同意书》《麻醉药品、第一类精神药品使用知情同意书》《约束带使用知情同意书》《输血同意书》《使用自费药品、检查及治疗项目同意书》等上面签字，陈某忠、陈某纯、陈某琳、陈某娟并未就此提出笔迹鉴定申请。

一审时，陈某忠、陈某纯、陈捷琳、陈某娟确认有封存病历，并确认封存病历的真实性。双方均表示以该套封存病历及各自提交的证据材料作为鉴定材料。

甲医院提交霍某主任医师、周某主任医师、俞某龙主任医师提供的专家意见，称该次手术方案正确，术前肠道及其他围手术准备符合新近发表的共识，是当今腹部外科界的通常做法，术后措施符合诊疗规范等。还提交了中华医学会肠外肠内营养学分会加速康复外科协作组发布的《结直肠手术应用加速康复外科中国专家共识（2015版）》、中国加速康复外科专家组发布的《中国加速康复外科围手术期管理专家共识（2016）》两份诊疗规范。对此，陈某忠、陈某纯、陈捷琳、陈某娟称对专家意见的真实性、合法性和关联性均不确认，因为这些专家不了解本案情况，未经过合法的程序，其出具的意见属于医方的单方意见；医方提交的材料没有卫生主管部门的认可，不是诊疗规范，医方的诊治行为不符合《结肠癌根治切除手术临床路径》（2012年版）的相关规定。

二审法院查明的其他事实，与一审法院查明的事实相同，双方均无异议，二审法院予以确认。

二审法院认为

本案中,双方当事人对住院伙食补助费、丧葬费、营养费、鉴定费的数额均无异议,视为服判,二审法院予以维持。本案二审的争议焦点是甲医院应当承担的医疗损害责任比例以及相关赔偿项目的确定及数额问题。

首先,关于甲医院应当承担的医疗损害责任比例问题。在医患双方之间分配医疗损害责任比例,应综合考虑医患过错及患者原发病自身的医疗风险因素,合理衡量上述因素与医疗损害后果之间的原因力大小关系。本案中,一审法院根据鉴定意见及双方的陈述、病历资料等证据材料,综合考虑患者病情的复杂性、危重性,酌定甲医院对患者的死亡应当承担15%的赔偿责任符合本案实际情况,并无不当,二审法院予以确认。陈某忠、陈某纯、陈某琳、陈某娟上诉主张患者的死亡主要是医方的过错造成的,以及医方侵权了其的知情权等,事实依据均不足,二审法院不予采信。陈某忠、陈某纯、陈某琳、陈某娟二审时还提出笔迹鉴定申请,但其申请理由、依据并不充分,亦与其确认病历真实性的陈述矛盾,而且不足以以此认定医方侵犯其知情权的事实,故其的申请对本案待证事实无意义,二审法院不予许可。

其次,关于具体赔偿项目的问题。

陈某忠、陈某纯、陈某琳、陈某娟对医疗费、办理丧葬事宜的误工损失等的数额虽有异议,但二审期间并未提出具体理由及举证,故二审法院对其的该项上诉请求不予采纳。

关于护理费、交通费、住宿费和精神损害抚慰金,一审法院根据《最高人民法院关于审理人身损害赔偿案件适用法律若干问题的解释》(2003 年版)相关规定和当事人的举证酌定的数额并无明显不当之处,二审法院予以维持。

关于死亡赔偿金,陈某忠、陈某纯、陈某琳、陈某娟上诉主张还应当包括被赡养人的生活费,并为此提交了某村民委员会出具的证明予以佐证陈某娟符合赡养条件,该项请求符合法律规定,二审法院予以支持,确定被赡养人生活费为 35766. 6 元(28613. 3 元×5÷4)。因此,死亡赔偿金应为 789452. 6 元(753686+35766. 6)。

综上,陈某忠、陈某纯、陈捷琳、陈某娟的经济损失是 978389. 95 元(118144. 35+3300+2310+41433+789452. 6+1500+3150+1470+630+17000),精神损失 20000 元,甲医院应赔偿陈某忠、陈某纯、陈捷琳、陈某娟 166758 元(978389. 95×15%+20000)。

二审法院判决

综上所述,陈某忠、陈某纯、陈某琳、陈某娟的上诉理由部分成立,二审法院就其合理部分予以支持。依照《民事诉讼法》(2017年版)第170条第1款第1项、第2项的规定，于2019年5月22日作出以下判决：(1)维持A省B市C区人民法院(2018)某××××民初××××号民事判决第二项；(2)变更A省B市C区人民法院(2018)某××××民初××××号民事判决第一项为甲医院应于判决发生法律效力之日起10日内，一次性向陈某忠、陈某纯、陈某琳、陈某娟赔偿166758元。本案一审受理费6438元，由陈某忠、陈某纯、陈某琳、陈某娟共同负担5549元，甲医院负担889元。二审案件受理费5644元，由陈某忠、陈某纯、陈某琳、陈某娟共同负担5452元，甲医院负担192元。

判决后，陈某忠、陈某纯、陈某琳、陈某娟不服(2019)某××民终×××号民事判决，向检察机关申诉。《民事诉讼法》(2021年版)第215条规定："最高人民检察院对各级人民法院已经发生法律效力的判决、裁定，上级人民检察院对下级人民法院已经发生法律效力的判决、裁定，发现有本法第二百零七条规定情形之一的，或者发现调解书损害国家利益、社会公共利益的，应当提出抗诉。地方各级人民检察院对同级人民法院已经发生法律效力的判决、裁定，发现有本法第二百零七条规定情形之一的，或者发现调解书损害国家利益、社会公共利益的，可以向同级人民法院提出检察建议，并报上级人民检察院备案；也可以提请上级人民检察院向同级人民法院提出抗诉。各级人民检察院对审判监督程序以外的其他审判程序中审判人员的违法行为，有权向同级人民法院提出检察建议。"

A省人民检察院经审查，依法提请了抗诉。

再审各方意见

抗诉机关(A省人民检察院)

A省人民检察院抗诉认为，为核查清楚本案医疗行为的过错参与度问题，A省人民检察院委托B市人民检察院发函向原鉴定机构调查。B市人民检察院于2020年7月21日向乙司法鉴定中心发出《关于某〔2017〕临医鉴字第×××号〈司法鉴定意见书〉的函》，请该鉴定中心明确：(1)鉴定意见中的"共同因果关系"意指甲医院的医疗过错在患者陈某霞的死亡后果中的原因力大小如何？能否区分是主要因素、同等因素、次要因素还是轻微因素[参照《A省高级人民法院关于人民法院委托医疗损害鉴定若干问题的意见(试行)》]？(2)甲医院的医疗过错在患者陈某霞死亡后果中的参与度的百分比范围。

2020年7月24日，乙司法鉴定中心出具回函，内容为："鉴定意见中的'共同因果关系'等同于《A省高级人民法院关于人民法院委托医疗损害鉴定若干问题的意见(试行)》

第十五条第(六)项中的同等因素,即甲医院的医疗过错在患者陈某霞的死亡后果中的原因力大小为同等因素,其过错参与度的百分比范围为41%~60%。"

A省人民检察院认为,本案有新的证据,足以推翻B市中级人民法院(2019)某01民终××××号民事判决。理由如下所述。

第一,乙司法鉴定中心出具的回函形成于本案二审判决生效后,符合"新证据"的认定标准。

第二,乙司法鉴定中心出具的回函合法有效,应予采信。一审中,经陈某忠、陈某纯、陈某琳、陈某娟申请,并经双方同意,法院依法委托乙司法鉴定中心就甲医院对患者陈某霞实施的诊疗行为是否存在医疗过错,若存在过错,其过错与患者陈某霞死亡之间是否存在因果关系及因果关系类型(过错参与度)进行鉴定。之后乙司法鉴定中心作出〔2017〕临医鉴字第×××号司法鉴定意见书。原审判决认为,该司法鉴定意见书是在组织医患双方听证,通过对医患双方提交的证据材料进行分析形成的意见,陈某忠、陈某纯、陈某琳、陈某娟对于该鉴定中心的鉴定资质、鉴定程序未提出异议,甲医院虽认为鉴定人不具备相应鉴定能力、存在鉴定程序违法,但未能举证予以证明,也没有提供足以反驳的相反证据推翻上述司法鉴定意见书,故采纳该司法鉴定意见书,认定此次鉴定合法,可以作为本案分析事实的证据。现阶段,检察机关依法向原鉴定机构乙司法鉴定中心进行调查,该鉴定机构就原司法鉴定意见书中的相关内容作出解释,出具的回函属于对原鉴定意见的补充说明,符合证据真实性、合法性、关联性的要求,依法应予采信。

第三,本案应依据回函的内容对甲医院承担的医疗损害责任予以重新认定。原审判决采信了乙司法鉴定中心的司法鉴定意见,但并未进一步查明"共同因果关系"所表示的原因力大小属于何种范围,自行酌定甲医院对患者的死亡承担15%的赔偿责任。现乙司法鉴定中心出具回函明确某〔2017〕临医鉴字第×××号司法鉴定意见书中的"共同因果关系"意指甲医院的医疗过错在患者陈某霞死亡后果中的原因力大小属于《A省高级人民法院关于人民法院委托医疗损害鉴定若干问题的意见(试行)》第15条第6项中的同等因素,其过错参与度的百分比范围为41%~60%。可见,二审判决酌定的医疗损害责任比例远低于鉴定机构认定的比例范围。司法鉴定是人民法院委托具有专业知识的人对专业性问题作出的检验、鉴定和评定,在没有充分证据推翻的情况下,人民法院应依据司法鉴定的意见对该专业问题进行鉴定。因此,本案中,对甲医院承担的医疗损害责任比例应在41%~60%之间予以重新鉴定。

申诉人(陈某忠、陈某纯、陈某琳、陈某娟)意见

同意抗诉意见,再审请求:(1)改判甲医院向陈某忠、陈某纯、陈某琳、陈某娟支付赔偿金:医疗费295533元;误工费6827.5元;护理费1230.5元;交通费2000元;住宿费14850元;住院伙食补助费3300元;营养费630元;丧葬费41433元;死亡赔偿金789452.6元;办理丧葬事宜支出的交通费、误工损失2300元;精神损害抚慰金50000元,以上合计1207557元;(2)一审、二审诉讼费和鉴定费由甲医院承担。①原审判决甲医院承担15%的赔偿责任缺乏证据支持,适用法律错误。第一,甲医院对患者陈某霞的诊疗过程存在医疗过错,2016年10月21日,患者腹部引流管引流出黄褐色液体后,甲医院未能及时明确病因,延误了吻合口瘘早期治疗时机。已经诊断为吻合口瘘,第二次手术时机掌握欠妥当,在吻合口周围存在比较大伤口的情况下采取腹腔冲洗的方法,引流管又堵塞,结果导致腹腔大量脓液,但医方未及时给予吻合口修补术,存在过错,影响患者陈某霞疾病的预后及诊治效果。第二,司法鉴定意见书认定甲医院对患者张某霞的死亡过错参与度为共同因果关系,甲医院没有申请鉴定人出庭接受质询,也没有重新鉴定,原审法院在没有合法证据的情况下,无任何理由将同等责任改为轻微责任错误。第三,甲医院提交的专家评审意见不应予以采信。由于专家评审意见属于证人证言,提供评审意见的医生既不出庭作证,没有接受质询,也未经法定程序委托,评审意见的真实性、合法性、关联性均不能确认,不能单独作为认定案件事实的依据。②原审判决认定事实不清,以医学复杂性掩盖医疗行为过错。本案不属于医学实践中的未知领域,右半结肠切除术出现吻合口瘘可以预见,甲医院未履行避免出现吻合口瘘的预防义务,出现吻合口瘘后未履行及时修补的义务和术后告知义务。

被申诉人(甲医院)意见

原审认定事实清楚,适用法律正确,原审判决应予维持。事实和理由:(1)乙司法鉴定中心的鉴定程序违法,应认定司法鉴定意见书无效。鉴定机构的三位鉴定人均不是本案所涉及的普外专业从业人士,不具备普外专业临床诊疗知识,无法做到客观、公正地评价本医案。(2)司法鉴定意见书及回函均不应得到采信。司法鉴定意见书使用陈旧医学理论,错误使用过时的诊疗规范标准,不符合医疗实际,导致错误地评价甲医院责任程度。第三方专家评审意见、出庭专家证言及诊疗规范指南等证据均已证明甲医院的诊疗行为不存在过错,患者陈某霞是由其自身原发疾病导致的死亡,与甲医院诊疗不存在因果关系。

再审法院认定

在本院再审本案期间,双方当事人进行了举证质证。陈某忠、陈某纯、陈某琳、陈某娟向本院提交以下证据:2020年7月24日,乙司法鉴定中心向A省B市人民检察院出具的回函,以证明甲医院过错参与度的百分比范围为41%~60%。甲医院质证认为:该证据不属于新的证据,仅为对“共同因果关系”的字面解释,并非对司法鉴定意见书的补充说明;鉴定机构鉴定程序违法,司法鉴定仅是证据形式之一,法院不能以鉴代审,故该证据不应采信。本院认证意见:《最高人民法院关于适用〈中华人民共和国民事诉讼法〉的解释》(2020年版)第421条第2款规定:“人民检察院因履行法律监督职责向当事人或者案外人调查核实的情况,应当向法庭提交并予以说明,由双方当事人进行质证。”本案中,乙司法鉴定中心出具的回函系人民检察院调取的证据,是抗诉意见的基础,也是本案进入再审程序审理的基础,因此,根据《民事诉讼法》(2021年版)第7条规定的“人民法院审理民事案件,必须以事实为根据,以法律为准绳”,因该证据会对本案双方当事人的权益产生重大影响,故甲医院提出不属于新证据的抗辩理由,本院不予采信,本院应对回函进行实质性审查并结合案件事实作出是否采信的认定。

经本院再审审理,进一步查明以下事实。

1. 关于双方当事人共同确认的事实。司法鉴定意见书没有针对过错程度原因进行分析;回函的性质为鉴定结论的补充说明。

2. 关于再审请求的明确。陈某忠、陈某纯、陈某琳、陈某娟表示:依据鉴定结论主张甲医院承担60%的医疗损害责任,对二审法院认定的经济损失总额978389.95元中除护理费、交通费、住宿费以外的其他费用数额无异议。

3. 关于司法鉴定意见书、回函的质询意见。再审期间,本院依职权通知乙司法鉴定中心鉴定人员王某、李某、辛某出庭接受质询,针对当事人提出的异议,鉴定人陈某见如下:(1)乙司法鉴定中心是接受法院委托进行的鉴定,三位鉴定人均具备主管机构确定的医疗损害责任鉴定资质;(2)鉴定意见中的死亡原因是通过患者病例推断的死亡原因;(3)甲医院在术前和术后处理中存在的过错医疗行为,均是比对国家教科书规范作出的认定结论;(4)鉴定意见的分析说明没有针对原因力的定量进行分析,但鉴于检察机关的发函要求,鉴定机构在回函中作出了定量结论,鉴定意见中对于死亡原因的责任等级已经分析到位,对于原因力的定性和定量结果无法再进行补充论证分析;(5)肿瘤的性质,患者陈某霞以“平滑肌脂肪瘤术后发现盆腹腔占位1月”为主诉入住甲医院,术后经病理性分析为恶性肿瘤。质证过程中,经本院释明,鉴定人明某示无法再就原因力的定量进行补充论证分析。

4. 关于鉴定机构的确定和鉴定人的资质情况。一审中，经法院摇珠确定了两家鉴定机构，均因本案患者未进行尸检，并且双方当事人对于患者死亡原因各执一词，不同意鉴定机构依据病例对患者死亡原因进行推定，两家鉴定机构均退案处理。之后经双方当事人协商确定，一审法院委托了乙司法鉴定中心进行司法鉴定。鉴定机构确定了王某、李某、辛某三位司法鉴定人，其中鉴定人王某，专业技术职称主检法医师，执业范围法医临床鉴定、法医病理鉴定，主要从事法医临床学、法医病理学司法鉴定工作；鉴定人李某，专业技术职称主检法医师，执业范围法医临床鉴定、法医物证鉴定，主要从事法医临床、法医物证鉴定工作；鉴定人辛某，专业技术职称主任医师，执业范围法医临床鉴定，胸外科专家，主要从事医疗损害责任纠纷鉴定。

5. 关于鉴定过程中临床医学专家的咨询情况。2017 年 11 月 14 日，乙司法鉴定中心召开听证会，出席的临床医学专家为甲医院妇产科主任医师王某娜，王某娜出具了“关于陈某霞医疗损害专家意见”，具体意见如下所述。医方：无手术讨论。对反复复发的肿瘤多次手术，手术中的复杂程度估计不足，术前肠道准备不足，术中具体手术方式方案的设计安排及围手术期治疗方案都没有涉及，告知书也缺乏针对性，风险告知不足。术后处理中没有常规胃肠减压，没有正规观察腹部体征，如腹胀、有无鼓音、移动性音、肠鸣音的现象，对血钾低影响肠吻合的愈合，没有讨论到位和给予纠正处理。术后第 4 天，引流液为黄褐色，没有对引流液进行化验检查和分析讨论。术后第 5 天，明确诊断为吻合口瘘，第二次手术在第一次手术后 12 天才实施，处理不够积极。第二次手术风险告知和术前准备不足。仍无术前讨论。患方：患有脂肪肉瘤，反复手术，对右半结肠有浸润，手术难度大，风险大，出现肠瘘病症，愈后差。

再审法院认为

《最高人民法院关于适用〈中华人民共和国民法典〉时间效力的若干规定》第 1 条第 2 款规定：“民法典施行前的法律事实引起的民事纠纷案件，适用当时的法律、司法解释的规定，但是法律、司法解释另有规定的除外。”本案系《民法典》施行前的民事法律事实引发的医疗损害责任纠纷，依照法不溯及既往的原则应适用当时的法律、司法解释的规定。综合双方当事人的诉辩意见以及有关证据，本案再审审理的争议焦点为：(1)医疗损害鉴定的形式审查和实质审查；(2)司法鉴定意见书的采信程度；(3)甲医院的责任认定及损害赔偿数额。

(一)关于医疗损害鉴定的形式审查和实质审查问题

《民事诉讼法》(2017年版)第63条规定:“证据包括:……(七)鉴定意见……证据必须查证属实,才能作为认定事实的根据。”由此可知,鉴定意见其本质属性系证据,只有通过法定程序,经过当事人举证、质证及辩论,并达到审判人员心证确立的证明标准后方能转化为认定案件事实的根据。本案中,乙司法鉴定中心出具的司法鉴定意见书及回函均是为了解决争议医疗纠纷中涉及的医学专业性问题,明晰医方责任,由鉴定专家所出具的意见,对上述鉴定意见的采信程度直接关系到甲医院责任的认定与损害赔偿的数额。据此,对于司法鉴定意见书及回函的审查应当包含形式审查和实质审查两个方面。具体分析如下所述。

第一,对于鉴定人的适格性审查。《最高人民法院关于审理医疗损害责任纠纷案件适用法律若干问题的解释》(2017年版)第9条规定:“当事人申请医疗损害鉴定的,由双方当事人协商确定鉴定人。当事人就鉴定人无法达成一致意见,人民法院提出确定鉴定人的方法,当事人同意的,按照该方法确定;当事人不同意的,由人民法院指定。鉴定人应当从具备相应鉴定能力、符合鉴定要求的专家中确定。”本案中,双方当事人采取的是协商确定鉴定机构,再由鉴定机构决定鉴定人的方式,因此,法院在尊重当事人的处分权和意思自治的情况下,确定司法鉴定人的方式符合上述法律规定。不论从乙司法鉴定中心的业务范围,还是从鉴定人的执业范围审查来看,鉴定机构具备了法定的鉴定资格,鉴定人也具备了相应的鉴定资质。甲医院抗辩鉴定程序违法缺乏事实依据,本院不予采信。

第二,对于司法鉴定意见书的客观性、专业性、科学性审查。在医疗损害技术鉴定中,判断医疗行为是否存在过错以及确定因果关系及参与度大小时,既要严格遵照医学理论和知识,又要依据相关鉴定专家的临床实践经验,只有这样才能完成医疗损害技术鉴定任务,也只有这样,作出的鉴定才能具有科学性,对医患双方来说才具有公平性。本案中,双方争议的医疗损害鉴定涉及术前肠道准备、术后胃肠减压等胃肠外科的临床专业性问题,鉴定人解释认定甲医院存在过错的鉴定方法是通过比对国家教科书的标准作出的,而甲医院则认为依据其所提交的肝胆外科的专家意见,鉴定人采纳的认定标准是临床实践中已经摒弃的陈旧临床诊疗知识。对此,本院认为,医疗损害技术鉴定采用的技术和方法,应兼具临床医学理论知识与临床实践经验,二者具有相辅相成的关系且相互影响、相互作用;二者在医疗损害技术鉴定过程中所发挥作用是相同的,重视其中一个方面而忽视另一个方面都是形而上学的鉴定方法,都会影响鉴定结果的准确性。正因如此,本案中,因鉴定人不具备胃肠外科的临床医学专业技术，在鉴定过程中针对甲医院肝胆外科在诊疗过程中是否存在过错行为，应当邀请具有相应的专业技术职称的临床医学专家参与听证会并提供咨询意见，才能保障在遴选鉴定所依据的理论、技术和方法方面，能够客观、慎重选择具有针对性的临床医学理论和实践经验来作为鉴定的依据。但是，本案出席医疗鉴定听证会提供专家咨询意见的仅是一位具有妇产科专业技术职称的临床专家。通过审查听证会中甲医院所提出的疑问、鉴定人所作的回应以及与妇产科专家出具的专家意见，本院认为，鉴定意见缺乏针对性的临床专家意见作为分析医疗行为及因果关系的重要参考，因此，司法鉴定意见书的客观性、专业性和科学性无法达到“高度盖然性”的证明标准。

第三，对于回函鉴定结论的关联性审查。本案中，鉴定机构向人民检察院所出具的回函的性质属于鉴定机构针对委托鉴定事项所作出的鉴定结论，因此，该鉴定结论应否予以采信，应重点审查鉴定结论与鉴定分析依据之间的关联性，判断鉴定结论的论证依据是否充分、合理，论据与结论之间是否存在矛盾，只有具备了关联性的鉴定结论才可能被作为法律意义上的证据予以采信。《最高人民法院关于审理医疗损害责任纠纷案件适用法律若干问题的解释》(2017 年版)第 11 条第 1 款规定：“委托鉴定书，应当有明确的鉴定事项和鉴定要求。鉴定人应当按照委托鉴定的事项和要求进行鉴定。”第 12 条规定：“鉴定意见可以按照导致患者损害的全部原因、主要原因、同等原因、次要原因、轻微原因或者与患者损害无因果关系，表述诊疗行为或者医疗产品等造成患者损害的原因力大小。”据此可知，医疗损害鉴定是由受委托的鉴定机构对医务人员的实施的诊疗行为有无过错，诊疗行为的损害后果及诊疗行为与医疗损害后果之间的因果关系，诊疗过错行为在医疗损害后果中的原因力大小等进行鉴定。本案中，法院委托鉴定事项为：甲医院对患者陈某霞实施的诊疗行为是否存在医疗过错，若存在过错，其过错与该患者陈某霞死亡之间是否存在因果关系及因果关系类型(过错参与度)。依据上述委托事项，鉴定机构应当对损害结果原因、过错行为、因果关系类型和原因力大小(过错参与度)进行鉴定，并针对委托事项详细分析说明后作出鉴定结论。

首先，对损害结果原因的鉴定。鉴定意见分析“因患者死亡后未做尸检，故未取得其死亡的病理学诊断，依据其疾病发生、发展过程，结合有关辅助检查结果，考虑其死亡原因为盆腹腔肿瘤切除术后并发肠瘘、腹腔感染、失血等最终引起呼吸、循环衰竭而死亡”。从上述分析可知，在未进行尸检的情况下，患者死亡原因为推定原因，死亡因素推定为多种因素。其次，对过错行为及因果关系类型的鉴定。鉴定意见分析了患者自身存在恶性肿瘤及由此带来的手术并发症等因素，甲医院在诊疗过程中存在“术前准备不足、术后没有常规进行胃肠减压、术后病情观察不足及处置欠及时”的过错行为。从上述分析确定了因果关系类型为共同因果关系。再次，对原因力大小即过错参与度的鉴定。所谓原因力大小的判断，是指根据鉴定分析中存在的各种共同因素，应判定在共同原因中各个原因对于损害事实发生的具体原因力的大小，即原因力的大小取决于各个共同原因的性质、原因事实与损害结果的距离以及原因事实的强度。从鉴定机构推定的死亡原因审查来看，患者的死亡结果表现为多因一果，甲医院的过错医疗行为与患者自身恶性肿瘤带来的手术风险、术后并发症等其他原因均是导致死亡的共同因素。因此，当一个损害后果是由两个以上的原因力共同作用而成的，则各个原因构成共同原因，每一个原因对于损害结果具有不同的作用力。鉴定机构应当对共同原因中的每一个原因进行原因力大小的鉴定、划分过错参与度，分析明确各相关因素对于损害后果所起到的作用比例和概率大小强度。“共同因果关系”是对于因果关系类型的定性，即原因力的定性结论，而“同等因素”和“百分比赋值的参与度”则是对原因力大小的鉴定，即原因力的定量结论。上述两鉴定结论属于不同的委托鉴定事项，其鉴定论证依据并不具有当然的等同性。由于司法鉴定意见书并未针对法院委托的原因力定量进行详细的分析说明，而原因力的定量分析对于回函鉴定结论的形成有重要影响，必须是回函鉴定结论的论证依据。在经本院再审释明后，鉴定人明示无法再就原因力的定量进行补充论证分析。据此，本院认为，乙司法鉴定中心出具回函以明确司法鉴定意见书中的“共同因果关系”意指甲医院的医疗过错在患者陈某霞死亡后果中的原因力大小属于同等因素，其过错参与度的百分比范围为41%～60%，缺乏鉴定论证过程，与司法鉴定意见书中的鉴定论证分析不具有关联性，故回函因不具备证据的关联性，本院不予采信。陈某忠、陈某纯、陈某琳、陈某娟主张依据回函由甲医院承担60%的过错赔偿责任，缺乏事实及法律依据，本院不予支持。

（二）关于司法鉴定意见书的采信程度问题

《最高人民法院关于适用〈中华人民共和国民事诉讼法〉的解释》（2020年版）第108条第1款规定：“对负有举证证明责任的当事人提供的证据，人民法院经审查并结合相关事实，确信待证事实的存在具有高度可能性的，应当认定该事实存在。”由此可知，诉讼中证据的取舍和证明力的大小以及案件事实的认定，应当以法官根据当事人辩论的全部内容和调查证据的结果形成内心确信的状态为标准。本案中，乙司法鉴定中心出具的司法鉴定意见书仅是证据的一种，仅为认定案件事实提供了一个参考。是否采纳鉴定机构出具的鉴定结论，应当是法官依照法定职权，根据个案具体情节，通过证据的经验法则和论理法则的运用，依自由心证来认定鉴定机构所认定的事实是否存在以及真伪。由于双方事人对于鉴定意见存在争议，依据《最高人民法院关于民事诉讼证据的若干规定》（2019年版）第37条第3款规定的“对于当事人的异议，人民法院应当要求鉴定人作出解释、说明或者补充。人民法院认为有必要的，可以要求鉴定人对当事人未提出异议的内容进行解释、说明或者补充”，再审期间，本院认为鉴定人有必要出庭，依职权通知乙司法鉴定中心鉴定人员王某、李某、辛某出庭接受质询，针对当事人提出的异议，对鉴定意见的准确性、关联性和合法性进行了进一步的审查。经审查，虽然鉴定机构和鉴定人具备相关鉴定资格、鉴定程序合法，但因鉴定方法存在一定的缺陷性，补充鉴定结论没有相关鉴定依据。据此，乙司法鉴定中心出具的司法鉴定意见书无法达到“高度盖然性”的证明标准，该证据不能作为认定案件事实和划分责任的单一依据。本案应结合案件的全部证据，综合考量医疗行为的风险性、科学性，从各证据与案件事实的关联程度、各证据之间的联系等方面对甲医院的医疗损害责任进行综合审查判断。

（三）关于甲医院的责任认定及损害赔偿数额问题

《侵权责任法》第54条规定：“患者在诊疗活动中受到损害，医疗机构及其医务人员有过错的，由医疗机构承担赔偿责任。”由于医疗活动一般从门、急诊就医开始，涉及检查、检验、开药、输液、输血、手术（又包括术前准备、术前讨论、术前谈话签字、麻醉、手术操作、术后监测、并发症处理等）、护理、会诊、转院等一系列环节，每个环节又包括多个具体的细节，其中有多名医务人员、多个学科甚至多家医院参与，并需要患方的积极配合，可以说是一项复杂浩大的系统工程。这从一个侧面说明，既然医疗活动是由许许多多个具体的医疗行为组成的复杂集合体，无法要求每一个细节都无可挑剔。与此同时，还要考虑医疗机构必须用极少的医疗资源承担全社会人的健康保障，没有选择患者的权利，同时承担了大量的社会公益性义务。因此，不可否认的现实是，医院目前面临医疗资源严重紧张的局面，使得追求规范在一定程度上变成一件脱离现实的事情。医疗行业具有的较高风险性，会产生即使医务人员尽了注意义务，但由于患者的个体差异，仍有可能发生危险的客观现实。患者的保护和医学的发展是一个对立统一的关系，两者的对立性表现为：如果要更加充分地保护患者的人身权益，就必须要求医方承担更多的义务和责任；而如果要鼓励医学的创新和发展，就不能要求医方对患方承担过多的责任。而两者的统一性则表现为：如果要求医方承担过多的义务、过重的责任，看似更充分地保护了患者的人身权益，但是，这会使医生在实施医疗行为时畏首畏尾,更多地采取保守性治疗,这显然不利于医学的进步和创新,进而不利于患者病痛的诊治。反之,如果仅要求医方承担少量的义务和轻微的责任,则看似更有利于医学创新和发展,实际上,却会影响医学的健康、有序的发展。因此,上述客观存在的现实情况均是作为本案责任划分所需要考量的因素,本案在认定责任比例的处理上既要以人为本,充分保护患者的合法权益,又要尊重医学科学和规律,妥善平衡医患双方的权益。综上分析,本院认为,原审法院在综合考量了甲医院的过错行为和患者病情的复杂性、危重性以及原发性疾病自身的医疗风险,并结合医患过错因素,酌情确定由甲医院对患者的死亡承担15%的赔偿责任,据此认定甲医院承担的赔偿数额为166758元。上述处理符合公平合理原则,并无不当,本院予以维持。至于护理费、交通费、住宿费的计算问题,因陈某忠、陈某纯、陈某琳、陈某娟并未提交相关证据推翻二审的认定,故上述费用计算正确,本院予以确认。

再审法院判决

综上所述,陈某忠、陈某纯、陈某琳、陈某娟的再审请求不能成立,本院不予支持。原审判决查明事实清楚,处理并无不当,再审予以维持。经本院审判委员会讨论决定,依照《最高人民法院关于审理医疗损害责任纠纷案件适用法律若干问题的解释》(2017年版)第9条、第11条第1款、第12条,《最高人民法院关于民事诉讼证据的若干规定》(2019年版)第37条第3款,《最高人民法院关于适用〈中华人民共和国民事诉讼法〉的解释》第108条,《民事诉讼法》(2017年版)第63条,《民事诉讼法》(2021年版)第207条第1款第1项的规定,判决如下:维持本院(2019)某01民终××××号民事判决。

本判决为终审判决。

各方意见

医方意见

林锋　中山大学附属第六医院　教授　博士生导师

深圳博德嘉联医生集团医疗有限公司董事长

本案中,针对平滑肌脂肪瘤,从字面意义上面讲是良性的。虽然是良性的,但其有个特性,存在复发的风险,并且该种情况比较常见。另外,尤其当该种肿瘤在盆腔中时,手术难度非常大。针对本案患者,提供的案例资料未交代其当时的状态,为何为其选择行右半结肠切除术,具体原因不详,单单从胃肠外科的诊疗来说,选择行结肠手术,吻合口瘘是难以绝对避免的,发生瘘以后,是否延误治疗,针对该情况,事后大家可以探讨和交流的地方有很多。但是针对绝大多数的瘘,医生的首要做法就是尽量在保守治疗的情况下,让瘘口自行恢复。在临床上,大多数的瘘可以不经过二次手术,此时,就需要医护人员观察病人是不是真的需要再去做手术进行处理。但在观察的过程,若要给出一个明确的界定,在理论上是有界定的,如指南建议,当患者发热,腹痛严重,又有血压下降,各方面指标都比较差时,我们需要向患者进行说明告知,必要的时候需要选择二次手术修补。但实践中可能很难作出该界定。所以事后评判该手术的话,一定会找到因果关系的,因为从专业医生的角度来看,似乎谁都可以说,只要患者死亡,医方就是存在过错。但是对医疗工作者来说,会显失公平。坦率地讲,得了严重疾病,需要手术治疗,那么该疾病本身就存在很大风险。

鉴定意见认为医患纠纷中更多的问题是沟通问题,但现实的纠纷中,更多是来源于经济问题,据此,我们从专业上就很难评判到底是什么原因引起的。从某种情况来讲,该患者还没去世的时候,就出院了,但是其出院的原因是什么?是患者主动要求出院,还是医院要求其出院,这是个关键问题。医院对任何重症的患者都不会主动放弃治疗的,哪怕很危险的状态下,都有扭转乾坤的机会。机会高低,暂且别说,怎么去判定该患者就是绝对的救不回来?假如我去做评审专家,该问题应成为核心问题之一。如果医院主动放弃治疗,放弃抢救,那么在该患者如此严重的情况下,医院撤掉所有的抢救措施,在短时间内该患者肯定就没了生命体征,那么关于患者的死亡,就一定是医院的过错而直接导致的死亡。但如果是患者在去世之前,主动要求放弃抢救、要求出院,那么对于该种情况,很难去断定责任在哪一方。

从专业角度,患者还未到无法救治的情况下,我们就需要规范治疗,但如果死亡成为一个必然,对于该必然结果仍然认定医方之错,而且占主要责任,那是不公平的。

所以针对该案件,需要分析整体的处理过程,包括患者的谈话记录,处置记录以及患者的用药规范等。我认为,该案更大的问题,可能还是沟通问题。因为对该类患者进行手术,在进行手术前需要非常细致地跟患方沟通,特别是在涉及盆腔内巨大肿瘤的手术,该手术发生的更严重的情况,很可能就是因为术中大出血,直接在手术台去世,而且当这种可能发生时,我们医生认为,要么“拼命”去救治,要么直接放弃。

如果选择“拼命”去救治,那就要做好患者下不来手术台的风险和思想准备。假如医生感觉自己可以做该手术,而在跟患者家属沟通时有点夸大,这便超脱了医学临床本身的允许范畴。也就是说,大家很清楚该类手术风险很大,但手术医生给患者轻描淡写,目的是引诱患者在他这里进行手术,若上述假设存在,那么这个坑就是医生自己给自己挖的,也是目前医疗纠纷当中最常见的一类。我们遇到很多本没有手术指征的或者存在手术禁忌证的,医院医生为了自身的需要而做了手术,结果手术后效果不好,因为医方的承诺,所以患者有很大意见,那么该结果就事出有因,医方就该为他自己的行为负起责任,因此,医生在行医过程中要遵循科学的道理和大自然的规律。有些时候患者病情到了某个阶段,根据现有医疗条件,所有的医疗手段对于患者来说帮助并不大,这个时候医方怎么样让病人面对,怎么样有尊严地对待生命和对待生老病死,这就是医学人文关怀方面的问题了,这一块在我们国家总体是比较缺失的,这也是个事实。

鉴定专家意见

刘艳伟　法医学博士　广东华生司法鉴定中心　副主任法医师

本案例可探讨的方面太多,局限于篇幅,仅以“结直肠手术术前是否应灌肠”为例,分析如何保证鉴定的专业性、科学性。

鉴定标准是保证司法鉴定专业性、科学性的重中之重。在鉴定过程中要充分理解鉴定标准,准确选择、准确使用鉴定标准。

(一)鉴定标准的种类

《司法鉴定程序通则》第23条规定:“司法鉴定人进行鉴定,应当依下列顺序遵守和采用该专业领域的技术标准、技术规范和技术方法:(一)国家标准;(二)行业标准和技术规范;(三)该专业领域多数专家认可的技术方法。”在医疗损害责任纠纷司法鉴定实践中,则对所规定的鉴定标准作如下选择:(1)国家标准约指国家统编五年制和八年制的医学本科教材、国家卫生健康委员会颁发的技术规范、规培教材等。(2)行业标准和技术规范指中华医学会及各分会、中国医师协会及各分会等发布指南、共识等。(3)该专业领域多数专家认可的技术方法指各专业的权威书籍。

(二)鉴定标准的特点

1. 鉴定标准动态变化的特点。随着医学的进步,也许今天大家认为正确的理论,五年后大家认为是错误的。

2. 鉴定标准变化的过程和趋势。任何一个医学理论的形成,被广泛接受,都不可能是短时间的。清楚鉴定标准的变化的过程和趋势,对正确理解鉴定标准具有重要的意义。

3. 有可能存在表达不精准甚至表达错误的现象。不管是教材、指南、专家共识,还是权威书籍，均有表述不准确，甚至表述错误的情况存在。

4. 有可能存在不同的观点。同时代的教材、指南、专家共识、权威书籍，对一些疾病的诊断、治疗，都有可能存在不同，甚至相反的观点。

5. 教材、指南和共识、权威书籍各自的特点。教材相对成熟，也相对保守。指南和共识的知识相对更新，但相对争议点较多。权威书籍相对更细致，但某些章节相对保守，某些章节争议较大。

（三）本案分析举例

1. 相关的鉴定标准（见表1）。

表1　本案相关鉴定标准

名称	出版/发表年限	选择原因	目的
《外科学》（5年制第8版）	2013年	统编教材	相互验证、对照
《外科学》（8年制第3版）	2015年	统编教材	相互验证、对照
《结直肠手术应用加速康复外科中国专家共识（2015版）》	2015年	行业共识	相互验证、对照
《外科学》（5年制第9版）	2018年	统编教材	看变化和趋势
《黄家驷外科学》（第8版）	2020年	权威书籍	看变化和趋势

2. 相关鉴定标准的内容与理解（见表2）。

表2　对本案所涉鉴定标准的内容与理解

名称	内容	关键
《外科学》（5年制第8版）	如果施行的是结肠或直肠手术，酌情在术前1日及手术当天清晨行清洁灌肠或结肠灌洗，并于术前2~3天开始进流食、口服肠道制菌药物，以减少术后并发感染的机会	酌情
《外科学》（8年制第3版）	结肠或直肠手术，术前1天开始进流食、口服肠道抗生素，术前1日服用聚乙二醇电解质等泻药清理肠道，如不满意应在手术前夜再行清洁灌肠，使术中肠腔处于空虚状态以减少并发感染的机会	口服泻药 如不满意

续表

名称	内容	关键
《结直肠手术应用加速康复外科中国专家共识（2015版）》	术前常规肠道准备对患者是一种应激刺激，可能导致脱水及电解质失衡，特别是老年患者。Meta分析结果表明，肠道准备对结肠手术患者无益，还有可能增加术后发生肠吻合瘘的危险。因此，对进行结直肠手术的患者不提倡常规行术前肠道准备，术前肠道准备适用于需要术中行结肠镜检查或有严重便秘的患者	不常规 结肠镜检查 严重便秘
《外科学》（5年制第9版）	结直肠手术，酌情在术前1日及手术当天清晨行清洁灌肠或结肠灌洗，并于术前2~3天开始进流食、口服肠道制菌药物，以减少术后并发感染的机会	酌情
《黄家驷外科学》（第8版）	关于结直肠肿瘤手术的术前准备，习惯做法包括肠道的清洁和杀菌两方面。近年来提出了加速康复外科的理念，认为术前不必传统地用机械法灌洗肠道，并不会增加感染机会，反而有利于术后早期康复	有利于 早期康复

通过对相关鉴定标准相互验证、对照，可以对鉴定标准充分正确地作如下理解。

（1）结肠或直肠手术，术前灌肠不是必需的，是酌情的。

（2）结肠或直肠手术，术前可以使用泻药清理肠道。

（3）医学科学的趋势是术前不使用灌肠。

（4）严重便秘、术中使用结肠镜、泻药清理肠道不满意可适用术前肠道准备。

3. 对照本案的判断。

（1）被鉴定人不存在严重便秘、术中使用结肠镜、泻药清理肠道不满意的情况。

（2）被鉴定人于10月17日手术，10月16日，即术前一日，医方给予甘露醇250ml口服。

4. 得出鉴定意见：医方在术前使用甘露醇口服清洁肠道，未使用灌肠，完全符合诊疗规范，不存在过错。

结语：医疗损害责任纠纷司法鉴定，对鉴定人专业知识的广度、深度，对临床医学、法医学的理解领悟，对法律法规的领会，对持续学习专业的自律性，均要求极高，受理此类鉴定，要对自己的专业水准有一个理性的评估。

律师意见

李立　广东广信君达律师事务所　高级合伙人　律师

广东省律师协会医疗卫生与健康法律专业委员会　副主任

作为专业从事医事法律业务的律师，深感临床专业是一个发展迅猛的一类专业。一是医师队伍来源的国际化程度很高；二是医学知识更新与时俱进；三是医学专业进展与日俱增，比如，加速康复外科理念的导入和加速康复科室的成立，就是近年来新进展的代表。

在医学界内部，这类观念和科室不是新鲜事，但不可否认，鉴于诊疗所在地域、住院医院级别等不同，这些新观念的导入、新科室成立还不均衡，即便在同一个省也如此，不平衡不均衡状态客观存在。

这并不意外，也不是什么问题。当没有争议时，新观念的导入、新科室的成立甚至是好事，比如，看病要到北上广，就是这些事实的真实写照。但是，一旦有争议，优势可能就转为麻烦了，医学理念越先进、科室设置越国际化，带来的争议可能越明显，这不仅体现在患者身上，也体现在鉴定人之中，在患者、鉴定人、司法工作者等群体之间，由于缺乏联动机制，医疗上诸如新知识、新理念、新科室等，往往并不被更多人熟悉，导致其容易陷入"小圈子"之中。不可否认的是，面对争议化解时，由于跨界问题，越是涉及领先的技术理念，往往争议越大，风险也越多，并且短期内难以化解。

作为专业律师，如何为当事人、鉴定人和司法工作者之间形成良好的互动搭建桥梁，并不容易，希望司法机关、律师协会等能够建立沟通平台，多举办学术交流、法律辩论、专业互动等学术共同体活动，多运用专家辅助人制度、鉴定人出庭、质询等方式，更好推动更高水平的医事法治建设。

廖思原　广东广信君达律师事务所　实习律师

本案中甲医院认为鉴定人不具备相应鉴定能力、存在鉴定程序违法，申请重新鉴定，法院认为依据不足，不予采纳。那么哪些情况下能够进行重新鉴定呢？

《最高人民法院关于民事诉讼证据的若干规定》(2019年版)第40条第1款规定："当事人申请重新鉴定，存在下列情形之一的，人民法院应当准许：(一)鉴定人不具备相应资格的；(二)鉴定程序严重违法的；(三)鉴定意见明显依据不足的；(四)鉴定意见不能作为证据使用的其他情形。"该条第3款规定："对鉴定意见的瑕疵，可以通过补正、补充鉴定或者补充质证、重新质证等方法解决的,人民法院不予准许重新鉴定的申请。”

因此,要想让法院采纳重新鉴定的申请,需要举证证明存在重新鉴定的条件,一是鉴定人不具备相应资格,如鉴定人无司法鉴定执业证、鉴定业务超出其执业类别等;二是鉴定程序严重违法,如鉴定材料未经质证,鉴定人该回避的没有回避等;三是鉴定意见明显依据不足,如鉴定材料非真实合法,鉴定标准不符合国家标准、行业标准等;四是存在鉴定意见不能作为证据使用的其他情形,如鉴定机构超出登记的业务范围组织鉴定等。只有提供证据证明存在以上问题,法院才应组织重新鉴定,否则只是鉴定意见存在瑕疵,可以通过补正、补充鉴定或者补充质证、重新质证等方法解决。

法官意见

张怡　广州市中级人民法院　审管办法官

这是一个优秀案例,该案例获得2021年度广州法院“三精品”评选文书一等奖,入围第五届全国优秀裁判文书评选,并推报第四届全国再审裁判文书评选。

关于该案,以下内容的强调是重要的。

一、裁判要旨

1. 医疗损害责任的高度专业性,使司法裁判往往要借助于鉴定人的鉴定意见作出责任分配。但是,鉴定人的鉴定意见所认定的原因只是审判所依据的一系列证据的组成部分,法院在审理具体案件的过程中,既要重视鉴定意见,又不能过分依赖鉴定意见。鉴定意见是处理医疗损害责任纠纷案件的核心证据,但在审理案件的过程中,需要整体把握医患之间的纠纷,亦要综合考量案件所涉各种利益关系,对相互冲突的权利或利益进行权衡与取舍,正确处理好公共利益与个人利益的关系。

2. 人民法院应当对医疗损害鉴定书进行形式审查和实质审查,医疗损害鉴定书应当针对法院委托事项进行详细分析说明,对于鉴定结论不明确、鉴定意见出具不规范的,人民法院可以要求鉴定机构补正,鉴定结论不符合有关法律、法规、医学行业规范的,不能作为认定案件事实的根据。

3. 鉴定人不具备相应临床医学专业高级以上技术职称的,应当在鉴定过程中咨询2名以上具有相应专业技术职称的临床医学专家,提供咨询的专家应出具书面意见。

二、审理效果

(一)案件的社会效果

医疗纠纷案件的审判涉及患者人身权益的保护,人的生老病死是一个自然规律,每个人都可能成为患者,故对该类案件的审判实际上牵涉每个人的人身权益保护,意义极其重大。同时,医学是一种探索性的科学和实践,因此,医疗纠纷案件的审判又会涉及医学的发展与进步,其影响十分深远。法官也是潜在的患者,不乏看病就医的体验与经历,审判实践中容易在潜意识中将自己摆在患者的一方,影响公正审判的天平。法官在作出判决时应反问自己,这样的判决在保护了患者合法权益的同时,是否有助于规范医疗行为,是否有助于医学的发展进步,是否有利于医患关系的和谐,是否有利于人类健康的保障。患者的保护和医学的发展是一个对立统一的关系,两者的对立性表现为:如果要更加充分地保护患者的人身权益,就必须要求医方承担更多的义务和责任;而如果要鼓励医学的创新和发展,就不能要求医方对患方承担过多的责任。而两者的统一性则表现为:如果要求医方承担过多的义务、过重的责任,看似更充分地保护了患者的人身权益,但是,这会使医生在实施医疗行为时缩手缩脚,更多地采取保守性治疗,这显然不利于医学的进步和创新,进而不利于患者病痛的诊治。反之,如果仅要求医方承担少量的义务和轻微的责任,则看似更有利于医学创新和发展,实际上,却会影响到医学的健康、有序的发展。人民法院在处理医疗损害责任分担时秉承的审判理念是既要以人为本,充分保护患者的合法权益,又要尊重医学科学和规律,不能要求医方负担过重的义务和责任,应妥善平衡医患双方的权益。

(二)案件的法律效果

医疗损害鉴定在医疗纠纷审理中的地位不言而喻,充分体现了医疗纠纷医学专业性的特点。因此,关于鉴定的有关问题最多,医患双方的分歧也最大。由于医疗损害责任的高度专业性,司法裁判往往要借助于鉴定人的鉴定意见作出责任分配。但是,鉴定人的鉴定意见所认定的原因力只是法庭审判所依据的一系列证据的组成部分,法院在审理具体案件的过程中,既要重视鉴定意见,又不能过分依赖鉴定意见。鉴定意见是处理医疗损害责任纠纷案件的核心证据,但在审理案件的过程中,需要整体把握医患之间的纠纷,亦要合理把握各方之间的利益。对于医疗损害的鉴定意见是进行程序审查,还是全面质性审查?本案再审裁判文书给予了明确清晰的裁判思路和论证分析。案件处理没有采信检察机关"以鉴代审""以鉴代判"的抗诉意见,而是通知鉴定人出庭接受质询,对鉴定意见有无证明力和证明力大小进行判断,从而确定能否作为本案认定事实的根据。再审裁判文书体现了法官运用审判权对鉴定意见进行审查,除审查鉴定意见的合法性外,还要审查其科学性、客观性与合理性,对于错误的鉴定意见应当予以纠正,不能简单地依赖鉴定意见,更不能照搬鉴定意见的内容进行裁判,人民法院在筑起最后一道公正的防线上承担了应有的司法担当责任。

（三）案件的政治效果

本案系广东省人民检察院抗诉的再审案件，案件实体处理经过了再审法院审判委员会讨论决定，未采纳检察机关的抗诉意见。

近年来，检察机关为进一步贯彻落实《中共中央关于加强新时代检察机关法律监督工作的意见》中关于加强民事检察工作、健全法律监督方式的要求，加大了对于法院民事案件的监督职能。但是，检察机关在行使监督职能的过程中，应如何正确履行法律监督职责，增强精准监督质效，再审裁判文书依据《最高人民法院关于适用〈中华人民共和国民事诉讼法〉的解释》（2020年版）第421条的规定给予了有力的回应。案件作出裁判后，拟向检察机关发出相关司法建议，就检察监督中存在提请抗诉所依据的证据应当组织双方当事人进行质证的程序问题，建议法、检两家建立完善沟通联系机制，密切配合，互相支持，共同促进民事法律监督工作依法有序稳妥开展。

本案启示

以典型的司法个案为示范引领　探索建立医事跨界争议的良策

宋儒亮　法治广东研究中心主任、《中国医学论坛报》第二届医事法学理事会理事长、广东省医学会医事法学分会主任

总结梳理，围绕鉴定意见有关甲医院存在医疗过错——“甲医院在对该患者陈某霞的诊治过程中存在术前准备不足、术后没有常规行胃肠减压、术后病情观察不足及处置欠及时的医疗过错”——展开医学、法学和医事法学上的充分博弈，是各方立足本方立场，专业参与本案的基本思路和逻辑。从更大意义上讲，三类——医学博弈、法律博弈和医事法博弈——博弈与较量，也是化解隔行如隔山般跨界难题的一条专业途径。案例结果告诉和提示我们，专业上赢不了，诉讼也难有胜算，评价上也难有期待。

一、医学博弈：提出了医学新进展如何在纠纷化解中认定的难题

本案在医学专业上的博弈是医事纠纷案上具有较大基础意义上的博弈。毋庸置疑，这类博弈，谁拥有专业、占有知识，自然就享有先天性的优势。但这样的优势，不是一成不变的。伴随专业自身及其在实务中的运用，其又在不断转化、发展，随之也产生新的机遇和挑战。

结合本案，下列这些陈述等材料，就体现了医学专业上的博弈。

比如,患方认为,“2016年10月21日患者腹部引流管引流出黄褐色液体后,甲医院未能及时明确病因,延误了吻合口瘘早期治疗时机。已经诊断为吻合口瘘,第二次手术时机掌握欠妥当,在吻合口周围存在比较大伤口的情况下采取腹腔冲洗的方法,引流管又堵塞,结果腹腔大量脓液,未及时予吻合口修补术,影响患者陈某霞疾病的预后及诊治效果”。

又如,医方认为,“鉴定机构的三位鉴定人均不是本案所涉及的普外专业从业人士,不具备普外专业临床诊疗知识,无法做到客观、公正地评价本医案”“《司法鉴定意见书》使用陈旧医学理论,错误使用过时的诊疗规范标准,不符合医疗实际,导致错误地评价甲医院责任程度”。

再如,鉴定方认为,“甲医院在对该患者陈某霞的诊治过程中存在术前准备不足、术后没有常规行胃肠减压、术后病情观察不足及处置欠及时”。

这其中,关于鉴定过程中临床医学专家的咨询情况值得认真对待:2017年11月14日,乙司法鉴定中心召开听证会,出席的临床医学专家为甲医院妇产科主任医师王某娜,王某娜出具了“关于陈某霞医疗损害专家意见”,具体意见如下所述。医方,无手术讨论。对反复复发的肿瘤多次手术,手术中的复杂程度估计不足,术前肠道准备不足,术中具体手术方式方案的设计安排及围手术期治疗方案都没有涉及,告知书也缺乏针对性,风险告知不足。术后处理中没有常规胃肠减压,没有正规观察腹部体征,如腹胀、有无鼓音、移动性音、肠鸣音的现象,对血钾低影响肠吻合的愈合,没有讨论到位和给予纠正处理。术后第4天,引流液为黄褐色,没有对引流液进行化验检查和分析讨论。术后第5天,明确诊断为吻合口瘘,第二次手术在第一次手术后12天才实施,处理不够积极。第二次术前准备不足。仍无术前讨论。患方:患有脂肪肉瘤,反复手术,对右半结肠有浸润,手术难度大,风险大,出现肠瘘病症,愈后差。

简言之,医学上的利与弊,往往在过程、判断和运用中都不同程度的同时存在。进行医学意义的博弈,就是要在这些医学上的利与弊的转化与运用中,找到先机、未雨绸缪、占领主动。众所周知,临床活动中,医方在专业、知识、技能等方面占优势,但也面临挑战,一旦跨越了医界,可能面临的风险也是巨大的,比如,面对病患,诊疗便由医学领域进入了沟通领域,也因纠纷进入了司法领域,新挑战即刻显现。一定意义上,越属于医学推进的前瞻领域,面临的知识挑战越紧迫,争议也越尖锐。概括而言,主要有三方面的风险。一是因法律规定不清引发的源头性风险。最典型的莫过于因“诊疗规范、指南、教科书、操作规范”等适用导致的争议风险。毕竟,这些规范形式较多,但究竟哪些真正是、哪些不是、如何判断选择，即便到了今天，仍然缺乏具有可操作的依据、路径和标准。二是鉴定由“结论”到“意见”带来的过程性风险。医疗纠纷面对的医学专业性很强。化解这类纠纷，需要专业，离不开鉴定。但“鉴定”的定位，在医学上是作为“一种意见”，并不当然具有优先性；在法律上是作为“一种证据”，并不具优势性。但在实务中，其具有的第三方特点，往往使其之取舍又具有优越性，甚至容易演化成为一个与争议本身具有同等分量的新问题。三是专业推陈出新带来的持续性风险。医学在进步，尤其是循证医学、精准医学的导入和建立，由经验向证据，由症状到基因，一次又一次地推动医学不断进步、进展，这其中，带来很多新变化，在这些新变化的演进过程中，边界往往并非泾渭分明，一旦使用，会让争议变得更难以化解，此时，“隔行如隔山”之困惑往往又成为一种新常态。例如，在本案中，加速康复外科形成的新理念、新专科在医学界之内早已耳熟能详，但在医学界之外，仍不被人所广泛知晓。

为此，甲医院为了证明自己诊疗活动是符合医学最新进展的，申请人民法院通知有专门知识的人出庭，就鉴定人作出的鉴定意见或者专业问题提出意见，就是一个让医学能予以充分博弈的有途径价值意义的典型个案。

例如，甲医院提交了专家意见，称该次手术方案正确，术前肠道及其他围手术准备符合新近发表的共识，是当今腹部外科界的通常做法，术后措施符合诊疗规范等。甲医院还提交了中华医学会肠外肠内营养学分会加速康复外科协作组发布的《结直肠手术应用加速康复外科中国专家共识(2015 版)》、中国加速康复外科专家组发布的《中国加速康复外科围手术期管理专家共识(2016)》两份诊疗规范。

二、法律博弈：给出了对医疗争议该如何进行裁判的释明

本案在法律专业上的博弈是医事纠纷案上具有基础意义的一种专业博弈。如同“医学专业上的博弈”一样，在法律专业上的博弈也具有“谁拥有专业、占有知识，自然就享有先天优势”等特点。不仅如此，博弈中的法治化程度，更是展现现代化建设程度的一项重要标志。具体到医疗活动，其早已被纳入法治轨道。运用法治思维和法治方式应对医疗风险，早已成为医院推进现代化建设的一项重要能力。从政治、法律和社会效果来看，应对医疗风险，法治力量介入越早，防范制度越规范，防范掌握的主动权就越强，应对效果就越理想。

结合本案，下列这些陈述等材料，就在进行法律专业博弈。

比如，患方和医方认为，患者于 2016 年 11 月 10 日 2 时 1 分出现心率减慢，血压不能测出，血氧下降，遂急予肾上腺素 1mg 静注，血压上升至 175/90 mmHg，心率 100bpm，血氧 100%，与家属积极沟通后，患者家属表示知情并表示同意自动离院，返回当地。

次如，鉴定方认为，2020 年 7 月 24 日，乙司法鉴定中心出具回函，内容为："鉴定意见中的'共同因果关系'等同于《A 省高级人民法院关于人民法院委托医疗损害鉴定若干问题的意见（试行）》第十五条第（六）项中的同等因素，即甲医院的医疗过错在患者陈某霞的死亡后果中的原因力大小为同等因素，其过错参与度的百分比范围为 41%～60%。"

又如，一审法院认为，一审法院采纳该司法鉴定意见书，认定此次鉴定合法，可以作为本案分析事实的证据。综合考虑医学的复杂性及本案实际情况，并参考鉴定意见，一审法院酌情确定，甲医院对陈某忠、陈某纯、陈某琳、陈某娟损失承担 15%的赔偿责任。

再如，二审法院认为，本案中，一审法院根据鉴定意见及双方的陈述、病历资料等证据材料，综合考虑患者病情的复杂性、危重性，酌定甲医院对患者的死亡应当承担 15%的赔偿责任符合本案实际情况，并无不当，二审法院予以确认。陈某忠等上诉主张患者的死亡主要是医方的过错造成的，以及医方侵权了其知情权等，事实依据均不足，二审法院不予采信。

还如，检察院抗诉认为，为核查清楚本案医疗行为的过错参与度问题，A 省人民检察院委托 B 市人民检察院发函向原鉴定机构调查。B 市人民检察院于 2020 年 7 月 21 日向乙司法鉴定中心发出《关于某〔2017〕临医鉴字第×××号〈司法鉴定意见书〉的函》，请该鉴定中心明确：（1）鉴定意见中的"共同因果关系"意指甲医院的医疗过错在患者陈某霞的死亡后果中的原因力大小如何？能否区分是主要因素、同等因素、次要因素还是轻微因素［参照《A 省高级人民法院关于人民法院委托医疗损害鉴定若干问题的意见（试行）》］？（2）甲医院的医疗过错在患者陈某霞死亡后果中的参与度的百分比范围。2020 年 7 月 24 日，乙司法鉴定中心出具回函，内容为："鉴定意见中的'共同因果关系'等同于《A 省高级人民法院关于人民法院委托医疗损害鉴定若干问题的意见（试行）》第十五条第（六）项中的同等因素，即甲医院的医疗过错在患者陈某霞的死亡后果中的原因力大小为同等因素，其过错参与度的百分比范围为 41%～60%。"

据此，A 省人民检察院认为，本案有新的证据，足以推翻二审民事判决。

简言之，法律博弈，对弈的是对规则的运用与把握，这其中，权力（利）如何行使是难点，也是看点。以医疗损害赔偿纠纷处理为例，最具有传统性、代表性的博弈就是"鉴定权"与"审判权"的博弈，这其中，"以鉴代审""以鉴代判"，就是最多见的博弈之果。

法治建设不断带来新改变。伴随诉讼证据制度的深入与完善,鉴定领域又发生革命性改变,"鉴定"作为一种证据,在法律上,已由之前的"结论"变为"意见"。这带来了证据运用意义上的彻底改变:丧失了"以鉴代审""以鉴代判"的资格或者基础。不仅如此,这些年司法体制改革的推进与深入,如"谁审理,谁裁判"制度的建立,也让审案法官更愿意、更敢于也更乐于通过审判权的运用,展现司法权威。其中具有代表性的莫过于"基于法官内心确信形成的一种自由心证",它作为司法体制改革之后的一个司法新常态,就是明证。

比如,本案再审法院关于司法鉴定意见书的认定陈述,就是代表。

再审法院认为,《最高人民法院关于适用〈中华人民共和国民事诉讼法〉的解释》(2020年版)第108条第1款规定:"对负有举证证明责任的当事人提供的证据,人民法院经审查并结合相关事实,确信待证事实的存在具有高度可能性的,应当认定该事实存在。"由此可知,诉讼中证据的取舍和证明力的大小以及案件事实的认定,应当以法官根据当事人辩论的全部内容和调查证据的结果形成内心确信的状态为标准。本案中,乙司法鉴定中心出具的司法鉴定意见书仅是证据的一种,仅为认定案件事实提供了一个参考。是否采纳鉴定机构出具的鉴定意见,应当是法官依照法定职权,根据个案具体情节,通过证据的经验法则和论理法则的运用,依自由心证来认定鉴定机构所认定的事实是否存在以及真伪。由于双方当事人对于鉴定意见存在争议,依据《最高人民法院关于民事诉讼证据的若干规定》(2019年版)第37条第3款规定的"对于当事人的异议,人民法院应当要求鉴定人作出解释、说明或者补充。人民法院认为有必要的,可以要求鉴定人对当事人未提出异议的内容进行解释、说明或者补充",再审期间,法院认为鉴定人有必要出庭,依职权通知乙司法鉴定中心鉴定人员王某、李某、辛某出庭接受质询,针对当事人提出的异议,对鉴定意见的准确性、关联性和合法性进行了进一步的审查。经审查,虽然鉴定机构和鉴定人具备相关鉴定资格、鉴定程序合法,但因鉴定方法存在一定的缺陷性,补充鉴定结论没有相关鉴定依据。据此,认定乙司法鉴定中心出具的司法鉴定意见书无法达到"高度盖然性"的证明标准,该证据不能作为认定案件事实和划分责任的单一依据。本案应结合案件的全部证据,综合考量医疗行为的风险性、科学性,从各证据与案件事实的关联程度、各证据之间的联系等方面对甲医院的医疗损害责任进行综合审查判断。

三、医事法博弈:展现了医与法如何在融合推进和提升的进程

医事法学专业的博弈不是医学和法学物理意义融合上的一种博弈,而是融医学和法律于一体的基于物理和化学意义上的一类新博弈。通俗来说,其核心就是面对医疗纠纷案例,基于医学判断进行法律意义上的阐明,或者基于法律判断进行医学意义上的说明,医案阐述中有法意,法案释明中有医理,二者既相辅相成,互不可分,又各自存在,不可替代。

结合本案,下列这些陈述等材料,就在进行医事法学意义上的博弈。

比如,患方认为,“本案不属于医学实践中的未知领域,右半结肠切除术出现吻合口瘘是可以预见的,甲医院未履行避免出现吻合口瘘的预防义务,出现吻合口瘘后未履行及时修补的义务和术后告知义务”。

又如,医方认为,“第三方专家评审意见、出庭专家证言及诊疗规范指南等证据均已证明甲医院的诊疗行为不存在过错,患者陈某霞是由其自身原发疾病导致的死亡,与甲医院诊疗不存在因果关系”。

再如,鉴定方认为,甲医院在对患者陈某霞的诊治过程中存在术前准备不足、术后没有常规行胃肠减压、术后病情观察不足及处置欠及时的医疗过错,该医疗过错与该患者陈某霞的死亡后果之间存在一定的因果关系,因果关系类型(过错参与度)为共同因果关系。

还如,再审法院认为,“本案中,双方争议的医疗损害鉴定涉及术前肠道准备、术后胃肠减压等胃肠外科的临床专业性问题,鉴定人解释认定甲医院存在过错的鉴定方法是通过比对国家教科书的标准作出的,而甲医院则认为依据其所提交的肝胆外科的专家意见,鉴定人采纳的认定标准是临床实践中已经摒弃的陈旧临床诊疗知识。对此,本院认为,医疗损害技术鉴定采用的技术和方法,应兼具临床医学理论知识与临床实践经验,二者具有相辅相成的关系,且相互影响相互作用;二者在医疗损害技术鉴定过程中所发挥作用是相同的,重视其中一个方面而忽视另一个方面都是形而上学的鉴定方法,都会影响鉴定结果的准确性。正因为如此,本案中,因鉴定人不具备胃肠外科的临床医学专业技术,因此,在鉴定过程中针对甲医院肝胆外科在诊疗过程中是否存在过错行为,应当邀请具有相应的专业技术职称的临床医学专家参与听证会并提供咨询意见,才能保障在遴选鉴定所依据的理论、技术和方法方面,能够客观、慎重选择具有针对性的临床医学理论和实践经验来作为鉴定的依据。但是,本案出席医疗鉴定听证会提供专家咨询意见的仅是一位具有妇产科专业技术职称的临床专家,通过审查听证会中甲医院所提出的疑问、鉴定人所作的回应以及与妇产科专家出具的专家意见,本院认为,鉴定意见缺乏针对性的临床专家意见作为分析医疗行为及因果关系的重要参考,因此,司法鉴定意见书的客观性、专业性和科学性无法达到‘高度盖然性’的证明标准”。

简言之,医事法意义的博弈,更强调需拥有一种新能力:医事法治力。这是由医学规律支撑和法律规则支持的一种新能力。它的有无和强弱,表明医与法是否有融合以及融合程度。有些观点或者要求司空见惯,就没有体现医学和法学有机融合或者融合得不好,比如,“走着进医院的患者死在医院了,那么一定就是医师有错,医院就要赔偿”“患者给你钱了,就要诊好病”“救活了,就是医师有功;救不活,就是医师无能”等。

正确的医事法观点、判断必须基于医学和法学专业有机融合生长。

关于这方面的工作,一些法院、一些法官展现了新进展、新气象。

结合本案,再审法院表现出了对这种能力的探索和追求。

比如,再审法院认为,鉴定意见首先分析了患者自身存在恶性肿瘤及由此带来的手术并发症等因素,甲医院在诊疗过程中存在“术前准备不足、术后没有常规进行胃肠减压、术后病情观察不足及处置欠及时”的过错行为。从上述分析确定了因果关系类型为共同因果关系。其次,对原因力大小即过错参与度进行鉴定。所谓原因力大小的判断,是指根据鉴定分析中存在的各种共同因素,判定在共同原因中各个原因对于损害事实发生的具体原因力的大小,即原因力的大小取决于各个共同原因的性质、原因事实与损害结果的距离以及原因事实的强度。从鉴定机构推定的死亡原因审查来看,患者的死亡结果表现为多因一果,甲医院的过错医疗行为与患者自身恶性肿瘤带来的手术风险、术后并发症等其他原因均是导致患者死亡的共同因素。因此,当一个损害后果是由两个以上的原因力共同作用而成的,则各个原因构成共同原因,每一个原因对于损害结果具有不同的作用力。鉴定机构应当对共同原因中的每一个原因进行原因力大小的鉴定、划分过错参与度,分析明确各相关因素对于损害后果所起到的作用比例和概率大小强度。“共同因果关系”是对于因果关系类型的定性,即原因力的定性结论,而“同等因素”和“百分比赋值的参与度”则是对原因力大小的鉴定,即原因力的定量结论。上述两鉴定结论属于不同的委托鉴定事项,其鉴定论证依据并不具有当然的等同性。由于司法鉴定意见书并未针对法院委托的原因力定量进行详细的分析说明,而原因力的定量分析,对于回函鉴定结论的形成有重要影响,必须是回函鉴定结论的论证依据。在经本院再审释明后,鉴定人明确表示无法再就原因力的定量进行补充论证分析。据此,本院认为,乙司法鉴定中心出具回函以明确司法鉴定意见书中的“共同因果关系”意指甲医院的医疗过错在患者死亡后果中的原因力大小属于同等因素,其过错参与度的百分比范围为41%~60%的鉴定结论缺乏鉴定论证过程,与司法鉴定意见书中的鉴定论证分析不具有关联性,故回函不具备证据的关联性,本院不予采信。

再审法院的裁判在给司法实践增添了继续推动医事法治建设现代化的新动力的同

时，从目前法治中国建设新形势来看，以下四种法治力量的汇聚与运用，更利于快速推动跨界难题的化解工作。

一是合宪性审查、备案审查能力的提出和运用。习近平总书记强调，要完善宪法相关规定直接实施工作机制，充分发挥宪法在应对重大风险挑战、贯彻“一国两制”方针、推进祖国统一进程、维护国家安全和社会稳定中的重要作用。要完善宪法监督制度，推进宪法监督的规范化、程序化建设，提高合宪性审查、备案审查能力和质量，推进合宪性审查工作，落实宪法解释程序机制，积极回应社会各方面对涉宪问题的关切。① 这其中，医事法治建设存在的某些源头性问题，尤其是诸如“诊疗规范、指南”等制发以及规范性文件制定等乱象问题，将有望得到根本性治理。

二是行政执法责任制和责任追究制度的强调和强化。党的二十大报告提出，强化行政执法监督机制和能力建设，严格落实行政执法责任制和责任追究制度。这其中，诸如医疗卫生监管、鉴定机构管理、医疗机构医务人员日常管理、药品使用管理等事宜，将伴随“责任”二字的强化，不断得到重视，不断得到提升。

三是司法责任制的完善。党的二十大报告提出，深化司法体制综合配套改革，全面准确落实司法责任制，加快建设公正高效权威的社会主义司法制度，努力让人民群众在每一个司法案件中感受到公平正义。这其中，面对医事纠纷，应进行作为的行政复议，作出“不和稀泥”的司法裁判。

四是法律监督的回归。党的二十大报告提出，加强检察机关法律监督工作。完善公益诉讼制度。这其中，检察机关在积极作为，比如，面对当事人不服纠纷处理，提起的检察听证日益增多；面对社会公益受到损害，提起的“公益民事诉讼和公益行政诉讼”日益扩大；面对诸如医疗损害赔偿诉讼可能存在的法律争议，提起的“抗诉”等法律监督活动日益多见，这些法律活动的推动，对推动医事法治现代化建设的作用日益明显。

一言以蔽之，理论上，这些法治力量的汇聚、整合和运用，会形成强大的立法、执法和司法磁场，最终实现这样的导向，那就是只要公民守法，就有公平正义可期可等可享。研究推动本案，目的就是期望以成功的法治个案为示范，提出博弈的特点与对策，探索建立化解隔行如隔山跨界难题途径，为更多优秀医事个案的诞生创造更恰当的法治环境。

---

① 参见习近平：《谱写新时代中国宪法实践新篇章——纪念现行宪法公布施行40周年》，载《人民日报》2022年12月20日，第1版。

救治肩难产新生儿:诊疗水平要提高,法律工作怎么提升?

宋儒亮 官 健 李建林 罗 斌 宋立志 甘翌晓

案情简介

2007年12月15日,刘某之母卢甲因临产急诊入住甲医院,分娩过程中发生肩难产,之后分娩出胎儿刘某。刘某当日被送往乙医院住院治疗,共计住院13天,被诊断为:新生儿窒息(重度),新生儿肺炎,臂丛神经损伤,巨大儿。出院医嘱:合理喂养,加强护理,适当补钙、铁等,继续臂丛神经康复治疗等。

刘某认为是甲医院不当操作对其造成损害后果,因此提起诉讼。

一审各方意见

原告(刘某)意见

2007年12月15日,刘某之母卢甲在甲医院产下刘某。此前,卢甲曾多次在甲医院处进行检查,检查结果均显示正常,但由于生产时甲医院没有及时发现刘某是巨大儿,对刘某的体重估算误差达到1500克,没有采取正确的接生方式和手术方式,造成肩难产。甲医院将刘某从母亲体内强拉硬拽出来,导致刘某左臂丛神经损伤。甲医院让没有医师执业证书的医务人员进行接生,违规操作、判断失误、违规超剂量使用催产素。刘某认为正是由于甲医院存在上述过错导致了刘某重度窒息、新生儿肺炎、左臂丛神经损伤的终身残疾的严重后果,故诉至法院。请求判令甲医院赔偿刘某:(1)医疗费261176.22元(其中包括卢甲在该院因生产产生的医疗费3653.16元,刘甲在该院产生的陪产费用180元,刘某在乙医院住院期间产生的婴儿用品费650元,其余256693.06元为刘某在乙医院、丙医院、丁医院、戊医院为治疗其左臂丛神经损伤发生的医疗费);(2)护理费336267.54元(包括按照A省平均工资标准计算的卢甲工资损失284792元,按照刘甲月工资标准2500元计算的每天1.5个小时的工资损失20454.54元,按照A省平均工资标准计算的卢甲每天1.5个小时的工资损失30541元,刘甲、卢甲每天晚上给刘某进行水疗热敷、艾条热烤的煤火费480

元);(3)陪护费28800元(按照兼职陪护平均月薪800元,计算36个月);(4)伤残器具费200元;(5)交通费54646元(按照每日43公里,每公里综合费用1元,每月22天计算,共计57个月,另有606元停车费,118元出租车费);(6)伙食补助费125400元(按照每天50元的标准,从出生之日计算至2013年9月26日);(7)精神损害抚慰金20万元(包括刘某10万元,卢甲、刘甲各5万元);(8)律师费15000元;(9)复印费606.60元;(10)伤残赔偿金775104元;(11)营养费34666.66元(按照每个月500元计算,自出生之日计算至2013年9月26日);(12)鉴定费由甲医院承担。另外,要求甲医院赔偿刘某后续治疗的相关费用,以票据为准。

被告(甲医院)意见

甲医院辩称:我院不同意刘某的诉讼请求。我院医务人员接诊刘某之母卢甲后,认真查体并完善相应的各项检查,诊断卢甲为"妊娠糖尿病",但卢甲怀孕期间未在我院建产科病历进行系统的产前检查,未遵医嘱按时复查和进行相应的治疗,导致医生无法随访、追访和进行有效治疗;医务人员以现有检查手段和预估胎儿体重的计算方法,预测胎儿的体重数值,并未违反产科医疗技术操作常规和规范;卢甲自身偏胖,从客观上干扰和加大了医务人员预测胎儿大小的难度。刘某的损伤是因其巨大儿发生肩难产,导致并发症,这是难以避免的,不是我院的医疗行为所导致的。总之,我院对刘某及其母卢甲实施的医疗行为未违反产科医疗技术和诊疗操作常规,不存在医疗过错,故不同意刘某的诉讼请求。刘某要求的医疗费包括从出生以后到诉讼时的费用,根据其并发症临床恢复情况来看,恢复期应该在半年至一年,如果不能恢复再采取治疗是没有意义的,刘某扩大的医疗费损失是无理的。刘某不能进行永久性的康复治疗。对于刘某主张的护理费和陪护费,是双重的主张。如果需要护理也应以一人为限,超过一人的护理需要出具相关证据。刘某出生后,其本身是婴儿,本就需要家长的监护和看护,不需要特殊的看护,不应存在护理费问题。刘某主张的交通费应当提供与其费用产生时间相一致的就诊方面的证据,而就诊一般也应当乘坐普通交通工具,否则就是扩大损失。刘某在交通费中主张的加油费和车辆折旧费也是缺少法律依据的。对于刘某主张的残疾器具费,应该出具医疗机构的证明。刘某主张的精神损害抚慰金中,关于父母的部分没有法律依据,刘某自己的部分也不应当赔偿。对于刘某主张的营养费,应当根据鉴定单位明确的以药物的方式进行营养予以确认,并且刘某的医疗费中已经有了营养药物的费用,所以我们不同意赔偿。对于律师费、鉴定费、复印费、刻盘费、信息公开费、伤残赔偿金、后续治疗费均不同意赔偿。另外,我院已于2008年8月19日借款 2.5 万元给刘某,并先后根据法院两次先予执行裁定,分别又支付给刘某先予执行款 1 万元、5000 元,共计 4 万元,请求法院在判决中予以扣除。

鉴定意见

经双方当事人协商,B 区人民法院委托了丙鉴定中心就甲医院对刘某及其母卢甲的医疗行为有无过错,如有过错与刘某左臂丛神经损伤的损害后果有无因果关系及责任程度进行鉴定。丙鉴定中心作出(2008)鉴字第 62 号司法鉴定意见书,鉴定意见为:甲医院对产妇卢甲的诊治行为存在缺陷和不足;甲医院的缺陷和不足与被鉴定人刘某的损害后果之间存在一定的因果关系,参与度考虑为 50%。刘某不认可该鉴定结论,认为将过错参与度定为 50%不公正,刘某方本身没有任何过错,并且在听证会时没有患方代表参加,没有让刘某方有机会充分陈述案情,故申请丙鉴定中心的鉴定人出庭接受质询,并申请重新进行医疗过错和因果关系的司法鉴定,此外还申请对刘某的左臂丛神经损伤的伤残等级、是否需要后续治疗进行鉴定。甲医院认可丙鉴定中心的鉴定结论。因丙鉴定中心在对刘某进行医疗过错和因果关系鉴定的过程中并不存在鉴定机构或鉴定人员不具备相关的鉴定资格、鉴定程序严重违法、鉴定结论明显依据不足、鉴定结论经过质证认定不能作为证据使用的其他情形等情况,故 B 区人民法院依据《最高人民法院关于民事诉讼证据的若干规定》(2008 年版)第 27 条,不准许刘某重新进行医疗过错和因果关系司法鉴定的申请,但对于刘某申请丙鉴定中心的鉴定人出庭予以准许,对于刘某申请的伤残等级与后续治疗的司法鉴定予以准许。法院根据刘某的申请,通知丙鉴定中心的鉴定人出庭接受质询,并通知刘某预交鉴定人出庭费,但刘某未预交鉴定人出庭费,鉴定人因此未出庭。

B 区人民法院将上述鉴定结论作为证据对本案进行了判决,但刘某对判决不服,上诉至 A 省第二中级人民法院后,才同意交纳鉴定人出庭费。此时鉴定人一方未出庭接受质询。

本案被 A 省第二中级人民法院发回,B 区人民法院重审后,法院继续通知丙鉴定中心出庭接受质询,但该鉴定中心仍因故未出庭接受质询。由于鉴定结论不经质询令人质疑,法院对刘某申请重新鉴定的申请予以准许。关于刘某向丙鉴定中心交纳的司法鉴定费 6500 元,该鉴定中心正在办理退费手续。

经甲医院申请,法院委托 A 省 B 区医学会就甲医院对刘某及其母卢甲的医疗行为有无过错,如有过错与刘某左臂丛神经损伤的损害后果有无因果关系及责任程度、是否构成医疗事故进行鉴定。A 省 B 区医学会作出某医鉴字(2008)30 号医疗事故技术鉴定书,结论为：根据《医疗事故处理条例》第 2 条，本病例不构成医疗事故，但认定臂丛神经损伤与肩难产有关，甲医院对在巨大儿分娩过程中可能出现的并发症与患者沟通不够充分。刘某不认可该鉴定结论，认为鉴定结论与事实不符，申请进行医疗过错和因果关系的司法鉴定；甲医院认可该鉴定结论。经原告申请，一审法院又依法委托甲鉴定所进行了医疗过错、因果关系的司法鉴定。根据该鉴定单位的鉴定意见，甲医院的医疗不当行为在被鉴定人刘某的不良后果中起到部分作用，建议参与度考虑为 D 级（理论赔偿系数 50%）。刘某对该鉴定结论不认可，申请鉴定单位鉴定人出庭接受质询。甲鉴定所指派两名鉴定人出庭接受了质询，对刘某提出的问题进行了合理答复。对于该鉴定结论，法院予以采信，并在鉴定结论确定的过失参与度级别所对应的参与度系数范围内适当确定甲医院承担赔偿责任的比例。

经原告申请，对原告伤残进行鉴定。乙司法鉴定中心的（2008）鉴临字 1136 号某医临床鉴定意见书的分析说明和鉴定意见认为，被鉴定人刘某目前不符合伤残鉴定时限要求，目前仍需要继续治疗，如营养神经及康复等治疗。虽然距离该鉴定结论作出已经又经过了四年多的时间，但目前没有其他鉴定结论，并且通常情况下，康复治疗有利于恢复病情，法院对此鉴定结论仍予以采信。

一审法院查明事实

2007 年 12 月 15 日，刘某之母卢甲因临产急诊入住甲医院，分娩过程中发生肩难产，之后分娩出胎儿即本案原告刘某。刘某当日被送往中国人民解放军乙医院住院治疗，共计住院 13 天，被诊断为：新生儿窒息（重度），新生儿肺炎，臂丛神经损伤，巨大儿。出院医嘱：合理喂养，加强护理，适当补钙、铁等，继续臂丛神经康复治疗等。在 B 区人民法院诉讼中，经甲医院申请，法院委托 A 省 B 区医学会就甲医院对刘某及其母卢甲的医疗行为有无过错，如有过错与刘某左臂丛神经损伤的损害后果有无因果关系及责任程度、是否构成医疗事故进行鉴定。A 省 B 区医学会作出某医鉴字（2008）30 号医疗事故技术鉴定书，结论为：根据《医疗事故处理条例》第 2 条，本病例不构成医疗事故。刘某不认可该鉴定结论，认为鉴定结论与事实不符，申请进行医疗过错和因果关系的司法鉴定；甲医院认可该鉴定结论。

一审法院认为

医疗机构承担医疗侵权损害赔偿责任的前提是其医疗行为存在过错并与患者的损害后果之间存在因果关系。

刘某为婴幼儿,刘某主张的各项赔偿项目和数额,法院通过向乙司法鉴定中心咨询意见及根据《人身损害受伤人员误工期、营养期、护理期评定准则(试行)》酌情核定。

因刘某本身为婴幼儿,其左臂丛神经损伤后,进行长期的功能训练及康复治疗,对其恢复肢体功能有必然的需要,故刘某要求甲医院赔偿其为治疗左臂丛神经损伤,在乙医院、丙医院、丁医院、戊医院及外购药所发生的医疗费,法院予以支持。

刘某要求甲医院赔偿其母卢甲住院生产的费用3653.16元、刘某之父刘甲在该院陪产的费用180元、刘某在乙医院住院期间的婴儿用品费650元,这三项费用并非由甲医院的过失医疗行为衍生,即使不存在甲医院的过失医疗行为与刘某左臂丛神经损伤的损害后果,上述三项费用仍需发生,故对于刘某的这三项诉讼请求,法院不予支持。

关于刘某主张的卢甲因护理刘某发生的误工费。刘某虽然为婴幼儿,生活无法自理,需要日常护理,但是其作为有病情的婴幼儿,需要父母更为精细的护理,包括因功能训练及康复治疗所支出的多于正常婴幼儿所产生的护理时间和精力,故法院根据刘某的具体情况,酌情考虑卢甲的误工费。

关于刘某要求甲医院赔偿其父刘甲为其进行水疗、热烤而产生的误工费,其母卢甲为刘某进行水疗、热烤而产生的误工费。刘某父母为刘某进行水疗、艾条热烤,据陈述是非工作时间进行的,并未导致刘某父母发生误工损失,故对于此项诉讼请求,法院不予支持。同理,刘某主张的“兼职陪护费”亦于法无据,法院不予支持。

刘某主张进行水疗和艾条热烤发生的煤火费,虽然刘某未提交煤火费发生的票据和需要水疗、热烤的医嘱、处方等证据,但根据刘某提供的照片等证据,可以证实确实发生了此项费用,法院对其该项诉讼请求予以适当支持。

关于刘某购买手托产生的残疾器具费,根据刘某的病情,购买该项残疾器具有其合理性,法院予以支持。

关于刘某主张的交通费,因刘某为恢复肢体功能进行了长期的治疗,确有交通费发生,具体数额由法院依据刘某就医的情况,按照一般普通交通工具的标准,结合刘某出具的票据酌情确定赔偿标准和数额。

刘某主张的住院伙食补助费,可以按照刘某在乙医院住院天数核算合理费用数额。

关于刘某主张的营养费,乙医院的出院医嘱要求其适当补钙、铁等,而刘某的医药费中已经有关于营养神经的相关药物,故对于刘某主张的营养费,法院参照咨询意见及相关规定酌情确定。

刘某主张的其为聘请律师产生的费用,《最高人民法院关于审理人身损害赔偿案件适用法律若干问题的解释》(2003 年版)中并未规定上述赔偿项目,并且律师费并非刘某为主张权利必须产生的费用,故对于刘某的上述诉讼请求,法院不予支持。

刘某主张的复印费等,是为主张诉讼权利而产生的,属于其实际损失范围,法院予以支持。

刘某主张精神损害抚慰金,由于甲医院的过失医疗行为与刘某左臂丛神经损伤的损害后果之间有一定的因果关系,而刘某左臂丛神经损伤必然导致其精神痛苦,故对于刘某主张的精神损害抚慰金,应予以支持。按照《最高人民法院关于确定民事侵权精神损害赔偿责任若干问题的解释》(2001 年版),精神损害的赔偿数额须根据侵权行为造成的后果等因素确定,但目前刘某的伤残等级尚未确定,无法确定其损害后果的严重程度,故精神抚慰金数额目前难以确定。刘某虽然主张没有丙医院肌电图及丁医院核磁共振诊断书就无法进行伤残鉴定,但是经过法医的解答,刘某的主张并不能成立。刘某可待伤残等级确定后与残疾赔偿金一并主张精神抚慰金。关于刘某父母二人主张的精神损害抚慰金,因为该二人并非法定的精神损害抚慰金的求偿主体,即该二人并非受害人本人亦非死者近亲属,故该二人主张精神损害抚慰金于法无据,法院不予支持。

刘某还主张了为进行后续治疗需要的后续治疗费,因上述费用均尚未发生且尚无鉴定结论或医嘱、处方能够明确后续治疗的内容与期限,故对于刘某的上述诉讼请求,法院不予支持。

关于甲医院的医务工作人员的资质问题,目前刘某没有证据证明甲医院构成非法行医。

一审法院判决

B 区人民法院判决:(1)甲医院于判决生效后 10 日内赔偿刘某医疗费 141181 元、护理费 22200 元、煤火费 264 元、残疾器具费 110 元、交通费 9400 元、住院伙食补助费 358 元、复印费 300 元、营养费 6600 元,以上合计 180413 元(其中已经先行给付 40000 元)。(2)驳回刘某的其他诉讼请求。如果未按判决指定的期间履行给付金钱义务,应当依照《民事诉讼法》(2012 年版)第 253 条之规定,加倍支付迟延履行期间的债务利息。

一审判决后,原告刘某不服,提起上诉。

二审各方意见

上诉人(刘某)意见

请求撤销原判,改判支持其一审诉讼请求。其上诉理由为:(1)不认可甲医院过错参与度为50%的鉴定意见,一审当中的鉴定程序不合法,甲鉴定所在两次因刘某提出病例不完整的前提下决定终止鉴定,但一审法院却置此不顾,强行要求继续鉴定。此外,鉴定人张某东不具备妇产科临床专业经历,故要求重新鉴定。(2)甲医院为刘某之母卢甲接生的四名医护人员缺乏行医资格,超剂量使用催产素,并篡改病历,应当对刘某的损害后果承担全部的赔偿责任。

被上诉人(甲医院)意见

甲医院同意原审判决。

二审法院查明

乙司法鉴定中心的鉴定意见书作出后,刘某又向法院提出,甲医院的过错造成刘某出生时重度窒息可能影响大脑发育,故申请对其脑部是否受损进行伤残等级鉴定。法院商双方当事人委托丁鉴定中心对刘某脑部是否受损进行鉴定,并根据丁鉴定中心的要求通知刘某的法定代理人刘甲、卢甲于收到交费通知书之日起7日内即2009年2月1日之前预交鉴定费,但刘某未预交鉴定费,该鉴定未进行。

本案重审审理中,刘某继续申请对其伤残程度、医疗期、营养期、护理期等进行鉴定,法院准许。经A省高级人民法院摇号后,确定戊鉴定中心为鉴定单位。在此过程中,刘某要求将其曾经向B区人民法院提交的2008年1月的丙医院肌电图及丁医院核磁共振诊断书各一份检查结果一并送检,但该两份证据经当庭质证后,法院并未收取原件。刘某坚持要求由B区人民法院向鉴定单位出具前述两份检查报告作为鉴定依据,并以此为由拒绝继续进行伤残鉴定的相关程序。戊鉴定中心于2013年8月6日向法院出具了《司法鉴定终止函》,该函说明由于刘某认为其鉴定材料中缺少丙医院肌电图及丁医院核磁共振诊断书各一份,可能对鉴定意见产生影响,并未交纳鉴定费,终止了鉴定。刘某为此申请戊鉴定中心出庭接受质询。戊鉴定中心指派法医到庭接受质询,答复称:刘某要求法院提供的丙医院肌电图及丁医院核磁共振诊断书是被鉴定人早期的检查结果,而伤残鉴定是对现有的身体状况进行鉴定,原检查结果只可以作为参考。即便有这些材料,也需要对被鉴定人重新进行检查。如果没有,对完成此次鉴定也没有影响。刘某对此表示有异议,坚持认为只有在上述两项检查报告齐全的情况下,才同意进行鉴定。

刘某还向法院提供了中国残疾人联合会签发的残疾证,证明其为肢体残疾,残疾等级为三级。戊鉴定中心法医出庭接受质询时,法院就该残疾证显示的残疾等级与司法鉴定的残疾等级是否依据同一标准作出进行了咨询,法医答复并非同一标准。

另查明,刘某在乙医院、丙医院、丁医院、戊医院及外购药品为治疗其左臂丛神经损伤产生医疗费256693.06元;另外,刘某母亲卢甲在甲医院生产产生医疗费3653.16元,刘某之父刘甲在该院产生陪产费用180元,刘某在乙医院住院期间产生婴儿用品费650元;刘某为证明其支出交通费,向法院提供了汽油费发票、停车费发票若干。

诉讼中,B区人民法院至乙司法鉴定中心就刘某的医疗期、护理期、营养期进行了咨询。该所答复称:刘某本身是婴幼儿,本就需要护理。孩子小的时候,一般情况下做康复肯定会有所帮助。根据《人身损害受伤人员误工期、营养期、护理期评定准则(试行)》的规定,臂丛神经损伤误工期为180~365日,营养期为30~60日,护理期为30~150日。《人身损害受伤人员误工期、营养期、护理期评定准则(试行)》还规定,对于一些损伤后恢复期比较长,但已进入调解程序或诉讼程序的,误工期评定的上限可以至伤残评定前一日,但一般不超过24个月。该中心答复称:从该准则条款的各项规定及实际操作看,误工期是三期(误工期、护理期、营养期)中最长的期限。上述准则是针对成人规定的,法院可根据本案当事人为婴幼儿的实际情况酌情确定各期限。

本案在原审审理过程中,根据刘某的先予执行申请,B区人民法院作出(2008)某民初字第×××号民事裁定书,裁定甲医院先行给付刘某1万元。另外,甲医院还以借款方式先行给付刘某2.5万元。本案重审过程中,根据刘某的先予执行申请,B区人民法院作出(2010)某民初字第×××号民事裁定书,裁定甲医院先行给付刘某5000元。甲医院已经共向刘某支付4万元。

刘某要求A省B区卫生局答复关于甲医院医务人员的资质情况,A省B区卫生局对相关医务人员的资质问题进行了答复。

本院二审期间,刘某坚持认为甲鉴定所的鉴定意见不能作为定案依据,并申请重新鉴定。因甲鉴定所在鉴定的过程中并不存在《最高人民法院关于民事诉讼证据的若干规定》(2008年版)第27条规定的相关情形,故本院对刘某重新进行司法鉴定的申请未准许。

上述事实,有双方当事人陈述、病历、A省B区医学会作出的某医鉴字第(2008)30号医疗事故技术鉴定书、丙鉴定中心作出的(2008)鉴字第62号司法鉴定意见书、乙司法鉴定中心作出的(2008)鉴临字1136号法医临床鉴定意见书、《司法鉴定终止函》、医疗费票据、交通费票据等在案佐证。

二审法院认为

本案的争议焦点在于甲医院的医疗行为是否存在过错,若存在过错,该过错行为与刘某的损害后果之间是否存在因果关系及其参与程度。本案中,由于双方当事人在对刘某之母卢甲的诊疗过程方面存在极大争议,原审法院依法委托鉴定机构甲鉴定所进行了鉴定,根据鉴定机构的鉴定意见,甲医院的治疗行为存在一定的不当之处,在刘某的不良后果中起到部分作用,建议参与度考虑为D级(理论赔偿系数50%)。因甲鉴定所出具的上述鉴定意见并不存在《最高人民法院关于民事诉讼证据的若干规定》(2008年版)第27条规定的情形,并且相关鉴定人员亦出庭接受了当事人的质询,故对于该鉴定意见,本院依法予以采信。原审法院依据鉴定意见所确定的责任比例及各项赔偿数额并无不当,本院依法予以维持。关于精神损害抚慰金和残疾赔偿金,刘某可待伤残等级确定后另行主张;关于后续治疗费,刘某亦可待实际发生后另行主张。刘某上诉认为甲鉴定所的鉴定意见错误,甲医院应当承担完全的赔偿责任缺乏法律依据,本院不予支持。关于刘某上诉称甲医院医务人员的接生行为属于非法行医的违法犯罪行为一节,本院认为目前刘某并无证据证明甲医院构成非法行医,并且非法行医的认定及是否构成犯罪行为亦不属于人民法院审理民事案件的范围。综上,原审法院判决认定事实清楚,适用法律正确,本院予以维持。依照《民事诉讼法》(2012年版)第170条第1款第1项之规定,本院判决如下:驳回上诉,维持原判。

医疗事故鉴定费3000元,由甲医院负担(已支付);医疗过错司法鉴定费(甲鉴定所收取)8000元,由甲医院负担(已支付4000元,剩余4000元于本判决生效后10日内支付给甲鉴定所);出庭费(甲鉴定所收取)1600元,由刘某负担(于本判决生效后10日内支付给甲鉴定所);出庭费(戊鉴定中心收取)1000元,由刘某负担(已支付);伤残鉴定费(乙司法鉴定中心收取)3000元,由甲医院负担(已支付)。

一审案件受理费4645元,由甲医院负担(于本判决生效后10日内交纳)。

本判决为终审判决。

各方意见

医方意见

李建林　中山大学附属第八医院(深圳福田)　副院长

此案例甲医院应吸取的经验与教训:一是医务人员存在产前检查过程中告知不充分的

情况,使患者对病情严重性的重视不足。医务人员没有认真履行《母婴保健法》及产前管理规定,而使孕妇未能及时建产前病历、定期产前检查和治疗。二是孕妇入院后,医务人员没有系统评估,没有对胎儿进行 B 超检查,依靠经验估计体重偏差大。三是医务人员对产程预判不足,在评估为巨大胎儿时应考虑肩难产的可能性。医务人员没有考虑选择剖宫产的分娩,没有告知并征求患者及家属的意见,从而未能有效避免在胎儿娩出过程中发生肩难产,出现新生儿窒息和左侧臂丛神经损伤的不良后果。四是家属提到的无证医务人员接生,医院应严格排查,严禁使用无证人员,要加强实习生、进修生的管理,带教老师要做到放手不放眼。

鉴定专家意见

罗斌　中山大学司法鉴定中心　主任法医师

本案中值得关注的焦点是鉴定人不出庭接受质询会导致鉴定意见不被法院采信的严重后果。根据《全国人民代表大会常务委员会关于司法鉴定管理问题的决定》(2015 年版)第 11 条,在诉讼中,当事人对鉴定意见有异议的,经人民法院依法通知,鉴定人应当出庭作证。同时《司法鉴定程序通则》(2016 年版)第 5 章也着重强调了鉴定人出庭是鉴定人的权利和义务。对于不出庭作证的,《民事诉讼法》(2012 年版)第 78 条亦明确规定:“当事人对鉴定意见有异议或者人民法院认为鉴定人有必要出庭的,鉴定人应当出庭作证。经人民法院通知,鉴定人拒不出庭作证的,鉴定意见不得作为认定事实的根据;支付鉴定费用的当事人可以要求返还鉴定费用。”该案中,丙鉴定机构鉴定人拒绝出庭质证,致使鉴定报告不予采信。尽管丙鉴定机构出具的鉴定意见与甲鉴定中心就此案出具的鉴定意见结论一致,但因丙鉴定机构鉴定人不出庭,故承担相应的后果——鉴定意见不被采纳,以及退还所有鉴定费用。

鉴定人确实因客观原因不能出庭时,必须书面陈述理由并征得法院理解和许可。《最高人民法院关于民事诉讼证据的若干规定》(2008 年版)第 59 条规定:“鉴定人应当出庭接受当事人质询。鉴定人确因特殊原因无法出庭的,经人民法院准许,可以书面答复当事人的质询。”本案中,两种情况导致鉴定人未能出庭作证,一是申请人申请鉴定人出庭,但未缴纳相关的出庭费用。《最高人民法院关于行政诉讼证据若干问题的规定》第 75 条规定:“证人、鉴定人因出庭作证或者接受询问而支出的合理费用,由提供证人、鉴定人的一方当事人先行支付,由败诉一方当事人承担。”提供鉴定人的一方当事人即申请鉴定人,因此,可比照《最高人民法院关于民事诉讼证据的若干规定》(2008 年版)第 54 条第 3 款规定的"证人因出庭作证而支出的合理费用,由提供证人的一方当事人先行支付,由败诉的一方当事人承担",鉴定人出庭费用由申请鉴定人先行支付,但申请方未缴纳出庭费,致使鉴定人未能出庭,应承担不利后果。二是鉴定人无故拒绝出庭,应由鉴定人及鉴定机构承担相应法律后果。

出庭作证是鉴定人的义务,理应积极配合,但确因法律许可的客观原因无法按时出庭的,应书面申请并积极与法院沟通,改期出庭或书面函复异议问题。

律师意见

宋立志 广东广信君达律师事务所 律师

关于律师费能否作为损失的一部分,这是一个值得探讨的问题。律师费由侵权方或者违约方承担有无法律依据呢?律师费在性质上属于财产利益,认为获得支持,也不是空穴来风。

《民法典》第1182条规定:"侵害他人人身权益造成财产损失的,按照被侵权人因此受到的损失或者侵权人因此获得的利益赔偿;被侵权人因此受到的损失以及侵权人因此获得的利益难以确定,被侵权人和侵权人就赔偿数额协商不一致,向人民法院提起诉讼的,由人民法院根据实际情况确定赔偿数额。"

《上海市高级人民法院关于印发关于民事案件审理的几点具体意见通知》中有关于"律师费可否作为损失要求赔偿"的意见:"我们认为,所谓损失,是指因违约方或加害人的不法行为给受害人带来的财产利益的丧失。律师费在性质上应属于财产利益,原则上可以作为损失,但不能超过加害人或违约方应当预见到的范围。鉴于目前律师收费有按规定收费和协议收费两种,我们认为,受害人与律师协商确定的律师费,如果高于有关规定的,则高出部分可认为超过了加害人或违约方应当预见的范围,对超出部分应不予支持。"

结合上述规定,认为合理的律师费也应属于因侵权造成的财产利益损失。司法实践中,支持律师费由违约方、侵权方承担,倡导人人守法,拿起法律武器,不能让守约人、被侵权人承担更多的成本,才能降低侵权或违约。

甘翌晓 广州金鹏律师事务所 律师

在司法实践中,特别是2010~2014年,医疗纠纷诉讼多采取"双轨制"的鉴定,即医学会作出的医疗事故技术鉴定和司法鉴定机构作出的医疗损害过错鉴定双轨并存。

那么,医疗事故技术鉴定和医疗损害过错鉴定有什么区别呢?首先,鉴定专家的组成有区别,医疗事故技术鉴定的专家由临床专家担任;医疗损害过错鉴定的专家由鉴定机构的法医专家担任(涉及临床技术时可请相关的临床专家会诊)。其次,鉴定的内容稍有不同,医疗事故技术鉴定主要考虑的是医疗行为是否符合医疗规范,而医疗损害过错鉴定不但考虑医疗行为是否符合医疗规范,还需要考虑是否符合法律规范和医生工作制度。最后,鉴定的结论不同,医疗事故技术鉴定的是医疗行为是否构成医疗事故,一旦构成医疗事故,医疗机构不但需要承担民事赔偿责任,还需要承担行政处分的行政责任,严重的可能还会涉及医疗事故罪的刑事责任;而医疗损害过错鉴定并不做是否属于医疗事故的认定,而是对医方的诊疗行为是否存在过错,与患者的损害后果是否有因果关系以及相关的参与度作出认定和分析意见,鉴定结论可以作为法院判决医疗机构赔偿的依据,但原则上卫生行政部门不会依据该鉴定意见对医疗机构作出行政处分(行政处分的前提是医疗事故)。

本案中,医疗事故技术鉴定认为本案不构成医疗事故,不构成医疗事故的,并不等于医方不存在医疗过失,因此,法院通过医疗损害过错鉴定认定医方存在医疗过失,最终采信医方存在医疗过错并参照医疗损害过错鉴定作出医方承担相应赔偿责任的判决是合法的。

法官意见

官健　医学博士　广州知识产权法院　法官

本案旷日持久,历经一审、二审,发回重审后一审、二审,三次委托医疗鉴定,三次委托伤残鉴定,终有定论。我同意最终的判决结果,仅对司法程序中的发回重审提一点自己的观点。据判决书记载,原审一审中,患方对丙鉴定中心的医疗损害鉴定意见不认可,申请鉴定人出庭并获得法院准许。此时,应当由患方预交鉴定人的出庭费用。然而,患方拒不预交出庭费导致鉴定人未出庭,由此带来的诉讼不利后果应由患方承担。因此,原审一审法院采信上述鉴定意见并据此作判,并无不当。患方对该判决不服上诉,在原审二审中才同意预交出庭费,此时除有特殊情况外,不应再给予患方反悔的机会,否则将有违诚信诉讼之原则,损害司法的尊严与权威。因此,若原审二审法院仅因鉴定人出庭问题发回重审,并不妥当。事实上,重审一审中鉴定人因故未出庭又导致重新委托甲鉴定所进行医疗损害鉴定,而两个鉴定机构在鉴定结论上基本一致,最终以此结论定案。可以说,该发回重审的处理并未起到应有的作用,反而增加了诉讼成本,浪费了司法资源。值得一提的是,重审二审法院将甲鉴定所的鉴定费 8000 元全部分配给医方负担。由于该重新鉴定完全因患方而起,鉴定结论与丙鉴定中心的结论亦一致,而该丙鉴定中心的鉴定意见未被采纳的责任主要在患方,故由医方承担该重新鉴定的全部费用,实为不妥。

本案启示

呼吁医疗纠纷交给专业机构和人员 切实落实既要体现在诊疗活动中也要展现在司法活动上

宋儒亮 法治广东研究中心主任、《中国医学论坛报》第二届医事法学理事会理事长、广东省医学会医事法学分会主任

本起医疗损害赔偿诉讼案在临床上比较多见，专业也不复杂，但在法律处理上，专业却很复杂。

以现在的眼光再回顾和审视本案，在感叹医事法治进展迅速的同时，也感到本案在学理、医理和法理上的争论点并不存在。毕竟这些争论都聚焦在程序上，而这些程序性的争论，以当前医事法治建设成果结合受案法院的释明，是完全可妥当解决的。

仅这样说，也可能不公道，毕竟该观点对医疗纠纷处置的历史不够尊重：不能用现在的眼光苛求之前的纠纷各方，不能用当前法治评价之前的活动，这是当有的科学态度。结合本案，更重要目的在于，力图通过案件评价，找出对未来更有进步意义的新启示。

这起不疑难复杂的医疗损害赔偿诉讼案，之所以在法律处理上出现这么多反复，究其根源，最大的启示在于，对医疗纠纷争议的处理缺乏专业敬畏，缺乏专业思维，缺乏专业司法。专业的问题应交给专业的机构和专业人员来处理，做到知行统一，医疗纠纷处置更是这样的领域，更应受到重点关注。

医疗纠纷，不是一般的纠纷，而是专业的纠纷，《医疗纠纷预防和处理条例》第 2 条规定："本条例所称医疗纠纷，是指医患双方因诊疗活动引发的争议。"疾病救治的专业性之强、之无止境，使得其引发的纠纷专业性之强，毋庸置疑。

"专业"二字是有纵深、有分量的，厚积、延伸和提升等，都是其特点，比如，一个器官、一个疾病，可以成为一个专业的学科，学无止境；又如，伴随医学技术进步，之前属于禁忌证范畴的事宜，现又成为适应证；再如，随着医学进步，诸如循证医学、精准医学等新科学层出不穷。专业，越来越"厚"，而对专业的运用常常是厚积薄发，更是专业显著特点之一。

但是，比较专业的"厚"，当前进行医疗纠纷的处置，可谓"薄"，集中表现在纠纷处置上，处置过程往往专业性不强，对专业不够敬畏，使得简单化、情绪化和任意化等问题屡见不鲜。因此，面对诊疗活动引发的争议，当前更要在懂专业规矩、在知专业深浅、明专业进

展等方面下功夫，一句话，要有专业敬畏，这其中，突出表现在如何专业化纠纷化解：秉承的思维、采取的方式，既是抉择，更是考验。

面对各类纠纷问题的化解，哪些思维和方式，是我们当前最需要导入、提升和运用的？毫无疑问，众多思维和方式中，法治思维和法治方式的选择和运用性价比最高、最需要、最迫切，也最难得。

针对医事法治建设事宜，笔者曾提出这样的观点："健全机构，专业为上，人才为优，更是一种负责尽责的担当。程序公正，法治思维，尤为关键；是非分明，对错清晰的法治方式，更乃稀缺。据此，共同呼吁：要注重医事法专业人才的培养培育，设立医事法庭、筹建医事法院，是推进当前医事法治建设的真诚的呼唤，是缩短医事司法环节差距的关键的举措，是弥补医事司法短板的稀缺的担当。全面依法治医，目的是让优秀的法治资源关注、关心和关爱医事法治，推进良法建设；全面医事法治，目的是让专业医事人审专业的医事案，推进医事善治，这其中，没有比培养培育医事法专业人才、设立医事法庭、筹建医事法院来得更正当其时了。"

即便面对本案，上述建议也是成立的。围绕医事纠纷，在呼吁和落实把专业纠纷交给专业机构和专业人员的同时，我们更应行动起来，在不断提升医疗水平的同时，更应当同步提高法治建设能力，尽快建立和完善诸如"医事法庭""医事法院"等机构组织。有了这样的导向、行动和结果，那么，我们更有理由相信，再面对类似这样案件的时候，与医学同步进展、相互融合的医事法律，在应对上更加主动，在处置上更加从容，在结果上也更为公平正义。

持续完善法律衔接

——释明维权途径是提升行政救济质量的不二选择

宋儒亮　温国明　付洪林　欧阳兵　宋立志　廖思源

案情简介

2015年11月16日,徐甲以其在C县某镇阮甲开设的诊所处就医时给其造成人身伤害为由,向C县卫生主管机关提出了对阮甲在C县某镇非法行医的行为进行处罚和要求医疗事故鉴定、将阮甲涉嫌犯罪的行为移交公安机关处理的申请。C县卫生主管机关通过调查、取证,认定了阮甲未取得医疗机构执业许可证擅自开展诊疗活动的违法事实,依据《医疗机构管理条例》(1994年版)第44条和《医疗机构管理条例实施细则》(1994年版)第77条第3项的规定,于2015年12月4日对阮甲作出某卫医罚决字(2015)48号行政处罚决定书,决定责令阮甲立即停止执业活动,并予以没收某医证保决字20151126-01号证据先行登记保存决定书中所控药品和罚款人民币3000元的行政处罚。2016年1月16日,徐甲向C县人民政府提出行政复议申请,要求依法责令C县卫生主管机关履行法定职责。C县人民政府于2016年3月21日作出某复字(2016)12号复议决定,以C县卫生主管机关已履行了法定职责为由,驳回了徐甲的行政复议申请。

徐甲不服,提起行政诉讼。

一审各方意见

原告意见(徐甲)

阮甲在C县某镇南北大街东侧开设一诊所,该诊所未取得医疗机构执业许可证,阮甲宣传吃其诊所开具的药物可以生男孩,徐甲听信其宣传,于2015年3月7日至4月11日两次到阮甲诊所,阮甲给其两次共开了六服中药,其服用后流产,产生医疗费近10万元。徐甲于2015年11月16日向C县卫生主管机关提出履行法定职责及处罚申请,并要求对其伤情依法委托鉴定部门进行鉴定,对阮甲非法行医造成原告伤害的行为,移交C县公安局按非法行医罪追究其刑事责任。C县卫生主管机关未作出任何答复。徐甲于2016年1月

16日向C县人民政府申请行政复议,C县人民政府未经审查,作出了驳回其申请的行政复议决定。据此,认为C县人民政府存在不履行法定职责的情况,请求判决被告履行法定职责。

徐甲向一审提供的证据有:身份证复印件;行政处罚申请书;某复字(2016)12号驳回行政复议决定;行政复议申请书。证明被诉不履行法定职责行政行为存在。

被告意见(C县人民政府、C县卫生主管机关)

C县卫生主管机关认为已履行了法定职责,请求驳回原告全部诉讼请求。

C县卫生主管机关向一审法院提供的证据、依据有:现场检查笔录;对阮甲的询问笔录;C县公安局D派出所对徐甲的询问笔录;C县公安局D派出所对阮甲的询问笔录;徐甲的身份复印件;C县卫生主管机关执法人员对徐甲的询问笔录。上述证据证明其履行了对阮甲非法行医行为进行行政处罚的法定职责。

案件受理记录;徐甲的行政处罚申请表;投诉情况登记表;立案报告;卫生监督意见书;证据先行登记保存决定书;调查终结报告;合议记录;行政处罚案件呈批表;行政处罚事先告知书;行政处罚决定书;送达回执;罚款收据;结案报告。上述证据证明其对阮甲作出的处罚决定程序合法。

《医疗机构管理条例》(1994年版)第24条、第44条;《医疗机构管理条例实施细则》(1994年版)第77条第3项;《医疗事故处理条例》第61条;《医疗事故技术鉴定暂行办法》第13条第5项;《行政处罚法》(2009年版)第22条。上述证据证明其对阮甲作出的处罚决定所适用的法律正确,徐甲申请对所谓的伤情鉴定不属于其法定职责。

C县人民政府认为依法履行职责,并向一审法院提供如下证据、依据:行政复议申请书;行政复议受理通知书;行政复议提出答复复书;驳回行政复议决定书。以上证据证明其办理某复字(2016)12号行政复议案件程序合法。

《行政处罚法》(2009年版)第12条、第17条、第23条、第31条;《行政复议法实施条例》第48条。以上证据证明其作出行政复议决定适用法律正确。

一审法院查明

一审法院对证据分析,认定如下:对C县卫生主管机关和C县人民政府提供的证据均予以采信。徐甲提供的证据1、证据2、证据3仅能证明其自然状况及向C县卫生主管机关提出了对阮甲非法行医进行处罚的申请以及C县人民政府作出了行政复议决定书,不能证明C县卫生主管机关不履行法定职责的行政行为存在，对该3份证据的证明目的，不予采信。

一审法院认为

本案争议的焦点是徐甲的诉请事项是否属于C县卫生主管机关的法定职责以及C县卫生主管机关和C县人民政府是否存在不作为行为。《医疗机构管理条例》第24条规定，任何单位或者个人，未取得医疗机构执业许可证，不得开展诊疗活动。该条例第44条规定，违反本条例第24条规定，未取得医疗机构执业许可证擅自执业的，由县级以上人民政府卫生行政部门责令其停止执业活动，没收非法所得和药品、器械，并可以根据情节处以1万元以下的罚款。《医疗事故处理条例》第61条规定，非法行医，造成患者人身损害，不属于医疗事故，触犯刑律的，依法追究刑事责任；有关赔偿，由受害人直接向人民法院提起诉讼。《医疗事故技术鉴定暂行办法》第13条第5项规定，非法行医造成患者身体健康损害的，医学会不予受理医疗事故技术鉴定。

本案中，C县某镇居民阮甲在未取得医疗机构执业许可证的情况下擅自开展诊疗活动，C县卫生主管机关根据上述规定，已经认定了阮甲的行为属非法行医，并对阮甲进行了行政处罚，应视为已经履行了法定职责；徐甲申请C县卫生主管机关依法委托鉴定部门对阮甲非法行医造成其人身伤害的行为进行鉴定及将阮甲以非法行医罪移交C县公安局追究刑事责任，由于其未提供C县卫生主管机关具有对其申请鉴定进行委托鉴定职责的法律依据，也没有提供阮甲非法行医的行为构成犯罪的证据，法院对其诉讼请求不予支持。C县人民政府作出的驳回复议申请的决定，程序合法，亦应支持。

一审法院判决

根据《行政诉讼法》(2014年版)第69条之规定，判决驳回徐甲的诉讼请求。案件受理费50元，由徐甲负担。

原告不服，提起上诉。

二审各方意见

上诉人(一审原告)

C县卫生主管机关对于徐甲的申请，未在法定期限内作出答复，系不履行法定职责；C

县人民政府作为复议机关,未认真审查其复议申请,即作出驳回复议决定也是错误的。一审判决事实不清,请求二审法院撤销一审判决,诉讼费由C县卫生主管机关和C县人民政府负担。

被上诉人(C县卫生主管机关)

其在接到徐甲的行政处罚申请书及相关材料后,已经对阮甲的违法行为给予了行政处罚,其已经履行了法定职责。请求二审法院驳回上诉,维持一审判决。

被上诉人(C县人民政府)

C县卫生主管机关在接到徐甲的行政处罚申请书及相关材料后,已经对阮甲的违法行为给予了行政处罚;县政府以C县卫生主管机关已经履行了法定职责为由驳回徐甲的复议申请决定认定事实清楚,程序合法。请求二审法院驳回上诉,维持一审判决。

二审法院查明

经审查,一审法院对证据的分析与认定符合法律规定,本院予以采信。依据采信的证据,二审查明的事实与一审查明的事实无异。

二审法院认为

本案中,C县卫生主管机关提供的现场检查笔录、对阮甲和徐甲的询问笔录、行政处罚事先告知书、行政处罚决定书、送达回执、罚款收据等证据能够相互印证,足以认定C县某镇居民阮甲在未取得医疗机构执业许可证的情况下擅自开展诊疗活动,C县卫生主管机关已经认定了阮甲的行为属于非法行医,并对阮甲进行了行政处罚的事实。因阮甲的行为系非法行医,C县卫生主管机关无对该医疗纠纷组织鉴定的法定职责,同时徐甲未提供阮甲非法行医的行为构成犯罪的证据,C县卫生主管机关亦无将阮甲移送司法机关的法律依据。综上,C县卫生主管机关接到徐甲的申请后,已经依法履行了其法定职责,C县人民政府作出的复议决定合法。徐甲的上诉理由不能成立,一审判决驳回其诉讼请求正确,应予维持。

二审法院判决

依照《行政诉讼法》(2014年版)第89条第1款第1项的规定,判决如下:驳回上诉,维持原判。

二审案件受理费50元,由上诉人徐甲负担。

本判决为终审判决。

各方意见

监管方意见

温国明　广东省卫生监督所　副所长

本案件中，C县卫生主管机关认定阮甲的行为为非法行医，并作出行政处罚，已履行法定职责；根据《医疗事故技术鉴定暂行办法》第13条第5项的规定，徐甲身体受损不构成医疗事故，也就无医疗事故技术鉴定一说；C县人民政府驳回徐甲复议，程序合法。一审、二审判决，事实清晰，适用法律法规正确。

但我认为，C县卫生主管机关在量罚上存在问题。结合案情可知，阮甲在非法行医过程中，致使徐甲流产，并造成徐甲近10万元的巨额损失，人财两失。C县卫生主管机关根据《医疗机构管理条例》（1994年版）第44条和《医疗机构管理条例实施细则》（1994年版）第77条第3项的规定，决定责令阮甲立即停止执业活动，并予以没收某医证保决字20151126-01号证据先行登记保存决定书中所控药品和罚款人民币3000元的行政处罚。

我认为，处罚项目中未提及非法所得的处置，并且罚款数额较低，对于上诉人所受到的人财损失，应顶格罚款。此外，阮甲宣传吃其开具的药物可以生男孩，涉嫌虚假夸大宣传，依法也应当进行查处。

律师意见

欧阳兵　岭南律师事务所　律师

行政法理论中的“法无明文规定不可为”是指法律法规没有明文规定的，行政机关是不能作出处罚的，若没有明确的法律依据，行政机关作出了处罚，属于违法处罚行为。行政处罚的种类及行政处罚的范围均须法律法规明确规定。根据《行政处罚法》（2009年版）的规定及立法精神，我国现时行政处罚大致可分四类：（1）警告类的申诫罚；（2）罚款、没收违法所得财物的财产罚；（3）责令停产停业、暂扣吊销许可证、执照等；（4）行政拘留。

本案中，C县卫生主管机关应徐甲的申请根据《医疗机构管理条例》（1994年版）第24条、第44条之规定，对阮甲作出责令停止执业、没收药品、罚款3000元的处罚，在处罚范围及处罚标准上并不违反上位法之规定，属于已履行行政职责。

关于本案中徐甲要求追究阮甲的刑事责任，则并不属于C县卫生主管机关的法定职责范围。徐甲若有涉及刑事方面的证据,可向公安机关提出控告,或向人民法院提起自诉。当然,C县卫生主管机关、C县卫生主管机关在履职过程中,对调查中或者处理中反映存在涉嫌犯罪问题的情况,可以依法进一步查证或者向有关部门移交。

付洪林　广州铁路运输中级人民法院　原法官

本案中,阮甲未取得执业许可即擅自开设诊所违法从事医疗活动,C县卫生主管机关接到徐甲投诉举报后,即对阮甲进行了查处,已经履行了法定职责。医疗事故系指合法医疗单位在正常开展医疗活动过程中因技术等原因造成患者伤害的情形,非法行医造成伤害并不符合医疗事故构成的基础要件,医疗鉴定机构也不受理因非法行医造成的"医疗事故"技术鉴定。至于非法行医造成的患者伤害,当事人应循民事途径解决损害赔偿问题。原审判决正确,但是如果能进一步为徐甲释明维权路径,则更为理想。

本案启示

持续完善法律衔接是形成与提升法律合力的不二选择

宋儒亮　法治广东研究中心、《中国医学论坛报》第二届医事法学理事会理事长、广东省医学会医事法学分会主任

在实践中,可以追究法律责任与实施追究法律责任并不一样,这面临如何知行合一的问题。一定意义上,实施追究法律责任的难度,并不亚于可以追究法律责任。难在哪里?法规规定之间如何有序衔接?

我们知道,不同法律规定之间的衔接,比如责任的衔接,既是实务中的一个难点,也是全面深化改革的要攻克的一个要点。《中共中央关于全面深化改革若干重大问题的决定》提出:"完善行政执法程序,规范执法自由裁量权,加强对行政执法的监督,全面落实行政执法责任制和执法经费由财政保障制度,做到严格规范公正文明执法。完善行政执法与刑事司法衔接机制。"

法律衔接问题,总体而言,首先是程序问题。众所周知,对每一类法律责任的追究,目前无论在理论研究还是实务操作上都比较丰富,但是,对不同法律——宪法、刑事、行政和民事——之间的衔接问题,目前无论在理论研究还是实务操作上都是比较薄弱的。究其根源,法律衔接,本质上是一个需要站在法治建设高度,通过程序,统筹谋划以实现法治价值

的问题，其中的关键在于程序的衔接，这其中，“完善”二字的践行，是推进诸如“行政执法与刑事司法衔接机制”等难题的要害所在，也是化解当前诸如“行政执法与刑事司法衔接”面临问题当有的一种积极态度、方式和对策。

毋庸讳言，“完善”，是一个久久为功的事情。就法律衔接，以下这些内容，是进展推进中的一种完善，值得认真对待。

一、优先：民事责任的承担，重在优先

法律衔接，其中的责任排序问题，尤为紧要。在这方面，我们有了很好的制度规定，并且已在新中国第一步法典——《民法典》中得到落实。《民法典》第187条规定：“民事主体因同一行为应当承担民事责任、行政责任和刑事责任的，承担行政责任或者刑事责任不影响承担民事责任；民事主体的财产不足以支付的，优先用于承担民事责任。”

这个规定的背后，重点体现了三方面的认识。

一是，贯彻落实了宪法有关尊重和保障人权的理念和精神。人权，是最大的权益，包括但不限于生命权、身体权和健康权等。这些权益的保护，是法律头等大事。因此，如此规定，就是宪法承诺在法律实施上的生动体现。

二是，体现了民事责任的承担具有独立性，也即民事责任的承担不会被刑事责任、行政责任的承担所吸收、稀释。这是民法具有独立品格的制度保障。

三是，体现了民事主体在财产责任承担上享有优先保障权。如此规定，让民事主体的财产权益的实现更有保障。

二、细化：行政执法与刑事司法的衔接，重在有效

法律衔接，属于法律监督的领域和范畴，目的是期望通过宪法法律的实施、监督和解释活动，实现法律作用和价值。要搞好法律衔接问题，并不容易。以推进行政执法和刑事司法衔接为例，以下内容的掌握，对推进法律衔接，更具有突破和示范意义。

第一，知晓法规依据。这方面的法规依据比较繁多，如《人民检察院组织法》《行政处罚法》《刑事诉讼法》等。究其实务运用，重点理解和把握好这两个规定：一是《行政执法机关移送涉嫌犯罪案件的规定》；二是《最高人民检察院关于推进行政执法与刑事司法衔接工作的规定》。

第二，明确责任主体。《最高人民检察院关于推进行政执法与刑事司法衔接工作的规定》第2条规定：“人民检察院开展行政执法与刑事司法衔接工作，应当严格依法、准确及时，加强与监察机关、公安机关、司法行政机关和行政执法机关的协调配合，确保行政执法与刑事司法有效衔接。"第6条规定:"对于行政执法机关应当依法移送涉嫌犯罪案件而不移送,或者公安机关应当立案侦查而不立案侦查的举报,属于本院管辖且符合受理条件的,人民检察院应当受理并进行审查。"

第三,清楚审查重点。《行政执法机关移送涉嫌犯罪案件的规定》第3条规定:"行政执法机关在依法查处违法行为过程中,发现违法事实涉及的金额、违法事实的情节、违法事实造成的后果等,根据刑法关于破坏社会主义市场经济秩序罪、妨害社会管理秩序罪等罪的规定和最高人民法院、最高人民检察院关于破坏社会主义市场经济秩序罪、妨害社会管理秩序罪等罪的司法解释以及最高人民检察院、公安部关于经济犯罪案件的追诉标准等规定,涉嫌构成犯罪,依法需要追究刑事责任的,必须依照本规定向公安机关移送。知识产权领域的违法案件,行政执法机关根据调查收集的证据和查明的案件事实,认为存在犯罪的合理嫌疑,需要公安机关采取措施进一步获取证据以判断是否达到刑事案件立案追诉标准的,应当向公安机关移送。"第4条规定:"行政执法机关在查处违法行为过程中,必须妥善保存所收集的与违法行为有关的证据。行政执法机关对查获的涉案物品,应当如实填写涉案物品清单,并按照国家有关规定予以处理。对易腐烂、变质等不宜或者不易保管的涉案物品,应当采取必要措施,留取证据;对需要进行检验、鉴定的涉案物品,应当由法定检验、鉴定机构进行检验、鉴定,并出具检验报告或者鉴定结论。"《最高人民检察院关于推进行政执法与刑事司法衔接工作的规定》第4条规定:"人民检察院依法履行职责时,应当注意审查是否存在行政执法机关对涉嫌犯罪案件应当移送公安机关立案侦查而不移送,或者公安机关对行政执法机关移送的涉嫌犯罪案件应当立案侦查而不立案侦查的情形。"

第四,提出检察建议。《最高人民检察院关于推进行政执法与刑事司法衔接工作的规定》第14条规定:"人民检察院应当定期向有关单位通报开展行政执法与刑事司法衔接工作的情况。发现存在需要完善工作机制等问题的,可以征求被建议单位的意见,依法提出检察建议。"

第五,移送监察机关处理。《最高人民检察院关于推进行政执法与刑事司法衔接工作的规定》第12条规定:"人民检察院发现行政执法人员涉嫌职务违法、犯罪的,应当将案件线索移送监察机关处理。"

第六,提出解决方案。《最高人民检察院关于推进行政执法与刑事司法衔接工作的规定》第15条规定:"人民检察院根据工作需要,可以会同有关单位研究分析行政执法与刑事司法衔接工作中的问题,提出解决方案。"

显然,上述这些内容,只是推进行政执法和刑事司法有效衔接的一些规定,“完善”中的一些进展。伴随法治的进步,更多细化的规定还会源源不断,推陈出新。

三、参与:以衔接之手共建法律合力,重在参与

法律衔接,是法律实施最后一公里、一米的问题,打通是目的,完善是关键。健全行政执法与刑事司法衔接工作机制,就要运用《最高人民检察院关于推进行政执法与刑事司法衔接工作的规定》,这是推进这方面工作的抓手之一;同时,要运用好《行政执法机关移送涉嫌犯罪案件的规定》,这也是抓手之一。

类似这样的工作抓手越多,法律衔接工作就越完善,越到位,随之,法律实施工作,就越畅通,最终的效果就是,法律的整体合力就越大。但这还不是全部,推进治理现代化建设,需要有法律合力,这其中,社会参与,是不可或缺的一环,也是非常重要的力量。对于这方面,《行政执法机关移送涉嫌犯罪案件的规定》提供了机会,其第 14 条规定:“行政执法机关移送涉嫌犯罪案件,应当接受人民检察院和监察机关依法实施的监督。任何单位和个人对行政执法机关违反本规定,应当向公安机关移送涉嫌犯罪案件而不移送的,有权向人民检察院、监察机关或者上级行政执法机关举报。”

回到本案,因案件发生的时间比较早,上述提到的工作抓手当时并没有,这是历史,不能过多苛求。但要强调的是,即便在当时,宪法、相关法律早就有了,宪法法律的实施、监督和解释机制也有了,这些都是“完善”的途径、“打通”的抓手,为什么这些相关职能部门就不能充分利用这些“完善”的途径、“打通”的抓手,通过衔接,让法律障碍变为通途呢?显然,“完善”还需要强调有担当、有使命。

对于这方面,制度又有了“完善”,比如,“谁执法、谁普法”机制。我们有理由相信,用好这个机制,讲好法律故事,抓好法律衔接,为当事人释明维权途径,既是进一步完善法律衔接工作的有力举措,也是进一步落实与提升法律合力的不二选择。

行政机关直接认定医疗事故，提升的效率与期待的公平之间该如何统筹兼顾好?

宋儒亮　温国明　付洪林　欧阳兵　李　立　宋立志　廖思源

案情简介

徐甲于2016年3月21日向市卫生主管机关提交医疗事故判定申请书，申请对徐甲与甲医院之间的医疗纠纷直接判定医疗事故。市卫生主管机关于2016年4月5日作出《关于患者徐甲申请行政判定医疗事故的答复意见》，答复徐甲根据《医疗事故处理条例》第36条有关规定和《卫生部关于医疗机构不配合医疗事故技术鉴定所应承担的责任的批复》(现已失效)、《卫生部关于卫生行政部门是否有权直接判定医疗事故的批复》(现已失效)，一是因徐甲与甲医院纠纷复杂，涉及医疗专业技术问题，需要进行医疗事故技术鉴定，行政部门不能进行直接判定；二是医疗机构不如实提供相关材料、不配合相关调查，导致医疗事故技术鉴定不能进行的，卫生行政部门才能进行判定，因徐甲没有进行医疗事故技术鉴定，不存在鉴定不能进行的情况，所以市卫生主管机关不能对此医疗纠纷进行行政判定。

徐甲不服该答复意见，于2016年6月2日向市政府申请行政复议，市政府于2016年7月28日作出某府复字(2016)452号行政复议决定书，复议机关认为根据《医疗事故处理条例》第36条、第14条的规定，徐甲情况不属于重大医疗过失行为，不属于第36条所述卫生行政部门有权判定的医疗事故之列。根据《医疗事故技术鉴定暂行办法》第36条的规定，即便是徐甲所说的医生、护士严重不负责任的行为导致责任事故，也应当依法进行医疗事故技术鉴定，以确认责任程度及其他相关事宜。又因迟迟未予鉴定，故不能判定甲医院不配合鉴定或存在其他鉴定不能进行的情况。综上所述，市卫生主管机关作出的《关于患者徐甲申请行政判定医疗事故的答复意见》事实及法律依据充分。根据《行政复议法》(2009年版)第28条第1款第1项之规定，复议决定维持市卫生主管机关作出的《关于患者徐甲申请行政判定医疗事故的答复意见》。徐甲不服向法院提起行政诉讼，请求判令撤销市卫生主管机关作出的《关于患者徐甲申请行政判定医疗事故的答复意见》及市政府作出的某府复字[2016]452号行政复议决定书,并责令二被告重新作出行政行为,案件受理费由二被告承担。

一审各方意见

原告意见(徐甲)

撤销市卫生主管机关作出的《关于患者徐甲申请行政判定医疗事故的答复意见》及市政府作出的某府复字(2016)452号行政复议决定书。判令被告作出行政判定医疗事故。

被告意见(市卫生主管机关)

我方作出的《关于患者徐甲申请行政判定医疗事故的答复意见》事实清楚,程序合法,不存在任何过错,请求法院依法驳回对我方的诉讼请求。

被告意见(市人民政府)

我方作出的某府复字(2016)452号行政复议决定书事实清楚,程序合法,不存在任何过错,请求法院依法驳回对我方的诉讼请求。

一审法院认为

徐甲向市卫生主管机关提出医疗事故判定申请,申请被告市卫生主管机关对其与甲医院之间的医疗纠纷直接判定医疗事故,因被告市卫生主管机关已根据《医疗事故处理条例》第36条相关规定、《卫生部关于医疗机构不配合医疗事故技术鉴定所应承担的责任的批复》(现已失效)、《卫生部关于卫生行政部门是否有权直接判定医疗事故的批复》(现已失效)对此作出了答复意见,故被告市卫生主管机关已履行了法定职责,其答复原告徐甲不能对该医疗纠纷进行行政判定的行政行为符合相关规定。被告市政府行政复议的程序合法,复议决定维持的事实清楚、依据充分、适用法律正确。

一审法院判决

原告徐甲请求撤销市卫生主管机关作出的《关于患者徐甲申请行政判定医疗事故的答复意见》及市政府作出的某府复字(2016)452号行政复议决定书无事实及法律依据,驳回原告的全部诉讼请求。

一审判决后,徐甲不服提起上诉。

二审各方意见

上诉人(一审原告)意见

上诉人徐甲不服原审判决,向本院上诉称:(1)事实经过。上诉人因肛周脓肿于2012年9月17日到甲医院住院手术,出院后一直流脓流血。此后,由于伤口遗留碘酒棉球,上诉人于2013年5月14日、7月29日、9月7日、11月18日、12月5日分别做了五次手术。之后由于碘酒棉球在伤口里严重感染,上诉人又先后做了两次手术。经上诉人查证,参与手术的医生周某没有行医资质,医院对病历进行了篡改。上诉人为解决上述医疗纠纷,到A省卫生和计划生育委员会处投诉,该单位将本案转到被上诉人市卫生主管机关处。被上诉人市卫生主管机关现答复不予受理。

(2)上诉人认为被上诉人市卫生主管机关作出的答复意见认定事实不清。被上诉人市卫生主管机关调查的病历中有缺失材料,其依据不真实、不完整的病历作出的答复违法。被上诉人市卫生主管机关称上诉人坚持不做任何鉴定与事实不符。上诉人要求被上诉人市卫生主管机关对病历的真实性、客观性作认定,被上诉人市卫生主管机关不正面回答,却以上诉人不做鉴定为由作出答复,与事实不符。

(3)原审法院对上诉人递交的证据没有采信,对医院伪造、篡改、隐匿病历及碘酒棉球故意塞体的事实没有作为判决的依据,原审判决认定事实错误。

(4)原审法院审判程序违法。人民陪审员未出示有效证件,书记员未出示相应的"学历""专业技能""聘任合同"等相关证明,审判长亦未出示相关证件证明其合法身份。另外,人民陪审员整个庭审未发表意见及阅卷,未履行陪审职责。书记员庭审记录不全面,事后拒绝复制笔录。审判长存在未追加与本案有利害关系的第三人、未依职权调取涉案的全部证据、未建议行政首长出庭等违法行为,并且拒绝上诉人提出被上诉人行政首长出庭的申请,强行进行下一个程序。审判长庭后拒收上诉人提交的新证据及补充本案争议焦点。本案原审法院没有当庭宣判或依法发传票通知公开宣判。综上,原审判决程序违法,应予撤销。

(5)二被上诉人行政首长未出庭应诉违法。原审法院应当提出司法建议。综上,请求二审法院撤销原审判决,裁定发回重审或改判;撤销被上诉人市卫生主管机关作出的《关于患者徐甲申请行政判定医疗事实的答复意见》;责令被上诉人市卫生主管机关重新作出医疗事故判定;撤销被上诉人市政府行政复议决定;责令被上诉人市政府重新作出行政复议决定。

被上诉人(市卫生主管机关)意见

一审法院事实认定清楚,法律适用正确,请求维持一审判决。

被上诉人(市人民政府)意见

一审法院事实认定清楚,法律适用正确,请求维持一审判决。

二审法院认为

本院经审理查明的事实与原审判决认定的事实一致,本院予以确认。

本院认为:(1)《医疗事故处理条例》第20条规定,"卫生行政部门接到医疗机构关于重大医疗过失行为的报告或者医疗事故争议当事人要求处理医疗事故争议的申请后,对需要进行医疗事故技术鉴定的,应当交由负责医疗事故技术鉴定工作的医学会组织鉴定……"第39条第1款规定:"卫生行政部门应当自收到医疗事故争议处理申请之日起10日内进行审查,作出是否受理的决定。对符合本条例规定,予以受理,需要进行医疗事故技术鉴定的,应当自作出受理决定之日起5日内将有关材料交由负责医疗事故技术鉴定工作的医学会组织鉴定并书面通知申请人;对不符合本条例规定,不予受理的,应当书面通知申请人并说明理由。"根据上述条款规定,卫生行政部门有权对医疗事故进行判定,同时有权认定申请判定的医疗事故是否应当进行医疗事故技术鉴定。根据《卫生部关于卫生行政部门是否有权直接判定医疗事故的批复》(现已失效)规定的"根据《医疗事故处理条例》第二十条、第三十六条等有关规定,对不需要进行医疗事故技术鉴定的或者医疗机构不如实提供相关材料、不配合相关调查,导致医疗事故技术鉴定不能进行的,卫生行政部门可以依据调查结果对医疗事故争议进行直接判定",卫生行政部门有权对医疗事故纠纷直接进行判定,但前提条件一是认定不需要进行医疗事故技术鉴定的,二是医疗机构不如实提供相关材料、不配合调查导致医疗事故技术鉴定不能进行的。本案被上诉人市卫生主管机关收到上诉人徐甲直接判定申请后,认为本案应当进行医疗事故技术鉴定,故不符合直接判定的前提条件。据此,被上诉人市卫生主管机关对上诉人徐甲申请对其与甲医院之间的医疗纠纷不予直接判定的答复并无不当。被上诉人市政府作为行政复议机关,按照法律法规的规定受理、审查该行政复议案件,作出并送达了行政复议决定,符合法定程序。上诉人徐甲应当在被上诉人市卫生主管机关认定本案应当进行医疗技术鉴定后,积极配合鉴定工作,以尽快解决其医疗纠纷。(2)上诉人要求人民陪审员出示有效证件,要求书记员出示相应"学历"证明等请求属无理要求。原审法院庭审程序合法。综上,原审判决认定事实清楚,适用法律、法规正确。上诉人徐甲的上诉理由不能成立,其上诉请求本院不予支持。

二审法院判决

依照《行政诉讼法》第86条、第89条第1款第1项之规定，判决如下：驳回上诉，维持原判。

二审案件受理费50元，由上诉人徐甲负担。

本判决为终审判决。

各方意见

监管方意见

温国明　广东省卫生监督所　副所长

上诉人徐甲于2012～2013年，因在甲医院处理其肛周脓肿时遗留碘酒棉球严重感染，导致多次手术。2016年3月21日才向市卫生主管机关提交医疗事故判定申请书。

市卫生主管机关作出《关于患者徐甲申请行政判定医疗事故的答复意见》，所依据的法律法规适当。根据《医疗事故处理条例》第20条、第36条、第14条，《卫生部关于医疗机构不配合医疗事故技术鉴定所应承担的责任的批复》和《卫生部关于卫生行政部门是否有权直接判定医疗事故的批复》，卫生行政部门虽有权直接判令医疗事故，但需有前提：一是认定不需要进行医疗事故技术鉴定的；二是医疗机构不如实提供相关材料、不配合调查导致医疗事故技术鉴定不能进行的；三是卫生行政部门接到医疗机构关于重大医疗过失行为的报告的。该医疗纠纷并无以上三种前提，被上诉人市卫生主管机关认为本案应当进行医疗事故技术鉴定，故不符合直接判定的前提条件。此答复并无不当。被上诉人市政府行政复议的程序合法。上诉人徐甲应当在被上诉人市卫生主管机关认定本案应当进行医疗技术鉴定后，积极配合鉴定，以尽快解决其医疗纠纷。

对于上诉人提及的参与手术的医生周某没有行医资质，医院对病历进行了篡改等问题，卫生行政部门应该进行核查，保留相关核查资料，并书面或口头答复上诉人。

律师意见

欧阳兵　岭南律师事务所　主任

职能法定是行政法的重要原则，即有法律法规明确规定属于行政机关的职责，不能不作为，没有法律法规明确规定的，行政机关不能乱作为。本案中，被告有权对医疗事故纠纷直接进行判定依法必须满足两个条件，一是认定不需要进行医疗事故技术鉴定的，二是医疗机构不如实提供相关材料、不配合调查导致医疗事故技术鉴定不能进行的。在本案中上述两条件未能成就,不符合直接判定医疗事故纠纷的前提条件。被告一、被告二作出的答复及复议决定已履行其法定职责,也符合正当程序原则。

本案在历经了信访、行政复议、行政诉讼一审、二审,仍未能实现原告的目标,原告也因此付出了相当的时间和诉讼成本。原告可以先申请医疗事故技术鉴定,而不是纠结于要求卫生部门直接对其医疗纠纷的直按判定,从而浪费诉讼时间和诉讼成本。

李立　广东广信君达律师事务所　高级合伙人

廖思原　广东广信君达律师事务所　实习律师

本案原告认为,存在"审判长未建议行政首长出庭"等问题。行政诉讼负责人出庭制有哪些考虑和要求呢?我们也认为:行政诉讼案件中要求行政机关的首长或直接负责人出庭应诉,是为了保障司法公正和当事人的权利,缓和行政机关与相对人的矛盾,推动行政案件纠纷的化解,提高行政机关法治意识,确保司法程序的公正和正常进行。

具体要求也很多,比如,《行政诉讼法》第3条第3款规定:"被诉行政机关负责人应当出庭应诉。不能出庭的,应当委托行政机关相应的工作人员出庭。"《最高人民法院关于行政机关负责人出庭应诉若干问题的规定》第8条规定:"有下列情形之一的,属于行政诉讼法第三条第三款规定的行政机关负责人不能出庭的情形:(一)不可抗力;(二)意外事件;(三)需要履行他人不能代替的公务;(四)无法出庭的其他正当事由。"《最高人民法院关于行政机关负责人出庭应诉若干问题的规定》第4条第1款规定:"对于涉及食品药品安全、生态环境和资源保护、公共卫生安全等重大公共利益,社会高度关注或者可能引发群体性事件等的案件,人民法院应当通知行政机关负责人出庭应诉。"《最高人民法院关于行政机关负责人出庭应诉若干问题的规定》第13条第1款规定:"当事人对行政机关具有本规定第十二条第一款情形提出异议的,人民法院可以在庭审笔录中载明,不影响案件的正常审理。"

其中,关于出庭应诉,再重点强调的是:一是主动出庭。行政诉讼中行政机关负责人出庭是法定义务,因此,主动出庭,当是常态,不出庭则是例外。二是通知出庭。对涉及食品药品安全、生态环境和资源保护、公共卫生安全等重大公共利益,社会高度关注或者可能引发群体性事件等的案件,依法应通知行政负责人出庭。据此,通知出庭,是特别情况。三是新形态。行政负责人出庭,与行政相对人在法治轨道上化解争议纠纷,是法治社会改善、增强和密切"干群关系"的一种法治新形态。

结合本案,鉴于行政负责人出庭的上述这些规定,本案行政负责人没有出庭,虽不违法,但是从政治效果、法律效果和社会效果而言,如果本案行政负责人出庭应诉,对及时、彻底和有效化解双方争议是大有裨益的。

宋立志　广东广信君达律师事务所　律师

本案的争议焦点为卫生行政部门能否直接认定医疗事故。

结合《医疗事故处理条例》等规定,卫生行政部门是可以直接判断是否属于医疗事故的,但是有前提条件。一是不需要进行医疗事故鉴定。《医疗事故处理条例(案例应用版)》一书指出不需要进行医疗事故鉴定的必须同时具备以下四个条件:(1)医患双方对争议的事实认识一致,共同认可医疗争议事件为某一等级的医疗事故;(2)造成医疗事故的医疗过失行为明晰,损害后果简单确切,无须技术鉴定;(3)卫生行政部门经审查认为双方协商认定的医疗事故和等级符合《医疗事故处理条例》和卫生行政部门的有关规定;(4)当事人不要求卫生行政部门针对该争议作出任何具体行政行为或者只请求卫生行政部门就争议赔偿数额进行调解。上述条件提出的目的是案结事了。

二是医疗机构不如实提供相关材料、不配合相关调查,导致医疗事故技术鉴定不能进行的,卫生行政部门可以依据调查结果对医疗事故争议进行直接判定。该规定是倒逼医疗机构要配合调查,不得隐匿资料、拒绝配合调查,这能够有效保障医疗秩序、医患权利。

法官意见

付洪林　广州铁路运输中级人民法院　原法官

本案上诉人徐甲确有可同情之处,但其维权选择却有待商榷。对于患者所主张的医疗伤害是否足以直接判定构成医疗事故,既有《医疗事故处理条例》第 20 条规定的法定情形,亦有卫生行政机关依主观判断作出裁量的情形,患方并没有认定可以直接判定构成医疗事故的程序权利。换言之,只有行政机关认为具备鉴定条件并且需要鉴定的,才应当进行专业的医疗事故技术鉴定。徐甲作为患方,坚持要求卫生行政管理机关不进行医疗事故鉴定而直接判定构成医疗事故,理由不充分,终审判决不予支持其诉求是正确的。

本案启示

修补直接判定与转由鉴定程序更高质量推进医疗事故之判定

宋儒亮　法治广东研究中心、《中国医学论坛报》第二届医事法学理事会理事长、广东省医学会医事法学分会前任主任

当面对《医疗事故处理条例》与存在争议的医疗事故时,医事法学工作者当有一份危

机感与紧迫感,那就是更期待早日把医疗事故判定的程序修改与完善提到立法日程之内,更期望通过程序的完善让程序正义来更好衡平医疗事故判定上当有的公平与效率。

基于行政监管和法律责任衔接等关键需要,《医疗事故处理条例》仍在适用;医疗事故本身仍被保留。其中,在"接到医疗机构关于重大医疗过失行为的报告或者医疗事故争议当事人要求处理医疗事故争议的"情形时,究竟是卫生主管机关直接判定还是转由医学会进行医疗事故鉴定再判定,这两种不同的选择之间有什么中间地带,以及进行直接认定在条件、程序和权利义务等方面还有什么说道,需要完善什么程序等,不仅备受立法关注,也更为当前执法、司法和守法所争议。

关于这个事宜,结合《医疗事故条例》,重点论述如下。

一、卫生主管机构直接进行医疗事故判定

卫生主管机构直接进行医疗事故判定有法可依。其中,下列这些条件的满足是基本要求。

第一,医疗机构主动履行重大医疗过失行为的报告职责。

《医疗事故处理条例》第14条第2款规定:"发生下列重大医疗过失行为的,医疗机构应当在12小时内向所在地卫生行政部门报告:(一)导致患者死亡或者可能为二级以上的医疗事故;(二)导致3人以上人身损害后果;(三)国务院卫生行政部门和省、自治区、直辖市人民政府卫生行政部门规定的其他情形。"

这就意味着,"进行报告+发生重大医疗过失行为"是卫生主管机关得以直接进行医疗事故判定的前提条件。不满足这方面的条件,卫生主管机关难以直接进行医疗事故判定。

第二,卫生主管机关在接到报告后当进行的履职活动。

《医疗事故处理条例》第36条规定:"卫生行政部门接到医疗机构关于重大医疗过失行为的报告后,除责令医疗机构及时采取必要的医疗救治措施,防止损害后果扩大外,应当组织调查,判定是否属于医疗事故;对不能判定是否属于医疗事故的,应当依照本条例的有关规定交由负责医疗事故技术鉴定工作的医学会组织鉴定。"

据此,收到重大医疗过失行为报告之后,卫生主管机关须进行下列三方面工作:一是止损。责令医疗机构及时采取必要的医疗救治措施,防止损害后果扩大。二是判定。组织调查,判定是否属于医疗事故。这就意味着,卫生主管机关是有权直接进行医疗事故判定的,当然,这是有上述前提的。三是转交。对不能判定是否属于医疗事故的,应当依照《医疗事故处理条例》的有关规定交由负责医疗事故技术鉴定工作的医学会组织鉴定。《医疗事故处理条例》第24条规定:“医疗事故技术鉴定,由负责组织医疗事故技术鉴定工作的医学会组织专家鉴定组进行。参加医疗事故技术鉴定的相关专业的专家,由医患双方在医学会主持下从专家库中随机抽取。在特殊情况下,医学会根据医疗事故技术鉴定工作的需要,可以组织医患双方在其他医学会建立的专家库中随机抽取相关专业的专家参加鉴定或者函件咨询。符合本条例第二十三条规定条件的医疗卫生专业技术人员和法医有义务受聘进入专家库,并承担医疗事故技术鉴定工作。”

这意味着,“止损”“判定”“转交”是卫生主管机关在直接进行医疗事故判定时的履职表现。

第三,卫生主管机关收到医疗事故技术鉴定书后当有的履职活动。

在履行“止损”“判定”——《医疗事故处理条例》第41条规定:“卫生行政部门收到负责组织医疗事故技术鉴定工作的医学会出具的医疗事故技术鉴定书后,应当对参加鉴定的人员资格和专业类别、鉴定程序进行审核;必要时,可以组织调查,听取医疗事故争议双方当事人的意见。”《医疗事故处理条例》第42条规定:“卫生行政部门经审核,对符合本条例规定作出的医疗事故技术鉴定结论,应当作为对发生医疗事故的医疗机构和医务人员作出行政处理以及进行医疗事故赔偿调解的依据;经审核,发现医疗事故技术鉴定不符合本条例规定的,应当要求重新鉴定。”——职责之后,在收到医学会就不能直接进行医疗事故判定的“重大医疗过失行为的报告”而作出的医疗事故技术鉴定书之后,卫生主管机关根据《医疗事故处理条例》第41条、第42条的规定,应当进行以下工作:一是审核。针对该医疗事故技术鉴定书,卫生主管机关对其中参加鉴定的人员资格和专业类别、鉴定程序进行审核;必要时,可以组织调查,听取医疗事故争议双方当事人的意见。二是认可。针对该医疗事故技术鉴定书,经卫生主管机关审核,对符合《医疗事故处理条例》规定作出的医疗事故技术鉴定结论,作为对发生医疗事故的医疗机构和医务人员作出行政处理以及进行医疗事故赔偿调解的依据。三是否认或者重新鉴定。针对该医疗事故技术鉴定书,经卫生主管机关审核,发现医疗事故技术鉴定不符合《医疗事故处理条例》规定的,应当要求重新鉴定,对医疗事故技术鉴定结论享有是否认可或者重新鉴定的裁定权。

这意味着,接到“重大医疗过失行为的报告”之后,究竟是“直接判定”还是“转由医学会进行医疗事故技术鉴定”,卫生行政主管机关享有自由裁量权。而这就为权力可能被滥用提供了土壤条件。

第四,卫生主管机关直接进行医疗事故判定的例外或者特定情形。

对于这方面,主管卫生工作的部委的答复、批复等直接给出了答案。

比如,《卫生部关于医疗机构不配合医疗事故技术鉴定所应承担的责任的批复》规定:"一、医疗机构违反《医疗事故处理条例》的有关规定,不如实提供相关材料或不配合相关调查,导致医疗事故技术鉴定不能进行的,应当承担医疗事故责任。患者向卫生行政部门提出判定医疗事故等级及责任程度请求的,卫生行政部门可以委托医学会按照《医疗事故分级标准(试行)》,对患者人身损害的后果进行等级判定,若二级、三级医疗事故无法判定等级的,按同级甲等定。责任程度按照完全责任判定。二、医疗机构无故不参加随机抽取专家库专家的,由负责组织医疗事故技术鉴定工作的医学会向患者说明情况,经患者同意后,由患者和医学会按照有关规定随机抽取鉴定专家进行鉴定。三、医疗机构有上述情形之一,而对判定或者鉴定结论不服,提出医疗事故技术鉴定或者再次鉴定申请的,卫生行政部门不予受理。"

再如,《卫生部关于卫生行政部门是否有权直接判定医疗事故的批复》规定:"根据《医疗事故处理条例》第二十条、第三十六条等有关规定,对不需要进行医疗事故技术鉴定的或者医疗机构不如实提供相关材料、不配合相关调查,导致医疗事故技术鉴定不能进行的,卫生行政部门可以依据调查结果对医疗事故争议进行直接判定。"

显然,这些答复或者批复,是医疗事故判定必须遵守的规矩,本质上仍是卫生主管机关享有的自由裁量权范畴。

二、卫生主管机构未径直进行医疗事故判定

在不符合《医疗事故处理条例》第 14 条第 2 款之规定的情况下,卫生主管机关不直接进行医疗事故判定,而是转交医学会先进行鉴定,然后再根据鉴定结论情况,依法进行判定。

这可见《医疗事故处理条例》第 20 条,其规定:"卫生行政部门接到医疗机构关于重大医疗过失行为的报告或者医疗事故争议当事人要求处理医疗事故争议的申请后,对需要进行医疗事故技术鉴定的,应当交由负责医疗事故技术鉴定工作的医学会组织鉴定;医患双方协商解决医疗事故争议,需要进行医疗事故技术鉴定的,由双方当事人共同委托负责医疗事故技术鉴定工作的医学会组织鉴定。"

据此,在医疗事故判定问题上,卫生主管机关自由裁量权行使的自由度是很大的,在"直接判定"还是"转鉴定再判定"之间,界限或者边线不清晰,也不明确。这些风险,值得认真对待,并在程序中要予以堵塞并杜绝。

三、完善医疗事故判定事宜的程序思考

众所周知,医疗事故认定是一个专业性、争议性和社会性等都很强的专门工作。要尽快完善卫生主管机关直接医疗事故判定程序,更好推进高质量医疗事故认定,是我们共同的目标。我们知道,从《医疗事故处理条例》立法来看,赋予卫生主管机关直接判定医疗事故的权力,目的是更快捷处理医疗事故争议,但在赋予其直接判定医疗事故权力以提升工作效率的同时,如何在进行判定与进行鉴定事宜上更好衡平效率与公平二者的关系,目前仍存在难题。尽管在这些关键环节——医疗事故判定与医疗事故技术鉴定——设置了诸如"进行报告""发生了重大医疗过失行为的""止损""判定""转交"等程序,但不可否认,在"直接判定"还是"转由鉴定"问题上,卫生主管机关仍享有不受制约的很大的自由裁量权,如何统筹兼顾判定与鉴定上的效率与公平,仍考验着医疗事故认定的公信力。其中,以下问题值得密切注意。

比如,面对"发生了重大医疗过失行为的",若医院不主动报告,或者患方提出报告,此时,卫生主管机关是否接受并直接予以医疗事故判定?如果不行,面对医方和患方的救济,是否存在不公正之追问?

又如,"直接进行判定是或者不是医疗事故"不是容易回答之事。科学回答,不仅要有非常强的专业性,还可能面对学术前瞻性挑战,对此选择"是"或者"不是",判定依据是什么?显然,这就是"不确定性",该如何公正把控,《医疗事故处理条例》并没有直接回答,也缺乏程序性保障。

还如,卫生主管机关作为行政机关,其直接进行医疗事故判定,如何保障科学性、可信任性。在可否鉴定问题上,又有什么证据证明作为行政机关的卫生主管机关要比作为技术鉴定的医学会更有发言权?对此,《医疗事故处理条例》也没有回答。

一言以蔽之,赋予行政机关直接判定医疗事故,背后最大的考验就是如何实现效率与公平的衡平。从实践来看,在医疗事故判定事宜上,《医疗事故处理条例》体现了效率,但如何让权力在法治轨道推进,如何在兼顾公平上找到效率与公平的衡平点,仍存在很大的问题。对于这些问题,《医疗事故处理条例》既没有给出具有程序规范意义的指引,也没有给出让人信赖的答案。

医疗事故的判定必须实现效率与公平的衡平,其中,完善卫生主管机关直接进行医疗事故认定程序,就是推进高质量医疗事故界定的重点工作。方式上,可以通过对《医疗事故处理条例》进行修法,通过健全完善"直接判定"与"转交医学会鉴定后再判定"之间的衔接程序,以程序公正实现推进高质量的医疗事故判定的目的。

限于当时的医疗水平难以诊疗在医学和法学上该如何解读？

宋儒亮　黎晓燕　李永丰　李建林　李　立　杜　伟　宋立志　甘翌晓

案情简介

2016年5月11日，林某以“右眼眼前有黑影10小时”为主诉，前往甲医院处就诊，诊断为右眼视网膜脱离。

此后林某多次前往甲医院检查就诊，出院时眼部情况视力未见好转。出院后，林某多次前往甲医院处复查。2016年7月22日的光学相干断层扫描（OCT）检查结果显示：右眼黄斑区视网膜神经上皮层全层缺失，裂孔形成，颞侧视网膜变薄，黄斑区外界膜及椭圆体带缺失，视网膜色素上皮层（RPE）不光滑，鼻侧视网膜前见硅油反射面。

为此，林某诉至法院，请求依法判决甲医院承担医疗损害赔偿责任。

一审各方意见

原告意见（林某）

原告认为，被告甲医院不当的诊疗行为导致原告视网膜脱离受损，请求依法确认被告对患者的医疗行为不当、治疗过程存在过错，判决甲医院按90%承担责任比例，向林某赔偿残疾赔偿金203495.22元。

被告意见（甲医院）

甲医院认为，其已跟患者就手术问题进行了沟通，并且即使其存在一定不足，但林某自身的疾病为导致情况发生的主要因素，甲医院即使存在过错也不应超过必要限度。

鉴定意见

一审法院于诉讼过程中接受当事人的申请，经摇珠确定委托乙司法鉴定中心就以下内容做鉴定：(1)甲医院对林某实施的医疗行为是否存在过错；(2)如果存在过错，则其过错与林某损害后果之间是否存在因果关系；(3)若存在因果关系，则其过错对林某损害后果的参与度为多少。

乙司法鉴定中心鉴定组专家分析认为:(1)孔源性视网膜脱离(RRD)是玻璃体和视网膜共同参与的病理过程。根据患者主诉、眼底视网膜灰白色隆起、脱离区存在视网膜裂孔,诊断孔源性视网膜脱离并不困难。根据鉴定材料,被鉴定人林某因“右眼眼前有黑影10小时”于2016年5月11日就诊于甲医院,结合眼底镜下见右眼上方视网膜脱离5~6PD,黄斑中心凹反光存在的结果,以及第2天复查眼底镜下见右眼眼底颞上方有裂孔,医方诊断右眼视网膜孔源性裂孔符合诊疗常规。同月13日行光学相干断层扫描检查,证实右眼颞上视网膜裂孔存在。

(2)术前应对病人做全身检查,在手术前,术者应尽力明确以下五点,以便做到心中有数:①诊断;②全部裂孔;③玻璃体视网膜牵拉;④眼部并发疾病;⑤全身并发疾病。迄今为止,Gonin手术原则仍被人们所公认,即首先必须找到并封闭所有裂孔,这是视网膜复位的关键。根据鉴定材料,医方在2016年5月12日眼底镜下见被鉴定人林某右眼眼底颞上方裂孔并确诊右眼孔源性视网膜脱离后,建议手术治疗,并开具了相关的术前检查,符合诊疗常规。被鉴定人林某右眼视力于5月11日为0.5,12日为0.5,14日为0.05,25日为0.2,而左眼基本保持在0.8至1.0,说明这几次测量虽有偏差,但是仍算准确,并且2016年5月14日是专门进行的视力检测,因此,本中心认为此次应相对准确。术后被鉴定人视力一直在手动、光感范围,也与术前的这次视力检查结果预后较相符合。从上述连续视力变化来看,被鉴定人右眼应该是进行性的视力下降。关于裂孔位置,2016年5月12日确诊是在右眼“颞上方”,医方的光学相干断层扫描材料也显示5月13日时裂孔位置在视乳头的颞上方,并且视网膜剥离范围波及黄斑附近,描述为颞上方符合诊疗常规。医方在入院体查时,裂孔位置描述为右眼鼻上方的12点钟方向,本中心理解系因个人对于眼底方位理解的差异,但是入院体查右眼视力为0.5,不排除存在视力复查不准确的可能性。

(3)孔源性视网膜脱离应尽早施行视网膜复位术。一般认为有下述情况的视网膜脱离病人,需行紧急手术或尽早手术,否则影响预后:①逼近黄斑部的脱离,或新鲜的黄斑部脱离。因黄斑部脱离24小时后即开始变性,即使复位,对视力预后也影响很大。②上方脱离。此时,视网膜下积液的重力作用使脱离易向下扩展侵及黄斑,特别是马蹄形裂孔和较小的圆孔更具危险性。③进展快的视网膜脱离。④裂孔有视网膜血管桥。⑤明显的玻璃体牵拉及变化,病情进展快,宜及早手术。⑥玻璃体切割术后,并发孔源性视网膜脱离时,由于玻璃体腔均由液体代替,脱离及病情进展特别快,短时间内即可发生全视网膜脱离。根据鉴定材料,被鉴定人林某于2016年5月12日即确诊,术前常规检查在2016年5月14日即完成,在2016年5月30日才进行视网膜复位术。按照医方提供的2016年5月13日的光学相干断层扫描影像材料,视网膜脱离的范围已经逼近了黄斑部,并且被鉴定人是颞上方的脱离,视网膜下积液受到重力的作用,脱离容易扩展波及黄斑部,符合紧急或尽早手术的适应证。依据现有鉴定材料,医方未及时为被鉴定人林某安排手术(亦未见让其转院或其需及时或紧急手术等告知记录),存在过错。

(4)视网膜裂孔有以下几种不同的描述方式:①根据裂孔形态,描述为撕裂孔、萎缩孔或锯齿缘断离。②根据裂孔位置。根据裂孔所在纬度,描述为远周边部、周边部、后极部(多见于黄斑裂孔);根据裂孔所在子午线或象限,描述为颞上、颞下、鼻上、鼻下象限裂孔。③根据裂孔大小,描述为小裂孔、大裂孔(大于3PD)或巨大裂孔(大于等于90°)。④根据裂孔数目,描述为单发裂孔或多发裂孔。这种情况患者应尽早施行视网膜复位术,部分病例可选择巩膜扣带术。直视下行定位、冷凝或光凝封闭全部裂孔,做巩膜外扣带促进视网膜神经上皮与色素上皮的贴附,是最简便、最有效的手术方法。部分病例适于行玻璃体切割术。手术成功率均可达90%以上。视力预后与术前黄斑是否脱离、脱离时间的长短密切相关。黄斑未脱离或脱离1周以内,术后有望恢复较好的视力;黄斑脱离超过1个月,术后视力不易完全恢复。已形成严重增生性玻璃体视网膜病变者或特殊类型的病例,通常选用玻璃体切割术,而且常需要合并眼内长效气体或硅油填充。目前越来越多的学者认为玻璃体对黄斑中心凹在切线方向的牵拉是黄斑裂孔形成的重要原因,而且裂孔的扩大与内界膜表面的肌成纤维细胞收缩有关。因此引入了内界膜剥离术,研究报道也显示在黄斑裂孔视网膜脱离的患者中,联合内界膜剥离的患者其手术成功率更高。玻璃体切除联合玻璃体腔气体填充(联合或不联合内界膜剥离或眼内激光光凝)治疗黄斑裂孔性视网膜脱离,其解剖学复位率为40%~93.5%。玻璃体切除联合玻璃体腔硅油填充术的成功率为72.2%~100%。虽然有些患者能够达到解剖学复位,但是视力的提高并不明显,主要与视网膜脉络膜的萎缩性改变有关;整体来说,黄斑裂孔愈合的患者视力要略好于裂孔未愈合的患者。根据鉴定材料,医方对被鉴定人进行的是“后入路玻璃体切割术+内界膜剥离术+重水置换术+视网膜裂孔激光凝固术+玻璃体腔气液交换术+硅油填充术”,术中见裂孔数量和位置与术前诊断描述一致,为“视网膜鼻上方脱离。视网膜裂孔:1点至2点钟位不规则裂孔”。医方有进行内界膜剥离术、玻璃体切除联合硅油填充术,而内界膜剥离术、玻璃体切除联合硅油填充术是为了减少玻璃体与黄斑牵拉,以提高黄斑部裂孔视网膜复位术成功率的手段,因此,本中心认为医方在术中已见到了黄斑裂孔并进行了相关的治疗。被鉴定人右眼手动、光感定位不准的较差预后佐证了黄斑裂孔的存在。2016 年 7 月 10 日、22 日的光学相干断层扫描检查均提示右眼黄斑区视网膜神经上皮层全层缺失,裂孔形成,颞侧视网膜变薄,也证实黄斑裂孔的存在。结合术前被鉴定人右眼视力进行性下降,最低到 0.05 的病理发展过程,2016 年 5 月 13 日右眼光学相干断层扫描检查结果提示被鉴定人右眼孔源性视网膜裂孔进展至黄斑部的时间大约在 5 月 14 日或稍后。医方于 2016 年 5 月 30 日的手术方式选择,术中操作未见违反诊疗常规之处。但是被鉴定人右眼黄斑脱离至手术间隔远超过 1 周,因此术后无法获得较好的预后。因此,医方存在未及时进行手术和未告知被鉴定人须及时手术,术前检查不够仔细,未就黄斑裂孔这种明显影响预后的情况在术后与患者沟通(鉴定材料中未见相关沟通记录)等过错和不足。其过错与不足损伤了被鉴定人获得更好预后的可能性,故医方的过错和不足与被鉴定人目前右眼损伤后果之间存在因果关系。

2017 年 10 月 30 日,乙司法鉴定中心作出鉴定意见:(1)医方甲医院对被鉴定人林某的诊疗行为中存在过错与不足。(2)医方甲医院对被鉴定人林某诊疗行为的过错和不足之处与被鉴定人林某损害后果之间存在因果关系,原因力为主要因素(过错参与度 61%~90%),建议过错参与度以 65%左右为宜(供法庭参考)。

2017 年 12 月 26 日,乙司法鉴定中心经林某委托,作出鉴定意见:被鉴定人林某右眼视力障碍评定为八级伤残。

一审法院查明

2016 年 5 月 11 日,林某以“右眼眼前有黑影 10 小时”为主诉,前往甲医院处就诊,诊断为右眼视网膜脱离。

2016 年 5 月 12 日,林某以“右眼视力下降伴 1 天”为主诉,继续前往甲医院处就诊,诊断为:(1)右眼孔源性视网膜脱离;(2)左眼视网膜变性,建议手术治疗右眼,左眼行局部视网膜光凝治疗,完善术前检查,测血压,双眼泪道冲洗。

2016 年 5 月 13 日,林某按建议前往甲医院处进行相关检查,B 超检查报告显示:右眼玻璃体腔内见较密集光点,上方球壁前见弧形光带与视乳头相连;左眼玻璃体腔内见较密集光点。超声提示:双眼玻璃体混浊声像;右眼视网膜脱离声像。屈光检查结果报告显示:右眼裸眼 0.05,最佳矫正视力 0.05,左眼裸眼视力 1.0,最佳矫正视力 1.0,备注右眼视力无提高。光学相干断层扫描检查结果显示:右眼视网膜颞上方 11 点左右方向存在裂孔,右眼视网膜脱离已达黄斑区。

2016年5月25日、26日，林某持续前往甲医院处进行相关治疗。

2016年5月30日至31日，林某以“右眼视力下降半月”为主诉，在甲医院处住院治疗。入院诊断为：右眼孔源性视网膜脱离；左眼视网膜变性。入院当日，甲医院为林某行“后入路玻璃体切割术+内界膜剥离术+重水置换术+视网膜裂孔激光凝固术+玻璃体腔气液交换术+硅油填充术”。出院时眼部情况：右眼裸眼视力手动/30cm，矫正视力无提高，眼压正常，结膜充血(+)，角膜未见水肿，防水请、闪辉(-)，瞳孔正常，晶状体透明，玻璃体硅油填充，眼底平伏，激光斑清。

出院后，林某分别于2016年6月1日、27日、28日，7月10日、22日前往甲医院处复查。其中7月10日的光学相干断层扫描检查结果显示：右眼黄斑区视网神经上皮层全层缺失，裂孔形成，颞侧视网膜变薄。7月22日的光学相干断层扫描检查结果显示：右眼黄斑区视网膜神经上皮层全层缺失，裂孔形成，颞侧视网膜变薄，黄斑区外界膜及椭圆体带缺失，视网膜色素上皮层不光滑，鼻侧视网膜前见硅油反射面。

一审法院认为

林某以甲医院在诊疗过程中没有充分履行告知义务，责任心不强，手术过程中在发现仪器有问题的情况下，置林某的人身健康于不顾，对林某造成了不可治疗的伤害为由诉至法院要求甲医院承担赔偿责任。关于甲医院是否存在医疗过错问题，本案审理过程中，经当事人提出申请，受法院委托，乙司法鉴定中心就甲医院对林某所实施的医疗行为作出鉴定意见，结论认为“甲医院对林某的诊疗行为中存在过错与不足，甲医院的过错和不足之处与林某损害后果之间存在因果关系，原因力为主要因素（过错参与度61%~90%），建议过错参与度以65%左右为宜”。鉴于鉴定结论是在法院委托下，由相关医学专家召开了专门听证会及充分分析讨论的情况下作出的，经审查并无不当，因此，法院对该鉴定结论予以采信。现林某要求甲医院承担相应的民事赔偿责任合法有据，法院予以支持。但林某要求甲医院承担90%的赔偿责任依据不足，法院予以调整，确定甲医院应承担65%的赔偿责任。

一审法院判决

甲医院应于判决发生法律效力之日起5日内，一次性赔偿179765.17元给林某。如果未按判决指定的期间履行给付金钱义务，应当依照《民事诉讼法》(2017年版)第253条之规定，加倍支付迟延履行期间的债务利息。本案诉讼费1120元(林某已预付)由林某负担

499 元、甲医院负担 621 元。

一审判决后,甲医院不服,提起上诉。

二审各方意见

上诉人(甲医院)

1. 本案中鉴定人未出庭接受质询,涉案的鉴定意见书依法不能作为认定事实的依据,原审判决采信该鉴定意见并作为判决依据,法律适用错误。

2. 鉴定意见认为甲医院因未能安排一周内进行手术和未告知患者须及时进行手术而存在过错,该认定缺乏诊疗常规规范依据,也未考虑案件实际情况,缺乏事实依据。

3. 鉴定意见认为,甲医院术前检查不够仔细、未就黄斑裂孔在术后与患者沟通等存在过错或不足。该意见缺乏事实和医疗依据。首先,术前检查没有描述黄斑裂孔完全是医疗上常见原因所致。其次,甲医院在术中和术后均与林某进行过口头沟通和说明,并且该行为与林某术后视力恢复不佳之间不存在因果关系。林某术后视力恢复不佳,是其自身疾病所致,与术后是否沟通无关。

4. 鉴定意见认为,甲医院的过错是造成林某目前损害后果的主要因素,该意见混淆了有关医学概念,缺乏基本的医学科学依据和医疗实践的事实依据。视网膜脱离手术的成功是指视网膜解剖复位,而非视力的提高或恢复。鉴定意见混淆了视网膜脱离手术成功率与视力恢复概率的概念,错误地将手术成功等同于视力的恢复和提高。根据眼科权威专著《玻璃体视网膜手术学》,累及黄斑的视网膜脱离患者得到良好视力恢复的可能性本身就不高,林某发生视网膜脱离第二天已累及黄斑,即便能及时获得手术治疗,其视力恢复预期可能性为 20%~37%。因此,甲医院的过错参与度应为 20%~37%。

5. 涉案伤残等级鉴定意见,其视功能检测时机、方法手段存在欠缺,鉴定意见缺乏科学性和客观性,不能作为认定林某八级伤残的事实依据。

6. 涉案鉴定意见不符合实际医疗常规、规范、医学科学及客观事实,明显依据不足,依法应予重新鉴定。甲医院申请重新鉴定于法有据,原审判决不予重新鉴定,程序不当。

被上诉人意见(林某)

涉案医疗损害鉴定意见依据充分,原审判决采纳该鉴定意见并无不当,同意原审判决,请求驳回甲医院的上诉,维持原判。

二审法院查明

原审判决查明事实与本院经审理查明的一致。

甲医院在二审申请医疗损害鉴定及伤残鉴定的鉴定人出庭接受质证，经医患双方同意，本院依法准许。医疗损害鉴定鉴定人乙司法鉴定中心主任法医师，伤残鉴定鉴定人乙司法鉴定中心主任法医师到庭接受质证。鉴定人对各方就医疗损害鉴定提出的问题逐一作了说明，并提交了葛坚、刘奕志主编的《眼科手术学》(第3版)，《同仁眼科诊疗指南》，黎晓新、王景昭主编的《玻璃体视网膜手术学》(第2版)，《同仁玻璃体视网膜手术手册》(第2版)及临床专家会诊意见书对其答复意见作了依据说明。

鉴定人对各方就伤残鉴定提出的问题逐一作了说明。对于医方提出视功能检测时机和方法手段是否科学客观的问题，鉴定人解释称，因为患者术后在医院已有检查结果，患者眼睛所有表现情况已经在诊疗阶段产生并得到了证明，患者的病理基础不可逆，故其采取的检测方法并无不当。

二审法院认为

一审法院根据双方当事人的诉辩、提交的证据对本案事实进行了认定，在此基础上采纳相关鉴定意见依法作出一审判决，依据充分，本院予以确认。本案二审争议焦点在于，涉案鉴定意见应否采纳及医疗过错和过错参与度的认定问题。

1. 关于涉案医疗损害鉴定意见应否采纳的问题。鉴定是鉴定人运用自己所掌握的科学知识和经验对案件中的专门性问题进行科学分析和识别的活动，其目的在于寻求专业人士对案件中的专门性问题进行专业评价，为法官对涉案专业问题作出法律判断提供依据。鉴定意见属于民事诉讼证据，其证明力来自证据的合法性、真实性和关联性。本案一审委托鉴定程序合法。二审中，经双方当事人同意鉴定人也已依法出庭接受质证，对其出具鉴定意见的理由作了解释，并结合相关医学依据对各方的疑问进行了说明。现有医疗损害鉴定意见对涉案诊疗行为在医学上的专业问题已作了必要而又具体的分析和说明，并提供了客观的医学依据，足以为本案判断医方是否构成医疗过错及因果关系是否成立等法律定性问题提供依据，故本院予以采纳。

2. 关于甲医院医疗过错的认定问题。该问题争议要点在于两个方面，一是患者的病情是否属于需尽快手术的情形，二是甲医院对于患者须及时手术有无尽到合理的告知说明。第一个方面，患者视网膜脱离已累及黄斑，根据鉴定人提供的相关医学文献，林某的病情已符合紧急或尽早手术的适应证。因为视网膜脱离黄斑部受累，中心视力将严重下降，故发生视网膜脱离时，应尽快就医，尽快手术，甚至作为急诊处理。视功能的恢复与脱离的范围、黄斑是否受累、脱离的时间等有明确的关系，黄斑脱离在1周内手术和1周后手术相比，视力恢复有显著差异。甲医院上诉主张林某的病情无须紧急手术，无须在1周之内进行手术，称林某实际手术时间（2016年5月30日）并没有超出其疾病的合理等待时间。该主张与林某2016年5月13日视网膜脱离已逼近黄斑部且脱离位置位于颞上方（视网膜下积液受到重力作用，脱离容易扩展波及黄斑部）的病情明显不符，故本院不予采纳。第二个方面，如医疗机构确因医疗资源紧张无法为患者及时提供治疗，则应向患者说明须及时手术的必要性或替代措施。本案中，甲医院主张其已就手术时间安排问题与林某有过口头沟通及告知，但其并未举证证实已向林某说明须及时手术的必要性或替代措施。就一般生活经验而言，如得知病情须尽快手术，患者也不大可能延误手术时机而“死等”特定的医疗机构或医师为其提供治疗。因此，对于甲医院的该项上诉主张，本院亦不予采纳。综上，涉案鉴定意见认为甲医院存在未及时进行手术和未告知患者须及时手术的过错，依据充分，本院予以确认。

3.关于过错参与度的问题。正如甲医院援引的医学文献《玻璃体视网膜手术学》指出，视功能的恢复与视网膜脱离的范围、黄斑是否受累、脱离的时间等有明确的关系，黄斑脱离在1周内手术和1周后手术相比，视力恢复有显著差异。据此，手术的延误与患者视功能可能获得的恢复程度存在密切关联。甲医院上诉主张，林某即使获得手术治疗，其视力恢复预期可能性也应在20%~37%。该主张未考虑手术时间是否及时的因素，缺乏足够的依据，本院不予采纳。本案中，甲医院为林某的手术时间距黄斑脱离远超过1周的时间，是术后无法获得较好预后的主要原因。鉴定意见认为其过错参与度在65%左右，已充分考虑了林某原发病的医疗风险，原审判决据此认定甲医院承担65%的赔偿责任，并无不当，本院予以确认。

4.关于涉案伤残鉴定意见应否采纳的问题。甲医院上诉主张伤残鉴定的视功能检测时机、方法手段存在欠缺，主张应对林某视力伤残情况进行重新鉴定。对此，鉴定人已到庭对其鉴定意见作进一步解释说明。林某术后在医院的几次检查（包括在甲医院的检查），已显示其右眼没有矫正视力且其病理基础不可逆。在此基础上，鉴定人结合鉴定临床检验根据《人体损伤致残程度分级》作出鉴定意见，认定林某右眼视力障碍构成八级伤残，依据充分，故本院予以确认，对甲医院的该项主张不予采纳。

二审法院判决

依照《民事诉讼法》(2017 年版)第 170 条第 1 款第 1 项之规定,判决如下:驳回上诉,维持原判。

本案二审案件受理费 998.8 元,由甲医院负担。鉴定人出庭费用已由甲医院支付,由其自行负担。

本判决为终审判决。

各方意见

医方意见

李建林　中山大学附属第八医院　副院长

杜　伟　中山大学附属第八医院　眼科副教授

1. 手术时机选择存在不足:孔源性视网膜脱离手术属限期手术,一般认为 7~10 天内手术对视力预后影响不大,首诊时医生应与患者明确交代。该患者等待 3 周再行手术确有不妥之处。

2. 病历书写存在缺陷:该院在患者初诊时对视网膜脱离已逼近黄斑有描述,但对其后的连续三次就诊中却对眼底检查及光学相干断层扫描检查是否发现黄斑裂孔并无描述,而这一点对于评估病情和沟通预后至关重要。如果有证据表明在首诊时患者已存在黄斑裂孔,就可以解释患者视力预后差的主要原因是黄斑裂孔而不是延迟手术。

3. 医患沟通存在不足:医生与患者交代病情应在门诊或住院病历里如实全面记录。

鉴定专家意见

李永丰　广东省医学会医鉴办　主任

在医疗纠纷争议诉讼案件中,对于案件材料中涉及的医学领域的专门知识问题,法官不可能全部掌握,医疗损害鉴定意见在该类案件的审判中具有重要的作用,可以帮助法官较为系统、科学、全面地理解和判断案件中所涉及的医学专业问题。鉴定意见属于证据之一,在医疗纠纷责任争议案件的审理中尤为重要。本案在一审判决前委托进行了医疗损害鉴定,鉴定意见作出后,双方当事人对委托鉴定的过程、鉴定程序、鉴定机构及鉴定人资质等无相关异议,但一审过程中对鉴定意见未组织进行质证,根据《民事诉讼法》(2017 年版)第 78 条规定的"当事人对鉴定意见有异议或者人民法院认为鉴定人有必要出庭的,鉴定人应当出庭作证。经人民法院通知,鉴定人拒不出庭作证的,鉴定意见不得作为认定事实的根据;支付鉴定费用的当事人可以要求返还鉴定费用”、《最高人民法院关于审理医疗损害责任纠纷案件适用法律若干问题的解释》(2017 年版)第 13 条规定的“鉴定意见应当经当事人质证。当事人申请鉴定人出庭作证,经人民法院审查同意,或者人民法院认为鉴定人有必要出庭的,应当通知鉴定人出庭作证。双方当事人同意鉴定人通过书面说明、视听传输技术或者视听资料等方式作证的,可以准许。鉴定人因健康原因、自然灾害等不可抗力或者其他正当理由不能按期出庭的,可以延期开庭;经人民法院许可,也可以通过书面说明、视听传输技术或者视听资料等方式作证。无前款规定理由,鉴定人拒绝出庭作证,当事人对鉴定意见又不认可的,对该鉴定意见不予采信”,对鉴定意见的质证是医疗纠纷责任争议案件审判中十分重要的一环,本案一审时采纳了鉴定意见,但未进行庭审质证,当事人据此为由提起上诉。本案二审争议焦点在于,涉案鉴定意见应否采纳及医疗过错和过错参与度的认定问题。二审过程中,完善了鉴定人出庭接受当事人对鉴定意见的质证这一重要步骤。鉴定人出庭接受了质询并对其出具鉴定意见的理由作了解释,并结合相关医学依据对各方的疑问进行了说明。医疗损害鉴定意见对涉案诊疗行为在医学上的专业问题已作了必要而又具体的分析和说明,并提供了客观的医学依据。鉴于此,本案的鉴定程序、鉴定人资质、鉴定意见的作出及质证等均符合相关法律要求,其鉴定意见依法应予以采纳。

在接到医疗损害鉴定委托后,鉴定机构或鉴定人首先应严格遵守并执行法定的鉴定程序包括委托程序、鉴定检材的获得、鉴定人的产生、鉴定过程、鉴定意见的质证等,程序正义方能保障结论合法有效。其次,鉴定人应具备良好的专业和道德操守,认真参照相应的专业准则、规范、常规等,经充分分析论证后作出鉴定意见,确保鉴定意见依据合理、理由充足。至于鉴定意见是否科学、合理、准确,受到鉴定人的专业标准、从业经验、学术观点等影响,不同鉴定人作出的鉴定意见未必一致。但只要确保鉴定程序合法,鉴定结论依据有理,则其鉴定意见应作为合法的证据予以采纳。

律师意见

李立　广东广信君达律师事务所　高级合伙人

要强调的是,面对任何一个医疗活动,我们都可以从情、理、法中任何一个或者二个、三个维度进行不同的阐述与解读,这都允许且司空见惯的,但需要强调的是,一旦进入诉讼领域,如何进行应对就有质的差别了。要知道,诉讼活动是一个强调法为先、为本、为根且具有相对独立性的一项专业活动,有着自身独有的运作规律、法治规则。比如,医方上述所言——“即使甲医院存在一定不足”“甲医院即使存在过错也不应超过必要限度”，从情、理角度，是一种坦诚的表示，值得肯定，但在诉讼活动中，从法角度，除非该表述归属于“调解意义上的表述，是不能作为证明对己不利的证据”，否则，就是自证，而这就是一种“医疗过错”的表现。

宋立志　广东广信君达律师事务所　律师

患者去医院就医，双方形成的是医疗服务合同关系。在该合同关系下，毋庸置疑，合理的诊疗义务、谨慎的注意义务、说明告知义务等就是该医疗服务合同的当然条款。本案中医方抗辩称“林某的病情无须紧急手术，无须在一周之内进行手术，称林某实际手术时间（2016年5月30日）并没有超出其疾病的合理等待时间”，但其并未提供能够自圆其说的证据，根据现有医学指南、规范，其上述答辩显然不能成立，由于其未尽到合理的诊疗和谨慎注意义务，应承担相应的不利后果。同时根据医院抗辩称“甲医院在术中和术后均与林某进行过口头沟通和说明，且该行为与林某术后视力恢复不佳之间不存在因果关系。林某术后视力恢复不佳，是其自身疾病所致，与术后是否沟通无关”，虽然客观事实是患者自身疾病进展所致，但患者就医的目的就是阻止该疾病继续进展或者减缓进展，若医院因客观原因无法及时进行手术，应履行说明告知义务，告知的内容应包括因客观原因无法立刻进行手术而征求患者的意见、该病的情况及可能的后果、无法及时治疗的风险，必要时可指引患者去上级医院治疗等，并让患者签字确认。如若医院提供证据证明履行了上述说明告知义务，患者仍然同意并等待在该医院治疗，则对于医院来说已经履行了合同义务，产生的不利后果应由患者承担，但本案中医院提供的材料并不能自圆其说，所产生的不利后果应由医院承担，法院的判决并无不当。

甘翌晓　广州金鹏律师事务所　律师

本案主要涉及说明告知义务的履行问题。《民法典》第1219条进一步规范了医务人员的告知义务，该条规定：“医务人员在诊疗活动中应当向患者说明病情和医疗措施。需要实施手术、特殊检查、特殊治疗的，医务人员应当及时向患者具体说明医疗风险、替代医疗方案等情况，并取得其明确同意；不能或者不宜向患者说明的，应当向患者的近亲属说明，并取得其明确同意。医务人员未尽到前款义务，造成患者损害的，医疗机构应当承担赔偿责任。”

立法对医务人员在诊疗活动中的说明告知义务作了明确的规定。本案医方答辩称已作口头告知,但在诉讼实践中,口头上的说明告知存在风险,如果医方无法举证证明已履行,则要承担举证不利的后果。

法官意见

黎晓燕　广东省高级人民法院　助理审判员

过错责任原则是医疗损害责任的基本归责原则。患者在诊疗活动中受到损害,医疗机构或者其医务人员有过错的,由医疗机构承担赔偿责任。医务人员存在过错与否,判断的标准是其是否达到了应当达到的注意程度。如果医务人员在诊疗过程中未尽到与当时的医疗水平相应的诊疗义务,则构成过错。本案中,患者右眼黄斑脱离至手术间隔远超过1周,因此术后无法获得较好的预后。医疗机构存在未及时进行手术、未告知患者须及时手术、术前检查不够仔细、未就黄斑裂孔这种明显影响预后的情况在术后与患者沟通等过错和不足。医疗机构的过错与不足损伤了患者获得更好预后的可能性,故其过错和不足与患者右眼损伤后果之间存在因果关系。医疗机构主张已就手术时间安排问题与患者有过口头沟通及告知,涉案医疗损害鉴定意见不能作为认定事实的依据,但医疗机构并未举证证明已向患者说明及时手术的必要性或替代措施,应承担举证不能的不利后果。医疗机构亦没有提供足以反驳鉴定意见的证据和理由,应认定鉴定意见的证明力。一审、二审法院结合本案案件事实和证据,认定医疗机构延误手术时机,导致术后无法获得较好预后,并充分考虑了林某原发病的医疗风险,判决医疗机构承担65%的赔偿责任,处理正确。

本案启示

找到资源、找准条款、找好思路争赢医疗损害赔偿案

宋儒亮　法治广东研究中心主任、《中国医学论坛报》第二届医事法学理事会理事长、广东省医学会医事法学分会前任主任委员

近年来,因眼疾纠纷引发医疗损害赔偿诉讼的案件并不少见,但引起各方极大关注的当属于武汉市中心医院急诊科主任艾某诉武汉爱尔眼科医院医疗损害赔偿纠纷一案。

本案也是一起因眼疾纠纷引发的医疗损害赔偿诉讼案。回顾这起诉讼案,在正式阐述之前,要强调说明一点,就是关于法律适用问题。该判决于2019年5月31日作出,此时《侵权责任法》还在实施之中,《民法典》还未颁布实施,但是,就对应的法条本身内容和精

神而言,《侵权责任法》中有关“医疗损害”部分内容已被整体吸收纳入《民法典》之中,从便于学习及避免不必要混乱等角度,笔者在事后点评涉及的相关法条直接援引《民法典》规定。

无论是哪个专业或者科室,只要归属医疗损害赔偿案,要想赢得诉讼事宜的主动权,那么,从医事法治角度,在已知晓和掌握基本事实的基础上,最考验各方的就是如何运用或者适用当下的法律资源。

其中,就其法律适用而言,以下三步的取舍对诉讼案输赢走向或有决定性意义。

第一招是“尽快找到案件适用的最接近、靠近、贴近的相关法规资源。这考验各方的基本素养和功底”。之所以要使这招,目标就是找准、找对法律关系。有了法律关系,如果知道是医疗损害赔偿法律关系或是医疗服务法律合同法律关系等,那么,就找对了以法治思维化解争议纠纷、应对风险的轨道。

第二招是“尽快找准与案件争议焦点相对应的核心法条。这考验各方专业能力水平”。使用这招,目标就是找全、找准法律条款。有了这些条款,面对具体的争议纠纷就有了具体的法治方式。

面对争议纠纷,事实点可能比较多,但其中争议纠纷的核心点、焦点往往并不多,犹如“牛鼻子”,一头牛就一个牛鼻子。此时,基于争议焦点找“法条点”,就看能力,就是挑战。

比如,结合本案,运用排除法,面对诉争事实焦点,对应找到的焦点法条就是《民法典》这些条款:第1218条规定的“患者在诊疗活动中受到损害,医疗机构或者其医务人员有过错的,由医疗机构承担赔偿责任”、第1219条规定的“医务人员在诊疗活动中应当向患者说明病情和医疗措施。需要实施手术、特殊检查、特殊治疗的,医务人员应当及时向患者具体说明医疗风险、替代医疗方案等情况,并取得其明确同意;不能或者不宜向患者说明的,应当向患者的近亲属说明,并取得其明确同意。医务人员未尽到前款义务,造成患者损害的,医疗机构应当承担赔偿责任”、第1221条规定的“医务人员在诊疗活动中未尽到与当时的医疗水平相应的诊疗义务,造成患者损害的,医疗机构应当承担赔偿责任”、第1224条规定的“患者在诊疗活动中受到损害,有下列情形之一的,医疗机构不承担赔偿责任:(一)患者或者其近亲属不配合医疗机构进行符合诊疗规范的诊疗;(二)医务人员在抢救生命垂危的患者等紧急情况下已经尽到合理诊疗义务;(三)限于当时的医疗水平难以诊疗。前款第一项情形中,医疗机构或者其医务人员也有过错的,应当承担相应的赔偿责任”。

其中,“医疗机构或者其医务人员有过错的”“医务人员未尽到前款义务”“(三)限于当时的医疗水平难以诊疗”“医疗机构不承担赔偿责任”，就是本案各方事实争议焦点相对应的法律焦点，也即“法条点”。

此时，基于己方的诉讼目标，再结合已有的事实和证据，围绕“法条点”与“事点”，通过有责任或者无责任的讲述、论述与阐述，进行医事法治力的运用，这就看博弈，这就有输赢。

正如前文提出的那样，“诉讼案之结果好坏，往往看法官、律师、医师是什么水平”。

第三招是“尽快找好与案件走向相匹配的诉讼思路。这考验各方当有的医事法治力强弱大小”，使用这招，目标就是找正、找清诉讼思路。

诉讼思路，是推进诉讼实现不输、要赢的突破口。有了它，用好“当事人-代理律师-有专业知识的人出庭”等机制，就能取得诉讼工作主动权。

比如，就本案而言，双方争议焦点在于如何看待原告在医院期间视力进行性变差（林某右眼视力于5月11日为0.5，12日为0.5，14日为0.05，25日为0.2，而左眼基本保持在0.8~1.0）这一基本事实。

大方向上，面对这一争议纠纷焦点，在已有医学规律和医学证据、法律规则和法律事实的基础上，在法院、法律主导下，以庭审博弈为中心，站在各自角度，围绕“事点”与“法点”，通过医事法治力的运用，朝着对己有利的方向，因势利导，或推进或靠近，步步为营，力争尽快站在“赢”的轨道上。

这其中，对医方而言，面对“在医院期间视力进行性变差”这个基本事实，面对患方带有杀伤力的进攻，如何能从“不存在医疗过错”“当时医疗水平”“难以诊疗”等找到可用的突破口、突围点，就是成功抗辩的关键所在，但医方在这方面失了先手，其提交一审答辩就说明了这点：“甲医院认为，甲医院已跟患者就手术问题进行了沟通，且即使甲医院存在一定不足，但林某自身的疾病因素导致情况发生的主要根本因素，甲医院即使存在过错也不应超过必要限度。”如此一来，一定意义上，医方在医事诉讼中便丢失了应对的先手、主动权。

毋庸讳言，医事法学领域存在许多不确定问题。一方面，医学本身仍然有许多的诸如中间、交叉区域等不确定问题；另一方面，法学本身也有不少的模糊、灰色地带等不确定空间。面对这些不确定的问题，在呼吁制定“医事规范指引共识制定监督管理办法”的同时，也应关注“培养着医（法）学生学习成长、涵养着医师（律师等）专业成长、滋养着医事发展的”医学、法学各类教科书。

本案中，面对争议纠纷的化解，当事人对医学教科书内容的援引与运用，就较好体现了这一点。

围绕病历真假争论进行的鉴定、民事诉讼、行政诉讼查清了吗？

宋儒亮　余树林　温国明　王　浩　宋立志

案情简介

2008年6月9日，柳甲因突发上腹疼痛入住A省人民医院并在医院做右半肝切除手术，手术后，柳甲因上腹疼痛多次到A省人民医院住院治疗。2012年4月17日，柳甲转到某医院就医并进行了手术治疗，同年5月2日出院。柳甲认为A省人民医院在对其进行治疗过程中存在医疗过错，故向B市D区人民法院提起民事诉讼。在该案审理过程中，B市D区人民法院委托B市医学会对柳甲的医疗事故争议进行鉴定，2011年6月23日，B市医学会作出某医鉴[2011]060号医疗事故鉴定书，结论为不属于医疗事故。B市D区人民法院作出(2011)某民初字第170号民事判决，判决驳回柳甲的诉讼请求。柳甲不服该判决向B市中级人民法院提起上诉，二审诉讼过程中，B市中级人民法院委托A省医学会对柳甲的医疗损害再次进行鉴定，2013年4月23日，A省医学会作出某医鉴(2012)112号医疗事故鉴定书，结论为不构成医疗事故。2014年3月31日，柳甲向B市中级人民法院提交撤诉申请，2014年4月3日，B市中级人民法院作出(2012)某中民一终字第1830号民事裁定，准许柳甲撤回上诉。2014年5月20日，柳甲向A省卫生主管机关邮寄申请书，内容如下："A省医学会违反《医疗事故处理条例》，伪造病历，隐匿病历作鉴定。再次请求A省卫生主管机关根据《医疗事故处理条例》第42条，责成A省医学会重新鉴定。"2014年6月10日，A省卫生主管机关按照信访事项对柳甲进行答复，告知柳甲根据《医疗事故处理条例》第40条、第41条及《最高人民法院关于民事诉讼证据的若干规定》(2008年版)第27条等相关法律法规的规定，建议柳甲向受案法院反映医学会虚假鉴定行为。柳甲不服，认为A省卫生主管机关行政不作为，故诉至E区人民法院，E区人民法院于2014年10月8日作出(2014)某行初字第00074号行政判决，判决驳回其诉讼请求。柳甲不服该判决，向B市中级人民法院提起上诉。2015年2月3日，B市中级人民法院作出(2014)某中行终字第00340号行政判决，判决驳回上诉，维持原判。柳甲对二审判决不服，相继提出申诉和再审申请,2015 年 7 月 15 日,B 市中级人民法院作出(2015)某中行监字第 00270 号驳回申诉通知书,驳回其申诉请求,2016 年 11 月 2 日,A 省高级人民法院作出(2015)某高法行申字第 39 号行政裁定书,驳回其再审申请。2016 年 11 月 30 日,柳甲向 A 省卫生主管机关邮寄《关于请求 A 省卫生主管机关履行法定职责的申请》,请求:(1)A 省卫生主管机关履行法定职责,对 A 省人民医院医师沈医师、陈医师以及两级医学会做鉴定的 6 个专家,就伪造、隐匿以及销毁柳甲(患者)病历资料的违法行为进行查处,吊销其执业医师资格证书,依法追究刑事责任;(2)A 省卫生主管机关履行法定职责,按照《医疗事故处理条例》第 28 条第 2 款,要求两级医学会持有执业医师执照的专家将 A 省人民医院提交的 2 套经内镜逆行胰胆管造影(ERCP)影像及影像报告单完璧归赵于柳甲,若两级医学会的鉴定专家将其销毁,按照盗一罚百的原则赔偿;(3)A 省卫生主管机关履行法定职责,对 A 省人民医院拒绝为患者复制、提交 2 套经内镜逆行胰胆管造影(ERCP)影像片,没有按照国务院卫生行政部门规定的要求书写和妥善保管病历资料的违法、违规行为进行查处,对负有责任的主管人员和其他直接责任人员依法给予行政处分或者纪律处分;(4)A 省卫生主管机关履行法定职责,根据《医疗机构管理条例》第 31 条,就 A 省人民医院对危重病人不救治、不转诊的违法行为进行处罚;(5)A 省卫生主管机关赔偿因其不履行法定职责,放纵持有执业医师资格证书的医师伪造、隐匿、涂改、销毁病历资料,造成柳甲身体伤害的损失。

A 省卫生主管机关未作回复,柳甲遂诉到法院。

一审各方意见

原告意见(柳甲)

被告对于原告 2016 年 11 月 30 向被告邮寄的《关于请求 A 省卫生主管机关履行法定职责的申请》未作处理的行为属于行政不作为,请求判决被告的上述行为违法,依法履行法定职责。

被告意见(A 省卫生主管机关)

本案在审理过程中,被告于 2017 年 3 月 9 日向原告作出《关于柳甲与省人民医院医疗纠纷有关事宜的函复》,该函复称“对于您《申请》中的第 1~4 项之请求,我委不具有相应职权,故不予受理。关于您《申请》中的第 5 项请求,您的损失与我委的行政行为之间不具有因果关系,不符合《国家赔偿法》等法律法规的规定,故我委不予受理”。

一审法院查明

本案在审理过程中,原告向E区人民法院申请调取:(1)A省人民医院于2009年11月、2010年6月两次经内镜逆行胰胆管造影影像片及影像报告单。(2)国家卫生主管机关写给被告要求其履行法定职责的信件。对于第1项,因相关材料与本案审理不具有关联性,本院不予同意;对于第2项,在庭审过程中,经对被告的询问,被告明确表示没有收到过原告所称材料。

另查明,2017年2月,柳甲向B市人民检察院申请检察监督,2017年2月14日,B市人民检察院下达民事监督案件受理通知书,对于原告的申请予以受理,2017年5月5日,B市人民检察院作出某检民(行)监(2017)43010000012号不支持监督申请决定书,决定不支持原告的监督申请。

一审法院认为

1. 本案系行政案件,原告要求对A省人民医院医师沈医师、陈医师以及两级医学会做鉴定的6个专家依法追究刑事责任的诉讼请求,不属于本案处理范围。

2. 原告在申诉、再审申请中均称二审法院判决遗漏诉讼请求,对此,A省高级人民法院在(2015)某高法行申字第39号行政裁定书中已明确原告在(2014)某行初字第00074号案件一审时的诉讼请求为:请求A省卫生主管机关按照国家卫生主管机关法律法规履行义务,根据《医疗事故处理条例》第42条,要求A省医学会重新鉴定。据此,原告的诉请是要求被告履行监管义务,而在本案中,原告有关要求被告对A省人民医院医师沈医师、陈医师以及两级医学会做鉴定的6个专家就伪造、隐匿以及销毁原告(患者)病历资料的违法行为进行查处,吊销其执业医师资格证书,对A省人民医院拒绝为患者复制、提交2套经内镜逆行胰胆管造影影像片,没有按照国务院卫生行政部门规定的要求书写和妥善保管病历资料的违法、违规行为进行查处,对负有责任的主管人员和其他直接责任人员依法给予行政处分或者纪律处分,对A省人民医院对危重病人不抢救、不转诊的违法行为进行处罚的诉求,均属于要求被告A省卫生主管机关对本案中所涉及的医疗事故鉴定活动实施监管,上述诉请与前案诉请重复,本案不再处理。

3. 因原告无证据证实原告损失与被告行为之间有直接因果关系且未向E区人民法院提交充分证据证明其损失,故对原告有关要求判决被告就其不履行法定职责造成原告身体的伤害赔偿原告2844791.10元的诉讼请求,E区人民法院不予支持。

一审法院判决

综上所述,依照《行政诉讼法》第 69 条之规定,判决如下:驳回原告柳甲的诉讼请求。

柳甲不服原审判决,提起上诉。

二审各方意见

上诉人(柳甲)

上诉请求:(1)撤销 B 市 E 区人民法院(2017)某 0105 行初 17 号行政判决,依法改判;(2)被上诉人承担本案一、二审诉讼费。

事实和理由:上诉人的诉请是要求被上诉人依照原《执业医师法》(现为《医师法》)第 37 条履行法定职责,不属于重复起诉。一审法院认定事实错误,适用法律错误,依法应予改判。

被上诉人(A 省卫生主管机关)

一审判决事实认定清楚、法律适用正确,应予维持。上诉人的上诉缺乏事实基础与法律依据。

二审法院查明

当事人向 B 市 E 区人民法院提交的证据和依据已随案移送本院。经审查,本院采信的证据和确认的事实与原判无异。

二审法院认为

上诉人要求对 A 省人民医院医师沈医师、陈医师以及两级医学会做鉴定的 6 个专家依法追究刑事责任的诉讼请求,不属于行政案件的受案范围,本院依法不予处理。上诉人在一审中的第二项、第三项诉请,均属于要求被上诉人 A 省卫生主管机关对本案中所涉及的医疗事故鉴定活动实施监管,上诉人在(2014)某行初字第 00074 号案件中的诉请也是要求被上诉人履行监管义务,故上诉人的起诉属于重复起诉,本院不再处理。上诉人无证据证实其损失与被上诉人行为之间有直接因果关系且未向法院提交充分证据证明其损失,故对上诉人有关要求判决被上诉人赔偿因不履行法定职责造成其身体伤害的诉讼请求,本院不予支持。原审判决认定事实清楚,适用法律正确,依法应予维持。上诉人的上诉理由无事实依据,本院不予支持。

二审法院判决

依照《行政诉讼法》第89条第1款第1项规定，判决如下：驳回上诉，维持原判。

本案受理费50元，由上诉人柳甲负担。

本判决为终审判决。

各方意见

监管方意见

温国明　广东省卫生监督所　副所长

医疗纠纷诉讼中，常常遇到这种情况，医疗事故鉴定意见为不属于医疗事故，患方不服继续上诉，使相关政府监管部门疲于应对。

关于诉讼中的鉴定，名称等基本统一，但实际操作上，仍然比较复杂，有着不同的思路和救济走向：一是委托进行司法鉴定。对这类鉴定不服的，可申请进行补充鉴定、重新鉴定等。这方面，《司法鉴定程序通则》第30条、第31条等对如何适用有着明确规定。二是进行医疗事故技术鉴定。这类鉴定采取“两鉴终结”的原则，设区的市级医学会组织首次鉴定，省、自治区、直辖市医学会组织再次鉴定，特殊情况下可以申请中华医学会组织专家鉴定。这方面，《医疗事故处理条例》有着明确规定。

比较而言，司法鉴定虽然可以加速案件的审理，但是对于当事人特别是患者的权利救济等存在不足，希望今后修改法律和制定新的司法解释时，增加救济措施。

律师意见

王浩　广东连越律师事务所　律师

案件涉及行政诉讼领域中行政不作为可诉性、行政案件的受案范围、行政执法主体职权法定等方面。结合柳甲向卫生主管机关提出《关于请求A省卫生主管机关履行法定职责的申请》中5项请求内容及一审、二审法院处理情况，认为本案卫生主管机关、一审法院、二审法院处理结果均值得商榷。

柳甲的第一项请求为要求被告A省卫生主管机关履行法定职责，对A省人民医院医师沈医师、陈医师以及两级医学会做鉴定的6个专家，就伪造、隐匿以及销毁原告(患者)病历资料的违法行为进行查处，吊销其执业医师资格证书，依法追究刑事责任。第一项请求中实际包含两个子请求：第一个子请求是请求卫生主管机关对A省人民医院医师沈医师、陈医师以及两级医学会做鉴定的6个专家,就伪造、隐匿以及销毁原告(患者)病历资料的行为进行查处,吊销其执业医师资格证书;第二个子请求是要求卫生主管机关对A省人民医院医师沈医师、陈医师以及两级医学会做鉴定的6个专家,就伪造、隐匿以及销毁原告(患者)病历资料的行为依法追究刑事责任。根据原《执业医师法》第37条规定的“医师在执业活动中,违反本法规定,有下列行为之一的,由县级以上人民政府卫生行政部门给予警告或者责令暂停六个月以上一年以下执业活动;情节严重的,吊销其执业证书;构成犯罪的,依法追究刑事责任:……(五)隐匿、伪造或者擅自销毁医学文书及有关资料的……”柳甲第一个子请求属于卫生主管机关法定的职权范畴,卫生主管机关应当依职权对柳甲第一项请求中的第一个子请求展开调查取证,查明事实,并根据查明的事实依法进行处理并告知柳甲。但本案中,卫生主管机关在《关于柳甲与省人民医院医疗纠纷有关事宜的函复》中完全忽略其该项行政职权,以第二个子请求不属于其职权范畴,其不具有相应职权为由不予受理,该行为系没有履行法定职权。一审、二审忽略柳甲的第一项请求中的第一个子请求亦不当。

法官意见

余树林　广州铁路运输中级人民法院　法官

本案涉及以下两个问题。

1. 柳甲就A省人民医院的医疗损害行为在向人民法院提起医疗损害民事诉讼被判决驳回诉讼请求后,还能否向卫生行政主管部门投诉申请调查处理以寻求行政救济?

针对侵权行为,除可以选择我们熟悉的民事诉讼司法救济外,还可以选择投诉查处行政救济,但二者在功能定位和特点方面有所不同。行政查处的主要目的是通过行政处罚保障市场秩序,其特点是针对大量投诉进行简单调查并作出快速处理:(1)发现投诉的违法侵权经营事实证据不足的,仅作程序处理,即终结行政处理并告知当事人。(2)违法侵权经营事实经简单调查即能成立的,需进一步作出实体处理:①以行政处罚确定其行政责任,如对违法经营者予以罚款;②以行政裁决确定其民事责任,如对符合条件的简单民事纠纷作出裁决,责令违法经营者向受害人赔偿相应损失。受害人和经营者对上述行政处理决定不服,均有权提起行政诉讼。民事诉讼和行政查处中均需对违法侵权经营行为是否成立作出认定,但二者存在以下差别:(1)行政查处证明标准较高,因为其目的是作出行政处罚,而民事诉讼证明标准相对较低,证明难度也较小。(2)在调查手段上,行政查处较为注重效率,调查手段较少且难以充分行使;而司法调查实体公正优先,几乎可以穷尽所有的调查手段。综合以上两方面之分析，投诉违法侵权行为申请行政查处未获支持的，可以继续提起民事诉讼寻求司法救济，并且仍有获得司法判决支持的可能。反之，主张违法侵权要求赔偿，在提起民事诉讼被法院判决驳回诉讼请求后，不得继续向行政主管部门投诉以寻求行政救济。本案中，柳甲对A省人民医院提起医疗损害赔偿民事诉讼，在被法院判决驳回其诉讼请求后，不得再就该医院的医疗损害行为向A省卫生主管机关投诉以寻求行政救济。

2. 关于柳甲是否属于重复起诉的问题。本案中，柳甲曾因对A省医学会作出的鉴定行为和鉴定结论不服，于2014年5月20日向A省卫生主管机关提出投诉请求查处，在未获支持后提起行政不作为之诉，被法院判决驳回诉讼请求。柳甲在2016年11月30日再次向A省卫生主管机关邮寄履责申请书，该申请书中存在多项内容，可分为三个方面：一是要求对2个医师和6个鉴定专家追究刑事责任；二是对A省人民医院的医疗损害行为进行查处；三是对A省医学会的鉴定行为进行查处。其中第一个方面显然不属于A省卫生主管机关的职责范围；对于第二个方面，根据上文分析，因柳甲与A省人民医院的医疗损害纠纷已经民事诉讼解决，故A省卫生主管机关无权处理；第三个方面的内容则明显属于重复申请。综上，法院以柳甲重复起诉为由裁定驳回其起诉是正确的。

本案启示

实现医事纠纷处置追求　眼界视野、权力运用与专业参与很重要

宋儒亮　法治广东研究中心主任、《中国医学论坛报》第二届医事法学理事会理事长、广东省医学会医事法学分会前任主任委员

本案系柳甲因右半肝切除手术后，疼痛治疗未果，引发后续系列的鉴定、诉讼的一起医疗损害赔偿案。

对于本案处置，这些启示可供参考。

要预测并整体性达成纠纷化解的目的，当提升眼界视野，强化纠纷处置的全环节意识，坚守当下纠纷身处的阵地。医疗活动，开始是在医院，一旦出现纠纷，医院到法院之间的距离，并不遥远，也就是再多经历几个环节而已。据此，建议从事医疗活动相关的各方，尤其是源头当事人们，更要有全周期意识，既要懂得各环节——诊疗、鉴定、调解、仲裁、裁决、复议、诉讼和评议——的特点与处置要旨，也要清楚各环节之间当有的内在联系，各

环节均要牢牢守住，通过做好自己该做的工作，以实现让争议、纠纷在自己这个环节得以终结的目的。

从这个意义上看，面对医事纠纷争议，更要提升站位，眼界要宽，视野要高，要树立平行思维，树立全环节意识，注重结果导向，要力争让问题、纠纷在自己可控制的环节中终结。

这方面，作为当事人，更强调各环节专业特点，注重术业有专攻，要让自己的视野格局在自身环节处理中发挥作用，要以视野眼界格局大小强弱为先手高招，强化对环节的认知、强化对各环节处置能力的判断。

结合本案，可知案情主要聚焦在病历真假，因此，结合全环节意识要求，在诊疗纠纷处置之初，就要懂得有意识去抢占纠纷处置先手，让纠纷化解朝有利于自身的方向推进，也即，在本纠纷开始时，下先手棋出高招，性价比最高的选择就是先寻行政救济而不是民事救济，以行政救济方式更好实现纠纷处置目的。

要有效并实质性实现化解纠纷目标，当切实用好手中公权力，注重调查、检查、监察方式的综合运用。众所周知，当事人的纠纷处理，到了某阶段或者最后，往往需要公权力介入。面对医事纠纷争议，卫生主管机关的实质介入，尤其关键。这方面，既不缺法律法规依据，如《医疗纠纷预防和处理条例》《医师法》，也不缺可操作的条款条文，如《医疗纠纷预防和处理条例》第 47 条，该条规定："医疗机构及其医务人员有下列情形之一的，由县级以上人民政府卫生主管部门责令改正，给予警告，并处 1 万元以上 5 万元以下罚款；情节严重的，对直接负责的主管人员和其他直接责任人员给予或者责令给予降低岗位等级或者撤职的处分，对有关医务人员可以责令暂停 1 个月以上 6 个月以下执业活动；构成犯罪的，依法追究刑事责任：(一)未按规定制定和实施医疗质量安全管理制度；(二)未按规定告知患者病情、医疗措施、医疗风险、替代医疗方案等；(三)开展具有较高医疗风险的诊疗活动，未提前预备应对方案防范突发风险；(四)未按规定填写、保管病历资料，或者未按规定补记抢救病历；(五)拒绝为患者提供查阅、复制病历资料服务；(六)未建立投诉接待制度、设置统一投诉管理部门或者配备专(兼)职人员；(七)未按规定封存、保管、启封病历资料和现场实物；(八)未按规定向卫生主管部门报告重大医疗纠纷；(九)其他未履行本条例规定义务的情形。"显然，这些法律条文都是有针对性的，都是有所指的。面对医疗争议纠纷，如何把这些法律条文针对性激活，就成为调查、检查、监察等的应有之义。

从这个意义上，面对医事纠纷争议，更要强化职责意识，从法治方式入手，依法行政，切实通过公权力运用，通过争议事实的法治化工作，转"事实"为"证据"，找到背后的真相，实现公平正义。

一定意义上说，没有案件的查处，就难说已尽职。这方面，首先建议各地卫生主管机关切实行动起来，用可量化的案件查处数量来表明法定职责在履行。

结合本案，面对问题主要聚焦于病历真假的纠纷案件，卫生主管机关等尽职尽责，就能更好引领纠纷处置主动权，也即，面对本纠纷案，公权力机关若能切实针对纠纷涉及的单位和个人适时进行相关的检查、调查和监察，那么，这些法律行动的实施便有利于尽快实现纠纷化解的目的。

要专业并顺利推进纠纷的化解，当找准医事律师，善于提升医事法治力的运用。围绕医疗纠纷、医疗损害、医疗事故进行的认定、处置与救济活动，是非常专业的法律活动。活动的深入，不仅需要医学专业知识托底，还需要法律专业知识运用。二者之间的结合、融合程度，往往影响案件处置的后果。

从这个意义上看，面对医事纠纷争议，要强化法治思维，从法治方式入手，比如，寻找专门的医事专业律师进行诉讼代理，就是明智的选择。可考虑从各地律协医疗法律专业类委员会中寻找适合的专业代理律师，这方面的道理，如同患病后的求医问药。

结合本案，在纠纷一开始时，就寻找医事律师，通过专业律师等的帮助，全盘谋划，选择有利的切入点和突破口，更利于实现自身目标的达成。

面对医学科学，我们当不夜郎自大，不故步自封；面对法律科学，我们也当如此；面对交织融合医学和法学特点处分的具有综合性、复合型的医事法学，我们更当如此。检验这样的认知、这样的理念是否被认可、接受与践行，医疗诉讼，是一个恰当的窗口。

显然，透过本案这个小窗口，我们看到了落实、践行这些认知、理念的不易，更看到落实这样认知和理念存在的显著差距与迫切普及与提升的焦虑。

工伤2年余又见脑出血后遗症能否认定为工伤?

宋儒亮　欧阳兵　余树林　温国明　宋立志

案情简介

曾甲与第三人签订劳动合同,由第三人派遣曾甲到某远大铝业工程有限公司某市分公司从事幕墙安装工作。2010年3月18日,曾甲被安排到B市某中路和某广场建筑工地进行拆卸外墙玻璃工作时,被倾倒的玻璃压住左大腿,随后被送往甲医院住院治疗,入院诊断为:左股骨中上段闭合性粉碎性骨折;左肘部皮肤挫裂伤。

该院于2010年3月25日为曾甲施行左股骨中上段闭合性粉碎性骨折内固定术,术后查头颅CT示左侧基底节区脑出血。曾甲于2012年7月3日由神经内科转入骨科住院治疗,出院诊断为:脑出血(左侧内囊及基底节区);左股骨中上段闭合性粉碎性骨折开放复位髓内钉内固定术后;左肘部皮肤挫裂伤。

骨科的入院诊断为:左股骨中上段闭合性粉碎性骨折开放复位髓内钉内固定术后;脑出血后遗症期。曾甲于2012年9月5日出院,出院诊断为:左股骨中上段闭合性粉碎性骨折开放复位髓内钉内固定术后;脑出血后遗症期。

2012年9月29日,曾甲向B市C区人力资源和社会保障局申请工伤认定。B市C区人力资源和社会保障局于2012年11月20日作出某人社工伤认(2012)82976号工伤认定决定,认定曾甲于2010年3月18日工作时压伤左腿,认定为工伤;认定曾甲的脑出血(左侧内囊及基底节区)及脑出血后遗症期与2010年3月18日的伤情无必然关系,不符合《A省工伤保险条例》第9条应当认定为工伤和第10条视同工伤的规定,不予认定为工伤。

曾甲不服不予以认定为工伤的决定遂提起诉讼。一审法院于2013年3月18日作出(2013)某法行初字第10号行政判决,撤销某人社工伤认(2012)82976号工伤认定决定并责令B市C区人力资源和社会保障局重新作出具体行政行为。

2013年4月28日,B市劳动能力鉴定委员会作出某劳鉴疑难(2013)55号伤情与病情关联性鉴定意见书,鉴定意见结论为:曾甲于2012年7月3日诊断为左股骨中上段闭合性粉碎性骨折开放复位髓内钉内固定术后的诊断意见，与其2010年3月18日拆卸玻璃时被玻璃压伤左大腿的伤情相关。曾甲于2012年7月3日诊断为脑出血（左侧内囊及基底节区）及脑出血后遗症期的诊断意见，与其2010年3月18日拆卸玻璃时被玻璃压伤左大腿的伤情无必然关系。2013年5月17日，B市C区人力资源和社会保障局作出某人社工伤认（2013）97152号工伤认定决定，认定曾甲的左股骨中上段闭合性粉碎性骨折、左肘部皮肤挫裂伤、左股骨中上段闭合性粉碎性骨折开放复位髓内钉内固定术后的情形符合《A省工伤保险条例》第9条第1项规定，认定为工伤。认定曾甲的脑出血（左侧内囊及基底节区）及脑出血后遗症期与2010年3月18日的伤情无必然关系，不符合《A省工伤保险条例》第9条应当认定为工伤和第10条视同工伤的规定，不予认定为工伤。

曾甲对B市C区人力资源和社会保障局重新作出的工伤认定结论不服，提起诉讼。

一审各方意见

原告意见（曾甲）

脑出血后遗症与原告受"左股骨中上段闭合性粉碎性骨折"伤存在直接因果关系，是该伤的延续，应属于工伤认定的范围。

被告意见（B市C区人力资源和社会保障局）

原告脑出血后遗症期与2010年3月18日的伤情无必然关系，伤情与病情关联性鉴定意见书的鉴定意见结论为原告的脑出血后遗症不符合工伤认定的条件，因此不属于工伤。

一审法院查明

B市劳动争议仲裁委员会于2012年3月6日作出某劳仲案字（2010）461号仲裁裁决，裁决原告与第三人在2009年2月20日至2011年2月19日存在劳动关系。2011年8月18日，B市医学会作出某医鉴（2011）084号医疗事故技术鉴定，认定甲医院对原告实施的医疗行为不构成医疗事故。

一审法院认为

根据《工伤保险条例》第5条第2款、《A省工伤保险条例》第5条第2款规定，被告具有进行工伤认定的职责。

根据《工伤保险条例》第14条第1项及《A省工伤保险条例》第9条第1项的规定，职工在工作时间和工作场所内，因工作原因受到事故伤害的应当认定为工伤。根据上述规定,认定工伤应同时符合三个要件:(1)在工作时间内;(2)在工作场所内;(3)因工作原因受到事故伤害。本案中,原告是因工作原因在工作时间内、在工作场所内被玻璃压住左大腿受伤导致其左股骨中上段闭合性粉碎性骨折、左肘部皮肤挫裂伤,被告据此认定原告受伤致左股骨中上段闭合性粉碎性骨折、左肘部皮肤挫裂伤、左股骨中上段闭合性粉碎性骨折开放复位髓内钉内固定术后的情形为工伤有事实根据及法律依据,应予以支持。根据B市劳动能力鉴定委员会出具的伤情与病情关联性鉴定意见,原告被诊断为脑出血(左侧内囊及基底节区)及脑出血后遗症期的伤情与其被玻璃压伤左大腿的伤情无必然关系,被告据此对原告脑出血(左侧内囊及基底节区)及脑出血后遗症期的伤情不予认定为工伤并无不当。原告主张脑出血后遗症与其受左股骨中上段闭合性粉碎性骨折伤有因果关系是该伤的延续的依据不足,应不予支持。原告主张其在工地受伤时头部与地面发生碰撞引致后来的脑出血,但没有提供相应的证据予以证明,应不予支持。综上所述,被告作出的某人社工伤认(2013)97152号工伤认定决定认定事实清楚,适用法规正确,程序合法,依法应予以维持。

一审法院判决

依照《最高人民法院关于执行〈中华人民共和国行政诉讼法〉若干问题的解释》(2000年版)*第49条第3款、第56条第4项的规定,判决驳回原告曾甲的诉讼请求。案件受理费50元,由原告负担。

原告对一审判决不服,提起上诉。

二审各方意见

上诉人(曾某)意见

虽然上诉人于工伤事发当时送院被初步诊断为“左股骨中上段闭合性粉碎性骨折、左肘部皮肤挫裂伤”,但上诉人是在接受“左股骨中上段闭合性粉碎性骨折开放复位髓内钉内固定术”的手术过程中出现脑出血(根据B市医学会的鉴定结果,该次手术无医疗过失行为,上诉人脑出血与该次医疗行为不存在必然因果关系)而导致右侧肢体乏力的,显然上诉人的脑出血后遗症与其受“左股骨中上段闭合性粉碎性骨折”伤存在直接因果关

---

* 此文件已被2018年2月6日公布的《最高人民法院关于适用〈中华人民共和国行政诉讼法〉的解释》废止。案件发生时该文件仍适用。——编者注

系,是该伤的延续,不应被排除在上诉人所受工伤范围之外。

上诉人还认为,上诉人已提交一切在客观上能提交的证据,一审法院在(2013)某法行初字第84号行政判决中认定上诉人"主张脑出血后遗症与其受左股骨中上段闭合性粉碎性骨折伤有因果关系是该伤的延续的依据不足"与其在(2013)某法行初字第10号行政判决中的认定前后矛盾。

综上,上诉人上诉请求:(1)撤销(2013)某法行初字第84号行政判决;(2)撤销被上诉人作出的某人社工伤认(2013)97152号工伤认定决定;(3)责令被上诉人对上诉人的申请重新作出处理;(4)一审、二审诉讼费均由被上诉人负担。

被上诉人(B市C区人力资源和社会保障局)意见

1. 上诉人的上诉理由不成立。2010年3月18日,上诉人在工地工作时被压伤左大腿,经甲医院入院诊断为"左股骨中上段闭合性粉碎性骨折、左肘部皮肤挫裂伤"。很明显其工作受伤的部位是左腿部及左肘部。上诉人脑出血(左侧内囊及基底节区)是在2010年3月25日进行左腿手术时出现的病情,不是上诉人所称在上诉人工作时头部与地面发生碰撞引致的。上诉人主张其脑出血后遗症与其腿部骨折伤存在因果关系没有依据,根据医疗事故技术鉴定书的分析意见,患者的脑出血考虑与其先天性脑部血管畸形等因素有关,与外伤和手术的创伤或有一定的关系,但无必然的联系,患者的脑出血与该医疗行为不足之间不存在必然的因果关系,根据B市劳动能力鉴定委员会伤情与病情关联性鉴定意见的鉴定结论,上诉人脑出血(左侧内囊及基底节区)后遗症的诊断意见,与其2010年3月18日被玻璃压伤左大腿的伤情无必然关系。

2. 工伤职工在住院或手术中出现的病情,如住院期间出现感冒发烧及器官感染问题不属于工伤认定范围,同理,上诉人脑出血不属于工伤,但并不影响其主张获得工伤医疗费救济的权利。

3. 一审法院作出的(2013)某法行初字第84号行政判决认定事实清楚,适用法律正确,请二审法院依法维持一审判决,驳回上诉人的上诉请求。

二审法院认为

经审理查明,原审法院认定事实清楚,本院予以确认。

本院认为,《工伤保险条例》第14条第1项规定,职工在工作时间和工作场所内,因工作原因受到事故伤害的应当认定为工伤。首先,上诉人左股骨中上段闭合性粉碎性骨折、左肘部皮肤挫裂伤是在工作时间、工作场所内因工作原因被玻璃压住左大腿受伤导致的,被上诉人据此认定上述伤情为工伤并无不当。其次,根据B市劳动能力鉴定委员会出具的某劳鉴疑难(2013)55号伤情与病情关联性鉴定意见书的鉴定意见,上诉人的脑出血(左侧内囊及基底节区)及脑出血后遗症期的伤情与其被玻璃压伤左大腿的伤情无必然关系,故被上诉人对上诉人的脑出血(左侧内囊及基底节区)及脑出血后遗症期的伤情不认定为工伤依据充分,亦无不当。上诉人主张脑出血(左侧内囊及基底节区)及脑出血后遗症是左股骨中上段闭合性粉碎性骨折伤的延续没有依据,本院不予支持。

二审法院判决

依照《行政诉讼法》(1989年版)第61条第1项的规定,判决如下:驳回上诉,维持原判。

二审案件受理费50元,由上诉人曾甲负担。

本判决为终审判决。

各方意见

监管方意见

温国明　广东省卫生监督所　副所长

本案属于劳动和社会保障纠纷类案件。从医疗监督及卫生行政机构角度上无太多评析之处。但就本案而言,按照《工伤保险条例》进行处理,认定事实清楚,适用法律正确,表示同意。但当事人仍不服,认为病情与工伤有关联性的主张也要重视,建议提高鉴定机构的权威性,比如,在鉴定中多些医学专业,以更翔实的医学分析,才更能让人信服。

律师意见

欧阳兵　岭南律师事务所　律师

本案的焦点是原告在其公司安排拆卸外墙玻璃工作时被倾倒的玻璃压伤大腿后住院,在治疗期间发生的脑出血及脑出血后遗症是否属于工伤。

《工伤保险条例》第14条规定是认定职工工伤的重要依据,工作时间、工作场所和工作原因是《工伤保险条例》中明显规定认定劳动者是否属于工伤的三个重要条件,尤其以工作原因最为核心。

《行政诉讼法》(1989年版)第32条规定,被告对作出的具体行政行为负有举证责任,应当提供作出该具体行政行为的证据和所依据的规范性文件。本案中,根据医院出具的出院诊断、B市劳动能力鉴定委员会作出的伤情与病情关联性鉴定意见书及B市医学会作出的医疗事故技术鉴定书等相关医疗资料之间形成的证据锁链,完整地记载了曾甲受伤、发病就诊及医疗鉴定的全过程。根据《A省工伤保险条例》第10条、第11条之规定和B市劳动能力鉴定委员会作出的伤情与病情关联性鉴定意见书,一审、二审判决对曾甲在工作时间内在某广场建筑工地中因拆卸玻璃过程造成的伤害认定为工伤,但对其治疗期间发生的脑出血及脑出血后遗症认定不属于工伤的结论和判决证据充分,于法有据。

《工伤保险条例》的立法目的及宗旨在于保障因工作而遭受事故伤害或者罹患职业病的劳动者能够得到医疗救治和经济补偿,促进预防工作和保障职业病康复,分散减少用人单位的工伤风险。对于不属于工伤的情形,《工伤保险条例》明确列明排除在外,既保护了劳动者的合法权益,也保护了用人单位的合法权益。

法官意见

余树林　广州铁路运输中级人民法院　法官

本案的问题是B市劳动能力鉴定委员会作出的伤情与病情关联性鉴定意见书能否作为认定工伤的依据。本案中,根据涉案伤情与病情关联性鉴定意见书的鉴定意见表示,上诉人的脑出血(左侧内囊及基底节区)及脑出血后遗症期的伤情与其被玻璃压伤左大腿的工伤事故无必然关系,故该部分伤情不认定为工伤依据充分,亦无不当。上诉人曾甲虽对上述结论不予认可,但未能提供反驳证据予以推翻,故法院对鉴定意见应予采信。一、二审判决根据上述B市劳动能力鉴定委员会作出的伤情与病情关联性鉴定意见书,将上诉人的脑出血(左侧内囊及基底节区)及脑出血后遗症期的伤情排除在工伤认定之外是正确的。

本案启示

把用人单位工伤认定举证责任倒置规定落实在认定实务中

宋儒亮　法治广东研究中心主任、《中国医学论坛报》第二届医事法学理事会理事长、广东省医学会医事法学分会主任

工伤保险,保什么险?作为一部专门的行政法规,2004年1月1日起施行的《工伤保险条例》第1条开宗明义地回答了这个问题,那就是"为了保障因工作遭受事故伤害或者

患职业病的职工获得医疗救治和经济补偿,促进工伤预防和职业康复,分散用人单位的工伤风险”。

制定《工伤保险条例》,上位法资源厚重,其中,一是有《宪法》承诺。《宪法》第45条规定:“中华人民共和国公民在年老、疾病或者丧失劳动能力的情况下,有从国家和社会获得物质帮助的权利。国家发展为公民享受这些权利所需要的社会保险、社会救济和医疗卫生事业。国家和社会保障残废军人的生活,抚恤烈士家属,优待军人家属。国家和社会帮助安排盲、聋、哑和其他有残疾的公民的劳动、生活和教育。”二是有《社会保险法》支撑。《社会保险法》第2条规定:“国家建立基本养老保险、基本医疗保险、工伤保险、失业保险、生育保险等社会保险制度,保障公民在年老、疾病、工伤、失业、生育等情况下依法从国家和社会获得物质帮助的权利。”这些上位法,让《工伤保险条例》制定和实施,更有力量和底气。

贯彻实施好《工伤保险条例》,考验当下执法、司法和守法。为更好推进其实施,这些事宜值得我们认真对待。

一、工伤认定:实务难点的把握与解读

工伤认定早已实现有法可依。《工伤保险条例》第14条规定:“职工有下列情形之一的,应当认定为工伤:(一)在工作时间和工作场所内,因工作原因受到事故伤害的;(二)工作时间前后在工作场所内,从事与工作有关的预备性或者收尾性工作受到事故伤害的;(三)在工作时间和工作场所内,因履行工作职责受到暴力等意外伤害的;(四)患职业病的;(五)因工外出期间,由于工作原因受到伤害或者发生事故下落不明的;(六)在上下班途中,受到非本人主要责任的交通事故或者城市轨道交通、客运轮渡、火车事故伤害的;(七)法律、行政法规规定应当认定为工伤的其他情形。”

做好工伤认定,实现立法目的,防范可能的争议风险,必须把握好以下问题的认定。

一是“工伤原因”如何认定?

何谓“工伤原因”,字面角度本不难理解,但事实并非如此。关于“工伤原因”的这些司法表述,当高度重视。

《工伤保险条例》第14条第1项规定,在工作时间和工作场所内,因工作原因受到事故伤害的应当认定为工伤。在上述工伤认定的“三工”要素中,工作原因是核心要件,即使职工不在工作时间、工作场所内受到伤害,但只要是因为工作原因,就应当认定为工伤。工作场所和工作时间在工伤认定中的作用主要是补强工作原因,以及在工作原因无法查明时,用以推定是否属于工作原因。基于这样的精神,《最高人民法院关于审理工伤保险行政案件若干问题的规定》第 4 条第 1 项明确指出,在工作场所和工作时间内,没有证据证明是非工作原因导致职工伤亡的,亦应认定为工伤。遗憾的是,对于“工作原因”这样一个如此重要的概念,《工伤保险条例》本身并没有作出进一步的规定或解释。在长期的工伤认定和司法实践中,人们习惯于从《工伤保险条例》第 1 条规定的“为保障因工作遭受事故伤害……”的文义出发,将这种“工作原因”定位为工作与伤害之间的“因果关系”。这种看似当然的理解却存在不小的缺陷:从逻辑上讲,“因果关系”要求作为“因”的工作对于作为“果”的伤害具有决定作用,也就是说要形成逻辑上的充分条件关系。但实践中,伤害却并不总是由工作原因单独或直接导致的,其中往往掺杂了多种因素,形成“多因一果”的状态。在此情况下,“多因一果”中的各个“因”与“果”之间在逻辑上就成为必要条件关系而非充分条件关系,而此时,作为原因的“工作”与作为结果的“伤害”之间也就不属于严格逻辑学意义上的“因果关系”。

据此,《工伤保险条例》所称的“因工作原因”,是指职工受伤与其从事本职工作之间存在关联关系。①

二是“工伤场所”如何认定?

同样,从字面角度来看,“工作场所”的含义不难理解,但事实并非如此。《工伤保险条例》关于“工伤场所”的这些司法表述内容,值得认真品读。

《工伤保险条例》第 14 条第 1 项规定的“工作场所”,是指职工从事职业活动的实际区域,传统上将其分为固定区域、不固定区域和临时区域。固定区域指职工日常工作的区域,主要包括单位所在地以及除单位以外的日常工作区域,如邮递员、快递员所负责的工作区域;不固定区域是指修理工、新闻工作者等因工作性质特殊所导致的经常变动的工作场所;临时区域是指单位或领导指派临时前往的工作场所。在实践中我们发现,工作场所的界定应当涵盖与职工工作职责相关的所有区域及其自然延伸的合理区域。因此,在有多个工作场所的情形下,工作区域还应当包括职工来往于多个与其工作职责相关的工作场所之间的合理区域。这里所说的“与其工作职责相关的工作场所之间的区域”因其与工作职责有直接关联,是完成工作职责的必经空间,因此是对工作场所的合理延伸,应当认定为工作场所。由此,职工来往于多个与其工作职责相关的工作场所之间的合理区域因工受到伤害的,应当认定为工伤。

---

① 参见最高人民法院研究室编:《司法文件选解读》(2017 年精选集),人民法院出版社 2018 年版,第 472 页。

据此,《工伤保险条例》所称的“工作场所”,是指与职工工作职责相关的场所,有多个工作场所的,还包括工作时间内职工来往于多个工作场所之间的合理区域。①

三是“工作过失”如何认定?

从字面角度来看,“工作过失”的含义也不难理解,但事实更非如此。《工伤保险条例》关于“工作过失”的这些司法表述内容,也需要认真领会。

《工伤保险条例》第16条规定:“职工符合本条例第十四条、第十五条的规定,但是有下列情形之一的,不得认定为工伤或者视同工伤:(一)故意犯罪的;(二)醉酒或者吸毒的;(三)自残或者自杀的。”根据该条规定,只有在以上三种法定情形下才能排除工伤认定,职工从事工作中存在过失,不属于上述排除工伤认定的法定情形,不能阻却职工受伤与其从事本职工作之间形成一定的关联关系。工伤保险需要遵循的重要原则之一为“无过失补偿原则”,即无论工伤事故的责任在企业、受伤职工本人还是其同事,均应按照法定的工伤保险待遇标准对伤残职工或因工死亡职工遗属给予经济补偿。如果将职工个人主观上的过失作为认定工伤的排除条件,有违工伤保险的基本原则,不符合《工伤保险条例》保障劳动者合法权益的立法本意。

据此,职工在从事本职工作中存在过失,不属于《工伤保险条例》第16条规定的故意犯罪、醉酒或者吸毒、自残或者自杀情形,不影响工伤的认定。②

四是“48小时之内经抢救无效死亡的”如何适用?

这是问题之一,更是当前实践中常见争议的焦点之一。

《工伤保险条例》第15条规定:“职工有下列情形之一的,视同工伤:(一)在工作时间和工作岗位,突发疾病死亡或者在48小时之内经抢救无效死亡的;(二)在抢险救灾等维护国家利益、公共利益活动中受到伤害的;(三)职工原在军队服役,因战、因公负伤致残,已取得革命伤残军人证,到用人单位后旧伤复发的。职工有前款第(一)项、第(二)项情形的,按照本条例的有关规定享受工伤保险待遇;职工有前款第(三)项情形的,按照本条例的有关规定享受除一次性伤残补助金以外的工伤保险待遇。”其中,该如何正确适用第15条第1项的规定,乃各方争论的焦点,也是工作推动的难点。

---

① 参见最高人民法院研究室编:《司法文件选解读》(2017年精选集),人民法院出版社2018年版,第471页。

② 参见最高人民法院研究室编:《司法文件选解读》(2017年精选集),人民法院出版社2018年版,第471页。

对此项规定,总体观点是,继续适用本项规定已不合时宜了。因为再继续沿用“在48小时之内经抢救无效死亡的”规定,已明显落后于医学死亡救治实践,是在死亡判定标准选择和适用上的一种典型的“懒政”,是导致各方关系更为紧张的根源祸害,究其核心问题在于专业判定知识不与时俱进、死亡判定标准选择不科学、死亡判定和时间设定不匹配,进而导致工伤认定就具有高质量。因此,应认真审视医学科学进步转化法治建设,通过修改完善相关规定以彰显制度保障工伤认定。

总之,上述四个问题的解读和应对,既是理论研究的难点,也是实务工作的重点。希望有更多新知和行动,来彻底改变工伤认定之窘状。

二、工伤医疗待遇:工伤保险待遇及其救济途径

认定工伤,获得相应的工伤待遇,是核心事宜。其中,关于工伤与待遇事宜,《工伤保险条例》第30条有详细规定。

《工伤保险条例》第30条规定:“职工因工作遭受事故伤害或者患职业病进行治疗,享受工伤医疗待遇。职工治疗工伤应当在签订服务协议的医疗机构就医,情况紧急时可以先到就近的医疗机构急救。治疗工伤所需费用符合工伤保险诊疗项目目录、工伤保险药品目录、工伤保险住院服务标准的,从工伤保险基金支付。工伤保险诊疗项目目录、工伤保险药品目录、工伤保险住院服务标准,由国务院社会保险行政部门会同国务院卫生行政部门、食品药品监督管理部门等部门规定。职工住院治疗工伤的伙食补助费,以及经医疗机构出具证明,报经办机构同意,工伤职工到统筹地区以外就医所需的交通、食宿费用从工伤保险基金支付,基金支付的具体标准由统筹地区人民政府规定。工伤职工治疗非工伤引发的疾病,不享受工伤医疗待遇,按照基本医疗保险办法处理。工伤职工到签订服务协议的医疗机构进行工伤康复的费用,符合规定的,从工伤保险基金支付。”

据此规定可形成这样的判断:只有工伤引发的疾病,才享受工伤医疗待遇,否则,不能享受工伤医疗待遇,只能按照《社会保险法》第三章“基本医疗保险”的规定办理,而这意味着,工伤医疗待遇是基于工伤认定而专享的保险待遇,具有唯一性、排他性和不可代替性。

正因如此,工伤认定兹事体大;工伤法律救济,更需切实管用,让制度福利惠及广大劳动者。《工伤保险条例》第55条规定:“有下列情形之一的,有关单位或者个人可以依法申请行政复议,也可依法向人民法院提起行政诉讼:(一)申请工伤认定的职工或者其近亲属、该职工所在单位对工伤认定申请不予受理的决定不服的;(二)申请工伤认定的职工或者其近亲属、该职工所在单位对工伤认定结论不服的;(三)用人单位对经办机构确定的单位缴费费率不服的;(四)签订服务协议的医疗机构、辅助器具配置机构认为经办机构未履行有关协议或者规定的;(五)工伤职工或者其近亲属对经办机构核定的工伤保险待遇有异议的。"有法律救济,才有法律权利。在工伤认定法律救济问题上,本条例规定符合现代法治理念。

三、工伤认定导向:对工伤认定有争议的个案当作有利于职工的认定

工伤认定应有利于职工是符合行政法治原则的。结合本案,争议核心在于如何看待"曾甲脑出血(左侧内囊及基底节区)及脑出血后遗症期"与"2010 年 3 月 18 日的伤情即左股骨中上段闭合性粉碎性骨折、左肘部皮肤挫裂伤救治"之间的关系,并在此基础上作出曾甲脑出血及脑出血后遗症是否属于工伤的认定。

结合已有的证据,可以得出如下倾向性判断。

第一,工伤 2 年后又见的脑出血后遗症期与医方医疗行为无关系。基于 B 市医学会的作出某医鉴(2011)084 号医疗事故技术鉴定,认定甲医院对曾甲实施的医疗行为不构成医疗事故可知,曾甲的脑出血(左侧内囊及基底节区)及脑出血后遗症期与医院医疗活动无关,排除了医方原因。

第二,工伤 2 年后又见的脑出血后遗症期与当时的伤势有关系,只是"无必然关系"。虽然有 B 市劳动能力鉴定委员会出具的某劳鉴疑难(2013)55 号伤情与病情关联性鉴定意见书的鉴定意见,曾甲的脑出血(左侧内囊及基底节区)及脑出血后遗症期的伤情与其被玻璃压伤左大腿的伤情无必然关系的判断,但并没有完全排除两者之间没有一点关系。据此,意味着并没有完全排除"工作原因"导致的可能性。

第三,回答清楚认定中存在的争议事项,举证责任是在用人单位,不在职工。《工伤保险条例》第 19 条第 2 款规定:"职工或者其近亲属认为是工伤,用人单位不认为是工伤的,由用人单位承担举证责任。"据此,结合"不排除工作因导致的可能性""排除医方"的判断,再加上"该院于 2010 年 3 月 25 日为曾甲施行左股骨中上段闭合性粉碎性骨折内固定术,术后查头颅 CT 示左侧基底节区脑出血"的陈述事实,对本工伤认定,可有这样的一个基本判断,那就是曾甲的"脑出血后遗症"是"脑出血(左侧内囊及基底节区)"的并发症,并且"脑出血""脑出血后遗症期"均与"其被玻璃压伤左大腿的伤情"(这是工作原因所致)存在一定关系,也即在性质上,属于"多因一果"的关系。

再进一步,结合之前最高人民法院研究室相关司法表述精神——但实践当中,伤害却并不总是由工作原因单独或直接导致的,其中往往掺杂了多种因素,形成"多因一果"的状态,在此情况下,“多因一果”中的各个“因”与“果”之间在逻辑上就成为必要条件关系而非充分条件关系,而此时,作为原因的“工作”与作为结果的“伤害”之间也就不属于严格逻辑学意义上的“因果关系”,曾甲脑出血及脑出血后遗症应被认定为工伤。

工伤认定过程中在面对存疑的、有争论的情况时,在难以确定把握时,我们更要强调运用行政法治原则,更要强化把用人单位承担工伤认定举证责任的规定全面落实在工伤认定实务中这样的导向,更好实现“保障因工作遭受事故伤害或者患职业病的职工获得医疗救治和经济补偿,促进工伤预防和职业康复,分散用人单位的工伤风险”的立法目的。

庆大霉素雾化治疗后出现一系列身心病症，诉讼如何应对？

宋儒亮　黎晓燕　李　立　李建林　李永丰　宋立志

案情简介

2012年3月6日，刘某因咳嗽、咳痰、咽痒到甲卫生服务中心处就诊，该中心给予庆大霉素雾化治疗，刘某离开后出现不适症状，在甲卫生服务中心处持续进行吸氧治疗，之后因症状加重到南方医科大学第三附属医院住院47天，2012年4月27日出院之后，一直因贫血和眩晕以及呼吸困难就诊多家医院至诉讼时。刘某认为甲医院存在诊疗及用药的医疗过错，导致其肾、耳损害，应承担医疗损害赔偿责任。

为此，刘某将甲卫生服务中心诉至法院，请求赔偿残疾赔偿金、误工费等共计1287194.17元。

一审各方意见

原告意见(刘某)

刘某认为被告甲卫生服务中心在为其诊疗及用药过程中存在过错，导致其肾、耳损害等后果，诉讼请求为判决甲卫生服务中心赔偿刘某1287194.17元，包括残疾赔偿金254045元，误工费634987元，被扶养人生活费181187元，护理费4700元，住院伙食补助费4700元，营养费20000元，医疗费87938.17元，交通费5160元，鉴定费10560元，鉴定人出庭费3917元，精神损害抚慰金80000元。

被告意见(甲卫生服务中心)

甲卫生服务中心认为，其并无医疗过错，请求驳回原告全部诉讼请求。

鉴定意见

依刘某申请，一审法院委托乙司法鉴定中心就甲卫生服务中心的诊疗行为是否存在过错及其诊疗行为与刘某的损害是否存在因果关系进行鉴定。该鉴定中心于2018年7月5

日作出司法鉴定意见书,具体分析说明如下。

1. 疾病诊断方面。(1)关于“咽炎”。结合病历资料,2012年3月6日,甲卫生服务中心诊断刘某患“咽炎”的疾病诊断基本正确。但是,甲卫生服务中心尚需进一步常规检查,初步判断是急性病毒性咽炎还是细菌性咽炎。(2)关于“贫血”。结合刘某自述和病历资料,贫血主要以血红蛋白数值为诊断依据。2012年3月8日至4月27日的5次血常规均提示存在轻—中度正细胞低色素性贫血。2012年3月6日至8日三天时间内,如果是由于庆大霉素所致的“急性贫血”,导致血红蛋白从110g/L降到91g/L,会有失血性休克或严重溶血等相应临床表现。同时,平均红细胞血红蛋白含量(MCH)和红细胞平均血红蛋白浓度(MCHC)还应维持正常范围,不可能是降低的。所以结合2012年3月6日至4月27日期间的临床表现,刘某的贫血是慢性贫血,在应用庆大霉素雾化吸入等医疗因素之前就已存在,而与2012年3月6日甲卫生服务中心应用庆大霉素雾化吸入及其后续医疗无关。之后各家医院的贫血诊断和治疗,亦均与2012年3月6日之前已存在的慢性贫血相关。在慢性贫血的病理基础上,一旦给予吸氧,刘某就会自觉症状好转,以致出现“自觉不能离开氧气”,造成其长期“吸氧依赖”的身心症状。因此,刘某于2012年3月6日至4月27日主诉症状,除与“咽炎”有关之外,还应与其轻—中度慢性贫血有关,甲卫生服务中心存在漏诊慢性贫血的医疗过错。(3)关于其他医院诊断和主诉病症。2012年3月8日至2017年10月13日期间,刘某经多家医院门诊和住院,反复出现和医院诊断的各种病症,均未发现与庆大霉素雾化治疗之间存在直接因果关系的确切证据。其中,最常主诉的和医院诊断的“头晕、呼吸困难、胸闷、气短、口唇紫、四肢无力等”病症均可归因于贫血的相关临床表现;2012年3月22日出现过敏性皮炎,距离2012年3月6日使用庆大霉素已有16天,而出现过敏性皮炎之前已应用过其他药物,不能确定过敏性皮炎与甲卫生服务中心的庆大霉素雾化等治疗之间存在因果关系;“耳”“肾”等病症均为甲卫生服务中心诊疗后,经过多家医院诊疗10多个月之后陆续出现和诊断的,不能确定与甲卫生服务中心的庆大霉素雾化等治疗之间存在直接因果关系。

2. 疾病治疗方面。(1)甲卫生服务中心给予刘某庆大霉素雾化吸入治疗,基本符合当时的诊疗常规,并且用药剂量小、不良反应少,尤其吸收入血的药物量更少,不易出现其他给药途径引起的毒性反应。庆大霉素致耳、肾毒性需要一定时间和一定剂量累积。因此,刘某于2012年3月6日之后出现的眩晕及后续的各种病症(特别是肾、耳损害等)与仅一次的庆大霉素雾化治疗,在剂量上、剂型上、时间上,以及给药途径上均不符合,不能确定与甲卫生服务中心的庆大霉素雾化治疗之间有关联性。但是,病历中未体现针对庆大霉素的过敏、耳和肾毒副作用等不良反应,相关既往史、过敏史及患者是否存在耳神经、肾病等原发病情况,综合考虑刘某个体差异,选择用药物剂量、剂型和途径,尚需按照《抗菌药物临床应用指导原则》(卫医发〔2004〕285 号)* 掌握抗菌药物用药指征,尽到医学专业的谨慎注意和医疗说明义务。(2)2012 年 3 月 6 日至 8 日,甲卫生服务中心在漏诊刘某的慢性贫血病症情况下,未尽到针对性治疗措施和相应指导义务,以致刘某离开医院后,直接去菜市场买菜期间发病。因此,甲卫生服务中心存在漏治"贫血"的医疗过错。(3)2012 年 3 月 6 日,刘某返回甲卫生服务中心处,进行了吸氧、口服葡萄糖、喝水等治疗,3 月 7 日至 8 日又进行吸氧治疗,但是,均未见相关的临床表现、检查、诊疗、医嘱等病历记载。因此,基于《病历书写基本规范》等相关规定,甲卫生服务中心存在一定的病历记载和未尽谨慎注意义务方面的医疗过错。综上,基于当时的医学理论和诊疗常规,尽管甲卫生服务中心存在上述三方面的医疗过错,然而,未见有客观证据表明,甲卫生服务中心的医疗过错与刘某当时和后续的各种病症之间存在直接因果关系。但是,不排除甲卫生服务中心的医疗过错对刘某产生一定不良身心影响,引发之后的包括"吸氧依赖"在内的一系列病症。

需要指出,刘某多年来的一系列病症中,大多数呈诉说的主观症状,而检查的客观征象少,呈多种多样、轻重不定、反复多变的身心病症。曾有医院病历记载,刘某诉说多,建议纠正贫血后,进一步完善检查,心理疏导。同时,多家医院对刘某给予补铁、吸氧等治疗,其贫血症状均有所减轻。故这些病症均可归因于原发的慢性贫血的临床表现。因此,刘某尚需进一步查明贫血病因,针对性治疗或治愈贫血,才可相应地解决长期病痛问题。

综上,刘某符合在慢性贫血基础上,因甲卫生服务中心诊治咽炎过程中存在的较轻微医疗过错,引发之后的一系列身心病症,应分别属于根本原因、诱因、中介原因和直接原因。

一审法院查明

2012 年 3 月 6 日,刘某因咳嗽、咳痰、咽痒到甲卫生服务中心处就诊,该中心给予庆大霉素雾化治疗,刘某离开后约十分钟便出现眩晕、脑胀、手唇变青、四肢无力等症状,返回甲卫生服务中心进行吸氧、口服葡萄糖等后,症状缓解。2012 年 3 月 7 日、8 日,刘某在甲卫生服务中心处继续吸氧治疗,后因症状加重到南方医科大学第三附属医院住院 47 天,2012 年 4 月 27 日出院之后,一直因贫血和眩晕以及呼吸困难就诊多家医院至诉讼时。

* 该文件被 2015 年 7 月 24 日发布的《抗菌药物临床应用指导原则(2015 年版)》废止。——编者注

一审法院认为

关于甲卫生服务中心提出的诉讼时效抗辩。刘某所主张的损害并不明显,并且是否由甲卫生服务中心所引起并非一目了然,刘某主张其在2013年年底才知悉其权利被甲卫生服务中心侵害符合常理,一审法院予以采信,故刘某的相关请求并未超过诉讼时效。

患者在诊疗活动中受到损害,医疗机构及其医务人员有过错的,由医疗机构承担赔偿责任。医务人员在诊疗活动中未尽到与当时的医疗水平相应的诊疗义务,造成患者损害的,医疗机构应当承担赔偿责任。

本医案经鉴定,甲卫生服务中心的诊疗行为系刘某的一系列身心病症产生的中介原因,原因力小于等于20%。该鉴定意见是在相关医学专家召开了专门听证会及充分分析讨论的情况下作出的,对医学上的专业问题也作了详尽的分析和说明;鉴定机构和人员具有法定的鉴定资质,鉴定程序合法;一审法院对该鉴定意见予以采纳,对双方的重新鉴定申请不予准许。综合本案具体情况,一审法院酌情认定甲卫生服务中心对刘某的相关损失承担20%的赔偿责任。

一审法院对相关物质损失认定如下:按照责任比例,甲卫生服务中心应赔偿刘某物质性损失38723.52元(193617.59×20%)。此外,原审法院酌情支持精神损害抚慰金10000元。故甲卫生服务中心应向刘某赔偿共48723.52元。

一审法院判决

综上所述,依照《民法通则》相关法律规定,一审法院判决如下:(1)甲卫生服务中心自判决发生法律效力之日起10日内赔偿刘某48723.52元。(2)驳回刘某的其他诉讼请求。如果甲卫生服务中心未按判决指定的期间履行给付金钱义务,应当依照《民事诉讼法》(2012年版)第253条之规定,加倍支付迟延履行期间的债务利息。本案受理费6935元,由刘某负担6435元,甲卫生服务中心负担500元。

一审判决后,双方均不服,提起上诉。

二审各方意见

上诉人(刘某)

上诉请求:(1)撤销A省B市C区人民法院(2014)穗天法民一初字第×××号民事判决。(2)改判支持刘某全部诉讼请求。

事实与理由：(1)甲卫生服务中心存在诊疗、用药的医疗过错，导致刘某肾、耳损害，应承担医疗损害赔偿责任，原审判决对此未予认定，明显不当。庆大霉素明确具有肾、耳毒性。甲卫生服务中心在刘某原发疾病咽炎没有应用抗生素适应指征的情况下，为刘某应用庆大霉素，并采用了错误的用药途径，导致刘某产生药物不良反应且未及时正确救治，违反了诊疗规范，其医疗过错与刘某的耳、肾损害存在因果关系。原审判决以鉴代审，事实认定错误。

(2)原审判决认定涉案鉴定的鉴定机构和人员具有法定鉴定资质、鉴定程序合法且在医学上对专业问题进行了详尽分析，采纳涉案鉴定意见不当。首先，本案鉴定的3名法医都不具有药物性肾、耳损伤相关的临床专业高级技术职称，对于其他参与鉴定的人员，鉴定机构也未依法提供其执业资质证明。鉴定机构作出的书面答复中列出的专家表并没有专家的名字，也未见鉴定机构出具任何的专家咨询意见。其次，鉴定人未出席鉴定听证会，而且另一鉴定人未取得法医师资格，其在开听证会时不具有法医类鉴定资质，属于重大程序违法；涉案鉴定用了2年8个月才出具鉴定书，程序违法；刘某从未提供任何精神病的病历资料与相关委托，涉案鉴定也不是法医精神病鉴定，鉴定人中无任何人持有精神病鉴定执业资质，鉴定人当庭说刘某是精神病，程序违法；鉴定人对本案医学上的专业问题没有作任何分析和说明，鉴定人出庭质证，刘某准备了88个相关问题，在鉴定人未对刘某提出的问题全部接受质询的情况下(质证只问到第22个问题)，鉴定人无正当理由拒绝再次出庭质证，鉴定人作出的书面答复也没有回答刘某提出的问题，因此，鉴定意见应不予采纳。

(3)原审过程中，三家鉴定机构表示对刘某主张的伤残情况无法鉴定，这并不是刘某的原因所致。原审法院委托医疗损害鉴定时遗漏伤残等级与营养费评定，伤残等级和营养费评定应在医疗损害鉴定时一并进行。原审法院未委托补充鉴定，其重新另行委托单独进行伤残鉴定及营养费鉴定，不符合单独评残的条件。因此，本案符合重新进行医疗损害鉴定的条件，原审法院不予重新鉴定不当。

(4)刘某已提交了诊疗规范、规章、法规以及大量医学文献著作及大学本科教材，足以推翻鉴定意见，并且完成了庆大霉素导致药物性肾、耳损害全部事实的因果关系举证，甲卫生服务中心全部进行了质证，并未提出任何反驳证据，原审判决不予采纳，缺乏理由。

上诉人(甲卫生服务中心)

上诉请求：撤销A省B市C区人民法院(2014)穗天法民一初字第×××号民事判决并依法改判，驳回刘某的全部诉讼请求。

事实与理由:(1)刘某的诉讼请求已超过一年的诉讼时效。刘某于2012年3月9日找甲卫生服务中心进行过协商,直到2014年1月23日才起诉,明显已超过一年的诉讼时效。刘某主张其2013年年底才知悉受到侵害,缺乏证据予以证实,原审判决采纳刘某的主张,事实认定不清。

(2)乙司法鉴定中心出具的《结合刘某医疗损害责任纠纷案的原告方三次共135个问题及法医鉴定人出庭质证的综合概要答复》明确称,涉案鉴定意见应该是对刘某最有利的。既然乙司法鉴定中心明确是对一方当事人有利的鉴定意见,该鉴定意见就不是一份公平公正的鉴定意见,原审据此作出判决,事实处理错误。

(3)甲卫生服务中心给予刘某庆大霉素雾化吸入治疗,符合诊疗规范,并且用药剂量小,不良反应少,尤其吸入血的药物量更少,不会出现毒性反应,庆大霉素致耳、肾毒性需要一定时间和一定剂量积累。刘某在2012年3月6日之后出现的眩晕及后续的各种病症与仅给予一次的庆大霉素雾化治疗,在剂量、剂型、时间以及给药途径上均不符合,刘某的身心病症与甲卫生服务中心的庆大霉素雾化治疗之间没有关联性。

(4)涉案鉴定意见认定甲卫生服务中心没有诊断出患者的慢性贫血构成漏诊的过错,该认定有悖医学常识。刘某当时就诊主诉是咳嗽、咳痰三天,医方基于其症状及体征初步诊断为咽炎并给予相应治疗并无不当。作为基层社区门诊来说,不可能对每个患者做全方位检查,排除其所有疾病的可能性并作出一个全面、系统的诊断。

(5)刘某慢性贫血是其自身基础疾病,并不是甲卫生服务中心的过错造成的。甲卫生服务中心作为一家基层医疗机构,在刘某出现头晕等症状并经吸氧等措施无明显好转的情形下,建议并转到上级医院进一步检查治疗,符合转诊规范。综上,甲卫生服务中心认为,其并无医疗过错,原审判决适用法律错误。

二审法院查明

甲卫生服务中心和刘某在二审均向本院申请重新进行医疗损害鉴定,鉴定诊疗行为是否构成过错以及诊疗行为与刘某主张的损害是否存在因果关系。刘某另申请对其因医疗损害导致的伤残进行伤残等级鉴定。

刘某在二审提交以下证据作为新证据:(1)A省司法厅复函,拟证实,涉案三名鉴定人均无精神病鉴定的资质,三名鉴定人中只有一人于某为法医师。(2)医学文献《临床药理学》,拟证实,刘某在庆大霉素用药10分钟后发生的是药物不良反应,药物不良反应存在与药物剂量无关的类型,鉴定人称庆大霉素毒副作用的产生与用药剂量和疗程有关是断章取义,以偏概全。(3)《护理研究》2003年第5期刊载的庆大霉素雾化吸入致过敏反应的1例病例、《中国学校卫生》1998年第6期刊载的庆大霉素雾化吸入致过敏反应的2例病例、《西北国防医学杂志》2011年第2期刊载的庆大霉素雾化吸入致神经肌肉接头阻断反应1例、《临床耳鼻咽喉头颈外科杂志》2012年第1期刊载的庆大霉素雾化吸入致过敏反应的3例病例,拟证实刘某的药物过敏反应在剂量、剂型和时间上与上述病例一致,从而拟证明鉴定人称本案药物剂量不会引发过敏、损害耳肾是错误的。(4)《中国呼吸与危重监护杂志》第2012年第2期刊载的《成人慢性气道疾病雾化吸入治疗专家共识》,拟证实庆大霉素雾化吸入治疗疗效及安全性缺乏充分循证医学依据,目前除妥布霉素被美国食品药品监督管理局批准用于雾化吸入治疗外,其余抗菌药物的安全性均未获得确认,临床上应避免。(5)《药品未注册用法专家共识》,拟证实医疗机构如需超说明书用药,应经药事委及伦理委批准,并且征得患者同意。(6)病历,拟证实经排查,刘某的贫血只能来源于药物性肾损伤并发症。

二审法院认为

本案争议焦点主要在于,医疗过错的认定及刘某主张的耳、肾损伤与医方为其应用庆大霉素之间是否存在因果关系。上述两个方面的认定,均需以相关医学专业性问题的识别为前提。原审依法委托乙司法鉴定中心作出医疗损害鉴定,该鉴定对医疗过错及相关因果关系均作了分析和说明,鉴定人也通过出庭质证和书面答复对其鉴定意见作了进一步的解释和说明,并就相关判断附注了医学依据。原审判决根据该鉴定意见作出判决,符合利用证据的诉讼程序,并无不当,本院予以确认。

结合医患双方的上诉主张,就涉案医疗损害鉴定意见的采纳问题,本院另分析如下:首先,涉案鉴定意见认为医方给予刘某庆大霉素雾化吸入治疗基本符合当时的诊疗常规。鉴定人为此已提供了医学依据,刘某在二审提出的多例庆大霉素雾化吸入致过敏反应病例,发生在不同时期不同地区,这恰恰佐证了鉴定意见认为符合当时的诊疗常规存在客观的医疗实践依据。其次,涉案鉴定意见认为,不能确定刘某的耳、肾病症与甲卫生服务中心实施的庆大霉素雾化治疗存在直接因果关系。该认定综合审查了庆大霉素致耳、肾毒性损害的医学原理、实际所用剂量、用药方式及患者病情发展经过等方面的内容,依据充分,本院予以确认。刘某主张的肾脏病变,其诊断距甲卫生服务中心实施庆大霉素雾化治疗已近10个月。刘某主张该损害是甲卫生服务中心实施的1次庆大霉素雾化治疗所致,其主张的因果关系太过"遥远",缺乏充分的证据,本院不予采纳。刘某主张其急性肾损伤在庆大霉素雾化治疗后即已发生,而从其 2012 年 3 月 6 日后门诊及 12 日以来住院诊疗情况来看,并无充分的诊断依据证实该主张,故本院亦不予采纳。

关于刘某就涉案医疗损害鉴定程序提出的异议。关于鉴定人资质问题,本案中出具鉴定意见的鉴定人均具有法定资质,涉案鉴定意见书已附有鉴定人的执业证书复印件,鉴定人具有合法的执业资格,鉴定人的执业范围均包括法医临床司法鉴定,刘某以鉴定人不具有资质为由对鉴定意见提出异议,本院不予采纳。关于涉案鉴定听证问题,刘某主张涉案鉴定听证程序不规范。本案中,鉴定机构已根据案件鉴定需要,召开了鉴定听证会,医患双方均已到场,经审查并不存在违反有关司法鉴定法律强制性或禁止性规定的情节。关于咨询临床专家的问题,刘某主张涉案鉴定没有咨询适格的临床专家。乙司法鉴定中心在原审书面答复中已明确说明了咨询专家所在的医疗机构,刘某以鉴定机构没有告知咨询专家的具体身份信息为由否定鉴定意见的证据效力,缺乏法律依据,本院不予采纳。关于鉴定人出庭质证问题,本案鉴定人已出庭质证且另行出具《结合刘某医疗损害责任纠纷案的原告方三次共 135 个问题及法医鉴定人出庭质证的综合概要答复》就相关鉴定问题作了说明,已适当履行鉴定人出庭作证的义务。刘某以鉴定人无正当理由拒绝再次出庭质证为由主张不应采信鉴定意见,本院不予采纳。综上,无论是从鉴定机构和鉴定人员的鉴定资格,鉴定人员的组成,鉴定的具体实施,鉴定人质证,还是鉴定结论的医学依据来看,本案均未发现鉴定机构存在因程序不当而导致鉴定意见真实性、科学性存在合理怀疑的情形。原审法院不予重新鉴定并无不当,本院予以确认。医患双方在二审申请重新委托医疗损害鉴定,本院不予准许。刘某在二审申请对其呼吸困难和肾功能进行伤残等级鉴定。关于伤残鉴定,原审法院已依法委托三家鉴定机构进行鉴定,均未受理,并且于本案审理也无必要,故本院亦不予准许。

关于医方上诉主张其无须承担医疗损害责任。关于时效问题,刘某接受庆大霉素雾化治疗后,连续长期接受治疗,医方主张刘某应于 2012 年 3 月 9 日即已知晓损害,明显有违常理和一般生活经验,其关于本案已超过诉讼时效的上诉理由,本院不予采纳。关于医疗过错问题,涉案鉴定意见已作具体分析,医学依据充分,本院予以确认。刘某接受庆大霉素雾化治疗后,因出现不良反应返回甲卫生服务中心,医方对刘某的临床表现及检查、救治等措施,均缺乏必要记载,从而无法判断其诊疗救治行为是否妥当,鉴定意见认定医方存在漏治“贫血”等医疗过错,依据充分。甲卫生服务中心上诉主张其不存在医疗过错,本院不予采纳。关于因果关系问题,因甲卫生服务中心后续诊疗救治措施不明,无法排除其对刘某后续病症的影响,鉴定意见认定存在因果关系,存在合理性,故本院亦予采纳。关于医疗损害责任比例的认定问题,综合医方过错内容和刘某的原发疾病,原审判决根据鉴定意见酌定甲卫生服务中心承担20%的赔偿责任,对医疗损害相关风险和利益的衡量并未显失公正,本院予以维持。关于具体损害赔偿项目的认定,原审判决理由阐述充分,本院亦予确认。

二审法院判决

综上,原审判决事实依据充分,法律适用正确,判决并无不当,本院予以维持。对刘某和甲卫生服务中心的上诉请求,本院均不予支持。依照《民事诉讼法》(2012 年版)第 170 条第 1 款第 1 项之规定,判决如下:驳回上诉,维持原判。

本案二审案件受理费 6792 元,由刘某负担 6292 元,由甲卫生服务中心负担 500 元。

本判决为终审判决。

各方意见

医方意见

李建林　中山大学附属第八医院(深圳福田)　副院长

此案历时 7 年之久,经过司法医学鉴定,法院二审,对于一家基层医疗机构是教训和压力是沉重的。纵观整个案例,甲卫生服务中心主要问题是漏诊和病历书写不规范,记录不及时、不完整,医生交代事项不够,因此,今后基层医疗机构,特别是卫生服务中心、社康中心,要加强“三基三严”培训,规范医疗服务,同时政府要加强投入,确保基层服务机构能力建设持续性。

甲卫生服务中心工作虽然存在不足,但与患者刘某的耳聋、肾功能损害的现状关联性不明确。卫生行政部门要加强医疗卫生基本知识的宣传教育,提高公众对医学常识的认知度,减少对医疗服务的误解。

判断医疗责任要综合考虑医疗机构和医务人员的诊疗行为、患者病情、患者个体性、基层医疗机构的配置能力和水平等因素。

鉴定专家意见

李永丰　广东省医学会医鉴办　副主任

在医疗损害侵权责任纠纷案件的审理或鉴定中,认定损害后果是其中的一个重要内容,也是医疗损害责任的构成要件之一。绝大多数的医疗损害侵权责任,是因医疗过错对患者生命健康安全的侵害,而造成的人身损害后果。但《民法典》第1218条表述为“患者在诊疗活动中受到损害,医疗机构或者其医务人员有过错的,由医疗机构承担赔偿责任”,这里并没有特指“人身损害”,应理解为,除生命健康权外,还包括对财产权、隐私权、知情权、名誉权、亲权等其他侵权。应注意到,无论形成何种侵权的损害后果,均应有客观、真实、充分的证据支持。本案患者的主要主张是认为医方在患者原发疾病咽炎没有应用抗生素适应指征的情况下,为患者应用庆大霉素,并采用了错误的用药途径,导致患者产生药物不良反应且未及时正确救治,违反了诊疗规范,其医疗过错与患者的耳、肾损害存在因果关系。患方主张损害后果是导致了明确的人身损害结果(耳、肾损害),但经鉴定人对患者诊疗经过的分析鉴定,医方对患者“咽炎”的诊断治疗过程无过错,对庆大霉素的使用也不存在过错,患方所主张的耳、肾损害与该次诊疗无论在时间关联性、药物适应证、用法用量等方面均无因果关系。但医方存在漏诊患者“贫血”的医疗过错,该过错并未造成患者器质性的人身损害结果,与患方主张的损害后果之间也无因果关系。上述过程的分析判定是准确的,并能提供充分的依据支持。但最终鉴定结论认为医方存在的较轻微医疗过错,与患者后续引发的一系列“身心病症”存在因果关系,原因力大小为20%。对此,需要提醒注意的是,医疗损害鉴定中确认患方的损害后果,应当是已经发生的,可以通过事实资料确认的(如检查检验结果、其他客观证据等)客观存在。尚未发生、将要发生,或者只有主观感觉、没有客观体征和检查检验结果的,不宜作为医疗损害鉴定中的“损害后果”予以确认。本案中鉴定人确认患方的损害后果为“一系列身心病症”,是以患者主诉为主、主观感觉症状多而重、客观检查病变少而轻的“临床表现”,缺乏客观证据支持,是欠准确的,有“和稀泥”之嫌,由此而作出的鉴定结论,可能会导致当事人的不信服和引来后续更多的争议,从而为法官裁判案件带来困难。

律师意见

李立　高级合伙人　广东省律师协会医疗卫生与健康法律专业委员会　副主任

针对本案,结合医事司法实务情况,谈两个问题。

一是认识问题。本人认为,药品说明书的滞后性并不是什么错误,但放任滞后的药品说明书视而不见,就不值得肯定。

众所周知,药品使用过程中,说明书是便利之法。正如物品可因使用而存在新情况一般,药品也存在这样的情况。为此,及时跟进药品新变化,完善药品说明书,是最理想的办法。但由于种种原因,药品说明书及其完善肯定是滞后的,这也是符合认识规律的。

为什么？完善药品说明书,是药品生产厂商之事,但完成调整不只是文字工作,更需要药品临床试验,有着复杂的程序、步骤,这不仅增加了药品生产厂商的成本,而且需要多方配合,其中,最大变数要看药品生产厂家修改完善药品说明书的动力足不足,最大外力要看药监部门是否愿意积极作为,引领指导,推动药品说明书的完善。

临床中,常常看到药品说明书明显滞后于药品使用的问题。但面对这样的状况,厂家往往置之不理,医院医师在药品说明书外使用,药监部门也未有任何督查。这恰是问题所在,这不应当作为一种常态继续存在。

二是实务问题。在日常律师服务工作中,常常遇到药品说明书之外用药受医保处罚的问题,该如何看?

这方面,曾有这样的尝试:在2022年全国两会上,全国政协委员张喆人提出超说明书用药管理亟待建章立制提案,该提案建议国家医保局对循证证据充分、临床普遍使用的超药品说明书适应证品种,组织相关学会、协会开展论证,将论证通过的品种超药品说明书适应证研究纳入医保支付范围,减轻患者经济负担。

国家卫生健康委员会在对提案的答复函中提出,《基本医疗保险用药管理暂行办法》第23条规定参保人使用《医保药品目录》内药品发生的费用,符合药品法定适应证及医保限定支付范围的可由基本医疗保险基金支付。按现行医保政策,超说明书使用时医保基金不予支付。

因此,虽然医保目录对很多药品取消了支付范围的限制,但取消限制不代表没有限制,超说明书用药依然不能医保报销,这点一定要注意。

但如此又面临新情况,《医师法》第29条规定,就是之一。笔者认为,尽管《医师法》第29条规定为药品说明书外用药开了一个小口,但是,结合医保不报销的立场,说明在对药品说明书外用药上,医保机关目前仍然持不支持态度的。

该如何解释？医保基金必须用在有确定、确切和确实的治疗手段上是有重要的理由和重大考虑的。正因如此,才把符合药品法定适应证用药作为纳入医保支付的条件之一。这提示各方,围绕药品说明书本身进行修改和完善,或是性价比最高的方式选择,也是最大的突破口。

法官意见

黎晓燕　广东省高级人民法院　助理审判员

当事人对自己提出的诉讼请求所依据的事实或者反驳对方诉讼请求所依据的事实有责任提供证据加以证明。没有证据或者证据不足以证明当事人的事实主张的,由负有举证责任的当事人承担不利后果。人民法院委托鉴定部门作出的鉴定结论,当事人没有足以反驳的相反证据和理由的,可以认定其证明力。本案中,一审法院依法委托乙司法鉴定中心进行医疗损害鉴定,该鉴定对医疗过错及相关因果关系均作了分析和说明,鉴定人也通过出庭质证和书面答复对鉴定意见作了进一步的解释和说明,并就相关判断附注了医学依据。二审法院针对当事人就涉案医疗损害鉴定程序提出的异议,亦做了详尽的调查和论述。无论是从鉴定机构和鉴定人员的鉴定资格、鉴定人员的组成、鉴定的具体实施、鉴定人质证,还是鉴定结论的医学依据来看,本案均未发现鉴定机构存在因程序不当而导致鉴定意见真实性、科学性存在合理怀疑的情形。医患双方申请重新鉴定缺乏依据,乙司法鉴定中心作为具备法定资质的鉴定机构,作出的鉴定结论具有专业性。二审判决根据鉴定意见,综合医方过错和患者的原发疾病,酌定甲卫生服务中心承担20%的赔偿责任,并未显失公正。

本案启示

开具不良反应多的老药　更需要与时俱进的法治能力

宋儒亮　法治广东研究中心主任、《中国医学论坛报》第二届医事法学理事会理事长、广东省医学会医事法学分会前任主任委员

“药品说明书之外”的用药问题,在业内是一个常讲常新的老问题,《医师法》的实施,尤其是第29条规定的落地,又把这个争论性问题由“临床领域”带入“法律领域”,在法律领域进行审视与研讨“药品说明书之外”用药治疗的利弊,是一个新议题,这方面,观点丰富。笔者就这一问题的基本看法是:一言以蔽之,合理用药,须遵循药品说明书。七个“必须”是法律意义上允许进行“药品说明书之外用药”的基本条件,缺一不可,但这七个“必须”一并实施并不容易。对临床而言,把药品说明书之外用药纳入法治轨道,依法推进药品说明书之外用药实施,既是临床活动各方要继续面对的一个老难题,又是落实依法执业要面临的一个新挑战,其中,推动医学与法学的兼容并进,推进药品说明书之内和之外兼

容有序,是弥新但恒久之难题。

本案争议点在于该如何看待药物的不良反应。究其实质,仍是“药品说明书内用药”的问题,还不是更为复杂的“药品说明书外用药”的问题。要处理好这个问题,以下问题要考虑明白。

第一,对药物不良反应的收集报告等事宜,真不可少。

“是药三分毒。”药品,用对了,是治病的,用错了,是致病的,即便用对了,该药内在具有的不良反应也是客观存在的。据此,法律就赋予了药品上市许可持有人承担该药品上市后不良反应收集等义务。《药品管理法》第 80 条规定:“药品上市许可持有人应当开展药品上市后不良反应监测,主动收集、跟踪分析疑似药品不良反应信息,对已识别风险的药品及时采取风险控制措施。”这表明,药品使用过程中,一旦发现该药出现之前没有的、新的不良反应时,必须及时进行收集报告等。

这是一个关于法定的职责履行的问题,其中,药品上市许可持有人更当全面贯彻,积极履行。

第二,对不良反应较多的药品该如何履行说明告知,真是不易。

伴随时代的进展、法律的完善,这又演变成了一个新问题。

本案中的庆大霉素是一个老药,其在使用中应当注意的事宜,其药品说明书中关于不良反应等的内容表述是清楚的,更是详细的,如说明书中有“用前须知”“禁用人群”“慎用人群”“特殊人群用药须知”“相互作用”“用后须知”“不良反应”“用药贴士”等内容。

这样的老药,和药品说明书是值得肯定的:其优点是通过说明书内容的阅读,更便于各方尤其是患方清楚知晓用药之前后全过程进展,真正享受到药品使用说明告知的全周期服务,这毋庸置疑。但是,有利便可能有弊,比如,一种可能是对其阅读之后,出现诸如“知识多、知情多、知晓多”等带来的认知副反应,或可称为“知识理解使用不当综合征”。具体就是,有患者往往根据上述说明告知事项内容,进行自身的严格对照,既过度注重用药的过程,又过度看重用药的结果,这是“知识理解使用不当综合征”中可有的典型之表现,乃“疑病也”。

这是一个新的比较棘手的新问题,问题的关键不在于医方而在于患方,尤其与患者个人自身情况等密切相关,如其成长经历、心理素质、思维习惯、思考逻辑、归责看法、社会范围、纠纷处置方式等就是影响因素。这类因素一旦存在,医疗实践中,或因某种机缘,让这些问题出现了且其之出现、存在等还面临难以把握、难得预测、难以化解等问题,随之面临的争议甚至问题，往往更是大概率的。

本案便符合这样的逻辑，也是这样演变的，当然也就出现了这样的情况。患者对不良反应情况的理解存在片面性、选择性，导致了其与诊疗医院之间出现纠纷，产生诉讼。

这也是一个关于知行合一的问题，其中，相关各方，既要与时俱进，担当作为，又要因人而异，如何更精准、怎样才适度，或是其中把握的难点。

第三，化解类似“知识使用不当综合征”等问题，要新招。

生活经验提示我们，判断对错与否不是简单的，是需要付出对价代价的。比如，在本案中，除非患者有新证据证明，否则，在庆大霉素用药问题上，当认定医方履行了说明告知义务，不存在过错。判决也持类似观点。

但即便如此，仍难以避免可能的诉讼。一旦诉讼，就不单限于用药问题，要对包括诊疗护理在内的全过程都要进行审查。

进一步讲，有些纠纷案件，必须有一个程序，让问题释放，非如此，难以让事情终结。诉讼程序，就是有着这样属性的一种程序，尽管都知道，诉讼程序的导入比较麻烦，成本也比较多，甚至也显得很无奈，但这就是法律赋予人的一种权利包括诉权等。其之行使，并不要求对方当事人同意，只要符合法律立案规定就可以了。

面对“知识使用不当综合征”，笔者认为存在更好的化解对策思路，比如，强调源头防范，未雨绸缪，主动出手，下好先手棋等。

在这里要提醒的是，医方在面对价格便宜、不良反应多的老药、旧药时，不能掉以轻心，更不要熟视无睹，而是要与时俱进，更要关注风险意识，特别注意用药可能面临的种种风险，要把这些风险提前向患者说明告知，力争在开始使用药品时，就有了知识免疫、法律免责等意识。

这是应对更高水平的健康保障需要。因此，要避免不必要、无谓的纠纷，不能因为药是老的、药品说明书是常见的、不良反应等是写明的，就掉以轻心。面对诊疗活动，医方更当有换位意识、设身处地，扎实把说明告知义务做实做好。因为，对于药物使用，患者可能是新的，可能是第一次使用，药品说明书也可能是第一次关注，大意不得。当然，再退一步而言，即便患者不是新的，药也不是新的，不良反应也是明确的，医方也应注意到我们面临的时代已是新的，法律法规也是新的，患者的权益保护观念也是新的。

漏诊了左胫骨近端骨折，不承担法律责任可接受吗？

宋儒亮　李建林　黎晓燕　李永丰　宋立志　甘翌晓　陈远红

案情简介

2017年1月11日，何某在B市C区桔树酒店施工场地使用电动手磨机锯木板时，手磨机的锯片突然打到何某脚部，造成何某受伤。当日何某被送往甲医院治疗，并于当日行"左侧膝部机器切割伤清创缝合+肌腱、血管探查修复术"，于2017年1月26日出院，共住院15天。出院诊断：左膝部皮肤软组织切割伤；左侧膝部髌韧带断裂；左侧膝关节关节囊破裂。出院医嘱：注意休息以及营养，下肢制动一个月；伤口注意保持干燥整洁；带药回家。之后何某至甲医院处复诊，2017年5月26日磁共振检查报告书载明：左侧踝关节磁共振平扫骨质未见异常。2017年5月27日磁共振检查报告书载明：胫骨上段陈旧性骨折，胫骨平台骨髓水肿；前交叉韧带胫骨附着处挫伤，胫骨内髁附着点处骨髓水肿；内侧支持带、髌腱损伤；关节囊内少量积液。2017年5月27日疾病诊断证明书载明：诊断为左膝部皮肤软组织切割伤；左侧膝部韧带断裂；左侧膝关节关节囊破裂；左侧胫骨骨折。医嘱为建议全休6个月；继续康复治疗。2017年6月12日病历载明：建议行膝关节镜探查手术，进一步明确诊断及进行对症处理；关节镜手术（探查）约人民币15000元整，如术中发现韧带、半月板病患需要进一步处理，手术治疗费用会相应增加。2017年7月4日疾病诊断证明书载明诊断：左侧膝部皮肤软组织切割伤；左侧膝部髌韧带断裂；左侧膝关节关节囊破裂；左侧胫骨骨皮质切割伤。何某之后多次至丙医院、B市正骨医院就诊。

何某认为，甲医院存在漏诊导致错过了最佳的治疗时间，直接导致其不能康复从而持续受到病痛折磨，不能正常工作，造成了严重的经济困难，因此，提起诉讼。

一审各方意见

原告（何某）意见

诉讼请求：（1）判令甲医院赔偿何某所有治疗的医疗费5178元、误工费39078元（2017

年5月3日至2018年1月17日，按A省家具制造行业的平均工资54858元/年÷365天×260天）、交通费1279元（其中279元是去鉴定坐火车的费用，加上估算的市内交通费1000元）。（2）判令甲医院赔偿精神损害抚慰金5000元。（3）判令甲医院赔偿参加医疗事故处理的何某近亲属所需交通费、误工费、住宿费共计人民币3000元。（4）判令甲医院承担本案医疗事故鉴定费6500元及诉讼费。

被告（甲医院）意见

甲医院认为对何某诊疗符合规范，不存在过错，依法无须承担责任，请求依法驳回。

鉴定意见

经何某申请，一审法院依法委托乙司法鉴定中心就甲医院对何某的医疗行为是否存在过错、医疗过错与损害结果之间是否存在因果关系及过错参与度的比例进行医疗损害责任鉴定。该中心于2018年11月30日作出某司鉴中心[2018]临鉴字第××号法医学鉴定意见书，其中“分析说明”部分载明：“……2. 关于医疗过错……送检2017年1月11日X线片提示其左侧胫骨平台前下方见条形负影，骨表面局部皮质欠规整，即其左胫骨近端不全骨折表现，医方未予诊断，属漏诊，存在过错。送检2017年5月26日左膝部磁共振片提示其左侧胫骨平台前下方见条形长T1长T2信号影，该高信号影位置及形态与前述X线片所示相符，故送检磁共振片再次证实医方漏诊其左侧胫骨平台骨折，存在过错。……4. 关于因果关系及参与度。何某左侧胫骨近端骨折为不全骨折，仅胫骨前表面浅层局部骨皮质不连续，不影响左侧胫骨的整体负重，亦不会出现骨折移位。对于此种类型骨折，只需限制活动量，而患者因为软组织损伤（关节囊破裂、髌韧带损伤），医方已于术后行石膏外固定，医方上述处理已经起到限制活动量的作用，出院医嘱其下肢制动壹个月；送检X线片亦提示其左侧胫骨近端骨折愈合可。故医方漏诊其左侧胫骨骨折，未造成骨折不愈合或畸形愈合的损害后果。其目前左膝关节疼痛及活动度较右侧略小，考虑与其自身左膝关节外伤损伤基础有关。综上所述，医方在对何某的诊疗过程中，漏诊其左侧胫骨近端骨折存在过错，该过错与何某目前左膝关节疼痛及活动度较右侧略小无直接因果关系。鉴定意见为：甲医院对何某的诊疗过程中，漏诊其左侧胫骨近端骨折存在过错，该过错与何某目前左膝关节疼痛及活动度较右侧略小无直接因果关系。”何某为此垫付鉴定费6500元。

各方对鉴定意见的意见

原告意见(贺某)

该司法鉴定意见书第6页第2段已经明确甲医院存在漏诊,存在医疗过错。

该鉴定意见第7页第6行表示"该过错与何某目前左膝关节……活动度……无直接因果关系",何某认为没有给出直接的评判,只是称疼痛和活动度小无直接因果关系,因此何某还是认为漏诊与何某活动受限和疼痛是有因果关系的。何某提交的2019年1月22日的磁共振报告显示到2019年1月22日何某的左膝股骨内侧髁及胫骨平台骨髓水肿,左膝髌上囊、关节腔少量积液。

被告意见(甲医院)

甲医院对鉴定意见书的真实性、合法性无异议。表示即使法庭认定存在漏诊,何某的损害后果也与甲医院的医疗行为无因果关系,左膝疼痛受限完全是何某左膝关节外伤所导致的。对于鉴定书认定的骨折地方,甲医院做石膏固定后已经愈合得很好,不存在损伤。在鉴定听证时鉴定专家向何某多次声明不存在因果关系,建议何某撤掉该案鉴定,不收费。

一审法院查明

2017年1月11日,何某在B市C区桔树酒店施工场地使用电动手磨机锯木板时,手磨机的锯片突然打到何某脚部,造成何某受伤。当日何某被送往甲医院治疗,并于当日行"左侧膝部机器切割伤清创缝合+肌腱、血管探查修复术",于2017年1月26日出院,共住院15天。出院诊断:左膝部皮肤软组织切割伤;左侧膝部髌韧带断裂;左侧膝关节关节囊破裂。出院医嘱:注意休息以及营养,下肢制动一个月;伤口注意保持干燥整洁;带药回家。之后何某至甲医院处复诊,2017年5月26日磁共振检查报告书载明:左侧踝关节磁共振平扫骨质未见异常。2017年5月27日磁共振检查报告书载明:胫骨上段陈旧性骨折,胫骨平台骨髓水肿;前交叉韧带胫骨附着处挫伤,胫骨内髁附着点处骨髓水肿;内侧支持带、髌腱损伤;关节囊内少量积液。2017年5月27日疾病诊断证明书载明诊断:左膝部皮肤软组织切割伤;左侧膝部韧带断裂;左侧膝关节关节囊破裂;左侧胫骨骨折。医嘱:建议全休6个月;继续康复治疗。2017年6月12日病历载明:建议行膝关节镜探查手术,进一步明确诊断及进行对症处理;关节镜手术(探查)约人民币15000元整,如术中发现韧带、半月板病患需要进一步处理,手术治疗费用会相应增加。2017年7月4日疾病诊断证明书载明诊断:左侧膝部皮肤软组织切割伤;左侧膝部髌韧带断裂;左侧膝关节关节囊破裂;左侧胫骨骨皮质切割伤。何某之后多次至丙医院、B市正骨医院就诊。

何某提交医疗费票据、病历材料、车票等证据拟证明其因甲医院的诊疗行为存在过错导致的各项损失。甲医院对上述证据的真实性、合法性无异议,但关联性不予确认。

经原审法院询问,何某主张其工作系帮别人做室内装修,负责安装门、铺木地板、天花等,受伤后就失业了。

另查明,B市卫生和计划生育委员会于2019年1月11日作出某卫群[2018]×××号《关于何某同志所提事项的答复函》,载明关于该院告知是否充分、患者住院期间是否需要进行磁共振检查、患者诊断是否明确及是否错过最佳治疗时间造成后遗症、患者复查时的病情是否需要进行相关检查等问题,属于医疗技术范畴,建议何某向医院所在地卫生计生局申请医疗事故技术鉴定,由鉴定专家判定,并根据鉴定结果,循法律途径维护自身权益。

何某于2017年9月4日向原审法院提起诉讼,请求判令B市丁公司、李某标连带赔偿医疗费、交通费、护理费等各项损失共计151832.23元。原审法院于2018年5月2日作出(2017)某0106民初21977号民事判决,判决:B布丁公司、李某标赔偿何某物质性损失107831.63元、精神损害抚慰金5000元。李某标对该判决不服提出上诉,二审法院于2018年9月18日作出(2018)某01民终×××号民事判决,判决:维持原判,驳回上诉。

一审法院认为

《侵权责任法》第54条规定,患者在诊疗活动中受到损害,医疗机构及其医务人员有过错的,由医疗机构承担赔偿责任。根据该规定,医疗损害责任为过错原则,其构成要件有:违法行为、损害结果、因果关系以及主观过失。本案中,根据乙司法鉴定中心作出的某司鉴中心[2018]临鉴字第××号法医学鉴定意见书可知,甲医院在对何某的诊疗过程中漏诊其左侧胫骨近端骨折存在过错,但该过错与何某目前左膝关节疼痛及活动度较右侧略小无直接因果关系,并且甲医院已于术后对何某行外固定,复检X线片亦显示何某左侧胫骨近端骨折愈合可,甲医院的上述过错行为未造成损害后果。何某虽对鉴定结论部分存在异议,但并未提供足以反驳该鉴定意见书的证据和理由,故原审法院对该鉴定意见书予以采信。因此,现有证据无法证明甲医院之行为与何某左膝关节疼痛及活动度较右侧略小之后果存在因果关系,甲医院的医疗损害责任欠缺重要条件而不能成立,故何某要求甲医院赔偿损失的诉讼请求缺乏事实和法律依据,一审法院不予支持。

关于鉴定费,鉴于鉴定意见书中载明甲医院的医疗行为确有过错,根据公平原则,法院酌定鉴定费6500元由何某、甲医院各负担3250元,因何某已全部预缴,故甲医院应径付何某3250元。

一审法院判决

综上所述,依照《侵权责任法》第54条,《最高人民法院关于民事诉讼证据的若干规定》第2条,《民事诉讼法》(2017年版)第64条第1款之规定,法院判决如下:驳回何某的全部诉讼请求。如甲医院未按判决指定的期间履行给付金钱义务,应当依照《民事诉讼法》(2017年版)第253条之规定,加倍支付迟延履行期间的债务利息。本案受理费1300元,由何某负担;鉴定费6500元,由何某与甲医院各负担3250元(何某已经全部预缴,被告自本判决发生法律效力之日起5日内迳付何某鉴定费3250元)。

原告对一审判决不服提起上诉。被告认同一审判决。

二审各方意见

上诉人(何某)意见

上诉请求:(1)判令甲医院赔偿何某医疗费5472.6元、误工费86871元、交通费1279元。(2)判令甲医院赔偿精神损害抚慰金5000元。(3)判令甲医院赔偿参加医疗事故处理的何某近亲属所需交通费、误工费、住宿费共计人民币3000元。(4)判令甲医院承担本案医疗事故鉴定费及诉讼费。

上诉理由:(1)本案病历材料及医疗损害鉴定意见均足以认定甲医院存在漏诊行为,存在过错。甲医院的过错导致何某错过了最佳治疗时间,产生了更多的医疗费用和实际损失以及身心损害。(2)乙司法鉴定中心作出的鉴定意见,并未直接明确何某的医疗损害与甲医院的医疗行为完全没有因果关系。该鉴定意见也没有对漏诊行为是否导致何某错过最佳治疗时间、漏诊行为是否与恢复活动受限以及疼痛存在因果关系作出认定。原审判决没有查清案件事实,判决错误。(3)甲医院对其漏诊及造成何某损害的行为是明知的,并试图通过进行手术为何某治疗,只是由于赔偿事宜无法达成一致才造成手术治疗的搁置。综上,何某认为,甲医院的医疗过错导致其错过最佳治疗时间,直接导致其不能康复从而持续受到病痛折磨,不能正常工作,造成了严重的经济困难。原审判决认定事实错误,判决结果有失公允。

被告(甲医院)意见

同意原审判决。

二审法院认为

原审法院根据双方当事人的诉辩、提交的证据和医疗损害鉴定意见,对本案事实进行了认定,并在此基础上依法作出原审判决,合法合理且理由阐述充分,本院予以确认。

关于医疗过错及因果关系问题,原审法院已依法委托乙司法鉴定中心就本案作了鉴定。原审法院委托医疗损害鉴定,程序合法,现有鉴定意见对涉案诊疗行为在医学上的专业问题已作了必要而又具体的分析和说明,并有客观的医学依据为证,足以为本案判断医方是否构成医疗过错及因果关系是否成立等法律定性问题提供依据。原审法院据此作出一审判决,符合利用证据的诉讼程序,并无不当。

本案中,鉴定意见并未否认或回避医方存在漏诊的过错。然而,医疗损害责任的成立,不仅要求医方存在医疗过错,还要求医疗过错与患者的损害存在因果关系。本案中虽然甲医院存在漏诊何某左胫骨近端不全骨折的过错,但该过错并非造成何某左膝关节疼痛及活动度较右侧略小损害后果的原因。对此,鉴定意见已明确指出该判断的依据所在。因为何某的左胫骨近端不全骨折,治疗上只需限制活动量,而甲医院处理何某软组织损伤于术后行石膏外固定,并医嘱下肢制动一个月,已起到了限制活动量的作用。从结果来看,送检复查的X线片也提示何某该处骨折愈合可,亦即医方的漏诊并未造成骨折不愈合或畸形愈合的损害后果。何某上诉主张,甲医院的漏诊导致其错过最佳治疗时间,不能康复从而持续受到病痛折磨,产生了更多的医疗费用和实际损失,缺乏客观证据予以佐证,本院不予采纳。

二审法院判决

综上所述,原审认定事实清楚,判决并无不当,本院予以维持。何某的上诉理由不成立,其上诉请求本院不予支持。依照《民事诉讼法》(2017年版)第170条第1款第1项之规定,判决如下:驳回上诉,维持原判。

本案二审案件受理费608元,由何某负担。

本判决为终审判决。

各方意见

医方意见

李建林　中山大学附属第八医院　副院长

陈远红　中山大学附属第八医院　医患关系科

X线片提示患者左侧胫骨平台前下方见条形负影,骨表面局部皮质欠规整,即其左胫骨近端不全骨折表现,但甲医院未尽到高度谨慎的注意义务予以诊断,确属漏诊,存在过错。

何某左侧胫骨近端骨折为不全骨折,治疗上只需限制活动量。甲医院针对患者的病情予以术后行石膏外固定的处理,已经起到限制活动量的作用,出院医嘱患者下肢制动1个月,漏诊的过错未造成骨折不愈合或畸形愈合的损害后果,这一点对于评估甲医院是否应当承担法律责任至关重要。

甲医院要加强医务人员业务能力学习,落实围手术期管理,加强临床与医技科室的密切配合,影像报告临床参考,临床医生要掌握专科影像知识。

鉴定专家意见

李永丰　广东省医学会医鉴办　副主任

医疗行为的违法性(医疗过错)、损害结果、因果关系状况,是鉴定医疗损害侵权案件的三要件。因果关系是判定各种"侵权"成立必不可少的关键要件,自然也是构成医疗损害责任的关键要件,即医方的医疗过错行为必须在造成患者的损害结果中有一定的参与作用,形成一定的因果关系,医疗损害责任才能成立。鉴定时,在判定医疗过错行为与患者损害结果之间的因果关系时,需对医疗过错行为是否起到参与作用做全面分析,无论因果关系是直接的,还是间接的,只要该医疗过错是发生相应损害结果必不可少的适当条件,即可认为存在相当因果关系(法律因果关系),可判定属于医疗损害责任。

本案例中乙司法鉴定中心鉴定意见为:"甲医院在对何某的诊疗过程中,漏诊其左侧胫骨近端骨折存在过错,该过错与何某目前左膝关节疼痛及活动度较右侧略小无直接因果关系。"在此需注意的是,"无直接因果关系"并未否定"有间接因果关系",所谓间接因果关系,多为医疗过错行为对患者损害结果的发生起诱发、扩大、加重作用,或者对原疾病的预后起负面作用。虽然只是间接作用,但如果是造成损害结果的适当条件之一,也应认定其医疗损害责任。回到本案,医方所存在的医疗过错是明确的,即漏诊患者左侧胫骨近端骨折。接下来应分析:该过错会导致何种损害后果?与患方所主张的损害后果之间有无因果关系?因漏诊而导致的后果常见的是后续治疗措施上的不作为,如未能采取对应的、合理有效的治疗措施,进而导致病情的进展、变化、恶化,最终造成正常诊疗下不应出现的人身损害结果。本案例的特殊情况在于:患者受伤时虽存在胫骨近端骨折,但该骨折为不全骨折,无骨折移位,仅胫骨前表面浅层局部骨皮质不连续,不影响左侧胫骨的整体负重,由于处理上无外科手术指征,给予固定、限制活动、对症处理等即可。由于患者存在的左膝部的损伤,医方在处理上已给予石膏外固定,出院医嘱下肢制动1个月。患者后续按嘱返院复查,其影像学检查显示左侧胫骨近端骨折愈合可,符合该类型骨折的正常预后,未出现骨折不愈合或畸形愈合的不良后果。因此,本案例中,虽然医方漏诊患者骨折,但由于患者骨折伤情轻微、邻近部位伤情有治疗需要等,医方在其后的治疗中已采取了相应的有效的治疗措施且治疗效果与该损伤的正常诊疗预后是符合的,并未对预后产生负面作用,未发生相应的损害结果。同时,患方所主张的"左膝关节疼痛及活动度较右侧略小"的损害后果,根据其诊疗经过可知,是左膝关节损伤(左侧膝部髌韧带断裂;左侧膝关节关节囊破裂)的正常后遗症之一,与医方的诊疗行为之间无因果关系。综上,医方不承担医疗损害侵权责任。认可本判决。

律师意见

甘翌晓　广州金鹏律师事务所　律师

鉴定医方的诊疗行为存在过错,但和患者的损害后果无因果关系,医方是否需要承担损害赔偿责任?

目前司法实践中对此有两种主流观点:一是医疗机构应承担一定的损害赔偿责任。该观点认为医疗损害往往属于多因一果,即一个损害后果的造成包含了多种因素(有医疗过错因素、患者自身疾病因素、医学滞后性因素以及其他未知因素),如果医疗鉴定认为医方的诊疗行为存在过错,尽管该过错不是导致患者损害后果的直接因素,但考虑到医疗行为与疾病之间存在各种联系,过错的医疗行为也许不会直接导致出现损害后果,但可能会能患者的疾病起到推波助澜的作用,即间接起到引起损害后果的作用,所以应给予适当的赔偿。二是根据民法侵权行为的界定,必须完全满足侵权四要素才能构成侵权承担赔偿责任,而四要素中的因果关系则为直接因果关系,即只有医方的过错与患者的损害有直接因果关系的,医方才承担民事赔偿责任。上述两个观点在目前的司法实践中都有应用,具体还是应结合案情本身以及综合证据,作出最大限度维护医患双方权益的判决意见。

法官意见

黎晓燕　广东省高级人民法院　助理审判员

患者在诊疗活动中受到损害,医疗机构或者其医务人员有过错的,由医疗机构承担赔偿责任。依照目前法律规定,医疗损害责任的构成要件有四个:一是医疗机构和医务人员的诊疗行为,二是患者的损害,三是诊疗行为与损害后果之间的因果关系,四是医务人员的过错。医疗损害赔偿纠纷案件中,医疗行为存在过错且与损害后果存在因果关系,是医疗机构承担赔偿责任的前提条件。

本案中,涉案法医学鉴定意见书认定,医方漏诊患者左侧胫骨平台骨折,存在过错。但此类骨折只需限制活动量,而患者因为软组织损伤,医方已于术后行石膏外固定,已经起到限制活动量的作用,故医方漏诊的过错与患者目前左膝关节疼痛及活动度较右侧略小无直接因果关系。鉴定意见虽然认定医方有过错,但医疗损害责任的成立,不仅要求医方存在医疗过错,还要求医疗过错与患者的损害存在因果关系。现有证据无法证明医方过错与患者的损害之间存在因果关系,医方的医疗损害责任欠缺重要条件而不能成立。患者主张医方赔偿,缺乏事实和法律依据,依法应予驳回。

本案启示

裁决对独立医学诊断价值的左侧胫骨骨折漏诊承担法律责任是公平正义之需

宋儒亮　法治广东研究中心主任、《中国医学论坛报》第二届医事法学理事会理事长、广东省医学会医事法学分会前主任委员

本案未支持原告的诉讼请求,这一判决似乎很简单,但并非如此。

在关于鉴定意见证据的取舍问题上,本案双方的博弈是充分的,但水平有待提高。

该鉴定意见成为左右案件走向的关键证据。《民事诉讼法》(2012 年版)在"证据"一章中,已将鉴定类证据名称由之前的"鉴定结论"调整为"鉴定意见",并通过程序保障,让当事人双方在庭审中从真实性、合法性、关联性三性进行质证,最终确定鉴定意见是否成为案件审查的证据。这些规定的目的是通过程序保障、力量博弈,实现专业等衡平,体现在诸如鉴定证据在取得、运用等方面符合法治精神。本案的审理充分体现了这样的意图,博弈充分但水平有待提升。

在关于鉴定意见之某方面内容取舍上,存在瑕疵,而这本可能是有利于促进患方进行合法权益维护的,如该法医学鉴定意见书中有这部分内容:"4. 关于因果关系及参与度。何某左侧胫骨近端骨折为不全骨折,仅胫骨前表面浅层局部骨皮质不连续,不影响左侧胫骨的整体负重,亦不会出现骨折移位。对于此种类型骨折,只需限制活动量,而患者因为软组织损伤(关节囊破裂、髌韧带损伤),医方已于术后行石膏外固定,医方上述处理已经起到

限制活动量的作用,出院医嘱其下肢制动1个月;送检X线片亦提示其左侧胫骨近端骨折愈合可。故医方漏诊其左侧胫骨骨折,未造成骨折不愈合或畸形愈合的损害后果。其目前左膝关节疼痛及活动度较右侧略小,考虑与其自身左膝关节外伤损伤基础有关。综上所述,医方在对何某的诊疗过程中,漏诊其左侧胫骨近端骨折存在过错,该过错与何某目前左膝关节疼痛及活动度较右侧略小无直接因果关系。鉴定意见为:甲医院对何某的诊疗过程中,漏诊其左侧胫骨近端骨折存在过错,该过错与何某目前左膝关节疼痛及活动度较右侧略小无直接因果关系。”这其中,一方面,“医方漏诊其左侧胫骨骨折,未造成骨折不愈合或畸形愈合的损害后果”是该鉴定意见之观点。本案当事人尤其是原告并未对其提出有价值的疑问,实属遗憾。另一方面,“其目前左膝关节疼痛及活动度较右侧略小,考虑与其自身左膝关节外伤损伤基础有关”的表述形成了这样一个新观点,那就是“漏诊的疾病”本身也是“其目前左膝关节疼痛及活动度较右侧略小,考虑与其自身左膝关节外伤损伤基础有关”的原因力之一,也即“其自身左膝关节外伤损伤基础”中含有“漏诊”的“左侧胫骨近端骨折(为不全骨折)”的贡献。

在关于“左侧胫骨骨折”的诊疗问题上,本案存在过于信赖鉴定意见的问题,导致在医学和法学上的失衡问题。

一是从医学专业上讲,“胫骨”是什么,并没有专业介绍和铺垫。

经查相关资料,胫骨是小腿内侧的长骨,分一体两端。胫骨近侧端膨大,向两侧突出成为内侧踝与外侧髁。胫骨平台是膝关节负荷结构,其骨折为关节内骨折,最常见于车祸和高处坠落伤,系轴向应力、侧方应力或两者混合作用所致。切开复位内固定仍然是治疗胫骨平台骨折的主要手段。胫骨平台骨折内固定手术目的不仅是骨折复位,恢复膝关节力线,更重要的是恢复膝关节功能。因此,在骨折得到牢固固定以确保愈合的同时,应尽量解剖复位胫骨平台关节面,以允许肢体进行早期、无痛、主动活动,减少骨折并发症发生。传统钢板内固定手术主要强调骨折固定的稳定性,骨生物学因素通常被忽视,体现手术切口大、暴露范围广、骨折端血供破坏严重。外固定技术主要适用于高能量创伤所致胫骨平台骨折同时伴有骨骼、肌肉、皮肤缺损的情况,因为外固定支架具有创伤小、无医源性加重破坏骨折端血运、更符合骨折愈合生理进程等特点,这也成为骨科医师手中不可或缺的方法。对于那些将来可能需要内固定的高能量创伤所致胫骨平台骨折,仍建议先采用临时外固定支架,以促进骨折复位和固定,为软组织愈合赢得时间,并且无临床证据表明将来内固定部位的感染来自临时外固定支架。

据上可知,胫骨的作用并非可忽视或者忽略,其不仅是一块骨头,也是有着明确的医学功能的膝关节负荷结构中的有机组成部分,其之损伤会导致膝关节功能障碍。

二是本案对具有独立医学诊断的“胫骨骨折”的诊疗并不是全面的、客观的。

经查相关资料,左胫骨近端骨折是一种常见的骨折类型,主要发生在胫骨的近端,即胫骨与腓骨之间的部位。左胫骨近端骨折通常是暴力撞击、运动损伤或者跌倒等原因引起的。主要症状包括局部疼痛、肿胀、皮肤瘀斑、活动受限等。诊断左胫骨近端骨折通常需要进行X线或者CT等影像学检查。治疗方法包括保守治疗和手术治疗。保守治疗包括手法复位、固定、康复训练等,而手术治疗则需要根据具体情况选择合适的手术方式和固定方法,如钢板固定、髓内钉等。康复期间,患者需要在医生的指导下进行逐步增加负重和活动量的训练,以促进骨折愈合和功能恢复。预防方面,可以加强锻炼,提高身体素质,避免过度运动和意外损伤。

总之,左胫骨近端骨折是一种常见的骨折类型,需要根据具体情况采取相应的诊断和治疗措施。康复期间需要积极进行训练,促进康复预防措施,以避免再次受伤或发生并发症。同时,保持良好的心态和生活习惯也是非常重要的。

显然,关于“胫骨骨折”的治疗,并不像鉴定意见中认定的那样简单。它是一个独立的医学诊断,需要进行专门的诊疗护理。本案鉴定和法院认可的“有漏诊但无损害”的观点,从医学上是有瑕疵的,也难以自圆其说,尤其在公开的医学论证时。

本案在“左侧胫骨骨折”漏诊问题的裁判上,存在明显的“以鉴代判”的问题。

虽然前述资料医学观点仅是一家之言,并不能取代“鉴定意见”,但仍然说明了在“左胫骨近端骨折”诊疗护理问题上,是有不同的医学观点的。

这种观点争议为当事人赢得了对鉴定意见提出异议的机会和可能。从专业角度,如果在这个问题上继续深化,如聘请专业的医疗律师、要求鉴定人出庭接受质询、邀请专家辅助出庭提供法律帮助等,是可能让判决出现变化的。之所以有这样的结局,患方并没有充分运用法律赋予的权利,缺乏医事法学专业指引,是主要原因。

毫无疑问的是,鉴定意见尽管只是证据中的一种,但在本案中却直接决定了判决走向。因此,对这一情况需进行反思和新思考。

一是鉴定事实上取代判决的情况不容乐观。改变“以鉴代判”这个仍然普遍老问题并不乐观,司法机关尤其是法院更当警惕。应尽快培养具有医学背景的医事法官,成立专业的医事法庭和建立区域的专业的医学法院,用专业思维化解医学专业问题。

二是骨折本身就是一种独立的损害。一方面,左胫骨近端骨折对正常人来说,就有损害,疼痛等,就是躯体症状。不能因该患者同时有其他疾病诊断导致的损害,就否定其独立存在导致的医疗问题,就让该左胫骨近端骨折具有的损害痛苦被吸收了,那种"有骨折但没有损害"的观点主张,与生活常识违背,本身也不成立。另一方面,从精准区别诊断的角度,一种独立的医学诊断疾病被漏诊,存在医疗过错;被漏诊的左胫骨近端骨折肯定有痛苦,痛苦本身当是损害的一种体现,此时,审理的法院法官可以基于生活基本经验,有权对该鉴定意见进行必要的取舍或者观点引申,比如,可以认定存在有损害,给予患方一定的赔偿。即便不把"鉴定意见认定的过错当回事",也可针对漏诊骨折的本案,适用公平原则,给予患方一定的补偿。然而,本案中,一方面承认有骨折、有漏诊,但又说后面的诊疗并没有因漏诊而有损害,"似乎既有的诊疗覆盖了漏诊应当有的治疗",显然,这是不妥当的,违背科学、专业精神的。

三是医疗纠纷本身具有的专业性属性不能轻视。应当出台类似指引或者规范,比如,进行医疗纠纷处理时,必须聘请专业医疗律师,不能让专业的医疗纠纷变为非专业等律师练手之案。又如,从医事法学实务角度,未用准法律赋权是当事人尤其是患方当事人当值得吸取教训之处。

四是医事法学的普及、宣传、教育和培训等工作,必须常抓不懈。实践需要能化解医事专业纠纷的专业律师、法官,更需要能识别医事专业纠纷的专业老师、协会学会、学院法院等,这仍是医事法学事业建设面临的新任务新使命。

改变鉴定意见的司法裁判，在传递什么信号?

宋儒亮　官　健　李建林　李永丰　李　强　陈远红　李　立　宋立志

【栏目主持人的话】这是《医法断案》（民事篇）栏目推出的第100期，它的刊出意味着已延续10年余的《医法断案》栏目到了该画圆满句号的时候了。作为《医法断案》栏目主持人，代表栏目的编委、作者们，向一路关心指导陪伴我们发展与成长的《中国医学论坛报》的领导、编辑们以及各位读者同道朋友们说声再见了，谢谢您！

《医法断案》栏目完成了自己的使命，但关于医事法学的故事还在进行，如学术研究、法治建设、法律的运用与法治的提升，等等，并没有止境，也没有句号。

总有下一站在相遇，医事法治的建设路，我们继续结伴，我们一路前行。

——广东省医学会医事法学分会前任主任委员　宋儒亮

案情简介

贺某曾于2007年4月在甲医院行颅咽管瘤切除术。2012年肿瘤复发，同年7月3日15时，贺某因“颅咽管良性肿瘤术后复发”被收入甲医院住院治疗。

据甲医院的病历（住院号615071）记载：贺某因“视力下降、多饮、多尿、身材矮小(137cm,29kg)、第二性征未发育等于2007年3月检查发现鞍区颅咽管瘤”而曾到甲医院就诊，甲医院于2007年4月10日对贺某行开颅手术，切除肿瘤。2012年7月11日9时35分至14时55分，甲医院对贺某行“右侧翼点入路、颅咽管瘤切除+硬膜修补术”。术前，患方亲属签署了相应手术同意书。术后，贺某生命体征正常，呼之可应，肢体活动较好，右侧瞳孔较大，对光反射迟钝，头部引流通畅。甲医院给予严密脑科观察，继续预防感染和止血，对症和支持治疗。当天18时58分，因发现贺某意识水平下降，呼唤不能睁眼，刺痛后肢体能够定位，查体右侧瞳孔较手术结束时明显扩大，对光反射迟钝，甲医院遂对贺某急诊行头颅CT检查，结果提示右侧额颞叶脑内血肿，体积大约40ml，经诊断为“右侧额部硬膜下及脑内血肿、急性脑疝、复发颅咽管良性肿瘤等”，甲医院认为须急诊手术清除血肿并行颞肌下减压;在征询患方意见并取得患方亲属签署的相应手术同意书后,甲医院在2012年7月11日19时55分至21时51分对贺某行“右侧翼点原切口入路,颅内血肿清除+颞肌下减压术”。

2012年9月1日,贺某经甲医院方同意办理出院手续(住院60天)。

贺某认为甲医院在为其进行手术过程中存在过错,导致其术后颅内出血并昏迷长达28天,造成贺某身体遭受巨大的打击和影响。

协商未果,遂提起诉讼。

一审各方意见

原告意见(贺某)

贺某认为甲医院在涉讼诊疗过程中存在以下过错:2012年7月11日9时35分行“右侧翼点入路、颅咽管瘤切除+硬膜修补术”前,忽视贺某凝血功能极差的重要事实,违反诊疗基本原则,在贺某凝血功能尚未达到手术标准时就贸然实施颅内手术,在该次手术中选择成分输血不当,导致贺某术后颅内出血并昏迷长达28天,造成贺某身体遭受巨大的打击和影响,也增加了经济负担,故成讼。

诉讼请求:判令甲医院参照《A省2017年度人身损害赔偿计算标准》按照80%的责任比例赔偿医疗费420963元,住院伙食补助费6000元,护理费4800元,监护人的交通费、住宿费、复印费共16354元,律师费40000元,后续治疗费50000元及精神损害抚慰金100000元。

被告意见(甲医院)

甲医院认为其对患者的诊疗过程符合规范,未给原告造成损害,甲医院不存在过错,不应承担赔偿责任。

鉴定意见

根据原被告的申请,一审法院依法委托乙司法鉴定中心就甲医院方的涉讼诊疗行为是否存在医疗过错及有关诊疗过错行为与贺某方损害后果之间是否存在因果关系以及原因力大小等专门性问题做医疗损害鉴定。2017年1月18日,乙司法鉴定中心对该检案出具某司鉴中心〔2015〕医鉴字第018号司法鉴定意见书。

对于医方的主要医疗行为,鉴定人分析认为,2012年7月患者贺某颅咽管瘤复发,医方根据临床和辅助检查所见诊断正确，采取手术治疗合理，术后病理检查证实医方诊断正确；颅脑手术后患者出现颅内出血、脑肿胀是颅脑手术发生率较高的并发症；术前医方将术后出现出血、脑肿胀、病变切除不全等并发症的可能告知了患方；2012年7月11日9时35分的手术部位在蝶鞍内，手术通路经过额叶、颞叶之间（额叶、颞叶轻度肿胀），术中暴露肿瘤完全，直视下肿瘤切除完整，止血操作规范，关闭之前进行了认真的止血和检查，手术过程顺利，达到了手术目的；2012年7月11日手术后2小时，患者贺某出现意识水平下降等症状，医方诊断及时准确，及时进行了二次手术，清除血肿，解除了并发症，避免了恶性后果的发生；患者贺某出现的右侧额叶血肿和右侧颞枕部硬膜外血肿属手术并发症。

对于医方在患者贺某围手术期的医疗行为，鉴定人分析认为：围手术期内，医方的医疗行为对手术顺利实施、取得预期效果、减少并发症产生和顺利康复有着重要的作用，而纤维蛋白原在止血过程中有着重要的作用；在患者贺某的术前准备问题上，医方完善了相关实验室检查及辅助检查，合理选择了手术日期；医方在诊疗计划中有重新复查磁共振成像的计划，但术前未予以实施；医方在术前讨论中提及有前次手术遗留的右侧额部硬膜外血肿，但没有该血肿情况的相关记录或检查结果，术前讨论中多名医师均认为须手术清除该血肿，但总结发言中对该血肿没有处理意见；术前，医方已经注意到患者贺某的凝血功能欠佳，多次检查患者贺某的凝血功能及血常规，医方在术前准备中也明确“需要术前使用止血药减少失血”，但医方并未给患者贺某使用相关药物，属于医方不足。另外，鉴于患者贺某本身疾病的特殊情况和凝血功能检查结果，医方宜请相关科室会诊综合评估其凝血功能，降低其术中、术后出血的风险。

在患者贺某的术中抗凝血问题上，医方在术中为患者贺某使用了尖吻蝮蛇血凝酶，该药物的作用是促进血小板凝聚。《临床输血技术规范》附件三《手术及创伤输血指南》规定，新鲜冰冻血浆（FFP）用于凝血因子缺乏的患者，包括凝血酶原时间（PT）或活化部分凝血活酶时间（APTT）大于正常1.5倍，创面弥漫性渗血的；患者急性大出血输入大量库存全血或浓缩红细胞后（出血量或输血量相当于患者自身血容量）的；病史或临床过程表现有先天性或获得性凝血功能障碍的；紧急对抗华法林的抗凝血作用（FFP：5~8ml/kg），并注明只要纤维蛋白原浓度大于0.8g/L，即使凝血因子只有正常的30%，凝血功能仍可能维持正常，即患者血液置换量达全身血液总量，实际上还会有1/3自体成分（包括凝血因子）保留在体内，仍然有足够的凝血功能，应当注意，休克没得到及时纠正，可导致消耗性凝血障碍，FFP的使用，必须达到10~15ml/kg，才能有效。禁止用FFP作为扩容剂，禁止用FFP促进伤口愈合。中华医学会麻醉学分会的《围术期输血的专家共识》(2007年版)的观点与上述规定相同外,增加了"5.每单位FFP可使成人增加约2%~3%的凝血因子,或使用10~15 ml/kg,可以达到正常凝血状态,同时需要根据临床症状和监测结果及时调整剂量"。患者贺某术前检查凝血功能欠佳,其中纤维蛋白原偏离正常范围较大,由于其有垂体-下丘脑功能、甲状腺功能不足等疾病,具有补充全部凝血因子的必要性,当时患者贺某体重60kg,医方在术中分两次共为其输入了400ml血浆(根据麻醉记录);就患者贺某的凝血功能来看,医方为其使用血浆合理,用法符合规范,用量尚可;根据《围术期输血的专家共识》(2007年版)中关于冷沉淀的使用,"纤维蛋白原浓度应维持在100~150 mg/dl之上,应根据伤口渗血及出血情况决定补充量。一个单位冷沉淀约含250mg纤维蛋白原,使用20单位冷沉淀可恢复到必要的纤维蛋白原浓度",血浆制品中虽然每升含有纤维蛋白原2~4g,考虑到患者贺某术前纤维蛋白原含量为0. 59g/L,医方还应为其单独补充纤维蛋白原,但医方没有单独补充纤维蛋白原制品,属医方不足。

在患者贺某的术后处理问题上,术后止血药的及时应用对预防颅脑手术出血并发症的发生有重要作用,2012年7月11日16时10分患者贺某手术后返回病房,医方的长期医嘱为其使用氨甲环酸氯化钠注射液和尖吻蝮蛇血凝酶两种促凝血药物,由于长期医嘱执行的滞后性,医方未在临时医嘱中开出当天的用药,但根据护理记录在16时10分为患者贺某使用了垂体后叶素、17时30分使用了尖吻蝮蛇血凝酶,这两种药物的作用分别是促血管收缩和促血小板凝聚,考虑到患者贺某纤维蛋白原偏低的情况,其预防出血效果并不全面;在患者贺某的术后出血处理问题上,患者贺某术后返回病房时,医方已注意到其瞳孔不等大的情况,并注意密切观察病情,在患者贺某病情稍恶化后能及时发现、诊断、手术治疗,术后给予补充纤维蛋白原、抗炎、营养、支持、抗癫痫等疗法,患者贺某的病情逐渐稳定、出血得到控制,最终出院,没有留下明显与术后出血相关的后遗症。

对于患者贺某术后出血的原因,鉴定人分析认为:术后出血是颅脑手术的并发症,从2012年7月11日晚患者贺某的手术记录看,血肿部位不在肿瘤切除界面,考虑白天手术时见额颞叶轻度肿胀,应为手术通路周围脑组织的出血,其原因应为术中牵拉、压迫导致局部血管损伤后的渗血;根据清除血肿手术后还出现颅内出血,术前术后凝血功能变化不大,在使用促凝血药物、补充纤维蛋白原的情况下患者贺某的出血得到控制病情好转的情况来看,患者贺某的术后颅内出血与医方对术前患方凝血功能欠佳特别是纤维蛋白原不足及对患方自身的基础情况较差之重视不够有关,术前抗凝血措施不足、术中补充纤维蛋白原不足、术后促凝血措施不全面是术后颅内出血的原因之一,之后患者颅内出血属医疗损害,医方存在过错,应承担责任。

基于上述原因,鉴定人分析认为:医方对于患者贺某自身的基础情况差、凝血功能障碍重视不够,未能采取足够的措施预防术后颅内出血,是患者贺某术后颅内出血的原因之一,应承担责任,其原因力为次要责任,参与度以21%~30%为宜。上述司法鉴定意见书的鉴定意见为:甲医院对贺某的预防出血措施不足与贺某的颅内出血存在因果关系,其原因力大小为次要责任,参与度以21%~30%为宜。

各方对鉴定意见的意见

原告意见(贺某)

贺某对于上述司法鉴定意见书的真实性及合法性均无异议,但同时表示,通过甲医院在2012年7月11日19时55分对贺某行"右侧翼点原切口入路,颅内血肿清除+颞肌下减压术"(第二次手术)时的处置措施分析,贺某在涉讼第一次手术(2012年7月11日9时35分所行"右侧翼点入路、颅咽管瘤切除+硬膜修补术")后颅内出血的唯一原因就是甲医院对于贺某低纤维蛋白原血症(凝血机制差)在术前未能纠正,甲医院在术前已看到贺某低纤维蛋白原这一事实,但其却忘记对此进行针对性的补充纠正,甲医院这一低级错误完全是其责任心不强的体现,属于术前的重大疏忽,故甲医院对于本次医疗损害至少需要承担主要责任(80%以上)。贺某并据此以涉讼司法鉴定意见书的鉴定意见明显依据不足等为由,申请进行重新鉴定。由于贺某在举证期限内未能举证证实涉讼司法鉴定意见书存在诸如鉴定机构或者鉴定人员不具备相关的鉴定资格、鉴定程序严重违法、鉴定结论明显依据不足等情形,一审法院不予批准其重新鉴定申请。

被告意见(甲医院)

甲医院对上述司法鉴定意见书的真实性、合法性、关联性均无异议,但表示,甲医院对贺某实施的颅咽管瘤切除手术切除完整、止血操作规范,贺某在术后出现的右侧额叶血肿和右侧颞枕硬膜外血肿属于手术并发症,是正常的医疗风险;而在贺某术后出现症状后,甲医院的诊断及时正确并及时进行了二次手术,清除血肿、解除了并发症,结合贺某术后并发出血的部位与特点,贺某并发症的出现与其凝血指标轻微异常是没有因果关系的。贺某所患颅咽管瘤的治疗属于世界性难题,必须手术,而且手术难度很大、复发率高,再次手术的难度和风险大为增加。贺某的神经损害和内分泌功能紊乱严重,治疗心情迫切,其RH阴性血型特殊备血极其困难,均决定了手术进行的时限性;贺某凝血指标异常史5年以上,存在个体差异,无法持续维持正常,只能临床针对性暂时纠正。为此,甲医院在术前已经密切注意贺某的凝血指标异常并采取积极针对性的预防措施,在术前小结中也说明患者凝血异常的问题,甲医院正是考虑到贺某多方面的实际情况,结合既往手术经验和文献知识,通过术前充分论证,采取合理的预防措施,及时通过手术切除了肿瘤。在贺某术后并发血肿颅压增高时,甲医院也第一时间手术清除血肿和减压,保证了贺某的基本生命安全。由此,甲医院对贺某实施的医疗行为均符合医疗规范,甲医院并无任何无过错。

鉴定人员意见

鉴定人员表明:贺某所患的颅咽管瘤虽是良性肿瘤,但其部位深、手术难度高、手术风险高;现鉴定已认为贺某术后出血的原因是术中牵拉、压迫导致局部血管损伤后的渗血,是手术经过路径的出血,而颅内出血、脑肿胀是颅脑手术中发生率较高的、常见的并发症;同时贺某本身的基础状况差,其自身的凝血功能差、组织修复功能、血管反映性、组织强度等诸多原因都是可能造成出血的原因;结合医方确实存在术前未纠正纤维蛋白原水平低这一不足情形,医方的过错限定在与术后的出血所带来的后果有关系,其应承担次要责任。2018 年 2 月 1 日,乙司法鉴定中心将贺某就涉讼医疗损害鉴定缴纳的鉴定费及鉴定人出庭费用共 16600 元全额退还贺某,但该中心并未撤销涉讼某司鉴中心〔2015〕医鉴字第 018 号司法鉴定意见书。

一审法院查明

经查,贺某于 2012 年 7 月 3 日至同年 9 月 1 日在甲医院住院治疗共 60 天,用去住院医疗费 375085 元,依法可计其住院伙食补助费 6000 元。诉讼中,双方当事人均表示,因在 2012 年 7 月 3 日至同年 7 月 11 日的住院期间主要进行的是对贺某自身原发疾病的治疗,故贺某因诉争诊疗行为导致住院治疗的时间只应计算 2012 年 7 月 11 日至同年 9 月 1 日,共 50 天,双方并确认,在贺某从 2012 年 7 月 3 日入院至 2012 年 7 月 11 日行第一次手术(“右侧翼点入路、颅咽管瘤切除+硬膜修补术”)结束,甲医院的诊疗均是对贺某自身原发疾病的治疗,故剔除该期间对应的医疗费用 47673. 92 元后,贺某在前述 50 天支付的住院医疗费为 327411. 08 元,贺某方在这一期间为治疗需要曾自费购买血液制品花费 45000 元。

诉讼中,贺某表示,虽然贺某目前基本可以生活自理(但不能从事体力活动);也可以在平地行走(但不能上楼梯),颅咽管良性肿瘤也没有复发,但由于甲医院的诊疗过错行为,导致贺某在手术后颅内出血并昏迷长达28天,住院治疗50天(从2012年7月11日计至同年9月1日),出院后贺某也持续了半年的高压氧治疗并坐了近半年的轮椅,而在贺某前述住院治疗50天期间,贺某亦需要父母等家属护理且贺某目前颅骨缺损尚需要日后进行颅骨修复的后续治疗。为治疗甲医院诊疗过错行为导致的伤患及处理本次医疗损害事件,除聘请律师参与事件的处理外,贺某的监护人曾多次从贵州来广州处理本次事件(含复印病历、提出医疗损害鉴定、参加医损鉴定、参加医损听证会、邀请专家一同参与听证会、参加开庭等)。由此,为处理涉讼事件,共造成贺某损失住院伙食补助费5000元(按100元/天标准计算50天),护理费4000元(按80元/天标准计算50天),监护人的交通费、住宿费、复印费共16354元,聘请律师费用40000元及后续治疗费50000元。为此,贺某提交了飞机票及出租车票(合计10330元)、住宿费发票(金额为1174元)、复印病历费用票据(金额为140元)与律师费发票(金额为40000元)等材料。

以上事实,有医疗机构执业许可证、病历资料、司法鉴定意见书、复函、医疗费发票、费用清单、飞机票、出租车票、住宿费发票、复印病历费用票据、律师费发票、证人证言及双方当事人陈述等证据证实。

据甲医院的病历(住院号615071)记载:贺某因"视力下降、多饮、多尿、身材矮小(137cm,29kg)、第二性征未发育等于2007年3月检查发现鞍区颅咽管瘤"而曾到甲医院就诊,甲医院于2007年4月10日对贺某行开颅手术,切除肿瘤。手术过程顺利,术后垂体功能仍然低下贺某服用替代激素治疗,"优甲乐"100μg/日,2年后改成150μg/日,"强的松"5mg/日;术后视力明显改善,但仍有"管状视野";尿量较多,口服"弥凝"控制,开始为0.1mg,1/日,一年后改为0.05mg,1/日,2011年初停用;之后尿量基本正常,无多饮多尿;应用人工生长激素促进身高生长,"赛增针"皮下注射,2008年年初起至2010年7月每日30μg,身高增至160cm,体重60kg,停止用药,间隔1年后每日注射1μg,连续30日,间隔期为一个月,维持至2012年6月停药,身高体重无变化;2009年年初开始在某医院妇产科采用药物制造人工月经,口服"补加乐"每月21天,最后7天同时应用黄体酮,停用1周来月经;之后开始改口服"克龄蒙",1片,1/日,每月连服21日维持月经;2012年6月27日在某医院常规复查头颅磁共振成像时发现肿瘤复发,遂至甲医院求治,经神经外科主任门诊,以"颅咽管瘤术后复发"收入院。自发病以来,病人精神状态一般,体力情况一般,食欲食量良好,睡眠情况良好,体重增加明显,5年增加30kg,大便、小便正常等。体格检查:体温36.0℃,脉搏77次/分,呼吸18次/分,血压90/68mmHg,身高160cm,体重60.5kg;专科检查：神志清楚，言语清晰流利，查体合作，左额颞部陈旧弧形切口瘢痕，愈合较好，可以扪及骨孔，双眼戴100多度近视眼镜，粗测近视力和矫正视力正常，粗测右眼颞侧和下象限视野缺损，左眼视野正常，瞬目反射灵敏，眼睑无下垂，双侧瞳孔等大同圆、直径约2.5mm等；诊断：颅咽管良性肿瘤术后复发、混合型高脂血症（高胆固醇血症伴有高甘油酯）、白细胞减少症、下丘脑综合征（垂体-下丘脑机能不良）等。

2012年7月11日9时35分至14时55分，甲医院对贺某行“右侧翼点入路、颅咽管瘤切除+硬膜修补术”。甲医院在2012年7月10日的术前小结显示：“手术指征：诊断明确，非手术治疗无效。再次手术可以切除肿瘤和保护好重要结构，有利于维持内分泌稳定，使患者获得良好的生活质量和快乐成长的良好条件。目前检查无绝对禁忌。”“术前准备：1.常规化验检查和特殊检查结果提示激素水平全面低下，已经口服补充。月经结束3日，凝血功能好转但还是欠佳，需要术前使用止血药减少失血……4.患者入院前因感冒在当地静滴过头孢，无过敏。但是今下午头孢孟多酯钠皮试阳性，头孢曲松钠皮试〔-〕……6.术中备血：血型Rh〔-〕B型，备红细胞4单位，备血浆200ml……”“术中注意事项及处理：右侧翼点入路，充分开放侧裂，尽量将颞叶向后牵开多显露第三间隙。注意游离局部蛛网膜和松解粘连，游离保护视神经和视交叉、邻近的颈内动脉及其重要分支，保护好中脑，全切肿瘤。必要时用神经内窥镜辅助照明和显露，方便全切鞍内肿瘤的包膜，防止再复发。酌情修补硬膜，硬膜内外酌情留置引流管。注意止血，减少失血。”“术后注意事项及处理：麻醉苏醒后拔除气管插管转神经外科重症监护，继续预防感染和止血，对症和支持治疗。严密监测内环境，激素替代治疗，早期申请头颅磁共振复查，病情稳定后再转回外科病房继续康复。”

术前，患方亲属签署了相应手术同意书。手术记录显示：“……按预画线切开头皮，帽状腱膜下分离……从颅骨上推离颞肌，缝线牵向颞部保护；在颅骨上钻2孔，铣刀切开颅骨，患者颞骨较薄，不能满足钛钉固定；见额颞叶轻度肿胀，蛛网膜下腔充满血性液。首先解剖侧裂的蛛网膜，将额叶和颞叶向两侧牵开，电凝后剪断回流入蝶顶窦的桥静脉，暴露大脑中动脉和颈内动脉；解剖颈内动脉池的蛛网膜，暴露前内方的左侧视神经；继续解剖视交叉池和鞍上池的蛛网膜，充分显露大脑前动脉和第一间隙；松解粘连，分离右侧颈内动脉和视神经之间的第二间隙，可见肿瘤位于鞍内，灰蓝色，包膜较完整，血运不丰富，与周边结构粘连紧密，散在钙化，质地稍脆；交替从第一间隙和第二间隙分离肿瘤，四周游离松解瘤囊壁和颈内动脉、视神经、残余垂体柄等的粘连，释放囊液小瘤体，锐性剪切分离瘤囊与

Liliquest 膜中脑叶的粘连，最后剪断残余垂体柄切除肿瘤生长点，将肿瘤分块全部切除。双侧颈内动脉、双侧视神经、视交叉、大脑前动脉、后交通动脉等结构保护完好，三脑室前下壁开放。瘤腔彻底止血，在垂体窝放置一块人工硬膜隔离鞍内和鞍上，并封闭三脑室前下壁裂口。脑组织界面彻底止血，反复冲水证实无活动性出血后，覆一层止血棉，用人工硬膜扩大修补缝合额颞部硬脑膜。手术操作顺利，麻醉满意，术中出血约 600ml，输 Rh〔-〕红细胞悬液 4U，血浆 300ml。手术开始前和 3 小时后分别静滴头孢曲松钠 2g 和 1g 预防感染，手术结束前静脉推注丙戊酸钠 0. 8g 预防癫痫。术中患者尿崩，大量输液，间断注射垂体后叶素效果欠佳。患者生命体征平稳，待意识清醒拔除气管插管后送神经外科重症监护室。"

术后，贺某生命体征正常，呼之可应，肢体活动较好，右侧瞳孔较大，对光反射迟钝，头部引流通畅。甲医院给予严密脑科观察，继续预防感染和止血，对症和支持治疗。当天 18 时 58 分，因发现贺某意识水平下降，呼唤不能睁眼，刺痛后肢体能够定位，查体右侧瞳孔较手术结束时明显扩大，对光反射迟钝，甲医院遂对贺某急诊行头颅 CT 检查，结果提示右侧额颞叶脑内血肿，体积大约 40ml，经诊断为"右侧额部硬膜下及脑内血肿、急性脑疝、复发颅咽管良性肿瘤等"，甲医院认为须急诊手术清除血肿并行颞肌下减压；在征询患方意见并取得患方亲属签署了相应手术同意书后，甲医院在 2012 年 7 月 11 日 19 时 55 分至 21 时 51 分期间对贺某行"右侧翼点原切口入路，颅内血肿清除+颞肌下减压术"。

上述手术的手术记录显示："静滴人血纤维蛋白原 2g 提升血浆纤维蛋白原水平……见硬膜外无血肿，硬膜下色泽发蓝，张力高，脑搏动较弱。向前咬除颞骨直至额结节，骨蜡止血，骨窗扩大至 6. 5cm×7cm。拆除额部硬膜缝线，进一步放射状剪开骨窗缘。右额叶血肿部分自动涌出，快速向深部清除右额叶脑内血肿，量约 40ml，颅内压迅速下降，脑搏动恢复正常。未见活动性出血，出血原因考虑创面渗血，血肿腔底部靠近侧脑室前角，有少许脑脊液渗出，未见脑室裂口。双极电凝止血，3%双氧水棉片压迫加强止血效果。取出棉片，反复冲洗确认止血可靠后血肿腔贴少许止血纱。侧裂未见出血，反复冲洗吸出额部硬膜下血凝块。确定止血彻底，见局部脑组织塌陷，张力不高，搏动良好。清点棉片无误后利用原有人工硬膜扩大修补额颞部硬膜，硬膜内外各留置 1 条引流管从原头皮另外切口引出接袋。硬膜下置放颅内压监测传感器探头。为减少出血和止血，术中静滴了 400ml 冰冻新鲜血浆。手术顺利，术中失血约 100ml，因全市稀缺术中未能输血球，但患者生命体征平稳。"术后，贺某带气管插管返回神经外科重症监护室，其术后诊断为：颅咽管良性肿瘤术后复发、垂体-下丘脑功能不足、右侧额部急性脑内和硬膜下血肿并脑疝、右额部颅内血肿清除和颞肌下减压术后。甲医院给予的医嘱为:注意脑科观察、监测颅内压,防止再出血,已经备稀有红细胞1U(全市仅有),催促血库取血,稳定内环境,纠正水电解质紊乱,保护脑功能,申请磁共振成像复查,预防感染,支持和对症处理等。

贺某返回神经外科重症监护室后,甲医院给予其持续镇静、呼吸机辅助呼吸、间断静滴人血纤维蛋白原、血浆等对症治疗,贺某的病情逐渐缓解、意识慢慢好转。对于贺某尿崩,甲医院给予鼻饲醋酸去氨加压素片等治疗,鼻饲补充“强的松”和“优甲乐”,鼻饲“德巴金”防治癫痫。经多次头颅CT扫描显示贺某的复发肿瘤消失,颅内血肿逐渐吸收,脑肿胀慢慢减轻。对于贺某的继发呼吸机相关性肺炎,甲医院给予静滴抗生素治疗,之后将气管插管改成气管切开,肺炎减轻后逐渐脱离呼吸机,开始高压氧治疗。对于贺某的早期腹胀,甲医院给予留置胃肠减压,之后腹胀消失,留置鼻饲管喂食全流。2012年8月8日,因贺某意识逐渐好转、神志清楚、无颅内感染、自主呼吸平稳、各项生命体征平稳、肺炎亦逐渐好转,甲医院遂将贺某从重症监护室转回病房继续治疗。其后,贺某的病情继续好转,在肺炎控制、试堵管两日后于同年8月15日拔除气管套管,贺某呼吸平顺、无缺氧表现。经康复训练之后,贺某被逐渐拔除鼻饲管,经口进食,拔出尿管,自己排尿顺畅。甲医院逐渐减少醋酸去氨加压素片剂量,贺某的尿量保持稳定在正常范围;甲医院减少“强的松”剂量,缓解向心性肥胖。对于贺某的经常性低钠低氯,甲医院给予经口服补盐和临时静滴浓钠纠正。贺某因长期血浆纤维蛋白原低下,需要间断静滴人纤维蛋白原补充。对于贺某偶尔白细胞和血小板低,甲医院给予皮下注射重组人粒细胞刺激因子注射液治疗,反应较好。

2012年9月1日,贺某经甲医院方同意办理出院手续(住院60天),出院病历显示,贺某在出院时的情况为“一般情况较好,智力正常,生活部分自理。切口愈合好,早已拆线;骨窗张力不高,坐位时轻度凹陷。双侧眼视力左侧0.1,右侧0.06,右眼外展约20°,视野左眼外上象限轻度缺损,右眼管状视野。四肢活动好,肌力接近Ⅴ级,扶持起立后可以自己站立约5分钟,尚不能步行。口服‘弥凝’0.1mg,2/d,过去24小时尿量1850ml,甚少夜尿。术前人工月经,术后无月经。住院期间无癫痫发作”等;贺某的出院诊断为:颅咽管良性肿瘤术后复发、垂体-下丘脑功能不足、右侧额部急性脑内和硬膜下血肿并脑疝、右额部颅内血肿清除和颞肌下减压术后、纤维蛋白原减低症、呼吸机相关性肺炎、混合性高脂血症(高胆固醇血症伴有高甘油酯)、白细胞减少症、高尿酸血症等;其出院医嘱为:全休1个月,逐渐恢复体能,半年内不参加剧烈体育活动,根据自身体能状况决定恢复学业时间,每日口服补盐10g左右，按时服药，1次/3~5天监测血清钾、钠、氯，稳定正常后可以延长到1次/1~2周，甚至更长间隔期，监测血浆纤维蛋白原水平，酌情静滴补充人纤维蛋白原，防止出血，监测垂体激素水平，酌情静调整外源性激素补充量，定期门诊复查，2月后头颅磁共振复查，出院带药等。

一审法院认为

本案是医疗损害赔偿纠纷，根据《侵权责任法》第54条规定的"患者在诊疗活动中受到损害，医疗机构及其医务人员有过错的，由医疗机构承担赔偿责任"，若医疗机构及其医务人员的诊疗行为存有过错，并给患者造成损害，并且该过错行为与损害结果之间存在因果关系，该医疗机构应当依法向患者一方承担民事赔偿责任。贺某认为，甲医院在诊疗过程中存在以下过错，在2012年7月11日9时35分行"右侧翼点入路、颅咽管瘤切除+硬膜修补术"前忽视贺某凝血机制极差的重要事实，违反诊疗基本原则在没有补充纤维蛋白致贺某凝血功能达到手术标准时就贸然实施颅内手术，手术中对于贺某纤维蛋白原过低的情况选择成分输血不当，最终导致贺某术后颅内出血并昏迷长达28天，使贺某身体受到巨大的打击，故要求甲医院承担医疗损害的民事赔偿责任。对此，应按一般侵权民事责任的构成要件进行分析与判断。

从科学的角度分析，医疗行为是具有高风险的专业行为，医学是一门探索性、经验性的学科，在医疗实践中尚有许多未知领域，这是人类在社会发展中不断发现自我、认识自我的一个漫长过程，是一个需要高度科学积累和探索的领域。时至今日，人类对许多疾病的发生原因还不了解，已知发病原因的也有相当一部分难以治愈，对许多药品副作用的认识也非常有限，由此造成在医疗行为过程中不但会经常出现各种事前可预知或不可预知的并发症，也常会因患者病情异常或者体质特殊而发生医疗意外，甚至基于人体的基因、体质、情绪、所处环境等的不同，患者在疾病表现与治疗效果上也存在差异，同时不可避免地出现在现有医学科学技术条件下发生无法预料或者不能防范的不良后果等医疗风险。在这种高风险的情况下，医疗机构从其救死扶伤、治病救人的职业操守出发，必然是运用专业的、科学的技能及专业设备进行诊治，诊治的过程不但是治疗病患以降低病患者致死致残风险或减轻其生活质量降低程度的过程，也是向未知医疗领域探索的过程、向未知疾患挑战的过程。与此同时，病患一方对自己病情专业性知识了解的匮乏及渴望尽早恢复健康的心情也是常人可以理解的。但如果将所有的医疗风险完全让医疗机构承担，势必违背了法的基本价值，得不到社会的公认，从而使社会价值观失衡，违背科学认识世界的观念。因此，如何客观平衡医疗机构与病患双方在医疗行为中的治疗风险,就成为解决当前医患关系日益紧张问题的关键。

《侵权责任法》中有关"患者在诊疗活动中受到损害,医疗机构及其医务人员有过错的,由医疗机构承担赔偿责任""医务人员在诊疗活动中未尽到与当时的医疗水平相应的诊疗义务,造成患者损害的,医疗机构应当承担赔偿责任"等规定,其初衷就是希望通过法律上规范医疗机构的医疗行为,使病患一方能在治疗过程中充分认识治疗行为的医疗风险并对医疗机构的治疗行为给予理解,以期与医疗机构共同营造和谐的医患关系。另外,由于诊疗活动本就是医疗机构与患方共同参与的活动,其目的在于维护患者的生命健康利益(这也是患者作为人之最重大利益),医疗机构所实施的医疗救治行为应是保障患者请求并获得医疗救治这一权利的对应义务。被奉为医德经典的希波克拉底誓词要求医师"尽一切之努力,处处为患者利益着想,解除患者的病痛与危害"。可见,实施医疗救治也是医德对医疗机构及其医务人员的义务要求。因此,医疗机构及其医务人员在医疗活动中就应该以高度的注意对患者给予最善良的谨慎和关心,更应当尽到与当时的医疗水平相应的诊疗义务,通过谨慎的作为或者不作为避免患者不应有之危险或损害。

本案中,贺某因"颅咽管良性肿瘤术后复发"而到甲医院救治,双方间的医疗服务合同成立。甲医院及其医务人员在医疗活动中应严格遵守医疗卫生管理法律、行政法规、部门规章和诊疗护理规范、常规,恪守医疗服务职业道德,以高度的责任心和精湛的医术为病人解除病痛。贺某在2012年7月11日行第一次手术后出现的脑内出血问题是本案争议焦点。贺某在手术后的脑内出血之原因是术中牵拉、压迫导致局部血管损伤后的渗血,是在手术经过路径的出血,而颅内出血、脑肿胀本就是颅脑手术中发生率较高的、常见的并发症,并且贺某本身的基础状况差,其自身的凝血功能差、组织修复功能、血管反映性、组织强度等诸多因素都是可能造成出血的原因。任何手术在术中进行彻底止血后,患者都可能存在轻微出血的可能,此时就更需要患者自身的凝血机制发生作用,起到止血作用。可见,贺某在上述术后出血之后未能及时生理性止血并形成血肿与贺某凝血功能差及其本身的基础情况差是有因果关系的。虽然在实施第一次手术治疗前,甲医院已经注意到贺某凝血功能欠佳的情形,其曾多次检查贺某的凝血功能及血常规,并在术前准备中也明确"需要术前使用止血药减少失血",但纵观甲医院对贺某进行的诊疗过程,就贺某凝血功能欠佳特别是纤维蛋白原不足等自身较差的基础情况,甲医院所给予的重视却不够。其在实施上述手术前,既没有为贺某使用相关药物实施临床针对性暂时纠正,也没有请相关科室会诊综合评估贺某的凝血功能,或采取有效的预防措施以降低术中及术后出血的风险。术中,甲医院也仅是对贺某使用血浆而没有单独补充纤维蛋白原制品。术后,甲医院对贺某实施的促进凝血的措施也不全面。通过涉讼鉴定意见可知,当甲医院重视了贺某方凝血功能障碍,在第二次手术后采取有效措施改善凝血功能(使用了多种促凝血药物,补充了大量的纤维蛋白原、血浆、血小板、冷沉淀等凝血因子),贺某的术后出血得到控制,病情得到好转,也未再发生颅内出血的并发症。因此,案件现有证据已可以认定,甲医院在进行诊疗行为时未尽到与当时医疗水平相应的诊疗义务,在避免结果发生的适当措施和判断治疗方案及效果等问题上,未尽到高度谨慎的注意义务,存在一定过错;贺某第一次手术后出现颅内出血的不良结局,与甲医院诊疗过错行为存在一定程度的因果关系。

基于前述理由,考虑到贺某所患颅咽管瘤本身具有病患部位深、手术难度高、手术风险高的特殊性,而甲医院对此的诊断正确,采取“右侧翼点入路、颅咽管瘤切除+硬膜修补术”手术治疗合理,通过手术也达到了手术目的;当贺某在术后出现意识水平下降病情稍恶化等症状后,甲医院能及时发现、准确诊断并通过二次手术控制了出血,清除了血肿,解除了并发症,避免了恶性后果的发生。通过甲医院术后的诊疗,贺某的病情逐渐稳定最终出院,并没有留下明显与术后出血相关的后遗症。基于贺某自身的基础身体健康状况特点(术前检查显示凝血功能欠佳,其中纤维蛋白原偏离正常范围较大,并患有垂体-下丘脑功能、甲状腺功能不足等疾病),其自身凝血功能障碍这一因素,与生理性止血功能的降低是有着相当关系的。凝血功能障碍会造成贺某出血时其生理性止血功能降低,导致不能及时止血。虽然在实施第二次手术后贺某的纤维蛋白原水平明显提高,但其凝血功能指标却并没有明显改善。同时,虽然纤维蛋白原在止血过程中有着重要的作用,但人体血液凝固本就是一个复杂的过程,已发现的就有十多种凝血因子参与这一过程,凝血机制的启动、血液凝固的过程及各种因素调控复杂,并且具体情况还会因人而异。由此可见,贺某在第一次手术后出现脑内出血,与其自身基础身体健康状况特点、病患特点、病情发生发展进程及转归也是存在一定关联的。既不能将贺某术后不能止血的原因完全归咎于其纤维蛋白原过低,也不能将贺某术后出血形成颅内血肿的原因完全归于甲医院。涉讼司法鉴定意见书分析认定,甲医院对贺某的诊疗过程中存在预防出血措施不足等过错,有关过错与贺某术后颅内出血存在因果关系,其原因力为次要责任,医疗过错行为在损害后果中的参与度为21%~30%。综合全案证据及当事人对诊疗行为发生经过的陈述意见,原审法院对上述鉴定意见予以采纳。结合医学本身尚存在部分不可预知性以及医疗行为本身的高风险性等因素,对比上述因素与贺某损害结果之间的因果关系及原因力大小,应认定甲医院在本病案中承担30%的赔偿责任为宜。

贺某要求甲医院按责承担民事赔偿责任,赔偿其医疗费、住院伙食补助费、护理费、交通费、住宿费、病历复印费及律师费等损失的诉讼请求,合法合理,原审法院予以支持。经审查并根据双方当事人庭审中的意见及贺某的实际主张,在剔除贺某从2012年7月3日入院至2012年7月11日行第一次手术结束期间用于诊治原发疾病的医疗费用47673.92元后,贺某2012年7月11日至同年9月1日期间的实际损失为:医疗费用372411.08元(含该期间住院医疗费327411.08元及为治疗需要自费购买血液制品花费的45000元)、住院伙食补助费5000元、护理费4000元、交通费10330元、住宿费1174元、病历复印费140元及律师费用40000元,共计433055.08元。按前述赔偿责任比例计算,甲医院应负担上述损失的30%,计129916.52元,贺某应自负余下的70%部分。

鉴于本次事件的发生确实已造成贺某在第一次手术治疗后脑内出血需要进行二次手术治疗,二次手术后至2012年8月8日更长时间需要在重症监护室深切治疗,其间更花费了近40万元的医疗费用。这对于贺某及其家人来说,势必会使其在精神上遭受本不需其承担的烦恼与伤害,为了抚慰贺某方所受到的精神上的烦恼与伤害,在考虑贺某的病患特点、当事人受伤害程度、当事人承担责任的经济能力等因素后,酌情计算贺某的精神损害抚慰金10000元。

关于贺某以其需要进行颅骨修复的后续治疗为由要求计算后续治疗费50000元的问题。由于贺某所述后续治疗至今尚未实际发生,而有关后续治疗费的实际数额亦无法在目前的情况下准确确定,故从公平及保护当事人合法权益的角度出发,贺某应在实际发生有关后续治疗费用后再行主张相应权利为宜,本案对此暂不予调处。至于贺某要求甲医院赔偿其超过上述数额部分损失的诉讼请求,均因欠缺事实及法律依据,一审法院不予支持,予以驳回。

一审法院判决

综上所述,依照《侵权责任法》第6条、第16条、第22条、第54条、第55条、第57条、第58条、第60条,《最高人民法院关于审理人身损害赔偿案件适用法律若干问题的解释》(2003年版)第1条、第17条、第18条、第19条、第21条、第22条、第23条、第35条,《民事诉讼法》(2012年版)第13条、第63条、第64条第1款、第78条,《最高人民法院关于适用〈中华人民共和国民事诉讼法〉的解释》(2015年版)第90条、第91条、第105条、第108

条,《最高人民法院关于民事诉讼证据的若干规定》(2008年版)第2条、第27条之规定,一审法院判决如下:(1)甲医院于判决生效之日起10日内向贺某赔偿医疗费用、住院伙食补助费、护理费、交通费、住宿费、病历复印费、律师费用及精神损害抚慰金等共139916.52元;(2)驳回贺某的其他诉讼请求。如果未按判决指定的期间履行给付金钱义务,应当依照《民事诉讼法》(2012年版)第253条之规定,加倍支付迟延履行期间的债务利息。本案受理费3691元,由甲医院负担809元,贺某负担2882元;上述案件受理费已由贺某预交,贺某同意由甲医院在履行判决时将其应承担的受理费809元部分直接支付给贺某。

一审判决后,双方均不服,提起上诉。

二审各方意见

上诉人(贺某)意见

贺某上诉请求:(1)撤销A省B市C区人民法院(2017)粤×××民初×××号民事判决,判令甲医院赔偿贺某医疗费372411.08元、护理费4000元、住院伙食补助费5000元、交通费10330元、住宿费1174元、病历复印费140元、律师费40000元、精神损害抚慰金100000元,总计533055.08元。(2)本案一审、二审诉讼费由甲医院承担。

上诉理由:(1)本案医疗损害鉴定结论错误,程序违法,原审判决根据鉴定意见认定责任,判决错误。首先,依据外科手术基本规范,术前凝血机制差必须纠正后才能手术。患者术前检查已显示血液纤维蛋白原含量过低,医方在此情况下遗漏为患者补充纤维蛋白原即进行手术,导致患者术后马上出现颅内出血,不得不再次手术,医方存在明显过错,应对此承担全部责任。其次,鉴定机构隐瞒了第一鉴定人潘某在甲大学工作多年的事实经历,拒不告知和回避,程序违法,原审判决采纳涉案鉴定意见不当。(2)医方没有将患者纤维蛋白原低能直接导致颅内出血的风险甚至危及生命的风险告知患者和家属,侵犯了患者及家属的知情权。

上诉人(甲医院)意见

上诉请求:(1)撤销A省B市C区人民法院(2017)粤×××民初×××号民事判决第一项,改判驳回贺某对甲医院的相应诉讼请求。(2)维持A省B市C区人民法院(2017)粤×××民初×××号民事判决第二项。(3)由贺某承担本案一审、二审诉讼费用和相应的鉴定费。

上诉理由:(1)甲医院对贺某实施的诊疗措施基本符合医疗临床规范、常规,不应承担30%的过错责任。首先,贺某手术指征明确,需积极手术治疗,甲医院限期安排手术合理。其次,贺某既往没有出血性疾病病史,虽然术前常规检验发现存在纤维蛋白原减少的凝血指标异常,但在短时间内2次复查结果较稳定,术前讨论参考前次手术的围手术期处理经验和患者患病以来有关检查,认为不存在手术禁忌证并无不当。最后,甲医院手术前已准备术中输注新鲜冰冻血浆,手术准备充分,采取了合理的预防措施,及时通过手术切除患者肿瘤,在患者术后并发血肿颅压增高的情况下第一时间手术清除血肿和减压,保证了患者的基本生命安全且患者也取得了同类疾病治疗人群的较好效果。(2)贺某诉称损害是正常的手术并发症,与诊疗行为没有因果关系。贺某为颅咽管瘤复发二次手术,本身存在巨大手术风险,因为术后复发病会导致组织结构改变,局部粘连,容易出现术中损伤和术中术后出血等并发症。贺某术后出血与凝血指标异常并无关联,属于正常的手术并发症。(3)原审判决损害认定不当。首先,原审判决将患方的律师代理费作为医疗损害进行赔偿,缺乏法律依据。其次,贺某二次手术处理并发出血后,恢复良好,没有造成损害后果,原审判决精神损害抚慰金,缺乏法律依据。

二审法院查明

二审中,当事人没有提交新证据。原审判决查明事实与本院经审理查明的一致。

本院另查明:贺某术前术后的7次血凝报告单显示,血浆纤维蛋白原测定的参考范围是1.8~4.0g/L,贺某7次血凝检查血浆纤维蛋白原测定实际值为2017年7月4日,0.67 g/L;2017年7月7日,0.51 g/L;2017年7月9日,0.59 g/L;2017年7月11日17时31分,0.44 g/L;2017年7月11日23时22分,1.00 g/L;2017年7月12日6时59分,1.59 g/L;2017年7月12日17时1分,1.69 g/L。凝血酶时间测定的参考范围是14~19s,贺某7次血凝检查凝血酶时间测定实际值为2017年7月4日,24.7s;2017年7月7日,27s;2017年7月9日,25.8s;2017年7月11日17时31分,23.2s;2017年7月11日23时22分,19s;2017年7月12日6时59分,18.5s;2017年7月12日17时1分,16.9s。贺某7次血凝检查的其他检查项目,无明显变化。

二审中,本院庭审询问,纠正患者血液纤维蛋白原含量低的途径及所需时间。医方称,由血液直接输入补充,输入不需要太长时间,实际要看具体情况。本院询问,本案患者是否属于急诊手术,能否待纠正纤维蛋白原含量后再做手术。医方称,患者原则上不属于急诊手术,纤维蛋白原输入起效很快,但维持时间是不确定的,其不能改善血液本身,患者可以纠正纤维蛋白原含量后再做手术。

D市司法局作出的佛司函[2018]76号《关于贺某投诉乙司法鉴定中心的答复》明确："经查,鉴定人潘某曾在甲大学变更前的第一军医大学本部工作,2004年从第一军医大学离职;从未在甲医院工作过。不存在应当回避而不回避的情形,无证据显示有违反司法鉴定程序的行为。"

二审法院认为

根据医患双方上诉意见,本案争议焦点主要在于,一是医方对于患者第一次手术后形成颅内血肿是否存在医疗过错,二是医疗损害责任比例的认定问题。

1. 关于医疗过错认定问题。本案中,在患者存在非正常出血风险的情况下,医方未能正确全面采取促凝血措施,应认定其构成过错。

首先,术前三次凝血功能检验已充分表明,患者凝血功能欠佳,存在围手术期非正常出血的风险。医方在术前小结也已明确,"凝血功能好转但还是欠佳,需要术前使用止血药减少失血",表明医方已预见到了患者的出血风险并拟定了应对措施。然而,医方在有所预见的情况下,怠于履行术前制定的最佳医疗方案,没有纠正患者血液纤维蛋白原含量过低的状况即实施手术,违反了诊疗规范。根据中华医学会发布的《全国神经外科围手术期出血防治的专家共识》(2010年版),神经外科围手术期出血防治,对于纤维蛋白原异常者应先给予相应的治疗。根据原卫生部2000年印发的《临床输血技术规范》,纤维蛋白原浓度要大于0.8 g/L方可维持正常凝血功能。本案中,患者术前三次血凝检查血浆纤维蛋白原测定实际值分别为0.67 g/L、0.51 g/L、0.59 g/L,远低于正常值范围1.8~4.0 g/L。医方在未采取措施纠正患者纤维蛋白原浓度的情况下实施手术,明显违反了上述专家共识和临床输血技术规范,足以认定构成医疗过错。

其次,根据涉案鉴定意见分析,伴随术中出血,医方在术中还存在没有单独补充纤维蛋白原的不足,未能适当补充纤维蛋白原浓度;术后医方未在临时医嘱中开出当天的促凝血药物,促凝血措施也有失及时全面。

综上,本案认定医方对于患者第一次手术后形成颅内血肿存在医疗过错,依据充分,本院予以确认。医方上诉未能就为何不在纠正患者纤维蛋白原浓度后再实施手术提供医学上的必要性和合理性说明,其上诉主张不构成医疗过错,本院不予采纳。

2. 关于医疗损害责任比例的认定问题。在医患之间分配医疗损害责任比例,应综合考虑医疗过错程度、医疗过错参与度和患者原发病的医疗风险因素,合理衡量不同因素与医疗损害后果之间的原因力大小关系。基于以下理由,本院认为原审判决认定医方承担的责任比例过低,应予调整。

首先,虽然鉴定意见认为医方过错参与度以“21%~30%”为宜,但其并未分析指出患者术后颅内出血形成血肿的其他因素是如何发挥主要作用的,该意见与患者病情发展反映出来的出血现象与各出血因素变化之间的关联不符。对比患者第二次手术中静滴人血纤维蛋白原 2g 前后的血凝检查结果,可以发现,患者的纤维蛋白原含量得到纠正加强后,在其他凝血功能指标没有明显改善的情况下,患者手术路径(原出血点)的出血即得到了有效控制,其凝血酶时间测定值在二次手术后已迅速恢复到 19s 的正常参考范围值以内(见 2017 年 7 月 11 日 23 时 22 分血凝报告单),伴随术后间断静滴人血纤维蛋白原,患者的凝血酶时间测定值进一步降低,2017 年 7 月 12 日 17 时 1 分的血凝报告单显示已降至 16.9s。在其他凝血功能指标没有明显改善而纤维蛋白原含量得到纠正加强的情况下,患者的出血得到有效控制,在这个变化过程中,可观察到的有效变量只有纤维蛋白原含量。据此应认定,纤维蛋白原因素在患者第一次术后出血形成颅内血肿的过程中,发挥了更为重要的作用。

其次,如涉案鉴定意见所指出,医方在第一次术后还存在促凝血措施不全面的不足,据此也可合理怀疑医方的过失加重了患者术后出血形成颅内血肿的风险。

最后,医方违反已作出的最佳判断,没有采取本已拟定的术前减少失血的谨慎防范措施,应较一般医疗过错承担更重的责任。“最佳判断法则”要求医方根据已经作出的最佳判断实施治疗方案,这从诊疗注意义务的合理性、可行性及风险分担的角度,都更有利于保障患者的人身权益。医方因疏忽未采用术前作出的最佳判断方案,由此给患者带来风险,应承担相应更多的责任。

综上,本院认为医方过错对于患者第一次术后出血形成颅内血肿造成的损害应承担主要责任。综合考虑患者的基础健康状况、自身凝血功能障碍及手术出血的医疗风险,本院酌定由医方承担 70%的赔偿责任。至于贺某上诉提及侵犯其知情权的问题,该主张可能涉及的机会损失已被以上认定的损害赔偿责任所吸收,故本院不作另行处理。

3. 关于损害赔偿项目的认定。原审判决将律师费列入医疗损害的范围,缺乏法律依据,应予纠正。甲医院就此上诉有理,本院予以采纳。至于其他损害赔偿项目的认定,原审法院根据双方当事人的诉辩、提交的证据对相关事实进行了认定,并在此基础上确定各赔偿项目的金额,合法合理,理由阐述充分,本院予以确认。

4. 关于贺某上诉提及涉案鉴定程序违法的问题。鉴定人潘某曾在第一军医大学本部工作的经历,并不属于明文规定的鉴定人回避法定情形,D 市司法局对患方的相关投诉也已答复确认,涉案鉴定并未因此违反司法鉴定程序,本院予以采纳。贺某据此上诉主张医方应承担全部赔偿责任,缺乏法律依据,本院不予采纳。

综上,甲医院应向贺某支付的赔偿款为,医疗费用 372411.08 元、住院伙食补助费 5000 元、护理费 4000 元、交通费 10330 元、住宿费 1174 元、病历复印费 140 元,共计 393055.08 元,按 70%计为 275138.5 元,另计精神损害抚慰金 10000 元,总计为 285138.5 元。

二审法院判决

综上所述,原审判决法律适用有所不当,本院依法予以改判。依照《侵权责任法》第 16 条、第 22 条、第 54 条、第 57 条、第 60 条,《民事诉讼法》(2017 年版)第 170 条第 1 款第 1、2 项的规定,判决如下:(1)维持 A 省 B 市 C 区人民法院(2017)粤×××民初×××号民事判决第二项;(2)变更 A 省 B 市 C 区人民法院(2017)粤×××民初×××号民事判决第一项为,甲医院于本判决生效之日起 10 日内向贺某赔偿医疗费用、住院伙食补助费、护理费、交通费、住宿费、病历复印费及精神损害抚慰金等共 285138.5 元;(3)驳回甲医院和贺某的其他上诉请求。

如果未按本判决指定的期间履行给付金钱义务,应当依照《民事诉讼法》(2017 年版)第 253 条之规定,加倍支付迟延履行期间的债务利息。

本案一审受理费 3691 元,由甲医院负担 2061.6 元,贺某负担 1629.4 元。本案二审受理费 2865.1 元,由甲医院负担 1559.1 元,贺某负担 1306 元。

本判决为终审判决。

各方意见

医方意见

李建林　中山大学附属第八医院　副院长

陈远红　中山大学附属第八医院　医患关系科

甲医院在术前讨论中已提及存在遗留的血肿,但是既未形成处理意见,也没有进行相关记录和检查,未达到术前讨论制度的目的和要求。

甲医院术前已注意到患者凝血功能欠佳,也进行多次检查,但是并未按会诊制度请相关科室会诊,综合评估其凝血功能及风险,确有不足。

纤维蛋白原对患者补充凝血因子是必要的,术中虽针对患者凝血功能欠佳给予输血及使用药物尖吻蝮蛇血凝酶,但未考虑患者纤维蛋白原含量极低,使用血浆无法恢复到必要的纤维蛋白原浓度,没有单独补充纤维蛋白原制品,术中抗凝血措施确实不全面。

术后止血药的及时应用对预防颅脑手术出血并发症的发生有重要作用。术后甲医院给患者使用氨甲环酸氯化钠注射液、垂体后叶素、尖吻蝮蛇血凝酶等药物促凝血,但贺某纤维蛋白原偏低的情况使上述药物预防出血效果并不全面,未尽到高度谨慎的注意义务,存在一定过错。

鉴定专家意见

李永丰　广东省医学会医鉴办　副主任

本案主要涉及对手术并发症的鉴定。在日常中,很多医疗损害争议都是围绕并发症而发生的,临床各种并发症不外乎两类:一类由原发疾病发展变化而继发,另一类由诊疗的外力原因而继发。并非所有的并发症都可以判定为不构成医疗损害侵权责任,只有一部分属于"在现有医学科学技术条件下,发生无法预料或者不能防范的不良后果",可以免于医疗损害责任。在鉴定分析涉及并发症问题时,须了解并发症的三个特征:可预见性、不确定性、相对可避免性。在分析其发生和变化过程时,应围绕是否属于"无法预料""难以防范"的情形,把握好判定尺度,充分考虑分析以下几个问题:(1)相关诊治措施是否为患者诊疗所必需,如诊疗的适应证、指征、方案、时机是否正确,是否综合考虑了患者的体质、耐受力等各种影响。(2)诊疗措施是否存在未尽相应诊疗义务的违反诊疗规范常规的医疗过错,如术前准备是否完善,包括必要的术前检查、术前评估讨论、术前治疗等,术前有无针对病情及预后的评估,对术中术后可能发生的困难、危险和并发症有无充分预见和制定有针对性的防范措施及手术预案;手术方式及具体操作是否符合技术规范,有无失误或不当;对患者术后的观察监测和处理措施是否到位;是否及时调整治疗方案以最大限度控制损害后果;等等。

近年来,由于医事法学的不断推进和深入,各医疗机构依法行医、谨慎行医的意识也不断提高,都较为重视履行知情告知义务,因而在诊疗过程中会与患方签署各种知情告知文书,如住院须知、病情告知书、特殊用药或治疗告知书、手术知情同意书等。但须注意到,患方知情同意签字,不是直接给并发症免责的理由。例如,本案中,术前医方已明确告知患方术中术后可出现颅内出血、脑肿胀等发生率较高的手术并发症,患方表示理解并签署了手术知情同意书,但患方在知情同意书上的签名,是表明同意承担遵照诊疗规范实施的手术带来的一般性侵害及正确手术不能防范的医疗风险。而不能理解为患方同意承担医方因不符合诊疗规范、未尽充分谨慎细致的诊疗义务而造成患者更大伤害的风险。手术同意书这种告知没有合同的功效,即便签署了手术同意书,一旦医方存在因违反诊疗规范常规,疏忽、懈怠的医疗过错,造成患者损害后果的,仍然要承担医疗损害侵权责任。本案例中,导致患者损害后果发生的原因虽为手术并发症且患方术前也已了解该风险并签署了手术同意书,但患者并非急诊手术,为择期手术,术前多次检查显示其存在凝血指标异常,医方术前应合理纠正凝血功能异常后再行手术,以尽可能降低术中术后出血的风险,这是术科处理的一般常规,而医方在这一问题的处理上过于大意,存在医疗过错,以致在鉴定和法院审理裁判中处于不利位置。乙司法鉴定中心对上述医疗过错的认定是合理、准确的,对于过错参与度、原因力大小的认定也综合考虑了医方的过错程度、病情复杂程度、手术难度、损害后果程度、患者的个体差异等因素,认为医方应承担次要责任也是合理的。

律师意见

李强　广东正大联合律师事务所　律师

本案二审裁判的亮点也是难点,是在没有再次鉴定结论的基础上,法官合理分析了客观事实及因果关系,以个人的判断,使用自由裁量权对一审判决作出了根本性的改判。

对一审判决进行改判要求有充分的依据和说理,普通民事案件的改判大多是因为一审认定事实错误或一方当事人提交了新证据,从而改变了结局。医疗损害责任纠纷案件则完全不同,由于跨专业的制约,医损鉴定就在案件审理过程中有了举足轻重的作用,绝大多数情况下,如果一方当事人没有足够的证据推翻鉴定结论,基本上法庭会采纳鉴定意见;这也就出现了很多人抱怨的"以鉴代审"问题。本案中一审委托鉴定,结论承认医方存在过错,并给出了次要责任的意见,但鉴定意见书中并未作出有说服力的分析,为什么是次要责任。患方上诉也正是不服责任认定。责任比例问题是二审真正争议焦点。二审法官注意到了鉴定意见书缺乏对责任认定的说理,但是若要改而且是由次要改为主要责任,则要有相当的担当;法官通过分析病历资料,找到了问题的关键,医方在二次手术是纠正了纤维蛋白原过低,术后未再出血且其他凝血指标没有变化,这就有理由认定,纤维蛋白原低是第一次术后出血的主因;同时,鉴定人没有给出其他导致出血的因素,故法官已经做到了充分的内心确信,没有被鉴定意见所左右,作出了合理的裁判。二审法官以认真细致的工作方式、负责任的专业态度,真正对跨专业的案件进行了审理,值得称赞。

法官意见

官健　医学博士　广州知识产权法院　法官

医疗损害责任纠纷作为一类特殊的侵权纠纷,其有诸多不同于一般侵权的鲜明特点,责任比例就是其中之一。医疗纠纷中的责任比例不同于一般侵权中的与有过失,通常根据医疗过错行为在损害后果中所占的原因力大小而确定。其根源在于医疗活动的高风险性、复杂性与不确定性,所考虑的是患者的原发病及其合理的医疗风险,本质上是医疗损害中常见的多因一果。基于此,医疗损害赔偿罕见医方承担100%的责任。本案中,医方有责任没有大的争议,医方的责任比例方是核心的焦点。一审认定30%,而二审改判70%,主次易位,谁更有道理,关键在于原因力。患者的损害后果是术后出血造成的医疗费等成本的增加和患者额外承受的痛苦,而术后出血的原因可以归结为两类因素:一是患者自身因素,包括原发病即颅咽管瘤复发手术的固有风险及纤维蛋白原过低带来的凝血功能异常所增加的非正常出血风险;二是医疗过错因素,包括医方术前、术中、术后在改善凝血方面的不足。从病历资料所反映的患者病程和鉴定意见的具体分析看,在自身因素当中,上述凝血功能异常应是术后出血的主要原因。若无上述医疗过错,尤其是术前,如果医方能够通过合理干预并在患者凝血各项指标恢复后择期手术,显然上述非正常出血风险完全有可能被避免,上述损害后果的发生概率将大大降低。由此可见,一审确定医方30%的责任比例确实过低,二审调整为70%合理适当。应当看到,鉴定意见建议的参与度大小对法官认定医方的责任比例具有强大的影响力和约束力,二审法官能够摆脱束缚,不仅需要扎实的专业功底,还需要莫大的勇气。

本案启示

改变“以鉴代审”“以鉴代判”等之窘状早已不是立法问题

宋儒亮　法治广东研究中心主任、《中国医学论坛报》第二届医事法学理事会理事长、广东省医学会医事法学分会前任主任委员

“以鉴代审”“以鉴代判”等问题由来已久,是医疗损害纠纷案处置上的一大顽疾。改变这样的状况,虽然相关适合的案件很多,有心改变的法官也很多,但在2012年8月《民事诉讼法》修改之前,要改变“鉴定结论”,可以说,改变的依据没有、改变的途径也没有,此时,“望案叹之也”。

鉴于医疗存在专业性争论，面对带有医疗鉴定争论这样的案件时，法官们愿不愿意“改”鉴定结果还在其次，是问题但不是大问题；敢不敢“改”鉴定结果，是大问题真问题。毕竟，“改”，要受到裁判公开带来的压力，“改”要有说法根据理由，更重要的是，一旦“改”了，“费力不得好”“多管鉴事”等问题就难避免了，这并非易事。

在立法方面，彻底改变“以鉴代审”“以鉴代判”等，已不存在法律障碍，三大——民事、行政和刑事诉讼法——的修改为此已提供了法律保障。例如，在民事领域，因2012年修改的《民事诉讼法》第63条实施而被彻底改变，《民事诉讼法》（2012年版）第63条规定：“证据包括：（一）当事人的陈述；（二）书证；（三）物证；（四）视听资料；（五）电子数据；（六）证人证言；（七）鉴定意见；（八）勘验笔录。证据必须查证属实，才能作为认定事实的根据。”其中，“鉴定结果”之称谓的改变就是关键：法律证据名称——由之前的鉴定“结论”改变为“意见”——上的改变，为医事纠纷中“鉴定”的取舍，提供了一条法治新路，“以鉴代审”“以鉴代判”等之窘状，已被立法改变。这意味着伴随2012年《民事诉讼法》修改提供了改变这样窘状的法律依据和实施途径。从司法裁判角度，鉴定类证据，其诉讼中最终是作为一种意见被“看待”还是作为一种证据结论“被对待”，庭审经办法官具有裁量权和话语权。

尽管立法已从根本上改变了“以鉴代审”“以鉴代判”等存在的土壤，但是，还不能说“以鉴代审”“以鉴代判”等呼吁成为历史。立法通过之后，落实起来还有执法、司法和守法工作，这三个法律环节也有其自身规律和规则，不然，面对“鉴定意见”，种种原因使一些当事人和某些法院法官，仍习惯性地把“鉴定”当作一个“结论”而不是一个“意见”，有意或者无意维持着“鉴定”过往的体面和效力，其结果就是仍把它当作一种定案的“关键证据”予以采纳。至于立法的能力和改变，在许多地方、许多法院、许多法官和当事人心中仍不变，并以“此不变”来应万变。

面对一份“鉴定结果”，如果说之前是因没有法律支持而在被动的接纳，但三大诉讼法完成这方面的修改并实施之后，仍在普遍被司法实践采纳，虽说这有专业性、科学性使然，正所谓“当采纳鉴定意见就要大胆采纳”，这也合法，但是，并不排除存在某些法官不愿意担当，或因怕给自己找额外麻烦而不改，或者因自身专业审判能力不足等而不想、不愿和不敢进行改变等的情况。

对于此种情况，应继续呼吁。跟上立法的节奏和支持“以鉴代审”“以鉴代判”等改变，是执法、司法和守法责无旁贷的工作，虽难以一蹴而就，但也不能磨磨蹭蹭，这需要有高度的责任心、扎实的专业能力和高超的法治水平。

从事医事法治建设事业,要有高度的责任心,核心就是要真正把人民健康建设人权保障放到和纳入中国式现代化建设大局中来布局谋篇,要把医事法治建设当作法治中国建设的“排头兵”来打造。因为美好生活的追求,一刻也离不开对身体权、健康权和生命权的尊重和保障,这是宪法要尊重和保障人权的庄严承诺,是最亟待推进的伟大事业,更是《民法典》所确定的。

《民法典》第1002条规定:“自然人享有生命权。自然人的生命安全和生命尊严受法律保护。任何组织或者个人不得侵害他人的生命权。”第1003条规定:“自然人享有身体权。自然人的身体完整和行动自由受法律保护。任何组织或者个人不得侵害他人的身体权。”第1004条规定:“自然人享有健康权。自然人的身心健康受法律保护。任何组织或者个人不得侵害他人的健康权。”第1005条规定:“自然人的生命权、身体权、健康权受到侵害或者处于其他危难情形的,负有法定救助义务的组织或者个人应当及时施救。”

从事医事法治建设事业,要有扎实的专业能力,核心就是要真正把患者权益保障切实放到和纳入医方高质量发展的新局中来统一谋划,要把患者权益保障当作医事高质量发展的“桥头堡”来打造。这是我们医师、护士等医务人员职业之所以存在和得以后续发展的根源。没有患者权益的保护和保障,就不需要存在和发展医疗卫生事业。当然,也正因为有这样的定位、初心和目的,才更需要职业精神,这也是《医师法》所推崇的。

《医师法》第3条规定:“医师应当坚持人民至上、生命至上,发扬人道主义精神,弘扬敬佑生命、救死扶伤、甘于奉献、大爱无疆的崇高职业精神,恪守职业道德,遵守执业规范,提高执业水平,履行防病治病、保护人民健康的神圣职责。医师依法执业,受法律保护。医师的人格尊严、人身安全不受侵犯。”第5条规定:“每年8月19日为中国医师节。对在医疗卫生服务工作中做出突出贡献的医师,按照国家有关规定给予表彰、奖励。全社会应当尊重医师。各级人民政府应当关心爱护医师,弘扬先进事迹,加强业务培训,支持开拓创新,帮助解决困难,推动在全社会广泛形成尊医重卫的良好氛围。”

从事医事法治建设事业,要有高超的法治水平,核心就是要真正把医疗活动切实放到和纳入全面依法治国总体格局中来,要把保障医务人员依法行医当作医事法治高水平建设的尖兵队伍来打造。全面依法治国总体格局开辟了一个医事法治建设的新赛道。党的二十大报告提出:“社会主义法治国家建设深入推进,全面依法治国总体格局基本形成,中国特色社会主义法治体系加快建设,司法体制改革取得重大进展,社会公平正义保障更为坚实,法治中国建设开创新局面。”支持和践行这样的判断,需要包括医疗活动各方等方方面面进行参与和积极努力，这其中，高质量的医疗卫生事业的发展，需要有高水平的“医事法治力”来支持。“医事法治力”是医事纠纷矛盾化解所需要的一种调整医事权利、义务和责任的法治能力，其之适用，包括医事活动之前中后全周期；其之构成，包括医、法等全要素；其之运作，需要医学和法学兼容，医疗问题解决和法律问题化解并重的全过程参与。

《民事诉讼法》(2023 年修正)第 66 条规定：“证据包括：(一)当事人的陈述；(二)书证；(三)物证；(四)视听资料；(五)电子数据；(六)证人证言；(七)鉴定意见；(八)勘验笔录。证据必须查证属实，才能作为认定事实的根据。”第 79 条规定：“当事人可以就查明事实的专门性问题向人民法院申请鉴定。当事人申请鉴定的，由双方当事人协商确定具备资格的鉴定人；协商不成的，由人民法院指定。当事人未申请鉴定，人民法院对专门性问题认为需要鉴定的，应当委托具备资格的鉴定人进行鉴定。”第 80 条规定：“鉴定人有权了解进行鉴定所需要的案件材料，必要时可以询问当事人、证人。鉴定人应当提出书面鉴定意见，在鉴定书上签名或者盖章。”第 81 条规定：“当事人对鉴定意见有异议或者人民法院认为鉴定人有必要出庭的，鉴定人应当出庭作证。经人民法院通知，鉴定人拒不出庭作证的，鉴定意见不得作为认定事实的根据；支付鉴定费用的当事人可以要求返还鉴定费用。”第 82 条规定：“当事人可以申请人民法院通知有专门知识的人出庭，就鉴定人作出的鉴定意见或者专业问题提出意见。”

没有权利要全力争取，有了权利就要真运用。就本案而言，改变“鉴定意见”的司法裁判并不容易，但从法律角度，并没有传递出什么新信号，仍传递了一个旧信号，更也是老信号，那就是改变“以鉴代审”“以鉴代判”等之窘状，早已不是立法问题了，而是严格执法、公正司法和全民守法的落实。不能再持续让立法资源和立法成果沉默。面对日益专业的医事纠纷、诉讼案，我们呼吁各方：我们在享受日益丰富的立法带来的法律资源同时，也要认真对待立法赋予的我们的权利(力)，这其中，“关键少数们”，如肩负司法权行使的法院法官们，更要以身作则、率先垂范，通过案件裁判，激活既定的法定权利(力)，传递法治精神，让包括医患各方在内的各方感受和享受到法律的智慧和力量。

第3章 观点碰撞

医疗侵权案中民事行为能力受限当事人的权利保护

李　立　广东广信君达律师事务所　高级合伙人
许文滔　广东广信君达律师事务所　律师

一、问题提出:非完全民事行为能力当事人的司法保护问题凸显

随着医疗水平不断提高,民众法律意识不断提升,医疗纠纷案件处置日益复杂,维权难度也日益增大。这当中"民事行为能力受限当事人的司法保护"成为一个突出的新问题,如间歇性精神病患者起诉认为医院对其诊疗活动存在过错如何认定主体资格、对昏迷植物人的患者何时开始启动权利维护等。尤其在法律依据不明情况下,面对案件的审查,法官自由裁量权过大、程序运用差异大、处置周期长等问题更不断显现。针对此问题,笔者从律师代理案件角度进行分析,以期探讨有效的解决途径。

二、诉讼障碍:非完全民事行为能力当事人诉讼难面面观

(一)立案障碍:民事行为能力状况成启动诉讼的首要难题

民事诉讼权利能力是指能够作为民事诉讼当事人的资格和能力。民事诉讼行为能力

是指能够以自己的行为亲自参加诉讼,实现民事诉讼权利、履行民事诉讼义务的能力。有民事行为能力即有民事诉讼行为能力,无民事行为能力人和限制民事行为能力人应仅认为具备民事诉讼权利能力,但民事诉讼行为能力或者无或者受限。

当事人是否适格成为法院判断是否有权提起诉讼的首要环节,但该环节在实务认定中存在诸多问题。以笔者代理患者陈某诉××大学附属××医院医疗损害纠纷案为例,该案从维权开始便困难重重。

1. 委托手续存在阻碍

患者已经陷入昏迷状态而无法履行相应委托手续,律师与近亲属进行充分沟通后,以患者本人名义起诉,由近亲属在起诉材料上代签名,并明确记载近亲属为代签名。

2. 立案办理存在阻碍

之后向越秀区人民法院起诉,其立案庭以非本人签名为由拒绝受理;经详细沟通及告知患者目前病情状况,并提供病历材料证明后,仍被告知需要先进行特别程序确定民事行为能力,否则不能立案。面对此情况,代理律师多方陈述以说明普通程序的立案与特别程序之间并不冲突,立案也仅为形式审查,若后续经办法官仍认为需要进行特别程序认定的,那本案可暂时中止审理,但不能剥夺我方起诉的权利。几番沟通后终于成功立案。

3. 主体资格认定难

这在医疗侵权案件当中尤为明显,通过立案并不意味后续就顺利了。首先,经办法官仍要求先进行特别程序的认定,虽然我方反复主张患者已有病历材料足以证明现处于昏迷状态的病情,其民事行为能力已明显受限,可启动监护人制度从而保障患者的权利,但是不被支持。我方又主张患者不需要通过特别程序来确定监护人,可采取意定监护的形式由全体家属协商确定,而在具体案件中直接认可并不会侵犯被监护人的权益,若被监护人行为能力恢复,固然可以自行行使权利,或选择案件继续进行,也可申请撤诉;即便监护人在代理过程中存有侵害权益的行为,被监护人也完全可以向侵权人主张损失,二者之间并不冲突,但仍不被支持。

其次,即使按照法官的要求启动特别程序,也面临种种阻碍。代理律师结合患者的实际昏迷的病情以及节约时间和金钱等成本考虑,继续向主审法官沟通,认为已经不需要再通过司法鉴定进行认定,现有病历材料足以证明,《民事诉讼法》中也认为必要时才应当再进行鉴定。但特别程序的审理法官未采纳我方提出的实质异议,仍要求鉴定,在法庭审理时还明确告知若不进行鉴定,将驳回我方的申请且并未对“必要时”再作鉴定的行径进行任何法理层面的阐述。

4. 鉴定流于形式

针对法院的要求，律师和患者近亲属沟通后进行了司法鉴定，但鉴定专家到医院重症加强护理病房为患者进行行为能力的认定后仍然就临床数据和体格检查直接沿用病历资料的记载，使鉴定过程流于形式。对此，法官是否考虑采取询问函等其他方式辅助查证？

（二）举证障碍：无民事行为能力人的举证责任过重

首先，存在的阻碍包括但不限于当事人可能不配合的情况：若患者有精神疾病障碍，较可能对鉴定过程等造成影响，并阻碍程序的推进，如实践中出现的扰乱听证会秩序导致的鉴定机构退回鉴定的情形。若患者陷入昏迷或处于“植物人”状态，其治疗还在涉案医院或他家医院的重症监护室接受治疗，而鉴定机构人员有可能需要现场评估患者目前病情，但因治疗需要或其他原因，医院不允许鉴定机构的人员进入重症监护室，导致鉴定程序的无法推进。

其次，鉴定受现有条件的限制：若患者有精神疾病障碍，而现有精神疾病的诊断无明确的客观依据，更多是依靠医师的主观判断结合一些客观证据；此外，进行鉴定还需要机构具有相应的资质条件；再者，鉴定机构存在设备及人员的问题，因而实践中通常还需要提供医院的病历资料。若患者属于“植物人”状态，以上所说的问题仍可能存在，最终鉴定的结果与患者实际的精神疾病的障碍程度可能不一致。

（三）依据障碍：特别程序存在规定及适用的瑕疵

法定代理人、监护人制度旨在保护无民事行为能力人和限制民事行为能力人。《民事诉讼法》（2023年版）第198条规定：“申请认定公民无民事行为能力或者限制民事行为能力，由利害关系人或者有关组织向该公民住所地基层人民法院提出。申请书应当写明该公民无民事行为能力或者限制民事行为能力的事实和根据。”第199条规定：“人民法院受理申请后，必要时应当对被请求认定为无民事行为能力或者限制民事行为能力的公民进行鉴定。申请人已提供鉴定意见的，应当对鉴定意见进行审查。”但笔者在代理案件中却发现，法律规定上的缺陷让司法实践与该目的相违背，实质上成为一个限制其亲属代为行使权利的障碍，也为追究侵权人的责任设置了限制。

比如，根据上述规定，鉴定是认为“必要时”才需要，但何时属于“必要时”却未被规定。由于法律缺少具体的指引，司法实践中普遍存在非经鉴定不能确认的情形。

这实质上属于适用法律的错误，在现有证据足以证明无民事行为能力人的状态下还要加入鉴定程序未免有些冗杂,不仅在程序上增加了当事人的负担,还在成本上造成了当事人的负累。

(四)鉴定障碍:司法实践中过度依赖鉴定意见书

司法实践中通常要求先经过司法鉴定并经特别程序才能对无民事行为能力主体进行认定,此系关于诉讼行为能力认定的程序障碍。

上述案例不仅间接反映了司法实践中存在的"以鉴代判"的现象,更反映出司法实践中对鉴定意见的认识偏差。鉴定意见书作为法定证据的一种,并不具有当然的效力,自然也不具有大于一切的效力,其存在的人为主观偏差是难以避免的,因而结果也不必然准确。但我国目前司法现状及检索到的案例普遍显示,法院过度依赖鉴定机构的意见,甚至认为鉴定意见是唯一标准。

但要提出的是,在医疗侵权纠纷当中,患者存有精神障碍疾病或者陷入昏迷或处于"植物人"状态的情形相比较于其他侵权纠纷会更为常见且具有特殊性,其特殊性在于具有充分的病历资料可证明患者现时的状态,若要求提起诉讼需先进行无民事行为能力人的认定,实际上给患者权利主张设置了障碍,该条规则对患者而言格外严苛,这就是在某种程度上限制了其进行权利主张,即诉讼行为能力认定的程序障碍。

(五)专业障碍:法律工作者存在专业失位与错位问题

笔者以陶某甲与重庆万州区某有限公司医疗损害责任纠纷案为例针对法律工作者专业问题予以说明,该案二审法院认为,关于一审法院是否遗漏了对陶某甲启动宣告为限制民事行为能力或者无民事行为能力的特别程序的问题,根据《最高人民法院关于适用〈中华人民共和国民事诉讼法〉的解释》(2015 年版)第 349 条规定的"在诉讼中,当事人的利害关系人提出该当事人患有精神病,要求宣告该当事人无民事行为能力或者限制民事行为能力的,应由利害关系人向人民法院提出申请,由受诉人民法院按照特别程序立案审理,原诉讼中止",第 83 条规定的"在诉讼中,无民事行为能力人、限制民事行为能力人的监护人是他的法定代理人",本案中,陶某甲系精神病患者,为限制民事行为能力人,其父亲陶某乙是其法定监护人,这是在诉讼发生前均公认的一个事实且在一审诉讼中并未有其他利害关系人向人民法院提出申请为其监护人。故一审法院没有启动特别程序宣告陶某甲是限制民事行为能力人而认定其父亲陶某乙是其法定监护人并无不当。

事实上,该案例中并未对无民事行为能力人或限制民事行为能力人的认定启动特别程序,可见依据现有法律规定可对无民事行为能力人的权利主张提供保障。但实践中法律工作者在专业上存在失位与错位，如律师未能利用现有法律规定保护当事人的利益，以及法院未能秉承中立审判的角色且执着于司法鉴定确认而放弃其自由裁量权的结果，从而导致了无民事行为能力人权利主张的障碍。法官应在合理采集现有证据下综合认定并判断是否需要经过特别程序确定，如何进行特别程序以及是否需要鉴定等问题。

（六）裁量障碍：资格认定事宜法官自由裁量权随意性较大

笔者除代理患者陈某诉××大学附属××医院医疗损害纠纷案外，也代理过如下案件。

在高某诉××大学附属××医院案件中，笔者作为医院方代理人参与到法庭审理当中。患方认为医院对其进行手术前的病情告知与说明不充分，因为其当时存在心理疾病障碍的影响（仅有外院抑郁症的治疗史），不能正确认知手术的风险及必要性，而医院未告知其家属相关情况。我方反驳：患者系自行前往医院就医，病情沟通等都反映出其具备正常人的行为能力，无法认定其属于行为能力受限的情形，也没有义务对其进行认定。但法院认为我方作为医疗机构有充分的能力对患者精神状况进行认定且病历有记载患者抑郁症病史（抑郁症不必然会影响认知能力），因而要求我方举证证明或申请民事行为能力鉴定。反复沟通无果后，我方顺势向法院提出“若患者认为就诊时需要针对其民事行为能力进行鉴定，那其诉讼行为能力也应存疑，可进行相应鉴定”，但法院却以患者母亲作为代理人参与庭审过程及患者能有效对法庭询问的若干问题作答为由否定了我方的意见。

在代理某医院参加应诉的过程中，因发现患者行为状态有异常（反复报警上百次、投诉医院几十次）且性情激惹，书写的诉状也反映出其可能有一定程度的精神障碍（偏执型精神病），故我方向法院申请对其进行司法鉴定以明确其精神状态和民事行为能力，但法院却同样在当庭询问若干问题后就认定其不存在有需要进行鉴定的情形，驳回我方的申请。

对比上述两个案例，在面对当事人民事行为能力受限的情况，笔者经过案件办理产生如下认知：一是法官自由裁量权过大，特别是法律规定不明确时，判案无具体标准；二是鉴于医疗专业知识的不足，精神状况的认定问题需要进行专业的司法鉴定，而对“植物人”的行为能力受限认定可依靠病历而无再鉴定之必要，但实际情况却似乎刚好相反；三是在普通程序、特别程序、司法鉴定程序推进过程中，就法定代理人、监护人等的选择和判断存在诸多矛盾，其最终结果则为法定代理人、监护人制度的优选性难以在病患当事人权益保护上体现。司法实践上的某些操作有违法定代理人、监护人制度的初衷。

（七）成本障碍：依法行使司法救济维权的成本太大

1. 费用成本大

由于涉及诉讼资格问题，法律规定确认无民事行为能力人一方需通过特别程序予以认定，而司法实践通常要求进行司法鉴定以明确其主张，故还需支出司法鉴定费用，所有这些费用（医疗纠纷案件中通常还需要患方承担两个鉴定所需要的费用，即伤残能力鉴定或死因鉴定以及医疗损害过错鉴定）的支出，还可能包括律师费或误工损失等，造成患方主张权利的成本过高，从而极大限制或阻碍了患方通过司法途径寻求救济。

2. 时间成本高

特别程序通常需要几个月时间，还需要加上患方提起程序所耗费的时间，而鉴定程序却不计入法院的审限当中，这意味着若需经过司法鉴定，耗时将进一步增长（在上述的另外两个鉴定所耗费的时间外，尤其是医疗损害过错鉴定耗费的时间），包括但不限于联系鉴定机构的时间、与法院进行函件来往所耗费的时间、鉴定耗费的时间、患方给鉴定机构提供材料的时间，导致患方主张权利的时间成本过高，从而可能阻断了患方获得司法救济的途径。

3. 等待代价太大

笔者代理的患者陈某诉××大学附属××医院医疗损害纠纷案就花费了极高的时间及金钱成本，并且患者在鉴定意见书出具后不久离世，这时自接受案件委托已过去将近一年，但还未等到案件正式进入庭审。

三、解决途径：围绕立法、司法和法律适用的三个层面消除障碍推进权益保护

（一）立法层面：分清无（限制）民事行为能力人的认定及权利保护问题

民事行为能力的认定问题与权利救济问题应当进行区别。民事行为能力人的认定是对行为人状态的判定，而权利救济问题的判断应是基于现有证据对是否存在侵权以及是否存在过错和因果关系进行判断，二者不应等同起来。

笔者认为，不能因为无民事行为能力人需要通过特别程序确定，就要求已有证据证明存在损害的患方做更进一步的判断才赋予其起诉的权利，尤其在患者存在精神障碍、处于严重昏迷或“植物人”状态的情况下。

无民事行为能力人的认定应是确定监护人的制度，用以保护被监护人的财产及人身权利，或者保护利害关系人的合法利益；而涉及无民事行为能力人的侵权问题，应是通过赋予

其监护人提起司法救济和追究侵权人责任的权利从而保护无民事行为能力人，但实践中却将二者混淆了。如上所述，被侵权人的权利主张遇到诸多障碍且这些障碍本不必要或不应当存在。因此，建议立法部门制定相关的配套法律解决适用层面的问题，积极保护被侵权人的利益，鼓励被侵权人或其家属及时采取措施避免更大的损失。

（二）司法层面：以保护当事人提起诉讼权利为出发点进行审查

首先，问题的解决有赖于法院正确适用法律。法律要求在必要的情况下应当对该无民事行为能力进行鉴定，那么可见，鉴定程序并非必须进行的，在已有充分证据证明的情况下，应当采信一方的主张而认定其为无民事行为能力人，并由其法定代表人代为起诉。以医疗侵权纠纷为例，在现有病历可充分认定患者陷入昏迷或“植物人”状态，或者存在有精神疾病障碍时，若无相反证据证明，应支持患方的代为起诉。

其次，法院应当正确分配举证责任。在医疗侵权纠纷案件当中，由于医疗机构保管了病历等材料且掌握专业的医学知识，对法院支持患方起诉资格的主张完全可以提供充分证据驳斥，并可要求进行无民事行为能力鉴定。至于是否启用司法鉴定程序应当由法院依职权认定，合理分配两者间的举证责任，根据案情判断由哪一方承担鉴定费用，正确适用“谁主张，谁举证”的原则。

最后，程序的展开应当在法院的主持下进行。对于医疗侵权纠纷，法院完全可以先行受理医疗损害责任纠纷，并依照法律规定推进程序的开展。

若患方主张患者为不能辨认或者不能完全辨认自己的行为的群体，那么可根据《最高人民法院关于适用〈中华人民共和国民事诉讼法〉的解释》（2022 年版）第 347 条规定的“由利害关系人或者有关组织向人民法院提出申请，由受诉人民法院按照特别程序立案审理，原诉讼中止”作出认定。此时由于医疗过错的举证责任在患方，患方可要求法院继续推进鉴定程序的进行，而事实上，无民事行为能力的认定与医疗损害过错的认定并不矛盾，完全可以同时进行。一方面，二者的判断互不干扰，医疗损害鉴定是判断诊疗行为是否有过错，系基于此前的行为；而无民事行为能力人的认定则是判断行为人当时的状态。另一方面，二者的结果互不影响，当事人是否具有诉讼资格并不影响医疗损害鉴定判断医疗机构是否存在过错，二者的结果均是独立的。

而且，若经特别程序认定患者为无民事行为能力人，其法定代表人或监护人当然具有相应资格提起诉讼，如起诉时由多名近亲属共同提起诉讼，也可依法变更为由法定监护人提起诉讼；若经特别程序认定患者为完全民事行为能力人，患者自然有权决定是否提起诉讼,实际上也不会对其权利的主张产生任何影响;或者虽经特别程序认定为无民事行为能力人后又恢复的,也可申请特别程序重新认定后决定是否继续进行医疗侵权纠纷。

而对于陷入昏迷或者处于“植物人”状态的患者,应当可以同样适用上述精神疾病障碍患者的程序开展。

(三)法律适用层面:减少无价值鉴定和简化诉讼程序

首先,在诉讼双方对无民事行为能力人的状态不存在异议的情况下,法律工作者应当积极主张简化诉讼程序,以减少不必要的费用、节约诉讼资源;现有证据已可充分认定无民事行为能力人的状态的,不应再行鉴定,从而增加当事人的负担。

其次,由于医疗侵权纠纷的特殊性,对于患者的状态已有充分的病历材料可供证明且诉讼双方对患者的状态没有任何异议的,确定无民事行为能力人的鉴定自然没有价值,也应当减少。

最后,律师、学者等法律工作者应当积极发声倡导简化诉讼程序,以期减少无价值的鉴定过程,保护无民事行为能力人的诉权,维护其合法利益,减少诉讼资源的浪费。

四、结语:不要让病情折磨之后,再受不正义之苦

《民法典》经第十三届全国人民代表大会第三次会议审议通过并颁布实施,作为新中国成立以来第一部以“法典”命名的法律,是新时代中国特色社会主义法治建设的成果,具有里程碑意义。

关于无(限制)民事行为能力人的权益问题,《民法典》有了不少规定:第21条明确了不能辨认自己行为的成年人为无民事行为能力人;第24条关于无民事行为能力或限制行为能力的认定与恢复的规定中明确其利害关系人或者有关组织可以向人民法院申请认定该成年人为无民事行为能力或者限制民事行为能力人;第32条规定没有依法具有监护资格的人的,监护人由民政部门担任,也可以由具备履行监护职责条件的被监护人住所地的居民委员会、村民委员会担任;第33条规定具有完全民事行为能力的成年人,可以与其近亲属、其他愿意担任监护人的个人或者组织事先协商,以书面形式确定自己的监护人,在自己丧失或者部分丧失民事行为能力时,由该监护人履行监护职责。

但《民法典》对于非完全民事行为能力人的诉讼权益事宜的规定仍显不足,尤其是在司法实践中存在倾向并依赖鉴定意见的现象时。《民事诉讼法》第199条规定:“人民法院受理申请后,必要时应当对被请求认定为无民事行为能力或者限制民事行为能力的公民进

行鉴定。申请人已提供鉴定意见的,应当对鉴定意见进行审查。”其中何为“必要时”的判断仍缺乏进一步指引,非完全民事行为能力人的诉讼权益保护仍然是一大难题。

不过,2020 年实施的《最高人民法院关于人民法院民事诉讼中委托鉴定审查工作若干问题的规定》似乎对于解决上述问题有一定的指导意义,其第 1 条关于鉴定事项的审查有明确规定:“严格审查拟鉴定事项是否属于查明案件事实的专门性问题,有下列情形之一的,人民法院不予委托鉴定:(1)通过生活常识、经验法则可以推定的事实;(2)与待证事实无关联的问题;(3)对证明待证事实无意义的问题;(4)应当由当事人举证的非专门性问题;(5)通过法庭调查、勘验等方法可以查明的事实;(6)对当事人责任划分的认定;(7)法律适用问题;(8)测谎;(9)其他不适宜委托鉴定的情形。”但对于什么情况下的民事行为能力认定属于专门性问题,以及什么情况下属于法官可以自由裁量的范围均没有具体的规定,依赖鉴定的现况或许仍然得不到解决。

期待未来在对非完全民事权利行为人的法律救济问题上,法律法规或司法解释能更深入、更细化,更好保护民事行为能力受限当事人的合法权益。

案由的选择不应成为患者寻求全面救济的障碍

宋立志　广东广信君达律师事务所　律师

【摘　要】根据《民事案件案由规定》的规定，与医疗相关的纠纷案由共三大类：医疗损害责任纠纷、医疗服务合同纠纷、医疗保险待遇纠纷。值得注意的是，医疗产品责任纠纷被划分为医疗损害责任纠纷大项中的一个小项，同时医疗损害责任纠纷还包含侵害患者知情同意权责任纠纷。一般来说，选择不同的案由将决定适用不同的法律，也决定了损害救济的范围。但公平公正的判决应是对损害的全面救济，对过错的全面惩罚。不应因选择了一种案由而排除了其他救济途径。

【关键词】医疗损害责任纠纷；医疗服务合同纠纷；医疗产品责任纠纷；全面救济

一、医患纠纷现状及司法大数据

“威科先行·法律信息库”数据统计，截至 2021 年 11 月 30 日，医疗损害责任纠纷案由案件共 153124 件，2017 年、2018 年、2019 年、2020 年分别为 22287 件、25011 件、27035 件、23661 件，基本呈逐年上升趋势，2020 年由于新冠疫情影响，案件数量有所下降；医疗服务合同纠纷案由案件共 40689 件，2017 年、2018 年、2019 年、2020 年分别为 5311 件、5866 件、7072 件、6585 件，基本呈逐年上升趋势，2020 年由于新冠疫情影响，案件数量有所下降；医疗产品责任纠纷案由案件共 827 件，2017 年、2018 年、2019 年、2020 年分别为 109 件、134 件、137 件、122 件，基本比较稳定。

从上述数据可以看出，就民事途径解决医患纠纷，当事人更愿意选择医疗损害责任纠纷作为案由，而医疗产品责任纠纷案由则相对较低。出现上述差距的原因可能是医疗损害纠纷更能直接反映医疗机构的过错，损害能够更加直接获得救济。

二、不同的案由决定了法律适用的不同及处理原则的不同

关于医疗损害责任纠纷，《民法典》侵权责任编第 1218 条规定：“患者在诊疗活动中受

到损害,医疗机构或者其医务人员有过错的,由医疗机构承担赔偿责任。"第1179条规定:"侵害他人造成人身损害的,应当赔偿医疗费、护理费、交通费、营养费、住院伙食补助费等为治疗和康复支出的合理费用,以及因误工减少的收入。造成残疾的,还应当赔偿辅助器具费和残疾赔偿金;造成死亡的,还应当赔偿丧葬费和死亡赔偿金。"医疗损害责任纠纷适用过错责任原则。

关于医疗服务合同纠纷,《民法典》合同编第577条规定:"当事人一方不履行合同义务或者履行合同义务不符合约定的,应当承担继续履行、采取补救措施或者赔偿损失等违约责任。"这是对合同违约的总的概括,也规定责任承担的一般原则,即不论过错,违约即担责。同时《民法典》第186条规定:"因当事人一方的违约行为,损害对方人身权益、财产权益的,受损害方有权选择请求其承担违约责任或者侵权责任。"也给予了当事人选择权利。根据《最高人民法院关于审理医疗损害责任纠纷案件适用法律若干问题的解释》(2020年版)第1条第3款规定的"当事人提起的医疗服务合同纠纷案件,不适用本解释",选择不同的案由决定了适用不同的法律规范。

关于医疗产品责任纠纷,《民法典》侵权责任编第1223条规定:"因药品、消毒产品、医疗器械的缺陷,或者输入不合格的血液造成患者损害的,患方可以向药品上市许可持有人、生产者、血液提供机构请求赔偿,也可以向医疗机构请求赔偿。患方向医疗机构请求赔偿的,医疗机构赔偿后,有权向负有责任的药品上市许可持有人、生产者、血液提供机构追偿。"

根据上述规定,医疗产品责任是无过错责任原则。同时上述法律也规定了患者可以选择向医疗机构或者药品上市许可持有人、生产者、血液提供机构请求赔偿。最终赔偿责任由过错方承担。

无论选择哪种案由,承担责任的形式差别不大,他们之间存在竞合、重叠等。例如,《民法典》第996条规定的"因当事人一方的违约行为,损害对方人格权并造成严重精神损害,受损害方选择请求其承担违约责任的,不影响受损害方请求精神损害赔偿",让侵权责任和违约责任更加接近。

三、探索医疗纠纷案件适用《消费者权益保护法》

目前司法实践中,除医疗美容纠纷存在适用《消费者权益保护法》外,普通的医疗纠纷适用率并不普遍。《消费者权益保护法》在医疗纠纷案件中的应用就成了难题。下面就医疗纠纷案件能否适用《消费者权益保护法》进行论证分析。

《消费者权益保护法》第 2 条规定:“消费者为生活消费需要购买、使用商品或者接受服务,其权益受本法保护;本法未作规定的,受其他有关法律、法规保护。”第 3 条规定:“经营者为消费者提供其生产、销售的商品或者提供服务,应当遵守本法;本法未作规定的,应当遵守其他有关法律、法规。”上述条款规定了《消费者权益保护法》的适用范围。想要讨论患者与医疗机构发生纠纷时能否适用本法,需要先解决三个问题:第一,何为经营者?第二,何为消费者?第三,就医行为是否属于生活消费?

第一,关于经营者的定义。根据《反垄断法》第 15 条第 1 款规定的“本法所称经营者,是指从事商品生产、经营或者提供服务的自然人、法人和其他组织”,《广东省实施〈中华人民共和国消费者权益保护法〉办法》第 2 条第 3 款规定的“本办法所称经营者,是指为消费者提供商品或者服务的生产者、销售者和服务者”和第 20 条规定的“从事有线电视、邮政、电信业、医疗卫生服务业的经营者,应当按照物价部门核定的标准收费,详列计价单位的明细项目并以清单的形式告知消费者。违反规定所收的费用,应当加倍退还消费者”,医疗卫生服务业属于经营者的范畴。具体阐述如下:首先,无论是民营医疗机构还是公办医疗机构,其性质都属于法人或者其他组织,满足了经营者形式上的要求。其次,医疗机构在提供服务,包括出售医疗产品、器械时,只要是获利且该获利直接来源于为患者提供消费医疗服务及产品所支付的对价,该行为无论是否发生在医疗服务过程中,以及行为相对人是否为特定对象,均不影响医疗机构经营(产品和服务)行为的成立。再次,医疗机构中的非营利性医疗机构在提供公益性医疗服务的过程中未直接获利,因此其医疗收入享受国家的税收优惠,但非营利性医疗机构的获利行为是必须依照经营者纳税的。也就是说,从税收方面就可看到区别是否为经营者不是看哪种性质的机构,而是看行为是公益性质的还是营利性质的。最后,《广东省实施〈中华人民共和国消费者权益保护法〉办法》将医疗卫生服务纳入了经营者的范畴,也即医疗卫生服务业属于消费者权益保护法规定的经营者。

第二,关于消费者的定义。根据《消费者权益保护法》第 2 条规定的“消费者为生活消费需要购买、使用商品或者接受服务,其权益受本法保护;本法未作规定的,受其他有关法律、法规保护”,以及《广东省实施〈中华人民共和国消费者权益保护法〉办法》第 2 条第 2 款规定的“本办法所称消费者,是指为生活消费需要购买、使用商品或者接受服务的个人和单位”,患者在诊疗过程中购买、使用医疗器械在内的商品以及接受疾病诊疗的医疗服务行为就是属于消费行为。同时，就医行为也是为了更好的生活，提高生活质量，完全符合消费者为生活消费而购买、使用商品或者接受服务的定义。因此，患者在就医的过程中应属于消费者。

第三，关于生活消费的定义。经检索相关资料，所谓生活消费，指人们在生产和生活的过程中消耗物质资料和享受服务的一种经济行为。居民用于满足家庭生活消费的全部支出(人均消费支出)指居民用于满足家庭日常生活消费的全部支出，包括购买实物支出和服务性消费支出。消费支出按商品和服务的用途可分为食品、衣着、家庭设备用品及服务、医疗保健、交通和通讯、娱乐教育文化服务、居住、杂项商品和服务八大类。

上述中的医疗保健指的是用于医疗和保健的药品、用品和服务的总费用，包括医疗器具及药品，以及医疗服务。另外，患者在享受医疗服务的过程中，必然会消耗物质资料即金钱，属于一种经济行为。因此，医疗服务属于生活消费的范畴。

通过上述分析，不难发现，患者接受医疗服务的行为完全符合《消费者权益保护法》第2条规定的"消费者为生活消费需要购买、使用商品或者接受服务，其权益受本法保护；本法未作规定的，受其他有关法律、法规保护"以及第3条规定的"经营者为消费者提供其生产、销售的商品或者提供服务，应当遵守本法；本法未作规定的，应当遵守其他有关法律、法规"。在医疗服务过程中发生医疗纠纷时，患者可以使用《消费者权益保护法》进行维权。

四、案由的选择不应成为患者寻求全面救济的障碍

《消费者权益保护法》主要用于保护消费者的知情权、选择权、安全保障权、公平交易权、监督权等。对于患者来讲，上述五项权利是患者在医疗活动中最注重的，也是影响医疗效果的重大因素。举例来说，若在医疗期间被医疗机构欺诈，使用了不合格的医疗产品，那么就属于医疗欺诈行为，患者可以根据《消费者权益保护法》第49条规定的"经营者提供商品或者服务，造成消费者或者其他受害人人身伤害的，应当赔偿医疗费、护理费、交通费等为治疗和康复支出的合理费用，以及因误工减少的收入。造成残疾的，还应当赔偿残疾生活辅助具费和残疾赔偿金。造成死亡的，还应当赔偿丧葬费和死亡赔偿金"，第55条第1款规定的"经营者提供商品或者服务有欺诈行为的，应当按照消费者的要求增加赔偿其受到的损失，增加赔偿的金额为消费者购买商品的价款或者接受服务的费用的三倍；增加赔偿的金额不足五百元的，为五百元。法律另有规定的，依照其规定"，第55条第2款规定的"经营者明知商品或者服务存在缺陷，仍然向消费者提供，造成消费者或者其他受害人

死亡或者健康严重损害的，受害人有权要求经营者依照本法第四十九条、第五十一条等法律规定赔偿损失，并有权要求所受损失二倍以下的惩罚性赔偿”等要求医疗机构进行赔偿。

医疗纠纷普遍存在，医疗纠纷呈逐年上升的趋势。案由的选择决定了法律适用，司法实践中，因对法律的理解存在偏差，在个别案件中直接成为阻碍患者维权、追求全面救济的障碍。解决医患矛盾，必须源头治理。医事法治建设，就是源头工作。推进依法行医，须用法治之手，彻底填平这些“坑”。呼吁《消费者权益保护法》在医疗纠纷案件中的应用。

从一宗医疗投诉引发对医院法务管理的思考

李 茜 曾 景 惠州市第三人民医院

投诉简介

某患儿，男，9个月，因“发热、咳嗽、气喘2天”前往儿科诊室就诊，诊断支气管炎、急性咽喉炎。某主任医师开具羧甲司坦片（应天成）（规格：0.1g/片），口服，每日三次，0.15g/次。患儿服用一日后，家属发现医生给患儿开具剂量过大，遂引发投诉。

医院意见

经查，因医院刚更换新的操作系统，当事医师对系统操作不熟练导致录入失误，药师审方不严未能发现医生开具的处方存在用药错误，违反查对制度，所幸及时发现未造成患儿人身损害。患儿呼吸道感染痰声明显，羧甲司坦片属于祛痰药，使用并无不妥，根据该药说明书用法用量为：小儿2~4岁一次1片，5~8岁一次2片，一日3次。该患儿9个月，单次使用0.15g偏大。过量服用该药物可能会导致恶心呕吐、腹痛腹泻等胃肠道反应，还可能引起神经系统异常、过敏反应以及肝肾功能损伤等情况发生，严重情况下甚至可能出现昏迷或死亡。羧甲司坦片半衰期在2小时左右，超量服药的第一天关注患儿整体情况，建议专科就诊观察超剂量服用后有无影响。同时院内尽快完善审方系统规则树的建立，增加审核规则，避免类似事件再次发生。

本案点评

本案患儿家属属于知识分子，能发现剂量存在问题并及时停药，未造成严重后果。如发生以下几种情形，则可能造成令人痛心的医疗事故，对患者家庭、当事医务人员家庭乃至医疗机构都可能会造成毁灭性影响。

情形一：如本案患儿家属来自偏远乡村，未经过高等教育，并让患儿严格按医嘱服药，因过量服用该药且未能得到及时救治，最严重的后果可能造成患儿死亡，则医疗事故由此发生。

情形二：如本案患儿为“珍贵儿”，家属来自偏远乡村，未经过高等教育，多年来夫妻恩爱，婚后十余年一直无子嗣，倾尽数代人积累的家产通过做试管婴儿，成功圆了当父母的梦想，并且母亲分娩时大出血行全子宫切除术，如此时患儿因过量服用该药且未能得到及时救治造成死亡，则不仅仅为医疗事故，还可能毁灭一个家庭，造成重大舆情、“医闹”等社会事件。

实务中，某些医务人员甚至管理人员对不少类似违反核心制度的情形认为都是小问题，未能引起高度重视，以上模拟的两种情形，依照《刑法》第335条（医疗事故罪）以及《最高人民检察院、公安部关于公安机关管辖的刑事案件立案追诉标准的规定（一）》第56条的相关规定，涉案当事人属于严重不负责任，因“严重违反查对、复核制度”的过失行为，并造成就诊人死亡或者严重损害就诊人身体健康，可能构成医疗事故罪。对医疗机构特别是三级甲等医疗机构，可能符合三级甲等医院评审一票否决的风险。因此，对于同一个医疗过失行为，因患者的损害结局不同，可能造成的事件性质和法律后果也不同，值得引起医务人员以及管理人员的高度重视和警惕。

随着当前医疗法律环境及其法律规则的变化，群众的法律维权意识以及对医疗服务质量要求不断提升，医疗行业作为一个高度专业化、高风险的行业，疾病发展的复杂性、不确定性、多变性，加上患者个体差异大、医务人员工作强度高、医学的局限性、滞后性等特点决定了医疗风险始终客观存在，可降低但无法被消除。为降低医疗风险及负性事件，维护医患双方的合法权益，2022年以来，惠州市第三人民医院高度重视医事法律工作，试点筹建本地区第一家医院法务部，加强对医务人员“懂医又懂法”的应用型、复合型综合素质培养，从组织、教育和实践三个方面入手，组建医疗风险及医事法律讲师队伍，将法律意识和法律素质贯穿于医疗服务工作的各个层面，从源头上提升医务人员的风险防范意识，规范诊疗行为，强化医疗质量监督管理水平，最大限度地防范和化解医疗风险及负性事件，取得良好的管理成效，医院的医疗纠纷发生数同比下降近30%，根据政府、法院及第三方调解机构数据，该院在本地区同级别医院中的医疗纠纷发生率中位列最低位。此外，深入人心的法律的风险意识、规矩意识和规范的诊疗行为为医院高质量发展奠定了坚实基础。广东省医改办印发的《关于2022年度广东省三级公立医院绩效考核监测分析有关情况的通报》（粤医改办〔2024〕2号）的考核结果显示，该院在国家级和省级的三级综合医院绩效考核中逐年进步，本次考核取得“国考”第252名（A级），连续两年取得全省第25名、本地区第1名的成绩。取得优异成绩的同时促使该院不断加快高质量发展步伐，续写高质量发展出色答卷，不负惠州百姓所托，积极回应人民群众的健康需求，进一步守护人民健康，惠泽一方百姓。

法律的伦理难题:医学人文价值观与法律责任的交集

张梦友 刘丽颖 蔡源媛 惠州市第三人民医院

自古以来,医学人文便与法律交集甚深。在最重医学的宋代,①当时最重要的法典《宋刑统》把医者、病者、医院等主体纳入法律体系,形成了相对平稳的医疗秩序,以及民众信赖医者的独特医患关系。②《希波克拉底誓词》中的"无论至于何处,遇男或女,贵人及奴婢,我之唯一目的,为病家谋幸福,并检点吾身,不做各种害人及恶劣行为,尤不做诱奸之事"明确医生要尽己所能为服务对象谋福利,不利用职业便利行违法之事。显然,医学人文与法律之间是相互渗透深度融合,相互影响的关系。

在现代医疗实践中,医疗技术不断取得新突破,治疗手段愈加丰富,然而许多风险和问题也接踵而至,如医者暴露在前所未有严重的医疗风险下,患者对医者救治行为担惊受怕也愈加凸显,诸如终止治疗、器官捐赠、医疗事故等,这些难题不仅考验着医疗人员的道德判断,也挑战着法律制度的适应性和灵活性。探讨医学人文价值观在法律框架内的体现,以及法律适应不断变化的医学伦理要求,以寻求医学人文与法律责任相辅相成,构建和谐医患关系,在尊重患者权益的同时,有效地履行法律责任。

医学人文是一门医学和人文学交叉的学科,其内容包括医学史学、医学哲学、医学伦理学、卫生法学、卫生经济学、医学社会学等,主要探讨医学内在的人文性,③同时是一种倡导以人为本的理念,主张以人为中心的医学价值观。④ 近代,由于特异性病因学说的崛起、医学的专科化、人才教育体制轻视人文课程、医疗服务市场化等,医学人文曾经历衰落。⑤ 20

① 参见(清)永瑢等:《四库全书总目》(上册),中华书局2003年版,第878页。

② 参见李超:《法律视域下的宋代医药问题研究》,河北大学2020年博士学位论文,摘要。

③ 参见郭瑞:《医学人文关怀在医疗实践中的应用状况研究》,广西医科大学2013年硕士学位论文,第10-26页。

④ 参见王一方:《消费时代的医学人文价值——兼谈医学中科学和人文的对话与冲突》,载《医学与哲学》2001年第8期。

⑤ 参见郭瑞:《医学人文关怀在医疗实践中的应用状况研究》,广西医科大学2013年硕士学位论文,第10-26页。

世纪70年代以后,随着"生理—心理—社会"医学模式被提出和应用,人们对健康和生命质量的不断追求,以及日益突出的医患矛盾,人们对医学人文呼吁声越来越响,医学人文也重新回归到医疗实践中及社会关注点中。

目前,医学人文在临床实践中扮演着尤为重要的引导者角色,负责引导医疗氛围、医疗环境向善、向上。一方面,要求医护人员精益求精,不断学习,提高技能,救治患者要遵循法律规定、伦理原则和道德标准,并尊重和维护患者权益;另一方面,要求医院管理乃至社会环境遵循以人为本,优化诊疗服务,改善患者就医体验,完善政策引导,推动医疗资源公平分配,健全法律体系,切实维护医患双方合法权益。

法律责任在医疗领域扮演着至关重要的角色,它不仅为医疗服务提供了规范,也保护着患者和医疗工作者的权益。

法律最直接参与医疗活动主要表现在解决医疗纠纷。医疗纠纷解决机制有三种,一是协商解决机制,即医患双方采取沟通或协调方式解决;二是调解机制,即在人民调解组织的协调、帮助下医患双方解决纠纷;三是诉讼机制,即采用诉讼方式解决医患纠纷。以上三种机制都是基于《民法典》第1222条,该条规定了医疗过错推定的情形,而具体责任的判定则以《医疗事故处理条例》《医疗纠纷预防和处理条例》《刑法》等法律法规为依据。然而在实际的医疗过错推定中,仍存在一些不足影响了判定的公平性、公正性,如在推定时混淆了法律推定适用的逻辑过程,直接将《民法典》第1222条规定的过错行为作为认定标准,而忽视是否符合《民法典》第1221条所规定的医疗过错前提,或是将与医疗过错之间并不具备高度盖然性的事实当作基础事实,或是将证明难度太高的事实作为基础事实。①

除此之外,法律还有以下方式直接地或间接性地参与医疗相关活动,如规范医疗活动,《医师法》第13条第4款规定的"未注册取得医师执业证书,不得从事医师执业活动"禁止了无证行医,保障患者诊疗权益;规范科研活动,《基本医疗卫生与健康促进法》中明确规定临床试验应当遵守医学伦理规范,遵守有关临床诊疗技术规范和各项操作规范,按照规定履行告知义务。

在医学高速发展的时代,我们不得不承认尽管法律在尽可能维护医患双方的合法权益,但在面对新发展事物,像医疗人工智能、新技术应用,或是未了解清楚的领域,如互联网医疗、医疗数据共享等,又或是在"法"与"理"的冲突中,医患双方实际上是难以获得公平

① 参见王晓娜:《医疗过错法律推定研究》,山西大学2021年硕士学位论文,第25页。

的保障,亟待在法律框架内并在两者之间找到一个平衡点。

医学人文和法律责任是两个独立的学科,两者出发的角度、研究的内容截然不同,医学人文价值观强调患者的尊严和权利,而法律责任则强调如何维护医患双方的合法权益。在医疗领域中,它们的目的又是高度一致,即尽可能地让医护人员发挥最大的作用,让患者获得最大的利益。理想情况下,医学人文与法律责任是相辅相成的,医者遵守法律规定和患者意愿,尽最大能力解除患者病痛,患者能给予医者充分的信任并获得较好的治疗效果。

然而实际情况尤为复杂,往往导致医学人文和法律责任均无法发挥应有的作用,医患双方两败俱伤。比如,在电视剧《人间世》中所展示的上海交通大学医学院附属瑞金医院医疗纠纷事例:一名库欣综合征患者在瑞金医院接受手术治疗并达到出院指征,由于术后护理尤为关键且复杂,医生嘱咐患者家属将患者转至卢湾分院进行术后观察和治疗,但患者家属没有听从医生意见,不久患者便出了意外,家属返回医院闹事并与医生、保安发生了肢体冲突。在后续的沟通中,在面对不转院的质问时,家属辩解"谁知道卢湾分院在哪里呀?我们根本不知道"。然而实际情况是医生为其提供了具体路线信息,患者无法住院直至病情稳定是由于瑞金医院资源无法满足社会需求,只能通过这种方式加快周转,让更多有需要的罕见病患得到救治。面对闹事家属,她无奈表示:"你们想想看病房那样的场景,我们的年轻人还敢做吗?万一后面没有人做了,瑞金医院只要一句话就可以了,'我没有床',库欣病人就进不了瑞金医院了。"

这位库欣综合征患者是医护和患者家属双方对抗下的牺牲品,也是法律责任和医学人文未能发挥作用的后果。2015 年修正的《刑法》正式将"医闹"行为列入刑事案件,由于人们法治理念不强、法治不够健全以及法律对病患"弱势群体"的同情,《刑法》修正后仍然无法杜绝"医闹"事件,让医护群体处于更加被动的地位。诚然,法律保护患者免受不公正医疗十分重要,但过于提防医护群体,既是对他们能力的束缚,也是对医学人文关怀的无声抵制,最终不怀好心的"患者"群体得利了,但医护及正常患者的权益均受到了侵犯。从医学人文角度,医生的善意得不到患者家属的理解和采纳,究其原因是社会层面医学人文关怀的缺失,医学人文从来都不是医护群体的独角戏,而是需要社会各界的共同参与、共同努力,这里的各界就包含有医疗法治建设、社会媒体正向引导、医疗资源扩容等。

显而易见,医学的发展和良好的医疗环境离不开法律的守护和医学人文的引导,两者之间相互促进、相互补充,各自在完善自身理论体系和丰富内涵时,应尽量参考对方的主张和内涵,使彼此整合度更符合时代要求。

法律条款的制定应科学严谨、与时俱进，既充分尊重医学学科的特点，紧跟医学发展步伐，也要注重医学人文，即法律应融入基本的生命观念与人文关怀，关注医患双方的人性，尊重照顾患者意愿和社会需求的同时，也要维护好医护人员尊严和安全，提供发挥主观能动性的空间。① 法律是手段而不是目的，为提升和维护审判公正性，法院面对相应的医疗责任划分不应为判而判，更不能和稀泥，审判要公正，判定人就应该具备充足的法律知识和医学知识，对此应进一步加强和完善医事法学人才培养。医学人文的发展和传播要突出法律的内容，让患者有反映问题的渠道，加强医患双方有效沟通是避免医疗纠纷的有效手段，对此医学人文应充分发挥其引导作用，宣传中包含法律知识，强化医患双方地位平等理念，促进和谐医患关系。

在探讨法律的伦理难题时，我们不可避免地会遇到医学人文价值观与法律责任的交集。法律制度往往试图通过明确的规则和条款来界定责任，而医学人文价值观则强调对生命的尊重和对患者的同情。在这两者的融合点上，医生和法律专业人士面临着如何平衡法律义务与道德责任的挑战。例如，在终止生命支持的决策中，法律可能要求明确的程序和标准，但医学人文价值观会要求医生考虑患者的生活质量和家属的意愿。在这种情况下，法律提供了一个框架，但医学人文价值观引导了最终的决策。

总之，法律的伦理难题与医学人文价值观之间的交集要求我们不仅要遵守法律，还要关注人的尊严和权利。这需要法律和医学专业人士具有高度的敏感性和判断力，以确保在尊重个体的同时，也能维护社会的整体利益。

---

① 参见李茜：《医事法学的生命观念与人文关怀——评〈医事法原理〉》，载《中国油脂》2023 年第 7 期。

法律与医学人文主义:尊严、自主和医事法学

——以广东省惠州市第三人民医院医学人文建设历程为例

李雪松　惠州市第三人民医院

在现代社会中,随着医疗技术的蓬勃发展,医学进步在提高人类生命质量的同时又不可避免地引发伦理、尊严等诸多矛盾,这些需要相应法规进行规范,医事法学由此产生并日益成为焦点。医学人文强调尊重个体尊严和自主权逐渐渗透到医事法学各方面,医事法与医学人文相辅相成共同促进医疗实践和法律政策完善日益明显。

一、医学人文下的尊严和自主

从国内外研究迹象可以看出,医学人文具有悠久的历史。如古希腊时代《希波克拉底誓词》提出"医生应具有人道主义义务,包括体谅、谦虚、端庄、仁慈等人文品格";唐代《大医精诚》提出"要立志于悬壶济世以解众生之疾,以拳拳至亲至爱之心誓愿普救疾厄含灵"。①②

我国从20世纪80年代开始展开医学人文研究,并在21世纪后逐渐跟上国际研究步伐。尊严和自主权是医学人文主义的核心价值观,法律通过确立患者权利和医疗服务提供者的义务,保障了医学人文主义的实践。在医疗环境中,尊严通常与患者的感受、待遇和权利有关,而自主权则与患者在医疗决策中的参与程度相关。法律框架为这些价值观提供了保护和促进,确保医疗服务不仅仅是技术上的治疗,更是对患者整体福祉的关怀,展示了法律对医学人文主义原则的支持。

惠州市第三人民医院是惠州办院历史最久的百年老院,历史和文化的积淀,形成了以"明德至善,医道至诚"为院训、"惠心仁术,济民安康"为宗旨、"敦厚崇礼,医患同心"为愿景的医院文化,当中不乏浓厚的人文气息。2014年,该院正式启动人文医院建设,从最初成立人文讲师团至全国人文爱心科室(见图1)、全国人文爱心医院(见图2)、白求恩精神

① 参见高川等:《医学人文的过去、现在和未来》,载《协和医学杂志》2022年第1期。
② 参见詹启敏:《医学人文发展的需求和内涵》,载《中国医学伦理学》2019年第8期。

教育基地(见图3),再到生命健康叙事分享,步步深耕,始终坚持和体现人民至上、生命至上的服务理念,使尊重和自主权默化于医疗流程中。

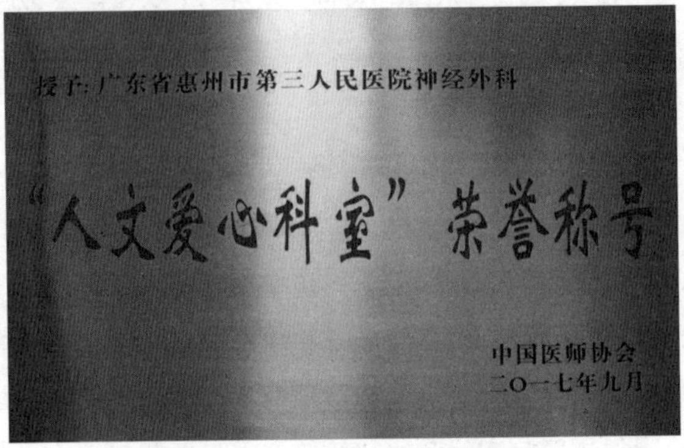

图1　全国人文爱心科室

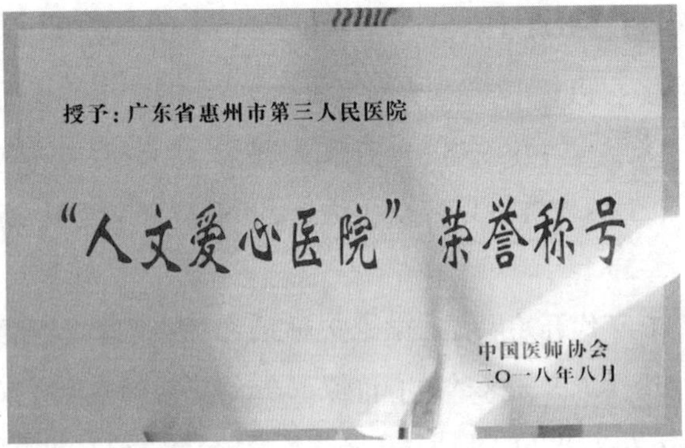

图2　全国人文爱心医院

图3　惠州首家、广东第二家"白求恩精神教育基地"落户惠州市第三人民医院

二、尊严面临的挑战和前景

尊严关系到患者的自我感受和治疗过程中的心理状态，对治疗效果有着不可忽视的影响。法律案例中经常会提到尊严，特别是在涉及终末期治疗和生命权的争议中，尊严的概念成为关键点。在医疗过程中，患者的尊严权包括作为自然人全部的生命尊严权，还包括患者隐私权、知情同意权、自由选择医疗机构、要求减轻痛苦、得到人道的临终关怀等权利，这些权利得到了法律的诸多保护，如《世界人权宣言》《国际人权公约》都强调尊严的重要性；《民法典》《医师法》《护士条例》《传染病防治法》都不同程度地明确了医疗机构及其医务人员对患者隐私信息的保护。

尽管法律对尊严给予了高度重视，但在实际医疗实践中，患者尊严仍面临诸多挑战，如长者因语言不通、不会操作智能手机等，在预约、缴费、取药等就诊流程上存在困难而出现不公现象；在临床教学活动中侵犯患者隐私权现象偶有发生，常表现在多床位的病房中因教学需要导致患者的隐私部位出现暴露，或者谈及个人敏感话题，引起患者紧张和尴尬。

未来，随着医疗技术的进步和社会价值观的变化，尊严在医疗法中的地位可能会发生变化，需要制定更加具体的法律规定和政策措施，以确保尊严在医疗实践中得到真正的尊重和保护。例如，在评价教学活动效果时，应将维护患者隐私作为评价标准之一，培养教师与医学生自觉树立保护患者尊严的意识等。与此同时，医院应高度重视医学人文建设，通过开展多种形式的人文培训、叙事活动，提高医务人员的人文素养，使得医护人员在诊疗过程中考虑患者所具有的人格特征，对患者的生命、权利与尊严给予充分的尊重，给予患病的弱势人群特殊的尊重与关怀。

惠州市第三人民医院初期在人文实践中，更加注重人文关怀以驱散病患阴霾，在这个阶段他们在尊重病患方面做了诸多尝试，如关注心理护理、开设医患沟通栏、发放问候卡、设立图书角等。随着人文升温和人文品牌效应形成，该院进一步对人文理念进行细化和升华，在全国上下“讲好中国故事”热浪中，2021 年牵头成立了惠州市首家“生命健康叙事分享中心”（见图 4），创造条件和情境让医护、病患面对面倾诉交心，把对病患的尊重和医患距离在讲好医学故事、讲好患者的故事之间得到拉近。

图4 2021年12月,惠州首家"生命健康叙事分享中心"成立

三、自主权在实践中的挑战和前景

患者医疗自主权是指患者对自己身体、生命相关内容自我决定的权利,包括本人整个诊疗过程中一切事项的决定权,即有权选择是否接受某项医疗服务、有权结束治疗等。尊重患者医疗自主权作为现代生命伦理学的核心原则,已广泛受到重视,目前我国在实施过程中仍处于起步阶段,群众普遍对医疗自主权的知晓程度较低。受传统思想影响,许多老人在其意识清醒且有能力对其今后医疗进行决策时,常因忌讳选择避而不谈,当疾病突发失去表达意愿能力时,其自身意愿往往与子女的决策不一致。也有部分人在疾病后期出现失智或昏迷,无法自主选择是否继续治疗,这时选择权落到了子女身上,中国向来以孝为先,子女面临此种抉择时,往往认为让老人放弃治疗是一种不负责、不孝顺的行为,因此不惜花费重金,想尽办法让父母延续生命,然而许多延续生命的治疗对于病人来说是痛苦的甚至是有违本人意愿的,使病人延长生命的同时失去了生命的质量和尊严,家属还需承担巨额治疗费,对紧张的医疗资源也是一种浪费。强制治疗和生命维持决策等自主权的争议案例,展示了自主权在实践中的复杂性。随着人口老龄化的加剧,自主权的维护将迎来更大的挑战。

在惠州市第三人民医院的实践中,为尊重病患及自主权方面,医院提供临终关怀服务,在患者临终前通过医学、护理、心理、宗教、社会支持等方式,消除或减轻其病痛及其他生理症状,排解其心理问题和精神烦恐,让其内心平静地面对死亡。但在我国立法中,面对临终关怀服务方面,还需进一步加强尊严死亡研究和论证,制定明确的法规,规范医务人员在临终关怀中的行为和权利义务,这样有助于缓解绝症患者的痛苦,提升终末患者的生命质量和尊严,减少患者家庭经济及道德上的压力。总之,临终关怀和尊严死亡的法律制度建设对于提升终末患者的生命质量、尊严以及社会公共医疗资源的合理分配至关重要。

四、医事法学与医学人文融合发展的建议

为整体构建医院不同主体间的和谐关系,全面提升医疗服务水准和实践有温度的医疗,在"冰冷的"法律和医疗技术之间寻找平衡点,惠州市第三人民医院倡导"让人文照亮医学,让叙事温暖医疗",2018 年成为粤东地区首家"全国爱心人文医院",特别是之后该院成为广东省医学会医学人文分会副主委单位、广东省医院协会叙事医学与健康人文专业委员会副主委单位、惠州市医师协会人文医学分会主委单位等,在医学人文之路上形成了自己的品牌,并在努力探索医学人文与医事法学之间的融合点。

1. 尊重现代医学发展规律。法律规范应尊重医学的独立性和规律性,避免法律万能论,确保医学活动在法律规则框架内自由发展。法律应为医学发展提供保障和规范指引,防止医学技术的放纵式发展,确保医学创新与法律制度之间的平衡。这意味着医疗活动应当遵循以下几点:尊重生命,医学的首要任务是救治患者,维护和促进人的健康;科学实践,医学是一门科学,医疗决策应基于科学证据和临床经验;①持续学习,医学知识和技术不断更新,医务人员应持续学习,以提供最佳的医疗服务;法律与伦理,医学实践不仅要遵守法律规定,还要符合医学伦理标准,尊重患者的权利和尊严。

2. 加强医学人文学科建设。加强医学人文学科建设是一个多维度的过程,涉及教育、研究、临床实践和社会服务等多个方面。推动教育改革,将医德医风相关课程作为必修课程,培养具有仁心仁术的医学人才;②这包括强化医学生的人文精神培养,以及对实习医生

① 参见童嘉毅等:《循证医学在见实习医师教学中的应用》,载《循证医学》2009 年第 1 期。

② 参见徐尚华等:《临床医学专业学位研究生对医学人文素质认知及培养情况调查分析》,载《中国现代医生》2022 年第 17 期。

和住院医师的医学人文教育；强化学科发展，推动医学与多学科深度交叉融合，优化学科专业结构，提升医学科研创新能力，这涉及医学史、医学哲学与伦理、医学社会学等学科的发展；坚持知识整合，在医学人文学科建设过程中，要把握问题导向、知识整合、学科交叉和方法多元等原则，这意味着要建立一个综合的知识体系，包括医学、伦理、社会学等多个领域的知识；实践与理论结合，在临床一线找到真正的问题，并用这些问题引领科研，这不仅要求医学人文学科在理论上有所建树，还要求其在实践中有所应用，特别是在临终心理等领域；积极服务社会，积极开展社会服务，特别是在健康中国建设中发挥医学人文的支撑作用，弘扬抗疫精神，培养能够面对复杂健康问题的医学人才。通过这些措施，可以加强医学人文学科的内涵式高质量发展，为培养医德高尚、医术精湛的医学人才奠定坚实基础。①

3. 推动法律与医学深度融合。法律与医学的深度融合是一个跨学科的领域，旨在解决医疗实践中遇到的法律问题，以及法律实践中涉及的医学问题。加强教育和培训，开设医学法学专业，培养具有医学和法律双重背景的专业人才，这些专业人才能够在医疗纠纷处理、医疗政策制定、医疗法律咨询等领域发挥重要作用；科学的立法和政策手段，制定和完善医疗相关的法律法规，确保医疗活动在法律框架内进行，同时保护患者权益和医疗服务提供者的合法权利；不断研究和实践，鼓励医学法学的研究，解决实际操作中的问题，如医疗事故责任判定、医疗伦理冲突解决等；提高社会认知，提高公众对医学法学重要性的认识，尤其是在医患关系日益紧张的背景下，强调法律在调和医患关系、保障医疗安全中的作用；创新技术支持，利用现代信息技术，如大数据、人工智能等，支持医学法学的研究和实践，提高分析和处理问题的效率和准确性；加强国际合作，与其他国家和地区在医学法学领域进行交流合作，学习借鉴国际先进经验，同时向国外传播中国在医学法学领域的成果。法律与医学的深度融合能够为医疗行业带来更加明确的法律指导，为医患双方提供更加公正、透明的互动环境。这不仅有助于提升医疗服务质量，还能有效减少医疗纠纷，促进医疗行业的健康发展。

总之，和谐的医患关系是保障医疗卫生事业持续发展和社会稳定的前提，在诊疗过程中，医事法学确保患者得到公正和合理的治疗，为解决医患矛盾提供了理论支持与实践根据，医学人文有助于提升患者的诊疗体验，让医学技术变得更有温度，更有生命

① 参见李辉、郑敬彤：《文化自信融入医学人文素质教育的有效途径探析》，载《作家天地》2020 年第 11 期。

力，对治愈病人起到辅助作用。因此，医事法学和医学人文在提高人类生命质量、促进医患和谐的道路上相辅相成，有着共同的目标，应更加关注患者尊严权、自主权的维护，并采取实际行动去提升大众对尊严权、自主权的认知水平和维护意识，同时加紧健全医学有关法律法规，让医事法学和医学人文共同发力，促进未来医患关系、人类生命健康向着更加美好的方向发展。

医患沟通视角下儿科患者家属就医满意度和医患关系满意度影响因素研究*

饶　璐　雷　蕾　广东省医学学术交流中心(广东省医学情报研究所)

摘　要:[目的]了解儿科患者家属就医满意度和医患关系满意度现状并分析其影响因素,探讨医患沟通在改善整体满意度中的作用,为提高儿科患者就医满意度和改善医患关系提供策略和建议。[方法]采用问卷调查方法于2023年在广东省30家医院收集儿科患者家属满意度情况数据,通过统计描述、单因素检验、有序Logistic回归分析对儿科患者家属就医满意度和医患关系满意度进行分析。[结果]没有认真聆听病情是儿科患者家属医患关系满意度的重要影响因素(AOR=9.14,$P<0.001$),没有共情表达是儿科患者家属就医满意度的重要影响因素(AOR=5.52,$P<0.001$)。医疗服务质量方面,医疗水平、能否及时帮助患者解决问题、人文关怀是整体影响患者满意度的因素($P<0.05$)。[结论]建议从加强医护人员共情表达能力、认真倾听患者病情诉说等方面整体提升儿科患者家属就医满意度和医患关系满意度。

关键词:医患关系;满意度;儿科

《关于开展全面提升医疗质量行动(2023—2025年)的通知》行动目标中提出,要持续改善人民群众对医疗服务的满意度。患者满意度是反映医院管理能力、医疗服务水平的重要指标,向来是学界的研究热点。① 患者满意度在医患关系状态转变过程中发挥着重要作用,医疗服务质量和医患沟通是影响患者满意度和医患关系的重要因素。② 儿科疾病具有

---

* 基金项目:广东省医学科学技术研究基金项目(A2022526)。第一作者:饶璐,硕士,助理研究员,主要从事医事法学及卫生事业管理方面的研究。通讯作者:雷蕾,硕士,副研究员,主要从事儿科学及卫生事业管理方面的研究。

① See Shirley E. D., Sanders J. O., *Patient Satisfaction*: *Implications and Predictors of Success*, 95(10) J Bone Joint Surg Am,69(2013).

② 毛瑛、谢涛、宁伟:《医疗服务质量对患者医患关系感知的影响——基于患者满意度的中介效应分析》,载《西安交通大学学报(社会科学版)》2020年第6期(总第40期);袁静、赵琼姝、刘锦钰等:《儿科医患沟通及其影响因素探讨》,载《中国医学伦理学》2021年第2期(总第34期);路绪锋、张珊:《信息不对称对医患关系的影响及对策研究》,载《中国医药导报》2019年第2期(总第16期)。

起病急、病情险等特点,而儿科服务对象往往不具备完全沟通能力,这导致儿科成为医疗纠纷高发的科室。① 儿科患者家属就医满意度和医患关系是亟须重点关注和改善的内容,提高患者家属就医满意度、缓解医患关系对全面改善儿科医疗卫生服务、优化就医行为具有重要意义。前期研究发现,目前国内针对儿科患者家属就医满意度、医患关系调查研究较少,②未见儿科医疗服务质量、医患沟通情况对就医满意度、医患关系影响的研究。因此,本研究基于医患沟通视角分析儿科患者家属就医满意度和医患关系的影响因素,为全面提高儿科就医满意度、优化儿科医患关系提供参考依据。

一、资料与方法

(一)数据来源

本研究数据来源于一项患者满意度问卷调查工作。调查采取方便抽样的方法,在2023年4月至7月选取广东省12个地级市共30家三级甲等医院的儿科门诊和住院患者家属进行调查(本研究受访者均指儿科患者家属),调查对象不包括急诊患者,调查以纸质调查问卷填写和微信扫码在线填写结合的方式进行。共发800份调查问卷,剔除无效问卷,包括问卷漏答数≥10%,填写答案存在矛盾、重复、有规律性、未按问卷指示填答等问题,回收整理后有效问卷785份,有效率98.13%。

本调查采用匿名方式开展,遵守一般伦理和自愿参与原则,尊重患者隐私权和知情同意权。在发放问卷时主动告知本研究目的和内容,未收集任何个人身份信息,所有受访者信息高度保密,不涉及伦理道德问题。

(二)变量选择

本研究共纳入调查问卷中的17个指标问题结果,其中包含人口学特征指标6个(性别、年龄、教育水平、婚姻状况、居住地、医保类型),就医特征指标2个(就诊类型、是否异地就医),满意度指标7个(有形性满意度、可靠性满意度、响应性满意度、保证性满意度、人文性满意度、就医满意度、医患关系满意度),医患沟通指标2个(医护人员是否认真倾

---

① 刘斌、刘利、王奕然等:《重庆儿科医生工作满意度及影响因素分析》,载《中国医院管理》2020年第10期(总第40期);林丽丝、周健山:《儿科医患关系影响因素及对策分析》,载《现代实用医学》2022年第10期(总第34期)。

② 方娇娇、陈海花、张岚等:《儿科门诊服务满意度评价指标体系的构建》,载《重庆医学》2017年第31期(总第46期)。

听您诉说病情、医护人员是否用您听得懂的方式解释病情)。变量定义中,高中学历包含职高、中等师范等,大学及以上学历包含大专。婚姻状况中的"其他"选项包含离异、丧偶等情况。医保类型中城乡居民医保包含新农合、城镇居民医保等,其他医保包含商业医保、公费医保等。所有满意度指标问题均设置4个选项,分别对应"非常满意""比较满意""一般""不太满意",本研究中以"非常满意""比较满意"为满意,"一般""不太满意"为不满意。

采用服务质量(service-quality,SERVQUAL)评价法对医疗服务质量进行评价。SERVQUAL评价法是一种从医疗服务消费者角度评价服务质量的方法,评价内容包括有形性、可靠性、响应性、保证性、移情性等5个属性,是目前学界主流用于评价医疗服务质量的方法。① 基于文献研究结合实际工作经验,以"您对本医院信息化水平、环境措施满意度如何(含院内路标指引、服务设施、厕所环境、空间布局等方面)"问题反映有形性;以"您对本次诊疗医护人员专业水平满意度如何"问题反映可靠性;以"您在本次诊疗中所有疑问和不满能否及时得到回应解决"问题反映响应性;以"您对本次就诊过程及手续流程的满意度如何(含挂号流程、候诊时间方面)"问题反映保证性;以"您对本次就诊过程中医护人员人文关怀的满意度如何(含隐私保护等)"问题反映移情性。

(三)统计学方法

本研究首先对受访者情况进行统计描述,其次对就医满意度、医患关系满意度的组间差异进行了比较,最后分析就医满意度、医患关系满意度的影响因素。统计描述中,二分类变量和多分类变量报告了人数和占比,正态分布的连续型变量报告了均值和标准差。组间差异比较采用卡方检验(正态分布的连续型变量采用两独立样本t检验)。

采用有序Logistic回归分析就医满意度、医患关系满意度的影响因素。将就医满意度、医患关系满意度等2个指标作为结局变量(均含"非常满意""比较满意""一般""不太满意"4个取值);将有形性满意度、可靠性满意度、响应性满意度、保证性满意度、人文性满意度、医护人员是否认真倾听您诉说病情、医护人员是否用您听得懂的方式解释病情等7个指标作为解释变量(均含"满意""不满意"或"是""否"2个取值);将性别、年龄、教育水

① 严利、田继书、钟小勤:《Servqual评价法在护理服务质量评价中的应用》,载《护理学杂志》2009年第3期(总第24期);马婕、麦兰仙、邹鸿辉等:《基于SERVQUAL-IPA模型的广西某三级甲等医院门诊服务质量评价研究》,载《江苏卫生事业管理》2023年第2期(总第34期)。

平、婚姻状况、居住地、医保类型、就诊类型、是否异地就等 8 个指标作为协变量。其中模型 1 仅纳入有形性满意度、可靠性满意度、响应性满意度、保证性满意度、人文性满意度等 5 个变量；模型 2 在模型 1 的基础上加入医护人员是否认真倾听您诉说病情、医护人员是否用您听得懂的方式解释病情等 2 个变量；模型 3 在模型 2 的基础上加入 8 个协变量指标。

本研究统计描述和分析由 Stata15. 0 完成，以 $P<0.05$ 认为差异具有统计学意义。

二、结果

（一）受访者基本情况

表 1 报告了本研究受访者的基本情况。本研究共纳入 785 位受访者，收集的有效问卷信息中，男性 269 人（35. 9%），女性 502 人（65. 10%）。平均年龄为（35. 19±7. 22）岁，其中 35~39 岁 333 人（42. 4%）。小学及以下学历 158 人（20. 1%），大学及以上学历 426 人（54. 3%）。已婚 589 人（75. 0%），未婚 182 人（23. 2%）。624 人（79. 5%）居住地为城市。396 人（50. 4%）使用城镇职工医保，263 人（33. 5%）使用城乡居民医保。666 人（84. 8%）为门诊患者，113 人（15. 2%）为异地就医患者。

医患沟通方面，603 人（77. 9%）认为医护人员认真倾听了病情诉说，734 人（94. 8%）认为医护人员用了自己听得懂的方式解释病情。满意度方面，有形性满意 484 人（63. 2%），可靠性满意 498 人（64. 4%），响应性满意 562 人（73. 6%），保证性满意 552 人（73. 5%），人文性满意 533 人（69. 6%）。就医满意度中，认为非常满意的有 533 人（70. 7%），比较满意的有 188 人（24. 9%），一般的有 31 人（4. 1%），不满意的有 2 人（0. 3%）。医患关系满意度中，认为非常满意的有 549 人（70. 9%），比较满意的有 196 人（25. 3%），一般的有 28 人（3. 6%），不满意的有 1 人（0. 1%）。

表 1　本研究受访者基本情况（N=785）

变量	人数	占比（%）
性别		
男性	269	34. 9
女性	502	65. 1
年龄		

续表

变量	人数	占比(%)
<30 岁	122	15.5
30~34 岁	184	23.4
35~39 岁	333	42.4
≥40 岁	146	18.6
教育水平		
小学及以下	158	20.1
初中	71	9.0
高中	130	16.6
大学及以上	426	54.3
婚姻状况		
已婚	589	75.0
未婚	182	23.2
其他	14	1.8
居住地		
城市	624	79.5
农村	161	20.5
医保类型		
城镇职工医保	396	50.4
城乡居民医保	263	33.5
其他医保	78	9.9
无医保	48	6.1
就诊类型		
门诊	666	84.8
住院	119	15.2
异地就医		

续表

变量	人数	占比(%)
否	672	85.6
是	113	14.4
有形性满意度		
满意	484	63.2
不满意	282	36.8
可靠性满意度		
满意	498	64.4
不满意	275	35.6
响应性满意度		
满意	562	73.6
不满意	202	26.4
保证性满意度		
满意	552	73.5
不满意	199	26.5
人文性满意度		
满意	533	69.6
不满意	233	30.4
医护人员是否认真倾听您诉说病情		
是	603	77.9
否	171	22.1
医护人员是否用您听得懂的方式解释病情		
是	734	94.8
否	40	5.2
就医满意度		
非常满意	533	70.7

续表

变量	人数	占比(%)
比较满意	188	24.9
一般	31	4.1
不满意	2	0.3
医患关系满意度		
非常满意	549	70.9
比较满意	196	25.3
一般	28	3.6
不满意	1	0.1

注:有效问卷包括问卷答题数>90%,填写答案不存在矛盾、重复、有规律性、未按问卷指示填答等问题。因有少量问卷存在部分内容填写不全,故各变量样本量略有差异。

(二)不同受访者就医满意度和医患关系满意度比较

本研究比较了不同受访者就医满意度和医患关系满意度的群体差异(见表2)。不同年龄、教育水平、婚姻状况、医保类型、异地就医情况的受访者就医满意度有差异,不同教育水平、婚姻状况、医保类型、异地就医情况的受访者医患关系满意度有差异,上述差异均具有统计学意义($P<0.05$)。此外,有形性满意度、可靠性满意度、响应性满意度、保证性满意度、人文性满意度、医护人员是否认真倾听您诉说病情、医护人员是否用您听得懂的方式解释病情等7个指标的满意情况(或医患沟通情况)的受访者在就医满意度和医患关系满意度方面均存在差异($P<0.001$)。

表2 受访者就医满意度和医患关系满意度情况

变量	就医满意度			医患关系满意度		
	满意(n=721)	不满意(n=33)	*P*	满意(n=745)	不满意(n=29)	*P*
	人数(占比)	人数(占比)		人数(占比)	人数(占比)	
性别						
男性	244(34.5%)	16(48.5%)	0.099	252(34.4%)	14(48.3%)	0.130
女性	464(65.5%)	17(51.5%)		480(65.6%)	15(51.7%)	
年龄						

续表

变量	就医满意度			医患关系满意度		
	满意(n=721)	不满意(n=33)	*P*	满意(n=745)	不满意(n=29)	*P*
	人数(占比)	人数(占比)		人数(占比)	人数(占比)	
均数(标准差)	35.12(7.28)	35.55(4.39)	0.740	35.14(7.29)	36.97(5.91)	0.180
<30岁	117(16.2%)	1(3.0%)	0.024	120(16.1%)	1(3.4%)	0.095
30~34岁	171(23.7%)	6(18.2%)		176(23.6%)	4(13.8%)	
35~39岁	298(41.3%)	22(66.7%)		311(41.7%)	17(58.6%)	
≥40岁	135(18.7%)	4(12.1%)		138(18.5%)	7(24.1%)	
教育水平						
小学及以下	127(17.6%)	21(63.6%)	<0.001	141(18.9%)	14(48.3%)	0.002
初中	67(9.3%)	1(3.0%)		68(9.1%)	2(6.9%)	
高中	121(16.8%)	3(9.1%)		126(16.9%)	3(10.3%)	
大学及以上	406(56.3%)	8(24.2%)		410(55.0%)	10(34.5%)	
婚姻状况						
已婚	552(76.6%)	13(39.4%)	<0.001	568(76.2%)	14(48.3%)	<0.001
未婚	156(21.6%)	20(60.6%)		164(22.0%)	15(51.7%)	
其他	13(1.8%)	0(0.0%)		13(1.7%)	0(0.0%)	
居住地						
城市	577(80.0%)	22(66.7%)	0.063	595(79.9%)	19(65.5%)	0.061
农村	144(20.0%)	11(33.3%)		150(20.1%)	10(34.5%)	
医保类型						
城镇职工医保	370(51.3%)	7(21.2%)	<0.001	382(51.3%)	8(27.6%)	0.003
城乡居民医保	246(34.1%)	13(39.4%)		247(33.2%)	12(41.4%)	
其他医保	68(9.4%)	4(12.1%)		75(10.1%)	3(10.3%)	
无医保	37(5.1%)	9(27.3%)		41(5.5%)	6(20.7%)	

续表

变量	就医满意度			医患关系满意度		
	满意(n=721)	不满意(n=33)	P	满意(n=745)	不满意(n=29)	P
	人数(占比)	人数(占比)		人数(占比)	人数(占比)	
就诊类型						
门诊	613(85.0%)	32(97.0%)	0.056	628(84.3%)	28(96.6%)	0.072
住院	108(15.0%)	1(3.0%)		117(15.7%)	1(3.4%)	
异地就医						
否	627(87.0%)	20(60.6%)	<0.001	646(86.7%)	19(65.5%)	0.001
是	94(13.0%)	13(39.4%)		99(13.3%)	10(34.5%)	
有形性满意度						
满意	436(61.5%)	31(100.0%)	<0.001	453(61.9%)	27(100.0%)	<0.001
不满意	273(38.5%)	0(0.0%)		279(38.1%)	0(0.0%)	
可靠性满意度						
满意	479(66.9%)	0(0.0%)	<0.001	495(67.0%)	0(0.0%)	<0.001
不满意	237(33.1%)	32(100.0%)		244(33.0%)	27(100.0%)	
响应性满意度						
满意	533(75.7%)	4(12.1%)	<0.001	555(75.6%)	6(20.7%)	<0.001
不满意	171(24.3%)	29(87.9%)		179(24.4%)	23(79.3%)	
保证性满意度						
满意	531(76.3%)	2(6.5%)	<0.001	547(76.1%)	1(3.8%)	<0.001
不满意	165(23.7%)	29(93.5%)		172(23.9%)	25(96.2%)	
人文性满意度						
满意	512(72.2%)	0(0.0%)	<0.001	531(72.3%)	0(0.0%)	<0.001
不满意	197(27.8%)	33(100.0%)		203(27.7%)	29(100.0%)	
医护人员是否认真倾听您诉说病情						
是	578(81.0%)	1(3.0%)	<0.001	601(80.8%)	1(3.4%)	<0.001
否	136(19.0%)	32(97.0%)		143(19.2%)	28(96.6%)	
医护人员是否用您听得懂的方式解释病情						
是	692(96.9%)	19(57.6%)	<0.001	717(96.4%)	16(55.2%)	<0.001

续表

变量	就医满意度			医患关系满意度		
	满意(n=721)	不满意(n=33)	P	满意(n=745)	不满意(n=29)	P
	人数(占比)	人数(占比)		人数(占比)	人数(占比)	
否	22(3.1%)	14(42.4%)		27(3.6%)	13(44.8%)	

注:有效问卷包括问卷答题数>90%,填写答案不存在矛盾、重复、有规律性、未按问卷指示填答等问题。因有少量问卷存在部分内容填写不全,故各变量样本量略有差异。

(三)就医满意度和医患关系满意度影响因素分析

在将协变量和解释变量全部加入回归模型后,有形性满意度、可靠性满意度、响应性满意度、人文性满意度、医护人员是否用您听得懂的方式解释病情都是受访者就医满意度的影响因素($P<0.05$),其中,对可靠性不满意的受访者发生就医不满意的情况是对可靠性满意的受访者的8.08倍(AOR=8.08,$P<0.001$),对有形性不满意的受访者发生就医不满意的情况是对有形性满意的受访者的5.43倍(AOR=5.43,$P<0.001$),认为医护人员没有用自己听得懂的方式解释病情的受访者发生就医不满意的情况是认为医护人员用了自己听得懂的方式解释病情的受访者的5.39倍(AOR=5.39,$P<0.001$)。值得注意的是,保证性满意度指标在模型1中是就医满意度的影响因素(见表3)。

表3 就医满意度影响因素回归分析

变量	模型1		模型2		模型3	
	AOR(95%CI)	P	AOR(95%CI)	P	AOR(95%CI)	P
有形性满意度(不满意)	5.60 (2.93~10.69)	<0.001	5.05 (2.65~9.64)	<0.001	5.43 (2.76~10.67)	<0.001
可靠性满意度(不满意)	7.51 (4.24~13.28)	<0.001	7.43 (4.12~13.41)	<0.001	8.08 (4.25~15.37)	<0.001
响应性满意度(不满意)	1.75 (1.09~2.79)	0.02	1.72 (1.07~2.78)	0.025	1.83 (1.10~3.04)	0.019
保证性满意度(不满意)	1.80 (1.03~3.15)	0.041	1.48 (0.82~2.65)	0.191	1.67 (0.87~3.19)	0.123
人文性满意度(不满意)	5.05 (2.92~8.74)	<0.001	4.23 (2.36~7.56)	<0.001	3.82 (2.04~7.14)	<0.001

续表

变量	模型 1		模型 2		模型 3	
	AOR(95%CI)	*P*	AOR(95%CI)	*P*	AOR(95%CI)	*P*
医护人员是否认真倾听您诉说病情(否)	—	—	1.63 (0.91~2.93)	0.102	1.90 (0.99~3.67)	0.054
医护人员是否用您听得懂的方式解释病情(否)	—	—	6.68 (2.93~15.21)	<0.001	5.39 (2.09~13.88)	<0.001

在将协变量和解释变量全部加入回归模型后,可靠性满意度、响应性满意度、保证性满意度、人文性满意度、医护人员是否认真倾听您诉说病情、医护人员是否用您听得懂的方式解释病情都是受访者就医满意度的影响因素($P<0.05$),其中,认为医护人员没有认真聆听病情诉说的受访者发生医患关系不满意的情况是认为医护人员有认真聆听病情诉说的受访者的9.14倍(AOR=9.14,$P<0.001$),认为医护人员没有用自己听得懂的方式解释病情的受访者发生医患关系不满意的情况是认为医护人员用了自己听得懂的方式解释病情的受访者的5.52倍(AOR=5.52,$P<0.001$)(见表4)。

表4　医患关系满意度影响因素回归分析

变量	模型 1		模型 2		模型 3	
	AOR(95%CI)	*P*	AOR(95%CI)	*P*	AOR(95%CI)	*P*
有形性满意度(不满意)	1.33 (0.74~2.39)	0.332	1.10 (0.59~2.06)	0.755	1.16 (0.60~2.22)	0.657
可靠性满意度(不满意)	4.47 (2.50~8.01)	<0.001	2.75 (1.42~5.34)	0.003	3.05 (1.52~6.13)	0.002
响应性满意度(不满意)	2.22 (1.36~3.64)	0.001	2.30 (1.33~3.96)	0.003	2.49 (1.41~4.41)	0.002
保证性满意度(不满意)	3.31 (1.87~5.85)	<0.001	2.68 (1.39~5.18)	0.003	2.95 (1.48~5.89)	0.002
人文性满意度(不满意)	9.29 (5.29~16.31)	<0.001	6.45 (3.36~12.38)	<0.001	5.69 (2.88~11.25)	<0.001
医护人员是否认真倾听您诉说病情(否)	—	—	8.69 (4.14~16.25)	<0.001	9.14 (4.45~12.94)	<0.001

续表

变量	模型 1		模型 2		模型 3	
	AOR(95%CI)	P	AOR(95%CI)	P	AOR(95%CI)	P
医护人员是否用您听得懂的方式解释病情(否)	—	—	5.73 (3.19~9.61)	<0.001	5.52 (2.16~8.64)	<0.001

三、讨论

本研究发现,在医疗服务质量的五个评价维度中,有形性、可靠性、响应性、人文性四个方面的服务质量是就医满意度的影响因素,可靠性、响应性、保证性、人文性四个方面的服务质量是医患关系满意度的影响因素,该结果和国内其他学者的研究结果相似。① 此外,本研究创新地将医患沟通因素纳入分析,结果显示,医护人员用患者家属听得懂的方式解释病情在提高就医满意度中很重要,而医护人员认真倾听患者病情诉说在改善医患关系满意度中很重要,该结果为针对性提高患者整体满意度提供了措施方向和实证依据。

(一)认真聆听病情,减少儿科医患沟通局限性

儿科医患沟通的主要方式为语言沟通,并且以患儿哭闹形式表达不适为主,具有一定的特殊性和局限性,然而儿科患者家属往往对医患沟通具有更高的期待。② 本研究发现,医护人员是否认真聆听患者家属病情诉说是儿科医患关系满意度的重要影响因素。当患者家属认为医护人员没有认真聆听自己诉说患儿病情时,沟通感受和情绪受到影响,进一步增加了沟通局限性。③ 因此,儿科医护人员应尽可能耐心聆听患者家属诉说病情,在聆听过程中适当对患者家属给予一定的非语言性反馈,营造良好医患沟通氛围,增加患者家属表达意愿及对医护人员的信任感,减少因患者表达方式特殊性造成的儿科医患沟通局

① 王贾文、赵萍:《儿科门诊患儿家属就诊满意度现状及影响因素研究》,载《四川解剖学杂志》2020年第3期(总第28期);李洁琼、张月欢、曹艳珍:《儿科门诊病人满意度的关键驱动因素分析》,载《循证护理》2021年第8期;高璇、徐婕、马琦等:《复旦儿科医联体门诊就诊患儿家长满意度及影响因素分析》,载《复旦学报(医学版)》2020年第5期(总第47期)。

② 参见王策、刘春峰:《儿科住院医师规范化培训中医患沟通的探讨》,载《医学与哲学》2019年第22期(总第40期)。

③ 吴桂萍、石荣丽、郑洁楠等:《医患交互对患者在线医疗满意度的影响研究——基于双因素理论》,载《卫生经济研究》2023年第3期(总第40期)。

限性。

(二)注重共情表达,提升患者家属就医满意度

就医满意度的本质是患者对医疗服务期望和实际感受二者之间的相对关系。[①] 现有医疗技术在诊疗效果、起效时间等方面往往难以满足患者家属的期望,同时大部分患者家属缺乏基础的医学知识,尤其不了解儿童患者病情变化特点,导致经常出现儿科患者家属对医疗服务期望过高的情况。[②] 本研究结果显示,医护人员是否用患者家属听得懂的方式解释病情是儿科患者家属就医满意度的重要影响因素。在解释病情病况和诊疗方案过程中,医护人员的共情表达对建立医患信任具有重要作用,有研究发现,医患会话累计量、医生回复框平均字数和医患会话比率都能正向影响医患信任的建立。[③] 儿科医护人员应进一步提升自身共情表达能力,通过共情表达减少患者家属在医疗服务期望和实际感受之间的落差,帮助患者家属理解患者病情变化和诊疗方案,切实提升患者家属就医满意度。

(三)加强人文关怀,针对性提高医疗服务质量

提高医疗服务质量是改善医患关系满意度和就医满意度的基础。[④] 本次调查发现,医疗水平、能否及时帮助患者解决问题、人文关怀是整体影响患者满意度的因素,提示儿科医护人员应在日常工作中应及时、耐心地回应患者家属的需求和提问,在保证薪酬待遇和休息时间的基础上,加强对儿科医护人员在医患沟通和人文关怀方面的培训,针对性提高医疗服务质量,全面提升患者家属满意度。

四、本文创新性与局限性

本研究从医患沟通的角度出发分析了儿科患者家属就医满意度和医患关系满意度的影响因素,研究对象是较为特殊而十分重要的群体,国内此类研究尚不多见,文献查阅中也未见将医患沟通因素纳入儿科患者家属就医满意度和医患关系满意度分析的实证研究,同

---

① 郑国管、王小合、钱宇等:《患者满意度测评问题与治理路径思考》,载《中国卫生政策研究》2019 年第 3 期(总第 12 期)。

② 王娟、焦育娟、岳雅君:《儿童医院医患关系评价量表(病人版)的研制》,载《全科护理》2017 年第 36 期。

③ 吴桂萍、石荣丽、陈间玲:《基于数字共情视角下的在线医患交互对医患信任影响因素研究》,载《中国卫生政策研究》2022 年第 11 期。

④ 杨佳、常文虎、李军等:《Servqual 评价法在医疗服务质量评价中的应用研究》,载《中国全科医学》2006 年第 17 期。

时通过扩大调查覆盖面使研究结果具有省级代表性。然而,本研究样本医院均为三级甲等医院,未覆盖其他级别或其他类型的医院,研究结果的延伸应用具有一定局限性,同时在医患沟通、医疗服务质量、就医满意度、医患关系满意度间是否存在中介效应等潜在关系的分析方面仍有进一步深入的空间。

中药组合物的专利法保护问题研究

宋家誉　澳门科技大学

摘　要:我国中药组合物类专利审查中面临诸多挑战与问题,包括中药组合物与治疗方法相结合的情况下需要排除治疗方法作为专利法保护对象,以及中药组合物所具备的新颖性、创造性和实用性需进一步明确的问题。对此,应当适度放宽对新颖性的审查认定标准,可以参考化学领域的审查标准,通过科学实验数据来验证和判断中药组合物的新颖性;合理调整创造性认定标准,确定判断实质性特点和显著进步的明确的审查标准,当提供的数据能够证实新组合物具有协同增效作用、显著的预料之外的效果或全新的治疗作用时,我们便可认定该新制剂具备创造性;对于实用性,我们不宜机械地套用西医化学理论的审查方式,应结合中医药的独特性和自身特色,适当放宽以工业生产为目的的实用性审查标准。申请人只需提出一个具有实用价值的新发明,而无须证明该发明在技术上具有超越现有技术的显著优越性,将"实用性"标准适度放宽为"有用性"标准,更符合传统中医药的技术特征和实际发展需求。本文旨在为中药组合物的专利保护提供有益的参考,促进中药产业的创新与发展。

关键词:中药组合物;专利法;可专利性;审查标准

一、绪论

中药是我国独有的文化瑰宝,是中国传统文化中不可或缺的一部分。研究中药组合物的专利保护制度不仅能增加中药研发的创新活力,提升研发水准和竞争力,还有助于促进中药产业的全面发展。通过专利制度的保护,中药组合物的研发成果得以有效维护,从而激励更多相关的创新实践。此外,专利保护还有利于保障患者的权益,确保他们能够获得经过科学验证和临床试验的中药组合物药物,降低因不良药物所带来的风险,提升治疗效果和安全性。对企业而言,对中药组合物实行专利保护能增强其市场竞争力,提升产品地位,创造更多商业机会和收益。同时,这一保护措施还有助于推动中药的国际化进程,提升其在全球市场的知名度和竞争力，促进中药文化的传播和应用。国家知识产权局曾于2020年4月发布《中药领域发明专利审查指导意见（征求意见稿）》，其中对中药领域发明专利审查基准进行了较为详细的探讨。2023年12月21日，国家知识产权局公布了修订后的《专利审查指南》，该审查指南第二部分新增第十一章，对中药领域发明专利申请审查进行了一系列专门规定。中药组合物既可以作为一种技术来申请专利，在某些场景也可以作为一种治疗方法，此时不能被专利法所保护，二者之间的界定仍存在不小的争议。因此有必要对中药组合物专利授权中的审查标准进行深入探讨，以更好地实现对中药组合物的全面保护。

近年来，中药组合物的专利保护研究一直是学界所探讨的热点问题。陈一孚律师指出，中国作为一个拥有丰富传统中药资源的国家，亟须建立一个适合传统中药特点的专利权体系。① 姚峥嵘、王丹丹、王艳翚等人从多个视角深入探讨了中药产业的发展。他们认为，要实现中药产业的繁荣发展，就需要强化中药的创新研发能力，提高中药质量标准，并加强对中药专利的管理和保护。② 王月茹、谢伟提出目前国内中药专利保护协同制度虽有所进展，但仍面临创新标准不符、专利品质低及体系衔接不畅等挑战。③ 陆永强、李慧认为研究与探讨专利授权的"新颖性、创造性、实用性"条件，对于突破我国中药组合物发展瓶颈至关重要。④ 对此，王伟、唐莉等学者提出我们应依据中医药特点调整发明专利审查标准，纠正中药审查西药化倾向，提升中医药企业专利保护意识，政府应加大重视并加强中医药发明专利保护力度。⑤

笔者通过深入研究中药组合物专利授权过程中的可专利性审查标准，对现有的审查标准进行详细的分析和评估。此外，笔者引入具体的案例进行分析，将分析我国中药组合物专利审查中存在的问题，并提出符合中药组合物自身特点的审查标准调整建议，以此促进我国中药组合物的创新发展。

---

① 参见陈一孚：《国际视野中的中药可专利性问题研究》，载《山东社会科学》2012年第12期。

② 参见姚峥嵘、王丹丹、王艳翚：《专利视角下中药经典名方的保护现状与思考》，载《医学争鸣》2019年第5期。

③ 参见王月茹、谢伟：《中药注册与专利保护的协同性分析》，载《南京中医药大学学报（社会科学版）》2022年第1期。

④ 参见陆永强、李慧：《专利法"三性"标准适用于中药复方专利申请的研究》，载《中国药物经济学》2012年第3期。

⑤ 参见王伟、唐莉等：《中国医药产业专利统计分析》，载《科技管理研究》2006年第4期。

二、专利法保护中药组合物的争议与困境

(一)中药组合物的可专利性争议

中药组合物是在辨证的基础上,利用配伍关系将两种或两种以上的药物组织成方剂。中药组合物的形成并非仅仅是中药材原料的简单汇集,而是遵循"君臣佐使"等组合原则进行配伍。在这一过程中,各类药材各司其职,共同实现治疗目标。其中,君药在整个组合中扮演着核心角色,不仅决定了组合物的主要治疗效果,而且指引了治疗的整体方向。臣药则作为君药的重要辅佐,进一步增强其治疗作用。当君药和臣药的治疗范围存在不足时,佐药便发挥其作用,填补治疗空白,并能在一定程度上调和君药的毒性,确保治疗的安全有效。使药在方剂中的作用主要是引导和调和,确保方中各药能够协同作用,使组合物更为对症下药。"君臣佐使"原则在中药组合物专利中最直观地体现为药物的用量配比问题。对解决技术问题的重要程度、对技术效果的影响程度不同。中药组合物的构成独具特色,其中各药味在保持各自独立作用的同时,又能相互协同,共同发挥治疗作用。但这一特性也导致了其化学成分及有效部分交织杂糅,难以区分。进而使得中药组合物的药理研究相较于西药更为复杂和困难。这种差异不仅源于中药本身的多元性和整体性,也反映了中医药理论与现代医学在研究方法上的不同。因此,在进行中药组合物的药理研究时,需要充分考虑其独特的配伍原则和化学特性,采用更为全面和深入的研究方法,以期更好地揭示其治疗作用及机理。这种综合理论和复杂成分的特性使中药组合物在实现治疗效果上具有独特的优势。

对于中药组合物是否可以用专利制度来保护,虽然国家给出了明确的肯定结果,但实践中仍存在争议。中药组合物申请专利保护难度较大,主要是我国中药组合物申请过程中的"可专利性"即"实用性、新颖性、创造性"审查门槛较高等诸多问题所致。实用性审查标准难以满足,新颖性审查标准存在挑战,创造性审查标准较为模糊。相较于西药或其他专利申请主体,中药组合物申请专利面临更多的困难。

西药专利通常是针对某一个特定化合物或分子结构的发明,属于化学或生物学领域的技术。而且西药的发明一般是在实验室中人为创造产生,在新颖性创造性和实用性的认定上都比较直观。而中药组合物则涉及植物学、医学、药理学等多个领域的知识和技术,而且中药组合物是由多个药物成分组成,需要辨证实施在不同的患者身上,即使君臣佐使各药味不变,但其中因为个体差异导致用量配比的细微改变和经过加工炮制后的药材也难以确定

其实际药效。因此在确定其有效性和安全性方面相对复杂,并且需要更多的实验数据支持。

(二)中药组合物是否构成专利法中的治疗方法

中药组合物原则上应不属于专利授权排除领域,因为中药组合物可以是具有创新性和实用性的技术方案,成为一种可专利主题。它是通过将不同的中药按照一定的比例和方法配伍在一起,形成具有特定疗效的新药物。

在中国,中药组合物可以申请发明专利,需要满足专利法的可专利性即新颖性、创造性和实用性,同时需要提供详细的配方和制备方法,以及药效的实验证据。但在实践中,中医对于疾病的治疗除药物之外,还会将药物与中医治疗方法结合。

然而,根据《专利法》第25条第1款第3项规定,治疗方法不属于可以授予专利保护的内容。这是因为治疗方法涉及公众的生命健康,如果对其进行专利保护,就面临长达20年的专利保护期,在此期间未经专利人许可任何人不得实施专利,不得以生产销售为目的制造、销售该新药,这有很大的可能会限制公众获取救治的机会,影响公众的生命健康权益。

但如果一种满足可专利性的新中药组合物是某种疾病的唯一治疗方法,此时专利法可以保护该组合物吗?这是现行专利法需要考虑的问题,也是笔者在此要探讨的两个主要争议问题之一。举例而言,治疗桥本氏甲状腺炎①的隔药饼灸疗法。② 该治疗方案是把附子、肉桂、五灵脂、乳香按比例用黄酒调制成中药组合物药饼,采用间隔灸法,在瑜穴上垫上纱布放好药饼,取大椎、命门、膻中、中脘、肾俞、关元、足三里等穴进行灸疗。此时,运用隔药饼灸③的方法治疗桥本氏甲状腺炎并不是一个单纯的中药组合物或治疗方法,而是一个具体的治疗方案。然而,根据《专利法》第25条第1款第3项规定的"治疗方法"属于不可被授予专利权的对象,上述方法显然应被解释为治疗方法,此时该治疗方案是否能作为一个整体来申请专利保护,还是只有其中药方可以申请,仍有讨论的空间。

三、作为技术方案的中药组合物之可专利性分析

目前,我国专利法已经确认了对中药组合物进行专利保护的可能性。首先,中药组合

---

① 桥本氏甲状腺炎:是一种慢性自身免疫性甲状腺炎症,好发于30~50岁女性人群。

② 参见王平、王建凤等:《桥本氏甲状腺炎发病机制及治疗方法研究进展》,载《药学研究》2015年第10期。

③ 隔药饼灸:又称药饼。可分为二类。一类为单味中药或加1~2味辅助中药研末制作而成的隔药饼灸,如上述的隔附子饼灸等;另一类系指将复方中药煎汁或研末后加入少量赋形剂制成小饼状,并隔此药饼用艾炷灸或艾条灸的一种间接隔药饼灸。

物的专利保护需要满足专利法的保护对象要求。根据专利法的规定，只有具有新颖性、创造性和实用性的发明才能够获得专利保护。因此，中药组合物要想获得专利保护，必须具备这些特性。

(一)新颖性

新颖性是判断发明或实用新型是否具备创新性的关键。它要求该发明或实用新型不能属于现有技术，而且须确保在申请日之前，没有任何单位或个人曾就相同的发明或实用新型向专利局提出过申请。换言之，现有技术在评估发明专利的新颖性时扮演着至关重要的角色。在我国，中药组合物专利的审查标准遵循“完全等同原则”，即如果申请日前已有公开的技术方案与申请内容在方法、组成及结果上完全相同，则该申请将不被视为具备新颖性。

中药组合物的新颖性审查涉及药方组成、配伍、药味含量、作用及炮制工艺①等方面。其鉴定存在两个难点。首先，许多知名的古代中药处方已经公之于众，这些处方不仅在国内的医学典籍和古籍中有所记载，其中一些甚至传播至海外，为大众所熟知。根据专利法的相关规定，这些已经公开的古方被视为现有技术，因此不能认定其具有新颖性，此时也不能受到专利法的保护。

其次，在中药组合物的临床应用过程中，前期实验、病情分析及治疗效果评估等环节必不可少。该产品虽主要应用于临床治疗，但经过多年的实践，其良好的疗效已获得了业界和大众的广泛认同。此时，如何界定该中药组合物的新颖性也值得深入探讨。

中药有着几千年的历史，我们现在熟悉的中药组合物大多是古籍中的记载，如《伤寒杂病论》②、《本草纲目》③、《神农本草经》④中记载的有效方剂，至今仍具有广泛的影响和

---

① 炮制工艺是指制药行业中对中药材进行炮制处理的工艺。炮制工艺是中药加工中的一个关键环节，通过炮制可以改变药材的性质、提高药效、减轻副作用等。炮制工艺包括药材的清洗、研磨、炒制、蒸制、酒制等。

② 《伤寒杂病论》是中国传统医学著作之一，是一部以论述外感病与内科杂病为主要内容的医学典籍，作者是东汉末年张仲景，是中国中医院校开设的主要基础课程之一。《伤寒杂病论》系统地分析了伤寒的原因、症状、发展阶段和处理方法，创造性地确立了对伤寒病的“六经分类”的辨证施治原则，奠定了理、法、方、药的理论基础。

③ 《本草纲目》，本草著作，共52卷。明代李时珍(东璧)撰于1552年(嘉靖三十一年)至1578年(万历六年)，稿凡三易。李时珍的长子李建中在任蓬溪知县期间，帮助李时珍编辑修订了《本草纲目》，并助该书出版。

④ 《神农本草经》又称《本草经》或《本经》，是中医四大经典著作之一，作为现存最早的中药学著作，该书约起源于神农氏，经代代口耳相传，于东汉时期集结整理成书。

使用价值。但因为其中所包含的中药知识已经被公开从而被视为现有技术，不能成为专利保护的对象。除此之外，中药组合物饮片的制备和炮制方法经过长期以来的传承与传播，其技巧早已普及，进而演变为业界共识。因此，在当前中国的新颖性标准下，许多中药组合物饮片的炮制方法已经无法满足要求。

基于经典古方的二次开发，中医组合物的研发成果在专利申请过程中兼具专利文献与非专利文献的特性。这类成果通常需由研究人员自主公开，并在全球范围内进行发表。在此过程中，二次开发涉及将古方中的药味依据四性五味原则进行拆分，进而将原始药方分解为若干个新药方。因此，不同的研究机构可能同时拆分得到相同的组合物。一旦某个研究者将该组合物的相关信息公开，该组合物的专利申请也将因为失去新颖性而无法获得专利授权。

除此之外，国家越来越重视对中药的保护传承，整理了许多中药知识汇编等出版物，如《中药成方制剂》《国家中成药标准汇编》《中华人民共和国卫生部药品标准》等，这些出版物的公开发行导致中药组合物在申请专利时的难度大幅提高。比如，在天宁公司案①中，天宁公司申请的名为"一种用于治疗银屑病、玫瑰糠疹、药疹的中药"专利的成分与《中华人民共和国卫生部药品标准》中记载的复方青黛丸相比，二者所解决的技术问题、方案和预期效果实质上相同，并且复方青黛丸配方在申请日之前已经公开，因此均认定该专利不具备新颖性。

（二）创造性

根据《专利法》第22条第3款的规定，发明的创造性是指与现有技术相比，该发明有突出的实质性特点和显著的进步。该发明或创新必须具有非显而易见性，即该发明或创新不能从已知的技术资料中直接得出或简单推导出，而应具有实质性的技术进步，能够解决技术问题并带来实际的效果。实践中通过《专利审查指南》第二部分第四章中的"三步法"审查发明相对于现有技术是否"非显而易见"。具体而言，第一步是确定最接近的现有技术；第二步是确定发明的区别特征和发明实际解决的技术问题；第三步是判断要求保护的发明对本领域的技术人员来说是否显而易见。

《专利审查指南》将中药组合物发明整体分为"加减方发明"和"自组合物发明"。加减方发明，即以现有技术某一已知方为基础方，在不改变已知方主要药味的基础上，对次要药

① 参见陕西医药控股集团天宁制药有限责任公司与国家知识产权局专利复审委员会发明专利权无效行政纠纷上诉案，北京市高级人民法院（2011）高行终字第1377号行政判决书。

味或药量进行调整而形成的中药组合物。自组合物发明,即指没有以已知中药组合物为基础,而是依据中药理论知识和成方运用的经验进行直接遣药组合物形成的,或者改变了已知中药组合物的主要药味形成的中药组合物。

实践中加减方发明更为多见。在针对已知方剂进行加减时,为证明其具备创造性,必须有充分证据显示加减后的方剂相较于原始方剂在效果上取得了预料之外的显著进展。反之,若未能证明得出显著进展,也就不具有创造性。同理,在进行已知方剂的药物替换时,若新型方剂与已知方剂在效果上并未体现出实质性的差异,或此种替换仅为本领域技术人员利用常规手段即可达成,那么此种替换亦不具备创造性。因此,在判断这类方剂改动是否具备创造性时,需着重考量其是否带来了实质性的进展或差异。如果能够证实对基础方的改变产生了超出本领域预期的技术效果,则应被视为具有创造性。在罗某琴诉国家知识产权局案①中,涉案专利为一种治疗肿瘤的药磁贴制备方法。该方法基于中医的扶正祛邪理念,通过相同功效中药材替换、增加及用量调整组成新的中药组合物。但对于本领域人员而言,基于同样的药效选用药材并不需要付出创造性劳动,该技术方案是显而易见的。同时申请说明书中记载组合物"配伍达到通络散瘀,祛痰利湿,拔毒止痛,化痞消积"的作用,对比授权公告号为 CN101385843A 中国发明专利中所称的药物组成同样含有软坚散结、攻毒、祛湿化痰、清热解毒、理气解郁等功效,可以起到相同的效果,没有取得意想不到的技术效果。因此该发明不具有创造性。

中药组合物的创新展示出具有渐进性的特性,②往往缺乏突出的实质性特征和显著进步,难以符合创造性的基本要件。此外,中药组合物的特性在于各个药味之间的相互配合和配伍,组成成分多样且在炮制或其他制作过程中非常容易发生很多复杂化学反应。因此,大多数情况下,我们很难对其中的原发性和继发性反应进行准确的区分,亦难以按照西药的标准,通过实验室分析出其中某一种精确的化学成分和分子式。同样的,许多中药组合物是通过经典古方不断转化演变而来的,其功效在药典中有所记载,其药物疗效往往具有一定的可预测性。③ 在实践中,这些可预测的结果通常被审查员认为并非来源于创造性工作,因此审核往往难以通过。

---

① 参见罗某琴诉国家知识产权局案,北京知识产权法院(2019)京73行初11986号行政判决书。

② 参见邵郡、姚峥嵘:《我国中药复方专利保护现状研究》,载《南京中医药大学学报(社会科学版)》2023年第5期。

③ 参见邵郡、姚峥嵘:《我国中药复方专利保护现状研究》,载《南京中医药大学学报(社会科学版)》2023年第5期。

在评估中药组合物产品的创造性时，如果该产品是经过改良已知方剂制成的，并且制备和炮制方法是常规方法，则申请人必须提供确凿的证据，证明这种改良和已知技术相比产生了显著的进步，如降低成本、减轻毒性或副作用、增强疗效等。

相比于其他发明专利，对中药复合物专利采用"三步法"进行创新性评估并不容易。中药复合物的形成源于临床实践中的辨证施治，涉及多个环节和层次的考虑。因此，表面上看起来相似的两种配方，其针对的症状和配制思路可能会有所不同，甚至完全相反。另外，中药复合物的各种成分并不是简单的累加，而是通过复杂的互动机制相互协调，共同提高整体疗效。现实中，审查员由于缺乏对中药组合物成方过程的理解，可能引用的所谓的"最近的现有技术"实际上并没有可比性，依据此"机械式"的审查方式显然无法得出准确的结果。

（三）实用性

实用性是专利授权的基本和首要条件。一项发明如果不具备实用性，那么也不考虑审查其新颖性和创造性。根据我国《专利法》的规定，实用性的含义包括两个方面：一是有实际应用的可能性，即该组合物能够实际生产或使用中实现预期的技术效果；二是能够产生积极影响，即该组合物需要满足当前现实需要，解决实际存在的问题。

中医组合物发明必须要保证在投入生产使用时能够稳定重现技术方案中所述的效果，并且还需达到行业化的要求，实现工业化生产应用才能满足实用性要件的审查要求。具体而言，首先要求该技术方案同现有技术相比有显著区别，其次在临床实践中显示出确切疗效，并具有工业化生产和应用的现实可行性，才被视为具备实用性。

在中药组合物的生产过程中，一些中药制剂往往对原材料的要求非常高。中药组合物的原材料多为动植物，特别是某些具有特殊医疗用途的药物，可能是由稀有植物或濒危动物等受国家保护的物种制成的。这些原材料可能因为生长时间跨度过长、生长环境特定或资源稀缺而难以获取，无法具有可复制性，导致相关的中药组合物发明难以达到行业所要求的可复制性标准，进而使用它们进行产业化大批量生产也会受到严格限制。例如，癫狂马宝散①采用龙涎香作为君药，该药味是由抹香鲸肠内的分泌物干燥后制成的，由于抹香鲸数量濒危且活动范围广泛，获取其分泌物极为不易，并且在该组合物中很难找到可替代药材，该组合物也因无法在产业上稳定重现而不能达到实用性标准。同样，若中药的原料

① 癫狂马宝散，中成药名。由马宝、琥珀、龙涎香、珍珠（豆腐炙）、牛黄组成。具有清热化痰，镇静安神的功效。用于痰热蒙闭心窍引起的精神错乱，疯狂打闹，躁动不安，羊痫疯症。

获取或生长环境依赖于罕见的自然环境，如野生石斛只能生长在悬崖峭壁的阴凉处，那么其工业化生产同样难以实现。

此外，民间流传的中药秘方和偏方多以草药或非处方药的形式存在，其生产过程往往需要高度依赖特定的人工操作，因而很难满足工业生产所需的实用性特征。① 一些中药的炮制技术依靠长期积累的经验和特殊工艺，但其生产仍然是家庭小作坊式手工操作的模式。其制成的药剂无法通过工业化制造和使用，也无法稳定重现，因此缺乏实用性。

尽管一些中药组合物方剂在临床上已使用多年，但要证明其能够进行产业化大生产却面临巨大困难。中药处方是医生针对不同病人的具体病情辨证施治来开具的，每个患者的处方会有所不同，治疗效果仅针对该患者，很难证明这个新组合物的疗效具有普遍性，无法进行产业化生产和再现，因此也不具备实用性。

四、中药组合物专利保护策略的建议和展望

中药组合物要申请专利保护，必须符合新颖性、创造性、实用性的可专利性要求，同时还需要排除该组合物作为一种治疗方法。笔者认为，《专利法》《专利审查指南》的相关规定仍是合理性的，但需要对其中审查标准作出更进一步的解释，以便完善中药组合物的专利审查制度。

（一）对中药组合物进行专利保护需排除治疗方法

如前文所述，在中药组合物与治疗方法相结合的情况下，对于中药组合物的专利申请只限于药方即该组合物本身，对于利用药结合药来治疗的方法无法进行专利保护。专利法的保护对象核心在于技术方案的创新性和实用性。治疗方法本身并不属于技术方案的范畴，它更多地涉及医疗实践、医学伦理和患者个体差异等方面，因此不属于专利法所保护的对象。

（二）适度放宽对新颖性的审查认定标准

根据《专利法》对新颖性和现有技术的规定，若中药组合物专利相关技术内容已为相关领域技术人员可能知悉，则该技术归入现有技术范畴，失去新颖性。然而，中药组合物的独特性在于，药物配比和方剂的形成不仅是物理意义上的混合，更是化学反应的结合，这与

---

① 参见邵郡、姚峥嵘：《我国中药复方专利保护现状研究》，载《南京中医药大学学报（社会科学版）》2023 年第 5 期。

其他专利产品存在显著差异。

笔者认为，在审查中药组合物专利的新颖性时，应适度放宽审查标准。即使某些中药组合物已经上市销售，也不应轻易认定其丧失新颖性。因为即便公众可通过合法途径获得这些产品，但中药制剂的核心技术在于其微观化学分子结构与配比，这并非通过简单的物理观察就能揭示。若申请人在审查过程中能提供充分证据，证明已上市或销售的中药组合物即便经过深入分析也无法得知其核心成分与组方，那么这些申请就不应被视为“使用公开”，仍符合新颖性审查标准。①

此外，多数中药产品具有化学成分复杂、有效成分难以确定等特点，其专利申请的审查需要更加细致和深入。因此，在实质审查中，我们可以适当参考化学领域的审查标准，并结合中药领域的实际情况，通过科学实验数据来验证和判断中药组合物的新颖性。

（三）合理调整创造性认定标准

根据我国《专利法》《专利审查指南》，创造性审查的关键在于判断发明是否具有突出的实质性特点以及显著进步。具体到中药组合物，主要是审查该发明是否非显而易见以及具有预料不到的技术效果。

中医的治病理念深深根植于“天人合一”思想，它从宏观的视角出发，全面对患者的症状进行分析。然而，当下的科学技术对于分析中药组合物中各成分所起的具体作用或判断其积极消极影响时面临巨大的挑战。即便是相对成熟的指纹图谱技术，也无法精确区分中药中各个成分的作用。此外，中药的药性受多种因素影响，其特性并非一成不变。因此，为确保专利审查的准确性和公正性，我们需要对中药组合物的创造性判断标准作出一定调整。

在中药组合物的实践应用中，我们可以对具体的实验结果进行量化分析，以便更准确地评估其效果。例如当君、臣、佐、使的配伍发生变化，药味有所增减，或者剂量有所调整时，我们应将这些实践结果系统地记录下来并且以固定的治疗周期为单位，持续观察并记录患者症状的改变。若实验结果显示，这些变化产生的治疗效果是积极的，并且这种效果明显超越了现有中药组合物专利的治疗效果，则可以认为这种中药组合物具有实质性特征和显著进步。同样，若通过更换用药部位或选用不同产地的中药材，能够达到显著提升治疗效果、降低毒副作用、使药物直接作用于病灶，或是大幅降低企业生产成本这四项作用的

① 参见黄大智、辛雪：《基于药理实验数据探讨中药组合物发明的新颖性推定问题》，载《中国发明与专利》2019 年第 2 期。

其中一项,那么也可以判断其具有创造性。

对于在经典古方的基础上二次开发的新组合物。例如,在保持半夏泻心汤组方结构不变的前提下,对主要药味的用量进行微调,即将半夏由9份减至8份,干姜由6份减至5份,①通过权利说明书所展示的数据,这种用量调整后的药物在增加平均食量、降低平均减重、减少平均瘤重以及提升脾指数等方面,均展现出相较于原方半夏泻心汤更为优异的疗效。因此,本发明实际上成功解决了一个重要的技术问题,即提供了一种在降低化疗毒副作用方面表现更佳的中药组合物,为患者的治疗提供了新的、更有效的选择。同时上述减量调整所得的产品对本领域技术人员而言是非显而易见的,而且主要药味减量后能产生更好的疗效对本领域技术人员而言也是难以预期的,所以该权利要求具备创造性。

当提供的可靠的动物实验或临床疗效对比数据能够证实新组合物具有协同增效作用、显著的预料之外的效果或全新的治疗作用时,我们便可认定该新组合物具备创造性。这样的评价标准既确保了中药创新的科学性,又为其知识产权提供了有力的保障。

(四)调整实用性的审查标准

在实用性审查环节,我们不宜机械地套用西医或生物化学领域的标准,而应充分考虑到中医药的独特性,适当放宽实用性审查标准。中医药与西药在较多方面存在明显的差异:中医药立足于自然理念,其成分复杂多样,缺乏明确的化学组成,有效成分的识别多依赖于经验积累;而西药则遵循现代科学理念,有明确的化学成分构成,可以实现稳定的品控和可量化生产。因此,中药很难实现精确的工业量产,难以满足现行以工业化应用为导向的实用性审查标准。

对此,我们可以借鉴美国对植物药实用性审查标准的做法:对于植物药的发明专利,其实用性要求仅需达到"有用性"的最低程度效果即可。② 具体而言,申请人在申请中药组合物的发明时,只需展示该发明具有实际应用价值,而并非必须证明其在技术层面显著优于现有技术或达到工业量产的标准。适度将"实用性"标准调整为"有用性"标准,不仅更符合中药的特性及实际应用需求,而且能有效鼓励对中医药发明专利的申请,进而提升专利授权的通过率。

中药组合物的专利保护是一个需要综合考虑多方面因素的问题。我国《专利法》已经为此提供了相应的保护措施,但是在实际操作中还需要进一步完善和改进。未来,随着中

---

① 《中药领域发明专利审查指导意见(征求意见稿)》,"涉及专利法第二十二条第三款的审查"。

② 参见陈庆:《传统植物药的可专利实用性研究》,载《知识产权》2014年第12期。

药产业的发展和科技的进步，相信中药组合物的专利保护策略也将不断优化。

参考文献

（一）专著

［1］崔国斌：《专利法原理与案例：原理与案例》（第2版），北京大学出版社2016年版。

［2］高学敏：《中药学》，中国中医药出版社2007年版。

［3］国家中医药管理局、中医药传统知识保护研究中心主编：《中医药传统知识保护基本知识读本》，北京科学技术出版社2016年版。

［4］吴汉东主编：《知识产权法》（第7版），中国政法大学出版社2022年版。

［5］李昕、宋晓亭：《中药专利创造性审查理论与实践》，知识产权出版社2021年版。

［6］张清奎主编：《医药及生物领域发明专利申请文件的撰写与审查》，知识产权出版社2002年版。

（二）学术期刊

［1］曹坤、夏莉、刘连政：《专利申请预审现状及检索策略研究》，载《中国发明与专利》2022年第12期。

［2］陈庆：《传统植物药的可专利实用性研究》，载《知识产权》2014年第12期。

［3］陈文财、吕高荣等：《古代经典名方中药复方制剂专利保护分析》，载《中华中医药杂志》2021年第10期。

［4］陈一孚：《国际视野中的中药可专利性问题研究》，载《山东社会科学》2012年第12期。

［5］成小兰、王倩、袁飞飞等：《以临床价值为导向的中药复方转化医学研究思路与方法》，载《南京中医药大学学报》2021年第5期。

［6］郝敏、乔浩然：《生物化学专利充分公开标准的比较研究》，载《知识产权》2022年第2期。

［7］黄大智、辛雪：《基于药理实验数据探讨中药组合物发明的新颖性推定问题》，载《中国发明与专利》2019年第2期。

［8］蒋玉：《专利制度下的中药保护现状与对策》，载《南京中医药大学学报（社会科学版）》2021年第2期。

［9］黎华献：《专利实用性要件之适用标准的反思与重构》，载《清华法学》2020年第

6 期。

[10]陆永强、李慧:《专利法"三性"标准适用于中药复方专利申请的研究》,载《中国药物经济学》2012 年第 3 期。

[11]齐云、杨悦、邢花:《美国生物制品注册早期相关知识产权制度研究》,载《中国药学杂志》2022 年第 3 期。

[12]邵郡、姚峥嵘:《我国中药复方专利保护现状研究》,载《南京中医药大学学报(社会科学版)》2023 年第 5 期。

[13]沈婷婷、周循:《发明专利创造性的判断》,载《中国高新科技》2021 年第 1 期。

[14]王平、王建凤等:《桥本氏甲状腺炎发病机制及治疗方法研究进展》,载《药学研究》2015 年第 10 期。

[15]王伟、唐莉等:《中国医药产业专利统计分析》,载《科技管理研究》2006 年第 4 期。

[16]王艳翚、姚峥嵘:《中药专利保护的困境及出路——以知识产权制度的协作为契机》,载《中国卫生法制》2021 年第 5 期。

[17]王月茹、谢伟:《中药注册与专利保护的协同性分析》,载《南京中医药大学学报(社会科学版)》2022 年第 1 期。

[18]徐丹:《从授权和确权两个视角解读制药用途权利要求》,载《中国发明与专利》2019 年第 3 期。

善用法治思维　深化医疗纠纷多元化解举措

张诗源　中共广东省委党校研究生部2023级研究生

医疗纠纷问题之所以备受重视，是有其原因的。医学专业性与社会大众认知限制难以调和，极易造成医患双方医疗信息不对称，埋下矛盾纠纷之根；医疗结果与期望结果不匹配、医疗过错责任认定不完善、医疗资源配置不均等多类因素加速推进了矛盾纠纷的演变；再加上近年来某些媒体对于医疗纠纷负面新闻的过度渲染，加剧了医患双方的诚信危机。特别是在法治之风盛行、公民权利意识不断觉醒的当代，长此以往，极可能导致医疗服务环境恶化而非改善，医疗纠纷矛盾突出而非缓解。自2018年《医疗纠纷预防和处理条例》正式实施后，我国医患纠纷处置逐渐向双方自愿协商、人民调解、行政调解、仲裁、诉讼等多元化纠纷解决机制方向发展，极大地缓解了现阶段医疗纠纷累于诉讼的问题，但同时也引发了新一轮医疗纠纷问题的产生。

注重诚信建设与良好沟通，让医疗纠纷止于萌芽。一是要注重医患诚信建设，大力加强医疗机构诊疗流程、收费标准、服务质量、治疗方案、预期效果及风险等医疗信息透明度，坚持"应公开必公开，能公开尽公开"，真正做到保障患者知情权和选择权。二是引入患者满意度调查，定期开展医患关系风险评估，建立医生诚信档案，将其作为评价医疗机构和医护人员的重要依据，从内规制医护人员注重自身诚信，从外提升患者信任度。三是利用信息技术手段，搭建智能化沟通与反馈平台，实现医患沟通能实时、有记录、也高效。同时，医疗机构也可以通过平台及时回应患者的诉求，加强沟通协作，提高诚信危机、纠纷矛盾的响应速度。

丰富调解工作方式方法，让医疗纠纷化于诉前。一方面，要创新医疗纠纷人民调解委员会工作机制，设立如法官工作室、专家工作室等特色调解机构，为复杂、难以调解的医疗纠纷提供专业的法律意见和调解指导，缓解调解工作依赖保险公司、卫生健康系统、医疗机构等"敌方"阵营的现状，提高调解工作权威性。另一方面，要开发智能调解系统，基于历史案例和调解工作以往经验，生成医患纠纷调解参考方案及可能性预测，同时引入专业心理咨询、情绪安抚等人文调解手段，增强医疗纠纷调解工作针对性、全面性和可能性。

坚持完善专业审理机制，让医疗纠纷解于诉中。一是为杜绝以鉴代审现状，引入医学会、鉴定学会、高校医疗专业教授等社会力量，建立并推广多元专业主体辅助法官审理机制，在诉前鉴定、庭审列席、判后释明等关键环节提供专业咨询意见，提高专业审判能力。二是探索成立医疗法庭，突出医疗特色，与诉前调解法官工作室相联系，推广集普法、调解、鉴定、审判、案件推评多环节于一体的一体化、一站式医疗纠纷综合治理机制。三是研习典型案例、典型问题，从纠纷中发现问题，为医疗机构提供个性化合规建议，为医疗机构精细化发展，注入法治动力。

后　记

医法相传　革故鼎新　又续医事法学在广东新篇

“医事法学在广东”系列丛书,已出版了《医事法学在广东》《医事法学进展在广东》《医事法学亮点在广东》,姐妹篇《医事法学提升在广东》即将面世,同大家见面。

承上启下时间点来了。

说点什么?万语千言,五味杂陈。言语在纠结。

要再想想?千头万绪,历历在目。感觉找不准。

有了,“医事法学在广东”系列丛书为什么诞生在广东?这,或是我写后记最恰当的内容。也好,回想心路历程,谈谈热心医事法学研究的初心。

要先谈谈工作生活的广东。描述她,三言两语,难言尽之。这些讲法说法看法,群众基础较牢靠、各方认可度较高,她是中国改革开放的最前沿,也是东西南北中寻求的财地,还是各省市县人愿来的福地,更是思想思潮思考的热地,等等。对的,这就是广东,我眼里的广东。生活经验知,凡沾上“前沿”“财地”“福地”“高地”用词的地方,自然而然衍生伴生延伸出这般独特的气质、特质与禀赋:乐于给人更多自由、更多空间、更多机会和更多舞台;更吸引人、重视人;又更成全人、成就人。是适合各色人等生活工作的福地。

回头再品,果不其然,选定广东工作,沾地利之福也。

再要看看时代中生存的底色。底色是自己样子第一塑造色。一个人底色谱越丰富,可塑性就越大,可持续性就更强,可抗压性就越高,可选择性也多。恰巧,多地域、多专业、多学科与多领域,就是好时代给予我赖以成长的基本底色。学医出身、取律师牌,更是影响人生的大因素。

学医的我,知道作为人,最紧要的就是生命、身体与健康。要研究并保护好它,注定是医学的职责使命。这个领域,大众关心,大家更是迭出。站高前进中的广东医学,如我而言,跟不易,在前难,更难在其中活出自己的喜乐样子。于此,纠结不少,彷徨常有。

学法的我,知道人的权益,最关键的就是生命权、身体权和健康权,要研究并保障好它,铁定是法学的职责使命。这个领域,大伙关注,大咖更是云集。立高端前行中的广东法治,于我而言,可跟进,在先难,更难在其中活出自己的从容样子。在此,困惑不少,徘徊常有。

每个人都有很多可选的路子、样子。暗自鼓劲,多来点彩,要善调自己的底色。医"色",要用上;法"色",也要用上,"医学+法学>2",先行先试,活出心目中真实、立体和活力的一个小样子。

回顾再思,果也如此,依托底色,学习再学习,得天时之助也。

还要说说抢抓人和的"缝隙"。众所周知,交、交叉、交会、交融处,诞生新事物之福地。自然科学如此,社会科学也不例外。多底色复合的我,要活出自己的喜乐样子,做融合性、结合性、复合性的创新工作,是首选,是长处,是突破口。

临床医学(新疆医学院,医学学士)、思想政治教育(中山大学,第二学士)、法理学(中央党校,硕士)和循证医学(四川大学,博士)的交叉、交会与交融,创了思路,带了新路,更让有着地域学科专业领域综合背景的我,眼前一亮,抓住了一线亮光;让身处医学高地和法学高端夹缝中生存的我,心生喜悦,逮到了一条新路:医与法的结合性研究,自然而然融入了我的思考、涌入我的视野、进入了我的工作。搭建平台、创造舞台、站上讲台,把生命、身体和健康的高质量保护与生命权、身体权和健康权的高水平保障之间联系、对接与链接,进行交会、进行交叉、进行交融,你中有我、合为一体与融会贯通,在健康、法治广东实践沃土共同书写医事法学在广东新篇!

活出自己心目中的喜乐样子,不靠自嗨,当靠自强。世界因你而不同,是因你活出自己样子、有了与众不同自己的同时,更给世界带来了因你而来的"新",如走医法结合性的创新路,就体现了这个"新",其中最大的"新",意味着要力争"先行""先试""首创""第一""突破",等等,就要见新事、见新喜、见新彩,如牵头在广东省律师协会成立广东省律师协会医疗法律专业委员会并任首任主任(2006年)、出版国内首部脑死亡与器官移植方面专著——《脑死亡与器官移植:关联、争议与立法》(2008年)、牵头在中华医学会系统成立国内首个医事法学分会——广东省医学会医事法学分会(2011年)、牵头在《中国医学论坛报》开办"医事法学"栏目(2012年)、牵头出版"医事法学在广东"系列丛书(2013年)、是国内首部地方法治史《广东法治史》(2017年)的执行主编、是广东律师界有"一级律师"职称的第一位兼职律师(2017年)、创下了同时担任广东省医学会医事法学分会主任委员、广东省律师协会政府法律顾问专业委员会主任、广东省法学会应急管理法治研究会会长的新纪录等。

点了这些,绝非炫耀,在忆感恩,在感庆幸:享有地利、人和与天时的恩施,是我们这代人的大福分。新路走来,让我更“知冷知热”,更感谢生活的时代年代、感恩工作的地方单位、感激生命的家人贵人,等等,是他们为我创造了更多的生存底色,让在交叉路、交会点和交融时选择彷徨的我,找到了可凭努力活出自己喜欢样子的新路,并一点一点在逐步实现。

回看再叹,果也如此,享人和之利也。

“开弓没有回头箭”。医事法学在广东让在成长路上,现在医事现代化建设新路、新起点上。未来前行路上,可预判的是,还有众多医事思路出路亟待开拓,还待高人指点;还有很多医事法治交叉尚存迷茫,还要权衡选择;还有许多的医事突发问题要妥当应对,还要学习提升。但这是成长之必须,不能停,更不能走回头路。愈久弥坚。

“不急才能真应急”。应对突发事件获得的这个感悟提醒着我们:进展中的医事法学要符合高水平的医事法治现代化建设需求,任重且道远,要懂“不急”。“不急”,是为了避免“欲速则不达”,是为了防范“事倍功半”。践行“不急”,就要培养有“工夫在诗外”的视野,以“早”“先”“快”等布局举措,让研究医事法学的人气聚起来;就要有塑造“船到桥头自然直”的从容,让集聚的医事法学力量在一个个案上激活起来,有的放矢。厚积薄发。

“更喜样子还在前方”。要披荆斩棘,惊喜和磕碰都是有效成长的财富。新路求索更如此。求索有挫折,不怕。应对挫折,是一门新学问,更是成长中不能错过的财富“新战场”。咋应?“兵来将挡水来土掩”。新时代尤其要兼具应急管理法治思维,提升当有的应急处突能力。要努力把求索应对中的经历经验等再转为可用的新作品,如《医事法学挫折在广东》《医事法学反思在广东》等这些研究新著。这是另一种鞭策、考验以及助力我们成长的新方式。不拘一格。

“无限风光在险峰”。人都是立体的,也都是多维的。活出自己喜欢与世界也喜乐的样子,犹如“险峰”上的一道道风光风景。咋攀?与医事法学在广东继续前行的同道们共勉,医事法学是推进医事治理现代化建设不可或缺且紧缺的新学问,内涵丰富,进易深难,学深悟透,非一日之功。“续写医事法学在广东新篇”,医法相传;“续攀高水平医事法治现代化建设新峰”,薪火相传。功德无量。

践行之,推进之,贴近之,唯靠持之以恒、久久为功是也。

是为后记。

宋儒亮

广东省医学会医事法学分会　前任主任委员

广东省律师协会政府法律顾问专业委员会　主任

广东省法学会应急管理法治研究会　会长